# 新編
# 稅收理論與實務

主編○賀飛躍

崧燁文化

# 前　言

本教材適合稅收理論與實務、中國稅制、稅法等課程。本教材分為六篇：稅收基本理論與實務、自然稅（即資源和環境稅）理論與實務、商品稅理論與實務、財產稅理論與實務、所得稅理論與實務、稅收綜合理論與實務。本教材系統介紹了中國現行全部稅種，反應了最新稅收政策，包括 2016 年 5 月 1 日全面推開營改增試點、2016 年 7 月 1 日全面推進資源稅從價計徵改革、2016 年 10 月 1 日調整化妝品消費稅政策。

本教材具有如下特色：

第一，內容最新、側重實體。本教材建立稅收文件庫，查閱並連結了國家稅務總局、海關總署等網站 2,800 多個稅收文件。本教材體現最新稅法和政策，避免過時內容。對稅法和政策進行取捨，側重實體法，避免過於繁瑣與過於簡陋。

第二，案例豐富、計算準確。本教材建立稅收案例庫，根據知識點設置 257 個案例，並盡量分散到各章各節，以利於案例教學。本教材以稅收實驗為技術支撐，所有案例經過稅收實驗反覆驗證和課堂教學多次確認，盡量避免案例錯誤。

第三，突破傳統教材框架。本教材首次新增「稅收綜合理論與實務」部分，培養學生綜合應用能力，理解多稅種內在聯繫和邏輯關係，熟悉多稅種綜合政策，掌握多稅種綜合計算，滿足稅收實際工作和註冊會計師、稅務師、會計師等資格考試的需要。

第四，對稅收和稅收要素進行重新分類和排序。本教材對中國現行 17 個稅種按照自然稅、商品稅、財產稅、所得稅順序介紹。每個稅種按照範圍要素、計稅要素、徵管要素順序闡述。範圍要素包括徵稅對象、納稅環節、徵稅地域、納稅人、扣繳義務人等，計稅要素包括計稅方法、稅率、稅基、稅額抵扣、稅額減免等，徵管要素包括納稅時間、納稅地點、納稅方式、徵收機關、納稅申報等。

第五，對一些專業術語進行規範，並根據實際需要提出新的概念，比如對經濟

結構進行定點或定向調控、自然稅、徵稅地域、計稅方法、計稅數量累進稅率、實徵稅率、跨境實徵稅額、應稅收入、應交稅額；對一些計算難點採用新的計稅方法和公式，簡化稅收計算，比如增值稅出口退稅、企業所得稅納稅調整、稅後收入個人所得稅計算。

第六，理論與實務緊密結合，培養學生的創新能力和實踐能力。稅收理論與經濟學、財政學、會計學、法學相融合，體現厚基礎、寬口徑人才培養思路。稅收實務與稅務會計、納稅籌劃、稅收實驗相銜接（筆者將另行出版《新編納稅籌劃》《Excel稅收實驗教程》），體現高素質、強能力人才培養模式。

本教材可作為高等院校財政、稅收、財務、會計、審計、工商管理、法律等專業教材，也可作為註冊會計師、稅務師、會計師等資格考試的參考用書，還可作為稅務機關工作人員、稅務仲介機構從業人員、企業財稅管理人員的實踐參考用書。本教材為授課教師提供配套教學課件，配套教學課件根據最新稅收政策定期更新；本教材配套習題集《稅收理論與實務習題集》將另行出版，供學生練習。

由於作者水平有限，書中難免存在缺陷和不足，懇請專家、學者和讀者指正。作者電子郵箱：983358275@qq.com。

賀飛躍

# 目　錄

## 第一篇　稅收基本理論與實務

### 第一章　稅收基本理論與實務 …………………………………………（1）

　　第一節　稅收概念和稅收職能 ………………………………………（1）

　　第二節　稅收要素 ……………………………………………………（3）

　　第三節　稅收分類和稅收體系 ………………………………………（11）

　　第四節　稅權劃分 ……………………………………………………（17）

## 第二篇　自然稅理論與實務

### 第二章　資源稅和耕地占用稅 …………………………………………（23）

　　第一節　資源稅徵稅對象、納稅環節和納稅人 ……………………（24）

　　第二節　資源稅計稅方法和稅率 ……………………………………（26）

　　第三節　資源稅計稅依據 ……………………………………………（28）

　　第四節　資源稅稅額減免 ……………………………………………（32）

　　第五節　資源稅徵收管理 ……………………………………………（34）

　　第六節　耕地占用稅 …………………………………………………（35）

### 第三章　菸葉稅和消費稅 ………………………………………………（41）

　　第一節　菸葉稅 ………………………………………………………（41）

　　第二節　消費稅徵稅對象、納稅環節和納稅人 ……………………（42）

　　第三節　消費稅計稅方法和稅率 ……………………………………（46）

　　第四節　消費稅計稅依據 ……………………………………………（49）

　　第五節　消費稅稅額抵扣和減免退稅 ………………………………（55）

　　第六節　消費稅徵收管理 ……………………………………………（57）

## 第三篇　商品稅理論與實務

### 第四章　關稅和船舶噸稅 ················································ (60)

第一節　關稅徵稅對象、納稅環節和納稅人 ·········· (61)
第二節　關稅計稅方法和稅率 ································ (62)
第三節　關稅計稅價格 ············································ (66)
第四節　關稅稅額減免 ············································ (69)
第五節　關稅徵收管理 ············································ (70)
第六節　進境物品進口稅 ········································ (72)
第七節　船舶噸稅 ···················································· (76)

### 第五章　增值稅 ················································ (80)

第一節　徵稅對象、納稅環節和納稅人 ·················· (81)
第二節　稅率、徵收率和計稅方法 ·························· (93)
第三節　銷售額 ······················································ (105)
第四節　進項稅額抵扣 ·········································· (113)
第五節　預繳增值稅 ·············································· (122)
第六節　稅額減免 ·················································· (133)
第七節　出口（跨境）增值稅 ······························ (153)
第八節　徵收管理 ·················································· (167)

### 第六章　附加稅費和印花稅 ···························· (180)

第一節　附加稅費 ·················································· (180)
第二節　印花稅 ······················································ (184)

## 第四篇　財產稅理論與實務

### 第七章　契稅和土地增值稅 ···························· (196)

第一節　契稅 ·························································· (196)
第二節　土地增值稅 ·············································· (203)

第八章　城鎮土地使用稅和房產稅 ……………………………… (215)

　　第一節　城鎮土地使用稅 ……………………………………… (215)

　　第二節　房產稅 ………………………………………………… (222)

第九章　車輛購置稅和車船稅 …………………………………… (228)

　　第一節　車輛購置稅 …………………………………………… (228)

　　第二節　車船稅 ………………………………………………… (234)

## 第五篇　所得稅理論與實務

第十章　企業所得稅 ……………………………………………… (241)

　　第一節　納稅人和徵稅對象 …………………………………… (242)

　　第二節　計稅方法和稅率 ……………………………………… (243)

　　第三節　應稅收入 ……………………………………………… (249)

　　第四節　稅收扣除 ……………………………………………… (268)

　　第五節　應納稅所得額 ………………………………………… (297)

　　第六節　核定方式、源泉扣繳和清算所得 …………………… (312)

　　第七節　稅額抵扣和稅額減免 ………………………………… (317)

　　第八節　徵收管理 ……………………………………………… (324)

第十一章　個人所得稅 …………………………………………… (329)

　　第一節　納稅人和徵稅對象 …………………………………… (329)

　　第二節　計稅方法和稅率 ……………………………………… (338)

　　第三節　應納稅所得額 ………………………………………… (340)

　　第四節　稅額抵扣和稅額減免 ………………………………… (369)

　　第五節　徵收管理 ……………………………………………… (375)

## 第六篇　稅收綜合理論與實務

第十二章　稅收綜合理論與實務 ………………………………… (381)

　　第一節　資源品稅收綜合 ……………………………………… (381)

第二節　消費品稅收綜合 ………………………………………………（383）

第三節　進口稅收綜合 ……………………………………………………（385）

第四節　出口稅收綜合 ……………………………………………………（387）

第五節　房地產稅收綜合 …………………………………………………（389）

第六節　自然稅、商品稅、財產稅、所得稅綜合 ………………………（393）

# 第一篇
# 稅收基本理論與實務

## 第一章
## 稅收基本理論與實務

### 第一節 稅收概念和稅收職能

**一、稅收概念**

稅收（Tax）是政府為了滿足公共需求，憑藉公共權力，依據事先制定的法律，將私人部門的部分經濟利益轉移到公共部門的經濟活動。對稅收的概念可以從以下幾個方面來理解：

（一）稅收的徵收目的是滿足公共需求

公共需求的主要內容包括國防、治安、公共設施、公共事業等。公共需求不同於公共需要，公共需求是有支付能力的公共需要。經濟發展程度低的國家，與經濟發展程度高的國家，其公共需求存在較大差異。公共需求也不同於私人需求，公共需求的客體（即公共商品），是不能劃分成若干份額的，更不能劃歸某一主體占用而排斥其他主體的同時享用。

（二）稅收的徵收依託是公共權力

私人商品具有排他性和競爭性，可以按市場價格機制的方式自願配置；而公共商品具有非排他性和非競爭性，不能按市場價格機制的方式來配置，只能憑藉公共權力或政治權力強制配置。

（三）稅收的徵收主體是政府

稅收的徵收主體只能是代表社會全體成員行使公共權力的政府，其他任何社會組織或個人是無權徵稅的。政府是徵稅人，具體徵收由其專門徵稅的部門負責。

（四）稅收的繳納主體是私人部門

私人部門是公共商品的需求方，是納稅人，包括企業和個人。單個納稅人繳納的稅款與其獲得的公共商品是不對等的，但納稅人作為一個整體繳納的稅款與其獲得的公共商品應當對等。

（五）稅收的使用主體是公共部門

公共部門是公共商品的供給方，是用稅人。公共部門包括行使公共權力的政府和不行使公共權力的事業單位等。

（六）稅收的徵收依據是法律

政府強制性的徵稅行為不是不受任何約束的，它必須獲得立法部門的同意或授權。稅收必須借助法律形式進行，依據事先制定的法律徵稅。《中華人民共和國憲法》第五十六條規定：「中華人民共和國公民有依照法律納稅的義務。」納稅人應當依法納稅，徵稅人應當依法徵稅。不論是納稅人，還是徵稅部門、徵稅人員，違反法律，都應受到法律的制裁。

（七）稅收的徵收內容是部分經濟利益

稅收是將私人部門的部分經濟利益轉移到公共部門的經濟活動。私人部門是商品的生產部門、財富的創造部門。稅收徵收的內容是私人部門生產和創造的部分經濟利益，可以是勞動（勞役）、產品（實物）或者財富（貨幣）。為了維持個人生活和企業再生產，政府徵稅不能拿走私人部門的全部經濟利益。

（八）對政府來說，稅收是一種最重要的財政收入或公共收入

政府取得財政收入的手段多種多樣，比如稅收、收費、罰沒收入、國有資源收入、國有資產收益。其中，稅收是大部分國家取得財政收入的主要形式，發達國家稅收收入占財政收入的比重超過90%，中國稅收收入占公共財政收入的比重接近90%。

（九）對私人部門來說，稅收是一項不容忽視的支出

傳統觀點將稅收定義為一種財政收入，這是片面的。對政府來說，稅收是一種財政收入；但對私人部門來說，稅收是一種重要的成本或費用。當前中國稅收收入占國內生產總值（GDP）的比重接近20%，稅收已成為私人部門一項不容忽視的支出。每個私人部門為了實現自身利益最大化，盡量節省成本費用，包括節省稅收，但以稅法為限，不能違反稅法。

## 二、稅收職能

稅收的職能是稅收所具有的內在功能。稅收的職能包括財政職能、經濟職能和社會職能三個方面。

（一）財政職能

稅收的財政職能是稅收為滿足公共需求提供財力保障的功能。稅收的財政職能是稅收的基本職能。

市場在私人商品的配置方面是有效的，但在公共商品的配置方面是無效的。政府通過徵稅的方式配置公共商品，可以彌補市場失靈，提高資源配置效率。稅收是財政收入的最主要來源，稅收的財政職能具有如下幾個特點：

（1）適用範圍的廣泛性。稅收憑藉公共權力強制徵收，可以適用國家主權管轄範圍內所有的物，包括自然資源、自然環境、商品、財產和所得；也可以適用所有的人，包括企業和個人，不受所有制、行業、地區、部門的限制。

（2）取得財政收入的及時性。納稅人的經濟活動持續不斷，稅收分期繳納，保證稅收收入及時、均衡地入庫。

（3）徵收數額上的穩定性。稅法對稅收的每個要素進行明確規定，稅法具有相對穩定性，保證財政收入的穩定性。

（二）經濟職能

稅收的經濟職能是指稅收在取得財政收入的過程中具有調控國民經濟的職能。稅收的經濟職能是稅收的派生職能。

稅收是調控經濟的重要手段。經濟決定稅收，稅收反作用於經濟。這既反應了經濟是稅收的來源，也體現了稅收對經濟的調控作用。稅收對經濟的調控具有直接性。稅收作為經濟槓桿，直接影響社會成員的經濟利益，引導企業、個人的經濟行為，對資源配置和社

會經濟發展產生影響，從而達到調控經濟運行的目的。稅收不僅可以對宏觀經濟進行總量調控，還可以對經濟結構進行定點或定向調控。

（1）通過增稅或減稅調控經濟總量，實現經濟穩定。在經濟繁榮時期，政府通過自動增稅或主動增稅，防止經濟過熱；在經濟蕭條時期，政府通過自動減稅或主動減稅，防止經濟過冷。

（2）通過差別徵稅調控經濟結構，提高資源配置效率。政府通過減輕稅負甚至免稅，鼓勵某些產業、某些地區、某些行為，比如對農業減免稅扶持農業發展，對西部地區鼓勵類企業實行低稅率鼓勵西部開發，對研發支出加計扣除鼓勵創新行為。政府通過加重稅負、加強徵管限制某些產業和行為，比如在房地產行業過熱時加重稅負，抑制其進一步過熱；對一些自然資源提高稅率，限制資源浪費行為。

（三）社會職能

稅收的社會職能是指稅收在取得財政收入的過程中具有調節社會財富的職能。稅收的社會職能也是稅收的派生職能。

稅收是調節收入和財富的重要工具。市場分配是按生產要素進行的，由於人們對生產要素的佔有存在較大的差別，財富分配必然貧富懸殊。徵稅不僅將一部分財富從私人部門轉移到公共部門，而且可以改變私人部門內部各個企業和個人的相對份額。稅收可以從多個方面對社會財富進行調節，縮小貧富差距，實現社會公平。

（1）從收入角度調節。對個人收入設置累進稅率，高收入者多納稅，中等收入者少納稅，低收入者不納稅。

（2）從支出角度調節。對高檔消費品和奢侈支出徵收更高的稅收，對民生用品減稅甚至免稅。

（3）從財富角度調節。對個人擁有過多的不動產和動產等存量財富徵稅，對個人維持基本生活的不動產和動產等存量財富免稅。

## 第二節　稅收要素

稅收要素是指每一稅種的構成要素。稅收要素可分為範圍要素、計稅要素、徵管要素三個部分，每一部分還可具體劃分。

### 一、範圍要素

稅收的範圍要素包括徵稅對象、納稅環節、徵稅地域、納稅人和扣繳義務人。

（一）徵稅對象

徵稅對象（Object of Taxation）也稱課稅對象、徵稅客體，指對什麼徵稅，是徵稅指向的客體或標的物。徵稅對象可以是自然資源和自然環境，可以是商品，也可以是財產，還可以是所得。徵稅對象是區分一種稅與另一種稅的重要標誌。比如資源稅的徵稅對象是應稅自然資源，車船稅的徵稅對象是應稅車輛和船舶。

稅目（Item of Tax）是徵稅對象的具體項目。徵稅對象廣泛的稅種採用概括法，比如增值稅的稅目包括貨物、勞務、服務、無形資產、不動產五大類。徵稅對象較窄的稅種採用列舉法，列入稅目的徵稅，未列入稅目的不徵稅。比如消費稅對菸、酒、高檔化妝品等十幾個稅目徵稅。劃分不同稅目，不僅可以明確徵稅對象的具體範圍，還可以實現差別徵稅，設計差別稅率，設置差別減免。

### （二）納稅環節

納稅環節（Impact Point of Taxation）是指在徵稅對象運動過程中應當納稅的環節。納稅環節可以是自然資源開採環節和自然環境破壞環節，可以是商品的銷售和出口環節，可以是商品的購進和進口環節，可以是財產的持有和轉讓環節，還可以是所得的形成和分配環節。比如車輛購置稅的納稅環節是車輛的購置環節，車船稅的納稅環節是車輛和船舶的持有環節。

按照一個稅種徵稅環節的多少，可以將稅種的類型劃分為一次課徵制、兩次課徵制和多次課徵制。比如車輛購置稅是一次課徵制；契稅是多次課徵制；而消費稅對卷菸實行兩次課徵制，對其他應稅消費品實行一次課徵制。

### （三）徵稅地域

徵稅地域是徵稅的地域範圍。徵稅地域可以是一國全部範圍，也可以是一國部分範圍，甚至可以是別國範圍。比如中國增值稅的徵稅地域是中華人民共和國境內（以下簡稱中國境內或境內）；城鎮土地使用稅的徵稅地域是境內城市、縣城、建制鎮和工礦區，不包括農村；企業所得稅的徵稅地域包括居民企業的境內所得和中華人民共和國境外（以下簡稱中國境外或境外）所得以及非居民企業的境內所得。

目前，中央政府不在特別行政區徵稅，特別行政區實行獨立稅收制度，參照中國香港、澳門實行的稅收政策，自行制定法規規定稅種、稅率、稅收寬免和其他稅務事項。

### （四）納稅人

納稅人（Tax Payer）也稱納稅義務人、納稅主體，是指對誰徵稅，是直接負有納稅義務的法人和自然人。納稅人可以是法人，也可以是自然人。自然人是基於自然規律而出生的，有民事權利和義務的主體，既包括本國公民，也包括外國公民和無國籍人。法人是基於法律規定享有權利能力和行為能力，具有獨立的財產和經費，依法獨立承擔民事責任的社會組織。中國的法人主要有四種：機關法人、事業法人、企業法人和社團法人。

納稅人可以是單位，也可以是個人。單位是指企業和非企業性單位（行政單位、事業單位、軍事單位、社會團體及其他單位）。個人是指個體工商戶和其他個人。

納稅人可以是居民，也可以是非居民。現行稅制堅持平等原則，所有稅種內外統一，納稅人既包括居民（企業或者個人），也包括非居民（企業或者個人）。

負稅人（Tax Bearer）是與納稅人相關的一個概念，負稅人是稅款的最終承擔者。稅法只規定了納稅人，但沒有規定負稅人。當稅負可以轉嫁時，納稅人與負稅人不一致，比如增值稅、消費稅。當稅負不能轉嫁時，納稅人與負稅人一致，比如企業所得稅、個人所得稅。

### （五）扣繳義務人

扣繳義務人（Withholding Agent）是負有代扣代繳、代收代繳義務的單位和個人。扣繳義務人由稅法規定，中國大多數稅種規定了扣繳義務人，只有少數稅種沒有規定扣繳義務人。規定扣繳義務人是為了加強徵管，節省徵納費用。比如營業稅改徵增值稅（以下簡稱營改增）規定，境外的單位或者個人在境內發生應稅行為，在境內未設有經營機構的，以購買方為扣繳義務人；消費稅規定，委託加工的應稅消費品，除受託方為個人外，由受託方在向委託方交貨時代收代繳稅款；個人所得稅規定，以所得人為納稅義務人，以支付所得的單位或者個人為扣繳義務人。

扣繳義務人按規定履行扣繳義務，由稅務機關支付一定的手續費。反之，扣繳義務人未按規定履行扣繳義務，將要承擔相應的法律責任。《中華人民共和國稅收徵收管理法》規定：扣繳義務人應扣未扣、應收而不收稅款的，由稅務機關向納稅人追繳稅款，對扣繳義務人處應扣未扣、應收未收稅款50%以上3倍以下的罰款。

扣繳義務人不同於稅務代理機構（Tax Agency），代扣代繳、代收代繳義務由稅法強制規定，納稅人按照自願原則委託稅務代理機構辦理涉稅事項。

**二、計稅要素**

稅收的計稅要素包括稅基、稅率、計稅方法、稅額抵扣和稅額減免。

（一）稅基

稅基（Tax Base）也稱計稅依據，是據以計算應納稅額的數額依據。稅基是徵稅對象數量或金額，分為計稅數量和計稅金額。計稅數量包括長度、面積、體積、重量、容量等。比如耕地占用稅的計稅數量是實際占用的耕地面積（平方米），船舶噸稅的計稅數量是船舶淨噸位。計稅金額包括銷售額、購進額、增值額、所得額等。比如菸葉稅的計稅金額為菸葉收購金額，企業所得稅的計稅金額是應納稅所得額。

稅基的計算方法有全額法和扣除法。銷售額或購進額一般是全額，不得扣除；增值額、所得額是差額，可以扣除。

稅基的確定方式有據實方式和核定方式。據實方式由納稅人或徵稅部門以徵稅對象實際數量或金額確定稅基，從納稅人的會計記錄、合法有效憑證或實物中取得數據。核定方式由徵稅部門根據納稅人的經營情況評估確定稅基。

據實方式下，確定稅基的方法為實際成交價格法。核定方式下，確定稅基的方法有參照成交價格法（即可比非受控價格法）、順算價格法（即組成計稅價格、成本加成法）、倒算價格法（即再銷售價格法）和最低計稅價格法等。

（二）稅率

稅率（Tax Rate）是計算應納稅額的比率或幅度。稅率體現了徵稅的深度，是衡量稅負輕重的重要標誌。稅率有三種形式：定額稅率、比例稅率、累進稅率。

1. 定額稅率

定額稅率（Fixed Tax Rate）也稱單位稅額，是不隨計稅數量變化而變化的稅率。現行稅制中，耕地占用稅、城鎮土地使用稅、車船稅、船舶噸稅完全採用定額稅率，資源稅、消費稅、關稅、印花稅部分採用定額稅率。

2. 比例稅率

比例稅率（Proportional Tax Rate）是不隨計稅金額變化而變化的稅率。比例稅率有以下三種具體形式：

（1）單一比例稅率。一個稅種只有一檔比例稅率，比如菸葉稅的比例稅率為20%。

（2）差別比例稅率。一個稅種有多檔比例稅率，比如增值稅、城市維護建設稅和房產稅。

（3）幅度比例稅率。中央規定一個幅度範圍，地方規定具體的比例稅率，比如契稅。

定額稅率與比例稅率符合效率原則，但不能縮小納稅人之間的差距。

3. 累進稅率

累進稅率（Progressive Tax Rate）是隨計稅數量或計稅金額增加而提高的稅率。

累進稅率可分為計稅數量累進稅率和計稅金額累進稅率。計稅數量累進稅率是計稅數量增加，定額稅率相應提高，比如啤酒的消費稅。計稅金額累進稅率是計稅金額增加，比例稅率相應提高，比如工業生產環節菸的消費稅。

累進稅率可分為額累稅率和率累稅率。額累稅率以絕對數劃分累進級次，比如機動船舶和遊艇的車船稅。率累稅率以相對數劃分累進級次，比如土地增值稅。

累進稅率還可分為全累稅率和超累稅率。全累稅率是全部稅基適用其最後一個單位對應的稅率，比如船舶噸稅。超累稅率是每級次稅基適用其對應級次稅率，比如經營所得、工資薪金所得和勞務報酬所得的個人所得稅。

累進稅率符合公平原則，可以縮小納稅人之間的差距。

（三）計稅方法

計稅方法是計算稅額的方法。計稅方法按照能否抵扣，可分為不抵扣計稅方法和抵扣計稅方法；按照稅基與稅率的形式，可分為從量定額計稅方法、從價定率計稅方法、複合計稅方法、選擇計稅方法。

採用不抵扣計稅方法，應納稅額的計算公式如下：

應納稅額＝稅基×稅率

不抵扣計稅方法，在從量定額、從價定率、複合、選擇計稅方法下，計算公式不同。

1. 從量定額計稅方法

（1）採用從量定額計稅方法，當稅率是定額稅率時，應納稅額的計算公式如下：

應納稅額＝計稅數量×定額稅率

**［案例1-1］** 某公司占用20,000平方米耕地建房，耕地占用稅的稅基為實際占用的耕地面積，當地定額稅率為25元/平方米。計算該公司應納耕地占用稅。

［解答］ 應納耕地占用稅＝20,000×25＝500,000（元）

（2）採用從量定額計稅方法，當稅率是全累稅率時，應納稅額的計算公式如下：

應納稅額＝全部計稅數量×計稅數量最後一個單位對應稅率

**［案例1-2］** 某公司2016年擁有2艘遊艇，一艘艇身長度10米，另一艘艇身長度11米。遊艇車船稅的稅基為艇身長度，年定額稅率為艇身長度不超過10米的，每米600元，艇身長度超過10米但不超過18米的，每米900元。計算該公司2016年應納車船稅。

［解答］ 艇身長度10米遊艇應納車船稅＝10×600＝6,000（元）

艇身長度11米遊艇應納車船稅＝11×900＝9,900（元）

該公司2016年應納車船稅合計＝6,000＋9,900＝15,900（元）

2. 從價定率計稅方法

（1）採用從價定率計稅方法，當稅率是比例稅率時，應納稅額的計算公式如下：

應納稅額＝計稅金額×比例稅率

**［案例1-3］** 李某購買一套150平方米的商品房，以每平方米6,000元單價（不含增值稅）成交。房屋買賣契稅的稅基為成交價格，中央規定比例稅率為3%～5%，當地規定比例稅率為4%。計算李某應納契稅。

［解答］ 應納契稅＝150×6,000×4%＝36,000（元）

（2）採用從價定率計稅方法，當稅率是全累稅率時，應納稅額的計算公式如下：

應納稅額＝全部計稅金額×計稅金額最後一個單位對應稅率

**［案例1-4］** 2016年甲企業和乙企業的從事行業、資產規模和從業人數符合小型微利企業條件。甲企業應納稅所得額為30萬元，符合小型微利企業條件，企業所得稅稅率為20%，所得減半。乙企業應納稅所得額為31萬元，不符合小型微利企業條件，企業所得稅稅率為25%，所得不減半。計算甲企業和乙企業2016年應納企業所得稅。

［解答］ 甲企業應納企業所得稅＝30÷2×20%＝3（萬元）

乙企業應納企業所得稅＝31×25%＝7.75（萬元）

乙企業比甲企業應納稅所得額多1萬元，企業所得稅多繳4.75萬元。

（3）採用從價定率計稅方法，當稅率是超累稅率時，應納稅額的計算方法有兩種：分級法和速算法。其計算公式如下：

應納稅額＝∑（每級次計稅金額×對應級次稅率）

應納稅額＝全累稅率應納稅額－速算抵扣數

　　　　＝全部計稅金額×計稅金額最后一個單位對應稅率－速算抵扣數

公式中速算抵扣數習慣上稱速算扣除數。

[案例1-5] 王某與張某5月份工資薪金所得（扣除3,500元后）分別為4,500元、4,501元，分別按全額累進稅率和超額累進稅率計算王某與張某應納個人所得稅（稅率表如表1-1所示）。

表1-1　　　　　　　　　工資薪金個人所得稅稅率表（部分）　　　　　　金額單位：元

| 級次 | 全月應納稅所得額 | | 稅率(%) | 速算抵扣數 |
| --- | --- | --- | --- | --- |
| | 下限(不含) | 上限(含) | | |
| 1 | 0 | 1,500 | 3 | 0 |
| 2 | 1,500 | 4,500 | 10 | 1,500×(10%-3%)+0=105 |
| 3 | 4,500 | 9,000 | 20 | 4,500×(20%-10%)+105=555 |

[解答] ①按全額累進稅率計算如下：
王某應納個人所得稅=4,500×10%=450（元）
張某應納個人所得稅=4,501×20%=900.20（元）
張某比王某所得多1元，個人所得稅多繳450.20元，不合理。
②按超額累進稅率（分級法）計算如下：
王某應納個人所得稅=1,500×3%+3,000×10%=345（元）
張某應納個人所得稅=1,500×3%+3,000×10%+1×20%=345.20（元）
張某比王某所得多1元，個人所得稅多繳0.2元，合理。現行工資薪金所得個人所得稅採用超額累進稅率，不採用全額累進稅率。
③按超額累進稅率（速算法）計算如下：
王某應納個人所得稅=4,500×10%-105=345（元）
張某應納個人所得稅=4,501×20%-555=345.2（元）
速算法與分級法計算結果一致，速算法更為簡單。

3. 複合計稅方法。
採用複合計稅方法，應納稅額的計算公式如下：
應納稅額=計稅數量×定額稅率+計稅金額×比例稅率
現行稅制中，消費稅和進口貨物關稅採用了複合計稅方法。

[案例1-6] 某白酒生產企業6月份銷售自產糧食白酒10噸（1噸等於1,000千克），取得銷售額200,000元（不含增值稅）。白酒消費稅採用複合計稅方法：定額稅率為0.5元/500克，比例稅率為20%。計算該白酒企業6月份應納消費稅。

[解答] 應納消費稅=10×2,000×0.5+200,000×20%=50,000（元）

4. 選擇計稅方法
（1）採用選擇計稅方法，兩者從高，應納稅額的計算公式如下：
應納稅額=MAX（計稅數量×定額稅率，計稅金額×比例稅率）
註：MAX為Excel統計函數，其功能為返回一組數值中的最大值。
（2）採用選擇計稅方法，兩者從低，應納稅額的計算公式如下：
應納稅額=MIN（計稅數量×定額稅率，計稅金額×比例稅率）
註：MIN為Excel統計函數，其功能為返回一組數值中的最小值。
現行稅制中，進口貨物關稅採用了選擇計稅方法，兩者從低。

[案例 1-7] 2016 年 7 月，某公司進口天然膠乳（稅號 4001.1000），原產地為 A 國的進口 20 噸，關稅計稅價格為 8,000 元/噸；原產地為 B 國的進口 10 噸，關稅計稅價格為 10,000 元/噸。A 國、B 國均為世界貿易組織成員。天然膠乳 2016 年暫定稅率為 10%或 900 元/噸，兩者從低。計算該公司應納關稅。

[解答] 原產地為 A 國天然膠乳應納關稅＝MIN(20×900,20×8,000×10%)
$$= MIN(18,000,16,000) = 16,000（元）$$
原產地為 B 國天然膠乳應納關稅＝MIN(10×900,10×10,000×10%)
$$= MIN(9,000,10,000) = 9,000（元）$$

（四）稅額抵扣

稅額抵扣（Tax Credit）是為了避免重複徵稅從應納稅額中減去的金額。現行少數稅種規定了稅額抵扣，多數稅種沒有規定稅額抵扣。為了避免國內重複徵稅，下游環節可以抵扣在上游環節已納稅額，比如消費稅、增值稅。為了避免國際重複徵稅，居民從境外取得所得可以抵扣在境外已納稅額，比如企業所得稅和個人所得稅。

採用抵扣計稅方法，應納稅額的計算公式如下：

應納稅額＝稅基×稅率－稅額抵扣

抵扣計稅方法，在從量定額、從價定率、複合、選擇計稅方法下，計算公式不同。

1. 從量定額應納稅額的計算

在從量定額前提下，應納稅額的計算公式如下：

應納稅額＝計稅數量×定額稅率－稅額抵扣

[案例 1-8] 甲公司 8 月份將自產汽油 20 萬升銷售給乙公司。乙公司將外購汽油全部用於連續生產汽油，8 月份銷售汽油 30 萬升。汽油消費稅稅率為 1.52 元/升，計算甲公司和乙公司 8 月份應納消費稅。

[解答] 甲公司應納消費稅＝20×1.52＝30.4（萬元）
乙公司應納消費稅＝30×1.52－20×1.52＝45.6－30.4＝15.2（萬元）

2. 從價定率應納稅額的計算

在從價定率前提下，應納稅額的計算公式如下：

應納稅額＝計稅金額×比例稅率－稅額抵扣

[案例 1-9] 某公司為增值稅一般納稅人，9 月份購進原材料，取得增值稅專用發票，註明金額 200 萬元、稅額 34 萬元。該公司當月銷售產品，不含增值稅銷售額為 300 萬元，增值稅稅率為 17%。計算該公司當月應納增值稅。

[解答] 應納增值稅＝300×17%－34＝51－34＝17（萬元）

（五）稅額減免

稅額減免（Tax Reduction and Exemption）是為了給予優惠從應納稅額中減去的金額。現行稅種一般規定了稅額減免。稅額減免是稅收優惠（Tax Preference）的一種，設置稅收優惠是為了鼓勵或照顧某些納稅人。稅額減免是一個單獨的稅收要素，但稅收優惠不是一個單獨的稅收要素。稅收優惠包括稅基優惠、稅率優惠、稅額優惠（即稅額減免）等，涉及多個稅收要素。

1. 減稅、免稅與退稅

稅額減免包括減稅（Tax Reduction）、免稅（Tax Exemption）、退稅（Tax Refund）等。本書約定，應納稅額是在稅額減免之前的金額，應交稅額是在稅額減免之后的金額。應交稅額的計算公式如下：

應交稅額＝應納稅額－稅額減免

稅額減免之后，若應交稅額>0，則為減稅；若應交稅額＝0，則為免稅；若應交稅額<0，則為退稅。

[案例1-10] 某居民公司2016年購置用於環境保護的專用設備，取得增值稅普通發票，價稅合計100萬元。稅法規定，企業購置用於環境保護專用設備，可以從企業當年的應納稅額中減徵該專用設備投資額的10%。該公司2016年度應納稅所得額為120萬元，企業所得稅稅率為25%。計算該公司應納企業所得稅。

[解答] 應納企業所得稅=120×25%=30（萬元）

稅額減免=100×10%=10（萬元）

應交企業所得稅=30-10=20（萬元）

[案例1-11] 劉某2016年擁有2輛乘用車：一輛屬於節能車，排氣量1.6升；另一輛屬於新能源車。當地規定排氣量1.0升以上至1.6升（含）的乘用車車船稅年稅額為400元。自2012年1月1日起，對節約能源的車船，減半徵收車船稅；對使用新能源的車船，免徵車船稅。計算劉某2016年應納車船稅。

[解答] 1輛節能車應納車船稅=1×400×(1-50%)=200（元）

1輛新能源車免納車船稅。

2. 起徵點與扣除額

起徵點（Tax Threshold）也屬於稅額減免，稅基未超過起徵點的免稅，超過起徵點的全額計稅，等於起徵點的全額計稅（稅法規定免稅的除外）。起徵點不同於稅收扣除（Tax Deduction）（或稱扣除額），扣除額是從稅基中扣除的金額，不屬於稅額減免。

[案例1-12] 個體工商戶甲、乙、丙均為增值稅小規模納稅人，12月份甲、乙、丙銷售貨物不含增值稅銷售額分別為29,000元、30,000元、31,000元。增值稅小規模納稅人稅基為不含增值稅銷售額，徵收率為3%，增值稅小規模納稅人的起徵點為月銷售額30,000元（未超過免稅，超過全額徵稅）。計算甲、乙、丙分別應納增值稅。

[解答] 甲月銷售額29,000元≤30,000元，免徵增值稅。

乙月銷售額30,000元≤30,000元，免徵增值稅。

丙月銷售額31,000元>30,000元，全額計算增值稅。

丙應納增值稅=31,000×3%=930（元）

[案例1-13] 陳某、楊某、趙某1月份工資薪金收入分別為3,000元、3,500元、4,000元。工資薪金所得生計費用扣除標準為3,500元，稅率見表1-1。計算陳某、楊某、趙某分別應納個人所得稅。

[解答] 陳某應納稅所得額=3,000-3,500<0，不納個人所得稅。

楊某應納稅所得額=3,500-3,500=0，不納個人所得稅。

趙某應納稅所得額=4,000-3,500=500（元）

趙某應納個人所得稅=500×3%=15（元）

### 三、徵管要素

稅收的徵管要素包括納稅時間、納稅地點、納稅方式、徵稅部門、納稅申報等要素。

(一) 納稅時間

納稅時間（Tax Day）是指在什麼時間納稅。納稅時間有三個概念：納稅義務發生時間、納稅期限、申報繳稅期限。比如某企業銷售貨物，則增值稅納稅義務發生時間為收訖銷售款項或者取得索取銷售款憑據的當天；先開具發票的，為開具發票的當天。如果主管稅務機關核定該企業的納稅期限為1個月時，表示該企業1個月繳一次稅。該企業申報繳稅時間為月度終了15天內。

納稅時間的類型有按期納稅、按次納稅和按項目納稅。經常行為按期納稅，比如銷售貨物應納增值稅，按期納稅。偶然行為按次納稅，比如個人中獎應納個人所得稅，按次納

稅。房地產項目可以按項目納稅，比如土地增值稅按項目進行清算。

現行稅制中納稅義務發生時間採用權責發生制、現金收付制和發票開具與確認制。納稅期限有1日、3日、5日、10日、15日、1個月、1個季度或者1年。最短的1日，最長的1年。納稅期限較長的可實行先預繳后清繳的辦法，比如企業所得稅按年計算，分月或分季預繳，年度終了5個月內匯算清繳。

（二）納稅地點

納稅地點（Tax Payment Place）是指在什麼地方納稅。納稅地點為徵稅對象所在地或納稅人所在地，也就是物的所在地或人的所在地。

自然資源的納稅地點一般為開採地、生產所在地。商品的納稅地點一般為機構所在地、分支機構所在地、總機構所在地、居住地、銷售地、勞務發生地、報關地。財產的納稅地點一般為土地所在地、不動產所在地、車船所在地。所得的納稅地點一般為企業登記註冊地、實際管理機構所在地、機構場所所在地、任職受雇單位所在地、戶籍所在地、經常居住地等。

（三）納稅方式

納稅方式是納稅人申報、繳納稅款的方式。納稅方式有自行納稅、代扣代繳、代收代繳等方式。自行納稅是由納稅人自行計算、自行申報、自行繳納。代扣代繳是扣繳義務人向納稅人支付款項時，同時代扣稅款，進行扣繳報告，並解繳稅款。代收代繳是扣繳義務人向納稅人收取款項時，同時代收稅款，進行扣繳報告，並解繳稅款。

納稅申報方式具體有現場申報、郵寄申報、網上申報等方式。繳稅方式具體有轉帳繳稅、刷卡繳稅和現金繳稅等方式。

（四）徵稅部門

徵稅部門是負責徵收稅款的政府職能部門。現行徵稅部門有稅務機關和海關。關稅和船舶噸稅由海關負責徵收，其他稅收由稅務機關負責徵收。地方財政部門以前徵收耕地占用稅和契稅，2009年12月31日前，完成耕地占用稅和契稅徵管職能由地方財政部門劃轉到地方稅務部門的各項工作，財政部門不再徵稅。與徵稅部門相關的兩個概念是代徵部門和配合部門。

徵稅方式有直接徵收和委託代徵等方式。徵稅部門一般直接徵收稅款，徵稅部門根據有利於稅收管理和方便納稅的原則，也可以委託政府其他部門代徵稅款。比如消費稅、增值稅由稅務機關負責徵收，而進口環節的消費稅、增值稅由海關代徵；車船稅由地方稅務機關負責徵收，而船舶車船稅委託交通運輸部門海事管理機構代為徵收。

政府相關部門應配合徵稅部門徵收稅款。比如土地管理部門、房產管理部門應當向契稅徵收機關提供有關資料，並協助契稅徵收機關依法徵收契稅。

（五）納稅申報

納稅申報是納稅人按照稅法規定的期限和內容，向徵稅部門提交有關納稅事項書面報告的法律行為。納稅人和扣繳義務人應按期如實辦理納稅申報，報送納稅申報表、代扣代繳、代收代扣稅款報告表，並附送財務會計報表和其他納稅資料。

多數稅種的納稅申報表及附表由國家稅務總局統一制定，少數稅種的納稅申報表及附表由地方稅務局自行制定。現行納稅申報表的格式有Word格式和Excel格式。

## 第三節　稅收分類和稅收體系

### 一、稅收分類

稅收分類是按照一定的標準對複雜的稅種所進行的歸類。按照不同的標準，稅收有不同的分類。

（一）自然稅、商品稅、財產稅和所得稅

按徵稅對象分類，稅收可分為自然稅（Nature Tax）、商品稅（Goods and Services Tax）、財產稅（Property Tax）和所得稅（Income Tax）。

1. 自然稅

自然稅也稱資源和環境稅，是對自然資源的開採和對自然環境的破壞徵收的一類稅。自然稅包括自然資源稅和自然環境稅。

2. 商品稅

狹義的商品僅指有形產品，廣義的商品除了可以是有形的產品外，還可以是無形的服務。本書的商品指廣義的商品。商品稅也稱貨物和服務稅，或流轉稅，是對貨物和服務的流轉徵收的一類稅。商品稅包括進出口商品稅（即關稅）和境內商品稅（中國現行稅種為增值稅）。

3. 財產稅

財產稅是對持有財產和轉讓財產徵收的一類稅。財產稅可分為持有財產稅和轉讓財產稅，也可分為單項財產稅和綜合財產稅。單項財產稅可繼續分為不動產稅和動產稅。中國目前沒有綜合財產稅。

4. 所得稅

所得稅是對法人所得和自然人所得徵收的一類稅。所得稅包括法人所得稅和自然人所得稅。法人所得稅也稱公司所得稅或企業所得稅，自然人所得稅也稱個人所得稅。

所得稅按計徵方式有三種類型：分類所得稅、綜合所得稅和分類綜合所得稅（即混合所得稅）。分類所得稅是對不同項目的所得額分別計徵所得稅，綜合所得稅是將不同項目的所得額加總計徵所得稅，混合所得稅是先對不同項目的所得額分別計徵所得稅，然後再將不同項目的所得額加總計徵所得稅。中國現行企業所得稅屬於綜合所得稅，個人所得稅屬於分類所得稅。分類所得稅計徵簡單，但沒有考慮人的綜合情況，中國個人所得稅將從分類所得稅向混合所得稅轉型。

（二）對物稅和對人稅

按是否考慮人的情況分類，稅收可分為對物稅（In Rem Tax）和對人稅（Personal Tax）。

對物稅是指對資源、環境、商品或者具體財產徵收的一類稅。在課徵原理上，對物稅表現為一種由物及人的過程，即首先指向某物，然後才指向與該物具有一定結合關係的人。在稅收計算上，以物的價格、金額或數量為準，較少考慮人的具體情況，注重物，不注重人，有利於保證效率。對物稅包括自然稅、商品稅和單項財產稅。在徵稅地域上，對物稅的徵稅地域只包括境內。

對人稅是根據法人和自然人的具體情況徵收的一類稅。在課徵原理上，對人稅表現為一種由人及物的過程，即其首先指向某個人，然后才指向與該人具有一定結合關係的物。

在稅收計算上，對人稅要考慮到人的具體情況，並據以確定其納稅能力，有利於保證公平。對人稅包括所得稅和綜合財產稅。在徵稅地域上，對人稅的徵稅地域包括境內和境外。

（三）間接稅和直接稅

按稅負能否轉嫁分類，稅收可分為間接稅（Indirect Tax）和直接稅（Direct Tax）。

間接稅是稅負容易轉嫁的一類稅。直接稅是稅負難以轉嫁的一類稅。間接稅容易轉嫁，納稅人與負稅人不一致，稅款最終由負稅人承擔；直接稅難以轉嫁，納稅人與負稅人一致，稅款最終由納稅人承擔。商品稅屬於間接稅，所得稅屬於直接稅。

稅負轉嫁（Tax Shifting）是納稅人將繳納的稅額，通過各種途徑和方式全部或部分地轉移給他人負擔的過程。稅負轉嫁的方式有前轉、后轉、混轉和稅收資本化等。前轉（Forward Shifting）又稱順轉，是指納稅人在經濟交易中，通過提高商品銷售價格的方法，將稅負轉移給商品購買者承擔。前轉與商品運動方向相同，是稅負轉嫁的最典型和最普遍的方式。后轉（Backward Shifting）又稱逆轉，是指納稅人在經濟交易中，通過壓低商品購進價格的方法，將稅負轉移給商品銷售者承擔。后轉與商品運動方向相反。混轉或稱散轉（Diffused Shifting）是部分稅款前轉，部分稅款后轉。稅收資本化（Capitalization of Taxation）是長期資產的購買者將未來每年應交稅額的現值，在購進價格中預先扣除，一次性轉嫁給長期資產的銷售者，稅收資本化是后轉的一種特殊形式。

（四）從量稅、從價稅、複合稅和選擇稅

按計稅方法分類，稅收可分為從量稅（Specific Tax）、從價稅（Ad Valorem Tax）、複合稅和選擇稅。

從量稅也稱定額稅，採用從量定額計稅方法；從價稅包括比例稅和累進稅，採用從價定率計稅方法；複合稅既採用從量定額計稅方法，又採用從價定率計稅方法，並將兩者相加。選擇稅既採用從量定額計稅方法，又採用從價定率計稅方法，兩者從低或者兩者從高。

（五）價內稅和價外稅

按計稅金額是否含稅分類，稅收可分為價內稅（Tax With the Price）和價外稅（Off-price Tax）。

價內稅計稅金額含該稅，價外稅計稅金額不含該稅。值得注意的是，含該稅並非含所有的稅種，可以不含別的稅；不含該稅並非不含所有的稅種，可以含別的稅。現行消費稅、企業所得稅、個人所得稅等屬於價內稅，增值稅、關稅、菸葉稅、契稅、車輛購置稅等屬於價外稅。

1. 價內稅計稅方法

價內稅的計稅金額為含稅金額。

（1）在從價定率前提下，價內稅計稅公式為：

價內稅＝含稅金額×比例稅率

如果已知不含稅金額，計算價內稅含稅金額推導如下：

因為：含稅金額＝不含稅金額＋價內稅

可得：含稅金額＝不含稅金額＋含稅金額×比例稅率

解得：含稅金額＝不含稅金額÷（1－比例稅率）

［案例1-14］某化妝品公司2月份特製一批高檔化妝品，發給職工，該批高檔化妝品成本85,000元。高檔化妝品消費稅稅率為15%，稅基為銷售額，銷售額應當包括成本、利潤和消費稅，高檔化妝品的全國平均成本利潤率為5%。計算該化妝品公司應納消費稅。

［解答］含稅金額＝85,000×（1＋5%）÷（1－15%）＝105,000（元）

應納消費稅＝105,000×15%＝15,750（元）

(2) 在複合計稅前提下，價內稅計稅公式為：

價內稅＝計稅數量×定額稅率＋含稅金額×比例稅率

如果已知不含稅金額，計算價內稅含稅金額推導如下：

因為：含稅金額＝不含稅金額＋價內稅

可得：含稅金額＝不含稅金額＋計稅數量×定額稅率＋含稅金額×比例稅率

解得：含稅金額＝(不含稅金額＋計稅數量×定額稅率)÷(1−比例稅率)

2. 價外稅計稅方法

價外稅計稅金額為不含稅金額。

(1) 在從價定率前提下，價外稅計稅公式為：

價外稅＝不含稅金額×比例稅率

如果已知含稅金額，計算價外稅不含稅金額推導如下：

因為：不含稅金額＝含稅金額－價外稅

可得：不含稅金額＝含稅金額－不含稅金額×比例稅率

解得：不含稅金額＝含稅金額÷(1＋比例稅率)

[案例1-15] 某零售商店為增值稅一般納稅人，3月份購進商品，取得增值稅專用發票，註明金額60萬元、稅額10.2萬元；當月銷售商品，價稅合計收取款項105.3萬元，增值稅稅率為17%。計算該商店當月應納增值稅。

[解答] 不含增值稅銷售額＝105.3÷(1＋17%)＝90（萬元）

銷項稅額＝90×17%＝15.3（萬元）

應納增值稅＝15.3−10.2＝5.1（萬元）

(2) 在複合計稅前提下，價外稅計稅公式為：

價外稅＝計稅數量×定額稅率＋不含稅金額×比例稅率

如果已知含稅金額，計算價外稅不含稅金額推導如下：

因為：不含稅金額＝含稅金額－價外稅

可得：不含稅金額＝含稅金額－(計稅數量×定額稅率＋不含稅金額×比例稅率)

解得：不含稅金額＝(含稅金額－計稅數量×定額稅率)÷(1＋比例稅率)

3. 含稅與不含稅的判斷

判斷一項金額、價格或價款是否含稅，有以下三種方法：

(1) 看定價。如果含稅定價，則該價格含稅；如果不含稅定價，則價格不含稅。比如某零售商場含稅定價，商品單價100元，則100元含稅；某公司不含增值稅定價，商品單價100元，則100元不含增值稅。

(2) 看收款。如果收取價款不另外收取稅額，則該價款含稅；如果收取價款之外另外收取稅額，則該價款不含稅。比如某餐館向客戶收取價款100元，不另外收取稅額，則100元含稅；某公司向客戶收取價款100元，另外收取增值稅稅額17元，則100元不含增值稅。

(3) 看發票。增值稅發票分別註明金額、稅額、價稅合計的，則金額不含增值稅；增值稅發票未單獨註明稅額的，則金額含增值稅。比如某公司銷售貨物，開具增值稅發票，註明金額100元、稅額17元、價稅合計117元，則100元不含增值稅；某超市銷售貨物，開具增值稅發票，未單獨註明稅額，金額為100元，則100元含增值稅。

(六) 實物稅、勞役稅和貨幣稅

按稅款形式分類，稅收可分為實物稅（In Kind Tax）、勞役稅（Labor Tax）和貨幣稅（Monetized Tax）。

實物稅是指稅收以實物形式繳納，勞役稅是指稅收以勞役形式繳納，貨幣稅是指稅收

以貨幣形式繳納。在自然經濟下，主要是實物稅和勞役稅。比如唐初在均田制的基礎上實行租庸調制，規定田有租、戶有調、身有庸，即所謂的「粟米之徵」「布縷之徵」「力役之徵」。在市場經濟下，貨幣化程度大大提高，貨幣稅成為主流。

中國現行稅種主要徵收貨幣稅，以人民幣計算。特殊情況下徵收實物稅。自 1994 年 1 月 1 日起，中外合作油（氣）田按合同開採的原油、天然氣應按實物徵收增值稅，徵收率為 5%，在計徵增值稅時，不抵扣進項稅額。原油、天然氣出口時不予退稅。自 2011 年 11 月 1 日起，開採海洋或陸上油氣資源的中外合作油（氣）田，按實物量計算繳納資源稅，以該油（氣）田開採的原油、天然氣扣除作業用量和損耗量之後的原油、天然氣產量作為計稅依據。中外合作油（氣）田的資源稅由作業者負責代扣，申報繳納事宜由參與合作的中國石油公司負責辦理。計徵的原油、天然氣資源稅實物隨同中外合作油氣田的原油、天然氣一併銷售，按實際銷售額（不含增值稅）扣除其本身所發生的實際銷售費用后入庫。

（七）中央稅、地方稅和共享稅

按稅收歸屬分類，稅收可分為中央稅（Central Tax）、地方稅（Local Tax）和共享稅（Shared Tax）。

中央稅是稅收收入歸屬中央政府的一類稅，地方稅是稅收收入歸屬地方政府的一類稅，共享稅即中央和地方共享稅，是稅收收入按照一定方法或比例在中央和地方之間分配的一類稅。比如關稅、船舶噸稅屬於中央稅，契稅、城鎮土地使用稅、房產稅屬於地方稅。資源稅、增值稅屬於共享稅。

（八）一般目的稅和特定目的稅

按稅收用途分類，稅收可分為一般目的稅（General Tax）和特定目的稅（Special Tax）。

一般目的稅是用於滿足政府一般財政需要的一類稅，一般目的稅不指定具體用途。特別目的稅是用於滿足政府某項特定用途的一類稅，特定目的稅專款專用。比如國外的社會保險稅，屬於特定目的稅，專項用於社會保險支出。中國現行稅種主要是一般目的稅，城市維護建設稅是特定目的稅，專項用於城市的公用事業和公共設施的維護建設，用於鄉鎮的維護和建設。教育費附加和地方教育附加視同稅金，是特定目的費，專項用於發展教育事業。但是城市的維護和建設、教育事業發展不僅僅依賴城市維護建設稅、教育費附加和地方教育附加，也依賴於其他稅收。

（九）主體稅和輔助稅

按稅收的份額分類，稅收可分為主體稅（Main Tax）和輔助稅（Subsidiary Tax）。

主體稅是在全部稅收中份額較大的一類稅，在全部稅收中起主導作用。輔助稅是在全部稅收中份額較小的一類稅，在全部稅收中起補充、輔助的作用。一般地，一個稅種收入占全部稅收收入的比重在 5% 以上的，為主體稅；在 5% 以下的，為輔助稅。在自然經濟下，財產稅是主體稅，主要稅種有土地稅和人頭稅。在自由市場經濟下，商品稅是主體稅，主要稅種有關稅和境內商品稅。在混合市場經濟下，所得稅是主體稅，主要稅種有個人所得稅和公司所得稅。

中國現行稅收體系中，商品稅份額最大，是現在的主體稅；所得稅增長最快，是將來的主體稅；自然稅和財產稅稅種較多，但零星分散，是輔助稅。因此，中國現行稅收體系以商品稅和所得稅為雙主體。

## 二、稅收體系

（一）稅收體系類型

稅收體系（Tax System）是一個國家所有稅種的總合。稅收體系可分為單一稅制

(Unitary Tax System)和複合稅制(Multiple Tax System)。

1. 單一稅制

單一稅制是指一個國家只以一種事物為對象設置稅種,具體稅種數量可以是一個,也可以是少數幾個,但這幾個稅種的經濟性質完全相同。單一稅制包括單一土地稅、單一消費稅、單一資本稅或單一所得稅。單一稅制無法取得足夠財政收入,所以它並未真正付諸實施。

2. 複合稅制

複合稅制是指一個國家以多種事物為對象設置稅種,表現為性質不同的多個稅種同時存在。世界各國均採用複合稅制,中國也是由多類稅組成的複合稅體系。

(二) 2013 年以來新一輪稅制改革

2013 年以來新一輪稅制改革主要內容和階段如下:

(1) 自 2013 年 8 月 1 日起,在全國範圍內開展交通運輸業和部分現代服務業營改增試點。

(2) 自 2014 年 1 月 1 日起,鐵路運輸和郵政業納入營改增全國試點;自 2014 年 6 月 1 日起,電信業納入營改增全國試點。

(3) 自 2014 年 7 月 1 日起,簡並和統一增值稅徵收率,將 6% 和 4% 的增值稅徵收率統一調整為 3%。

(4) 自 2014 年 12 月 1 日起,在全國範圍內實施煤炭資源稅從價計徵改革,同時清理相關收費基金;自 2014 年 12 月 1 日起,原油、天然氣礦產資源補償費費率降為零,相應將資源稅適用稅率由 5% 提高至 6%。

(5) 自 2014 年 12 月 1 日起,調整消費稅政策,取消小排量摩托車、汽車輪胎、酒精消費稅。

(6) 自 2015 年 1 月 13 日起,繼續提高成品油消費稅;自 2015 年 2 月 1 日起,對電池、塗料徵收消費稅。

(7) 自 2015 年 5 月 1 日起,實施稀土、鎢、鉬資源稅清費立稅、從價計徵改革。

(8) 自 2016 年 5 月 1 日起,在全國範圍內全面推開營改增試點,建築業、房地產業、金融業、生活服務業等全部營業稅納稅人納入試點範圍,由繳納營業稅改為繳納增值稅。

(9) 自 2016 年 7 月 1 日起,全面推進資源稅從價計徵改革及河北省水資源稅改革試點。

(10) 自 2016 年 10 月 1 日起,取消對普通化妝品徵收消費稅,並將高檔化妝品消費稅稅率下調至 15%。

(三) 現行稅收體系

中國已經初步建立了適應市場經濟體制需要的稅收體系,現行稅收體系由 17 個稅種構成,另外教育費附加和地方教育附加可視同稅金,如表 1-2 所示。

表 1-2　　　　　　　　　　　中國現行稅收體系

| 稅類 | 稅種 |
| --- | --- |
| 一、自然稅類 | 1. 資源稅 |
|  | 2. 耕地占用稅 |
|  | 3. 菸葉稅 |
|  | 4. 消費稅 |

表1-2(續)

| 稅類 | 稅種 |
|---|---|
| 二、商品稅類 | 5. 關稅 |
| | 6. 船舶噸稅 |
| | 7. 增值稅 |
| | 8. 城市維護建設稅 |
| | 教育費附加 |
| | 地方教育附加 |
| 三、財產稅類 | 9. 印花稅（既屬於商品稅類，又屬於財產稅類） |
| | 10. 契稅 |
| | 11. 土地增值稅 |
| | 12. 城鎮土地使用稅 |
| | 13. 房產稅 |
| | 14. 車輛購置稅 |
| | 15. 車船稅 |
| 四、所得稅類 | 16. 企業所得稅 |
| | 17. 個人所得稅 |

（四）稅制改革設想

筆者認為，中國稅收體系仍需進一步完善，取消一些稅種，開徵一些稅種，「費改稅」一些稅種，改革一些稅種，具體設想如下：

1. 自然稅改革

（1）擴大資源稅徵收範圍，逐步將其他自然資源納入徵收範圍，合理利用自然資源。

（2）開徵環境稅，有效控制污染，保護自然環境。

2. 商品稅改革

（1）在全面營改增後，簡並增值稅稅率檔次，可將低稅率改為即徵即退。

（2）取消城市維護建設稅、教育費附加、地方教育附加。當前中國稅收過度集中於商品稅，城市維護建設稅、教育費附加、地方教育附加均屬於商品稅附加，重複徵稅，應予取消。

（3）取消印花稅，開徵證券交易稅。印花稅既屬於商品稅，又屬於財產稅，重複徵稅，應予取消。對證券交易可單獨開徵證券交易稅。

3. 財產稅改革

（1）整合房地產稅收。現行房地產稅收，轉讓環節重複徵收，持有環節徵收不足。應取消土地增值稅，開徵房地產稅。

（2）開徵遺產稅，縮小代際差距，並填補中國綜合財產稅空白。

4. 所得稅改革

（1）完善企業所得稅，清理過多、過濫的企業所得稅優惠政策，尤其是地區優惠政策；取消高新技術企業稅收優惠，加大研發支出優惠力度，鼓勵創新行為。

（2）個人所得稅轉型，從分類所得稅向混合所得稅轉型，體現個人綜合納稅能力，稅負更為公平。

（3）將目前徵收的社會保險費改為社會保險稅，按照統一標準徵收，並實現規範管理。

5. 非稅收入改革

（1）取消不合理的政府性基金和行業事業性收費，減輕企業稅費負擔。

（2）繼續保留的政府性基金和行業事業性收費逐步納入一般公共預算。

## 第四節　稅權劃分

稅權，即徵稅權力，是國家機構在稅收方面的權力，屬於國家權力。稅權包括稅收立法權、稅收歸屬權和稅收執法權。稅權的劃分有橫向劃分和縱向劃分。稅權的橫向劃分是稅權在同級立法、司法、行政及其徵稅部門等國家機構之間的劃分。稅權的縱向劃分是稅權在各級國家機構之間的劃分。

**一、稅收立法權**

稅收立法權是制定、解釋、修改或廢止稅收法律、法規、規章和規範性文件的權力。稅收立法權是稅權的核心內容。

稅法是國家制定的用以調整徵稅人與納稅人之間在徵納稅方面的權利與義務關係的法律規範的總稱。稅法有狹義和廣義之分，狹義的稅法僅指稅收法律，廣義的稅法包括稅收法律、法規、規章和規範性文件。

（一）稅法來源

從當前中國的稅收立法實踐看，稅法來源分為以下幾種情況：

1. 全國人民代表大會及其常務委員會制定的稅收法律

《中華人民共和國立法法》規定：全國人民代表大會和全國人民代表大會常務委員會行使國家立法權。全國人民代表大會制定和修改刑事、民事、國家機構的和其他的基本法律。全國人民代表大會常務委員會制定和修改除應當由全國人民代表大會制定的法律以外的其他法律；在全國人民代表大會閉會期間，對全國人民代表大會制定的法律進行部分補充和修改，但是不得同該法律的基本原則相抵觸。稅種的設立、稅率的確定和稅收徵收管理等稅收基本制度，只能制定法律。

現行稅法中，《中華人民共和國企業所得稅法》由全國人民代表大會制定，《中華人民共和國個人所得稅法》《中華人民共和國車船稅法》《中華人民共和國稅收徵收管理法》由全國人民代表大會常務委員會制定。

2. 國務院制定的稅收行政法規

《中華人民共和國立法法》規定：只能制定法律的事項尚未制定法律的，全國人民代表大會及其常務委員會有權作出決定，授權國務院可以根據實際需要，對其中的部分事項先制定行政法規。授權立法事項，經過實踐檢驗，制定法律的條件成熟時，由全國人民代表大會及其常務委員會及時制定法律。法律制定后，相應立法事項的授權終止。現行稅法中，資源稅、耕地占用稅、菸葉稅、消費稅、進出口關稅、船舶噸稅、增值稅、城市維護建設稅、印花稅、契稅、土地增值稅、城鎮土地使用稅、房產稅、車輛購置稅14個稅種的暫行條例由國務院制定。現行稅種由國務院制定行政法規的過多，應逐步增加全國人民代表大會及其常務委員會立法的稅種數量，落實稅收法定原則。

《中華人民共和國立法法》規定：國務院根據憲法和法律，制定行政法規。行政法規可

以就下列事項作出規定：第一，為執行法律的規定需要制定行政法規的事項；第二，《中華人民共和國憲法》第八十九條規定的國務院行政管理職權的事項。現行《中華人民共和國企業所得稅法》《中華人民共和國個人所得稅法》《中華人民共和國車船稅法》《中華人民共和國稅收徵收管理法》的實施條例由國務院制定。

3. 地方人民代表大會及其常務委員會制定的稅收地方性法規

《中華人民共和國立法法》規定：省、自治區、直轄市的人民代表大會及其常務委員會根據本行政區域的具體情況和實際需要，在不同憲法、法律、行政法規相抵觸的前提下，可以制定地方性法規。中國在稅收立法上堅持「全國統一」的原則，根據《中華人民共和國稅收徵收管理法》的規定，只有經由稅收法律和稅收行政法規授權，地方各級人民代表大會及其常務委員會才有權制定地方性稅收法規。

4. 國務院稅務主管部門制定的稅收部門規章

《中華人民共和國立法法》規定：國務院各部、委員會、中國人民銀行、審計署和具有行政管理職能的直屬機構，可以根據法律和國務院的行政法規、決定、命令，在本部門的權限範圍內，制定規章。

國務院稅務主管部門包括財政部、國務院關稅稅則委員會、國家稅務總局和海關總署。比如資源稅、耕地占用稅、消費稅、增值稅、營業稅、印花稅 6 個稅種暫行條例的實施細則由財政部和國家稅務總局制定，契稅、土地增值稅 2 個稅種暫行條例的實施細則由財政部制定，《中華人民共和國進境物品進口稅率表》由國務院關稅稅則委員會制定，《中華人民共和國海關審定進出口貨物完價價格辦法》由海關總署制定。

5. 地方政府制定的稅收地方規章

《中華人民共和國立法法》規定：省、自治區、直轄市和設區的市、自治州的人民政府，可以根據法律、行政法規和本省、自治區、直轄市的地方性法規，制定規章。按照「全國統一」原則，地方政府只能根據中央政府的授權制定稅收規章或者規範性文件。比如城市維護建設稅、城鎮土地使用稅、房產稅等稅種的暫行條例規定，施行細則或實施辦法由省、自治區、直轄市人民政府制定。

此外，《中華人民共和國民族區域自治法》第三十四條規定：「民族自治地方的自治機關在執行國家稅法的時候，除應由國家統一審批的減免稅收項目之外，對屬於地方財政收入的某些需要從稅收上加以照顧和鼓勵的，可以實行減稅或者免稅，自治州、自治縣決定減稅或者免稅，須報省、自治區、直轄市人民政府批准。」

6. 國際稅收協定

國際稅收協定或稱國際稅收條約，是兩個以上的主權國家，為了協調相互之間在處理跨國納稅人徵稅事務和其他涉稅事項，依據國際關係準則，簽訂的協議或條約。稅收協定屬於國際法中「條約法」的範疇，是劃分國際稅收管轄權的重要法律依據，對當事國具有同國內法效力相當的法律約束力。

目前，中國已同日本、美國、法國、英國、比利時、德國、馬來西亞、挪威、丹麥、芬蘭、加拿大、瑞典、新西蘭、泰國、義大利等國家簽訂雙邊稅收協定。

(二) 稅法分類

1. 按照稅法的效力不同，稅法可分為稅收法律、稅收法規和稅收規章

《中華人民共和國立法法》規定：憲法具有最高的法律效力，一切法律、行政法規、地方性法規、自治條例和單行條例、規章都不得同憲法相抵觸。法律的效力高於行政法規、地方性法規、規章。行政法規的效力高於地方性法規、規章。地方性法規的效力高於本級和下級地方政府規章。省、自治區的人民政府制定的規章的效力高於本行政區域內的設區的市、自治州的人民政府制定的規章。

稅收法律由全國人民代表大會及其常務委員會制定，其法律地位和效力僅次於憲法而高於稅收法規和稅收規章。稅收法規由國務院、地方人民代表大會及其常務委員會制定，包括稅收行政法規和稅收地方性法規，其效力低於憲法和稅收法律而高於稅收規章。稅收規章由國務院稅務主管部門和地方政府制定，包括稅收部門規章和稅收地方規章，其法律效力較低。

2. 按照稅法的地位不同，稅法可分為稅收總法和稅收分法

稅收總法也稱稅收通則，是對稅收的總體原則和基本內容進行規定的法律，是稅法體系的核心。中國目前沒有制定統一的稅收總法。稅收分法是根據稅收總法的原則，對稅收總法規定的事項分別進行規定的法律，比如企業所得稅法、稅收徵收管理法。

3. 按照稅法的內容不同，稅法可分為稅收實體法和稅收程序法

稅收實體法主要規定每個稅種的各個要素，比如企業所得稅法、車船稅法。稅收程序法是指稅收徵收管理、徵納程序、發票管理、稅務機關組織、稅收處罰、稅務爭訟等方面的法律。在中國現行徵收管理制度下，稅務機關負責徵收的稅種的徵收管理，按照各稅種的規定及《中華人民共和國稅收徵收管理法》執行，海關負責徵收的稅種的徵收管理，按照各稅種的規定及《中華人民共和國海關法》執行。

4. 按照稅收管轄權的不同，稅法可分為國內稅法、外國稅法、國際稅法。

國內稅法一般是按屬地或屬人原則，規定一個國家的內部稅收制度。外國稅法是指外國各個國家制定的稅收制度。國際稅法是指國家間形成的稅收制度，主要包括雙邊或多邊國家間的稅收協定、條約和國際慣例等。

（三）稅法適用

稅法來源繁雜、種類多樣，對其適用性或法律效力的判斷，一般按以下原則掌握：

（1）上位法優於下位法原則。法律優於法規，法規優於規章。

（2）新法優於舊法原則。在同一層次的法律中，后公布的稅法優於先公布的稅法。

（3）特別法優於一般法原則。對同一事項兩部法律分別制定有一般規定和特別規定時，特別規定的效力高於一般規定的效力。特別法優於一般法原則打破了上位法優於下位法原則，即居於特別法地位的下位法，其效力可以高於作為普通法的上位法。

（4）國際法優於國內法原則。《中華人民共和國稅收徵收管理法》規定：中華人民共和國同外國締結的有關稅收的條約、協定同本法有不同規定的，依照條約、協定的規定辦理。

## 二、稅收歸屬權

稅收歸屬權，即稅收收入由哪一級國家機構所有的權力，是稅權的出發點和最終歸宿。目前中國的稅收收入分為中央稅、地方稅、共享稅。

（一）中央稅

中央政府固定收入包括消費稅、車輛購置稅、關稅、船舶噸稅。

（二）地方稅

地方政府固定收入包括耕地占用稅、菸葉稅、契稅、土地增值稅、城鎮土地使用稅、房產稅、車船稅。

（三）共享稅

中央和地方共享收入如下：

（1）資源稅：海洋石油企業繳納的部分歸中央政府，其余部分歸地方政府。

（2）增值稅：自 2016 年 5 月 1 日起，所有行業企業繳納的增值稅均納入中央和地方共享範圍，中央分享增值稅的 50%，地方按稅收繳納地分享增值稅的 50%。

（3）城市維護建設稅和教育費附加：各銀行總行、各保險總公司集中繳納的部分歸中央政府，其餘部分歸地方政府。

（4）印花稅：自 2016 年 1 月 1 日起，證券交易印花稅收入全部歸中央政府，其他印花稅收入歸地方政府。

（5）企業所得稅：國家郵政企業、四大國有商業銀行和政策性銀行以及海洋石油企業繳納的部分歸中央政府，其餘部分由中央政府與地方政府按照 60：40 的比例實行分享。

（6）個人所得稅：由中央政府與地方政府按照 60：40 的比例實行分享。

現行共享稅過多，應減少共享稅，體現分稅制，可將稅基流動性強的增值稅劃為中央稅，將企業所得稅、個人所得稅、車輛購置稅等劃為地方稅。

**三、稅收執法權**

稅收執法權是政府部門執行稅法的行政權力。稅收執法權包括稅款徵收權、稅務管理權、稅收檢查權、稅務行政處罰權和稅務行政復議權等。其中，以稅款徵收權為核心，沒有稅款徵收權，其他執法權就無從談起。

（一）徵稅部門設置

現行徵稅部門包括稅務機關和海關。

1. 稅務機關

（1）稅務機關是主管中國稅收徵收管理工作的部門。1994 年，中國開始實行分稅制財政管理體制；同時，對稅收管理機構也進行了相應的配套改革。中央政府設立國家稅務總局，是國務院主管稅收工作的直屬機構；省及省以下稅務機構分設為國家稅務局和地方稅務局兩個系統。

（2）國家稅務局系統包括省（自治區、直轄市）國家稅務局、地（市、州、盟）國家稅務局、縣（市、旗）國家稅務局以及徵收分局或稅務所。

國家稅務局系統實行國家稅務總局垂直管理的領導體制，在機構、編製、經費、領導幹部職務的審批等方面按照下管一級的原則，實行垂直管理。

（3）地方稅務局系統包括省（自治區、直轄市）地方稅務局、地（市、州、盟）地方稅務局、縣（市、旗）地方稅務局以及徵收分局或稅務所。

省（自治區、直轄市）地方稅務局實行省（自治區、直轄市）政府和國家稅務總局雙重領導、以地方政府領導為主的管理體制。國家稅務總局對省（自治區、直轄市）地方稅務局的領導主要體現在稅收政策、業務的指導和協調以及對國家統一的稅收制度、政策的組織實施和監督檢查等方面。

省（自治區、直轄市）以下地方稅務局實行上級稅務機關和同級政府雙重領導、以上級稅務機關垂直領導為主的管理體制，即地（市、州、盟）以及縣（市、旗）地方稅務局的機構設置、幹部管理、人員編製和經費開支由所在省（自治區、直轄市）地方稅務機構垂直管理。

2. 海關

海關是國家的進出關境（以下簡稱進出境）監督管理機關。海關依照海關法和其他有關法律、行政法規，監管進出境的運輸工具、貨物、行李物品、郵遞物品和其他物品，徵收關稅和其他稅、費，查緝走私，並編製海關統計和辦理其他海關業務。

國務院設立海關總署，統一管理全國海關。國家在對外開放的口岸和海關監管業務集中的地點設立海關。

海關的隸屬關係不受行政區劃的限制。海關依法獨立行使職權，向海關總署負責。

(二) 稅收徵收管理範圍劃分

目前中國的稅收分別由稅務機關和海關負責徵收管理。

(1) 國家稅務總局海洋石油稅務管理局負責徵收和管理的稅種有海洋石油企業所得稅、資源稅。

(2) 國家稅務局負責徵收和管理的稅種有消費稅，增值稅，出口退稅，車輛購置稅，鐵路運輸、國家郵政、各銀行總行、保險總公司集中繳納的所得稅、城市維護建設稅和教育費附加，對證券交易徵收的印花稅，中央企業所得稅，中央與地方所屬企事業單位組成的聯營企業、股份制企業的所得稅，地方銀行、非銀行金融企業所得稅，2002年1月1日以后在各級工商行政管理部門辦理設立（開業）登記企業的企業所得稅，2009年起新增企業所得稅納稅人中應繳納增值稅的企業的企業所得稅以及中央稅的滯納金、補稅和罰款。

(3) 地方稅務局負責徵收和管理的稅種有耕地占用稅，菸葉稅，契稅，土地增值稅，城鎮土地使用稅，房產稅，車船稅，個人所得稅，資源稅（不包括海洋石油資源稅），城市維護建設稅和教育費附加（不包括由國家稅務局負責徵收的部分），印花稅（不包括證券交易印花稅），2002年1月1日以前在各級工商行政管理部門辦理設立（開業）登記的地方國有企業、集體企業、私營企業繳納的企業所得稅，2009年起新增企業所得稅納稅人中應繳納營業稅的企業的企業所得稅以及地方稅的滯納金、補稅和罰款。在部分地區，地方稅務局還負責社會保險費及其他一些地方規費的徵收。

(4) 國家稅務局、地方稅務局互相委託代徵稅種情況如下：納稅人銷售取得的不動產和其他個人出租不動產的增值稅，國家稅務局暫委託地方稅務局代為徵收。

對已實現國稅、地稅辦稅服務廳互設窗口，或者國稅與地稅共建辦稅服務廳、共駐政務服務中心等合作辦稅模式的地區，地稅機關應在辦稅服務廳設置專職崗位，負責徵收國稅機關代開發票環節涉及的地方稅費。對暫未實現上述國稅、地稅合作辦稅模式的地區，地稅機關應委託國稅機關在代開發票環節代徵地方稅費。

委託國稅機關代徵的，國稅機關應當在代開發票環節徵收增值稅，並同時按規定代徵城市維護建設稅、教育費附加、地方教育附加、個人所得稅（有扣繳義務人的除外）以及跨地區經營建築企業項目部的企業所得稅。有條件的地區，經省國稅機關、地稅機關協商，國稅機關在代開發票環節可為地稅機關代徵資源稅、印花稅及其他非稅收入，代徵範圍需及時向社會公告。

國家稅務局與地方稅務局的稅收徵收管理範圍比較雜亂，在減少共享稅的基礎上，重新明確國家稅務局和地方稅務局的分工。

(5) 海關負責徵收和管理的稅種有關稅、進境物品進口稅、船舶噸稅。海關還代徵進口貨物的增值稅和消費稅。

### 四、納稅人權利與義務

(一) 納稅人權利

納稅人或扣繳義務人在納稅過程中依法享有下列權利：

(1) 知情權。
(2) 保密權。
(3) 稅收監督權。
(4) 納稅申報方式選擇權。
(5) 申請延期申報權。
(6) 申請延期繳納稅款權。
(7) 申請退還多繳稅款權。

（8）依法享受稅收優惠權。
（9）委託稅務代理權。
（10）陳述與申辯權。
（11）對未出示稅務檢查證和稅務檢查通知書的拒絕檢查權。
（12）稅收法律救濟權，包括依法享有申請行政復議、提起行政訴訟、請求國家賠償等權利。
（13）依法要求聽證的權利。
（14）索取有關稅收憑證的權利。
（二）納稅人義務
依照憲法、稅收法律和行政法規的規定，納稅人和扣繳義務人在納稅過程中負有以下義務：
（1）依法進行稅務登記的義務。
（2）依法設置帳簿、保管帳簿和有關資料以及依法開具、使用、取得和保管發票的義務。
（3）財務會計制度和會計核算軟件備案的義務。
（4）按照規定安裝、使用稅控裝置的義務。
（5）按時、如實申報的義務。
（6）按時繳納稅款的義務。
（7）代扣、代收稅款的義務。
（8）接受依法檢查的義務。
（9）及時提供信息的義務。
（10）報告其他涉稅信息的義務。

僅從稅法看，納稅人的權利與義務是不對等的，納稅人的義務是實質的，納稅人的權利是從屬的。稅法以規定納稅人的義務為主，納稅人的權利是建立在其納稅義務的基礎之上的。但在一個國家整個法律體系中，納稅人的權利與義務應當對等，納稅人的實質權利體現在憲法和其他法律之中。

# 第二篇
# 自然稅理論與實務

## 第二章
## 資源稅和耕地占用稅

資源稅是對在境內開採應稅自然資源的單位和個人徵收的一種稅。資源稅的歷史可以追溯到周代的「山澤之賦」。中國自 2014 年 12 月 1 日起實施煤炭資源稅從價計徵改革，自 2015 年 5 月 1 日起實施稀土、鎢、鉬資源稅從價計徵改革，自 2016 年 7 月 1 日起全面推進資源稅改革。中國的資源稅改革旨在通過全面實施清費立稅、從價計徵改革，理順資源稅費關係，建立規範公平、調控合理、徵管高效的資源稅制度，有效發揮其組織收入、調控經濟、促進資源節約集約利用和生態環境保護的作用。現行資源稅具有如下特點：

（1）徵稅對象為部分自然資源，包括應稅礦產品和鹽，屬於資源和環境稅、對物稅。

（2）納稅環節為開採或生產應稅資源並銷售或者自用環節，實行一次課徵制，進口應稅資源不徵收資源稅，出口應稅資源不退（免）資源稅。

（3）納稅人包括單位和個人，稅負易轉嫁，屬於間接稅。

（4）採用從價定率或者從量定額計稅方法，屬於從價稅或者從量稅。

（5）實行比例稅率或者定額稅率。

（6）稅基為銷售額或者銷售量。銷售額含資源稅，不含增值稅，屬於價內稅。銷售量計稅單位為噸、立方米。

（7）稅額減免包括一般減免，原油、天然氣減免。

（8）屬於共享稅，由地方稅務局和國家稅務總局海洋石油稅務管理機構徵收。

現行資源稅的基本規範包括：

（1）《國務院關於修改〈中華人民共和國資源稅暫行條例〉的決定》（2011 年 9 月 30 日國務院令第 605 號公布，自 2011 年 11 月 1 日起施行）。

（2）《中華人民共和國資源稅暫行條例實施細則》（2011 年 10 月 28 日財政部、國家稅務總局令第 66 號公布，自 2011 年 11 月 1 日起施行）。

（3）《財政部 國家稅務總局關於實施煤炭資源稅改革的通知》（2014 年 10 月 9 日財稅〔2014〕72 號公布，自 2014 年 12 月 1 日起施行）。

（4）《財政部 國家稅務總局關於實施稀土、鎢、鉬資源稅從價計徵改革的通知》（2015 年 4 月 30 日財稅〔2015〕52 號公布，自 2015 年 5 月 1 日起實施）。

(5)《財政部 國家稅務總局關於全面推進資源稅改革的通知》（2016 年 5 月 9 日財稅〔2016〕53 號公布，自 2016 年 7 月 1 日起實施）。

## 第一節　資源稅徵稅對象、納稅環節和納稅人

### 一、徵稅對象

資源稅對部分自然資源徵稅，徵稅對象為應稅礦產品和鹽（以下稱應稅產品）。
(一) 全國徵稅對象
1. 金屬礦
金屬礦包括稀土礦、鎢礦、鉬礦、鐵礦、金礦、銅礦、鋁土礦、鉛鋅礦、鎳礦、錫礦、未列舉名稱的其他金屬礦產品。
稀土、鎢、鉬應稅產品包括原礦和以自採原礦加工的精礦。
鋁土礦包括耐火級礬土、研磨級礬土等高鋁粘土。
2. 非金屬礦
非金屬礦包括原油、天然氣、煤炭、石墨、硅藻土、高嶺土、螢石、石灰石、硫鐵礦、磷礦、氯化鉀、硫酸鉀、井礦鹽、湖鹽、提取地下鹵水曬制的鹽、煤層（成）氣、粘土、砂石、未列舉名稱的其他非金屬礦產品。
原油是指開採的天然原油，不包括人造石油。凝析油視同原油，徵收資源稅。
天然氣是指專門開採或者與原油同時開採的天然氣。
應稅煤炭包括原煤和以未稅原煤（即自採原煤）加工的洗選煤。
原煤是指開採出的毛煤經過簡單選矸（矸石直徑 50 毫米以上）后的煤炭以及經過篩選分類后的篩選煤等。
洗選煤是指經過篩選、破碎、水洗、風洗等物理化學工藝，去灰去矸后的煤炭產品，包括精煤、中煤、煤泥等，不包括煤矸石。
3. 海鹽
海鹽是指海水曬制的鹽，不包括提取地下鹵水曬制的鹽。
(二) 開展水資源稅改革試點工作
鑒於取用水資源涉及面廣、情況複雜，為確保改革平穩有序實施，2016 年 7 月 1 日先在河北省開展水資源稅試點。河北省開徵水資源稅試點工作，採取水資源費改稅方式，將地表水和地下水納入徵稅範圍，實行從量定額計徵，對高耗水行業、超計劃用水以及在地下水超採地區取用地下水，適當提高稅額標準，正常生產生活用水維持原有負擔水平不變。在總結試點經驗基礎上，財政部、國家稅務總局將選擇其他地區逐步擴大試點範圍，條件成熟后在全國推開。
(三) 逐步將其他自然資源納入徵收範圍
鑒於森林、草場、灘涂等資源在各地區的市場開發利用情況不盡相同，對其全面開徵資源稅條件尚不成熟，暫不在全國範圍統一規定對森林、草場、灘涂等資源徵稅。各省、自治區、直轄市（以下統稱省級）人民政府可以結合本地實際，根據森林、草場、灘涂等資源開發利用情況提出徵收資源稅的具體方案建議，報國務院批准后實施。

## 二、納稅環節

資源稅實行一次課徵制，納稅環節為開採或生產應稅產品並銷售或自用環節。

納稅人將其開採的原礦對外銷售的，在銷售環節繳納資源稅；納稅人將其開採的原礦連續生產非精礦產品的，視同銷售原礦，依照有關規定計算繳納資源稅。

以自採原礦加工精礦產品的，在原礦移送使用時不繳納資源稅，在精礦銷售或自用時繳納資源稅。

納稅人以自採原礦加工金錠的，在金錠銷售或自用時繳納資源稅。納稅人銷售自採原礦或者自採原礦加工的金精礦、粗金，在原礦或者金精礦、粗金銷售時繳納資源稅，在移送使用時不繳納資源稅。

納稅人銷售應稅煤炭的，在銷售環節繳納資源稅。納稅人以自採原煤直接或者經洗選加工后連續生產焦炭、煤氣、煤化工、電力及其他煤炭深加工產品的，視同銷售，在原煤或者洗選煤移送環節繳納資源稅。

以應稅產品投資、分配、抵債、贈與、以物易物等，視同銷售，依照有關規定計算繳納資源稅。

納稅人用已納資源稅的應稅產品進一步加工應稅產品銷售的，不再繳納資源稅。

進口應稅產品不徵收資源稅，出口應稅產品不退（免）資源稅。

## 三、納稅人

在中國領域及管轄海域開採或者生產應稅產品的單位和個人，為資源稅的納稅人。

單位是指企業和非企業性單位（行政單位、事業單位、軍事單位、社會團體及其他單位）。個人是指個體工商戶和其他個人。

開採海洋或陸上油氣資源的中外合作油氣田，在 2011 年 11 月 1 日前已簽訂的合同繼續繳納礦區使用費，不繳納資源稅；自 2011 年 11 月 1 日起新簽訂的合同繳納資源稅，不再繳納礦區使用費。

開採海洋油氣資源的自營油氣田，自 2011 年 11 月 1 日起繳納資源稅，不再繳納礦區使用費。

開採海洋石油、天然氣資源的企業是指在中華人民共和國內海、領海、大陸架及其他屬於中國行使管轄權的海域內依法從事開採海洋石油、天然氣資源的企業。

## 四、扣繳義務人

收購未稅礦產品的單位為資源稅的扣繳義務人。

扣繳義務人是指獨立礦山、聯合企業及其他收購未稅礦產品的單位。

把收購未稅礦產品的單位規定為資源稅的扣繳義務人，是為了加強資源稅的徵管，主要是適應稅源小、零散、不定期開採、易漏稅等稅務機關認為不易控管、由扣繳義務人在收購時代扣代繳未稅礦產品資源稅為宜的情況。

獨立礦山指只有採礦或只有採礦和選礦、獨立核算、自負盈虧的單位，其生產的原礦和精礦主要用於對外銷售。

聯合企業指採礦、選礦、冶煉（或加工）連續生產的企業或者採礦、冶煉（或加工）連續生產的企業，其採礦單位一般是該企業的二級或二級以下核算單位。

## 第二節　資源稅計稅方法和稅率

### 一、計稅方法

（一）應納資源稅計稅方法

資源稅的應納稅額按照從價定率或者從量定額的辦法，分別以應稅產品的銷售額乘以納稅人具體適用的比例稅率或者以應稅產品的銷售量乘以納稅人具體適用的定額稅率計算。

從價定率辦法應納資源稅＝銷售額×比例稅率

從量定額辦法應納資源稅＝銷售量×定額稅率

（二）代扣代繳資源稅計稅方法

資源稅扣繳義務人計稅方法如下：

從價定率辦法應扣繳資源稅＝收購金額×比例稅率

從量定額辦法應扣繳資源稅＝收購數量×定額稅率

獨立礦山、聯合企業收購未稅資源稅應稅產品的單位，按照本單位應稅產品稅額（率）標準，依據收購的數量（金額）代扣代繳資源稅。

其他收購單位收購的未稅資源稅應稅產品，按主管稅務機關核定的應稅產品稅額（率）標準，依據收購的數量（金額）代扣代繳資源稅。

收購數量（金額）的確定比照銷售量（銷售額）的規定執行。

（三）中外合作油氣田及海上自營油氣田資源稅計稅方法

開採海洋或陸上油氣資源的中外合作油氣田，按實物量計算繳納資源稅，以該油氣田開採的原油、天然氣扣除作業用量和損耗量之後的原油、天然氣產量作為課稅數量。中外合作油氣田的資源稅由作業者負責代扣，申報繳納事宜由參與合作的中國石油公司負責辦理。計徵的原油、天然氣資源稅實物隨同中外合作油氣田的原油、天然氣一併銷售，按實際銷售額（不含增值稅）扣除其本身所發生的實際銷售費用後入庫。

海上自營油氣田比照上述規定執行。

### 二、稅率

資源稅採用比例稅率或者定額稅率。

比例稅率：稀土礦、鎢礦、鉬礦、鐵礦、金礦、銅礦、鋁土礦、鉛鋅礦、鎳礦、錫礦、未列舉名稱的其他金屬礦產品、原油、天然氣、煤炭、石墨、硅藻土、高嶺土、螢石、石灰石、硫鐵礦、磷礦、氯化鉀、硫酸鉀、井礦鹽、湖鹽、提取地下鹵水曬製的鹽、煤層（成）氣、海鹽。

定額稅率：粘土、砂石。對經營分散、多為現金交易且難以控管的粘土、砂石，按照便利徵管原則，仍實行從量定額計徵。

比例稅率或定額稅率：未列舉名稱的其他非金屬礦產品。對《資源稅稅目稅率幅度表》（見表2-1）中未列舉名稱的其他非金屬礦產品，按照從價計徵為主、從量計徵為輔的原則，由省級人民政府確定計徵方式。

表 2-1　　　　　　　　　　資源稅稅目稅率幅度表

| 序號 | 稅目 | | 徵稅形態 | 稅率幅度 |
|---|---|---|---|---|
| 1 | 金屬礦 | 稀土礦 | 精礦 | 輕稀土：內蒙古為 11.5%、四川為 9.5%、山東為 7.5%<br>中重稀土：27% |
| 2 | | 鎢礦 | 精礦 | 6.5% |
| 3 | | 鉬礦 | 精礦 | 11% |
| 4 | | 鐵礦 | 精礦 | 1%~6% |
| 5 | | 金礦 | 金錠 | 1%~4% |
| 6 | | 銅礦 | 精礦 | 2%~8% |
| 7 | | 鋁土礦 | 原礦 | 3%~9% |
| 8 | | 鉛鋅礦 | 精礦 | 2%~6% |
| 9 | | 鎳礦 | 精礦 | 2%~6% |
| 10 | | 錫礦 | 精礦 | 2%~6% |
| 11 | | 未列舉名稱的其他金屬礦產品 | 原礦或精礦 | 稅率不超過 20% |
| 12 | 非金屬礦 | 原油 | 原油 | 6% |
| 13 | | 天然氣 | 天然氣 | 6% |
| 14 | | 煤炭 | 原煤 | 2%~10% |
| 15 | | 石墨 | 精礦 | 3%~10% |
| 16 | | 硅藻土 | 精礦 | 1%~6% |
| 17 | | 高嶺土 | 原礦 | 1%~6% |
| 18 | | 螢石 | 精礦 | 1%~6% |
| 19 | | 石灰石 | 原礦 | 1%~6% |
| 20 | | 硫鐵礦 | 精礦 | 1%~6% |
| 21 | | 磷礦 | 原礦 | 3%~8% |
| 22 | | 氯化鉀 | 精礦 | 3%~8% |
| 23 | | 硫酸鉀 | 精礦 | 6%~12% |
| 24 | | 井礦鹽 | 氯化鈉初級產品 | 1%~6% |
| 25 | | 湖鹽 | 氯化鈉初級產品 | 1%~6% |
| 26 | | 提取地下鹵水曬制的鹽 | 氯化鈉初級產品 | 3%~15% |
| 27 | | 煤層（成）氣 | 原礦 | 1%~2% |
| 28 | | 粘土、砂石 | 原礦 | 每噸或每立方米 0.1 元~5 元 |
| 29 | | 未列舉名稱的其他非金屬礦產品 | 原礦或精礦 | 比例稅率不超過 20%；<br>定額稅率每噸或每立方米不超過 30 元 |
| 30 | | 海鹽 | 氯化鈉初級產品 | 1%~5% |

備註：氯化鈉初級產品是指井礦鹽、湖鹽原鹽、提取地下鹵水曬制的鹽和海鹽原鹽，包括固體和液體形態的初級產品

對未列舉名稱的其他礦產品，省級人民政府可對本地區主要礦產品按礦種設定稅目，對其餘礦產品按類別設定稅目，並按其銷售的主要形態（如原礦、精礦）確定徵稅對象。

對《資源稅稅目稅率幅度表》中列舉名稱的資源品目，由省級人民政府在規定的稅率幅度內提出具體適用稅率建議，報財政部、國家稅務總局確定核准。

對未列舉名稱的其他金屬和非金屬礦產品，由省級人民政府根據實際情況確定具體稅目和適用稅率，報財政部、國家稅務總局備案。

一個礦種原則上設定一檔稅率，少數資源條件差異較大的礦種可按不同資源條件、不同地區設定兩檔稅率。

納稅人開採或者生產不同稅目應稅產品的，應當分別核算不同稅目應稅產品的銷售額或者銷售量；未分別核算或者不能準確提供不同稅目應稅產品的銷售額或者銷售量的，從高適用稅率。

## 第三節　資源稅計稅依據

資源稅的計稅依據為應稅產品的銷售額或銷售量，各稅目的徵稅形態包括原礦、精礦（或原礦加工品，下同）、金錠、氯化鈉初級產品，具體按照《資源稅稅目稅率幅度表》相關規定執行。

### 一、銷售量

銷售量包括納稅人開採或者生產應稅產品的實際銷售數量和視同銷售的自用數量。計稅單位為噸、立方米。

納稅人不能準確提供應稅產品銷售數量的，以應稅產品的產量或者主管稅務機關確定的折算比換算成的數量為計徵資源稅的銷售數量。

［案例2-1］某企業開採粘土，1月份銷售粘土原礦1萬噸，每噸價格600元（不含增值稅）；將0.5萬噸粘土原礦移送用於製作陶瓷。當地粘土原礦稅率為0.5元/噸，計算該企業當月應納資源稅。

［解答］銷售與自用應納資源稅＝(1+0.5)×0.5＝0.75（萬元）

### 二、銷售額

（一）一般規定

銷售額是指納稅人銷售應稅產品向購買方收取的全部價款和價外費用，不包括增值稅銷項稅額和運雜費用。

1. 價外費用

價外費用包括價外向購買方收取的手續費、補貼、基金、集資費、返還利潤、獎勵費、違約金、滯納金、延期付款利息、賠償金、代收款項、代墊款項、包裝費、包裝物租金、儲備費、優質費、運輸裝卸費以及其他各種性質的價外收費。但下列項目不包括在內：

（1）同時符合以下條件代為收取的政府性基金或者行政事業性收費：

①由國務院或者財政部批准設立的政府性基金，由國務院或者省級人民政府及其財政、價格主管部門批准設立的行政事業性收費；

②收取時開具省級以上財政部門印製的財政票據；

③所收款項全額上繳財政。

（2）同時符合以下條件的代墊運輸費用：
①承運部門的運輸費用發票開具給購買方的；
②納稅人將該項發票轉交給購買方的。

2. 運雜費用

運雜費用是指應稅產品從坑口或洗選（加工）地到車站、碼頭或購買方指定地點的運輸費用、建設基金以及隨運銷產生的裝卸、倉儲、港雜費用。運雜費用應與銷售額分別核算，凡未取得相應憑據或不能與銷售額分別核算的，應當一併計徵資源稅。

[案例2-2] 某油田2月份銷售原油，價款160萬元（不含增值稅），另收取儲備費5萬元（不含增值稅），優質費8萬元（不含增值稅）。油田代墊運費1.5萬元，運輸公司將發票開具給購買方，油田將該發票轉交給購買方，並收回運費1.5萬。計算該油田當月應納資源稅。

[解答] 應納資源稅＝(160+5+8)×6%＝10.38（萬元）

（二）原礦銷售額與精礦銷售額的換算或折算

（1）為公平原礦與精礦之間的稅負，對同一種應稅產品，徵稅形態為精礦的，納稅人銷售原礦時，應將原礦銷售額換算為精礦銷售額繳納資源稅。

精礦銷售額＝原礦銷售額×換算比

[案例2-3] 某銅礦山3月份銷售銅礦石原礦，價款100萬元（不含增值稅）；另將一批銅礦石原礦移送入選精礦，當月銷售精礦，價款180萬元（不含增值稅）。當地銅精礦稅率為3%，銅原礦換算比為2.5。計算該銅礦山當月應納資源稅。

[解答] 銷售銅礦石原礦應納資源稅＝100×2.5×3%＝7.5（萬元）
銷售銅礦石精礦應納資源稅＝180×3%＝5.4（萬元）
應納資源稅合計＝7.5+5.4＝12.9（萬元）

（2）徵稅形態為原礦的，納稅人銷售自採原礦加工的精礦，應將精礦銷售額折算為原礦銷售額繳納資源稅。

原礦銷售額＝精礦銷售額×折算率

（3）金礦以標準金錠為徵稅形態，納稅人銷售金原礦、金精礦的，應比照上述規定將其銷售額換算為金錠銷售額繳納資源稅。

金錠銷售額＝金原礦銷售額×換算比
金錠銷售額＝金精礦銷售額×換算比

（4）煤炭以原煤為徵稅形態，納稅人銷售洗選煤的，應將洗選煤銷售額折算為原煤銷售額繳納資源稅。洗選煤銷售額包括洗選副產品的銷售額。

原煤銷售額＝洗選煤銷售額×折算率

[案例2-4] 某煤礦企業，4月份發生如下業務：

①將自採原煤銷售給A公司，煤價2,000萬元（不含增值稅），另外收取從坑口到車站的運輸費用、建設基金以及隨運銷產生的裝卸、倉儲、港雜費用10萬元（不含增值稅）。

②將自採原煤加工洗選煤，將洗選煤銷售給B公司，價款1,000萬元（不含增值稅），另外收取從洗選地到碼頭的運輸費用、建設基金以及隨運銷產生的裝卸、倉儲、港雜費用5萬元（不含增值稅）。

當地原煤資源稅稅率為2.5%，洗選煤折算率為75%。計算該煤礦企業當月應納資源稅。

[解答] ①銷售原煤應納資源稅＝2,000×2.5%＝50（萬元）
②銷售洗選煤應納資源稅＝1,000×75%×2.5%＝18.75（萬元）
③當月應納資源稅合計＝50+18.75＝68.75（萬元）

(5) 原油中的稠油、高凝油與稀油劃分不清或不易劃分的，一律按原油的數量課稅。

納稅人同時銷售（包括視同銷售）應稅原煤和洗選煤的，應當分別核算原煤和洗選煤的銷售額；未分別核算或者不能準確提供原煤和洗選煤銷售額的，一併視同銷售原煤計算繳納資源稅。

［案例2-5］ 某煤礦開採原煤，部分原煤直接銷售，部分原煤用於加工洗選煤。該煤礦5月份銷售原煤、洗選煤不含增值稅價款分別為200萬元、300萬元。當地原煤資源稅稅率為5%，洗選煤折算率為70%。計算該煤礦分別核算與不分別核算原煤和洗選煤銷售額時的應納資源稅。

［解答］ ①不分別核算應納資源稅＝(200+300)×5%＝25（萬元）
②分別核算應納資源稅＝(200+300×70%)×5%＝20.5（萬元）
分別核算，節省資源稅＝25－20.5＝4.5（萬元）

（三）換算比與折算率的確定

（1）換算比或折算率應按簡便可行、公平合理的原則，由省級財稅部門確定，並報財政部、國家稅務總局備案。

（2）換算比或折算率原則上應通過原礦售價、精礦售價和選礦比計算，也可通過原礦銷售額、加工環節平均成本和利潤計算。

①市場法公式為：
精礦銷售額＝原礦銷售額×換算比
換算比＝同類精礦單位價格÷(原礦單位價格×選礦比)
選礦比＝加工精礦耗用的原礦數量÷精礦數量

②成本法公式為：
精礦銷售額＝原礦銷售額＋原礦加工為精礦的成本×(1+成本利潤率)

（3）洗選煤折算率可通過洗選煤銷售額扣除洗選環節成本、利潤計算，也可通過洗選煤市場價格與其所用同類原煤市場價格的差額及綜合回收率計算。

洗選煤折算率計算公式如下：

公式一：洗選煤折算率＝(洗選煤平均銷售額－洗選環節平均成本－洗選環節平均利潤)÷洗選煤平均銷售額×100%

洗選煤平均銷售額、洗選環節平均成本、洗選環節平均利潤可按照上年當地行業平均水平測算確定。

公式二：洗選煤折算率＝原煤平均銷售額÷(洗選煤平均銷售額×綜合回收率)×100%

原煤平均銷售額、洗選煤平均銷售額可按照上年當地行業平均水平測算確定。

綜合回收率＝洗選煤數量÷入洗前原煤數量×100%

納稅人以自採原煤或加工的洗選煤連續生產焦炭、煤氣、煤化工、電力等產品，自產自用且無法確定應稅煤炭移送使用量的，可採取最終產成品的煤耗指標確定用煤量，即煤電一體化企業可按照每千瓦時綜合供電煤耗指標進行確定；煤化工一體化企業可按煤化工產成品的原煤耗用率指標進行確定；其他煤炭連續生產企業可採取其產成品煤耗指標進行確定，或者參照其他合理方法進行確定。

（四）核定銷售額

納稅人申報的應稅產品銷售額明顯偏低並且無正當理由的、有視同銷售應稅產品行為而無銷售額的，除財政部、國家稅務總局另有規定外，按下列順序確定銷售額：

（1）按納稅人最近時期同類產品的平均銷售價格確定。
（2）按其他納稅人最近時期同類產品的平均銷售價格確定。
（3）按組成計稅價格確定。

組成計稅價格＝成本×(1+成本利潤率)÷(1-稅率)

公式中的成本是指應稅產品的實際生產成本。公式中的成本利潤率由省、自治區、直轄市稅務機關確定。

（4）按其他合理方法確定。

納稅人與其關聯企業之間的業務往來，應當按照獨立企業之間的業務往來收取或支付價款、費用；不按照獨立企業之間的業務往來收取或支付價款、費用，而減少其應納稅收入的，稅務機關有權按照《中華人民共和國稅收徵收管理法》及其實施細則的有關規定進行合理調整。

納稅人開採應稅產品由其關聯單位對外銷售的，按其關聯單位的銷售額徵收資源稅。

**[案例2-6]** 某油田6月份銷售原油4萬桶給A公司，每桶650元（不含增值稅，下同）；銷售原油2.5萬桶給B公司，每桶656元；銷售原油1.5萬桶給C公司，每桶660元。該油田開採原油過程中用於加熱、修井的原油0.5萬桶。該油田將原油2萬桶投資給D公司。上述原油均為同類產品，計算該油田應納資源稅。

**[解答]** 銷售原油應納資源稅＝(4×650+2.5×656+1.5×660)×6%＝313.8（萬元）

用於加熱、修井的原油免納資源稅。

當月每桶原油平均銷售價格＝(4×650+2.5×656+1.5×660)÷(4+2.5+1.5)
＝653.75（元）

投資原油應納資源稅＝2×653.75×6%＝78.45（萬元）

該油田應納資源稅合計＝313.8+78.45＝392.25（萬元）

（五）混合銷售與混合加工

納稅人以未稅產品和已稅產品混合銷售或者混合加工為應稅產品銷售的，應當準確核算已稅產品的購進金額，在計算加工后的應稅產品銷售額時，準予扣減已稅產品的購進金額；未分別核算的，一併計算繳納資源稅。

（1）納稅人同時以自採未稅原礦和外購已稅原礦加工精礦的，應當分別核算；未分別核算的，一律視同以未稅原礦加工精礦，計算繳納資源稅。

（2）納稅人將自採原煤與外購原煤（包括煤矸石）進行混合后銷售的，應當準確核算外購原煤的數量、單價及運費，在確認計稅依據時可以扣減外購相應原煤的購進金額。

計稅依據＝當期混合原煤銷售額－當期用於混售的外購原煤的購進金額

外購原煤的購進金額＝外購原煤的購進數量×單價

納稅人將自採原煤連續加工的洗選煤與外購洗選煤進行混合后銷售的，比照上述有關規定計算繳納資源稅。

（3）納稅人以自採原煤和外購原煤混合加工洗選煤的，應當準確核算外購原煤的數量、單價及運費，在確認計稅依據時可以扣減外購相應原煤的購進金額。

計稅依據＝當期洗選煤銷售額×折算率－當期用於混洗混售的外購原煤的購進金額

外購原煤的購進金額＝外購原煤的購進數量×單價

納稅人扣減當期外購原煤或者洗選煤購進額的，應當以增值稅專用發票、普通發票或者海關報關單作為扣減憑證。

**[案例2-7]** 某煤礦7月份將自採原煤和外購已稅原煤混合加工洗選煤，當月銷售洗選煤3萬噸，每噸價格900元（不含增值稅）。現有以下兩種方案：

①如果不準確核算外購原煤的數量、單價。

②如果準確核算外購原煤的數量、單價，外購已稅原煤1.5萬噸用於混合加工洗選煤，外購原煤單價為每噸450元（不含增值稅）。

當地原煤資源稅稅率為6%，洗選煤折算率為75%。計算兩種方案下該煤礦應納資

源稅。

[解答] ①不準確核算應納資源稅＝3×900×75%×6%＝121.5（萬元）
②準確核算應納資源稅＝(3×900×75%－450×1.5)×6%＝81（萬元）
準確核算，節省資源稅＝121.5－81＝40.5（萬元）

（六）外幣結算

（1）納稅人將其開採的應稅產品直接出口的，按其離岸價格（不含增值稅）計算銷售額徵收資源稅。

（2）納稅人以人民幣以外的貨幣結算銷售額的，應當折合成人民幣計算。其銷售額的人民幣折合率可以選擇銷售額發生的當天或者當月1日的人民幣匯率中間價。納稅人應在事先確定採用何種折合率計算方法，確定后1年內不得變更。

[案例 2-8] 某油田開採原油，8月份國內銷售原油價款300萬元（不含增值稅）。8月26日，該油田出口原油離岸價格50萬美元。原油增值稅稅率為17%，石油原油及從瀝青礦物提取的原油出口增值稅退稅率為0。

銀行間外匯市場人民幣匯率中間價：8月1日1美元對人民幣6.5元，8月26日1美元對人民幣6.6元。

如果該油田選擇銷售額發生的當天的人民幣匯率中間價，計算其應納資源稅；如果該油田選擇銷售額發生的當月1日的人民幣匯率中間價，計算其應納資源稅。

[解答] ①如果該油田選擇銷售額發生的當天的人民幣匯率中間價：
應納資源稅＝[300＋50×6.5÷(1＋17%)]×6%＝34.67（萬元）
②如果該油田選擇銷售額發生的當月1日的人民幣匯率中間價：
應納資源稅＝[300＋50×6.6÷(1＋17%)]×6%＝34.92（萬元）
選擇銷售額發生的當天的人民幣匯率中間價節省資源稅＝34.92－34.67＝0.25（萬元）

## 第四節　資源稅稅額減免

### 一、一般減免

（1）對依法在建築物下、鐵路下、水體下通過充填開採方式採出的礦產資源，資源稅減徵50%。

充填開採是指隨著回採工作面的推進，向採空區或離層帶等空間充填廢石、尾礦、廢渣、建築廢料以及專用充填合格材料等採出礦產品的開採方法。

（2）對實際開採年限在15年以上的衰竭期礦山開採的礦產資源，資源稅減徵30%。

衰竭期礦山是指剩餘可採儲量下降到原設計可採儲量的20%（含）以下或剩餘服務年限不超過5年的礦山，以開採企業下屬的單個礦山為單位確定。

（3）對鼓勵利用的低品位礦、廢石、尾礦、廢渣、廢水、廢氣等提取的礦產品，由省級人民政府根據實際情況確定是否給予減稅或免稅。

（4）為促進共伴生礦的綜合利用，納稅人開採銷售共伴生礦，共伴生礦與主礦產品銷售額分開核算的，對共伴生礦暫不計徵資源稅；沒有分開核算的，共伴生礦按主礦產品的稅目和適用稅率計徵資源稅。財政部、國家稅務總局另有規定的，從其規定。

與稀土共生、伴生的鐵礦石，在計徵鐵礦石資源稅時，準予扣減其中共生、伴生的稀土礦石數量。

與稀土、鎢和鉬共生、伴生的應稅產品，或者稀土、鎢和鉬為共生、伴生礦的，在改

革前未單獨計徵資源稅的，改革后暫不計徵資源稅。

（5）納稅人開採或者生產應稅產品過程中，因意外事故或者自然災害等原因遭受重大損失的，由省、自治區、直轄市人民政府酌情決定減徵或者免徵資源稅。

納稅人的減稅、免稅項目，應當單獨核算銷售額或者銷售數量；未單獨核算或者不能準確提供銷售額或者銷售數量的，不予減稅或者免稅。

納稅人在資源稅納稅申報時，除財政部、國家稅務總局另有規定外，應當將其應稅和減免稅項目分別計算和報送。

**二、原油、天然氣減免**

（1）對開採下列原油、天然氣免徵或減徵資源稅：
①開採原油過程中用於加熱、修井的原油免稅。
②油田範圍內運輸稠油過程中用於加熱的原油、天然氣免徵資源稅。
③稠油、高凝油和高含硫天然氣資源稅減徵40%。
④三次採油資源稅減徵30%。
⑤低豐度油氣田資源稅暫減徵20%。
⑥深水油氣田資源稅減徵30%。

（2）符合上述減免稅規定的原油、天然氣劃分不清的，一律不予減免；同時符合上述兩項及兩項以上減稅規定的，只能選擇其中一項執行，不能疊加適用。

（3）為便於徵管，對開採稠油、高凝油、高含硫天然氣、低豐度油氣資源及三次採油的陸上油氣田企業，根據以前年度符合上述減稅規定的原油、天然氣銷售額占其原油、天然氣總銷售額的比例，確定資源稅綜合減徵率和實際徵收率，計算資源稅應納稅額。其計算公式為：

綜合減徵率＝Σ（減稅項目銷售額×減徵幅度×6%）÷總銷售額
實際徵收率＝6%－綜合減徵率
應納稅額＝總銷售額×實際徵收率

（4）中國石油天然氣集團公司和中國石油化工集團公司（以下簡稱中石油、中石化）陸上油氣田企業的綜合減徵率和實際徵收率由財政部和國家稅務總局確定，具體綜合減徵率和實際徵收率按《全國陸上油氣田企業原油天然氣資源稅實際徵收率表》執行。今后財政部和國家稅務總局將根據陸上油氣田企業原油、天然氣產品結構的實際變化情況進行調整。未列舉的中石油、中石化陸上對外合作油氣田及全資和控股陸上油氣田企業，比照所列同一區域油氣田企業的綜合減徵率和實際徵收率執行；其他陸上油氣田企業的綜合減徵率和實際徵收率，暫比照鄰近油氣田企業的綜合減徵率和實際徵收率執行。

（5）海上油氣田開採符合所列資源稅優惠規定的原油、天然氣，由主管稅務機關據實計算資源稅減徵額。

[**案例2-9**] 大慶油田有限責任公司在黑龍江和內蒙古開採原油，8月份在黑龍江開採原油銷售價款2,300萬元（不含增值稅，下同），在內蒙古開採原油銷售價款1,600萬元。該油氣田企業綜合減徵率為0.78%。計算該公司當月應納資源稅。

[**解答**] 該油氣田企業實際徵收率＝6%－0.78%＝5.22%
在黑龍江開採原油應納資源稅＝2,300×5.22%＝120.06（萬元）
在內蒙古開採原油應納資源稅＝1,600×5.22%＝83.52（萬元）

## 第五節　資源稅徵收管理

資源稅的徵收管理，依照《中華人民共和國稅收徵收管理法》及有關規定執行。

### 一、納稅時間

（一）納稅義務發生時間

納稅人銷售應稅產品，納稅義務發生時間為收訖銷售款或者取得索取銷售款憑據的當天；自產自用應稅產品，納稅義務發生時間為移送使用的當天。

資源稅納稅義務發生時間具體規定如下：

（1）納稅人銷售應稅產品，其納稅義務發生時間是：

①納稅人採取分期收款結算方式的，其納稅義務發生時間為銷售合同規定的收款日期的當天；

②納稅人採取預收貨款結算方式的，其納稅義務發生時間為發出應稅產品的當天；

③納稅人採取其他結算方式的，其納稅義務發生時間為收訖銷售款或者取得索取銷售款憑據的當天。

（2）納稅人自產自用應稅產品的納稅義務發生時間為移送使用應稅產品的當天。

（3）扣繳義務人代扣代繳稅款的納稅義務發生時間為支付貨款的當天。

扣繳義務人代扣代繳資源稅的納稅義務發生時間為支付首筆貨款或首次開具支付貨款憑據的當天。

（二）納稅期限

納稅人的納稅期限為1日、3日、5日、10日、15日或者1個月，由主管稅務機關根據實際情況具體核定。不能按固定期限計算納稅的，可以按次計算納稅。

（三）申報繳稅期限

納稅人以1個月為一期納稅的，自期滿之日起10日內申報納稅；以1日、3日、5日、10日或者15日為一期納稅的，自期滿之日起5日內預繳稅款，於次月1日起10日內申報納稅並結清上月稅款。

扣繳義務人的解繳稅款期限，比照前述規定執行。

[案例2-10]　某礦山開採鎢礦原礦並入選精礦，10月8日採取分期收款方式銷售鎢精礦，價款600萬元（不含增值稅，下同），合同約定10月15日、11月15日、12月15日每次收取價款200萬元。實際上，該礦山10月15日收取價款180萬元，11月15日收取價款200萬元，12月15日收取價款220萬元。該礦山的納稅期限為1個月，計算該礦山10月至12月應納資源稅。

[解答]　10月份應納資源稅＝200×6.5%＝13（萬元）

10月份應納資源稅於11月1日至11月10日申報繳稅。

11月份應納資源稅＝200×6.5%＝13（萬元）

11月份應納資源稅於12月1日至12月10日申報繳稅。

12月份應納資源稅＝200×6.5%＝13（萬元）

12月份應納資源稅於次年1月1日至1月10日申報繳稅。

### 二、納稅地點

納稅人應當向礦產品的開採地或鹽的生產地繳納資源稅。納稅人在本省、自治區、直

轄市範圍開採或者生產應稅產品，其納稅地點需要調整的，由省級地方稅務機關決定。

跨省、自治區、直轄市開採或者生產資源稅應稅產品的納稅人，其下屬生產單位與核算單位不在同一省、自治區、直轄市的，對其開採或者生產的應稅產品，一律在開採地或者生產地納稅。實行從量計徵的應稅產品，其應納稅款一律由獨立核算的單位按照每個開採地或者生產地的銷售量及適用稅率計算劃撥；實行從價計徵的應稅產品，其應納稅款一律由獨立核算的單位按照每個開採地或者生產地的銷售量、單位銷售價格及適用稅率計算劃撥。

扣繳義務人代扣代繳的資源稅，應當向收購地主管稅務機關繳納。

### 三、稅收歸屬和徵稅部門

資源稅屬於共享稅。海洋原油、天然氣資源稅歸中央政府，由國家稅務總局海洋石油稅務管理機構負責徵收管理；其他資源稅歸地方政府，由地方稅務局負責徵收管理。

### 四、納稅申報

國家稅務總局制定的資源稅納稅申報表如下：
(1)《資源稅納稅申報表》。
(2)《資源稅納稅申報表附表(一)》(原礦類稅目適用)。
(3)《資源稅納稅申報表附表(二)》(精礦類稅目適用)。
(4)《資源稅納稅申報表附表(三)》(減免稅明細)。
上述表格均為 Word 表格（表格式樣略），自 2016 年 7 月 1 日起施行。
(5)《中外合作及海上自營油氣田資源稅納稅申報表》，此表格為 Excel 表格，表格式樣略，自 2012 年 2 月 1 日起施行。

## 第六節　耕地占用稅

耕地占用稅是對占用耕地或其他農用地建房，或者從事非農業建設的單位或個人徵收的一種稅。為了合理利用土地資源、加強土地管理、保護耕地，中國於 1987 年 4 月 1 日開徵耕地占用稅。現行耕地占用稅具有如下特點：
(1) 徵稅對象為耕地和其他農用地，屬於資源和環境稅、對物稅。
(2) 納稅環節為占用環節，實行一次課徵制。
(3) 納稅人包括單位和個人，稅負難以轉嫁，屬於直接稅。
(4) 採用從量定額計稅方法，屬於從量稅。
(5) 實行地區差別定額稅率。
(6) 稅基為實際占用的耕地或其他農用地面積，計稅單位為平方米。
(7) 稅額減免包括免稅和減稅。
(8) 屬於地方稅，由地方稅務局徵收管理，土地管理部門配合。
現行耕地占用稅的基本規範如下：
(1)《中華人民共和國耕地占用稅暫行條例》（2007 年 12 月 1 日國務院令第 511 號公布，自 2008 年 1 月 1 日起施行）。
(2)《中華人民共和國耕地占用稅暫行條例實施細則》（2008 年 2 月 26 日財政部、國家稅務總局令第 49 號公布，自公布之日起實施）。

**一、徵稅對象、納稅環節與納稅人**

（一）徵稅對象

耕地占用稅的徵稅對象是耕地和其他農用地（以下稱應稅土地），具體包括：

（1）耕地，即用於種植農作物的土地。

（2）園地，即果園、茶園、其他園地。

（3）林地、牧草地、農田水利用地、養殖水面以及漁業水域灘涂等其他農用地。

林地包括林地、灌木林地、疏林地、未成林地、跡地、苗圃等，不包括居民點內部的綠化林木用地，鐵路、公路徵地範圍內的林木用地以及河流、溝渠的護堤林用地。

牧草地包括天然牧草地、人工牧草地。

農田水利用地包括農田排灌溝渠及相應附屬設施用地。

養殖水面包括人工開挖或者天然形成的用於水產養殖的河流水面、湖泊水面、水庫水面、坑塘水面及相應附屬設施用地。

漁業水域灘涂包括專門用於種植或者養殖水生動植物的海水潮浸地帶和灘地。

（4）草地、葦田。

草地是指用於農業生產並已由相關行政主管部門發放使用權證的草地。

葦田是指用於種植蘆葦並定期進行人工養護管理的葦田。

（二）納稅環節

（1）耕地占用稅的納稅環節是占用應稅土地建房或者從事非農業建設。所稱建房，包括建設建築物和構築物。

（2）納稅人臨時占用應稅土地，應當依照規定繳納耕地占用稅。納稅人在批准臨時占用耕地的期限內恢復所占用土地原狀的，全額退還已經繳納的耕地占用稅。

臨時占用應稅土地是指納稅人因建設項目施工、地質勘查等需要，在一般不超過 2 年內臨時使用應稅土地並且沒有修建永久性建築物的行為。

（3）因污染、取土、採礦塌陷等損毀應稅土地的，比照臨時占用應稅土地的情況，由造成損毀的單位或者個人繳納耕地占用稅。損毀土地的單位或者個人，在 2 年內恢復土地原狀的，退還已繳納的耕地占用稅；超過 2 年未恢復土地原狀的，已徵稅款不予退還。

恢復土地原狀需按照《土地復墾條例》（國務院令第 592 號公布）的規定，由土地管理部門會同有關行業管理部門認定並出具驗收合格確認書。

（4）農田水利占用耕地的，不徵收耕地占用稅。

（5）建設直接為農業生產服務的生產設施占用林地、牧草地、農田水利用地、養殖水面以及漁業水域灘涂等其他農用地的，不徵收耕地占用稅。

（6）農村居民經批准搬遷，原宅基地恢復耕種，凡新建住宅占用耕地不超過原宅基地面積的，不徵收耕地占用稅。

（三）納稅人

占用應稅土地建房或者從事非農業建設的單位或者個人，為耕地占用稅的納稅人。

所稱單位，包括國有企業、集體企業、私營企業、股份制企業、外商投資企業、外國企業以及其他企業和事業單位、社會團體、國家機關、部隊以及其他單位；所稱個人，包括個體工商戶以及其他個人。

經申請批准占用應稅土地的，納稅人為農用地轉用審批文件中標明的建設用地人；農用地轉用審批文件中未標明建設用地人的，納稅人為用地申請人。未經批准占用應稅土地的，納稅人為實際用地人。

城市和村莊、集鎮建設用地審批中，按土地利用年度計劃分批次批准的農用地轉用審

批，批准文件中未標明建設用地人且用地申請人為各級人民政府的，由同級土地儲備中心履行耕地占用稅申報納稅義務；沒有設立土地儲備中心的，由國土資源管理部門或政府委託的其他部門履行耕地占用稅申報納稅義務。

## 二、計稅方法、稅基與稅率

（一）計稅方法

耕地占用稅採用從量定額計稅方法，應納稅額的計算公式為：

應納耕地占用稅＝應稅土地面積×定額稅率

（二）稅基

耕地占用稅以納稅人實際占用的應稅土地面積（包括經批准占用面積和未經批准占用面積）為計稅依據，以平方米為單位，按所占土地當地適用稅額計稅，實行一次性徵收。

納稅人未經批准占用應稅土地，應稅面積不能及時準確確定的，主管地稅機關可根據實際占地情況核定徵收耕地占用稅，待應稅面積準確確定后結清稅款，結算補稅不加收滯納金。

（三）稅率

（1）耕地占用稅採用地區差別定額稅率。稅率規定如下：

①人均耕地不超過1畝（1畝約等於666.67平方米，下同）的地區（以縣級行政區域為單位，下同），每平方米為10~50元；

②人均耕地超過1畝但不超過2畝的地區，每平方米為8~40元；

③人均耕地超過2畝但不超過3畝的地區，每平方米為6~30元；

④人均耕地超過3畝的地區，每平方米為5~25元。

（2）各省、自治區、直轄市耕地占用稅的平均稅額，按照《各省、自治區、直轄市耕地占用稅平均稅額表》（見表2-2）執行。

表2-2　　　　　　各省、自治區、直轄市耕地占用稅平均稅額表

| 地區 | 每平方米平均稅額（元） |
| --- | --- |
| 上海 | 45 |
| 北京 | 40 |
| 天津 | 35 |
| 江蘇、浙江、福建、廣東 | 30 |
| 遼寧、湖北、湖南 | 25 |
| 河北、安徽、江西、山東、河南、重慶、四川 | 22.5 |
| 廣西、海南、貴州、雲南、陝西 | 20 |
| 山西、吉林、黑龍江 | 17.5 |
| 內蒙古、西藏、甘肅、青海、寧夏、新疆 | 12.5 |

各地適用稅額，由省、自治區、直轄市人民政府在規定的稅額幅度內，根據本地區情況核定。各省、自治區、直轄市人民政府核定的適用稅額的平均水平，不得低於國務院財政、稅務主管部門確定的各省、自治區、直轄市平均稅額。

（3）經濟特區、經濟技術開發區和經濟發達且人均耕地特別少的地區，適用稅額可以適當提高，但是提高的部分最高不得超過上述規定的當地適用稅額的50%。

（4）占用基本農田的，適用稅額應當在上述規定的當地適用稅額的基礎上提高50%。所稱基本農田，是指依據《基本農田保護條例》劃定的基本農田保護區範圍內的耕地。

[案例2-11] 某公司11月份在省政府批准設立的開發區占用基本農田30畝建房。當地耕地占用稅定額稅率為25元/平方米，國務院或者省人民政府批准設立的開發區，適用稅額在當地適用稅額的基礎上提高20%。計算該公司應納耕地占用稅。

[解答] 應納耕地占用稅=30×666.667×25×(1+20%)×(1+50%)=900,000（元）

（5）占用林地、牧草地、農田水利用地、養殖水面以及漁業水域灘塗等其他農用地建房或者從事非農業建設的，適用稅額可以適當低於當地占用耕地的適用稅額，具體適用稅額按照各省、自治區、直轄市人民政府的規定執行。

[案例2-12] 某公司12月份占用林地1,000平方米從事非農業生產。當地耕地占用稅定額稅率為25元/平方米，占用林地、牧草地、農田水利用地、養殖水面及漁業水域灘塗等其他農用地建房或者從事非農業建設的，比照當地占用耕地適用稅額的80%徵收。計算該公司應納耕地占用稅。

[解答] 應納耕地占用稅=1,000×25×80%=20,000（元）

（6）鐵路線路、公路線路、飛機場跑道、停機坪、港口、航道占用應稅土地，減按每平方米2元的稅額徵收耕地占用稅。

根據實際需要，國務院財政、稅務主管部門商國務院有關部門並報國務院批准後，可以對前款規定的情形免徵或者減徵耕地占用稅。

減稅的鐵路線路，具體範圍限於鐵路路基、橋樑、涵洞、隧道及其按照規定兩側留地。專用鐵路和鐵路專用線占用應稅土地的，按照當地適用稅額繳納耕地占用稅。

減稅的公路線路，具體範圍限於經批准建設的國道、省道、縣道、鄉道和屬於農村公路的村道的主體工程以及兩側邊溝或者截水溝。專用公路和城區內機動車道占用應稅土地的，按照當地適用稅額繳納耕地占用稅。

減稅的飛機場跑道、停機坪，具體範圍限於經批准建設的民用機場專門用於民用航空器起降、滑行、停放的場所。

減稅的港口，具體範圍限於經批准建設的港口內供船舶進出、停靠以及旅客上下、貨物裝卸的場所。

減稅的航道，具體範圍限於在江、河、湖泊、港灣等水域內供船舶安全航行的通道。

[案例2-13] 某機場股份有限公司1月份占用50,000平方米耕地從事非農業建設，其中飛機場跑道、停機坪占用耕地面積30,000平方米。當地耕地占用稅定額稅率為30元/平方米，計算該公司應納耕地占用稅。

[解答] 應納耕地占用稅=30,000×2+（50,000-30,000）×30=660,000（元）

### 三、稅額減免

（1）軍事設施占用應稅土地，免徵耕地占用稅。

免稅的軍事設施，具體範圍包括地上和地下的軍事指揮、作戰工程；軍用機場、港口、碼頭；營區、訓練場、試驗場；軍用洞庫、倉庫；軍用通信、偵察、導航、觀測臺站和測量、導航、助航標誌；軍用公路、鐵路專用線、軍用通信、輸電線路、軍用輸油、輸水管道；其他直接用於軍事用途的設施。

（2）學校、幼兒園、養老院、醫院占用應稅土地，免徵耕地占用稅。

①免稅的學校，具體範圍包括縣級以上人民政府教育行政部門批准成立的大學、中學、小學、學歷性職業教育學校以及特殊教育學校，包括由國務院人力資源社會保障行政部門、省、自治區、直轄市人民政府或其人力資源社會保障行政部門批准成立的技工院校。

學校內經營性場所和教職工住房占用耕地的，按照當地適用稅額繳納耕地占用稅。

②免稅的幼兒園，具體範圍限於縣級人民政府教育行政部門登記註冊或者備案的幼兒

園內專門用於幼兒保育、教育的場所。

③免稅的養老院，具體範圍限於經批准設立的養老院內專門為老年人提供生活照顧的場所。

④免稅的醫院，具體範圍限於縣級以上政府衛生行政部門批准設立的醫院內專門用於提供醫護服務的場所及其配套設施。

醫院內職工住房占用耕地的，按照當地適用稅額繳納耕地占用稅。

（3）農村居民占用耕地新建住宅，按照當地適用稅額減半徵收耕地占用稅。

減稅的農村居民占用耕地新建住宅是指農村居民經批准在戶口所在地按照規定標準占用耕地建設自用住宅。

農村居民經批准搬遷，原宅基地恢復耕種，新建住宅占用應稅土地超過原宅基地面積的，對超過部分按照當地適用稅額減半徵收耕地占用稅。

（4）農村烈士家屬、殘疾軍人、鰥寡孤獨以及革命老根據地、少數民族聚居區和邊遠貧困山區生活困難的農村居民，在規定用地標準以內新建住宅繳納耕地占用稅確有困難的，經所在地鄉（鎮）人民政府審核，報經縣級人民政府批准后，可以免徵或者減徵耕地占用稅。

所稱農村烈士家屬，包括農村烈士的父母、配偶和子女。

所稱革命老根據地、少數民族聚居地區和邊遠貧困山區生活困難的農村居民，其標準按照各省、自治區、直轄市人民政府有關規定執行。

（5）財政部、國家稅務總局規定的其他減免耕地占用稅的情形。

（6）依照規定免徵或者減徵耕地占用稅后，納稅人改變原占地用途，不再屬於免徵或者減徵耕地占用稅情形的，應按辦理減免稅時依據的適用稅額對享受減免稅的納稅人補徵耕地占用稅。

**四、徵收管理**

耕地占用稅的徵收管理，依照《中華人民共和國稅收徵收管理法》及有關規定執行。

（一）納稅時間

經批准占用耕地的，耕地占用稅納稅義務發生時間為納稅人收到土地管理部門辦理占用農用地手續通知的當天。

未經批准占用耕地的，耕地占用稅納稅義務發生時間為納稅人實際占用耕地的當天。對於未經批准占用耕地但已經納完耕地占用稅稅款的，在補辦占地手續時，不再徵收耕地占用稅。

已享受減免稅的應稅土地改變用途，不再屬於減免稅範圍的，耕地占用稅納稅義務發生時間為納稅人改變土地用途的當天。

耕地占用稅納稅人依照稅收法律法規及相關規定，應在獲準占用應稅土地收到土地管理部門的通知之日起30日內向主管地稅機關申報繳納耕地占用稅；未經批准占用應稅土地的納稅人，應在實際占地之日起30日內申報繳納耕地占用稅。

（二）納稅地點

耕地占用稅原則上在應稅土地所在地進行申報納稅。涉及集中徵收、跨地區占地需要調整納稅地點的，由省級地稅機關確定。

（三）稅收歸屬和徵稅部門

耕地占用稅歸地方政府，由地方稅務局負責徵收管理。省、自治區、直轄市和計劃單列市地方稅務機關應遵循屬地管理原則，合理劃分各級地稅機關的管理權限，做到權責一致、易於監管、便利納稅。

(四) 配合部門

土地管理部門在通知單位或者個人辦理占用耕地手續時，應當同時通知耕地所在地同級地方稅務機關。

土地管理部門憑耕地占用稅完稅憑證或者免稅憑證和其他有關文件發放建設用地批准書。

(五) 納稅申報

耕地占用稅實行全國統一申報表，各地不得自行減少項目。

《耕地占用稅納稅申報表》為 Excel 表格，表格式樣略。

# 第三章

# 菸葉稅和消費稅

## 第一節 菸葉稅

菸葉稅是對在境內收購菸葉的單位徵收的一種稅。2006年，中國取消了農業稅、開徵了菸葉稅。現行菸葉稅具有如下特點：

(1) 徵稅對象為菸葉，屬於資源和環境稅、對物稅。
(2) 納稅環節為收購環節，實行一次課徵制。
(3) 納稅人為收購單位，稅負容易轉嫁，屬於間接稅。
(4) 採用從價定率計稅方法，屬於從價稅。
(5) 實行單一比例稅率，稅率為20%。
(6) 稅基為收購金額，不含菸葉稅，屬於價外稅。
(7) 沒有稅額減免。
(8) 屬於地方稅，由地方稅務局徵收管理。

現行菸葉稅的基本規範包括：

(1)《中華人民共和國菸葉稅暫行條例》（2006年4月28日國務院令第464號公布，自公布之日起施行）。
(2)《財政部、國家稅務總局印發〈關於菸葉稅若干具體問題的規定〉的通知》（2006年5月18日財稅〔2006〕64號公布）。

### 一、徵稅對象、納稅環節與納稅人

（一）徵稅對象

菸葉稅的徵稅對象為菸葉。所稱菸葉，是指晾曬菸葉、烤菸葉。所稱晾曬菸葉，包括列入《名晾曬菸名錄》的晾曬菸葉和未列入《名晾曬菸名錄》的其他晾曬菸葉。

（二）納稅環節

菸葉稅的納稅環節為收購環節。

（三）納稅人

在中國境內收購菸葉的單位為菸葉稅的納稅人。

所稱收購菸葉的單位，是指依照《中華人民共和國菸草專賣法》的規定有權收購菸葉的菸草公司或者受其委託收購菸葉的單位。

依照《中華人民共和國菸草專賣法》查處沒收的違法收購的菸葉，由收購罰沒菸葉的單位按照購買金額計算繳納菸葉稅。

### 二、計稅方法、稅率與稅基

（一）計稅方法

菸葉稅採用從價定率計稅方法，應納稅額的計算公式為：

應納菸葉稅＝菸葉收購金額×稅率
應納稅額以人民幣計算。
（二）稅率
菸葉稅實行單一比例稅率，稅率為 20%。
（三）稅基
菸葉稅的稅基為收購金額，包括納稅人支付給菸葉銷售者的菸葉收購價款和價外補貼。按照簡化手續、方便徵收的原則，對價外補貼統一暫按菸葉收購價款的 10% 計入收購金額徵稅。收購金額計算公式如下：

收購金額＝收購價款×(1＋10%)

[案例 3-1] 某菸草公司系增值稅一般納稅人，1 月份收購「下桔二」等級烤菸 100,000 千克，收購價格 20 元/千克；收購「下檸二」等級烤菸 50,000 千克，收購價格 18 元/千克。計算該菸草公司應納菸葉稅。

[解答] 應納菸葉稅＝(100,000×20＋50,000×18)×(1＋10%)×20%＝638,000（元）

### 三、徵收管理

菸葉稅的徵收管理，依照《中華人民共和國稅收徵收管理法》及有關規定執行。
（一）納稅時間
菸葉稅的納稅義務發生時間為納稅人收購菸葉的當天。所稱收購菸葉的當天，是指納稅人向菸葉銷售者付訖收購菸葉款項或者開具收購菸葉憑據的當天。
納稅人應當自納稅義務發生之日起 30 日內申報納稅。具體納稅期限由主管稅務機關核定。
（二）納稅地點
納稅人收購菸葉，應當向菸葉收購地的主管稅務機關申報納稅。
（三）稅收歸屬與徵稅部門
菸葉稅歸地方政府，由地方稅務局徵收。
（四）納稅申報
菸葉稅納稅人應按照稅法規定和申報表中的要求按時如實填報，並按主管稅務機關核定的期限繳納稅款。
菸葉稅納稅申報表（包括附表）為全國統一式樣，各地不得調整修改。各地根據本地情況，確需增加申報項目的，可以增加附表。
(1)《菸葉稅納稅申報表》，表格式樣略。
(2)《菸葉收購情況表》，表格式樣略。

## 第二節　消費稅徵稅對象、納稅環節和納稅人

消費稅是對在境內生產、進口或者銷售應稅消費品的單位和個人徵收的一種稅。現行消費稅具有如下特點：
(1) 徵稅對象為應稅消費品，屬於資源和環境稅、對物稅。
(2) 納稅環節為自產銷售、自產自用、委託加工、進口、批發或者零售環節，一般實行一次課徵制，但對卷菸實行二次課徵制。
(3) 納稅人包括單位和個人，稅負容易轉嫁，屬於間接稅。
(4) 採用從量定額、從價定率、複合計稅方法，屬於從量稅、從價稅、複合稅。

（5）實行定額稅率、比例稅率和複合稅率，具有極大的差別性。
（6）稅基為銷售數量和銷售額。計稅單位為支、500 克或 500 毫升、升、噸。銷售額含進口關稅、消費稅，不含增值稅和車輛購置稅，屬於價內稅。
（7）實行耗用抵扣法，只對列舉的中間消費品進行抵扣。
（8）稅額減免很少，對出口實行退（免）稅政策、免稅政策和徵稅政策。
（9）屬於中央稅，由國家稅務局徵收，進口消費稅由海關代徵。

消費稅的基本規範包括：
（1）《中華人民共和國消費稅暫行條例》（2008 年 11 月 10 日國務院令 539 號公布，自 2009 年 1 月 1 日起施行）。
（2）《中華人民共和國消費稅暫行條例實施細則》（2008 年 12 月 15 日財政部、國家稅務總局第 51 號令公布，自 2009 年 1 月 1 日起施行）。

### 一、徵稅對象

消費稅的徵稅對象為應稅消費品，主要選擇危害人體的消費品、破壞環境的消費品、能源消費品、大量消耗不可再生資源的消費品以及高檔消費品徵稅。

消費稅具體對菸、酒、鞭炮、焰火、電池、塗料、成品油、木制一次性筷子、實木地板、摩托車、小汽車、遊艇、高檔化妝品、貴重首飾及珠寶玉石、高檔手錶、高爾夫球及球具稅目徵收。自 2014 年 12 月 1 日起，中國取消汽車輪胎稅目，取消酒精消費稅。自 2015 年 2 月 1 日起，中國對電池、塗料徵收消費稅。

（一）菸

凡是以菸葉為原料加工生產的產品，不論使用何種輔料，均屬於本稅目的徵收範圍。本稅目包括卷菸、雪茄菸、菸絲。

（二）酒

本稅目包括糧食白酒、薯類白酒、黃酒、啤酒、其他酒。

配製酒（露酒）是指以發酵酒、蒸餾酒或食用酒精為酒基，加入可食用或藥食兩用的輔料或食品添加劑，進行調配、混合或再加工制成的，並改變了其原酒基風格的飲料酒。自 2011 年 10 月 1 日起，配製酒按下列規定執行：
（1）以蒸餾酒或食用酒精為酒基，同時符合以下條件的配製酒，按「其他酒」徵收消費稅。
①具有國家相關部門批准的國食健字或衛食健字文號；
②酒精度低於 38 度（含）。
（2）以發酵酒為酒基，酒精度低於 20 度（含）的配製酒，按「其他酒」徵收消費稅。
（3）其他配製酒，按「白酒」徵收消費稅。

（三）高檔化妝品

本稅目徵收範圍包括各類高檔美容和修飾類化妝品、高檔護膚類化妝品和成套化妝品。自 2016 年 10 月 1 日起，取消對普通美容、修飾類化妝品徵收消費稅。

高檔美容、修飾類化妝品和高檔護膚類化妝品是指生產（進口）環節銷售（完稅）價格（不含增值稅）在 10 元/毫升（克）或 15 元/片（張）及以上的美容、修飾類化妝品和護膚類化妝品。

（四）貴重首飾及珠寶玉石

本稅目徵收範圍包括各種金銀珠寶首飾和經採掘、打磨、加工的各種珠寶玉石。

（五）鞭炮、焰火

本稅目徵收範圍包括各種鞭炮、焰火，通常分為 13 類，即噴花類、旋轉類、旋轉升空

類、火箭類、吐珠類、線香類、小禮花類、烟霧類、造型玩具類、爆竹類、摩擦炮類、組合烟花類、禮花彈類。

體育上用的發令紙、鞭炮藥引線，不按本稅目徵收。

（六）成品油

本稅目包括汽油、柴油、石腦油、溶劑油、航空煤油、潤滑油和燃料油。航空煤油暫緩徵收。

（七）摩托車

本稅目徵收範圍包括輕便摩托車和摩托車。自2014年12月1日起，中國取消氣缸容量250毫升（不含）以下的小排量摩托車消費稅。

（八）小汽車

本稅目徵收範圍包括含駕駛員座位在內最多不超過9個座位（含）的，在設計和技術特性上用於載運乘客、貨物的各類乘用車與含駕駛員座位在內的座位數在10～23座（含23座）的在設計和技術特性上用於載運乘客和貨物的各類中輕型商用客車。

用排氣量小於1.5升（含）的乘用車底盤（車架）改裝、改制的車輛屬於乘用車徵收範圍。用排氣量大於1.5升的乘用車底盤（車架）或用中輕型商用客車底盤（車架）改裝、改制的車輛屬於中輕型商用客車徵收範圍。

含駕駛員人數（額定載客）為區間值的（如8～10人，17～26人）小汽車，按其區間值下限人數確定徵收範圍。

電動汽車不屬於本稅目徵收範圍。

（九）高爾夫球及球具

本稅目徵收範圍包括高爾夫球、高爾夫球杆、高爾夫球包（袋）。高爾夫球杆的杆頭、杆身和握把屬於本稅目的徵收範圍。

（十）高檔手錶

高檔手錶是指銷售價格（不含增值稅）每只在10,000元（含）以上的各類手錶。

本稅目徵收範圍包括符合以上標準的各類手錶。

（十一）遊艇

本稅目徵收範圍包括艇身長度大於8米（含）小於90米（含），內置發動機，可以在水上移動，一般為私人或團體購置，主要用於水上運動和休閒娛樂等非牟利活動的各類機動艇。

（十二）木制一次性筷子

木制一次性筷子又稱衛生筷子，是指以木材為原料經過鋸段、浸泡、旋切、刨切、烘干、篩選、打磨、倒角、包裝等環節加工而成的各類一次性使用的筷子。

本稅目徵收範圍包括各種規格的木制一次性筷子。未經打磨、倒角的木制一次性筷子屬於本稅目徵稅範圍。

（十三）實木地板

實木地板是指以木材為原料，經鋸割、干燥、刨光、截斷、開榫、塗漆等工序加工而成的塊狀或條狀的地面裝飾材料。

本稅目徵收範圍包括各類規格的實木地板、實木指接地板、實木複合地板及用於裝飾牆壁、天棚的側端面為榫、槽的實木裝飾板。未經塗飾的素板屬於本稅目徵稅範圍。

（十四）電池

電池是一種將化學能、光能等直接轉換為電能的裝置，一般由電極、電解質、容器、極端，通常還有隔離層組成的基本功能單元以及用一個或多個基本功能單元裝配成的電池組。電池的範圍包括原電池、蓄電池、燃料電池、太陽能電池和其他電池。

(十五) 塗料

塗料是指塗於物體表面能形成具有保護、裝飾或特殊性能的固態塗膜的一類液體或固體材料之總稱。

塗料由主要成膜物質、次要成膜物質等構成。按主要成膜物質不同，塗料可分為油脂類、天然樹脂類、酚醛樹脂類、瀝青類、醇酸樹脂類、氨基樹脂類、硝基類、過濾乙烯樹脂類、烯類樹脂類、丙烯酸酯類樹脂類、聚酯樹脂類、環氧樹脂類、聚氨酯樹脂類、元素有機類、橡膠類、纖維素類、其他成膜物類等。

## 二、納稅環節

消費稅的納稅環節為自產銷售、自產自用、委託加工、進口、批發或者零售環節，一般實行一次課徵制，但對卷菸實行二次課徵制。

(一) 自產銷售

(1) 納稅人生產的應稅消費品，於納稅人銷售時納稅。

銷售是指有償轉讓應稅消費品的所有權。有償是指從購買方取得貨幣、貨物或者其他經濟利益。

(2) 自2013年1月1日起，工業企業以外的單位和個人的下列行為視為應稅消費品的生產行為，按規定徵收消費稅：

①將外購的消費稅非應稅產品以消費稅應稅產品對外銷售的；

②將外購的消費稅低稅率應稅產品以高稅率應稅產品對外銷售的。

(3) 自2016年1月1日起，外購電池、塗料大包裝改成小包裝或者外購電池、塗料不經加工只貼商標的行為，視同應稅消費品的生產行為。發生上述生產行為的單位和個人應按規定申報繳納消費稅。

(二) 自產自用

(1) 納稅人自產自用的應稅消費品，用於連續生產應稅消費品的，不納稅。

用於連續生產應稅消費品是指納稅人將自產自用的應稅消費品作為直接材料生產最終應稅消費品，自產自用應稅消費品構成最終應稅消費品的實體。

(2) 納稅人自產自用的應稅消費品，用於其他方面的，於移送使用時納稅。

用於其他方面是指納稅人將自產自用應稅消費品用於生產非應稅消費品、在建工程、管理部門、非生產機構、提供勞務、饋贈、贊助、集資、廣告、樣品、職工福利、獎勵等方面。

(三) 委託加工

委託加工的應稅消費品是指由委託方提供原料和主要材料，受託方只收取加工費和代墊部分輔助材料加工的應稅消費品。對於由受託方提供原材料生產的應稅消費品，或者受託方先將原材料賣給委託方，然後再接受加工的應稅消費品，以及由受託方以委託方名義購進原材料生產的應稅消費品，不論在財務上是否作為銷售處理，都不得作為委託加工應稅消費品，而應當按照銷售自製應稅消費品繳納消費稅。

委託加工的應稅消費品，除受託方為個人外，由受託方在向委託方交貨時代收代繳稅款。委託個人加工的應稅消費品，由委託方收回後繳納消費稅。

委託加工的應稅消費品，委託方用於連續生產應稅消費品的，所納稅款準予按規定抵扣。

委託加工的應稅消費品直接出售的，不再繳納消費稅。自2012年9月1日起，委託方將收回的應稅消費品，以不高於受託方的計稅價格出售的，為直接出售，不再繳納消費稅；委託方以高於受託方的計稅價格出售的，不屬於直接出售，需按照規定申報繳納消費稅，

在計稅時準予扣除受託方已代收代繳的消費稅。

（四）進口

進口的應稅消費品，於報關進口時納稅。

（五）批發

自 2009 年 5 月 1 日起，在卷菸批發環節加徵一道從價稅。納稅人銷售給納稅人以外的單位和個人的卷菸於銷售時納稅。納稅人之間銷售的卷菸不繳納消費稅。

卷菸消費稅在生產和批發兩個環節徵收后，批發企業在計算納稅時不得扣除已含的生產環節的消費稅稅款。

（六）零售

金銀首飾、鉑金首飾、鑽石及鑽石飾品消費稅由生產環節和進口環節徵收改為零售環節徵收。

金銀首飾消費稅改變納稅環節以后，用已稅珠寶玉石生產的鑲嵌首飾，在計稅時一律不得扣除買價或已納的消費稅稅款。

### 三、徵稅地域和納稅人

（一）徵稅地域

消費稅的徵稅地域為中國境內。在中國境內是指生產、委託加工和進口屬於應當繳納消費稅的消費品的起運地或者所在地在境內。

（二）納稅人

在中國境內生產、委託加工和進口應稅消費品的單位和個人以及國務院確定的銷售應稅消費品的其他單位和個人，為消費稅的納稅人。

單位是指企業、行政單位、事業單位、軍事單位、社會團體及其他單位。

個人是指個體工商戶及其他個人。

## 第三節　消費稅計稅方法和稅率

### 一、計稅方法

消費稅實行從價定率、從量定額，或者從價定率和從量定額複合計稅（以下簡稱複合計稅）的辦法計算應納稅額。

（一）從量定額計稅方法

其公式為：

應納消費稅＝銷售數量×定額稅率

（二）從價定率計稅方法

其公式為：

應納消費稅＝銷售額×比例稅率

（三）複合計稅辦法

其公式為：

應納消費稅＝銷售數量×定額稅率＋銷售額×比例稅率

納稅人銷售的應稅消費品，因質量等原因發生退貨的，其已繳納的消費稅稅款可予以退還。

納稅人辦理退稅手續時，應將開具的紅字增值稅發票、退稅證明等資料報主管稅務機

關備案。主管稅務機關核對無誤后辦理退稅。

## 二、稅率

消費稅實行定額稅率、比例稅率和複合稅率三種形式。黃酒、啤酒、成品油適用定額稅率，工業生產卷菸、白酒適用複合稅率，其他應稅消費品適用比例稅率。消費稅稅率和全國平均成本利潤率整理如表 3-1 所示。

表 3-1　　　　　　　　消費稅稅率和全國平均成本利潤率表

| 稅目 | 定額稅率 | 比例稅率（%） | 全國平均成本利潤率（%） |
|---|---|---|---|
| 一、菸 |  |  |  |
| 　1. 卷菸 |  |  |  |
| 　　（1）工業生產甲類卷菸 | 0.003 元/支 | 56 | 10 |
| 　　（2）工業生產乙類卷菸 | 0.003 元/支 | 36 | 5 |
| 　　（3）商業批發卷菸 | 0.005 元/支 | 11 | * |
| 　2. 雪茄菸 |  | 36 | 5 |
| 　3. 菸絲 |  | 30 | 5 |
| 二、酒 |  |  |  |
| 　1. 白酒 |  |  |  |
| 　　（1）糧食白酒 | 0.5 元/500 克或 500 毫升 | 20 | 10 |
| 　　（2）薯類白酒 | 0.5 元/500 克或 500 毫升 | 20 | 5 |
| 　2. 黃酒 | 240 元/噸 |  |  |
| 　3. 啤酒 |  |  |  |
| 　　（1）甲類啤酒 | 250 元/噸 |  |  |
| 　　（2）乙類啤酒 | 220 元/噸 |  |  |
| 　4. 其他酒 |  | 10 | 5 |
| 三、高檔化妝品 |  | 15 | 5 |
| 四、貴重首飾及珠寶玉石 |  |  |  |
| 　1. 金銀首飾、鉑金首飾和鑽石及鑽石飾品 |  | 5 | 6 |
| 　2. 其他貴重首飾和珠寶玉石 |  | 10 | 6 |
| 五、鞭炮、焰火 |  | 15 | 5 |
| 六、成品油 |  |  |  |
| 　1. 汽油 | 1.52 元/升 |  |  |
| 　2. 石腦油 | 1.52 元/升 |  |  |
| 　3. 溶劑油 | 1.52 元/升 |  |  |
| 　4. 潤滑油 | 1.52 元/升 |  |  |
| 　5. 柴油 | 1.2 元/升 |  |  |
| 　6. 航空煤油 | 1.2 元/升 |  |  |
| 　7. 燃料油 | 1.2 元/升 |  |  |

表3-1(續)

| 稅目 | 定額稅率 | 比例稅率（%） | 全國平均成本利潤率（%） |
|---|---|---|---|
| 七、摩托車 | | | |
| 　1. 排氣量在250毫升的 | | 3 | 6 |
| 　2. 排氣量在250毫升以上的 | | 10 | 6 |
| 八、小汽車 | | | |
| 　1. 乘用車 | | | |
| 　　（1）排氣量（汽缸容量，下同）≤1升 | | 1 | 8 |
| 　　（2）1.0升<排氣量≤1.5升 | | 3 | 8 |
| 　　（3）1.5升<排氣量≤2.0升 | | 5 | 8 |
| 　　（4）2.0升<排氣量≤2.5升 | | 9 | 8 |
| 　　（5）2.5升<排氣量≤3.0升 | | 12 | 8 |
| 　　（6）3.0升<排氣量≤4升 | | 25 | 8 |
| 　　（7）排氣量>4.0升 | | 40 | 8 |
| 　2. 中輕型商用客車 | | 5 | 5 |
| 九、高爾夫球及球具 | | 10 | 10 |
| 十、高檔手錶 | | 20 | 20 |
| 十一、遊艇 | | 10 | 10 |
| 十二、木制一次性筷子 | | 5 | 5 |
| 十三、實木地板 | | 5 | 5 |
| 十四、電池 | | 4 | 4 |
| 十五、塗料 | | 4 | 7 |

註：＊表示稅法未規定

①卷菸包括生產環節（含進口）卷菸和批發環節卷菸，生產環節（含進口）卷菸分為甲類卷菸和乙類卷菸。甲類卷菸，即每標準條（200支，下同）調撥價格在70元（不含增值稅）以上（含70元）的卷菸；乙類卷菸，即每標準條調撥價格在70元（不含增值稅）以下的卷菸

②甲類啤酒是每噸啤酒出廠價格（含包裝物及包裝物押金）在3,000元（含3,000元，不含增值稅）以上的啤酒，娛樂業、飲食業自制啤酒；乙類啤酒是每噸啤酒出廠價格在3,000元（不含3,000元，不含增值稅）以下的啤酒

　　納稅人兼營不同稅率的應稅消費品，應當分別核算不同稅率應稅消費品的銷售額、銷售數量；未分別核算銷售額、銷售數量，或者將不同稅率的應稅消費品組成成套消費品銷售的，從高適用稅率。

　　納稅人兼營不同稅率的應稅消費品是指納稅人生產銷售兩種稅率以上的應稅消費品。

## 第四節 消費稅計稅依據

**一、從量消費稅稅基**

從量消費稅的稅基為銷售數量，計稅單位為支、500克或500毫升、升、噸。

（一）銷售數量的確定

銷售數量是指應稅消費品的數量。其具體為：
（1）銷售應稅消費品的，為應稅消費品的銷售數量。
（2）自產自用應稅消費品的，為應稅消費品的移送使用數量。
（3）委託加工應稅消費品的，為納稅人收回的應稅消費品數量。
（4）進口應稅消費品的，為海關核定的應稅消費品進口徵稅數量。

［案例3-2］某啤酒廠（增值稅一般納稅人）生產A型、B型兩種啤酒。該廠2月份銷售A型啤酒200噸給副食品公司，開具專用發票註明金額600,000元、稅額102,000元，另收取包裝物押金30,000元；銷售B型啤酒100噸給賓館，開具普通發票註明金額280,000元、稅額47,600元，另收取包裝物押金15,000元。該啤酒廠如果分別核算，計算應納消費稅；如果不分別核算，計算應納消費稅。

［解答］①如果該啤酒廠分別核算，兩種啤酒分別適用稅率。

A型啤酒每噸計稅價格=［600,000+30,000/（1+17%）］÷200=3,128.21（元），屬於甲類啤酒，定額稅率為250元/噸。

B型啤酒每噸計稅價格=［280,000+15,000/（1+17%）］÷100=2,928.21（元），屬於乙類啤酒，定額稅率為220元/噸。

應納消費稅=200×250+100×220=72,000（元）

②如果該啤酒廠不分別核算，兩種啤酒從高適用稅率。

應納消費稅=（200+100）×250=75,000（元）

選擇分別核算，節省消費稅=75,000-72,000=3,000（元）

（二）計量單位的換算

實行從量定額辦法計算應納稅額的應稅消費品，計量單位的換算標準如下：
（1）黃酒1噸=962升。
（2）啤酒1噸=988升。
（3）汽油1噸=1,388升。
（4）柴油1噸=1,176升。
（5）航空煤油1噸=1,246升。
（6）石腦油1噸=1,385升。
（7）溶劑油1噸=1,282升。
（8）潤滑油1噸=1,126升。
（9）燃料油1噸=1,015升。

［案例3-3］某煉油廠生產汽油、柴油、航空煤油。該煉油廠3月份銷售汽油5萬噸、柴油1萬噸、航空煤油0.5萬噸。該煉油廠分別核算，計算應納消費稅。

［解答］銷售汽油應納消費稅=5×1,388×1.52=10,548.8（萬元）

銷售柴油應納消費稅=1×1,176×1.2=1,411.2（萬元）

航空煤油暫緩徵收消費稅。

應納消費稅合計 = 10,548.8+1,411.2 = 11,960（萬元）

## 二、從價消費稅稅基

（一）一般規定

從價消費稅的稅基為銷售額。銷售額為納稅人銷售應稅消費品向購買方收取的全部價款和價外費用。

納稅人銷售的應稅消費品，以人民幣計算銷售額。納稅人以人民幣以外的貨幣結算銷售額的，應當折合成人民幣計算。

納稅人銷售的應稅消費品，以人民幣以外的貨幣結算銷售額的，其銷售額的人民幣折合率可以選擇銷售額發生的當天或者當月1日的人民幣匯率中間價。納稅人應在事先確定採用何種折合率，確定后1年內不得變更。

[案例3-4] 某手錶廠生產手錶銷售，每只手錶不含增值稅定價10,000元與9,999元，繳納消費稅有何區別？

[解答] 每只手錶不含增值稅定價10,000元，屬於高檔手錶，應納消費稅。

每只手錶應納消費稅 = 10,000×20% = 2,000（元）

每只手錶不含增值稅定價9,999元，不屬於高檔手錶，無須繳納消費稅。

（二）含增值稅銷售額的換算

銷售額不包括應向購貨方收取的增值稅稅款。如果納稅人採用銷售額和增值稅稅款合併定價方法的，在計算消費稅時，應當換算為不含增值稅稅款的銷售額。其換算公式為：

應稅消費品的銷售額 = 含增值稅的銷售額÷(1+增值稅稅率或者徵收率)

[案例3-5] 某零售商場為增值稅一般納稅人，5月份銷售金銀首飾、鉑金首飾、鑽石及鑽石飾品，取得含增值稅價款1,200,000元；銷售其他貴重首飾和珠寶玉石，取得含增值稅價款800,000元。計算該零售商場當月應納消費稅。

[解答] 金銀首飾、鉑金首飾、鑽石及鑽石飾品在零售環節繳納消費稅。

應納消費稅 = 1,200,000÷(1+17%)×5% = 51,282.05（元）

其他貴重首飾和珠寶玉石，零售環節不納消費稅。

（三）價外費用

價外費用是指價外向購買方收取的手續費、補貼、基金、集資費、返還利潤、獎勵費、違約金、滯納金、延期付款利息、賠償金、代收款項、代墊款項、包裝費、包裝物租金、儲備費、優質費、運輸裝卸費以及其他各種性質的價外收費。但下列項目不包括在內：

(1) 同時符合以下條件的代墊運輸費用：

①承運部門的運輸費用發票開具給購買方的；

②納稅人將該項發票轉交給購買方的。

(2) 同時符合以下條件代為收取的政府性基金或者行政事業性收費：

①由國務院或者財政部批准設立的政府性基金，由國務院或者省級人民政府及其財政、價格主管部門批准設立的行政事業性收費；

②收取時開具省級以上財政部門印製的財政票據；

③所收款項全額上繳財政。

[案例3-6] 某筷子廠為增值稅小規模納稅人，生產木制一次性筷子，6月份銷售一批木制一次性筷子，開具普通發票，註明金額300,000元、稅額9,000元，另外收取優質費30,000元，包裝費10,000元。該筷子廠代墊運費5,000元，運輸公司將發票開具給購買方，該筷子廠將該發票轉交給購買方，並收回運費5,000元。計算該筷子廠當月應納消費稅。

[解答] 應納消費稅＝[300,000+(30,000+10,000)÷(1+3%)]×5%＝16,941.75（元）

（四）包裝物

應稅消費品連同包裝物銷售的，無論包裝物是否單獨計價以及在會計上如何核算，均應並入應稅消費品的銷售額中繳納消費稅。

如果包裝物不作價隨同產品銷售，而是收取押金，此項押金則不應並入應稅消費品的銷售額中徵稅。但對逾期未收回的包裝物不再退還的或者已收取的時間超過12個月的押金，應並入應稅消費品的銷售額，按照應稅消費品的適用稅率繳納消費稅。

對既作價隨同應稅消費品銷售，又另外收取押金的包裝物的押金，凡納稅人在規定的期限內沒有退還的，均應並入應稅消費品的銷售額，按照應稅消費品的適用稅率繳納消費稅。

對酒類產品生產企業銷售酒類產品而收取的包裝物押金，無論押金是否返還及會計上如何核算，均應並入酒類產品銷售額中，依酒類產品的適用稅率徵收消費稅。

[案例3-7] 某菸花廠為增值稅一般納稅人，7月份生產銷售1萬箱菸花，每箱不含增值稅銷售額300元，另外每箱收取包裝物押金70.2元。計算該菸花廠7月份應納消費稅，其包裝物押金是否繳納消費稅？

[解答] 7月份應納消費稅＝300×15%＝45（萬元）

如果包裝物在12個月內退回，則退還包裝物押金，不用補納消費稅。

如果包裝物超過12個月未退回，則不退還包裝物押金，應補納消費稅。

應補納消費稅＝70.2÷(1+17%)×15%＝9（萬元）

[案例3-8] 某酒廠（增值稅一般納稅人）生產藥酒（屬於其他酒），8月份銷售藥酒不含增值稅銷售額150萬元，另外收取包裝物押金15萬元。計算該酒廠當月應納消費稅。

[解答] 應納消費稅＝[150+15÷(1+17%)]×10%＝16.28（萬元）

（五）套裝銷售

納稅人將自產的應稅消費品與外購或自產的非應稅消費品組成套裝銷售的，以套裝產品的銷售額（不含增值稅）為計稅依據。

[案例3-9] 某日用化妝品廠將生產的化妝品、護膚護髮品、小工藝品等組成成套消費品銷售，每套消費品價格360元（不含增值稅，下同）。每套消費品由下列產品組成：高檔化妝品包括一瓶香水100元，一瓶指甲油50元，一支口紅50元；非高檔護膚護髮品包括一瓶洗髮水50元，一瓶沐浴露50元，一瓶洗手液30元；化妝工具及小工藝品25元，塑料包裝盒5元。如果成套銷售，計算該廠應納消費稅；如果分開銷售，計算該廠應納消費稅。

[解答] 如果將產品包裝後再成套銷售給商家。

每套應納消費稅＝360×15%＝54（元）

如果改變做法，將上述產品先分開銷售給商家，再由商家包裝後對外銷售。實際操作中，只是換了個包裝地點，並將產品分別開具發票，會計上分別核算銷售收入即可。

應納消費稅＝(100+50+50)×15%＝30（元）

選擇分開銷售，每套化妝品節省消費稅＝54-30＝24（元）

（六）非貨幣性資產交換

納稅人用於換取生產資料和消費資料，投資入股和抵償債務等方面的應稅消費品，應當以納稅人同類應稅消費品的最高銷售價格作為計稅依據計算消費稅。

[案例3-10] 某摩托車生產企業，10月份對外銷售同型號的摩托車時共有3種價格（均不含增值稅），以4,000元的單價銷售50輛，以4,500元的單價銷售10輛，以4,800元的單價銷售5輛。該企業當月以20輛同型號的摩托車與甲企業換取原材料，雙方按當月的加權平均銷售價格確定摩托車的價格。該摩托車氣缸容量在250毫升以上，消費稅稅率為

10%。計算該企業當月應納消費稅。

[解答] ①對外銷售摩托車，按銷售額計算消費稅。
應納消費稅＝(4,000×50+4,500×10+4,800×5)×10%＝26,900（元）
②以摩托車換取原材料，按最高銷售價格計算消費稅。
應納消費稅＝4,800×20×10%＝9,600（元）
③應納消費稅合計＝26,900+9,600＝36,500（元）

（七）其他規定

(1) 對既銷售金銀首飾，又銷售非金銀首飾的生產、經營單位，應將兩類商品劃分清楚，分別核算銷售額。凡劃分不清楚或不能分別核算的，在生產環節銷售的，一律從高適用稅率徵收消費稅；在零售環節銷售的，一律按金銀首飾徵收消費稅。

(2) 金銀首飾與其他產品組成成套消費品銷售的，應按銷售額全額徵收消費稅。

(3) 納稅人採用以舊換新（含翻新改制）方式銷售的金銀首飾，應按實際收取的不含增值稅的全部價款確定計稅依據徵收消費稅。

(4) 納稅人兼營卷菸批發和零售業務的，應當分別核算批發和零售環節的銷售額、銷售數量；未分別核算批發和零售環節銷售額、銷售數量的，按照全部銷售額、銷售數量計徵批發環節消費稅。

[案例3-11] 某卷菸批發公司兼營卷菸批發和零售業務，並分別核算批發和零售環節的銷售額、銷售數量。該公司11月份將2,800條卷菸銷售給卷菸二級批發公司，每條售價150元（不含增值稅，下同）；將1,200條卷菸銷售給卷菸零售公司，每條售價155元。每條卷菸200支，計算該卷菸批發公司當月應納消費稅。

[解答] 卷菸批發公司銷售給其他卷菸批發公司，不納消費稅。
卷菸批發公司銷售給卷菸零售公司，應納消費稅。
應納消費稅＝1,200×200×0.005+1,200×155×11%＝21,660（元）

### 三、複合消費稅稅基

複合消費稅的稅基為銷售數量和銷售額。

[案例3-12] 某白酒生產企業為增值稅一般納稅人，12月份銷售糧食白酒50噸，取得不含增值稅的銷售額150萬元。計算該白酒企業應納消費稅。

[解答] 應納消費稅＝50×2,000×0.5+1,500,000×20%＝350,000（元）

### 四、特殊計稅價格

（一）自產自用計稅價格

納稅人自產自用的應稅消費品，按照納稅人生產的同類消費品的銷售價格計算納稅；沒有同類消費品銷售價格的，按照組成計稅價格計算納稅。

(1) 同類消費品的銷售價格是指納稅人或者代收代繳義務人當月銷售的同類消費品的銷售價格，如果當月同類消費品各期銷售價格高低不同，應按銷售數量加權平均計算。但銷售的應稅消費品有下列情況之一的，不得列入加權平均計算：
①銷售價格明顯偏低並無正當理由的；
②無銷售價格的。

如果當月無銷售或者當月未完結，應按照同類消費品上月或者最近月份的銷售價格計算納稅。

[案例3-13] 某香水公司為增值稅一般納稅人，生產A型香水（屬高檔化妝品）銷售，1月份發生下列業務：

①銷售A型香水1,000瓶給大商場，開具增值稅專用發票，註明每瓶金額190元。
②銷售A型香水200瓶給小商店，開具普通發票，每瓶金額200元、每瓶稅額34元。
③將100瓶A型香水發給職工。
④將50瓶A型香水用於贊助。
計算該香水公司應納消費稅。

[解答] ①應納消費稅＝1,000×190×15%＝28,500（元）
②應納消費稅＝200×200×15%＝6,000（元）
③A型香水當月加權平均價格＝(1,000×190+200×200)÷(1,000+200)＝191.67（元）
應納消費稅＝100×191.67×15%＝2,875.05（元）
④應納消費稅＝50×191.67×15%＝1,437.53（元）
⑤應納消費稅合計＝28,500+6,000+2,875.05+1,437.53＝38,812.58（元）

（2）實行從價定率辦法計算納稅的組成計稅價格計算公式：
組成計稅價格＝(成本+利潤)÷(1-比例稅率)
（3）實行複合計稅辦法計算納稅的組成計稅價格計算公式為：
組成計稅價格＝(成本+利潤+自產自用數量×定額稅率)÷(1-比例稅率)

成本是指應稅消費品的產品生產成本。利潤是指根據應稅消費品的全國平均成本利潤率計算的利潤。應稅消費品全國平均成本利潤率由國家稅務總局確定。

[案例3-14] 某白酒公司2月份將一批特製的薯類白酒5噸用於饋贈，該批薯類白酒無同類產品市場銷售價格，該批薯類白酒成本500,000元，成本利潤率為5%。計算該批薯類白酒應納消費稅。

[解答] 自產自用組成計稅價格＝[500,000×(1+5%)+5×2,000×0.5]÷(1-20%)＝662,500（元）

應納消費稅＝5×2,000×0.5+662,500×20%＝137,500（元）

（二）委託加工計稅價格
（1）委託加工的應稅消費品，按照受託方的同類消費品的銷售價格計算納稅；沒有同類消費品銷售價格的，按照組成計稅價格計算納稅。

[案例3-15] 某企業生產高爾夫球及球具，3月份購買原材料，取得專用發票，註明金額30萬元、稅額5.1萬元；委託某協作廠加工一批杆頭，支付加工費15萬元、增值稅2.55萬元，取得專用發票。該協作廠同類杆頭銷售價格為52萬元。加工完畢後，該企業收回杆頭，全部用於生產高爾夫球杆，當月銷售高爾夫球杆，取得價款90萬元。計算該企業應納消費稅。

[解答] 委託加工杆頭應納消費稅＝52×10%＝5.2（萬元）
該企業委託加工應納消費稅由協作廠代收代繳。
銷售高爾夫球杆應納消費稅＝90×10%-5.2＝3.8（萬元）
（2）實行從價定率辦法計算納稅的組成計稅價格計算公式為：
組成計稅價格＝(材料成本+加工費)÷(1-比例稅率)
（3）實行複合計稅辦法計算納稅的組成計稅價格計算公式為：
組成計稅價格＝(材料成本+加工費+委託加工數量×定額稅率)÷(1-比例稅率)

材料成本是指委託方所提供加工材料的實際成本。委託加工應稅消費品的納稅人，必須在委託加工合同上如實註明（或者以其他方式提供）材料成本，凡未提供材料成本的，受託方主管稅務機關有權核定其材料成本。

加工費是指受託方加工應稅消費品向委託方所收取的全部費用（包括代墊輔助材料的實際成本）。

[案例3-16] 某菸草公司屬增值稅一般納稅人，4月份購進菸葉成本46,000元，委託一家卷菸廠加工甲類卷菸1,000條（每條200支），卷菸廠按每條6.2元收取加工費（不含增值稅），卷菸廠無同類卷菸銷售價格。委託加工完畢，該菸草公司當月收回1,000條卷菸，並全部銷售給菸草批發公司，取得價款150,000元（不含增值稅）。計算菸草公司應納消費稅。

[解答] 委託加工組成計稅價格＝(46,000＋6.2×1,000＋1,000×0.6)÷(1－56%)＝120,000（元）
委託加工應納消費稅＝1,000×0.6＋120,000×56%＝67,800（元）
菸草公司委託加工應納消費稅由卷菸廠代收代繳。
菸草公司收回卷菸，以高於受託方的計稅價格出售，應納消費稅。
應納消費稅＝1,000×0.6＋150,000×56%－67,800＝16,800（元）

（三）進口計稅價格

進口的應稅消費品，按照組成計稅價格計算納稅。
(1) 實行從價定率辦法計算納稅的組成計稅價格計算公式為：
組成計稅價格＝(關稅完稅價格＋關稅)÷(1－消費稅比例稅率)
關稅完稅價格是指海關核定的關稅計稅價格。

[案例3-17] 某汽車貿易公司5月份從國外進口30輛乘用車，該車汽缸容量1.8升。該批乘用車關稅完稅價格為456萬元，關稅稅率25%。計算該批乘用車進口環節應納消費稅。

[解答] 進口組成計稅價格＝456×(1＋25%)÷(1－5%)＝600（萬元）
進口應納消費稅＝600×5%＝30（萬元）

(2) 實行複合計稅辦法計算納稅的組成計稅價格計算公式為：
組成計稅價格＝(關稅完稅價格＋關稅＋進口數量×消費稅定額稅率)÷(1－消費稅比例稅率)

[案例3-18] 某外貿公司6月份從國外進口卷菸3,000條（每條200支），支付買價120,000元，支付到達中國海關前的運輸費用20,000元、保險費用10,000元。該批進口卷菸的關稅稅率為25%，計算該外貿公司進口環節應納消費稅。

[解答] 每條關稅完稅價格＝(120,000＋20,000＋10,000)÷3,000＝50（元）
按乙類卷菸試算：
每條組成計稅價格＝[50×(1＋25%)＋0.6]÷(1－36%)＝98.59≥70（元）
因此，該批進口卷菸不屬於乙類卷菸，應按甲類卷菸計算：
每條組成計稅價格＝[50×(1＋25%)＋0.6]÷(1－56%)＝143.41≥70（元）
應納進口消費稅＝3,000×0.6＋3,000×143.41×56%＝242,728.80（元）

（四）核定計稅價格

納稅人應稅消費品的計稅價格明顯偏低並無正當理由的，由主管稅務機關核定其計稅價格。
自2015年6月1日起，納稅人將委託加工收回的白酒銷售給銷售單位，消費稅計稅價格低於銷售單位對外銷售價格（不含增值稅）70%以下，屬於上述規定的情形，應該按照規定的核價辦法，核定消費稅最低計稅價格。
應稅消費品的計稅價格的核定權限規定如下：
(1) 卷菸、白酒和小汽車的計稅價格由國家稅務總局核定，送財政部備案。
(2) 其他應稅消費品的計稅價格由省、自治區和直轄市國家稅務局核定。
(3) 進口的應稅消費品的計稅價格由海關核定。

## 第五節　消費稅稅額抵扣和減免退稅

### 一、稅額抵扣

(一) 抵扣項目

下列應稅消費品準予從消費稅應納稅額中抵扣原料已納的消費稅稅款：
(1) 外購或委託加工收回的已稅菸絲生產的卷菸。
(2) 外購或委託加工收回的已稅高檔化妝品生產的高檔化妝品。
(3) 外購或委託加工收回的已稅珠寶玉石生產的貴重首飾及珠寶玉石。
(4) 外購或委託加工收回的已稅鞭炮、焰火生產的鞭炮、焰火。
(5) 外購或委託加工收回的已稅摩托車生產的摩托車（如用外購兩輪摩托車改裝三輪摩托車）。
(6) 以外購或委託加工收回的已稅杆頭、杆身和握把為原料生產的高爾夫球杆。
(7) 以外購或委託加工收回的已稅木制一次性筷子為原料生產的木制一次性筷子。
(8) 以外購或委託加工收回的已稅實木地板為原料生產的實木地板。
(9) 以外購、進口和委託加工收回汽油、柴油、石腦油、燃料油、潤滑油用於連續生產應稅成品油。

(二) 抵扣類型

(1) 購進應稅消費品連續生產應稅消費品。從商業企業購進應稅消費品連續生產應稅消費品，符合抵扣條件的，準予扣除外購應稅消費品已納消費稅稅款。

(2) 購進應稅消費品后銷售。對既有自產應稅消費品，同時又購進與自產應稅消費品同樣的應稅消費品進行銷售的工業企業，對其銷售的外購應稅消費品應當徵收消費稅，同時可以扣除外購應稅消費品的已納稅款。

對自己不生產應稅消費品，而只是購進后再銷售應稅消費品的工業企業，其銷售的糧食白酒、薯類白酒、酒精、高檔化妝品、鞭炮焰火和珠寶玉石，凡不能構成最終消費品直接進入消費品市場，而需進一步生產加工的（如需進一步加漿降度的白酒及食用酒精，需進行調香、調味和勾兌的白酒，需進行深加工、包裝、貼標、組合的珠寶玉石、高檔化妝品、酒、鞭炮焰火等），應當徵收消費稅，同時允許扣除上述外購應稅消費品的已納稅款。

上述規定中允許扣除已納稅款的應稅消費品只限於從工業企業購進的應稅消費品，對從商業企業購進應稅消費品的已納稅款一律不得扣除。

(三) 抵扣方法

消費稅採用耗用抵扣法。當期準予扣除的外購或委託加工收回的應稅消費品的已納消費稅稅款，應按當期生產領用數量計算。

(1) 外購的應稅消費品，抵扣計算公式如下：

當期準予扣除的外購應稅消費品已納稅款＝當期準予扣除的外購應稅消費品買價×外購應稅消費品適用稅率

當期準予扣除的外購應稅消費品買價＝期初庫存的外購應稅消費品的買價＋當期購進的應稅消費品的買價－期末庫存的外購應稅消費品的買價

外購已稅消費品的買價是指購貨發票上註明的銷售額（不包括增值稅稅款）。

(2) 委託加工收回的應稅消費品，抵扣計算公式如下：

當期準予扣除的委託加工應稅消費品已納稅款＝期初庫存的委託加工應稅消費品已納

稅款+當期收回的委託加工應稅消費品已納稅款-期末庫存的委託加工應稅消費品已納稅款

[案例3-19] 某卷菸生產企業，購進菸絲用於生產卷菸。該卷菸廠7月初庫存外購應稅菸絲金額30萬元（不含增值稅，下同），當月又外購應稅菸絲金額200萬元，月末庫存菸絲金額20萬元，其余被當月生產卷菸領用。該卷菸廠當月銷售卷菸2萬標準條，每標準條150元。計算該卷菸廠當月應納消費稅。

[解答] 領用外購菸絲可抵扣的消費稅=(30+200-20)×30%=63（萬元）
該卷菸每標準條150元，屬於甲類卷菸。
銷售卷菸應納消費稅=2×0.6+2×150×56%-63=169.2-63=106.2（萬元）

## 二、稅額減免

自2013年11月1日至2018年10月31日，對以回收的廢礦物油為原料生產的潤滑油基礎油、汽油、柴油等工業油料免徵消費稅。廢礦物油是指工業生產領域機械設備及汽車、船舶等交通運輸設備使用后失去或降低功效更換下來的廢潤滑油。

對無汞原電池、鋰原電池、鋰離子蓄電池、金屬氫化物鎳蓄電池（又稱氫鎳蓄電池或鎳氫蓄電池）、太陽能電池、燃料電池和全釩液流電池免徵消費稅。

對施工狀態下揮發性有機物（Volatile Organic Compounds，VOC）含量低於420克/升（含）的塗料免徵消費稅。

納稅人兼營應稅消費品和減免稅消費品，應當單獨核算減免稅消費品，未單獨核算的不得減免稅。

[案例3-20] 某電池廠既生產無汞原電池，又生產含汞原電池。該電池廠8月份銷售電池180萬元（不含增值稅，下同），其中無汞原電池100萬元，含汞原電池80萬元。如果該電池廠混合核算，計算其應納消費稅；如果該電池廠分別核算，計算其應納消費稅。

[解答] ①如果該電池廠混合核算，無汞原電池與含汞原電池一併徵稅：
應納消費稅=180×4%=7.2（萬元）
②如果該電池廠分別核算，無汞原電池免稅，含汞原電池徵稅：
應納消費稅=80×4%=3.2（萬元）
選擇分別核算節省消費稅=7.2-3.2=4（萬元）

## 三、出口消費稅

（一）出口應稅消費品消費稅政策

1. 出口免稅並退稅

出口企業出口或視同出口適用增值稅退（免）稅的貨物，免徵消費稅，如果屬於購進出口的貨物，退還上一環節對其已徵的消費稅。

出口的應稅消費品辦理退稅后，發生退關，或者國外退貨進口時予以免稅的，報關出口者必須及時向其機構所在地或者居住地主管稅務機關申報補繳已退的消費稅稅款。

2. 出口免稅但不退稅

出口企業出口或視同出口適用增值稅免稅政策的貨物，免徵消費稅，但不退還其以前環節已徵的消費稅，並且不允許在內銷應稅消費品應納消費稅款中抵扣。

納稅人直接出口的應稅消費品辦理免稅后，發生退關或者國外退貨，復進口時已予以免稅的，可暫不辦理補稅，待其轉為國內銷售的當月申報繳納消費稅。

3. 出口不免稅也不退稅

出口企業出口或視同出口適用增值稅徵稅政策的貨物，應按規定繳納消費稅，不退還其以前環節已徵的消費稅，並且不允許在內銷應稅消費品應納消費稅款中抵扣。

（二）消費稅退稅的計稅依據

出口貨物的消費稅應退稅額的計稅依據，按購進出口貨物的消費稅專用繳款書和海關進口消費稅專用繳款書確定。

屬於從價定率計徵消費稅的，為已徵且未在內銷應稅消費品應納稅額中抵扣的購進出口貨物金額；屬於從量定額計徵消費稅的，為已徵且未在內銷應稅消費品應納稅額中抵扣的購進出口貨物數量；屬於複合計徵消費稅的，按從價定率和從量定額的計稅依據分別確定。

（三）消費稅退稅的計算

應退消費稅＝從量定額計徵消費稅的退稅計稅依據×定額稅率＋從價定率計徵消費稅的退稅計稅依據×比例稅率

［案例3-21］某外貿公司為增值稅一般納稅人，9月份從白酒廠購進白酒8,000瓶（每瓶1斤，1斤等於500克，下同），取得增值稅專用發票，不含增值稅單價100元（含增值稅單價117元）。該外貿公司當月出口白酒6,000瓶，每瓶離岸價格折合人民幣90元。計算該外貿公司應退消費稅。

［解答］應退消費稅＝6,000×0.5＋6,000×100×20％＝123,000（元）

# 第六節　消費稅徵收管理

消費稅的徵收管理，依照《中華人民共和國稅收徵收管理法》及有關規定執行。

## 一、納稅時間

（一）納稅義務發生時間

消費稅納稅義務發生時間，分列如下：

（1）納稅人銷售應稅消費品的，按不同的銷售結算方式分別為：

①採取賒銷和分期收款結算方式的，為書面合同約定的收款日期的當天，書面合同沒有約定收款日期或者無書面合同的，為發出應稅消費品的當天；

②採取預收貨款結算方式的，為發出應稅消費品的當天；

③採取托收承付和委託銀行收款方式的，為發出應稅消費品並辦妥托收手續的當天；

④採取其他結算方式的，為收訖銷售款或者取得索取銷售款憑據的當天。

（2）納稅人自產自用應稅消費品的，為移送使用的當天。

（3）納稅人委託加工應稅消費品的，為納稅人提貨的當天。

（4）納稅人進口應稅消費品的，為報關進口的當天。

（二）納稅期限

消費稅的納稅期限分別為1日、3日、5日、10日、15日、1個月或者1個季度。納稅人的具體納稅期限，由主管稅務機關根據納稅人應納稅額的大小分別核定；不能按照固定期限納稅的，可以按次納稅。

自2016年4月1日起，增值稅小規模納稅人繳納增值稅、消費稅、文化事業建設費以及隨增值稅、消費稅附徵的城市維護建設稅、教育費附加等稅費，原則上實行按季申報；納稅人要求不實行按季申報的，由主管稅務機關根據其應納稅額大小核定納稅期限。

（三）申報繳稅期限

納稅人以1個月或者1個季度為1個納稅期的，自期滿之日起15日內申報納稅；以1日、3日、5日、10日或者15日為1個納稅期的，自期滿之日起5日內預繳稅款，於次月

1 日起 15 日內申報納稅並結清上月應納稅款。

納稅人進口應稅消費品，應當自海關填發海關進口消費稅專用繳款書之日起 15 日內繳納稅款。

## 二、納稅地點

（1）納稅人銷售的應稅消費品以及自產自用的應稅消費品，除國務院財政、稅務主管部門另有規定外，應當向納稅人機構所在地或者居住地的主管稅務機關申報納稅。

（2）納稅人到外縣（市）銷售或者委託外縣（市）代銷自產應稅消費品的，於應稅消費品銷售后，向機構所在地或者居住地主管稅務機關申報納稅。

（3）納稅人的總機構與分支機構不在同一縣（市）的，應當分別向各自機構所在地的主管稅務機關申報納稅；經財政部、國家稅務總局或者其授權的財政、稅務機關批准，可以由總機構匯總向總機構所在地的主管稅務機關申報納稅。

納稅人的總機構與分支機構不在同一縣（市），但在同一省（自治區、直轄市）範圍內，經省（自治區、直轄市）財政廳（局）、國家稅務局審批同意，可以由總機構匯總向總機構所在地的主管稅務機關申報繳納消費稅。

省（自治區、直轄市）財政廳（局）、國家稅務局應將審批同意的結果，上報財政部、國家稅務總局備案。

（4）委託加工的應稅消費品，除受託方為個人外，由受託方向機構所在地或者居住地的主管稅務機關解繳消費稅稅款。

（5）委託個人加工的應稅消費品，由委託方向其機構所在地或者居住地主管稅務機關申報納稅。

（6）進口的應稅消費品，由進口人或者其代理人向報關地海關申報納稅。

## 三、稅收歸屬和徵稅部門

消費稅歸中央政府，由國家稅務局徵收，進口的應稅消費品的消費稅由海關代徵。

個人攜帶或者郵寄進境的應稅消費品的消費稅，連同關稅一併計徵。具體辦法由國務院關稅稅則委員會同有關部門制定。

## 四、納稅申報與退稅申報

（一）納稅申報

國家稅務總局制定的消費稅納稅申報表如下：
（1）《菸類應稅消費品消費稅納稅申報表》；
（2）《卷菸批發環節消費稅納稅申報表》；
（3）《酒類消費稅納稅申報表》；
（4）《成品油消費稅納稅申報表》；
（5）《小汽車消費稅納稅申報表》；
（6）《電池消費稅納稅申報表》；
（7）《塗料消費稅納稅申報表》；
（8）《其他應稅消費品消費稅納稅申報表》；
（9）《本期減（免）稅額明細表》。
上述表格均為 Word 表格，表格式樣略。

(二) 退稅申報

國家稅務總局制定的消費稅退稅申報表主要如下：
(1)《生產企業出口非自產貨物消費稅退稅申報表》；
(2)《外貿企業出口退稅匯總申報表》。
上述表格均為 Excel 表格，表格式樣略。

# 第三篇

# 商品稅理論與實務

## 第四章

## 關稅和船舶噸稅

關稅是海關對準許進出口的貨物、進出境物品徵收的一種稅。關稅的歷史可以追溯到西周的「關市之賦」。現行關稅具有如下特點：

(1) 徵稅對象為貨物和物品，屬於商品稅、對物稅。

(2) 納稅環節為進出口環節，包括進口貨物關稅、出口貨物關稅和進境物品進口稅，實行一次課徵制。

(3) 納稅人為進口貨物的收貨人、出口貨物的發貨人、進出境物品的所有人，稅負容易轉嫁，屬於間接稅。

(4) 採用從價、從量、複合或者選擇計稅方法，屬於從價稅、從量稅、複合稅和選擇稅。

(5) 進口貨物設置最惠國稅率、普通稅率、協定稅率、特惠稅率，另有暫定稅率和關稅配額稅率，稅率形式有比例稅率（含滑準稅率）、定額稅率、複合稅率或者選擇稅率。出口貨物設置出口稅率，另有暫定稅率，稅率形式為比例稅率或定額稅率。進境物品進口稅實行差別比例稅率。

(6) 稅基為計稅價格（在關稅中習慣上稱完稅價格）、計稅數量。進口計稅價格不含進口關稅、消費稅、增值稅、車輛購置稅，出口計稅價格不含出口關稅，屬於價外稅。計稅單位有噸、千克、平方米、臺、個、件等。

(7) 稅額減免包括一般減免、特定減免和臨時減免。

(8) 屬於中央稅，由海關負責徵收。

現行關稅的基本規範包括：

(1)《中華人民共和國海關法》(2013 年 12 月 28 日主席令第 8 號公布，自 2014 年 3 月 1 日起施行)。

(2)《中華人民共和國進出口關稅條例》(2003 年 11 月 23 日國務院令第 392 號公布，自 2004 年 1 月 1 日起施行)。

(3)《國務院關稅稅則委員會關於調整進境物品稅有關問題的通知》(2016 年 3 月 16 日稅委會〔2016〕2 號公布，自 2016 年 4 月 8 日起實施)。

(4)《國務院關稅稅則委員會關於 2016 年關稅調整方案的通知》(2015 年 12 月 4 日稅

委會〔2015〕23 號公布，自 2016 年 1 月 1 日起實施）。

(5)《中華人民共和國海關審定進出口貨物完稅價格辦法》（2013 年 12 月 25 日海關總署令第 213 號公布，自 2014 年 2 月 1 日起施行）。

## 第一節 關稅徵稅對象、納稅環節和納稅人

### 一、徵稅對象

關稅的徵稅對象是中國準許進出口的貨物、進境物品。

貨物指貿易性商品，物品指非貿易性商品。物品包括行李物品、郵遞物品和其他物品。

從 1992 年 1 月起，中國開始實施以世界海關組織（WCO）制定的《商品名稱及編碼協調制度》（Harmonized Commodity Description and Coding System）為基礎的進出口稅則（即進出口貨物稅目稅率表）。2016 年版稅則將商品劃分為 22 類、98 章。2016 年版進口稅則共 8,294 個稅目，2016 年版出口稅則共 250 個稅目。

### 二、納稅環節

關稅在進出口環節徵收，包括進口貨物關稅、出口貨物關稅、進境物品進口稅。

（一）加工貿易的進口料件

加工貿易的進口料件按照國家規定保稅進口的，其製成品或者進口料件未在規定的期限內出口的，海關按照規定徵收進口關稅。

加工貿易的進口料件進境時按照國家規定徵收進口關稅的，其製成品或者進口料件在規定的期限內出口的，海關按照有關規定退還進境時已徵收的關稅稅款。

（二）暫時進境或者暫時出境

經海關批准暫時進境或者暫時出境的下列貨物，在進境或者出境時納稅義務人向海關繳納相當於應納稅款的保證金或者提供其他擔保的，可以暫不繳納關稅，並應當自進境或者出境之日起 6 個月內復運出境或者復運進境；經納稅義務人申請，海關可以根據海關總署的規定延長復運出境或者復運進境的期限：

(1) 在展覽會、交易會、會議及類似活動中展示或者使用的貨物。
(2) 文化、體育交流活動中使用的表演、比賽用品。
(3) 進行新聞報導或者攝制電影、電視節目使用的儀器、設備及用品。
(4) 開展科研、教學、醫療活動使用的儀器、設備及用品。
(5) 在上述第（1）項至第（4）項所列活動中使用的交通工具及特種車輛。
(6) 貨樣。
(7) 慈善活動使用的儀器、設備及用品。
(8) 供安裝、調試、檢測、修理設備時使用的儀器及工具。
(9) 盛裝貨物的容器。
(10) 旅遊用自駕交通工具及其用品。
(11) 工程施工中使用的設備、儀器及用品。
(12) 海關批准的其他暫時進出境貨物。

使用貨物暫準進口單證冊（以下稱 ATA 單證冊）暫時進境的貨物限於中國加入的有關貨物暫準進口的國際公約中規定的貨物。

上述所列暫準進境貨物在規定的期限內未復運出境的，或者暫準出境貨物在規定的期

限內未復運進境的，海關應當依法徵收關稅。
上述所列可以暫時免徵關稅範圍以外的其他暫準進境貨物，應當按照該貨物的完稅價格和其在境內滯留時間與折舊時間的比例計算徵收進口關稅。具體辦法由海關總署規定。

（三）復運進境或者復運出境

因品質或者規格原因，出口貨物自出口之日起1年內原狀復運進境的，不徵收進口關稅。

因品質或者規格原因，進口貨物自進口之日起1年內原狀復運出境的，不徵收出口關稅。

因殘損、短少、品質不良或者規格不符原因，由進出口貨物的發貨人、承運人或者保險公司免費補償或者更換的相同貨物，進出口時不徵收關稅。被免費更換的原進口貨物不退運出境或者原出口貨物不退運進境的，海關應當對原進出口貨物重新按照規定徵收關稅。

### 三、納稅人

進口貨物的收貨人、出口貨物的發貨人、進出境物品的所有人是關稅的納稅義務人。

## 第二節　關稅計稅方法和稅率

### 一、進出口貨物關稅計稅方法

進出口貨物關稅，以從價計徵、從量計徵或者國家規定的其他方式徵收。

從量計稅方法：應納關稅＝計稅數量×定額稅率

從價計稅方法：應納關稅＝計稅價格×比例稅率（含滑準稅率）

複合計稅方法：應納關稅＝計稅數量×定額稅率＋計稅價格×比例稅率

選擇計稅方法（兩者從低）：應納關稅＝MIN（計稅數量×定額稅率，計稅價格×比例稅率）

海關徵收關稅、滯納金等，應當按人民幣計徵。

進出口貨物的成交價格以及有關費用以外幣計價的，以中國人民銀行公布的基準匯率折合為人民幣計算完稅價格；以基準匯率幣種以外的外幣計價的，按照國家有關規定套算為人民幣計算完稅價格。適用匯率的日期由海關總署規定。

### 二、進口貨物關稅稅率

（一）最惠國稅率、協定稅率、特惠稅率和普通稅率

（1）根據原產地不同，進口關稅設置四欄稅率：最惠國稅率、協定稅率、特惠稅率和普通稅率。

①最惠國稅率。原產於共同適用最惠國待遇條款的世界貿易組織（WTO）成員的進口貨物，原產於與中國簽訂含有相互給予最惠國待遇條款的雙邊貿易協定的國家或者地區的進口貨物，原產於境內的進口貨物，適用最惠國稅率。

②協定稅率。原產於與中國簽訂含有關稅優惠條款的區域性貿易協定的國家或者地區的進口貨物，適用協定稅率。

③特惠稅率。原產於與中國簽訂含有特殊關稅優惠條款的貿易協定的國家或者地區的進口貨物，適用特惠稅率。

④普通稅率。原產於其他國家或者地區的進口貨物以及原產地不明的進口貨物，適用

普通稅率。

(2) 中國原產地標準採用完全產地標準和實質性改變標準兩種國際通用的原產地標準。

①完全產地標準。完全在一個國家（地區）獲得的貨物，以該國（地區）為原產地。

②實質性改變標準。兩個以上國家（地區）參與生產的貨物，以最后完成實質性改變的國家（地區）為原產地。實質性改變的確定標準，以稅則歸類改變為基本標準；稅則歸類改變不能反應實質性改變的，以從價百分比、製造或者加工工序等為補充標準。

稅則歸類改變標準是指在某一國家（地區）對非該國（地區）原產材料進行製造、加工后，所得貨物在《中華人民共和國進出口稅則》中的四位數級稅目歸類發生了變化。

製造、加工工序標準是指在某一國家（地區）進行的賦予製造、加工后所得貨物基本特徵的主要工序。

從價百分比標準是指在某一國家（地區）對非該國（地區）原產材料進行製造、加工后的增值部分超過了所得貨物價值的30%。

(3) 最惠國稅率、協定稅率、特惠稅率、普通稅率採用比例稅率、定額稅率或複合稅率。

［案例4-1］ 某外貿公司1月份進口25噸整只凍雞（稅號0207.1200），整只凍雞普通稅率5.6元/千克，最惠國稅率1.3元/千克。

如果整只凍雞原產地為WTO成員，適用最惠國稅率，計算應納進口關稅；如果整只凍雞原產地為其他國家或地區，適用普通稅率，計算應納進口關稅。

［解答］ 如果適用最惠國稅率，應納進口關稅＝25×1,000×1.3＝32,500（元）

如果適用普通稅率，應納進口關稅＝25×1,000×5.6＝140,000（元）

選擇原產地為WTO成員，可節省進口關稅＝140,000－32,500＝107,500（元）

［案例4-2］ 某進出口公司2月份進口一批排氣量為2.8升的小轎車（稅號8703.236101），關稅完稅價格1,150萬元。該批小轎車最惠國稅率為25%，普通稅率為270%。

如果該批小汽車原產地為WTO成員，適用最惠國稅率，計算應納進口關稅；如果該批小汽車原產地為其他國家或地區，適用普通稅率，計算應納進口關稅。

［解答］ 如果適用最惠國稅率，應納進口關稅＝1,150×25%＝287.5（萬元）

如果適用普通稅率，應納進口關稅＝1,150×270%＝3,105（萬元）

選擇原產地為WTO成員，可節省進口關稅＝3,105－287.5＝2,817.5（萬元）

［案例4-3］ 某外貿公司2016年3月29日報關進口120臺電視攝像機（稅號8525.8012），原產地美國，每臺關稅完稅價格8,000美元。當天銀行間外匯市場人民幣匯率中間價為1美元對人民幣6.506,0元。電視攝像機普通稅率為完稅價格不高於5,000美元/臺的，適用130%；完稅價格高於5,000美元/臺的，適用6%，加51,500元。最惠國稅率為完稅價格不高於5,000美元/臺的，適用35%；完稅價格高於5,000美元/臺的，適用3%，加9,278元。計算該外貿公司應納進口關稅。

［解答］ 原產地美國，適用最惠國稅率，電視攝像機完稅價格高於5,000美元/臺，適用複合稅率。

應納進口關稅＝120×9,278＋120×8,000×6.506,0×3%＝1,300,732.80（元）

（二）暫定稅率和關稅配額稅率

1. 暫定稅率

適用最惠國稅率的進口貨物有暫定稅率的，應當適用暫定稅率；適用協定稅率、特惠稅率的進口貨物有暫定稅率的，應當從低適用稅率；適用普通稅率的進口貨物，不適用暫定稅率。

2. 關稅配額稅率

按照國家規定實行關稅配額管理的進口貨物，關稅配額內的，適用關稅配額稅率；關稅配額外的，其稅率的適用按照有關規定執行。

2016 年暫定稅率採用比例稅率（含滑準稅率）、定額稅率、複合稅率或選擇稅率。2016 年關稅配額稅率採用比例稅率。

［案例4-4］某公司 2016 年 10 月進口一批指（趾）甲化妝品（稅號3304.3000），原產地法國，關稅完稅價格 255 萬元。指（趾）甲化妝品最惠國稅率為 15%，2016 年暫定稅率為 10%。計算該公司應納進口關稅。

［解答］適用最惠國稅率的進口貨物有暫定稅率的，應當適用暫定稅率。

應納進口關稅＝255×10%＝25.5（萬元）

［案例4-5］2016 年 5 月，某公司進口技術分類天然橡膠（稅號4001.2200），原產地為 A 國進口 20 噸，關稅計稅價格為 7,000 元/噸；原產地為 B 國進口 10 噸，關稅計稅價格為 8,000 元/噸。A 國、B 國均為 WTO 成員。技術分類天然橡膠最惠國稅率為 20%；2016 年暫定稅率為 20%或 1,500 元/噸，兩者從低。計算該公司應納關稅。

［解答］適用最惠國稅率的進口貨物有暫定稅率的，應當適用暫定稅率。

原產地為 A 國應納關稅＝MIN(20×1,500, 20×7,000×20%)

$\qquad$ ＝MIN(30,000, 28,000)＝28,000（元）

原產地為 B 國應納關稅＝MIN(10×1,500, 10×8,000×20%)

$\qquad$ ＝MIN(15,000, 16,000)＝15,000（元）

［案例4-6］某進出口公司 6 月份進口 10 噸棉花（稅號5201.000），原產地加拿大，完稅價格 120,000 元。棉花普通稅率 125%，最惠國稅率 40%，關稅配額稅率 1%。對配額外進口的一定數量棉花，適用暫定關稅，具體方式如下：

①當進口棉花完稅價格高於或等於 15.000 元/千克時，暫定定額稅率為 0.570 元/千克；

②當進口棉花完稅價格低於 15.000 元/千克時，暫定比例稅率（滑準稅率）按下式計算：

$Ri＝9.337/Pi＋2.77\%×Pi-1$（$Ri \leqslant 40\%$）

其中：$Ri$ 為暫定比例稅率，對上式計算結果小數點后第 4 位四捨五入保留前 3 位；$Pi$ 為關稅完稅價格，單位為元/千克。

①如果該公司在配額內進口，計算應納進口關稅；

②如果在配額外進口，計算應納進口關稅。

［解答］①如果在配額內進口棉花，適用關稅配額稅率 1%。

應納進口關稅＝120,000×1%＝1,200（元）

②如果在配額外進口棉花，適用暫定稅率。

單位完稅價格＝120,000÷10÷1,000＝12（元/千克）＜15（元/千克）

暫定稅率形式為滑準稅率。

滑準稅率＝9.337÷12＋2.77%×12-1＝11.048%≤40%

應納進口關稅＝120,000×11.048%＝13,257.6（元）

（三）特別關稅

1. 反傾銷關稅、反補貼關稅、保障措施關稅

按照有關法律、行政法規的規定對進口貨物採取反傾銷、反補貼、保障措施的，其稅率的適用按照《中華人民共和國反傾銷條例》《中華人民共和國反補貼條例》和《中華人民共和國保障措施條例》的有關規定執行。

2. 報復性關稅

任何國家或者地區違反與中華人民共和國簽訂或者共同參加的貿易協定及相關協定，對中華人民共和國在貿易方面採取禁止、限制、加徵關稅或者其他影響正常貿易的措施的，對原產於該國家或者地區的進口貨物可以徵收報復性關稅，適用報復性關稅稅率。

徵收報復性關稅的貨物、適用國別、稅率、期限和徵收辦法，由國務院關稅稅則委員會決定並公布。

### 三、出口貨物關稅稅率

出口關稅設置出口稅率。對出口貨物在一定期限內可以實行暫定稅率。適用出口稅率的出口貨物有暫定稅率的，應當適用暫定稅率。

出口稅率均採用比例稅率，2016 年出口暫定稅率採用比例稅率或定額稅率。

[**案例 4-7**] 某公司 2016 年 7 月出口鉻鐵（稅號 7202.4100），出口完稅價格 60 萬元。鉻鐵出口稅率 40%，2016 年暫定稅率為 20%。計算該公司應納出口關稅。

[**解答**] 適用出口稅率的出口貨物有暫定稅率的，應當適用暫定稅率。

應納出口關稅 = 60×20% = 12（萬元）

[**案例 4-8**] 某工業企業 2016 年 8 月份出口 200 噸尿素（稅號 3102.1000），每噸出口完稅價格 2,600 元。尿素出口稅率無，2016 年暫定稅率 80 元/噸。計算該企業應納出口關稅。

[**解答**] 應納出口關稅 = 200×80 = 16,000（元）

### 四、稅率的適用日期

（1）進出口貨物，應當適用海關接受該貨物申報進口或者出口之日實施的稅率。

（2）進口貨物到達前，經海關核准先行申報的，應當適用裝載該貨物的運輸工具申報進境之日實施的稅率。

（3）轉關運輸貨物稅率的適用日期，由海關總署另行規定。

（4）有下列情形之一，需繳納稅款的，應當適用海關接受申報辦理納稅手續之日實施的稅率：

①保稅貨物經批准不復運出境的；

②減免稅貨物經批准轉讓或者移作他用的；

③暫準進境貨物經批准不復運出境以及暫準出境貨物經批准不復運進境的；

④租賃進口貨物，分期繳納稅款的。

（5）補徵和退還進出口貨物關稅，應當按照規定確定適用的稅率。

（6）因納稅義務人違反規定需要追徵稅款的，應當適用該行為發生之日實施的稅率；行為發生之日不能確定的，適用海關發現該行為之日實施的稅率。

### 五、稅率制定和調整權限

國務院設立關稅稅則委員會，負責《中華人民共和國進出口稅則》和《進境物品進口稅稅率表》的稅目、稅則號列和稅率的調整和解釋，報國務院批准後執行；決定實行暫定稅率的貨物、稅率和期限；決定關稅配額稅率；決定徵收反傾銷稅、反補貼稅、保障措施關稅、報復性關稅以及決定實施其他關稅措施；決定特殊情況下稅率的適用，以及履行國務院規定的其他職責。國務院關稅稅則委員會為國務院的議事協調機構，具體工作由財政部承擔，辦公室設在財政部稅政司。

2014 年 12 月 12 日稅委會〔2014〕32 號公布《國務院關稅稅則委員會關於 2015 年關

稅實施方案的通知》，自 2015 年 1 月 1 日起實施；2015 年 12 月 4 日稅委會〔2015〕23 號公布《國務院關稅稅則委員會關於 2016 年關稅調整方案的通知》，自 2016 年 1 月 1 日起實施。現行進口貨物、出口貨物關稅稅率規定如下：
（1）《進口商品從量稅及複合稅稅率表》。
（2）《進口商品暫定稅率表》。
（3）《關稅配額商品進口稅率表》。
（4）《進口商品協定稅率表》。
（5）《進口商品協定稅率、特惠稅率表》。
（6）《出口商品稅率表》。
（7）《進出口稅則稅目調整表》。
（8）《非全稅目信息技術產品稅率表》。

## 第三節　關稅計稅價格

### 一、進口貨物計稅價格

（一）一般規定

進口貨物的完稅價格，由海關以該貨物的成交價格為基礎審查確定，並且應當包括貨物運抵中華人民共和國境內輸入地點起卸前的運輸及其相關費用、保險費。

進口貨物的成交價格應當符合下列條件：

（1）對買方處置或者使用該貨物不予限制，但法律、行政法規規定實施的限制、對貨物轉售地域的限制和對貨物價格無實質性影響的限制除外。

（2）該貨物的成交價格沒有因搭售或者其他因素的影響而無法確定。

（3）賣方不得從買方直接或者間接獲得因該貨物進口后轉售、處置或者使用而產生的任何收益，或者雖有收益但能夠按照規定進行調整。

（4）買賣雙方沒有特殊關係，或者雖有特殊關係但未對成交價格產生影響。

（二）成交價格

進口貨物的成交價格是指賣方向境內銷售該貨物時買方為進口該貨物向賣方實付、應付的，並按照規定調整后的價款總額，包括直接支付的價款和間接支付的價款。

（1）進口貨物的下列費用應當計入完稅價格：
①由買方負擔的購貨佣金以外的佣金和經紀費；
②由買方負擔的在審查確定完稅價格時與該貨物視為一體的容器的費用；
③由買方負擔的包裝材料費用和包裝勞務費用；
④與該貨物的生產和向境內銷售有關的，由買方以免費或者以低於成本的方式提供並可以按適當比例分攤的料件、工具、模具、消耗材料及類似貨物的價款以及在境外開發、設計等相關服務的費用；
⑤作為該貨物向境內銷售的條件，買方必須支付的、與該貨物有關的特許權使用費；
⑥賣方直接或者間接從買方獲得的該貨物進口后轉售、處置或者使用的收益。

（2）進口時在貨物的價款中列明的下列稅收、費用，不計入該貨物的完稅價格：
①廠房、機械、設備等貨物進口后進行建設、安裝、裝配、維修和技術服務的費用；
②進口貨物運抵境內輸入地點起卸后的運輸及其相關費用、保險費；
③進口關稅及國內稅收。

[案例4-9] 某工業企業9月份進口一批數控放電加工機床（稅號8456.3010,10），原產地德國，貨價350萬元，另支付包裝費用15萬元、境外設計費用12萬元，支付運抵境內輸入地點起卸前的運輸費用20萬元、保險費8萬元，支付運抵境內輸入地點起卸后的運輸費用5萬元、保險費2萬元，支付進口後安裝、技術服務費用18萬元。該批機床最惠國稅率為9.7%，普通稅率為30%。計算該企業應納進口關稅。

[解答] 關稅完稅價格=350+15+12+20+8=405（萬元）
應納進口關稅=405×9.7%=39.29（萬元）

（三）海關估價

進口貨物的成交價格不符合規定條件的，或者成交價格不能確定的，海關經瞭解有關情況，並與納稅義務人進行價格磋商後，依次以下列價格估定該貨物的完稅價格：

（1）相同貨物成交價格法。相同貨物成交價格，即與該貨物同時或者大約同時向境內銷售的相同貨物的成交價格。

（2）類似貨物成交價格法。類似貨物成交價格，即與該貨物同時或者大約同時向境內銷售的類似貨物的成交價格。

（3）倒算價格法。倒算價格，即與該貨物進口的同時或者大約同時，將該進口貨物、相同或者類似進口貨物在第一級銷售環節銷售給無特殊關係買方最大銷售總量的單位價格，但應當扣除下列項目：

①同等級或者同種類貨物在境內第一級銷售環節銷售時通常的利潤和一般費用以及通常支付的佣金；

②進口貨物運抵境內輸入地點起卸后的運輸及其相關費用、保險費；

③進口關稅及國內稅收。

（4）順算價格法。順算價格，即按照下列各項總和計算的價格：生產該貨物所使用的料件成本和加工費用，向境內銷售同等級或者同種類貨物通常的利潤和一般費用，該貨物運抵境內輸入地點起卸前的運輸及其相關費用、保險費。

（5）其他合理方法。以合理方法估定的價格。

納稅義務人向海關提供有關資料後，可以提出申請，顛倒前款第（3）項和第（4）項的適用次序。

[案例4-10] 某貿易公司10月份進口一批最新研製的激光視盤機（稅號8521.9011），原產地英國，貨物以英國口岸離岸價格（FOB）成交，成交價格為500萬美元（類似產品的成交價格約為300萬美元）。這批貨物運抵中國口岸的運費、保險費和其他費用共計50萬美元。1美元折合人民幣6.65元。激光視盤機最惠國稅率為20%，普通稅率為130%。

①如果該貿易公司向海關提交單證，計算應納進口關稅；
②如果該貿易公司不向海關提交單證，計算應納進口關稅。

[解答] ①如果該貿易公司向海關提交單證，海關以成交價格為基礎。
應納進口關稅=(500+50)×6.65×20%=731.5（萬元）
②如果該貿易公司不向海關提交單證，海關按類似貨物估價。
應納進口關稅=(300+50)×6.65×20%=465.5（萬元）
選擇不向海關提交單證，節省進口關稅=731.5-465.5=266（萬元）

（四）特殊進口貨物

（1）以租賃方式進口的貨物，以海關審查確定的該貨物的租金作為完稅價格。

納稅義務人要求一次性繳納稅款的，納稅義務人可以選擇按照規定估定完稅價格，或者按照海關審查確定的租金總額作為完稅價格。

（2）運往境外加工的貨物，出境時已向海關報明並在海關規定的期限內復運進境的，

應當以境外加工費和料件費以及復運進境的運輸及其相關費用和保險費審查確定完稅價格。

（3）運往境外修理的機械器具、運輸工具或者其他貨物，出境時已向海關報明並在海關規定的期限內復運進境的，應當以境外修理費和料件費審查確定完稅價格。

[案例4-11] 某公司11月份發生下列進口業務：

①以租賃方式進口一臺設備，海關審定的租金為80萬元，分5次平均支付租金，納稅人要求一次性繳納稅款。適用關稅稅率12%。

②運往境外加工的貨物復運進境，境外加工費7萬元，料件費8萬元，復運進境運輸及其相關費用1.2萬元，保險費0.5萬元。適用關稅稅率10%。

③將一臺設備運往境外修理，設備價60萬元，修理費5萬元，料件費6萬元，復運進境運輸費1.5萬元，保險費0.8萬元。適用關稅稅率15%。

計算該公司應納進口關稅。

[解答] ①應納進口關稅=80×12%=9.6（萬元）

②應納進口關稅=（7+8+1.2+0.5）×10%=1.67（萬元）

③應納進口關稅=（5+6）×15%=1.65（萬元）

（五）運輸及其相關費用、保險費

（1）進口貨物的運輸及其相關費用，應當按照由買方實際支付或者應當支付的費用計算。如果進口貨物的運輸及其相關費用無法確定的，海關應當按照該貨物進口同期的正常運輸成本審查確定。

運輸工具作為進口貨物，利用自身動力進境的，海關在審查確定完稅價格時，不再另行計入運輸及其相關費用。

（2）進口貨物的保險費，應當按照實際支付的費用計算。如果進口貨物的保險費無法確定或者未實際發生，海關應當按照「貨價加運費」兩者總額的3‰計算保險費。其計算公式如下：

保險費=（貨價+運費）×3‰

（3）郵運進口的貨物，應當以郵費作為運輸及其相關費用、保險費。

## 二、出口貨物計稅價格

（一）一般規定

（1）出口貨物的完稅價格由海關以該貨物的成交價格為基礎審查確定，並且應當包括貨物運至中華人民共和國境內輸出地點裝載前的運輸及其相關費用、保險費。

（2）出口貨物的成交價格是指該貨物出口銷售時，賣方為出口該貨物應當向買方直接收取和間接收取的價款總額。

（3）下列稅收、費用不計入出口貨物的完稅價格：

①出口關稅；

②在貨物價款中單獨列明的貨物運至中華人民共和國境內輸出地點裝載后的運輸及其相關費用、保險費。

[案例4-12] 某錫礦山2016年12月出口30噸錫礦石精礦（稅號2609.0000），每噸離岸價（FOB）1.2萬美元，1美元對人民幣6.5元。錫礦砂及其精礦出口關稅稅率為50%，2016年暫定稅率為20%。計算該礦山應納出口關稅。

[解答] 離岸價（FOB）含關稅，而完稅價格不含關稅。

適用出口稅率的出口貨物有暫定稅率的，應當適用暫定稅率。

完稅價格=30×1.2×6.5÷（1+20%）=195（萬元）

應納出口關稅=195×20%=39（萬元）

（二）海關估價

出口貨物的成交價格不能確定的，海關經瞭解有關情況，並與納稅義務人進行價格磋商后，依次以下列價格估定該貨物的完稅價格：

（1）相同貨物成交價格法。相同貨物成交價格，即同時或者大約同時向同一國家或者地區出口的相同貨物的成交價格。

（2）類似貨物成交價格法。類似貨物成交價格，即同時或者大約同時向同一國家或者地區出口的類似貨物的成交價格。

（3）順算價格法。順算價格，即根據境內生產相同或者類似貨物的成本、利潤和一般費用（包括直接費用和間接費用）、境內發生的運輸及其相關費用、保險費計算所得的價格。

（4）其他合理方法。按照合理方法估定的價格。

按照規定計入或者不計入完稅價格的成本、費用、稅收，應當以客觀、可量化的數據為依據。

## 第四節 關稅稅額減免

### 一、減免項目

（一）一般減免

下列進出口貨物，免徵關稅：

（1）關稅稅額在人民幣 50 元以下的一票貨物。

（2）無商業價值的廣告品和貨樣。

（3）外國政府、國際組織無償贈送的物資。

（4）在海關放行前損失的貨物。

（5）進出境運輸工具裝載的途中必需的燃料、物料和飲食用品。

（6）中華人民共和國締結或者參加的國際條約規定減徵、免徵關稅的貨物、物品。

（7）在海關放行前遭受損壞的貨物，可以根據海關認定的受損程度減徵關稅。

（二）特定減免

特定地區、特定企業或者有特定用途的進出口貨物，可以減徵或者免徵關稅。特定減稅或者免稅的範圍和辦法由國務院規定。

依照上述規定減徵或者免徵關稅進口的貨物，只能用於特定地區、特定企業或者特定用途，未經海關核准並補繳關稅，不得移作他用。

特定減免稅進口貨物的監管年限由海關總署規定。

《國家支持發展的重大技術裝備和產品目錄（2015 年修訂）》（簡稱《目錄一》）和《重大技術裝備和產品進口關鍵零部件及原材料商品目錄（2015 年修訂）》（簡稱《目錄二》）自 2016 年 1 月 1 日起執行，符合規定條件的國內企業為生產《目錄一》所列裝備或產品而確有必要進口《目錄二》所列商品，免徵關稅和進口環節增值稅。《目錄一》《目錄二》中列明執行年限的，有關裝備、產品、零部件、原材料免稅執行期限截至該年度 12 月 31 日。

（三）臨時減免

臨時減徵或者免徵關稅，由國務院決定。

經海關批准暫時進口或者暫時出口的貨物以及特準進口的保稅貨物，在貨物收發貨人

向海關繳納相當於稅款的保證金或者提供擔保后，準予暫時免納關稅。

進口貨物減徵或者免徵進口環節海關代徵稅，按照有關法律、行政法規的規定執行。

**二、減免程序**

納稅義務人進出口減免稅貨物的，除另有規定外，應當在進出口該貨物之前，按照規定持有關文件向海關辦理減免稅審批手續。經海關審查符合規定的，予以減徵或者免徵關稅。

需由海關監管使用的減免稅進口貨物，在監管年限內轉讓或者移作他用需要補稅的，海關應當根據該貨物進口時間折舊估價，補徵進口關稅。

## 第五節 關稅徵收管理

關稅的徵收管理，依照《中華人民共和國海關法》及有關規定執行。

進口環節海關代徵稅的徵收管理，適用關稅徵收管理的規定。

**一、稅收歸屬、徵稅部門和納稅地點**

（一）稅收歸屬和徵稅部門

關稅歸中央政府，由海關負責徵收管理。

海關及其工作人員應當依照法定職權和法定程序履行關稅徵管職責，維護國家利益，保護納稅人合法權益，依法接受監督。

納稅義務人有權要求海關對其商業秘密予以保密，海關應當依法為納稅義務人保密。

海關對檢舉或者協助查獲違反規定行為的單位和個人，應當按照規定給予獎勵，並負責保密。

（二）納稅地點

進出口貨物關稅的納稅地點是貨物的進出境地海關。

**二、納稅時間**

（一）申報時間

進口貨物的納稅義務人應當自運輸工具申報進境之日起14日內，出口貨物的納稅義務人除海關特準的外，應當在貨物運抵海關監管區后、裝貨的24小時以前，向貨物的進出境地海關申報。進出口貨物轉關運輸的，按照海關總署的規定執行。

進口貨物到達前，納稅義務人經海關核准可以先行申報。具體辦法由海關總署另行規定。

（二）繳稅時間

納稅義務人應當自海關填發稅款繳款書之日起15日內向指定銀行繳納稅款。納稅義務人未按期繳納稅款的，從滯納稅款之日起，按日加收滯納稅款萬分之五的滯納金。

納稅義務人因不可抗力或者在國家稅收政策調整的情形下，不能按期繳納稅款的，經依法提供稅款擔保后，可以延期繳納稅款，但是最長不得超過6個月。

**三、稅收保全與強制執行**

（一）稅收保全

進出口貨物的納稅義務人在規定的納稅期限內有明顯的轉移、藏匿其應稅貨物以及其

他財產跡象的，海關可以責令納稅義務人提供擔保。納稅義務人不能提供納稅擔保的，經直屬海關關長或者其授權的隸屬海關關長批准，海關可以採取下列稅收保全措施：

（1）書面通知納稅義務人開戶銀行或者其他金融機構暫停支付納稅義務人相當於應納稅款的存款。

（2）扣留納稅義務人價值相當於應納稅款的貨物或者其他財產。

納稅義務人在規定的納稅期限內繳納稅款的，海關必須立即解除稅收保全措施；期限屆滿仍未繳納稅款的，經直屬海關關長或者其授權的隸屬海關關長批准，海關可以書面通知納稅義務人開戶銀行或者其他金融機構從其暫停支付的存款中扣繳稅款，或者依法變賣所扣留的貨物或者其他財產，以變賣所得抵繳稅款。

採取稅收保全措施不當，或者納稅義務人在規定期限內已繳納稅款，海關未立即解除稅收保全措施，致使納稅義務人的合法權益受到損失的，海關應當依法承擔賠償責任。

（二）強制執行

進出口貨物的納稅義務人，應當自海關填發稅款繳款書之日起 15 日內繳納稅款；逾期繳納的，由海關徵收滯納金。納稅義務人、擔保人超過 3 個月仍未繳納的，經直屬海關關長或者其授權的隸屬海關關長批准，海關可以採取下列強制措施：

（1）書面通知其開戶銀行或者其他金融機構從其存款中扣繳稅款。

（2）將應稅貨物依法變賣，以變賣所得抵繳稅款。

（3）扣留並依法變賣其價值相當於應納稅款的貨物或者其他財產，以變賣所得抵繳稅款。

海關採取強制措施時，對前款所列納稅義務人、擔保人未繳納的滯納金同時強制執行。

### 四、稅款補徵、追徵和退還

（一）稅款補徵

進出口貨物放行后，海關發現少徵或者漏徵稅款的，應當自繳納稅款或者貨物放行之日起 1 年內，向納稅義務人補徵稅款。

（二）稅款追徵

因納稅義務人違反規定造成少徵或者漏徵稅款的，海關可以自繳納稅款或者貨物放行之日起 3 年內追徵稅款，並從繳納稅款或者貨物放行之日起按日加收少徵或者漏徵稅款萬分之五的滯納金。

（三）稅款退還

海關發現多徵稅款的，應當立即通知納稅義務人辦理退還手續。

納稅義務人發現多繳稅款的，自繳納稅款之日起 1 年內，可以以書面形式要求海關退還多繳的稅款並加算銀行同期活期存款利息；海關應當自受理退稅申請之日起 30 日內查實並通知納稅義務人辦理退還手續。

納稅義務人應當自收到通知之日起 3 個月內辦理有關退稅手續。

### 五、納稅爭議與行政處罰

（一）納稅爭議

納稅義務人、擔保人對海關確定納稅義務人、完稅價格、商品歸類、原產地、適用稅率或者匯率、減徵或者免徵稅款、補稅、退稅、徵收滯納金、計徵方式以及納稅地點有異議的，應當繳納稅款，並可以依法向上一級海關申請復議。對復議決定不服的，可以依法向人民法院提起訴訟。

## （二）行政處罰

有違反條例規定行為的，按照《中華人民共和國海關法》《中華人民共和國海關法行政處罰實施條例》和其他有關法律、行政法規的規定處罰。

# 第六節　進境物品進口稅

## 一、徵稅對象和納稅人

（一）徵稅對象

進境物品的關稅以及進口環節海關代徵稅合併為進口稅，由海關依法徵收。

（二）納稅人

進境物品的納稅義務人是指攜帶物品進境的入境人員、進境郵遞物品的收件人以及以其他方式進口物品的收件人。

進境物品的納稅義務人可以自行辦理納稅手續，也可以委託他人辦理納稅手續。接受委託的人應當遵守對進境物品納稅義務人的各項規定。

## 二、計稅方法、稅率和計稅價格

（一）計稅方法

進口稅從價計徵，進口稅的計算公式為：

進口稅稅額＝完稅價格×進口稅稅率

海關應當按照《進境物品進口稅稅率表》及海關總署制定的《中華人民共和國進境物品歸類表》《中華人民共和國進境物品完稅價格表》對進境物品進行歸類、確定完稅價格和確定適用稅率。

進境物品適用海關填發稅款繳款書之日實施的稅率和完稅價格。

（二）稅率

進口稅實行差別比例稅率，比例稅率為15％、30％和60％。自2016年4月8日起，對進境物品稅稅目和稅率進行調整，調整后的《中華人民共和國進境物品進口稅率表》如表4-1所示。

表4-1　　　　　　　　　中華人民共和國進境物品進口稅率表

| 稅目 | 物品名稱 | 稅率（％） |
|---|---|---|
| 1 | 書報、刊物、教育用影視資料，計算機、視頻攝錄一體機、數字照相機等信息技術產品，食品、飲料，金銀，家具，玩具、游戲品、節日或其他娛樂用品 | 15 |
| 2 | 運動用品（不含高爾夫球及球具）、釣魚用品，紡織品及其製成品，電視攝像機及其他電器用具，自行車，稅目1、3中未包含的其他商品 | 30 |
| 3 | 菸、酒，貴重首飾及珠寶玉石，高爾夫球及球具，高檔手錶，化妝品 | 60 |

註：稅目3所列商品的具體範圍與消費稅徵收範圍一致

（三）計稅價格

2016年4月6日海關總署公告2016年第25號重新修訂了《中華人民共和國進境物品歸類表》和《中華人民共和國進境物品完稅價格表》（以下簡稱《完稅價格表》），自2016年4月8日起執行。

實際購買價格是《完稅價格表》列明完稅價格的 2 倍及以上，或是《完稅價格表》列明完稅價格的 1/2 及以下的物品，進境物品所有人應向海關提供銷售方依法開具的真實交易的購物發票或收據，並承擔相關責任。海關可以根據物品所有人提供的上述相關憑證，依法確定應稅物品完稅價格。

### 三、稅額減免

（一）一般規定

（1）海關總署規定數額以內的個人自用進境物品，免徵進口稅。

（2）超過海關總署規定數額但仍在合理數量以內的個人自用進境物品，由進境物品的納稅義務人在進境物品放行前按照規定繳納進口稅。

（3）超過合理、自用數量的進境物品應當按照進口貨物依法辦理相關手續。

國務院關稅稅則委員會規定按貨物徵稅的進境物品，按照規定徵收關稅。

（二）限額免稅規定

（1）進境居民旅客攜帶在境外獲取的個人自用進境物品，總值在 5,000 元人民幣以內（含 5,000 元）的；非居民旅客攜帶擬留在境內的個人自用進境物品，總值在 2,000 元人民幣以內（含 2,000 元）的，海關予以免稅放行，單一品種限自用、合理數量，但菸草製品、酒精製品以及國家規定應當徵稅的 20 種商品等另按有關規定辦理。

（2）進境居民旅客攜帶超出 5,000 元人民幣的個人自用進境物品，經海關審核確屬自用的；進境非居民旅客攜帶擬留在境內的個人自用進境物品，超出人民幣 2,000 元的，海關僅對超出部分的個人自用進境物品徵稅，對不可分割的單件物品，全額徵稅。

（3）對短期內多次來往中國香港、澳門地區的旅客和經常出入境人員以及邊境地區居民，海關只放行其旅途必需物品。短期內多次來往和經常出入境指半個月（15 日）內進境超過 1 次。

[案例 4-13] 居民黃某 1 月份到香港旅遊，在香港購買下列物品進境：

①干海參 1 千克（完稅價格 1,500 元/千克，稅率 15%）；
②干海馬 1 千克（完稅價格 1,500 元/千克，稅率 15%）；
③鹿茸 1 千克（完稅價格 2,000 元/千克，稅率 15%）；
④MP4 播放器 2 個（完稅價格 500 元/個，稅率 30%）；
⑤激光視盤機 2 個（完稅價格 500 元/個，稅率 30%）；
⑥高爾夫球杆 1 根（完稅價格 1,000 元/根，稅率 60%）；
⑦香水 2 瓶（完稅價格 300 元/瓶，稅率 60%）；
⑧眼霜 2 支（完稅價格 200 元/支、瓶，稅率 30%）；
⑨面霜 2 支（完稅價格 200 元/支、瓶，稅率 30%）；
⑩精華液 2 瓶（完稅價格 300 元/瓶，稅率 30%）。

如果黃某將①~③共計 5,000 元物品作為免稅物品，將其他物品申報納稅，計算應納進口稅；如果黃某將④~⑩共計 5,000 元物品作為免稅物品，將其他物品申報納稅，計算應納進口稅。

[解答] 如果將①~③共計 5,000 元物品作為免稅物品。

④ MP4 播放器 2 個進口稅 = 2×500×30% = 300（元）
⑤ 激光視盤 2 個進口稅 = 2×500×30% = 300（元）
⑥ 高爾夫球杆 1 根進口稅 = 1×1,000×60% = 600（元）
⑦ 香水 2 瓶進口稅 = 2×300×60% = 360（元）
⑧ 眼霜 2 支進口稅 = 2×200×30% = 120（元）

⑨面霜 2 支進口稅＝2×200×30%＝120（元）
⑩精華液 2 瓶進口稅＝2×300×30%＝180（元）
進口稅合計＝300+300+600+360+120+120+180＝1,980（元）
如果將④~⑩共計 5,000 元物品作為免稅物品。
①干海參 1 千克進口稅＝1,500×15%＝225（元）
②干海馬 1 千克進口稅＝1,500×15%＝225（元）
③鹿茸 1 千克進口稅＝2,000×15%＝300（元）
進口稅合計＝225+225+300＝750（元）
選擇將④~⑩共計 5,000 元物品作為免稅物品，節省進口稅＝1,980-750＝1,230（元）

（三）菸酒徵免規定

海關對旅客攜帶進境菸酒的免稅和徵稅限量規定如表 4-2 所示。

表 4-2　　　　　　　　　旅客攜帶進境菸酒的免稅和徵稅限量表

|  | 免稅香菸限量 | 免稅 12 度以上酒精飲料限量 | 徵稅菸酒限量 |
| --- | --- | --- | --- |
| 來往港澳地區的旅客（包括港澳旅客和內地前往港澳地區探親旅遊等旅客） | 香菸 200 支或雪茄 50 支或菸絲 250 克 | 1 瓶（不超過 0.75 升） | 與免稅限量相同 |
| 當天往返或短期內多次來往於港澳地區的旅客 | 香菸 40 支或雪茄 5 支或菸絲 40 克 | 不準免稅帶進 | 與免稅限量相同 |
| 其他進境旅客（包括中國籍運輸工具服務人員） | 香菸 400 支或雪茄 100 支或菸絲 500 克 | 2 瓶（不超過 1.5 升） | 與免稅限量相同 |

註：不滿 16 歲者不得帶進菸酒。

（四）停止減免商品

自 1995 年 1 月 1 日起，對電視機、攝像機、錄像機、放像機、音響設備、空調器、電冰箱（電冰櫃）、洗衣機、照相機、複印機、程控電話交換機、微型計算機及外設、電話機、無線尋呼系統、傳真機、電子計數器、打字機及文字處理機、家具、燈具和餐料 20 種商品，無論任何地區、企業、單位和個人，以任何貿易方式進口，一律停止減免關稅和進口環節增值稅。

［案例 4-14］居民周某 2 月份到美國出差，攜帶下列物品進境：
①卷菸 4 條（每條 200 支）（完稅價格 0.5 元/支，稅率 60%）；
②白酒 4 瓶（每瓶 750 毫升）（完稅價格 300 元/瓶，稅率 60%）；
③鍵盤式手機 2 臺（其中 1 臺為出境時攜帶）（完稅價格 1,000 元/臺，稅率 15%）；
④一體式數字照相機 2 臺（其中 1 臺為出境時攜帶）（完稅價格 2,000 元/臺，稅率 15%）；
⑤鍵盤式筆記本電腦 2 臺（其中 1 臺為出境時攜帶）（完稅價格 2,000 元/臺，稅率 15%）。

如果周某出境時不進行申報，計算應納進口稅；如果周某在出境時申報鍵盤式手機 1 臺、一體式數碼相機 1 臺、鍵盤式筆記本電腦 1 臺，計算應納進口稅。

［解答］如果出境時不進行申報，進境物品應納進口稅。

①卷菸 4 條（每條 200 支）進口稅＝(4-2)×200×0.5×60%＝120（元）
②白酒 4 瓶（每瓶 750 毫升）進口稅＝(4-2)×300×60%＝360（元）
③鍵盤式手機 2 臺進口稅＝2×1,000×15%＝300（元）
④一體式數字照相機 2 臺進口稅＝2×2,000×15%＝600（元）
⑤鍵盤式筆記本電腦 2 臺進口稅＝2×2,000×15%＝600（元）
進口稅合計＝120+360+300+600+600＝1,980（元）
如果出境時進行申報，復帶物品進境、不納進口稅。
①卷菸 4 條（每條 200 支）進口稅＝(4-2)×200×0.5×60%＝120（元）
②白酒 4 瓶（每瓶 750 毫升）進口稅＝(4-2)×300×60%＝360（元）
③鍵盤式手機 1 臺進口稅＝1,000×15%＝150（元）
④一體式數碼相機 1 臺進口稅＝2,000×15%＝300（元）
⑤鍵盤式筆記本電腦 1 臺進口稅＝2,000×15%＝300（元）
進口稅合計＝120+360+150+300+300＝1,230（元）
出境時進行申報，節省進口稅＝1,980-1,230＝750（元）
（五）郵寄物品徵免規定
（1）個人郵寄進境物品，海關依法徵收進口稅，但應徵進口稅稅額在人民幣 50 元（含 50 元）以下的，海關予以免徵。
（2）個人寄自或寄往中國港、澳、臺地區的物品，每次限值為 800 元人民幣；寄自或寄往其他國家和地區的物品，每次限值為 1,000 元人民幣。
（3）個人郵寄進出境物品超出規定限值的，應辦理退運手續或者按照貨物規定辦理通關手續。但郵包內僅有一件物品且不可分割的，雖超出規定限值，經海關審核確屬個人自用的，可以按照個人物品規定辦理通關手續。
（4）郵運進出口的商業性郵件，應按照貨物規定辦理通關手續。
[案例 4-15] 吳某的兒子在德國工作，吳某要求兒子郵寄 3 件物品自用：1 個淨水器（完稅價格 500 元，進口稅稅率 30%），1 臺 MP4 播放器（完稅價格 500 元，進口稅稅率 30%），1 臺視頻攝錄一體機（完稅價格 4,000 元，進口稅稅率 15%）。吳某的兒子分三次郵寄，計算吳某應納進口稅。
[解答] 分三次郵寄，按照進境物品辦理通關手續。
郵寄 1 個淨水器應納進口稅＝500×30%＝150（元）
郵寄 1 臺 MP4 播放器應納進口稅＝500×30%＝150（元）
郵寄 1 臺視頻攝錄一體機應納進口稅＝4,000×15%＝600（元）
分三次郵寄應納進口稅合計＝150+150+600＝900（元）
如果三件商品一次郵寄，則超過限值，按照進口貨物辦理通關手續。
（六）印刷品及音像製品徵免規定
（1）個人自用進境印刷品及音像製品在下列規定數量以內的，海關予以免稅驗放：
①單行本發行的圖書、報紙、期刊類出版物每人每次 10 冊（份）以下；
②單碟（盤）發行的音像製品每人每次 20 盤以下；
③成套發行的圖書類出版物，每人每次 3 套以下；
④成套發行的音像製品，每人每次 3 套以下。
（2）有下列情形之一的，海關對全部進境印刷品及音像製品按照進口貨物依法辦理相關手續：
①個人攜帶、郵寄單行本發行的圖書、報紙、期刊類出版物進境，每人每次超過 50 冊（份）的；

②個人攜帶、郵寄單碟（盤）發行的音像製品進境，每人每次超過100盤的；
③個人攜帶、郵寄成套發行的圖書類出版物進境，每人每次超過10套的；
④個人攜帶、郵寄成套發行的音像製品進境，每人每次超過10套的；
⑤其他構成貨物特徵的。

[案例4-16] 徐某4月份到歐洲旅遊，準備購買一批已錄製唱片（稅號8523.8011）回國自用，原產地奧地利。已錄製唱片完稅價格50元/張，進口稅稅率30%，關稅最惠國稅率15%，增值稅稅率13%。徐某如果購買100張，計算進口應納稅收；如果購買120張，計算進口應納稅收。

[解答] ①如果購買100張，沒有超過合理數量，按進境物品納稅。
應納進口稅=(100-20)×50×30%=1,200（元）
②如果購買120張，超過合理數量，按進口貨物納稅。
應納進口關稅=120×50×15%=900（元）
應納進口增值稅=(120×50+900)×13%=897（元）
應納進口稅收合計=900+897=1,797（元）

## 四、徵收管理

進出境物品的納稅義務人，應當在物品放行前繳納稅款。

進口稅的減徵、免徵、補徵、追徵、退還以及對暫準進境物品徵收進口稅參照條例對貨物徵收進口關稅的有關規定執行。

# 第七節 船舶噸稅

船舶噸稅是對自境外港口進入境內港口的船舶徵收的一種稅。現行船舶噸稅具有如下特點：

(1) 徵稅對象為應稅船舶，包括中國籍的應稅船舶和外國籍的應稅船舶，屬於對物稅。
(2) 納稅環節為自中國境外港口進入境內港口環節。
(3) 採用從量定額計稅方法，屬於從量稅。
(4) 設置優惠稅率和普通稅率，稅率形式為差別定額稅率。
(5) 稅基為船舶淨噸位，計稅單位為淨噸。
(6) 稅額減免包括一般免稅和延長執照期限。
(7) 屬於中央稅，由海關負責徵收。

船舶噸稅的基本規範是《中華人民共和國船舶噸稅暫行條例》（2011年12月5日國務院令第610號公布，自2012年1月1日起施行）。

## 一、徵稅對象和納稅環節

（一）徵稅對象
船舶噸稅的徵稅對象為應稅船舶，包括中國籍的應稅船舶和外國籍的應稅船舶。
（二）納稅環節
船舶噸稅的納稅環節為自中國境外港口進入境內港口環節。

## 二、計稅方法、稅基和稅率

（一）計稅方法

船舶噸稅採用從量定額計稅方法，應納稅額按照船舶淨噸位乘以適用稅率計算。其計算公式為：

應納船舶噸稅＝船舶淨噸位×定額稅率

（二）稅基

船舶噸稅的稅基是船舶淨噸位，計稅單位為淨噸。

淨噸位是指由船籍國（地區）政府授權簽發的船舶噸位證明書上標明的淨噸位。

（三）稅率

船舶噸稅設置優惠稅率和普通稅率。

中國籍的應稅船舶，船籍國（地區）與中國簽訂含有相互給予船舶稅費最惠國待遇條款的條約或者協定的應稅船舶，適用優惠稅率。

其他應稅船舶，適用普通稅率。

船舶噸稅的稅目、稅率如表4-3所示。

表4-3 船舶噸稅稅目稅率表

| 稅 目<br>（按船舶淨噸位劃分） | 稅率（元/淨噸） |||||| 備 註 |
|---|---|---|---|---|---|---|---|
| | 普通稅率<br>（按執照期限劃分） ||| 優惠稅率<br>（按執照期限劃分） ||| |
| | 1年 | 90日 | 30日 | 1年 | 90日 | 30日 | |
| 不超過2,000淨噸 | 12.6 | 4.2 | 2.1 | 9.0 | 3.0 | 1.5 | 拖船和非機動駁船分別按相同淨噸位船舶稅率的50%計徵稅款 |
| 超過2,000淨噸，但不超過10,000淨噸 | 24.0 | 8.0 | 4.0 | 17.4 | 5.8 | 2.9 | |
| 超過10,000淨噸，但不超過50,000淨噸 | 27.6 | 9.2 | 4.6 | 19.8 | 6.6 | 3.3 | |
| 超過50,000淨噸 | 31.8 | 10.6 | 5.3 | 22.8 | 7.6 | 3.8 | |

註：船舶噸稅執照期限是指按照公曆年、日計算的期間
拖船是指專門用於拖（推）動運輸船舶的專業作業船舶。拖船按照發動機功率每1千瓦折合淨噸位0.67噸
非機動駁船是指在船舶管理部門登記為駁船的非機動船舶

[案例4-17] 中國某海運公司擁有5艘貨輪用於國際運輸，其中5,000淨噸的2艘，20,000淨噸的3艘。該海運公司申領5艘貨輪2016年度1年期限的船舶噸稅執照。計算該海運公司應納船舶噸稅。

[解答] 中國籍船舶適用優惠稅率。

2艘5,000淨噸的貨輪應納船舶噸稅＝2×5,000×17.4＝174,000（元）

3艘20,000淨噸的貨輪應納船舶噸稅＝3×20,000×19.8＝1,188,000（元）

該海運公司應納船舶噸稅合計＝174,000＋1,188,000＝1,362,000（元）

[案例4-18] 6月10日，外國某船運公司一艘30,000淨噸的貨輪駛入寧波港，貨輪負責人申領30日期限的船舶噸稅執照。計算該貨輪應納船舶噸稅。

①如果船籍國與中國簽訂含有相互給予船舶稅費最惠國待遇條款的條約或者協定，計算應納船舶噸稅。

②如果船籍國未與中國簽訂含有相互給予船舶稅費最惠國待遇條款的條約或者協定，計算應納船舶噸稅。

[解答] ①該貨輪適用優惠稅率，每淨噸3.3元。
應納船舶噸稅＝30,000×3.3＝99,000（元）
②該貨輪適用普通稅率，每淨噸4.6元。
應納船舶噸稅＝30,000×4.6＝138,000（元）

### 三、稅額減免

（一）一般免稅

下列船舶免徵船舶噸稅：

（1）應納稅額在人民幣50元以下的船舶。
（2）自境外以購買、受贈、繼承等方式取得船舶所有權的初次進口到港的空載船舶。
（3）船舶噸稅執照期滿后24小時內不上下客貨的船舶。
（4）非機動船舶（不包括非機動駁船）。非機動船舶是指自身沒有動力裝置，依靠外力驅動的船舶。
（5）捕撈、養殖漁船。捕撈、養殖漁船是指在中華人民共和國漁業船舶管理部門登記為捕撈船或者養殖船的船舶。
（6）避難、防疫隔離、修理、終止營運或者拆解，並不上下客貨的船舶。
（7）軍隊、武裝警察部隊專用或者徵用的船舶。
（8）依照法律規定應當予以免稅的外國駐華使領館、國際組織駐華代表機構及其有關人員的船舶。
（9）國務院規定的其他船舶。

（二）延長執照期限

在船舶噸稅執照期限內，應稅船舶發生下列情形之一的，海關按照實際發生的天數批註延長船舶噸稅執照期限：

（1）避難、防疫隔離、修理，並不上下客貨。
（2）軍隊、武裝警察部隊徵用。

符合一般減免第(5)項至第(8)項、延長執照期限規定的船舶，應當提供海事部門、漁業船舶管理部門或者衛生檢疫部門等部門、機構出具的具有法律效力的證明文件或者使用關係證明文件，申明免稅或者延長船舶噸稅執照期限的依據和理由。

### 四、徵收管理

（一）稅收歸屬和徵稅部門

船舶噸稅歸中央政府，由海關負責徵收。海關徵收船舶噸稅應當制發繳款憑證。

（二）納稅時間

（1）船舶噸稅納稅義務發生時間為應稅船舶進入港口的當日。
（2）應稅船舶到達港口前，經海關核准先行申報並辦結出入境手續的，應稅船舶負責人應當向海關提供與其依法履行噸稅繳納義務相適應的擔保；應稅船舶到達港口后，依照條例規定向海關申報納稅。下列財產、權利可以用於擔保：
①人民幣、可自由兌換貨幣；
②匯票、本票、支票、債券、存單；
③銀行、非銀行金融機構的保函；
④海關依法認可的其他財產、權利。
（3）應稅船舶因不可抗力在未設立海關地點停泊的，船舶負責人應當立即向附近海關報告，並在不可抗力原因消除后，依照條例規定向海關申報納稅。

（4）應稅船舶負責人應當自海關填發船舶噸稅繳款憑證之日起 15 日內向指定銀行繳清稅款。未按期繳清稅款的，自滯納稅款之日起，按日加收滯納稅款 0.5‰的滯納金。

（三）船舶噸稅執照

（1）應稅船舶負責人在每次申報納稅時，可以按照《船舶噸稅稅目稅率表》選擇申領一種期限的船舶噸稅執照。

應稅船舶負責人申領船舶噸稅執照時，應當向海關提供下列文件：

①船舶國籍證書或者海事部門簽發的船舶國籍證書收存證明；

②船舶噸位證明。

（2）應稅船舶負責人繳納船舶噸稅或者提供擔保后，海關按照其申領的執照期限填發船舶噸稅執照。

（3）應稅船舶在進入港口辦理入境手續時，應當向海關申報納稅領取船舶噸稅執照，或者交驗船舶噸稅執照。應稅船舶在離開港口辦理出境手續時，應當交驗船舶噸稅執照。

（4）應稅船舶在船舶噸稅執照期滿后尚未離開港口的，應當申領新的船舶噸稅執照，自上一次執照期滿的次日起續繳船舶噸稅。

（5）應稅船舶在船舶噸稅執照期限內，因修理導致淨噸位變化的，船舶噸稅執照繼續有效。應稅船舶辦理出入境手續時，應當提供船舶經過修理的證明文件。

（6）應稅船舶在船舶噸稅執照期限內，因稅目稅率調整或者船籍改變而導致適用稅率變化的，船舶噸稅執照繼續有效。

因船籍改變而導致適用稅率變化的，應稅船舶在辦理出入境手續時，應當提供船籍改變的證明文件。

（7）船舶噸稅執照在期滿前毀損或者遺失的，應當向原發照海關書面申請核發船舶噸稅執照副本，不再補稅。

（四）稅款補徵、追徵和退還

1. 稅款補徵

海關發現少徵或者漏徵稅款的，應當自應稅船舶應當繳納稅款之日起 1 年內，補徵稅款。

2. 稅款追徵

因應稅船舶違反規定造成少徵或者漏徵稅款的，海關可以自應當繳納稅款之日起 3 年內追徵稅款，並自應當繳納稅款之日起按日加徵少徵或者漏徵稅款 0.5‰的滯納金。

3. 稅款退還

海關發現多徵稅款的，應當立即通知應稅船舶辦理退還手續，並加算銀行同期活期存款利息。

應稅船舶發現多繳稅款的，可以自繳納稅款之日起 1 年內以書面形式要求海關退還多繳的稅款並加算銀行同期活期存款利息；海關應當自受理退稅申請之日起 30 日內查實並通知應稅船舶辦理退還手續。

應稅船舶應當自收到通知之日起 3 個月內辦理有關退還手續。

（五）行政處罰

應稅船舶有下列行為之一的，由海關責令限期改正，處 2,000 元以上 3 萬元以下罰款；不繳或者少繳應納稅款的，處不繳或者少繳稅款 50%以上 5 倍以下的罰款，但罰款不得低於 2,000 元：

（1）未按照規定申報納稅、領取船舶噸稅執照的。

（2）未按照規定交驗船舶噸稅執照及其他證明文件的。

船舶噸稅稅款、滯納金、罰款以人民幣計算。

# 第五章

# 增值稅

增值稅是對商品（貨物、勞務、服務、無形資產和不動產）在流轉過程中就其增值額徵收的一種稅。1954 年，法國最早開徵增值稅，目前已有 170 多個國家和地區徵收增值稅。中國 2016 年 5 月 1 日全面實施營改增試點，現行增值稅具有如下特點：

（1）徵稅對象為貨物、勞務、服務、無形資產和不動產，屬於商品稅、對物稅。

（2）納稅環節為銷售和進口環節，實行多次課徵制。

（3）納稅人包括單位和個人，稅負容易轉嫁，屬於間接稅。

（4）採用抵扣計稅方法、簡易計稅方法、進口計稅方法和扣繳計稅方法，屬於從價稅。

（5）實行差別比例稅率和差別徵收率。抵扣計稅方法、進口計稅方法和扣繳計稅方法適用比例稅率，稅率為 17%、13%、11%、6%、5%、0；簡易計稅方法適用徵收率，徵收率為 5%、3%、減按 2%、減按 1.5%。

（6）稅基為銷售額或者進口額，含進口貨物關稅、資源稅、消費稅等，不含增值稅、車輛購置稅、代收代繳的消費稅，屬於價外稅。銷售額的計算方法有全額法和扣除法，銷售額的確定方式有據實方式和核定方式。

（7）對一般納稅人銷售採用購進抵扣法，允許抵扣購進貨物、勞務、服務、無形資產、不動產的進項稅額，不重複徵稅。對取得不動產實行分次抵扣。

（8）對單位和個體工商戶異地提供建築服務、異地出租不動產、銷售不動產、房地產開發企業預售自行開發的房地產項目，預繳增值稅。

（9）稅額減免包括單一環節免稅（含起徵點）、全環節免稅、減稅、即徵即退或先徵後退。

（10）對出口貨物和勞務、跨境服務和無形資產，實行退（免）稅政策、免稅政策和徵稅政策，退（免）稅政策包括免抵退稅辦法和免退稅辦法，退稅率≤稅率或徵收率，實徵稅率≥0。

（11）屬於共享稅，由國家稅務局負責徵收，納稅人銷售取得的不動產和其他個人出租不動產的增值稅，國家稅務局暫委託地方稅務局代為徵收，進口貨物的增值稅由海關代徵。

現行增值稅的基本規範包括：

（1）《中華人民共和國增值稅暫行條例》（2008 年 11 月 10 日國務院令 538 號公布，自 2009 年 1 月 1 日起施行）。

（2）《中華人民共和國增值稅暫行條例實施細則》（2008 年 12 月 15 日財政部、國家稅務總局第 50 號令公布，自 2009 年 1 月 1 日起施行）。

（3）《財政部 國家稅務總局關於全面推開營業稅改徵增值稅試點的通知》（2016 年 3 月 23 日財稅〔2016〕36 號公布，自 2016 年 5 月 1 日起施行）。

# 第一節　徵稅對象、納稅環節和納稅人

## 一、徵稅對象

(一) 原增值稅徵稅對象

原增值稅的徵稅對象為貨物和加工、修理修配勞務（以下稱勞務）。

貨物是指有形動產，包括電力、熱力、氣體在內。

加工是指受託加工貨物，即委託方提供原料及主要材料，受託方按照委託方的要求，製造貨物並收取加工費的業務。

修理修配是指受託對損傷和喪失功能的貨物進行修復，使其恢復原狀和功能的業務。

(二) 試點增值稅徵稅對象

試點增值稅（即營業稅改徵的增值稅）的徵稅對象為銷售服務、無形資產或者不動產（以下稱應稅行為）。服務包括交通運輸服務、郵政服務、電信服務、建築服務、金融服務、現代服務和生活服務。

### 附：銷售服務、無形資產、不動產註釋

#### 一、銷售服務

銷售服務是指提供交通運輸服務、郵政服務、電信服務、建築服務、金融服務、現代服務、生活服務。

(一) 交通運輸服務

交通運輸服務是指利用運輸工具將貨物或者旅客送達目的地，使其空間位置得到轉移的業務活動，包括陸路運輸服務、水路運輸服務、航空運輸服務和管道運輸服務。

1. 陸路運輸服務

陸路運輸服務是指通過陸路（地上或者地下）運送貨物或者旅客的運輸業務活動，包括鐵路運輸服務和其他陸路運輸服務。

(1) 鐵路運輸服務是指通過鐵路運送貨物或者旅客的運輸業務活動。

(2) 其他陸路運輸服務是指鐵路運輸以外的陸路運輸業務活動，包括公路運輸、纜車運輸、索道運輸、地鐵運輸、城市輕軌運輸等。

出租車公司向使用本公司自有出租車的出租車司機收取的管理費用，按照陸路運輸服務繳納增值稅。

2. 水路運輸服務

水路運輸服務是指通過江、河、湖、川等天然、人工水道或者海洋航道運送貨物或者旅客的運輸業務活動。

水路運輸的程租、期租業務，屬於水路運輸服務。

程租業務是指運輸企業為租船人完成某一特定航次的運輸任務並收取租賃費的業務。

期租業務是指運輸企業將配備有操作人員的船舶承租給他人使用一定期限，承租期內聽候承租方調遣，不論是否經營，均按天向承租方收取租賃費，發生的固定費用均由船東負擔的業務。

3. 航空運輸服務。

航空運輸服務是指通過空中航線運送貨物或者旅客的運輸業務活動。

航空運輸的濕租業務，屬於航空運輸服務。

濕租業務是指航空運輸企業將配備有機組人員的飛機承租給他人使用一定期限，承租期內聽候承租方調遣，不論是否經營，均按一定標準向承租方收取租賃費，發生的固定費用均由承租方承擔的業務。

航天運輸服務，按照航空運輸服務繳納增值稅。

航天運輸服務是指利用火箭等載體將衛星、空間探測器等空間飛行器發射到空間軌道的業務活動。

4. 管道運輸服務

管道運輸服務是指通過管道設施輸送氣體、液體、固體物質的運輸業務活動。

無運輸工具承運業務，按照交通運輸服務繳納增值稅。

無運輸工具承運業務是指經營者以承運人身分與托運人簽訂運輸服務合同，收取運費並承擔承運人責任，然後委託實際承運人完成運輸服務的經營活動。

（二）郵政服務

郵政服務是指中國郵政集團公司及其所屬郵政企業提供郵件寄遞、郵政匯兌和機要通信等郵政基本服務的業務活動，包括郵政普遍服務、郵政特殊服務和其他郵政服務。

1. 郵政普遍服務

郵政普遍服務是指函件、包裹等郵件寄遞以及郵票發行、報刊發行和郵政匯兌等業務活動。

函件是指信函、印刷品、郵資封片卡、無名址函件和郵政小包等。

包裹是指按照封裝上的名址遞送給特定個人或者單位的獨立封裝的物品，其重量不超過50千克，任何一邊的尺寸不超過150厘米，長、寬、高合計不超過300厘米。

2. 郵政特殊服務

郵政特殊服務是指義務兵平常信函、機要通信、盲人讀物和革命烈士遺物的寄遞等業務活動。

3. 其他郵政服務

其他郵政服務是指郵冊等郵品銷售、郵政代理等業務活動。

（三）電信服務

電信服務是指利用有線、無線的電磁系統或者光電系統等各種通信網路資源，提供語音通話服務，傳送、發射、接收或者應用圖像、短信等電子數據和信息的業務活動，包括基礎電信服務和增值電信服務。

1. 基礎電信服務

基礎電信服務是指利用固網、移動網、衛星、互聯網，提供語音通話服務的業務活動以及出租或者出售帶寬、波長等網路元素的業務活動。

2. 增值電信服務

增值電信服務是指利用固網、移動網、衛星、互聯網、有線電視網路，提供短信和彩信服務、電子數據和信息的傳輸及應用服務、互聯網接入服務等業務活動。

衛星電視信號落地轉接服務，按照增值電信服務繳納增值稅。

（四）建築服務

建築服務是指各類建築物、構築物及其附屬設施的建造、修繕、裝飾、線路、管道、設備、設施等的安裝以及其他工程作業的業務活動，包括工程服務、安裝服務、修繕服務、裝飾服務和其他建築服務。

1. 工程服務

工程服務是指新建、改建各種建築物、構築物的工程作業，包括與建築物相連的各種設備或者支柱、操作平臺的安裝或者裝設工程作業以及各種窯爐和金屬結構工程作業。

2. 安裝服務

安裝服務是指生產設備、動力設備、起重設備、運輸設備、傳動設備、醫療實驗設備以及其他各種設備、設施的裝配、安置工程作業,包括與被安裝設備相連的工作臺、梯子、欄杆的裝設工程作業以及被安裝設備的絕緣、防腐、保溫、油漆等工程作業。

固定電話、有線電視、寬帶、水、電、燃氣、暖氣等經營者向用戶收取的安裝費、初裝費、開戶費、擴容費以及類似收費,按照安裝服務繳納增值稅。

3. 修繕服務

修繕服務是指對建築物、構築物進行修補、加固、養護、改善,使之恢復原來的使用價值或者延長其使用期限的工程作業。

4. 裝飾服務

裝飾服務是指對建築物、構築物進行修飾裝修,使之美觀或者具有特定用途的工程作業。

5. 其他建築服務

其他建築服務是指上列工程作業之外的各種工程作業服務,如鑽井(打井)、拆除建築物或者構築物、平整土地、園林綠化、疏浚(不包括航道疏浚)、建築物平移、搭腳手架、爆破、礦山穿孔、表面附著物(包括岩層、土層、沙層等)剝離和清理等工程作業。

(五)金融服務

金融服務是指經營金融保險的業務活動,包括貸款服務、直接收費金融服務、保險服務和金融商品轉讓。

1. 貸款服務

貸款是指將資金貸與他人使用而取得利息收入的業務活動。

各種占用、拆借資金取得的收入,包括金融商品持有期間(含到期)利息(保本收益、報酬、資金占用費、補償金等)收入、信用卡透支利息收入、買入返售金融商品利息收入、融資融券收取的利息收入以及融資性售後回租、押匯、罰息、票據貼現、轉貸等業務取得的利息及利息性質的收入,按照貸款服務繳納增值稅。

融資性售後回租是指承租方以融資為目的,將資產出售給從事融資性售後回租業務的企業後,從事融資性售後回租業務的企業將該資產出租給承租方的業務活動。

以貨幣資金投資收取的固定利潤或者保底利潤,按照貸款服務繳納增值稅。

2. 直接收費金融服務

直接收費金融服務是指為貨幣資金融通及其他金融業務提供相關服務並且收取費用的業務活動,包括提供貨幣兌換、帳戶管理、電子銀行、信用卡、信用證、財務擔保、資產管理、信託管理、基金管理、金融交易場所(平臺)管理、資金結算、資金清算、金融支付等服務。

3. 保險服務

保險服務是指投保人根據合同約定,向保險人支付保險費,保險人對於合同約定的可能發生的事故因其發生所造成的財產損失承擔賠償保險金責任,或者當被保險人死亡、傷殘、疾病或者達到合同約定的年齡、期限等條件時承擔給付保險金責任的商業保險行為。保險服務包括人身保險服務和財產保險服務。

人身保險服務是指以人的壽命和身體為保險標的的保險業務活動。

財產保險服務是指以財產及其有關利益為保險標的的保險業務活動。

4. 金融商品轉讓

金融商品轉讓是指轉讓外匯、有價證券、非貨物期貨和其他金融商品所有權的業務活動。

其他金融商品轉讓包括基金、信託、理財產品等各類資產管理產品和各種金融衍生品的轉讓。

(六) 現代服務

現代服務是指圍繞製造業、文化產業、現代物流產業等提供技術性、知識性服務的業務活動，包括研發和技術服務、信息技術服務、文化創意服務、物流輔助服務、租賃服務、鑒證諮詢服務、廣播影視服務、商務輔助服務和其他現代服務。

1. 研發和技術服務

研發和技術服務包括研發服務、合同能源管理服務、工程勘察勘探服務、專業技術服務。

(1) 研發服務也稱技術開發服務，是指就新技術、新產品、新工藝或者新材料及其系統進行研究與試驗開發的業務活動。

(2) 合同能源管理服務是指節能服務公司與用能單位以契約形式約定節能目標，節能服務公司提供必要的服務，用能單位以節能效果支付節能服務公司投入及其合理報酬的業務活動。

(3) 工程勘察勘探服務是指在採礦、工程施工前後，對地形、地質構造、地下資源蘊藏情況進行實地調查的業務活動。

(4) 專業技術服務是指氣象服務、地震服務、海洋服務、測繪服務、城市規劃、環境與生態監測服務等專項技術服務。

2. 信息技術服務

信息技術服務是指利用計算機、通信網路等技術對信息進行生產、收集、處理、加工、存儲、運輸、檢索和利用，並提供信息服務的業務活動，包括軟件服務、電路設計及測試服務、信息系統服務、業務流程管理服務和信息系統增值服務。

(1) 軟件服務是指提供軟件開發服務、軟件維護服務、軟件測試服務的業務活動。

(2) 電路設計及測試服務是指提供集成電路和電子電路產品設計、測試及相關技術支持服務的業務活動。

(3) 信息系統服務是指提供信息系統集成、網路管理、網站內容維護、桌面管理與維護、信息系統應用、基礎信息技術管理平臺整合、信息技術基礎設施管理、數據中心、託管中心、信息安全服務、在線殺毒、虛擬主機等業務活動，包括網站對非自有的網路游戲提供的網路營運服務。

(4) 業務流程管理服務是指依託信息技術提供的人力資源管理、財務經濟管理、審計管理、稅務管理、物流信息管理、經營信息管理和呼叫中心等服務的活動。

(5) 信息系統增值服務是指利用信息系統資源為用戶附加提供的信息技術服務，包括數據處理、分析和整合、數據庫管理、數據備份、數據存儲、容災服務、電子商務平臺等。

3. 文化創意服務

文化創意服務包括設計服務、知識產權服務、廣告服務和會議展覽服務。

(1) 設計服務是指把計劃、規劃、設想通過文字、語言、圖畫、聲音、視覺等形式傳遞出來的業務活動，包括工業設計、內部管理設計、業務運作設計、供應鏈設計、造型設計、服裝設計、環境設計、平面設計、包裝設計、動漫設計、網遊設計、展示設計、網站設計、機械設計、工程設計、廣告設計、創意策劃、文印曬圖等。

(2) 知識產權服務是指處理知識產權事務的業務活動，包括對專利、商標、著作權、軟件、集成電路布圖設計的登記、鑒定、評估、認證、檢索服務。

(3) 廣告服務是指利用圖書、報紙、雜誌、廣播、電視、電影、幻燈、路牌、招貼、櫥窗、霓虹燈、燈箱、互聯網等各種形式為客戶的商品、經營服務項目、文體節目或者通

告、聲明等委託事項進行宣傳和提供相關服務的業務活動，包括廣告代理和廣告的發布、播映、宣傳、展示等。

（4）會議展覽服務是指為商品流通、促銷、展示、經貿洽談、民間交流、企業溝通、國際往來等舉辦或者組織安排的各類展覽和會議的業務活動。

4. 物流輔助服務

物流輔助服務包括航空服務、港口碼頭服務、貨運客運場站服務、打撈救助服務、裝卸搬運服務、倉儲服務和收派服務。

（1）航空服務包括航空地面服務和通用航空服務。

航空地面服務是指航空公司、飛機場、民航管理局、航站等向在境內航行或者在境內機場停留的境內外飛機或者其他飛行器提供的導航等勞務性地面服務的業務活動，包括旅客安全檢查服務、停機坪管理服務、機場候機廳管理服務、飛機清洗消毒服務、空中飛行管理服務、飛機起降服務、飛行通信服務、地面信號服務、飛機安全服務、飛機跑道管理服務、空中交通管理服務等。

通用航空服務是指為專業工作提供飛行服務的業務活動，包括航空攝影、航空培訓、航空測量、航空勘探、航空護林、航空吊掛播灑、航空降雨、航空氣象探測、航空海洋監測、航空科學實驗等。

（2）港口碼頭服務是指港務船舶調度服務、船舶通信服務、航道管理服務、航道疏浚服務、燈塔管理服務、航標管理服務、船舶引航服務、理貨服務、繫解纜服務、停泊和移泊服務、海上船舶溢油清除服務、水上交通管理服務、船只專業清洗消毒檢測服務和防止船只漏油服務等為船只提供服務的業務活動。

港口設施經營人收取的港口設施保安費按照港口碼頭服務繳納增值稅。

（3）貨運客運場站服務是指貨運客運場站提供貨物配載服務、運輸組織服務、中轉換乘服務、車輛調度服務、票務服務、貨物打包整理、鐵路線路使用服務、加掛鐵路客車服務、鐵路行包專列發送服務、鐵路到達和中轉服務、鐵路車輛編解服務、車輛掛運服務、鐵路接觸網服務、鐵路機車牽引服務等業務活動。

（4）打撈救助服務是指提供船舶人員救助、船舶財產救助、水上救助和沉船沉物打撈服務的業務活動。

（5）裝卸搬運服務是指使用裝卸搬運工具或者人力、畜力將貨物在運輸工具之間、裝卸現場之間或者運輸工具與裝卸現場之間進行裝卸和搬運的業務活動。

（6）倉儲服務是指利用倉庫、貨場或者其他場所代客貯放、保管貨物的業務活動。

（7）收派服務是指接受寄件人委託，在承諾的時限內完成函件和包裹的收件、分揀、派送服務的業務活動。

收件服務是指從寄件人收取函件和包裹，並運送到服務提供方同城的集散中心的業務活動。

分揀服務是指服務提供方在其集散中心對函件和包裹進行歸類、分發的業務活動。

派送服務是指服務提供方從其集散中心將函件和包裹送達同城的收件人的業務活動。

5. 租賃服務

租賃服務包括融資租賃服務和經營租賃服務。

（1）融資租賃服務是指具有融資性質和所有權轉移特點的租賃活動，即出租人根據承租人所要求的規格、型號、性能等條件購入有形動產或者不動產租賃給承租人，合同期內租賃物所有權屬於出租人，承租人只擁有使用權，合同期滿付清租金後，承租人有權按照殘值購入租賃物，以擁有其所有權。不論出租人是否將租賃物銷售給承租人，均屬於融資租賃。

按照標的物的不同，融資租賃服務可分為有形動產融資租賃服務和不動產融資租賃服務。

融資性售后回租不按照本稅目繳納增值稅。

(2) 經營租賃服務是指在約定時間內將有形動產或者不動產轉讓他人使用且租賃物所有權不變更的業務活動。

按照標的物的不同，經營租賃服務可分為有形動產經營租賃服務和不動產經營租賃服務。

將建築物、構築物等不動產或者飛機、車輛等有形動產的廣告位出租給其他單位或者個人用於發布廣告，按照經營租賃服務繳納增值稅。

車輛停放服務、道路通行服務（包括過路費、過橋費、過閘費等）等按照不動產經營租賃服務繳納增值稅。

水路運輸的光租業務、航空運輸的干租業務，屬於經營租賃。

光租業務是指運輸企業將船舶在約定的時間內出租給他人使用，不配備操作人員，不承擔運輸過程中發生的各項費用，只收取固定租賃費的業務活動。

干租業務是指航空運輸企業將飛機在約定的時間內出租給他人使用，不配備機組人員，不承擔運輸過程中發生的各項費用，只收取固定租賃費的業務活動。

6. 鑒證諮詢服務

鑒證諮詢服務包括認證服務、鑒證服務和諮詢服務。

(1) 認證服務是指具有專業資質的單位利用檢測、檢驗、計量等技術，證明產品、服務、管理體系符合相關技術規範、相關技術規範的強制性要求或者標準的業務活動。

(2) 鑒證服務是指具有專業資質的單位受託對相關事項進行鑒證，發表具有證明力的意見的業務活動，包括會計鑒證、稅務鑒證、法律鑒證、職業技能鑒定、工程造價鑒證、工程監理、資產評估、環境評估、房地產土地評估、建築圖紙審核、醫療事故鑒定等。

(3) 諮詢服務是指提供信息、建議、策劃、顧問等服務的活動，包括金融、軟件、技術、財務、稅收、法律、內部管理、業務運作、流程管理、健康等方面的諮詢。

翻譯服務和市場調查服務按照諮詢服務繳納增值稅。

7. 廣播影視服務

廣播影視服務包括廣播影視節目（作品）的製作服務、發行服務和播映（含放映，下同）服務。

(1) 廣播影視節目（作品）製作服務是指進行專題（特別節目）、專欄、綜藝、體育、動畫片、廣播劇、電視劇、電影等廣播影視節目和作品製作的服務，具體包括與廣播影視節目和作品相關的策劃、採編、拍攝、錄音、音視頻文字圖片素材製作、場景布置、后期的剪輯、翻譯（編譯）、字幕製作、片頭和片尾及片花製作、特效製作、影片修復、編目和確權等業務活動。

(2) 廣播影視節目（作品）發行服務是指以分帳、買斷、委託等方式，向影院、電臺、電視臺、網站等單位和個人發行廣播影視節目（作品）以及轉讓體育賽事等活動的報導及播映權的業務活動。

(3) 廣播影視節目（作品）播映服務是指在影院、劇院、錄像廳及其他場所播映廣播影視節目（作品）以及通過電臺、電視臺、衛星通信、互聯網、有線電視等無線或者有線裝置播映廣播影視節目（作品）的業務活動。

8. 商務輔助服務

商務輔助服務包括企業管理服務、經紀代理服務、人力資源服務、安全保護服務。

(1) 企業管理服務是指提供總部管理、投資與資產管理、市場管理、物業管理、日常

綜合管理等服務的業務活動。

（2）經紀代理服務是指各類經紀、仲介、代理服務，包括金融代理、知識產權代理、貨物運輸代理、代理報關、法律代理、房地產仲介、職業仲介、婚姻仲介、代理記帳、拍賣等。

貨物運輸代理服務是指接受貨物收貨人、發貨人、船舶所有人、船舶承租人或者船舶經營人的委託，以委託人的名義，為委託人辦理貨物運輸、裝卸、倉儲和船舶進出港口、引航、靠泊等相關手續的業務活動。

代理報關服務是指接受進出口貨物的收、發貨人委託，代為辦理報關手續的業務活動。

（3）人力資源服務是指提供公共就業、勞務派遣、人才委託招聘、勞動力外包等服務的業務活動。

（4）安全保護服務是指提供保護人身安全和財產安全，維護社會治安等的業務活動，包括場所住宅保安、特種保安、安全系統監控以及其他安保服務。

9. 其他現代服務

其他現代服務是指除研發和技術服務、信息技術服務、文化創意服務、物流輔助服務、租賃服務、鑒證諮詢服務、廣播影視服務和商務輔助服務以外的現代服務。

（七）生活服務

生活服務是指為滿足城鄉居民日常生活需求提供的各類服務活動，包括文化體育服務、教育醫療服務、旅遊娛樂服務、餐飲住宿服務、居民日常服務和其他生活服務。

1. 文化體育服務

文化體育服務包括文化服務和體育服務。

（1）文化服務是指為滿足社會公眾文化生活需求提供的各種服務，包括文藝創作、文藝表演、文化比賽，圖書館的圖書和資料借閱，檔案館的檔案管理，文物及非物質遺產保護，組織舉辦宗教活動、科技活動、文化活動，提供遊覽場所。

（2）體育服務是指組織舉辦體育比賽、體育表演、體育活動以及提供體育訓練、體育指導、體育管理的業務活動。

2. 教育醫療服務

教育醫療服務包括教育服務和醫療服務。

（1）教育服務是指提供學歷教育服務、非學歷教育服務、教育輔助服務的業務活動。

學歷教育服務是指根據教育行政管理部門確定或者認可的招生和教學計劃組織教學，並頒發相應學歷證書的業務活動，包括初等教育、初級中等教育、高級中等教育、高等教育等。

非學歷教育服務包括學前教育、各類培訓、演講、講座、報告會等。

教育輔助服務包括教育測評、考試、招生等服務。

（2）醫療服務是指提供醫學檢查、診斷、治療、康復、預防、保健、接生、計劃生育、防疫服務等方面的服務以及與這些服務有關的提供藥品、醫用材料器具、救護車、病房住宿和伙食的業務。

3. 旅遊娛樂服務

旅遊娛樂服務包括旅遊服務和娛樂服務。

（1）旅遊服務是指根據旅遊者的要求，組織安排交通、遊覽、住宿、餐飲、購物、文娛、商務等服務的業務活動。

（2）娛樂服務是指為娛樂活動同時提供場所和服務的業務。娛樂服務具體包括歌廳、舞廳、夜總會、酒吧、臺球、高爾夫球、保齡球、遊藝（包括射擊、狩獵、跑馬、游戲機、蹦極、卡丁車、熱氣球、動力傘、射箭、飛鏢）。

4. 餐飲住宿服務

餐飲住宿服務包括餐飲服務和住宿服務。

(1) 餐飲服務是指通過同時提供飲食和飲食場所的方式為消費者提供飲食消費服務的業務活動。

(2) 住宿服務是指提供住宿場所及配套服務等的活動，包括賓館、旅館、旅社、度假村和其他經營性住宿場所提供的住宿服務。

5. 居民日常服務

居民日常服務是指主要為滿足居民個人及其家庭日常生活需求提供的服務，包括市容市政管理、家政、婚慶、養老、殯葬、照料和護理、救助救濟、美容美髮、按摩、桑拿、氧吧、足療、沐浴、洗染、攝影擴印等服務。

6. 其他生活服務

其他生活服務是指除文化體育服務、教育醫療服務、旅遊娛樂服務、餐飲住宿服務和居民日常服務之外的生活服務。

### 二、銷售無形資產

銷售無形資產是指轉讓無形資產所有權或者使用權的業務活動。無形資產是指不具實物形態，但能帶來經濟利益的資產，包括技術、商標、著作權、商譽、自然資源使用權和其他權益性無形資產。

技術包括專利技術和非專利技術。

自然資源使用權包括土地使用權、海域使用權、探礦權、採礦權、取水權和其他自然資源使用權。

其他權益性無形資產包括基礎設施資產經營權、公共事業特許權、配額、經營權（包括特許經營權、連鎖經營權、其他經營權）、經銷權、分銷權、代理權、會員權、席位權、網路游戲虛擬道具、域名、名稱權、肖像權、冠名權、轉會費等。

### 三、銷售不動產

銷售不動產是指轉讓不動產所有權的業務活動。不動產是指不能移動或者移動后會引起性質、形狀改變的財產，包括建築物、構築物等。

建築物包括住宅、商業營業用房、辦公樓等可供居住、工作或者進行其他活動的建造物。

構築物包括道路、橋樑、隧道、水壩等建造物。

轉讓建築物有限產權或者永久使用權的、轉讓在建的建築物或者構築物所有權的以及在轉讓建築物或者構築物時一併轉讓其所占土地的使用權的，按照銷售不動產繳納增值稅。

## 二、納稅環節

(一) 一般規定

增值稅的納稅環節為銷售和進口環節。

銷售貨物是指有償轉讓貨物的所有權，包括生產銷售、批發和零售。

進口貨物是指從境外向境內購買貨物。

銷售加工、修理修配勞務是指有償提供加工、修理修配勞務。

銷售服務、無形資產或者不動產是指有償提供服務、有償轉讓無形資產或者不動產。

有償是指取得貨幣、貨物或者其他經濟利益。

(二) 特殊規定

(1) 貨物期貨（包括商品期貨和貴金屬期貨），應當徵收增值稅。

（2）銀行銷售金銀的業務，應當徵收增值稅。
（3）典當業的死當物品銷售業務和寄售業代委託人銷售寄售物品的業務，均應徵收增值稅。

（三）非經營活動

下列非經營活動不徵收增值稅：

（1）行政單位收取的同時滿足以下條件的政府性基金或者行政事業性收費。

①由國務院或者財政部批准設立的政府性基金，由國務院或者省級人民政府及其財政、價格主管部門批准設立的行政事業性收費；

②收取時開具省級以上（含省級）財政部門監（印）制的財政票據；

③所收款項全額上繳財政。

（2）各黨派、共青團、工會、婦聯、中科協、青聯、臺聯、僑聯收取黨費、團費、會費以及政府間國際組織收取會費，屬於非經營活動，不徵收增值稅。

（3）單位或者個體工商戶聘用的員工為本單位或者雇主提供取得工資的勞務或服務。

（4）單位或者個體工商戶為聘用的員工提供服務。

（5）自2010年10月1日起，融資性售後回租業務中承租方出售資產的行為，不屬於增值稅和營業稅徵收範圍，不徵收增值稅和營業稅。

融資性售後回租業務是指承租方以融資為目的將資產出售給經批准從事融資租賃業務的企業後，又將該項資產從該融資租賃企業租回的行為。融資性售後回租業務中承租方出售資產時，資產所有權以及與資產所有權有關的全部報酬和風險並未完全轉移。

（6）自2013年2月1日起，納稅人取得的中央財政補貼，不屬於增值稅應稅收入，不徵收增值稅。

（7）根據國家指令無償提供的鐵路運輸服務、航空運輸服務，屬於用於公益事業的服務。

（8）存款利息。

（9）被保險人獲得的保險賠付。

（10）房地產主管部門或者其指定機構、公積金管理中心、開發企業以及物業管理單位代收的住宅專項維修資金。

（11）在資產重組過程中，通過合併、分立、出售、置換等方式，將全部或者部分實物資產以及與其相關聯的債權、負債和勞動力一併轉讓給其他單位和個人，其中涉及的貨物、不動產、土地使用權轉讓行為。

（四）視同銷售

單位或者個體工商戶的下列行為，視同銷售貨物：

（1）將貨物交付其他單位或者個人代銷。

（2）銷售代銷貨物。

（3）設有兩個以上機構並實行統一核算的納稅人，將貨物從一個機構移送其他機構用於銷售，但相關機構設在同一縣（市）的除外。

（4）將自產或者委託加工的貨物用於非增值稅應稅項目（非增值稅應稅項目即營業稅應稅項目，自2016年5月1日起全面營改增，不存在營業稅應稅項目，該規定失效）。

（5）將自產或者委託加工的貨物用於集體福利或者個人消費。

（6）將自產、委託加工或者購進的貨物作為投資，提供給其他單位或者個體工商戶。

（7）將自產、委託加工或者購進的貨物分配給股東或者投資者。

（8）將自產、委託加工或者購進的貨物無償贈送其他單位或者個人。

自2011年6月1日起，納稅人將粉煤灰無償提供給他人，應徵收增值稅。

自 2015 年 1 月 1 日起，藥品生產企業銷售自產創新藥的銷售額，為向購買方收取的全部價款和價外費用，其提供給患者後續免費使用的相同創新藥，不屬於增值稅視同銷售範圍。所稱創新藥，是指經國家食品藥品監督管理部門批准註冊、獲批前未曾在中國境內外上市銷售，通過合成或者半合成方法製得的原料藥及其製劑。

（9）單位或者個體工商戶向其他單位或者個人無償提供服務，但用於公益事業或者以社會公眾為對象的除外。

（10）單位或者個人向其他單位或者個人無償轉讓無形資產或者不動產，但用於公益事業或者以社會公眾為對象的除外。

（11）財政部和國家稅務總局規定的其他情形。

### 三、徵稅地域

增值稅的徵稅地域為中華人民共和國境內（以下稱境內），不包括中華人民共和國境外（以下稱境外）。

（一）在境內銷售貨物或者勞務

在境內銷售貨物或者勞務是指：

（1）銷售貨物的起運地或者所在地在境內。

（2）提供的勞務發生在境內。

（二）在境內銷售服務、無形資產或者不動產

在境內銷售服務、無形資產或者不動產是指：

（1）所銷售或者租賃的不動產在境內。

（2）所銷售自然資源使用權的自然資源在境內。

（3）服務（租賃不動產除外）或者無形資產（自然資源使用權除外）的銷售方或者購買方在境內。

（4）財政部和國家稅務總局規定的其他情形。

（三）不屬於在境內銷售服務或者無形資產的行為

境外單位或者個人發生的下列行為不屬於在境內銷售服務或者無形資產：

（1）向境內單位或者個人銷售完全在境外發生的服務。

（2）向境內單位或者個人銷售完全在境外使用的無形資產。

（3）向境內單位或者個人出租完全在境外使用的有形動產。

（4）財政部和國家稅務總局規定的以下情形：

①為出境的函件、包裹在境外提供的郵政服務、收派服務；

②向境內單位或者個人提供的工程施工地點在境外的建築服務、工程監理服務；

③向境內單位或者個人提供的工程、礦產資源在境外的工程勘察勘探服務；

④向境內單位或者個人提供的會議展覽地點在境外的會議展覽服務。

### 四、納稅人和扣繳義務人

（一）納稅人

在境內銷售貨物、勞務、服務、無形資產或者不動產以及進口貨物的單位和個人，為增值稅的納稅人。

單位是指企業和非企業性單位（行政單位、事業單位、軍事單位、社會團體及其他單位）。

個人是指個體工商戶和其他個人。

原增值稅單位租賃或者承包給其他單位或者個人經營的，以承租人或者承包人為納

稅人。

試點增值稅單位以承包、承租、掛靠方式經營的，承包人、承租人、掛靠人（以下統稱承包人）以發包人、出租人、被掛靠人（以下統稱發包人）名義對外經營並由發包人承擔相關法律責任的，以該發包人為納稅人。否則，以承包人為納稅人。

兩個或者兩個以上的納稅人，經財政部和國家稅務總局批准可以視為一個納稅人合併納稅。具體辦法由財政部和國家稅務總局另行制定。

（二）扣繳義務人

境外的單位或者個人在境內提供勞務，在境內未設有經營機構的，以其境內代理人為扣繳義務人；在境內沒有代理人的，以購買方為扣繳義務人。

境外單位或者個人在境內發生應稅行為，在境內未設有經營機構的，以購買方為增值稅扣繳義務人。財政部和國家稅務總局另有規定的除外。

### 五、一般納稅人和小規模納稅人

增值稅納稅人分為一般納稅人和小規模納稅人。

（1）年應徵增值稅銷售額（以下稱應稅銷售額）標準如下：

①從事貨物生產或者提供勞務的納稅人以及以從事貨物生產或者提供勞務為主，並兼營貨物批發或者零售的納稅人，年應稅銷售額在 50 萬元以下（含本數）的，為小規模納稅人。

②從事貨物批發或者零售的納稅人以及以從事貨物批發或者零售為主，並兼營貨物生產或者提供勞務的納稅人，年應稅銷售額在 80 萬元以下（含本數）的，為小規模納稅人。

以從事貨物生產或者提供勞務為主是指納稅人的年貨物生產或者提供勞務的銷售額占年應稅銷售額的比重在 50% 以上。

③應稅行為的年應稅銷售額超過規定標準的納稅人為一般納稅人，未超過規定標準的納稅人為小規模納稅人。

年應稅銷售額標準為 500 萬元（含本數）。財政部和國家稅務總局可以對年應稅銷售額標準進行調整。

（2）年應稅銷售額超過規定標準的其他個人按小規模納稅人納稅。

（3）年應稅銷售額超過規定標準但不經常發生應稅行為的單位和個體工商戶可選擇按照小規模納稅人納稅。

對新華通訊社系統銷售印刷品應按照現行增值稅政策規定徵收增值稅；鑒於新華通訊社系統屬於非企業性單位，對其銷售印刷品可按小規模納稅人的徵稅辦法徵收增值稅。

（4）年應稅銷售額未超過規定標準的納稅人，會計核算健全、能夠提供準確稅務資料的，可以向主管稅務機關辦理一般納稅人資格登記，成為一般納稅人。

會計核算健全是指能夠按照國家統一的會計制度規定設置帳簿，根據合法、有效憑證核算。

（5）符合一般納稅人條件的納稅人應當向主管稅務機關辦理一般納稅人資格登記。具體登記辦法由國家稅務總局制定。

（6）除國家稅務總局另有規定外，一經登記為一般納稅人后，不得轉為小規模納稅人。

### 六、一般納稅人資格登記

（一）一般規定

（1）自 2015 年 4 月 1 日起，增值稅一般納稅人資格實行登記制，登記事項由增值稅納稅人向其主管稅務機關辦理。

(2) 年應稅銷售額是指納稅人在連續不超過 12 個月的經營期內累計應徵增值稅銷售額，包括免稅銷售額。

稽查查補銷售額和納稅評估調整銷售額計入查補稅款申報當月的銷售額，以界定增值稅小規模納稅人年應稅銷售額。

(3) 納稅人年應稅銷售額超過財政部、國家稅務總局規定標準（以下簡稱規定標準），並且符合有關政策規定，選擇按小規模納稅人納稅的，應當向主管稅務機關提交書面說明。

(4) 個體工商戶以外的其他個人年應稅銷售額超過規定標準的，不需要向主管稅務機關提交書面說明。

(5) 除財政部、國家稅務總局另有規定外，納稅人自其選擇的一般納稅人資格生效之日起，按照增值稅一般計稅方法計算應納稅額，並按照規定領用增值稅專用發票。

(二) 試點納稅人規定

(1) 試點納稅人應按照《國家稅務總局關於全面推開營業稅改徵增值稅試點有關稅收徵收管理事項的公告》（國家稅務總局公告 2016 年第 23 號）規定辦理增值稅一般納稅人資格登記。

(2) 營改增試點實施前（以下簡稱試點實施前）銷售服務、無形資產或者不動產（以下簡稱應稅行為）的年應稅銷售額超過 500 萬元的試點納稅人，應向主管國稅機關辦理增值稅一般納稅人資格登記手續。

試點納稅人試點實施前的應稅行為年應稅銷售額按以下公式換算：

應稅行為年應稅銷售額＝連續不超過 12 個月應稅行為營業額合計÷（1+3%）

按照現行營業稅規定差額徵收營業稅的試點納稅人，其應稅行為營業額按未扣除之前的營業額計算。

試點實施前，試點納稅人偶然發生的轉讓不動產的營業額，不計入應稅行為年應稅銷售額。

(3) 試點實施前已取得增值稅一般納稅人資格並兼有應稅行為的試點納稅人，不需要重新辦理增值稅一般納稅人資格登記手續，由主管國稅機關製作、送達《稅務事項通知書》，告知納稅人。

(4) 試點實施前應稅行為年應稅銷售額未超過 500 萬元的試點納稅人，會計核算健全，能夠提供準確稅務資料的，也可以向主管國稅機關辦理增值稅一般納稅人資格登記。

(5) 試點實施前，試點納稅人增值稅一般納稅人資格登記可由省國稅局按照相關規定採取預登記措施。

(6) 試點實施后，符合條件的試點納稅人應當按照《增值稅一般納稅人資格認定管理辦法》（國家稅務總局令第 22 號）、《國家稅務總局關於調整增值稅一般納稅人管理有關事項的公告》（國家稅務總局公告 2015 年第 18 號）及相關規定，辦理增值稅一般納稅人資格登記。按照營改增有關規定，應稅行為有扣除項目的試點納稅人，其應稅行為年應稅銷售額按未扣除之前的銷售額計算。

增值稅小規模納稅人偶然發生的轉讓不動產的銷售額，不計入應稅行為年應稅銷售額。

(7) 試點納稅人兼有銷售貨物、提供加工修理修配勞務和應稅行為的，應稅貨物及勞務銷售額與應稅行為銷售額分別計算，分別適用增值稅一般納稅人資格登記標準。

兼有銷售貨物、提供加工修理修配勞務和應稅行為，年應稅銷售額超過財政部、國家稅務總局規定標準且不經常發生銷售貨物、提供加工修理修配勞務和應稅行為的單位和個體工商戶可選擇按照小規模納稅人納稅。

(8) 試點納稅人在辦理增值稅一般納稅人資格登記后，發生增值稅偷稅、騙取出口退稅和虛開增值稅扣稅憑證等行為的，主管國稅機關可以對其實行 6 個月的納稅輔導期管理。

## 第二節　稅率、徵收率和計稅方法

### 一、稅率

增值稅實行差別比例稅率，稅率為17％、13％、11％、6％、5％、0。
（一）17％稅率
（1）銷售或者進口貨物（適用13％、5％稅率的貨物除外），稅率為17％。
（2）提供加工、修理修配勞務，稅率為17％。
（3）提供有形動產租賃服務，稅率為17％。
（二）13％稅率
納稅人銷售或者進口下列貨物，稅率為13％：
（1）食用植物油。
①棕櫚油、棉籽油、核桃油、橄欖油、花椒油、杏仁油、葡萄籽油、牡丹籽油屬於食用植物油，適用13％增值稅稅率。牡丹籽油是以丹鳳牡丹和紫斑牡丹的籽仁為原料，經壓榨、脫色、脫臭等工藝制成的產品。
②皂腳、環氧大豆油、氫化植物油不屬於食用植物油，應適用17％增值稅稅率。
（2）食用鹽。食用鹽是指符合《食用鹽》（GB5461-2000）和《食用鹽衛生標準》（GB2721-2003）兩項國家標準的食用鹽。
（3）自來水、暖氣、冷氣、熱水、煤氣、石油液化氣、天然氣、沼氣、居民用煤炭製品。
（4）圖書、報紙、雜誌。自2013年4月1日起，國內印刷企業承印的經新聞出版主管部門批准印刷且採用國際標準書號編序的境外圖書，屬於「圖書」，適用13％增值稅稅率。
（5）音像製品。音像製品是指正式出版的錄有內容的錄音帶、錄像帶、唱片、激光唱盤和激光視盤。
（6）電子出版物。電子出版物是指以數字代碼方式，使用計算機應用程序，將圖文聲像等內容信息編輯加工后存儲在具有確定的物理形態的磁、光、電等介質上，通過內嵌在計算機、手機、電子閱讀設備、電子顯示設備、數字音（視）頻播放設備、電子游戲機、導航儀以及其他具有類似功能的設備上讀取使用，具有交互功能，用以表達思想、普及知識和累積文化的大眾傳播媒體。
（7）飼料、化肥、農藥、農機、農膜。卷簾機、集型烤房設備、頻振式殺蟲燈、自動蟲情測報燈、粘蟲板、農用挖掘機、養雞設備系列、養豬設備系列產品、動物屍體降解處理機、蔬菜清洗機屬於農機，應適用13％的增值稅稅率。
（8）農產品。農產品是指種植業、養殖業、林業、牧業、水產業生產的各種植物、動物的初級產品。農業產品的徵稅範圍包括植物類和動物類。植物類具體徵稅範圍為糧食、蔬菜、菸葉、茶葉、園藝植物、藥用植物、油料植物、纖維植物、糖料植物、林業產品和其他植物。動物類具體徵稅範圍為水產品、畜牧產品、動物皮張、動物毛絨和其他動物組織。
①掛面、干姜、姜黃、動物骨粒屬於農業產品，適用13％的增值稅稅率。
②切面、餃子皮、米粉等經過簡單加工的糧食複製品，比照糧食13％的稅率徵收增值稅。糧食複製品是指以糧食為主要原料經簡單加工的生食品，不包括掛面和以糧食為原料加工的速凍食品、副食品。糧食複製品的具體範圍由各省、自治區、直轄市、計劃單列市

直屬分局根據上述原則確定，並上報財政部和國家稅務總局備案。

③按照《食品安全國家標準——巴氏殺菌乳》（GB19645-2010）生產的巴氏殺菌乳和按照《食品安全國家標準——滅菌乳》（GB25190-2010）生產的滅菌乳，均屬於初級農業產品，可依照鮮奶按 13% 的稅率徵收增值稅；按照《食品安全國家標準——調制乳》（GB25191-2010）生產的調制乳，不屬於初級農業產品，應按照 17% 稅率徵收增值稅。

④玉米胚芽屬於初級農產品的範圍，適用 13% 的增值稅稅率；玉米漿、玉米皮、玉米纖維（又稱噴漿玉米皮）和玉米蛋白粉不屬於初級農產品，也不屬於免稅飼料的範圍，適用 17% 的增值稅稅率。

⑤澱粉、麥芽、複合膠、人髮、肉桂油、桉油、香茅油不屬於農業產品，應按照 17% 的稅率徵收增值稅。

(9) 二甲醚。二甲醚是指化學分子式為 $CH_3OCH_3$，常溫常壓下為具有輕微醚香味，易燃、無毒、無腐蝕性的氣體。

(三) 11% 稅率

(1) 提供交通運輸服務。
(2) 提供郵政服務。
(3) 提供基礎電信服務。
(4) 提供建築服務。
(5) 提供不動產租賃服務。
(6) 銷售不動產。
(7) 銷售、出租土地使用權。

(四) 6% 稅率

(1) 提供增值電信服務。
(2) 提供現代服務（租賃服務除外）。
(3) 提供生活服務。
(4) 銷售無形資產（土地使用權除外）。

(五) 5% 稅率

自 2013 年 8 月 30 日起，進口空載重量在 25 噸以上的飛機，減按 5% 徵收進口環節增值稅。

自 2014 年 1 月 1 日起，租賃企業一般貿易項下進口飛機並租給國內航空公司使用的，享受與國內航空公司進口飛機同等稅收優惠政策，即進口空載重量在 25 噸以上的飛機減按 5% 徵收進口環節增值稅。

(六) 零稅率

納稅人出口貨物，稅率為零；但是，國務院另有規定的除外。現行出口貨物勞務退稅率≤稅率，實徵稅率≥零。

境內單位和個人發生的跨境應稅行為，稅率為零。具體範圍由財政部和國家稅務總局另行規定。

境內的購買方為境外單位和個人扣繳增值稅的，按照適用稅率扣繳增值稅。

油氣田企業發生應稅行為，適用《營業稅改徵增值稅試點實施辦法》規定的增值稅稅率，不再適用《財政部 國家稅務總局關於印發〈油氣田企業增值稅管理辦法〉的通知》（財稅〔2009〕8 號）規定的增值稅稅率。

## 二、徵收率

增值稅徵收率為 5%、3%、減按 2%、減按 1.5%。

（一）3%徵收率

（1）貨物徵收率為3%，舊貨、自己使用過的固定資產，減按2%徵收。

舊貨是指進入二次流通的具有部分使用價值的貨物（含舊汽車、舊摩托車和舊遊艇），但不包括自己使用過的物品。

固定資產是指使用期限超過12個月的機器、機械、運輸工具以及其他與生產經營有關的設備、工具、器具等有形動產。使用過的固定資產是指納稅人根據財務會計制度已經計提折舊的固定資產。

（2）勞務徵收率為3%。

（3）服務（不動產租賃除外）徵收率為3%。

（4）無形資產（土地使用權除外）徵收率為3%。

（二）5%徵收率

（1）自1994年1月1日起，中外合作油（氣）田按合同開採的原油、天然氣應按實物徵收增值稅，徵收率為5%。中國海洋石油總公司海上自營油田比照上述規定執行。

（2）銷售不動產徵收率為5%。

（3）出租不動產徵收率為5%，試點前開工的高速公路的車輛通行費減按3%的徵收率計算，個人出租住房按照5%的徵收率減按1.5%計算。

（4）銷售、出租土地使用權徵收率為5%。

（5）一般納稅人或小規模納稅人提供勞務派遣服務，可以選擇差額納稅，按照簡易計稅方法依5%的徵收率計算繳納增值稅。

（6）納稅人提供安全保護服務，比照勞務派遣服務政策執行。

（7）一般納稅人提供人力資源外包服務，可以選擇適用簡易計稅方法，按照5%的徵收率計算繳納增值稅。

### 三、兼營銷售和混合銷售

（一）兼營銷售

納稅人兼營銷售貨物、勞務、服務、無形資產或者不動產，適用不同稅率或者徵收率的，應當分別核算適用不同稅率或者徵收率的銷售額；未分別核算的，從高適用稅率。

試點納稅人銷售貨物、加工修理修配勞務、服務、無形資產或者不動產適用不同稅率或者徵收率的，應當分別核算適用不同稅率或者徵收率的銷售額，未分別核算銷售額的，按照以下方法適用稅率或者徵收率：

（1）兼有不同稅率的銷售貨物、加工修理修配勞務、服務、無形資產或者不動產，從高適用稅率。

（2）兼有不同徵收率的銷售貨物、加工修理修配勞務、服務、無形資產或者不動產，從高適用徵收率。

（3）兼有不同稅率和徵收率的銷售貨物、加工修理修配勞務、服務、無形資產或者不動產，從高適用稅率。

（二）混合銷售

一項銷售行為如果既涉及貨物又涉及服務，為混合銷售。從事貨物的生產、批發或者零售的單位和個體工商戶的混合銷售行為，按照銷售貨物繳納增值稅；其他單位和個體工商戶的混合銷售行為，按照銷售服務繳納增值稅。

上述從事貨物的生產、批發或者零售的單位和個體工商戶，包括以從事貨物的生產、批發或者零售為主，並兼營銷售服務的單位和個體工商戶在內。

試點納稅人銷售電信服務時，附帶贈送用戶識別卡、電信終端等貨物或者電信服務的，

應將其取得的全部價款和價外費用進行分別核算，按各自適用的稅率計算繳納增值稅。

**四、計稅原理和方法**

理論上增值稅是對增值額徵稅，不重複徵稅，有多種計稅方法。

（一）加法計稅方法

應納增值稅＝增值額×稅率＝（工資＋利潤＋其他增值項目）×稅率

中國增值稅不採用加法計稅方法，但下列計稅方法由加法計稅方法推導而來。

（二）扣除計稅方法（也稱差額徵稅，簡稱扣除法）

應納增值稅＝增值額×稅率或徵收率

　　　　　＝（銷售額－購進額或耗用額）×稅率或徵收率

　　　　　＝（含稅銷售額－含稅購進額或耗用額）÷（1＋稅率或徵收率）×稅率或徵收率

原營業稅特殊情況採用扣除計稅方法。中國增值稅不單獨採用扣除計稅方法，試點增值稅特殊情況下，與下列計稅方法混合使用，採用該方法計算銷售額（詳見第三節 銷售額）。

（三）抵扣計稅方法（也稱一般計稅方法，簡稱抵扣法）

抵扣計稅方法由扣除計稅方法推導而來：

應納增值稅＝銷售額×稅率－購進額或耗用額×抵扣率

抵扣率包括稅率和徵收率。

銷售額＝含稅銷售額÷（1＋稅率）

1. 購進抵扣法

應納增值稅＝銷售額×稅率－購進額×抵扣率＝銷項稅額－進項稅額

中國增值稅對一般納稅人銷售採用購進抵扣法，允許抵扣購進貨物、勞務、服務、無形資產、不動產的進項稅額。

2. 耗用抵扣法

應納增值稅＝銷售額×稅率－耗用額×抵扣率

中國消費稅採用耗用抵扣法。

（四）簡易計稅方法（也稱簡易辦法，簡稱簡易法）

應納增值稅＝銷售額×徵收率

銷售額＝含稅銷售額÷（1＋徵收率）

簡易計稅方法不得抵扣進項稅額，但徵收率低於稅率。

中國增值稅對小規模納稅人銷售、一般納稅人特定銷售採用簡易計稅方法。

（五）進口計稅方法（簡稱進口法）

應納增值稅＝進口額×稅率

進口是初始環節，在境外繳納的增值稅不能在境內抵扣。

中國增值稅對一般納稅人和小規模納稅人進口採用進口計稅方法。

（六）扣繳計稅方法（簡稱扣繳法）

應扣繳增值稅＝購買方支付的價款÷（1＋稅率）×稅率

扣繳也是初始環節，在境外繳納的增值稅不能在境內抵扣。

中國對境外單位或者個人在境內發生應稅行為，在境內未設有經營機構的，扣繳義務人採用扣繳計稅方法。

（七）預繳計稅方法（簡稱預繳法）

應預繳增值稅＝銷售額×預徵率

地稅預繳銷售額＝含稅銷售額÷（1＋徵收率）

國稅預繳抵扣法銷售額＝含稅銷售額÷（1＋稅率）

國稅預繳簡易法銷售額＝含稅銷售額÷(1+徵收率)

預繳計稅方法不抵扣進項稅額，如果原營業稅採用扣除法的，繼續採用扣除法計算含稅銷售額。

預徵率≤徵收率。地稅預繳：預徵率＝徵收率。國稅預繳：能確定預繳增值稅不超過應納增值稅的，預徵率＝徵收率；不能確定的，預徵率<徵收率。

中國增值稅對單位和個體工商戶異地提供建築服務、異地出租不動產、銷售不動產、房地產開發企業預售自行開發的房地產項目，採用預繳計稅方法（詳見第五節 預繳增值稅）。

（八） 出 口（跨境）計稅方法

中國對境內納稅人出口貨物、勞務、境內納稅人跨境銷售服務、無形資產，採用出口（跨境）計稅方法，包括退（免）稅政策、免稅政策和徵稅政策。退（免）稅政策分為免抵退稅辦法和免退稅辦法。

免抵退稅辦法應納增值稅＝銷項稅額－進項稅額＋跨境實徵稅額

跨境實徵稅額＝（出口金額－免稅購進金額）×（稅率－退稅率）

免退稅辦法應退增值稅＝出口(跨境)貨物、勞務、服務、無形資產的購進金額×退稅率

出口(跨境)計稅方法詳見第七節 出 口（跨境）增值稅。

### 五、抵扣計稅方法

（一） 應納稅額

一般納稅人銷售貨物、勞務、服務、無形資產和不動產，採用抵扣計稅方法，另有規定的除外。應納稅額為當期銷項稅額抵扣當期進項稅額后的餘額。應納稅額計算公式為：

應納增值稅＝當期銷項稅額－當期進項稅額

當期銷項稅額小於當期進項稅額不足抵扣時，其不足部分可以結轉下期繼續抵扣。

**[案例5-1]** 某公司為增值稅一般納稅人，1月份銷項稅額150萬元，進項稅額180萬元。2月份銷項稅額210萬元，進項稅額130萬元。計算該公司1月份、2月份應納增值稅。

**[解答]** 1月份應納增值稅＝150－180＝－30（萬元）

1月份應交增值稅為0，結轉下期繼續抵扣的進項稅額為30萬元。

2月份應納增值稅＝210－(130+30)＝50（萬元）

（二） 銷項稅額

銷項稅額是指納稅人銷售貨物、勞務、服務、無形資產和不動產，按照銷售額和增值稅稅率計算並收取的增值稅額。銷項稅額計算公式為：

銷項稅額＝銷售額×稅率

（三） 銷售額

增值稅屬於價外稅，銷售額不含增值稅。一般計稅方法的銷售額不包括銷項稅額，納稅人採用銷售額和銷項稅額合併定價方法的，按照下列公式計算銷售額：

銷售額＝含稅銷售額÷(1+稅率)

**[案例5-2]** 某零售商場為一般納稅人，2月份含稅零售額合計250,000元，其中銷售糧食、食用植物油收取款項50,000元，銷售其他貨物收取款項200,000元。如果該商場不分別核算，計算其銷項稅額；如果該商場分別核算，計算其銷項稅額。

**[解答]** ①如果該商場不分別核算，從高適用稅率。

銷項稅額＝250,000÷(1+17%)×17%＝36,324.79（元）

②如果該商場分別核算，分別適用稅率。

銷項稅額＝50,000÷(1+13%)×13%+200,000÷(1+17%)×17%＝34,812.04（元）

選擇分別核算，節省增值稅＝36,324.79－34,812.04＝1,512.75（元）

### （四）衝減銷項稅額與進項稅額

納稅人適用一般計稅方法計稅的，因銷售折讓、中止或者退回而退還給購買方的增值稅額，應當從當期的銷項稅額中扣減；因銷售折讓、中止或者退回而收回的增值稅額，應當從當期的進項稅額中扣減。

納稅人銷售貨物、勞務、服務、無形資產或者不動產，開具增值稅專用發票後，發生開票有誤或者銷售折讓、中止、退回等情形的，應當按照國家稅務總局的規定開具紅字增值稅專用發票；未按照規定開具紅字增值稅專用發票的，不得扣減銷項稅額或者銷售額。

### （五）特殊情形

有下列情形之一者，應當按照銷售額和增值稅稅率計算應納稅額，不得抵扣進項稅額，也不得使用增值稅專用發票：

（1）一般納稅人會計核算不健全，或者不能夠提供準確稅務資料的。

（2）應當辦理一般納稅人資格登記而未辦理的。

納稅人年應稅銷售額超過小規模納稅人標準且未在規定時限內申請一般納稅人資格認定的，主管稅務機關應製作《稅務事項通知書》予以告知。納稅人在《稅務事項通知書》規定時限內仍未向主管稅務機關報送一般納稅人認定有關資料的，其《稅務事項通知書》規定時限屆滿之後的銷售額依照增值稅稅率計算應納稅額，不得抵扣進項稅額。稅務機關送達的《稅務事項通知書》規定時限屆滿之前的銷售額，應按小規模納稅人簡易計稅方法，計算應納稅額。

## 六、簡易計稅方法

### （一）一般規定

小規模納稅人銷售貨物、勞務、服務、無形資產和不動產，按照簡易計稅方法計算應納稅額。

一般納稅人特定銷售，按照或者選擇簡易計稅方法計算應納稅額。

簡易計稅方法的應納稅額是指按照銷售額和增值稅徵收率計算的增值稅額，不得抵扣進項稅額。應納稅額計算公式為：

應納稅額＝銷售額×徵收率

增值稅屬於價外稅，銷售額不含增值稅。簡易計稅方法的銷售額不包括其應納稅額，納稅人採用銷售額和應納稅額合併定價方法的，按照下列公式計算銷售額：

銷售額＝含稅銷售額÷(1＋徵收率)

納稅人適用簡易計稅方法計稅的，因銷售折讓、中止或者退回而退還給購買方的銷售額，應當從當期銷售額中扣減。扣減當期銷售額後仍有餘額造成多繳的稅款，可以從以後的應納稅額中扣減。

[案例5-3] 某文化創意公司為小規模納稅人，二季度提供文化創意服務收取款項545,900元；一季度提供文化創意服務因中止部分服務，二季度退還款項109,180元並按規定開具紅字發票。該公司二季度購買貨物取得專用發票，註明金額60,000元、稅額10,200元；接受設計服務取得專用發票，註明金額30,000元、稅額1,800元；支付銀行借款利息10,600元，取得普通發票。上述款項均通過銀行收付。計算該公司二季度應納增值稅並進行稅務會計處理。

[解答] 應納增值稅＝(545,900−109,180)÷(1＋3%)×3%＝12,720（元）

①提供服務，收取款項。

| | |
|---|---|
| 借：銀行存款 | 545,900 |
| 　　貸：主營業務收入 | 530,000 |
| 　　　　應交稅費——應交增值稅（簡易計稅） | 15,900 |

②中止部分服務，退還款項。
借：主營業務收入　　　　　　　　　　　　　　　　　106,000
　　應交稅費——應交增值稅（簡易計稅）　　　　　　3,180
　貸：銀行存款　　　　　　　　　　　　　　　　　　109,180
③購買貨物，支付款項。
借：原材料　　　　　　　　　　　　　　　　　　　　70,200
　貸：銀行存款　　　　　　　　　　　　　　　　　　70,200
④接受設計服務，支付款項。
借：管理費用　　　　　　　　　　　　　　　　　　　31,800
　貸：銀行存款　　　　　　　　　　　　　　　　　　23,180
⑤支付銀行借款利息。
借：財務費用　　　　　　　　　　　　　　　　　　　10,600
　貸：銀行存款　　　　　　　　　　　　　　　　　　10,600
⑥繳納當季增值稅。
借：應交稅費——應交增值稅（已交稅額）　　　　　　12,720
　貸：銀行存款　　　　　　　　　　　　　　　　　　12,720

[案例5-4] 某公司提供服務，該服務稅率為6%，徵收率為3%。該公司年銷售額450萬元（含稅），年採購貨物、接受服務進項稅額合計21萬元。該公司是否辦理一般納稅人資格登記？

[解答] ①該公司按小規模納稅人應納增值稅＝450÷1.03×3%＝13.11（萬元）
②該公司按一般納稅人應納增值稅＝450÷1.06×6%－21＝4.47（萬元）
該公司健全會計核算，辦理一般納稅人資格登記年節省增值稅＝13.11－4.47
　　　　　　　　　　　　　　　　　　　　　　　＝8.64（萬元）

（二）按照簡易辦法依照3%徵收率

（1）小規模納稅人銷售貨物、勞務、服務（不動產租賃除外）、無形資產（土地使用權除外），按照簡易辦法依照3%徵收率計算繳納增值稅。

自2014年7月1日起，光伏發電項目發電戶（其他個人和不經常發生應稅行為的非企業性單位）銷售電力產品，按照稅法規定應繳納增值稅的，可由國家電網公司所屬企業按照增值稅簡易計稅辦法計算並代徵增值稅款，同時開具普通發票；按照稅法規定可享受免徵增值稅政策的，可由國家電網公司所屬企業直接開具普通發票。

（2）對屬於一般納稅人的自來水公司銷售自來水按簡易辦法依照3%徵收率徵收增值稅。

（3）提供物業管理服務的納稅人，向服務接受方收取的自來水水費，以扣除其對外支付的自來水水費后的餘額為銷售額，按照簡易計稅方法依3%的徵收率計算繳納增值稅。上述規定自2016年8月19日起施行，2016年5月1日以后已發生並處理的事項，不再作調整；未處理的，按上述規定執行。

（4）寄售商店代銷寄售物品（包括居民個人寄售的物品在內），暫按簡易辦法依照3%徵收率計算繳納增值稅。

（5）典當業銷售死當物品，暫按簡易辦法依照3%徵收率計算繳納增值稅。

（6）對拍賣行受託拍賣增值稅應稅貨物，向買方收取的全部價款和價外費用，應當按照3%的徵收率徵收增值稅。

（7）固定業戶（指增值稅一般納稅人）臨時到外省、市銷售貨物的，必須向經營地稅務機關出示「外出經營活動稅收管理證明」回原地納稅，需要向購貨方開具專用發票的，

亦回原地補開。對未持「外出經營活動稅收管理證明」的，經營地稅務機關按 3% 的徵收率徵稅。

（三）按照簡易辦法依照 3% 徵收率減按 2%

（1）納稅人（包括一般納稅人和小規模納稅人）銷售舊貨，按照簡易辦法依照 3% 徵收率減按 2% 徵收增值稅，應開具普通發票，不得自行開具或者由稅務機關代開增值稅專用發票。

（2）小規模納稅人（除其他個人外）銷售自己使用過的固定資產，減按 2% 徵收率徵收增值稅，應開具普通發票，不得由稅務機關代開增值稅專用發票。

（3）一般納稅人銷售自己使用過的固定資產，屬於以下情形的，可按簡易辦法依 3% 徵收率減按 2% 徵收增值稅，應開具普通發票，不得開具增值稅專用發票：

①增值稅一般納稅人銷售其按照規定不得抵扣且未抵扣進項稅額的固定資產。

②納稅人購進或者自制固定資產時為小規模納稅人，登記為一般納稅人后銷售該固定資產。

③一般納稅人銷售自己使用過的、納入營改增試點之日前取得的固定資產。

（4）一般納稅人或小規模納稅人適用按照簡易辦法依 3% 徵收率減按 2% 徵收增值稅政策的，按下列公式確定銷售額和應納稅額：

銷售額＝含稅銷售額÷(1+3%)

應納稅額＝銷售額×2%

[案例 5-5] 某公司從事生活服務，2016 年 5 月實施營改增，登記為一般納稅人，2016 年 12 月份發生下列業務：

①銷售自己使用過的甲機器設備，銷售額 100 萬元（含增值稅，下同）。該設備 2016 年 1 月購買，支付款項 120 萬元。

②銷售自己使用過的乙機器設備，銷售額 200 萬元。該設備 2016 年 5 月購買，支付款項 250 萬元。

③銷售一輛作固定資產使用的小汽車，銷售額 50 萬元。該小汽車 2016 年 3 月購買，支付款項 60 萬元。

④銷售一輛作固定資產使用的小汽車，銷售額 80 萬元。該小汽車 2016 年 6 月購買，支付款項 100 萬元。

計算各業務銷項稅額或應納增值稅。

[解答] ①簡易計稅應納增值稅＝100÷(1+3%)×2%＝1.94（萬元）

②銷項稅額＝200÷(1+17%)×17%＝29.06（萬元）

③簡易計稅應納增值稅＝50÷(1+3%)×2%＝0.97（萬元）

④銷項稅額＝80÷(1+17%)×17%＝11.62（萬元）

（5）自 2016 年 2 月 1 日起，一般納稅人或小規模納稅人銷售自己使用過的固定資產，適用簡易辦法依照 3% 徵收率減按 2% 徵收增值稅政策的，可以放棄減稅，按照簡易辦法依照 3% 徵收率繳納增值稅，並可以開具增值稅專用發票。

（四）選擇簡易辦法依照 3% 徵收率

一般納稅人選擇簡易辦法計算繳納增值稅的，36 個月內不得變更計稅方法。

（1）自 2012 年 7 月 1 日起，屬於增值稅一般納稅人的藥品經營企業銷售生物製品，可以選擇簡易辦法按照生物製品銷售額和 3% 的徵收率計算繳納增值稅。

藥品經營企業是指取得（食品）藥品監督管理部門頒發的《藥品經營許可證》，獲准從事生物製品經營的藥品批發企業和藥品零售企業。

（2）自 2016 年 4 月 1 日起，屬於增值稅一般納稅人的獸用藥品經營企業銷售獸用生物

製品，可以選擇簡易辦法按照獸用生物製品銷售額和3%的徵收率計算繳納增值稅。

獸用藥品經營企業是指取得獸醫行政管理部門頒發的《獸藥經營許可證》，獲準從事獸用生物製品經營的獸用藥品批發和零售企業。

（3）一般納稅人銷售自產的下列貨物，可選擇按照簡易辦法依照3%徵收率計算繳納增值稅：

①縣級及縣級以下小型水力發電單位生產的電力。小型水力發電單位是指各類投資主體建設的裝機容量為5萬千瓦以下（含5萬千瓦）的小型水力發電單位。

②建築用和生產建築材料所用的砂、土、石料。

③以自己採掘的砂、土、石料或其他礦物連續生產的磚、瓦、石灰（不含粘土實心磚、瓦）。

④用微生物、微生物代謝產物、動物毒素、人或動物的血液或組織制成的生物製品。

⑤自來水。

⑥商品混凝土（僅限於以水泥為原料生產的水泥混凝土）。

（4）屬於增值稅一般納稅人的單採血漿站銷售非臨床用人體血液，可以按照簡易辦法依照3%徵收率計算應納稅額，但不得對外開具增值稅專用發票；也可以按照銷項稅額抵扣進項稅額的辦法依照增值稅適用稅率計算應納稅額。

（5）一般納稅人提供公共交通運輸服務。公共交通運輸服務包括輪客渡、公交客運、地鐵、城市輕軌、出租車、長途客運、班車。

班車是指按固定路線、固定時間營運並在固定站點停靠的運送旅客的陸路運輸服務。

[案例5-6] 某出租車公司為一般納稅人，年提供公共交通運輸服務銷售額3,000萬元（含增值稅），年購進汽車400萬元（不含增值稅），購進汽油500萬元（不含增值稅），接受修理修配勞務100萬元（不含增值稅）。該出租車公司應選擇適用抵扣計稅方法還是簡易計稅方法？

[解答] ①如果選擇適用抵扣計稅方法，應納增值稅計算如下：

應納增值稅＝3,000÷1.11×11%－(400+500+100)×17%＝127.30（萬元）

②如果選擇適用簡易計稅方法，應納增值稅計算如下：

應納增值稅＝3,000÷1.03×3%＝87.38（萬元）

選擇適用簡易計稅方法，年節省增值稅＝127.30－87.38＝39.92（萬元）

（6）一般納稅人經認定的動漫企業為開發動漫產品提供的動漫腳本編撰、形象設計、背景設計、動畫設計、分鏡、動畫製作、攝制、描線、上色、畫面合成、配音、配樂、音效合成、剪輯、字幕製作、壓縮轉碼（面向網路動漫、手機動漫格式適配）服務以及在境內轉讓動漫版權（包括動漫品牌、形象或者內容的授權及再授權）。

動漫企業和自主開發、生產動漫產品的認定標準和認定程序，按照《文化部 財政部 國家稅務總局關於印發〈動漫企業認定管理辦法(試行)〉的通知》（文市發〔2008〕51號）的規定執行。

（7）一般納稅人提供電影放映服務、倉儲服務、裝卸搬運服務、收派服務和文化體育服務。

（8）一般納稅人以清包工方式提供的建築服務，可以選擇適用簡易計稅方法計稅。

以清包工方式提供建築服務是指施工方不採購建築工程所需的材料或只採購輔助材料，並收取人工費、管理費或者其他費用的建築服務。

[案例5-7] 某建築公司營改增後登記為一般納稅人，2016年5月以清包工方式提供建築服務，只採購輔助材料，購進金額10萬元，進項稅額1.7萬元，收取建築服務費100萬元（含稅）。該建築公司應選擇適用抵扣計稅方法還是簡易計稅方法？

[解答] ①如果該建築公司選擇抵扣計稅方法，應納增值稅計算如下：
應納增值稅＝100÷(1＋11%)×11%－1.7＝8.21（萬元）
②如果該建築公司選擇簡易計稅方法，應納增值稅計算如下：
應納增值稅＝100÷(1＋3%)×3%＝2.91（萬元）
選擇簡易計稅方法，節省增值稅＝8.21－2.91＝5.3（萬元）

(9) 一般納稅人為甲供工程提供的建築服務，可以選擇適用簡易計稅方法計稅。
甲供工程是指全部或部分設備、材料、動力由工程發包方自行採購的建築工程。

(10) 一般納稅人為建築工程老項目提供的建築服務，可以選擇適用簡易計稅方法計稅。建築工程老項目是指：
①《建築工程施工許可證》註明的合同開工日期在2016年4月30日前的建築工程項目；
②《建築工程施工許可證》未註明合同開工日期或者未取得《建築工程施工許可證》，但建築工程承包合同註明的開工日期在2016年4月30日前的建築工程項目。

(11) 一般納稅人以納入營改增試點之日前取得的有形動產為標的物提供的經營租賃服務。

[案例5-8] 某運輸公司2013年1月購進10臺貨車，取得專用發票，註明金額500萬元、稅額85萬元。2013年8月該運輸公司實施營改增，為一般納稅人。2014年起該運輸公司將這10臺貨車用於經營租賃，每年收取租金100萬元（含稅）。該運輸公司應選擇適用抵扣計稅方法還是簡易計稅方法？

[解答] ①如果選擇適用抵扣計稅方法，應納增值稅計算如下：
年應納增值稅＝100÷1.17×17%＝14.53（萬元）
②如果選擇適用簡易計稅方法，應納增值稅計算如下：
年應納增值稅＝100÷1.03×3%＝2.91（萬元）
選擇適用簡易計稅方法，年節省增值稅＝14.53－2.91＝11.62（萬元）

(12) 一般納稅人在納入營改增試點之日前簽訂的尚未執行完畢的有形動產租賃合同。

(13) 農村信用社、村鎮銀行、農村資金互助社、由銀行業機構全資發起設立的貸款公司、法人機構在縣（縣級市、區、旗）及縣以下地區的農村合作銀行和農村商業銀行提供金融服務收入，可以選擇適用簡易計稅方法按照3%的徵收率計算繳納增值稅。
村鎮銀行是指經中國銀行業監督管理委員會依據有關法律、法規批准，由境內外金融機構、境內非金融機構企業法人、境內自然人出資，在農村地區設立的主要為當地農民、農業和農村經濟發展提供金融服務的銀行業金融機構。
農村資金互助社是指經銀行業監督管理機構批准，由鄉（鎮）、行政村農民和農村小企業自願入股組成，為社員提供存款、貸款、結算等業務的社區互助性銀行業金融機構。
由銀行業機構全資發起設立的貸款公司是指經中國銀行業監督管理委員會依據有關法律、法規批准，由境內商業銀行或農村合作銀行在農村地區設立的專門為縣域農民、農業和農村經濟發展提供貸款服務的非銀行業金融機構。
縣（縣級市、區、旗）不包括直轄市和地級市所轄城區。

(14) 對中國農業銀行納入「三農金融事業部」改革試點的各省、自治區、直轄市、計劃單列市分行下轄的縣域支行和新疆生產建設兵團分行下轄的縣域支行（也稱縣事業部），提供農戶貸款、農村企業和農村各類組織貸款取得的利息收入，可以選擇適用簡易計稅方法按照3%的徵收率計算繳納增值稅。
享受增值稅優惠的涉農貸款業務清單：法人農業貸款，法人林業貸款，法人畜牧業貸款，法人漁業貸款，法人農林牧漁服務業貸款，法人其他涉農貸款（煤炭、菸草、採礦業、

房地產業、城市基礎設施建設和其他類的法人涉農貸款除外），小型農田水利設施貸款，大型灌區改造，中低產田改造，防澇抗旱減災體系建設，農產品加工貸款，農業生產資料製造貸款，農業物資流通貸款，農副產品流通貸款，農產品出口貸款，農業科技貸款，農業綜合生產能力建設，農田水利設施建設，農產品流通設施建設，其他農業生產性基礎設施建設，農村飲水安全工程，農村公路建設，農村能源建設，農村沼氣建設，其他農村生活基礎設施建設，農村教育設施建設，農村衛生設施建設，農村文化體育設施建設，林業和生態環境建設，個人農業貸款，個人林業貸款，個人畜牧業貸款，個人漁業貸款，個人農林牧漁服務業貸款，農戶其他生產經營貸款，農戶助學貸款，農戶醫療貸款，農戶住房貸款，農戶其他消費貸款。

農戶貸款是指金融機構發放給農戶的貸款，但不包括按照規定免徵增值稅的農戶小額貸款。

農戶是指《營業稅改徵增值稅過渡政策的規定》第一條第（十九）項所稱的農戶。

農村企業和農村各類組織貸款是指金融機構發放給註冊在農村地區的企業及各類組織的貸款。

（15）一般納稅人提供非學歷教育服務，可以選擇適用簡易計稅方法按照3%徵收率計算應納稅額。

（五）按照簡易辦法依照5%徵收率

（1）小規模納稅人銷售不動產，按照簡易辦法依照5%的徵收率計算增值稅。

（2）小規模納稅人出租不動產（不含個人出租住房），按照簡易辦法依照5%的徵收率計算增值稅。

（3）納稅人以經營租賃方式將土地出租給他人使用，按照不動產經營租賃服務繳納增值稅。

（4）房地產開發企業中的小規模納稅人，出租自行開發的房地產項目，按照5%的徵收率計算應納稅額。

（5）個人出租住房，按照簡易辦法依照5%的徵收率減按1.5%的徵收率計算增值稅。

（6）自1994年1月1日起，中外合作油（氣）田按合同開採的原油、天然氣應按實物徵收增值稅，徵收率為5%，在計徵增值稅時，不抵扣進項稅額。原油、天然氣出口時不予退稅。中國海洋石油總公司海上自營油田比照上述規定執行。

（六）選擇簡易辦法依照5%徵收率

（1）一般納稅人銷售其2016年4月30日前取得（不含自建）的不動產，可以選擇適用簡易計稅方法，以取得的全部價款和價外費用減去該項不動產購置原價或者取得不動產時的作價后的余額為銷售額，按照5%的徵收率計算應納稅額。

（2）納稅人轉讓2016年4月30日前取得的土地使用權，可以選擇適用簡易計稅方法，以取得的全部價款和價外費用減去取得該土地使用權的原價后的余額為銷售額，按照5%的徵收率計算繳納增值稅。

（3）一般納稅人銷售其2016年4月30日前自建的不動產，可以選擇適用簡易計稅方法，以取得的全部價款和價外費用為銷售額，按照5%的徵收率計算應納稅額。

（4）房地產開發企業中的一般納稅人，銷售自行開發的房地產老項目，可以選擇適用簡易計稅方法按照5%的徵收率計稅。房地產老項目是指：

① 《建築工程施工許可證》註明的合同開工日期在2016年4月30日前的房地產項目；

② 《建築工程施工許可證》未註明合同開工日期或者未取得《建築工程施工許可證》但建築工程承包合同註明的開工日期在2016年4月30日前的房地產項目。

（5）一般納稅人出租其2016年4月30日前取得的不動產，可以選擇適用簡易計稅方

法，按照5%的徵收率計算應納稅額。

(6) 納稅人以經營租賃方式將土地出租給他人使用，按照不動產經營租賃服務繳納增值稅。

(7) 房地產開發企業中的一般納稅人，出租自行開發的房地產老項目，可以選擇適用簡易計稅方法，按照5%的徵收率計算應納稅額。

(8) 一般納稅人2016年4月30日前簽訂的不動產融資租賃合同，或以2016年4月30日前取得的不動產提供的融資租賃服務，可以選擇適用簡易計稅方法，按照5%的徵收率計算繳納增值稅。

(9) 一般納稅人收取試點前開工的一級公路、二級公路、橋、閘通行費，可以選擇適用簡易計稅方法，按照5%的徵收率計算繳納增值稅。

試點前開工是指相關施工許可證註明的合同開工日期在2016年4月30日前。

(10) 公路經營企業中的一般納稅人收取試點前開工的高速公路的車輛通行費，可以選擇適用簡易計稅方法，減按3%的徵收率計算應納稅額。

試點前開工的高速公路是指相關施工許可證明上註明的合同開工日期在2016年4月30日前的高速公路。

(11) 一般納稅人提供勞務派遣服務，可以按照《財政部 國家稅務總局關於全面推開營業稅改徵增值稅試點的通知》（財稅〔2016〕36號）的有關規定，以取得的全部價款和價外費用為銷售額，按照一般計稅方法計算繳納增值稅；也可以選擇差額納稅，以取得的全部價款和價外費用，扣除代用工單位支付給勞務派遣員工的工資、福利和為其辦理社會保險及住房公積金后的余額為銷售額，按照簡易計稅方法依5%的徵收率計算繳納增值稅。

小規模納稅人提供勞務派遣服務，可以按照《財政部 國家稅務總局關於全面推開營業稅改徵增值稅試點的通知》（財稅〔2016〕36號）的有關規定，以取得的全部價款和價外費用為銷售額，按照簡易計稅方法依3%的徵收率計算繳納增值稅；也可以選擇差額納稅，以取得的全部價款和價外費用，扣除代用工單位支付給勞務派遣員工的工資、福利和為其辦理社會保險及住房公積金后的余額為銷售額，按照簡易計稅方法依5%的徵收率計算繳納增值稅。

選擇差額納稅的納稅人，向用工單位收取用於支付給勞務派遣員工工資、福利和為其辦理社會保險及住房公積金的費用，不得開具增值稅專用發票，可以開具普通發票。

勞務派遣服務是指勞務派遣公司為了滿足用工單位對於各類靈活用工的需求，將員工派遣至用工單位，接受用工單位管理並為其工作的服務。

(12) 納稅人提供安全保護服務，比照勞務派遣服務政策執行。

(13) 納稅人提供人力資源外包服務，按照經紀代理服務繳納增值稅，其銷售額不包括受客戶單位委託代為向客戶單位員工發放的工資和代理繳納的社會保險、住房公積金。向委託方收取並代為發放的工資和代理繳納的社會保險、住房公積金，不得開具增值稅專用發票，可以開具普通發票。

一般納稅人提供人力資源外包服務，可以選擇適用簡易計稅方法，按照5%的徵收率計算繳納增值稅。

## 七、進口計稅方法

納稅人進口貨物，按照組成計稅價格和規定的稅率計算應納稅額。組成計稅價格和應納稅額計算公式如下：

應納增值稅＝組成計稅價格×稅率

組成計稅價格＝關稅完稅價格＋關稅＋消費稅

關稅完稅價格即關稅計稅價格。

[案例 5-9] 某工業企業 9 月份進口一批原材料。該批原材料在國外的買價 50 萬元，另該批原材料運抵中國海關前發生的包裝費、運輸費、保險費等共計 10 萬元。該原材料已入庫，款項及進口稅收已通過銀行支付。該批原材料進口關稅稅率 15%，增值稅稅率 17%。計算其進口環節應納增值稅並進行稅務會計處理。

[解答] 進口應納關稅 =（50+10）×15% = 9（萬元）
進口應納增值稅 =（50+10+9）×17% = 11.73（萬元）
①進口原材料並支付進口環節關稅、增值稅。

借：原材料　　　　　　　　　　　　　　　　　690,000
　　應交稅費——待認證進項稅額　　　　　　　117,300
　貸：銀行存款　　　　　　　　　　　　　　　　807,300
②海關進口專用增值稅專用繳款書，經稅務機關稽核比對相符。
借：應交稅費——應交增值稅（進項稅額）　　　117,300
　貸：應交稅費——待認證進項稅額　　　　　　　117,300

### 八、扣繳計稅方法

境外單位或者個人在境內發生應稅行為，在境內未設有經營機構的，扣繳義務人按照下列公式計算應扣繳稅額：

應扣繳稅額 = 購買方支付的價款÷（1+稅率）×稅率

[案例 5-10] 某境外公司通過網路為某境內公司（一般納稅人）提供工業設計服務，境內公司支付價款 53 萬元。計算該境內公司應扣繳增值稅並進行稅務會計處理。

[解答] 應扣繳增值稅 = 53÷（1+6%）×6% = 3（萬元）
扣稅后應支付價款 = 53-3 = 50（萬元）
①向境外公司支付價款並代扣增值稅。
借：管理費用　　　　　　　　　　　　　　　　500,000
　　應交稅費——待認證進項稅額　　　　　　　　30,000
　貸：銀行存款　　　　　　　　　　　　　　　　500,000
　　　應交稅費——扣繳增值稅　　　　　　　　　　30,000
②繳納扣繳的增值稅。
借：應交稅費——扣繳增值稅　　　　　　　　　　30,000
　貸：銀行存款　　　　　　　　　　　　　　　　　30,000
③允許抵扣進項稅額。
借：應交稅費——應交增值稅（進項稅額）　　　　30,000
　貸：應交稅費——待認證進項稅額　　　　　　　　30,000

## 第三節　銷售額

### 一、全部價款和價外費用

增值稅的稅基為銷售額或者進口額。銷售額是指納稅人（包括一般納稅人和小規模納稅人）銷售貨物、勞務、服務、無形資產、不動產取得的全部價款和價外費用，財政部和國家稅務總局另有規定的除外。

銷售額以人民幣計算。納稅人按照人民幣以外的貨幣結算銷售額的，應當折合成人民幣計算，折合率可以選擇銷售額發生的當天或者當月 1 日的人民幣匯率中間價。納稅人應當在事先確定採用何種折合率，確定后 12 個月內不得變更。

(一) 原增值稅價外費用

價外費用包括價外向購買方收取的手續費、補貼、基金、集資費、返還利潤、獎勵費、違約金、滯納金、延期付款利息、賠償金、代收款項、代墊款項、包裝費、包裝物租金、儲備費、優質費、運輸裝卸費以及其他各種性質的價外收費。價外費用不包括下列項目：

(1) 受託加工應徵消費稅的消費品所代收代繳的消費稅。

(2) 同時符合以下條件的代墊運輸費用：

①承運部門的運輸費用發票開具給購買方的；

②納稅人將該項發票轉交給購買方的。

(3) 同時符合以下條件代為收取的政府性基金或者行政事業性收費：

①由國務院或者財政部批准設立的政府性基金，由國務院或者省級人民政府及其財政、價格主管部門批准設立的行政事業性收費；

②收取時開具省級以上財政部門印製的財政票據；

③所收款項全額上繳財政。

(4) 銷售貨物的同時代辦保險等而向購買方收取的保險費以及向購買方收取的代購買方繳納的車輛購置稅、車輛牌照費。

[案例 5-11] 某彩電廠為一般納稅人，11 月份銷售彩電一批，不含稅銷售額 100 萬元，另外價稅合計收取包裝費 1 萬元、優質費 5 萬元。計算其 11 月份銷項稅額。

[解答] 銷項稅額 = [100+6÷(1+17%)]×17% = 17.87（萬元）

(二) 試點增值稅價外費用

價外費用是指價外收取的各種性質的收費，但不包括以下項目：

(1) 代為收取的同時滿足以下條件的政府性基金或者行政事業性收費：

①由國務院或者財政部批准設立的政府性基金，由國務院或者省級人民政府及其財政、價格主管部門批准設立的行政事業性收費；

②收取時開具省級以上（含省級）財政部門監（印）制的財政票據；

③所收款項全額上繳財政。

(2) 以委託方名義開具發票代委託方收取的款項。

貸款服務以提供貸款服務取得的全部利息及利息性質的收入為銷售額。

直接收費金融服務以提供直接收費金融服務收取的手續費、佣金、酬金、管理費、服務費、經手費、開戶費、過戶費、結算費、轉託管費等各類費用為銷售額。

[案例 5-12] 某房地產開發公司（一般納稅人）12 月銷售新建房地產收入 900 萬元（含增值稅），各項代收款項 250 萬元，包括水電初裝費、燃（煤）氣費、維修基金等各種配套設施費。

如果該房地產公司將各項代收款項與房地產銷售收入一併開具發票，計算銷項稅額；如果該房地產公司將各項代收款項，以委託方名義開具發票，計算銷項稅額。

[解答] ①如果該房地產公司將各項代收款項與房地產銷售收入一併開具發票。

銷項稅額 = (900+250)÷(1+11%)×11% = 113.96（萬元）

②如果該房地產公司將各項代收款項以委託方名義開具發票。

銷項稅額 = 900÷(1+11%)×11% = 89.19（萬元）

該房地產公司將各項代收款項以委託方名義開具發票。

節省增值稅 = 113.96－89.19 = 24.77（萬元）

## 二、特殊銷售

（一）折扣銷售

（1）納稅人銷售貨物、勞務、服務、無形資產或者不動產，將價款和折扣額在同一張發票上分別註明的，以折扣後的價款為銷售額；未在同一張發票上分別註明的，以價款為銷售額，不得扣減折扣額。

（2）納稅人採取折扣方式銷售貨物，銷售額和折扣額在同一張發票上分別註明是指銷售額和折扣額在同一張發票上的「金額」欄分別註明的，可按折扣後的銷售額徵收增值稅。未在同一張發票「金額」欄註明折扣額，而僅在發票的「備註」欄註明折扣額的，折扣額不得從銷售額中減除。

[案例5-13] 某玩具廠為一般納稅人，3月份發生如下業務：

①銷售5,000個玩具給甲超市，該玩具單價10元（不含增值稅，下同），因購貨數量較多，給予5%商業折扣。銷售額和折扣額在同一張發票上的「金額」欄分別註明。

②銷售100個玩具給乙超市，該玩具單價10元，因對方10日內付款，給予2%現金折扣。

③1月份銷售的一批玩具300個，單價10元，因質量問題，3月份退貨200個，按規定開具紅字增值稅專用發票。

④2月份銷售的一批玩具500個，單價10元，因質量問題，3月份每個折讓2元，按規定開具紅字增值稅專用發票。

計算該玩具廠3月份銷項稅額。

[解答] ①銷項稅額=5,000×10×(1-5%)×17%=8,075（元）

②銷項稅額=100×10×17%=170（元）

③銷項稅額=-200×10×17%=-340（元）

④銷項稅額=500×(-2)×17%=-170（元）

⑤銷項稅額合計=8,075+170-340-170=7,735（元）

（二）以舊換新

納稅人採取以舊換新方式銷售貨物，應按新貨物的同期銷售價格確定銷售額。考慮到金銀首飾以舊換新業務的特殊情況，對金銀首飾以舊換新業務，可以按銷售方實際收取的不含增值稅的全部價款徵收增值稅。

[案例5-14] 某商場（一般納稅人）銷售洗衣機開展以舊換新活動。顧客用一臺舊洗衣機換取一臺新洗衣機，只需繳納現金1,400元，舊洗衣機每臺折價100元。2月份該商場採取以舊換新方式銷售洗衣機300臺。計算其銷項稅額。

[解答] 銷項稅額=300×(1,400+100)÷(1+17%)×17%=65,384.62（元）

（三）還本銷售

納稅人採取還本銷售方式銷售貨物，不得從銷售額中減除還本支出。

（四）以物易物

在實際工作中，以物易物雙方都應作購銷處理，即以自己發出的貨物計算銷項稅額，以收到的貨物計算進項稅額。

[案例5-15] 甲、乙兩公司均為一般納稅人，3月份甲公司將一批自產貨物（不含稅市場價30萬元）換取乙公司一批自產貨物（不含稅市場價50萬元），兩批貨物增值稅稅率均為17%。兩公司等價交換，計算甲公司應支付乙公司補價；計算該業務甲、乙兩公司分別應納增值稅。

[解答] 甲公司應支付乙公司補價＝50×(1+17%)－30×(1+17%)＝23.4（萬元）
該業務甲公司應納增值稅＝30×17%－50×17%＝－3.4（萬元）
該業務乙公司應納增值稅＝50×17%－30×17%＝3.4（萬元）

(五) 直銷方式

自 2013 年 3 月 1 日起，直銷企業採取直銷方式銷售貨物增值稅銷售額確定如下：

(1) 直銷企業先將貨物銷售給直銷員，直銷員再將貨物銷售給消費者的，直銷企業的銷售額為其向直銷員收取的全部價款和價外費用。直銷員將貨物銷售給消費者時，應按照現行規定繳納增值稅。

(2) 直銷企業通過直銷員向消費者銷售貨物，直接向消費者收取貨款，直銷企業的銷售額為其向消費者收取的全部價款和價外費用。

(六) 包裝物押金

(1) 納稅人為銷售貨物而出租出借包裝物收取的押金，單獨記帳核算的，不並入銷售額徵稅。但對因逾期未收回包裝物不再退還的押金，應按所包裝貨物的適用稅率徵收增值稅。

(2) 納稅人為銷售貨物出租出借包裝物而收取的押金，無論包裝物週轉使用期限長短，超過一年（含一年）以上仍不退還的均並入銷售額徵稅。

(3) 從 1995 年 6 月 1 日起，對銷售除啤酒、黃酒外的其他酒類產品而收取的包裝物押金，無論是否返還以及會計上如何核算，均應並入當期銷售額徵稅。

(4) 對增值稅一般納稅人（包括納稅人自己或代其他部門）向購買方收取的價外費用和逾期包裝物押金，應視為含稅收入，在徵稅時換算成不含稅收入並入銷售額計徵增值稅。

[案例 5-16] 某糧油加工廠為增值稅一般納稅人，2016 年 4 月 20 日，向某糧店銷售一批食用植物油，收取不含增值稅價款 300,000 元，收取油桶押金 1,130 元。到 2017 年 4 月 20 日，糧店未退回油桶，加工廠不退還押金。計算該糧油加工廠銷項稅額。

[解答] 2016 年 4 月銷項稅額＝300,000×13%＝39,000（元）
2017 年 4 月銷項稅額＝1,130÷(1+13%)×13%＝130（元）

### 三、核定銷售額

納稅人銷售貨物、勞務、服務、無形資產、不動產價格明顯偏低或者偏高且不具有合理商業目的的，或者發生視同銷售行為而無銷售額的，主管稅務機關有權按照下列順序確定銷售額：

第一，按照納稅人最近時期銷售同類貨物、勞務、服務、無形資產或者不動產的平均價格確定。

[案例 5-17] 某鋼鐵公司（一般納稅人）生產鋼材，5 月份發生下列業務：
①銷售 A 型鋼材 1,000 噸，每噸不含增值稅價格 3,900 元；
②銷售 A 型鋼材 400 噸，每噸含增值稅價格 4,680 元；
③領用 A 型鋼材 20 噸用於建廠房；
④將 A 型鋼材 500 噸用於股權投資。
計算該鋼鐵公司銷項稅額。

[解答] ①銷項稅額＝1,000×3,900×17%＝663,000（元）
②銷項稅額＝400×4,680÷(1+17%)×17%＝272,000（元）
③當月 A 型鋼材平均銷售價格＝[1,000×3,900+400×4,680÷(1+17%)]÷(1,000+400)
＝3,928.57（元）
銷項稅額＝20×3,928.57×17%＝13,357.14（元）

④銷項稅額＝500×3,928.57×17%＝333,928.45（元）
⑤銷項稅額合計＝663,000+272,000+13,357.14+333,928.45＝1,282,285.59（元）
第二，按照其他納稅人最近時期銷售同類貨物、勞務、服務、無形資產或者不動產的平均價格確定。
第三，按照組成計稅價格確定。組成計稅價格的公式為：
組成計稅價格＝成本×(1+成本利潤率)
屬於應徵消費稅的貨物，其組成計稅價格中應加計消費稅額。
組成計稅價格＝成本×(1+成本利潤率)+消費稅
貨物的成本是指銷售自產貨物的為實際生產成本，銷售外購貨物的為實際採購成本。
成本利潤率由國家稅務總局確定。成本利潤率為10%，但屬於應從價定率徵收消費稅的貨物，成本利潤率為《消費稅若干具體問題的規定》中規定的成本利潤率。
不具有合理商業目的是指以謀取稅收利益為主要目的的，通過人為安排，減少、免除、推遲繳納增值稅稅款，或者增加退還增值稅稅款。

[案例5-18] 某日用品公司（一般納稅人）生產洗髮液，6月份發生下列業務：
①銷售A型洗髮液8,000瓶，每瓶不含增值稅價格30元；
②將A型洗髮液3,000瓶移送到外市非獨立核算的分公司用於銷售；
③將A型洗髮液1,000瓶無償捐贈給災區；
④特製B型洗髮液500瓶，每瓶成本35元，其中200瓶發給職工，300瓶作為股利分配給股東。該類型洗髮液市面上沒有銷售。
計算該公司銷項稅額。
[解答] ①銷項稅額＝8,000×30×17%＝40,800（元）
②銷項稅額＝3,000×30×17%＝15,300（元）
③銷項稅額＝1,000×30×17%＝5,100（元）
④銷項稅額＝500×35×(1+10%)×17%＝3,272.5（元）
⑤銷項稅額合計＝40,800+15,300+5,100+3,272.5＝64,472.5（元）

### 四、扣除項目與憑證

(一) 試點增值稅扣除項目

(1) 金融商品轉讓，按照賣出價扣除買入價后的余額為銷售額。
單位將其持有的限售股在解禁流通后對外轉讓的，按照以下規定確定買入價：
①上市公司實施股權分置改革時，在股票復牌之前形成的原非流通股股份以及股票復牌首日至解禁日期間由上述股份孳生的送、轉股，以該上市公司完成股權分置改革後股票復牌首日的開盤價為買入價。
②公司首次公開發行股票並上市形成的限售股以及上市首日至解禁日期間由上述股份孳生的送、轉股，以該上市公司股票首次公開發行（IPO）的發行價為買入價。
③因上市公司實施重大資產重組形成的限售股以及股票復牌首日至解禁日期間由上述股份孳生的送、轉股，以該上市公司因重大資產重組股票停牌前一交易日的收盤價為買入價。
轉讓金融商品出現的正負差，按盈虧相抵后的余額為銷售額。若相抵后出現負差，可結轉下一納稅期與下期轉讓金融商品銷售額相抵，但年末時仍出現負差的，不得轉入下一個會計年度。
金融商品的買入價，可以選擇按照加權平均法或者移動加權平均法進行核算，選擇后36個月內不得變更。

金融商品轉讓，不得開具增值稅專用發票。

（2）經紀代理服務，以取得的全部價款和價外費用，扣除向委託方收取並代為支付的政府性基金或者行政事業性收費后的余額為銷售額。向委託方收取的政府性基金或者行政事業性收費，不得開具增值稅專用發票。

（3）融資租賃和融資性售后回租。

①經人民銀行、銀監會或者商務部批准從事融資租賃業務的試點納稅人，提供融資租賃服務，以取得的全部價款和價外費用，扣除支付的借款利息（包括外匯借款和人民幣借款利息）、發行債券利息和車輛購置稅后的余額為銷售額。

②經人民銀行、銀監會或者商務部批准從事融資租賃業務的試點納稅人，提供融資性售后回租服務，以取得的全部價款和價外費用（不含本金），扣除對外支付的借款利息（包括外匯借款和人民幣借款利息）、發行債券利息后的余額作為銷售額。

③試點納稅人根據2016年4月30日前簽訂的有形動產融資性售后回租合同，在合同到期前提供的有形動產融資性售后回租服務，可繼續按照有形動產融資租賃服務繳納增值稅。

繼續按照有形動產融資租賃服務繳納增值稅的試點納稅人，經人民銀行、銀監會或者商務部批准從事融資租賃業務的，根據2016年4月30日前簽訂的有形動產融資性售后回租合同，在合同到期前提供的有形動產融資性售后回租服務，可以選擇以下方法之一計算銷售額：

第一，以向承租方收取的全部價款和價外費用，扣除向承租方收取的價款本金以及對外支付的借款利息（包括外匯借款和人民幣借款利息）、發行債券利息后的余額為銷售額。

納稅人提供有形動產融資性售后回租服務，計算當期銷售額時可以扣除的價款本金，為書面合同約定的當期應當收取的本金。無書面合同或者書面合同沒有約定的，為當期實際收取的本金。

試點納稅人提供有形動產融資性售后回租服務，向承租方收取的有形動產價款本金，不得開具增值稅專用發票，可以開具普通發票。

第二，以向承租方收取的全部價款和價外費用，扣除支付的借款利息（包括外匯借款和人民幣借款利息）、發行債券利息后的余額為銷售額。

④經商務部授權的省級商務主管部門和國家經濟技術開發區批准的從事融資租賃業務的試點納稅人，2016年5月1日后實收資本達到1.7億元的，從達到標準的當月起按照上述第①、②、③點規定執行；2016年5月1日后實收資本未達到1.7億元但註冊資本達到1.7億元的，在2016年7月31日前仍可按照上述第①、②、③點規定執行，2016年8月1日后開展的融資租賃業務和融資性售后回租業務不得按照上述第①、②、③點規定執行。

（4）航空運輸企業的銷售額，不包括代收的機場建設費和代售其他航空運輸企業客票而代收轉付的價款。

（5）試點納稅人中的一般納稅人提供客運場站服務，以其取得的全部價款和價外費用，扣除支付給承運方運費后的余額為銷售額。

[案例5-19] 某車站（一般納稅人）提供客運場站服務，7月份取得收入636,000元（含稅）存入銀行；以銀行存款支付給運輸公司運費，取得專用發票，註明金額530,000元、稅額58,300元。計算該車站當月銷項稅額並進行稅務會計處理。

[解答] 銷項稅額＝(636,000－530,000－58,300)÷(1+6%)×6%＝2,700（元）

①提供客運場站服務。

| | | |
|---|---|---|
| 借：銀行存款 | | 636,000 |
| 　　貸：主營業務收入 | | 600,000 |
| 　　　　應交稅費——應交增值稅（銷項稅額） | | 36,000 |

②接受運輸服務。

借：主營業務成本　　　　　　　　　　　　　　　　　555,000
　　應交稅費——應交增值稅（銷項稅額抵減）　　　　　33,300
　貸：銀行存款　　　　　　　　　　　　　　　　　　　588,300

（6）試點納稅人提供旅遊服務，可以選擇以取得的全部價款和價外費用，扣除向旅遊服務購買方收取並支付給其他單位或者個人的住宿費、餐飲費、交通費、簽證費、門票費和支付給其他接團旅遊企業的旅遊費用后的余額為銷售額。

選擇上述辦法計算銷售額的試點納稅人，向旅遊服務購買方收取並支付的上述費用，不得開具增值稅專用發票，可以開具普通發票。

（7）試點納稅人提供建築服務適用簡易計稅方法的，以取得的全部價款和價外費用扣除支付的分包款后的余額為銷售額。

[案例5-20] 某建築公司（小規模納稅人）8月份提供建築服務，收取款項309,000元（含稅）存入銀行，以銀行存款支付分包款103,000元（含稅）。計算該建築公司應納增值稅並進行稅務會計處理。

[解答] 應納增值稅=(309,000-103,000)÷(1+3%)×3%=6,000（元）

①收取建築服務款項。

借：銀行存款　　　　　　　　　　　　　　　　　　　309,000
　貸：主營業務收入　　　　　　　　　　　　　　　　　300,000
　　　應交稅費——應交增值稅（簡易計稅）　　　　　　　9,000

②支付分包款。

借：主營業務成本　　　　　　　　　　　　　　　　　100,000
　　應交稅費——應交增值稅（簡易計稅）　　　　　　　　3,000
　貸：銀行存款　　　　　　　　　　　　　　　　　　　103,000

（8）房地產開發企業中的一般納稅人銷售其開發的房地產項目（選擇簡易計稅方法的房地產老項目除外），以取得的全部價款和價外費用，扣除受讓土地時向政府部門支付的土地價款后的余額為銷售額。

（9）一般納稅人轉讓其2016年4月30日前取得（不含自建）的不動產，可以選擇適用簡易計稅方法計稅，以取得的全部價款和價外費用扣除不動產購置原價或者取得不動產時的作價后的余額為銷售額。

（10）小規模納稅人轉讓其取得（不含自建）的不動產（不含個體工商戶銷售購買的住房和其他個人銷售不動產），以取得的全部價款和價外費用扣除不動產購置原價或者取得不動產時的作價后的余額為銷售額。

（11）一般納稅人提供勞務派遣服務，可以按照《財政部 國家稅務總局關於全面推開營業稅改徵增值稅試點的通知》（財稅〔2016〕36號）的有關規定，以取得的全部價款和價外費用為銷售額，按照一般計稅方法計算繳納增值稅；也可以選擇差額納稅，以取得的全部價款和價外費用，扣除代用工單位支付給勞務派遣員工的工資、福利和為其辦理社會保險及住房公積金后的余額為銷售額，按照簡易計稅方法依5%的徵收率計算繳納增值稅。

小規模納稅人提供勞務派遣服務，可以按照《財政部 國家稅務總局關於全面推開營業稅改徵增值稅試點的通知》（財稅〔2016〕36號）的有關規定，以取得的全部價款和價外費用為銷售額，按照簡易計稅方法依3%的徵收率計算繳納增值稅；也可以選擇差額納稅，以取得的全部價款和價外費用，扣除代用工單位支付給勞務派遣員工的工資、福利和為其辦理社會保險及住房公積金后的余額為銷售額，按照簡易計稅方法依5%的徵收率計算繳納增值稅。

选择差额纳税的纳税人，向用工单位收取用于支付给劳务派遣员工工资、福利和为其办理社会保险及住房公积金的费用，不得开具增值税专用发票，可以开具普通发票。

劳务派遣服务是指劳务派遣公司为了满足用工单位对於各类灵活用工的需求，将员工派遣至用工单位，接受用工单位管理並为其工作的服务。

[案例5-21] 某公司提供劳务派遣服务，9月份提供劳务派遣服务含税销售额500,000元，其中代用工单位支付给劳务派遣员工的工资、福利和为其办理社会保险及住房公积金合计400,000元。

①如果该公司为一般纳税人，选择全额纳税，计算销项税额；
②如果该公司为一般纳税人，选择差额纳税，计算增值税；
③如果该公司为小规模纳税人，选择全额纳税，计算增值税；
④如果该公司为小规模纳税人，选择差额纳税，计算增值税。

[解答] ①如果该公司为一般纳税人，选择全额纳税。
销项税额 = 500,000÷(1+6%)×6% = 28,301.89（元）
②如果该公司为一般纳税人，选择差额纳税。
应纳增值税 = (500,000-400,000)÷(1+5%)×5% = 4,671.90（元）
③如果该公司为小规模纳税人，选择全额纳税。
应纳增值税 = 500,000÷(1+3%)×3% = 14,563.11（元）
④如果该公司为小规模纳税人，选择差额纳税。
应纳增值税 = (500,000-400,000)÷(1+5%)×5% = 4,671.90（元）

（12）纳税人提供安全保护服务，比照劳务派遣服务政策执行。

（13）纳税人提供人力资源外包服务，按照经纪代理服务缴纳增值税，其销售额不包括受客户单位委托代为向客户单位员工发放的工资和代理缴纳的社会保险、住房公积金。向委托方收取並代为发放的工资和代理缴纳的社会保险、住房公积金，不得开具增值税专用发票，可以开具普通发票。

一般纳税人提供人力资源外包服务，可以选择适用简易计税方法，按照5%的征收率计算缴纳增值税。

[案例5-22] 某公司提供人力资源外包服务，10月份提供人力资源外包服务含税销售额100,000元，另外向委托方收取並代为发放的工资和代理缴纳的社会保险、住房公积金合计400,000元。

①如果该公司为一般纳税人，选择抵扣计税方法，计算销项税额；
②如果该公司为一般纳税人，选择简易计税方法，计算应纳增值税；
③如果该公司为小规模纳税人，按照简易计税方法，计算应纳增值税。

[解答] ①如果该公司为一般纳税人，选择抵扣计税方法。
销项税额 = 100,000÷(1+6%)×6% = 5,660.38（元）
②如果该公司为一般纳税人，选择简易计税方法。
应纳增值税 = 100,000÷(1+5%)×5% = 4,761.90（元）
③如果该公司为小规模纳税人，按照简易计税方法。
应纳增值税 = 100,000÷(1+3%)×3% = 2,912.62（元）

（14）提供物业管理服务的纳税人，向服务接受方收取的自来水水费，以扣除其对外支付的自来水水费后的余额为销售额，按照简易计税方法依3%的征收率计算缴纳增值税。

（二）试点增值税扣除凭证

试点纳税人按照上述（2）~（10）款的规定从全部价款和价外费用中扣除的价款，应当取得符合法律、行政法规和国家税务总局规定的有效凭证。否则，不得扣除。

上述憑證是指：
(1) 支付給境內單位或者個人的款項，以發票為合法有效憑證。
(2) 支付給境外單位或者個人的款項，以該單位或者個人的簽收單據為合法有效憑證，稅務機關對簽收單據有疑義的，可以要求其提供境外公證機構的確認證明。
(3) 繳納的稅款，以完稅憑證為合法有效憑證。
(4) 扣除的政府性基金、行政事業性收費或者向政府支付的土地價款，以省級以上（含省級）財政部門監（印）制的財政票據為合法有效憑證。
(5) 國家稅務總局規定的其他憑證。
納稅人取得的上述憑證屬於增值稅扣稅憑證的，其進項稅額不得從銷項稅額中抵扣。

## 第四節 進項稅額抵扣

增值稅實行購進抵扣法，抵扣計稅方法允許銷項稅額抵扣進項稅額。進項稅額，是指納稅人購進貨物、勞務、服務、無形資產或者不動產，支付或者負擔的增值稅額。

### 一、準予抵扣

(一) 準予抵扣進項稅額

適用一般計稅方法的原增值稅一般納稅人和試點增值稅一般納稅人，下列進項稅額準予從銷項稅額中抵扣：

(1) 從銷售方取得的增值稅專用發票（含稅控機動車銷售統一發票，下同）上註明的增值稅額。

①自 2009 年 1 月 1 日起，增值稅一般納稅人購進（包括接受捐贈、實物投資）或者自制（包括改擴建、安裝）固定資產發生的進項稅額（以下簡稱固定資產進項稅額），可根據有關規定，憑增值稅專用發票和海關進口增值稅專用繳款書從銷項稅額中抵扣，其進項稅額應當記入「應交稅費——應交增值稅（進項稅額）」科目。

②自 2013 年 8 月 1 日起，增值稅一般納稅人自用的應徵消費稅的摩托車、汽車、遊艇，其進項稅額準予從銷項稅額中抵扣。

[案例5-23] 某工業企業為一般納稅人，11 月份發生下列業務：
①購進原材料，取得專用發票，註明金額 100 萬元，稅額 17 萬元，該批原材料通過公路運輸，取得專用發票，註明金額 1 萬元，稅額 0.11 萬元。
②購進機器設備，取得專用發票，註明價款 200 萬元，稅額 34 萬元，該批設備通過鐵路運輸，取得專用發票，註明金額 2 萬元，稅額 0.22 萬元。
③購進 5 輛小汽車自用，取得專用發票，註明金額 300 萬元，稅額 51 萬元，該批小汽車通過水路運輸，取得專用發票，註明金額 3 萬元，稅額 0.33 萬元。
④接受一批原材料投資，取得專用發票，註明價款 30 萬元，稅額 5.1 萬元。
⑤自制機器設備，購進貨物取得專用發票，註明價款 50 萬元，稅額 8.5 萬元。
⑥購買財產保險，取得專用發票，註明金額 10 萬元，稅額 0.6 萬元。
⑦接受小規模納稅人提供的設計服務，取得稅務所代開的專用發票，註明金額 30 萬元，稅額 0.9 萬元。
⑧租入自然人的商舖，取得稅務所代開的專用發票，註明金額 5 萬元，稅額 0.25 萬元。
計算該企業進項稅額。

[解答] 進項稅額 = 17+0.11+34+0.22+51+0.33+5.1+8.5+0.6+0.9+0.25 = 118.01（萬元）

（2）從海關取得的海關進口增值稅專用繳款書上註明的增值稅額。

[案例 5-24] 某外貿公司 12 月份進口一批正射投影儀。該批投影儀到岸價格 200 萬元。該外貿公司當月將這批投影儀在國內全部銷售，取得不含稅銷售額 300 萬元。正射投影儀機進口關稅稅率 18%，增值稅稅率 17%。計算該外貿公司應納進口增值稅、境內增值稅。

[解答] 應納進口關稅＝200×18%＝36（萬元）
應納進口增值稅＝(200+36)×17%＝40.12（萬元）
應納境內增值稅＝300×17%－40.12＝10.88（萬元）

（3）從境外單位或者個人購進服務、無形資產或者不動產，自稅務機關或者扣繳義務人取得的解繳稅款的完稅憑證上註明的增值稅額。

（4）購進農產品，除取得增值稅專用發票或者海關進口增值稅專用繳款書外，按照農產品收購發票或者銷售發票上註明的農產品買價和 13% 的抵扣率計算的進項稅額。其計算公式為：

進項稅額＝買價×抵扣率

買價是指納稅人購進農產品在農產品收購發票或者銷售發票上註明的價款和按照規定繳納的菸葉稅。

菸葉收購單位收購菸葉時按照國家有關規定以現金形式直接補貼菸農的生產投入補貼（以下簡稱價外補貼），屬於農產品買價，為上述「價款」的一部分。菸葉收購單位應將價外補貼與菸葉收購價格在同一張農產品收購發票或者銷售發票上分別註明；否則，價外補貼不得計算增值稅進項稅額進行抵扣。

購進農產品按照《農產品增值稅進項稅額核定扣除試點實施辦法》抵扣進項稅額的除外。

自 2012 年 7 月 1 日起，以購進農產品為原料生產銷售液體乳及乳製品、酒及酒精、植物油的增值稅一般納稅人，納入農產品增值稅進項稅額核定扣除試點範圍，其購進農產品無論是否用於生產上述產品，增值稅進項稅額均按照《農產品增值稅進項稅額核定扣除試點實施辦法》的規定抵扣。除上述規定以外的納稅人，其購進農產品仍按現行增值稅的有關規定抵扣農產品進項稅額。

餐飲行業增值稅一般納稅人購進農業生產者自產農產品，可以使用國稅機關監制的農產品收購發票，按照現行規定計算抵扣進項稅額。

有條件的地區，應積極在餐飲行業推行農產品進項稅額核定扣除辦法，按照《財政部國家稅務總局關於在部分行業試行農產品增值稅進項稅額核定扣除辦法的通知》（財稅〔2012〕38 號）有關規定計算抵扣進項稅額。

[案例 5-25] 某菸草公司為一般納稅人，1 月份向農戶收購菸葉，開具發購發票，註明收購價格 100,000 元，註明價外補貼 10,000 元。該菸草公司當月銷售菸葉，銷售額 160,000 元（不含增值稅）。計算該菸草公司應納增值稅。

[解答] 應納菸葉稅＝100,000×(1+10%)×20%＝22,000（元）
進項稅額＝(100,000+10,000+22,000)×13%＝17,160（元）
銷項稅額＝160,000×13%＝20,800（元）
應納增值稅＝20,800－17,160＝3,640（元）

（5）自 2016 年 5 月 1 日起，增值稅一般納稅人支付的道路、橋、閘通行費，暫憑取得的通行費發票（不含財政票據，下同）上註明的收費金額按照下列公式計算可抵扣的進項稅額：

高速公路通行費可抵扣進項稅額＝高速公路通行費發票上註明的金額÷(1+3%)×3%

一級公路、二級公路、橋、閘通行費可抵扣進項稅額＝一級公路、二級公路、橋、閘通行費發票上註明的金額÷(1+5%)×5%

通行費是指有關單位依法或者依規設立並收取的過路、過橋和過閘費用。

（二）抵扣憑證

納稅人取得的增值稅扣稅憑證不符合法律、行政法規或者國家稅務總局有關規定的，其進項稅額不得從銷項稅額中抵扣。

增值稅扣稅憑證是指增值稅專用發票、海關進口增值稅專用繳款書、農產品收購發票、農產品銷售發票和完稅憑證。

納稅人憑完稅憑證抵扣進項稅額的，應當具備書面合同、付款證明和境外單位的對帳單或者發票。資料不全的，其進項稅額不得從銷項稅額中抵扣。

**二、不得抵扣**

下列項目的進項稅額不得從銷項稅額中抵扣：

（1）用於簡易計稅方法計稅項目、免徵增值稅項目、集體福利或者個人消費的購進貨物、勞務、服務、無形資產和不動產。其中涉及的固定資產、無形資產、不動產僅指專用於上述項目的固定資產、無形資產（不包括其他權益性無形資產）、不動產。

納稅人的交際應酬消費屬於個人消費。

原增值稅一般納稅人購進貨物或者接受加工修理修配勞務，用於《銷售服務、無形資產或者不動產註釋》所列項目的，不屬於《中華人民共和國增值稅暫行條例》第十條所稱的用於非增值稅應稅項目，其進項稅額準予從銷項稅額中抵扣。

（2）非正常損失的購進貨物以及相關的加工修理修配勞務和交通運輸服務。

（3）非正常損失的在產品、產成品所耗用的購進貨物（不包括固定資產）、加工修理修配勞務和交通運輸服務。

（4）非正常損失的不動產以及該不動產所耗用的購進貨物、設計服務和建築服務。

（5）非正常損失的不動產在建工程所耗用的購進貨物、設計服務和建築服務。

納稅人新建、改建、擴建、修繕、裝飾不動產，均屬於不動產在建工程。

（6）購進的旅客運輸服務、貸款服務、餐飲服務、居民日常服務和娛樂服務。

納稅人接受貸款服務向貸款方支付的與該筆貸款直接相關的投融資顧問費、手續費、諮詢費等費用，其進項稅額不得從銷項稅額中抵扣。

（7）財政部和國家稅務總局規定的其他情形。

上述第（4）項、第（5）項所稱貨物是指構成不動產實體的材料和設備，包括建築裝飾材料和給排水、採暖、衛生、通風、照明、通信、煤氣、消防、中央空調、電梯、電氣、智能化樓宇設備及配套設施。

不動產、無形資產的具體範圍，按照《銷售服務、無形資產或者不動產註釋》執行。

非正常損失是指因管理不善造成貨物被盜、丟失、霉爛變質以及因違反法律法規造成貨物或者不動產被依法沒收、銷毀、拆除的情形。

[案例5-26] 某生產企業為一般納稅人，2017年2月份發生下列購進業務：

①購買一批食用植物油用於職工食堂，取得專用發票，註明金額20萬元、稅額2.6萬元；支付相關運費，取得專用發票，註明金額1萬元、稅額0.11元。

②購買一批原材料，取得專用發票，註明金額100萬元、稅額17萬元；支付相關運費，取得專用發票，註明金額2萬元、稅額0.22萬元。該批原材料因管理不善，1/10被盜。

③職工出差，取得餐飲發票0.1萬元；取得車票0.2萬元；取得住宿費專用發票，註

明金額 0.5 萬元、稅額 0.03 萬元。

④向銀行支付借款利息 2 萬元，向銀行支付借款相關手續費 1 萬元，取得普通發票。

⑤招待客戶，支付餐飲費 0.1 萬元，桑拿費 0.2 萬元，娛樂費 0.3 萬元，取得合法有效發票。

計算該企業可抵扣的進項稅額。

[解答] ①進項稅額=0

②進項稅額=（17+0.22）×（1-1÷10）=15.50（萬元）

③進項稅額=0.03 萬元

④進項稅額=0

⑤進項稅額=0

進項稅額合計=15.50+0.03=15.53（萬元）

### 三、特殊規定

（1）適用一般計稅方法的納稅人，兼營簡易計稅方法計稅項目、免徵增值稅項目而無法劃分不得抵扣的進項稅額，按照下列公式計算不得抵扣的進項稅額：

不得抵扣的進項稅額=當期無法劃分的全部進項稅額×(當期簡易計稅方法計稅項目銷售額+免徵增值稅項目銷售額)÷當期全部銷售額

主管稅務機關可以按照上述公式依據年度數據對不得抵扣的進項稅額進行清算。

[案例 5-27] 某製藥廠為一般納稅人，3 月份銷售抗菌類藥物收入為 1,000 萬元（不含增值稅），銷售避孕藥品收入為 500 萬元，會計上分別核算。該製藥廠購進貨物的增值稅進項稅額為 150 萬元，其中抗菌類藥物進項稅額 90 萬元，避孕藥品進項稅額 60 萬元。

①如果會計上分別核算兩類藥品的進項稅額，計算該製藥廠應納增值稅；

②如果不分別核算兩類藥品的進項稅額，計算該製藥廠應納增值稅。

[解答] ①會計上分別核算兩類藥品的進項稅額。

應納增值稅=1,000×17%-90=80（萬元）

②會計上不分別核算兩類藥品的進項稅額。

應納增值稅=1,000×17%-150×(90÷150)=70（萬元）

選擇不分別核算，節省增值稅 10 萬元。

（2）已抵扣進項稅額的購進貨物（不含固定資產）、勞務、服務，發生不得抵扣情形（簡易計稅方法計稅項目、免徵增值稅項目除外）的，應當將該進項稅額從當期進項稅額中扣減；無法確定該進項稅額的，按照當期實際成本計算應扣減的進項稅額。

已抵扣進項稅額的固定資產、無形資產或者不動產，發生不得抵扣情形的，按照下列公式計算不得抵扣的進項稅額：

不得抵扣的進項稅額=固定資產、無形資產或者不動產淨值×適用稅率

固定資產、無形資產或者不動產淨值是指納稅人根據財務會計制度計提折舊或攤銷後的余額。

[案例 5-28] A 公司從事設計服務，為一般納稅人。

① 3 月份，A 公司以銀行存款購買一批甲材料，取得專用發票，註明金額 500,000 元、稅額 85,000 元；以銀行存款支付該批材料的運輸費用，取得專用發票，註明金額 100,000 元、稅額 11,000 元。

② 4 月份，A 公司 3 月份購進的甲材料因管理不善被盜，損失成本 60,000 元（其中運費成本 10,000 元）。

計算進項稅額並進行稅務會計處理。

[**解答**] ①進項稅額＝85,000＋11,000＝96,000（元）
借：原材料　　　　　　　　　　　　　　　　　　　　　　　500,000
　　應交稅費——應交增值稅（進項稅額）　　　　　　　　　 85,000
　　貸：銀行存款　　　　　　　　　　　　　　　　　　　　585,000
借：原材料　　　　　　　　　　　　　　　　　　　　　　　100,000
　　應交稅費——應交增值稅（進項稅額）　　　　　　　　　 11,000
　　貸：銀行存款　　　　　　　　　　　　　　　　　　　　111,000
②進項稅額轉出＝50,000×17%＋10,000×11%＝8,500＋1,100＝9,600（元）
借：待處理財產損溢　　　　　　　　　　　　　　　　　　　 58,500
　　貸：原材料　　　　　　　　　　　　　　　　　　　　　 50,000
　　　　應交稅費——應交增值稅（進項稅額轉出）　　　　　　8,500
借：待處理財產損溢　　　　　　　　　　　　　　　　　　　 11,100
　　貸：原材料　　　　　　　　　　　　　　　　　　　　　 10,000
　　　　應交稅費——應交增值稅（進項稅額轉出）　　　　　　1,100

[**案例5-29**] B公司從事農產品深加工，為一般納稅人。

①5月份，B公司以銀行存款購買一批農產品作原材料，開具收購發票，註明買價200,000元；以銀行存款支付該批農產品的運輸費用，取得專用發票，註明金額50,000元、稅額5,500元。

②6月份，B公司將5月份購進的部分農產品作為福利發給職工，該部分農產品成本22,400元（其中運費成本5,000元）。

計算進項稅額並進行稅務計處理。

[**解答**] ①進項稅額＝200,000×13%＋5,500＝26,000＋5,500＝31,500（元）
借：原材料　　　　　　　　　　　　　　　　　　　　　　　174,000
　　應交稅費——應交增值稅（進項稅額）　　　　　　　　　 26,000
　　貸：銀行存款　　　　　　　　　　　　　　　　　　　　200,000
借：原材料　　　　　　　　　　　　　　　　　　　　　　　 50,000
　　應交稅費——應交增值稅（進項稅額）　　　　　　　　　  5,500
　　貸：銀行存款　　　　　　　　　　　　　　　　　　　　 55,500
②進項稅額轉出＝17,400÷(1－13%)×13%＋5,000×11%＝2,600＋550＝3,150（元）
借：應付職工薪酬　　　　　　　　　　　　　　　　　　　　 20,000
　　貸：原材料　　　　　　　　　　　　　　　　　　　　　 17,400
　　　　應交稅費——應交增值稅（進項稅額轉出）　　　　　　2,600
借：應付職工薪酬　　　　　　　　　　　　　　　　　　　　  5,550
　　貸：原材料　　　　　　　　　　　　　　　　　　　　　  5,000
　　　　應交稅費——應交增值稅（進項稅額轉出）　　　　　　  550

（3）用於簡易計稅方法計稅項目、免徵增值稅項目、集體福利或者個人消費不得抵扣且未抵扣進項稅額的固定資產、無形資產、不動產，發生用途改變，用於允許抵扣進項稅額的應稅項目，可在用途改變的次月按照下列公式計算可以抵扣的進項稅額：

可以抵扣的進項稅額＝固定資產、無形資產、不動產淨值÷(1＋適用稅率)×適用稅率

上述可以抵扣的進項稅額應取得合法有效的增值稅扣稅憑證。

（4）原增值稅一般納稅人兼有銷售服務、無形資產或者不動產的，截止到納入營改增試點之日前的增值稅期末留抵稅額，不得從銷售服務、無形資產或者不動產的銷項稅額中抵扣。

(5) 自 2013 年 1 月 1 日起，增值稅一般納稅人（以下稱原納稅人）在資產重組過程中，將全部資產、負債和勞動力一併轉讓給其他增值稅一般納稅人（以下稱新納稅人），並按程序辦理註銷稅務登記的，其在辦理註銷登記前尚未抵扣的進項稅額可結轉至新納稅人處繼續抵扣。

### 四、抵扣時限

（一）增值稅專用發票

(1) 增值稅一般納稅人取得 2010 年 1 月 1 日以後開具的增值稅專用發票和機動車銷售統一發票，應在開具之日起 180 日內到稅務機關辦理認證，並在認證通過的次月申報期內，向主管稅務機關申報抵扣進項稅額。

(2) 自 2016 年 3 月 1 日起，對納稅信用 A 級增值稅一般納稅人取得銷售方使用增值稅發票系統升級版開具的增值稅發票（包括增值稅專用發票、機動車銷售統一發票，下同），可以不再進行掃描認證，通過增值稅發票稅控開票軟件登錄本省增值稅發票查詢平臺，查詢、選擇用於申報抵扣或者出口退稅的增值稅發票信息。未查詢到對應發票信息的，仍可進行掃描認證。增值稅發票查詢平臺的登錄地址由各省國稅局確定並公布。

(3) 自 2016 年 5 月 1 日起，納稅信用 B 級增值稅一般納稅人取得銷售方使用新系統開具的增值稅發票（包括增值稅專用發票、機動車銷售統一發票，下同），可以不再進行掃描認證，登錄本省增值稅發票查詢平臺，查詢、選擇用於申報抵扣或者出口退稅的增值稅發票信息，未查詢到對應發票信息的，仍可進行掃描認證。

(4) 2016 年 5 月 1 日新納入營改增試點的增值稅一般納稅人，2016 年 5 月至 7 月期間不需進行增值稅發票認證，登錄本省增值稅發票查詢平臺，查詢、選擇用於申報抵扣或者出口退稅的增值稅發票信息，未查詢到對應發票信息的，可進行掃描認證。2016 年 8 月起按照納稅信用級別分別適用發票認證的有關規定。

(5) 優化完善增值稅發票選擇確認平臺（原增值稅發票查詢平臺），自 2016 年 9 月 1 日起，納稅人每日可登錄本省增值稅發票選擇確認平臺，查詢、選擇、確認用於申報抵扣或者出口退稅的增值稅發票信息。

（二）海關進口增值稅專用繳款書

(1) 自 2013 年 7 月 1 日起，增值稅一般納稅人（以下簡稱納稅人）進口貨物取得的屬於增值稅扣稅範圍的海關進口增值稅專用繳款書（以下簡稱海關繳款書），需經稅務機關稽核比對相符後，其增值稅額方能作為進項稅額在銷項稅額中抵扣。

(2) 納稅人進口貨物取得的屬於增值稅扣稅範圍的海關繳款書，應自開具之日起 180 天內向主管稅務機關報送《海關完稅憑證抵扣清單》（電子數據），申請稽核比對，逾期未申請的其進項稅額不予抵扣。

(3) 稅務機關通過稽核系統將納稅人申請稽核的海關繳款書數據，按日與進口增值稅入庫數據進行稽核比對，每個月為一個稽核期。海關繳款書開具當月申請稽核的，稽核期為申請稽核的當月、次月及第三個月。海關繳款書開具次月申請稽核的，稽核期為申請稽核的當月及次月。海關繳款書開具次月以後申請稽核的，稽核期為申請稽核的當月。

(4) 稽核比對的結果分為相符、不符、滯留、缺聯、重號五種。

(5) 稅務機關於每月納稅申報期內，向納稅人提供上月稽核比對結果，納稅人應向主管稅務機關查詢稽核比對結果信息。

對稽核比對結果為相符的海關繳款書，納稅人應在稅務機關提供稽核比對結果的當月納稅申報期內申報抵扣，逾期其進項稅額不予抵扣。

[案例 5-30] 某公司為一般納稅人，經營貨物不屬於即徵即退範疇。該公司 2016 年

6月份有關資料如下：

①上期留抵稅額 5 萬元。

②購進原材料，取得稅控系統開具的增值稅專用發票一份，註明價款 100 萬元、稅額 17 萬元；取得運輸部門開具的專用發票一份，註明金額 1 萬元、稅額 0.11 萬元。貨款及運費已轉帳付訖，原材料已入庫。

③上述購進原材料因倉庫保管不當，非正常損失 1/10，作進項稅額轉出處理。

④購進固定資產，取得稅控系統開具的增值稅專用發票一份，註明價款 200 萬元、稅額 34 萬元；取得運輸部門開具的專用發票一份，註明運費金額 2 萬元、稅額 0.22 萬元。貨款及運費已轉帳付訖，固定資產已安裝調試完畢。

⑤接受自然人的諮詢服務，取得稅務所代開的普通發票，註明金額 5 萬元、稅額 0.15 萬元。款項已轉帳付訖。

⑥銷售稅率為17%的產品 400 萬元（不含增值稅），通過防偽稅控系統向對方開具了增值稅專用發票 1 份。款項已通過銀行收訖。

⑦銷售稅率為13%的產品為 100 萬元（不含增值稅），通過防偽稅控系統向對方開具了增值稅專用發票 1 份。款項已通過銀行收訖。

⑧提供修理修配勞務，銷售額 50 萬元（不含增值稅），通過防偽稅控系統向對方開具了增值稅專用發票 1 份。款項已通過銀行收訖。

⑨銷售企業使用過的一臺小汽車，價稅合計 20.6 萬元，向對方開具了普通發票 1 份，款項已通過銀行收訖。該小汽車 2013 年 1 月購入，未抵扣進項稅額。

⑩本期已預交增值稅 20 萬元。

該公司取得的專用發票均通過認證並於本期申報抵扣，計算該公司當月應納增值稅和應補增值稅，並進行稅務會計處理。

[**解答**] ①上期留抵稅額＝5（萬元）

「應交增值稅——未交增值稅」6 月初借方余額為 50,000 元。

②進項稅額＝17+0.11＝17.11（萬元）

| | |
|---|---:|
| 借：原材料 | 1,000,000 |
| 　　應交稅費——應交增值稅（進項稅額） | 170,000 |
| 　貸：銀行存款 | 1,170,000 |
| 借：原材料 | 10,000 |
| 　　應交稅費——應交增值稅（進項稅額） | 1,100 |
| 　貸：銀行存款 | 11,100 |

③進項稅額轉出＝17.11×10%＝1.711（萬元）

| | |
|---|---:|
| 借：待處理財產損溢 | 117,000 |
| 　貸：原材料 | 100,000 |
| 　　　應交稅費——應交增值稅（進項稅額轉出） | 17,000 |
| 借：待處理財產損溢 | 1,110 |
| 　貸：原材料 | 1,000 |
| 　　　應交稅費——應交增值稅（進項稅額轉出） | 110 |

④進項稅額＝34+0.22＝34.22（萬元）

| | |
|---|---:|
| 借：固定資產 | 2,000,000 |
| 　　應交稅費——應交增值稅（進項稅額） | 340,000 |
| 　貸：銀行存款 | 2,340,000 |
| 借：固定資產 | 20,000 |

　　　　應交稅費——應交增值稅（進項稅額）　　　　　　2,200
　　貸：銀行存款　　　　　　　　　　　　　　　　　　22,200
⑤進項稅額=0（萬元）
借：管理費用　　　　　　　　　　　　　　　　　　　51,500
　　貸：銀行存款　　　　　　　　　　　　　　　　　　51,500
⑥銷項稅額=400×17%=68（萬元）
借：銀行存款　　　　　　　　　　　　　　　　　　4,680,000
　　貸：主營業務收入　　　　　　　　　　　　　　4,000,000
　　　　應交稅費——應交增值稅（銷項稅額）　　　　680,000
⑦銷項稅額=100×13%=13（萬元）
借：銀行存款　　　　　　　　　　　　　　　　　　1,130,000
　　貸：主營業務收入　　　　　　　　　　　　　　1,000,000
　　　　應交稅費——應交增值稅（銷項稅額）　　　　130,000
⑧銷項稅額=50×17%=8.5（萬元）
借：銀行存款　　　　　　　　　　　　　　　　　　　585,000
　　貸：其他業務收入　　　　　　　　　　　　　　　500,000
　　　　應交稅費——應交增值稅（銷項稅額）　　　　 85,000
⑨簡易法應納增值稅=20.6÷(1+3%)×2%=0.4（萬元）
借：銀行存款　　　　　　　　　　　　　　　　　　　206,000
　　貸：營業外收入　　　　　　　　　　　　　　　　200,000
　　　　應交稅費——應交增值稅（簡易計稅）　　　　  6,000
借：應交稅費——應交增值稅（減免稅額）　　　　　　  2,000
　　貸：營業外收入　　　　　　　　　　　　　　　　  2,000
⑩已交稅額=20（萬元）
借：應交稅費——應交增值稅（已交稅額）　　　　　　200,000
　　貸：銀行存款　　　　　　　　　　　　　　　　　200,000
⑪銷項稅額合計=68+13+8.5=89.5（萬元）
進項稅額合計=17.11+34.22+0=51.33（萬元）
抵扣法應納增值稅=89.5-(51.33-1.711)-5=34.881（萬元）
應納增值稅合計=34.881+0.4=35.281（萬元）
應補增值稅=35.281-20=15.281（萬元）
6月末，轉出未交增值稅。
借：應交稅費——應交增值稅（轉出未交增值稅）　　　202,810
　　貸：應交稅費——未交增值稅　　　　　　　　　　202,810
「應交稅費——未交增值稅」科目6月末貸方余額152,810元。
7月份補交6月份增值稅152,810元。
借：應交稅費——未交增值稅　　　　　　　　　　　　152,810
　　貸：銀行存款　　　　　　　　　　　　　　　　　152,810

## 五、不動產分次抵扣

（一）一般規定

　　適用一般計稅方法的納稅人，2016年5月1日后取得並在會計制度上按固定資產核算的不動產或者2016年5月1日后取得的不動產在建工程，其進項稅額應自取得之日起分

2 年從銷項稅額中抵扣，第一年抵扣比例為 60%，第二年抵扣比例為 40%。

取得不動產包括以直接購買、接受捐贈、接受投資入股、自建以及抵債等各種形式取得不動產，不包括房地產開發企業自行開發的房地產項目。

納稅人新建、改建、擴建、修繕、裝飾不動產屬於不動產在建工程。

融資租入的不動產以及在施工現場修建的臨時建築物、構築物，其進項稅額不適用上述分 2 年抵扣的規定。

（二）自建規定

納稅人 2016 年 5 月 1 日后購進貨物和設計服務、建築服務，用於新建不動產，或者用於改建、擴建、修繕、裝飾不動產並增加不動產原值超過 50% 的，其進項稅額分 2 年從銷項稅額中抵扣。

不動產原值是指取得不動產時的購置原價或作價。

上述分 2 年從銷項稅額中抵扣的購進貨物是指構成不動產實體的材料和設備，包括建築裝飾材料和給排水、採暖、衛生、通風、照明、通信、煤氣、消防、中央空調、電梯、電氣、智能化樓宇設備及配套設施。

［案例 5-31］某公司（一般納稅人）2016 年 7 月對辦公樓進行擴建。該辦公樓 10 年前購置原價 1,000 萬元。該公司辦公樓擴建支出 510 萬元（不含增值稅，下同），其中採購貨物 400 萬元（稅率 17%），設計服務 10 萬元（稅率 6%），建築服務 100 萬元（徵收率 3%）。假設款項均於 7 月份支付，並取得專用發票。計算該公司可抵扣進項稅額。

［解答］不動產擴建並增加不動產原值超過 50%，進項稅額分兩次抵扣。

2016 年 7 月份可抵扣進項稅額 =（400×17%+10×6%+100×3%）×60%

= 71.6×60% = 42.96（萬元）

2017 年 7 月份可抵扣進項稅額 = 71.6×40% = 28.64（萬元）

（三）抵扣憑證與時限

納稅人從銷項稅額中抵扣進項稅額，應取得 2016 年 5 月 1 日后開具的合法有效的增值稅扣稅憑證。

上述進項稅額中，60% 的部分於取得扣稅憑證的當期從銷項稅額中抵扣；40% 的部分為待抵扣進項稅額，於取得扣稅憑證的當月起第 13 個月從銷項稅額中抵扣。

（四）特殊規定

（1）購進時已全額抵扣進項稅額的貨物和服務，轉用於不動產在建工程的，其已抵扣進項稅額的 40% 部分，應於轉用的當期從進項稅額中扣減，計入待抵扣進項稅額，並於轉用的當月起第 13 個月從銷項稅額中抵扣。

（2）納稅人銷售其取得的不動產或者不動產在建工程時，尚未抵扣完畢的待抵扣進項稅額，允許於銷售的當期從銷項稅額中抵扣。

（3）已抵扣進項稅額的不動產，發生非正常損失，或者改變用途，專用於簡易計稅方法計稅項目、免徵增值稅項目、集體福利或者個人消費的，按照下列公式計算不得抵扣的進項稅額：

不得抵扣的進項稅額 =（已抵扣進項稅額+待抵扣進項稅額）×不動產淨值率

不動產淨值率 =（不動產淨值÷不動產原值）×100%

不得抵扣的進項稅額小於或等於該不動產已抵扣進項稅額的，應於該不動產改變用途的當期，將不得抵扣的進項稅額從進項稅額中扣減。

不得抵扣的進項稅額大於該不動產已抵扣進項稅額的，應於該不動產改變用途的當期，將已抵扣進項稅額從進項稅額中扣減，並從該不動產待抵扣進項稅額中扣減不得抵扣進項稅額與已抵扣進項稅額的差額。

(4) 不動產在建工程發生非正常損失的，其所耗用的購進貨物、設計服務和建築服務已抵扣的進項稅額應於當期全部轉出；其待抵扣進項稅額不得抵扣。

(5) 按照規定不得抵扣進項稅額的不動產，發生用途改變，用於允許抵扣進項稅額項目的，按照下列公式在改變用途的次月計算可抵扣進項稅額。

可抵扣進項稅額=增值稅扣稅憑證註明或計算的進項稅額×不動產淨值率

依照本條規定計算的可抵扣進項稅額，應取得2016年5月1日後開具的合法有效的增值稅扣稅憑證。

按照本條規定計算的可抵扣進項稅額，60%的部分於改變用途的次月從銷項稅額中抵扣，40%的部分為待抵扣進項稅額，於改變用途的次月起第13個月從銷項稅額中抵扣。

(6) 納稅人註銷稅務登記時，其尚未抵扣完畢的待抵扣進項稅額於註銷清算的當期從銷項稅額中抵扣。

(五) 徵收管理

(1) 待抵扣進項稅額記入「應交稅費——待抵扣進項稅額」科目核算，並於可抵扣當期轉入「應交稅費——應交增值稅（進項稅額）」科目。

對不同的不動產和不動產在建工程，納稅人應分別核算其待抵扣進項稅額。

[案例5-32] 某公司2017年10月購買營業用房，該營業用房2016年5月開工，2017年9月竣工。該公司取得專用發票，註明價款2,000萬元，稅額220萬元，款項以銀行存款支付。計算該公司可抵扣進項稅額並進行稅務會計處理。

[解答] ① 2017年10月可抵扣進項稅額=220×60%=132（萬元）

| | |
|---|---|
| 借：固定資產 | 20,000,000 |
| 　　應交稅費——應交增值稅（進項稅額） | 1,320,000 |
| 　　應交稅費——待抵扣進項稅額 | 880,000 |
| 　貸：銀行存款 | 22,200,000 |

② 2018年10月可抵扣進項稅額=220×40%=88（萬元）

| | |
|---|---|
| 借：應交稅費——應交增值稅（進項稅額） | 880,000 |
| 　貸：應交稅費——待抵扣進項稅額 | 880,000 |

(2) 納稅人分期抵扣不動產的進項稅額，應據實填報增值稅納稅申報表附列資料。

(3) 納稅人應建立不動產和不動產在建工程臺帳，分別記錄並歸集不動產和不動產在建工程的成本、費用、扣稅憑證及進項稅額抵扣情況，留存備查。

用於簡易計稅方法計稅項目、免徵增值稅項目、集體福利或者個人消費的不動產和不動產在建工程，也應在納稅人建立的臺帳中記錄。

(4) 納稅人未按照規定抵扣不動產和不動產在建工程進項稅額的，主管稅務機關應按照《中華人民共和國稅收徵收管理法》及有關規定進行處理。

## 第五節　預繳增值稅

單位和個體工商戶跨縣（市、區）提供建築服務，出租與機構所在地不在同一縣（市、區）的不動產，向建築服務發生地、不動產所在地主管國稅機關預繳稅款，向機構所在地主管國稅機關申報納稅。

單位和個體工商戶銷售取得的不動產，向不動產所在地主管地稅機關預繳稅款，向機構所在地主管國稅機關申報納稅。

其他個人提供建築服務，向建築服務發生地主管國稅機關申報納稅。

其他個人銷售取得的不動產、出租不動產，向不動產所在地主管地稅機關申報納稅。

房地產開發企業預售自行開發的房地產項目，向主管國稅機關預繳稅款，向主管國稅機關申報納稅。

一般納稅人跨省（自治區、直轄市或者計劃單列市）提供建築服務或者銷售、出租取得的與機構所在地不在同一省（自治區、直轄市或者計劃單列市）的不動產，在機構所在地申報納稅時，計算的應納稅額小於已預繳稅額，並且差額較大的，由國家稅務總局通知建築服務發生地或者不動產所在地省級稅務機關，在一定時期內暫停預繳增值稅。

### 一、異地提供建築服務

（一）適用範圍

納稅人（不包括其他個人）跨縣（市、區）提供建築服務，應按照規定的納稅義務發生時間和計稅方法，向建築服務發生地主管國稅機關預繳稅款，向機構所在地主管國稅機關申報納稅。

所稱跨縣（市、區）提供建築服務是指單位和個體工商戶（以下簡稱納稅人）在其機構所在地以外的縣（市、區）提供建築服務。

納稅人在同一直轄市（北京、上海、天津、重慶）、計劃單列市（大連、青島、寧波、廈門、深圳）範圍內跨縣（市、區）提供建築服務的，由直轄市、計劃單列市國家稅務局決定是否適用本規定。

（二）計算公式

（1）一般納稅人跨縣（市、區）提供建築服務，適用一般計稅方法計稅的，以取得的全部價款和價外費用扣除支付的分包款後的餘額，按照2%的預徵率計算應預繳稅款；以取得的全部價款和價外費用為銷售額計算應納稅額。

適用一般計稅方法計稅的，計算公式為：

應預繳稅款＝（全部價款和價外費用－支付的分包款）÷（1+11%）×2%

應納增值稅＝全部價款和價外費用÷（1+11%）×11%－進項稅額

（2）一般納稅人跨縣（市、區）提供建築服務，選擇適用簡易計稅方法計稅的，以取得的全部價款和價外費用扣除支付的分包款後的餘額，按照3%的徵收率計算應預繳稅款；以取得的全部價款和價外費用扣除支付的分包款後的餘額為銷售額，按照3%的徵收率計算應納稅額。

（3）小規模納稅人跨縣（市、區）提供建築服務，以取得的全部價款和價外費用扣除支付的分包款後的餘額，按照3%的徵收率計算應預繳稅款；以取得的全部價款和價外費用扣除支付的分包款後的餘額為銷售額，按照3%的徵收率計算應納稅額。

適用簡易計稅方法計稅的，計算公式為：

應預繳稅款＝（全部價款和價外費用－支付的分包款）÷（1+3%）×3%

應納增值稅＝（全部價款和價外費用－支付的分包款）÷（1+3%）×3%

納稅人取得的全部價款和價外費用扣除支付的分包款後的餘額為負數的，可結轉下次預繳稅款時繼續扣除。

納稅人應按照工程項目分別計算應預繳稅款，分別預繳。

納稅人跨縣（市、區）提供建築服務，向建築服務發生地主管國稅機關預繳的增值稅稅款，可以在當期增值稅應納稅額中抵減，抵減不完的，結轉下期繼續抵減。

納稅人以預繳稅款抵減應納稅額，應以完稅憑證作為合法有效憑證。

［案例5-33］A市某建築公司2016年5月在B縣以清包工方式提供一項建築服務。該建築公司當月採購輔助材料，取得專用發票，註明金額10萬元、稅額1.7萬元；當月收取

建築費 200 萬元（含稅）；當月支付分包款，取得專用發票，註明金額 80 萬元、稅額 2.4 萬元。

①如果該建築公司為一般納稅人，選擇抵扣計稅方法，計算應預繳增值稅、應納增值稅。

②如果該建築公司為一般納稅人，選擇簡易計稅方法，計算應預繳增值稅、應納增值稅。

③如果該建築公司為小規模納稅人，適用簡易計稅方法，計算應預繳增值稅、應納增值稅。

[解答] ①如果該建築公司為一般納稅人，選擇抵扣計稅方法。

在 B 地應預繳增值稅＝（200－80－2.4）÷（1＋11%）×2%＝2.12（萬元）

該項業務應納增值稅＝200÷（1＋11%）×11%－2.4－1.7＝15.72（萬元）

在 A 地應補增值稅＝15.72－2.12＝13.6（萬元）

②如果該建築公司為一般納稅人，選擇簡易計稅方法。

在 B 地應預繳增值稅＝（200－80－2.4）÷（1＋3%）×3%＝3.43（萬元）

該項業務應納增值稅＝（200－80－2.4）÷（1＋3%）×3%＝3.43（萬元）

在 A 地應補增值稅＝3.43－3.43＝0（萬元）

③如果該建築公司為小規模納稅人，適用簡易計稅方法，計算同②。

因此，簡易計稅方法，節省增值稅＝15.72－3.43＝12.29（萬元）

（三）扣除憑證

納稅人按照上述規定從取得的全部價款和價外費用中扣除支付的分包款，應當取得符合法律、行政法規和國家稅務總局規定的合法有效憑證，否則不得扣除。

上述憑證是指：

（1）從分包方取得的 2016 年 4 月 30 日前開具的建築業營業稅發票。

上述建築業營業稅發票在 2016 年 6 月 30 日前可作為預繳稅款的扣除憑證。

（2）從分包方取得的 2016 年 5 月 1 日後開具的，備註欄註明建築服務發生地所在縣（市、區）、項目名稱的增值稅發票。

（3）國家稅務總局規定的其他憑證。

（四）徵收管理

（1）小規模納稅人跨縣（市、區）提供建築服務，不能自行開具增值稅發票的，可向建築服務發生地主管國稅機關按照其取得的全部價款和價外費用申請代開增值稅發票。

（2）對跨縣（市、區）提供的建築服務，納稅人應自行建立預繳稅款臺帳，區分不同縣（市、區）和項目逐筆登記全部收入、支付的分包款、已扣除的分包款、扣除分包款的發票號碼、已預繳稅款以及預繳稅款的完稅憑證號碼等相關內容，留存備查。

（3）納稅人跨縣（市、區）提供建築服務預繳稅款時間，按照規定的納稅義務發生時間和納稅期限執行。

（4）納稅人跨縣（市、區）提供建築服務，在向建築服務發生地主管國稅機關預繳稅款時，需填報《增值稅預繳稅款表》，並出示以下資料：

①與發包方簽訂的建築合同複印件（加蓋納稅人公章）；

②與分包方簽訂的分包合同複印件（加蓋納稅人公章）；

③從分包方取得的發票複印件（加蓋納稅人公章）。

（5）納稅人跨縣（市、區）提供建築服務，按照規定應向建築服務發生地主管國稅機關預繳稅款而自應當預繳之月起超過 6 個月沒有預繳稅款的，由機構所在地主管國稅機關按照《中華人民共和國稅收徵收管理法》及相關規定進行處理。

納稅人跨縣（市、區）提供建築服務，未按照規定繳納稅款的，由機構所在地主管國稅機關按照《中華人民共和國稅收徵收管理法》及相關規定進行處理。

## 二、出租不動產

（一）適用範圍

納稅人以經營租賃方式出租其取得的不動產（以下簡稱出租不動產），適用此規定。納稅人提供道路通行服務不適用此規定。

取得的不動產包括以直接購買、接受捐贈、接受投資入股、自建以及抵債等各種形式取得的不動產。

單位和個體工商戶出租不動產，不動產所在地與機構所在地不在同一縣（市、區）的，納稅人應向不動產所在地主管國稅機關預繳稅款，向機構所在地主管國稅機關申報納稅。

納稅人出租的不動產所在地與其機構所在地在同一直轄市或計劃單列市但不在同一縣（市、區）的，由直轄市或計劃單列市國家稅務局決定是否在不動產所在地預繳稅款。

單位和個體工商戶出租不動產，不動產所在地與機構所在地在同一縣（市、區）的，納稅人向機構所在地主管國稅機關申報納稅。

其他個人出租不動產（含住房），向不動產所在地主管地稅機關申報納稅。

（二）計算公式

（1）一般納稅人出租其 2016 年 5 月 1 日后取得的不動產，適用一般計稅方法計稅；納稅人出租其 2016 年 5 月 1 日后取得的與機構所在地不在同一縣（市）的不動產，應按照 3% 的預徵率在不動產所在地預繳稅款。

房地產開發企業中的一般納稅人，出租其 2016 年 5 月 1 日后自行開發的與機構所在地不在同一縣（市）的房地產項目，應按照 3% 預徵率在不動產所在地預繳稅款后，向機構所在地主管稅務機關進行納稅申報。

納稅人出租不動產適用一般計稅方法計稅的，計算公式為：

應預繳稅款＝含稅銷售額÷(1+11%)×3%

應納增值稅＝含稅銷售額÷(1+11%)×11%－進項稅額

一般納稅人出租其 2016 年 4 月 30 日前取得的不動產，選擇一般計稅方法計稅的，按照上述規定執行。

（2）一般納稅人出租其 2016 年 4 月 30 日前取得的不動產，可以選擇適用簡易計稅方法，按照 5% 的徵收率計算應納稅額；納稅人出租其 2016 年 4 月 30 日前取得的與機構所在地不在同一縣（市）的不動產，應按照上述計稅方法在不動產所在地預繳稅款后，向機構所在地主管稅務機關進行納稅申報。

房地產開發企業中的一般納稅人，出租自行開發的房地產老項目，可以選擇適用簡易計稅方法，按照 5% 的徵收率計算應納稅額。納稅人出租自行開發的房地產老項目與其機構所在地不在同一縣（市）的，應按照上述計稅方法在不動產所在地預繳稅款后，向機構所在地主管稅務機關進行納稅申報。

（3）小規模納稅人（不含其他個人）出租不動產（不含個體工商戶出租住房），按照 5% 的徵收率計算應納稅額；納稅人出租與機構所在地不在同一縣（市）的不動產，應按照上述計稅方法在不動產所在地預繳稅款后，向機構所在地主管稅務機關進行納稅申報。

房地產開發企業中的小規模納稅人，出租自行開發的房地產項目，按照 5% 的徵收率計算應納稅額。納稅人出租自行開發的房地產項目與其機構所在地不在同一縣（市）的，應按照上述計稅方法在不動產所在地預繳稅款后，向機構所在地主管稅務機關進行納稅申報。

納稅人出租不動產適用簡易計稅方法計稅的，除個人出租住房外，計算公式為：

應預繳稅款＝含稅銷售額÷(1+5%)×5%
應納增值稅＝含稅銷售額÷(1+5%)×5%

[案例5-34] A 縣某公司 2017 年全年出租在 B 市營業用房，月租金 100,000 元（含稅），並在 2017 年 1 月購置了配套設施取得專用發票，註明金額 50,000 元、稅額 8,500 元。該營業用房 2016 年 2 月購置。

①如果該公司為一般納稅人，選擇抵扣計稅方法，計算 2017 年 1~12 月應預繳增值稅、應納增值稅。

②如果該公司為一般納稅人，選擇簡易計稅方法，計算 2017 年 1~12 月應預繳增值稅、應納增值稅。

③如果該公司為小規模納稅人，適用簡易計稅方法，計算 2017 年 1~12 月應預繳增值稅、應納增值稅。

[解答] ①如果該公司為一般納稅人，選擇抵扣計稅方法。

該公司 1 月份在 B 市主管國稅機關預繳增值稅、在 A 縣主管國稅機關補繳增值稅。
應預繳增值稅＝100,000÷(1+11%)×3%＝2,702.70（元）
該項業務應納增值稅＝100,000÷(1+11%)×11%-8,500＝1,409.91（元）
該項業務應補增值稅＝1,409.91-2,702.70＝-1,292.79（元）
未抵減完的預繳稅款 1,292.79 元，結轉下期繼續抵減。
該公司 2 月份在 B 市主管國稅機關預繳增值稅、在 A 縣主管國稅機關補繳增值稅。
應預繳增值稅＝100,000÷(1+11%)×3%＝2,702.70（元）
該項業務應納增值稅＝100,000÷(1+11%)×11%＝9,909.91（元）
該項業務應補增值稅＝9,909.91-2,702.70-1,292.79＝5,914.42（元）
該公司 3~12 月份每月在 B 市主管國稅機關預繳增值稅、在 A 縣主管國稅機關補繳增值稅。
應預繳增值稅＝100,000÷(1+11%)×3%＝2,702.70（元）
該項業務應納增值稅＝100,000÷(1+11%)×11%＝9,909.91（元）
該項業務應補增值稅＝9,909.91-2,702.70＝7,207.21（元）
1~12 月全年應納增值稅＝12×100,000÷(1+11%)×11%-8,500＝110,418.92（元）

②如果該公司為一般納稅人，選擇簡易計稅方法。

該公司 1~12 月份每月在 B 市主管國稅機關預繳增值稅、在 A 縣主管國稅機關補繳增值稅。
應預繳增值稅＝100,000÷(1+5%)×5%＝4,761.91（元）
該項業務應納增值稅＝100,000÷(1+5%)×5%＝4,761.91（元）
該項業務應補增值稅＝4,761.91-4,761.91＝0（元）
該項業務 1~12 月全年應納增值稅＝4,761.91×12＝57,142.92（元）

③如果該公司為小規模納稅人，適用簡易計稅方法，計算同②。

因此，簡易計稅方法，節省增值稅＝110,418.92-57,142.92＝53,276（元）

(4) 個體工商戶出租住房，按照 5% 的徵收率減按 1.5% 計算應納稅額。其計算公式為：
應預繳稅款＝含稅銷售額÷(1+5%)×1.5%
應納增值稅＝含稅銷售額÷(1+5%)×1.5%

單位和個體工商戶出租不動產，向不動產所在地主管國稅機關預繳的增值稅款，可以在當期增值稅應納稅額中抵減，抵減不完的，結轉下期繼續抵減。

納稅人以預繳稅款抵減應納稅額，應以完稅憑證作為合法有效憑證。

(5) 其他個人出租住房，按照 5% 的徵收率減按 1.5% 計算應納稅額，向不動產所在地

主管地税机关申报纳税。其计算公式为：

应纳增值税＝含税销售额÷(1+5%)×1.5%

（6）其他个人出租不动产（不含住房），按照5%的征收率计算应纳税额，向不动产所在地主管地税机关申报纳税。其计算公式为：

应纳增值税＝含税销售额÷(1+5%)×5%

（三）征收管理

（1）小规模纳税人中的单位和个体工商户出租不动产，不能自行开具增值税发票的，可向不动产所在地主管国税机关申请代开增值税发票。

其他个人出租不动产，可向不动产所在地主管地税机关申请代开增值税发票。

（2）纳税人向其他个人出租不动产，不得开具或申请代开增值税专用发票。

（3）纳税人出租不动产，按照规定需要预缴税款的，应在取得租金的次月纳税申报期或不动产所在地主管国税机关核定的纳税期限预缴税款。

（4）单位和个体工商户出租不动产，向不动产所在地主管国税机关预缴税款时，应填写《增值税预缴税款表》。

（5）纳税人出租不动产，应向不动产所在地主管国税机关预缴税款而自应当预缴之月起超过6个月没有预缴税款的，由机构所在地主管国税机关按照《中华人民共和国税收征收管理法》及相关规定进行处理。

纳税人出租不动产，未按照规定缴纳税款的，由主管税务机关按照《中华人民共和国税收征收管理法》及相关规定进行处理。

### 三、销售取得的不动产

（一）适用范围

纳税人转让其取得的不动产，适用此规定。

所称取得的不动产，包括以直接购买、接受捐赠、接受投资入股、自建以及抵债等各种形式取得的不动产。

房地产开发企业销售自行开发的房地产项目不适用此规定。

单位和个体工商户转让其取得的不动产，向不动产所在地主管地税机关预缴税款，向机构所在地主管国税机关申报纳税；其他个人转让其取得的不动产，向不动产所在地主管地税机关申报纳税。

（二）一般纳税人计算公式

一般纳税人转让其取得的不动产，按照下列规定缴纳增值税：

（1）一般纳税人转让其2016年4月30日前取得（不含自建）的不动产，可以选择适用简易计税方法计税，以取得的全部价款和价外费用扣除不动产购置原价或者取得不动产时的作价后的余额为销售额，按照5%的征收率计算应纳税额。纳税人应按照上述计税方法向不动产所在地主管地税机关预缴税款，向机构所在地主管国税机关申报纳税。其计算公式为：

应预缴税款＝(全部价款和价外费用–不动产购置原价或者取得不动产时的作价)÷(1+5%)×5%

应纳增值税＝(全部价款和价外费用–不动产购置原价或者取得不动产时的作价)÷(1+5%)×5%

（2）一般纳税人转让其2016年4月30日前取得（不含自建）的不动产，选择适用一般计税方法计税的，以取得的全部价款和价外费用为销售额计算应纳税额。纳税人应以取得的全部价款和价外费用扣除不动产购置原价或者取得不动产时的作价后的余额，按照5%

的預徵率向不動產所在地主管地稅機關預繳稅款，向機構所在地主管國稅機關申報納稅。其計算公式為：

應預繳稅款＝(全部價款和價外費用－不動產購置原價或者取得不動產時的作價)÷(1+5%)×5%

應納增值稅＝全部價款和價外費用÷(1+11%)×11%－進項稅額

[案例 5-35] 某公司 2015 年 5 月購買寫字樓，支付款項 500 萬元；2016 年 5 月轉讓該寫字樓，收取款項 600 萬元。

①如果該公司為一般納稅人，選擇抵扣計稅方法，計算 2016 年 5 月應預繳增值稅、應納增值稅。

②如果該公司為一般納稅人，選擇簡易計稅方法，計算 2016 年 5 月應預繳增值稅、應納增值稅。

③如果該公司為小規模納稅人，適用簡易計稅方法，計算 2016 年 5 月應預繳增值稅、應納增值稅。

[解答] ①如果該公司為一般納稅人，選擇抵扣計稅方法。

在不動產所在地主管地稅機關應預繳增值稅＝(600－500)÷(1+5%)×5%＝4.76（萬元）

該項業務應納增值稅＝600÷(1+11%)×11%＝59.46（萬元）

在機構所在地主管國稅機關應補增值稅＝59.46－4.76＝54.70（萬元）

②如果該公司為一般納稅人，選擇簡易計稅方法。

在不動產所在地主管地稅機關應預繳增值稅＝(600－500)÷(1+5%)×5%＝4.76（萬元）

該項業務應納增值稅＝(600－500)÷(1+5%)×5%＝4.76（萬元）

在機構所在地主管國稅機關應補增值稅＝4.76－4.76＝0（萬元）

③如果該公司為小規模納稅人，適用簡易計稅方法，計算同②。

因此，簡易計稅方法，節省增值稅＝59.46－4.76＝54.70（萬元）

(3) 一般納稅人轉讓其 2016 年 4 月 30 日前自建的不動產，可以選擇適用簡易計稅方法計稅，以取得的全部價款和價外費用為銷售額，按照 5% 的徵收率計算應納稅額。納稅人應按上述計稅方法向不動產所在地主管地稅機關預繳稅款，向機構所在地主管國稅機關申報納稅。其計算公式為：

應預繳稅款＝全部價款和價外費用÷(1+5%)×5%

應納增值稅＝全部價款和價外費用÷(1+5%)×5%

(4) 一般納稅人轉讓其 2016 年 4 月 30 日前自建的不動產，選擇適用一般計稅方法計稅的，以取得的全部價款和價外費用為銷售額計算應納稅額。納稅人應以取得的全部價款和價外費用，按照 5% 的預徵率向不動產所在地主管地稅機關預繳稅款，向機構所在地主管國稅機關申報納稅。其計算公式為：

應預繳稅款＝全部價款和價外費用÷(1+5%)×5%

應納增值稅＝全部價款和價外費用÷(1+11%)×11%－進項稅額

[案例 5-36] 某公司 2015 年 5 月 1 日開工自建廠房，2016 年 4 月 1 日全部竣工，成本 600 萬元。2016 年 6 月該公司將該廠房轉讓，收取款項 800 萬元。

①如果該公司為一般納稅人，選擇抵扣計稅方法，計算應預繳增值稅、應納增值稅。

②如果該公司為一般納稅人，選擇簡易計稅方法，計算應預繳增值稅、應納增值稅。

③如果該公司為小規模納稅人，適用簡易計稅方法，計算應預繳增值稅、應納增值稅。

[解答] ①如果該公司為一般納稅人，選擇抵扣計稅方法。

在不動產所在地主管地稅機關應預繳增值稅＝800÷(1+5%)×5%＝38.10（萬元）

該項業務應納增值稅＝800÷（1+11%）×11%-0＝79.28（萬元）
在機構所在地主管國稅機關應補增值稅＝79.28-38.10＝41.18（萬元）
②如果該公司為一般納稅人，選擇簡易計稅方法。
在不動產所在地主管地稅機關應預繳增值稅＝800÷（1+5%）×5%＝38.10（萬元）
該項業務應納增值稅＝800÷（1+5%）×5%＝38.10（萬元）
在機構所在地主管國稅機關應補增值稅＝38.10-38.10＝0（萬元）
③如果該公司為小規模納稅人，適用簡易計稅方法，計算同②。
因此，簡易計稅方法，節省增值稅＝79.28-38.10＝41.18（萬元）

（5）一般納稅人轉讓其2016年5月1日后取得（不含自建）的不動產，適用一般計稅方法，以取得的全部價款和價外費用為銷售額計算應納稅額。納稅人應以取得的全部價款和價外費用扣除不動產購置原價或者取得不動產時的作價后的餘額，按照5%的預徵率向不動產所在地主管地稅機關預繳稅款，向機構所在地主管國稅機關申報納稅。其計算公式為：

應預繳稅款＝（全部價款和價外費用-不動產購置原價或者取得不動產時的作價）÷（1+5%）×5%

應納增值稅＝全部價款和價外費用÷（1+11%）×11%-進項稅額

[**案例5-37**] 某公司2017年8月1日取得抵債的寫字樓，取得專用發票，註明金額500萬元、稅額55萬元。2017年8月31日該公司轉讓該寫字樓，收取款項610萬元（含稅）。
①如果該公司為一般納稅人，計算應預繳增值稅、應納增值稅。
②如果該公司為小規模納稅人，計算應預繳增值稅、應納增值稅。

[解答] ①如果該公司為一般納稅人，其取得並轉讓行為，適用抵扣計稅方法。
在不動產所在地主管地稅機關應預繳增值稅＝（610-500-55）÷（1+5%）×5%＝2.62（萬元）
該項業務應納增值稅＝610÷（1+11%）×11%-55＝5.45（萬元）
在機構所在地主管國稅機關應補增值稅＝5.45-2.62＝2.83（萬元）
②如果該公司為小規模納稅人，其取得並轉讓行為，適用簡易計稅方法。
在不動產所在地主管地稅機關應預繳增值稅＝（610-500-55）÷（1+5%）×5%＝2.62（萬元）
該項業務應納增值稅＝（610-500-55）÷（1+5%）×5%＝2.62（萬元）
在機構所在地主管國稅機關應補增值稅＝2.62-2.62＝0（萬元）
因此，小規模納稅人取得並轉讓，節省增值稅＝5.45-2.62＝2.83（萬元）

（6）一般納稅人轉讓其2016年5月1日后自建的不動產，適用一般計稅方法，以取得的全部價款和價外費用為銷售額計算應納稅額。納稅人應以取得的全部價款和價外費用，按照5%的預徵率向不動產所在地主管地稅機關預繳稅款，向機構所在地主管國稅機關申報納稅。其計算公式為：

應預繳稅款＝全部價款和價外費用÷（1+5%）×5%

應納增值稅＝全部價款和價外費用÷（1+11%）×11%-進項稅額

[**案例5-38**] 某公司2016年5月開工自建廠房，當月購買材料及設備，取得專用發票，註明金額500萬元、稅額85萬元；支付設計費，取得專用發票，註明金額10萬元、稅額0.6萬元；支付建築費，取得專用發票，註明金額100萬元、稅額3萬元。2016年9月該公司期末留抵稅額為0。2016年10月該公司銷售該廠房，收取款項1,000萬元（含稅）。
①如果該公司為一般納稅人，計算10月份應預繳增值稅、應納增值稅。
②如果該公司為小規模納稅人，計算10月份應預繳增值稅、應納增值稅。

[解答] ①如果該公司為一般納稅人，適用抵扣計稅方法。
該項業務5月在機構所在地主管國稅機關可抵扣進項稅額＝（85+0.6+3）×60%＝53.16（萬元）
10月在不動產所在地主管地稅機關應預繳增值稅＝1,000÷（1+5%）×5%＝47.62（萬

元)

该项业务10月应纳税额=1,000÷(1+11%)×11%-(85+0.6+3)×40%
=99.10-35.44=63.66（万元）

10月在机构所在地主管国税机关应补增值税=63.66-47.62=16.04（万元）

该项业务合计应纳增值税=1,000÷(1+11%)×11%-(85+0.6+3)=10.50（万元）

②如果该公司为小规模纳税人，适用简易计税方法。

10月在不动产所在地主管地税机关应预缴增值税=1,000÷(1+5%)×5%=47.62（万元）

该项业务应纳增值税=1,000÷(1+5%)×5%=47.62（万元）

10月在机构所在地主管国税机关应补增值税=47.62-47.62=0（万元）

因此，该公司为一般纳税人，节省增值税=47.62-10.50=37.12（万元）

（三）小规模纳税人计算公式

小规模纳税人转让其取得的不动产，除个人转让其购买的住房外，按照以下规定缴纳增值税：

（1）小规模纳税人销售其取得（不含自建）的不动产（不含个体工商户销售购买的住房和其他个人销售不动产），应以取得的全部价款和价外费用减去该项不动产购置原价或者取得不动产时的作价后的余额为销售额，按照5%的征收率计算应纳税额。纳税人应按照上述计税方法在不动产所在地预缴税款后，向机构所在地主管税务机关进行纳税申报。其计算公式为：

应预缴税款=(全部价款和价外费用-不动产购置原价或者取得不动产时的作价)÷(1+5%)×5%

应纳增值税=(全部价款和价外费用-不动产购置原价或者取得不动产时的作价)÷(1+5%)×5%

（2）小规模纳税人（不含其他个人）销售其自建的不动产，应以取得的全部价款和价外费用为销售额，按照5%的征收率计算应纳税额。纳税人应按照上述计税方法在不动产所在地预缴税款后，向机构所在地主管税务机关进行纳税申报。计算公式为：

应预缴税款=全部价款和价外费用÷(1+5%)×5%

应纳增值税=全部价款和价外费用÷(1+5%)×5%

（3）其他个人销售其取得（不含自建）的不动产（不含其购买的住房），应以取得的全部价款和价外费用减去该项不动产购置原价或者取得不动产时的作价后的余额为销售额，按照5%的征收率计算应纳税额。其计算公式为：

应纳增值税=(全部价款和价外费用-不动产购置原价或者取得不动产时的作价)÷(1+5%)×5%

[案例5-39] 孙某2011年1月在市区购买一个门面200万元，2016年5月将该门面卖给A公司（一般纳税人），收取款项300万元（含税）。计算孙某应纳增值税，如何开具发票？

[解答] 孙某2016年5月卖出该门面，在不动产所在地主管地税机关缴纳增值税。

应纳增值税=(300-200)÷(1+5%)×5%=4.76（万元）

孙某向不动产所在地地税机关缴纳增值税后，可申请代开增值税发票。如果孙某申请代开普通发票，A公司取得普通发票不得抵扣进项税额；如果孙某申请代开专用发票，A公司取得专用发票，可以抵扣进项税额。

（4）其他个人转让其自建的不动产（不含住房），以取得的全部价款和价外费用为销售额，按照5%的征收率计算应纳税额。其计算公式为：

應納增值稅＝全部價款和價外費用÷(1+5%)×5%

### 四、銷售自行開發的房地產項目

(一) 適用範圍

房地產開發企業銷售自行開發的房地產項目，適用此規定。

自行開發是指在依法取得土地使用權的土地上進行基礎設施和房屋建設。

房地產開發企業以接盤等形式購入未完工的房地產項目繼續開發后，以自己的名義立項銷售的，屬於規定的銷售自行開發的房地產項目。

(二) 一般納稅人計算公式

1. 銷售額

(1) 房地產開發企業中的一般納稅人（以下簡稱一般納稅人）銷售自行開發的房地產項目，適用一般計稅方法計稅，按照取得的全部價款和價外費用，扣除當期銷售房地產項目對應的土地價款後的余額計算銷售額。一般納稅人銷售自行開發的房地產老項目，選擇適用一般計稅方法的，按照上述規定執行。銷售額的計算公式如下：

銷售額＝(全部價款和價外費用－當期允許扣除的土地價款)÷(1+11%)

當期允許扣除的土地價款按照以下公式計算：

當期允許扣除的土地價款＝(當期銷售房地產項目建築面積÷房地產項目可供銷售建築面積)×支付的土地價款

當期銷售房地產項目建築面積是指當期進行納稅申報的增值稅銷售額對應的建築面積。

房地產項目可供銷售建築面積是指房地產項目可以出售的總建築面積，不包括銷售房地產項目時未單獨作價結算的配套公共設施的建築面積。

支付的土地價款是指向政府、土地管理部門或受政府委託收取土地價款的單位直接支付的土地價款。

在計算銷售額時從全部價款和價外費用中扣除土地價款，應當取得省級以上（含省級）財政部門監（印）製的財政票據。

一般納稅人應建立臺帳登記土地價款的扣除情況，扣除的土地價款不得超過納稅人實際支付的土地價款。

(2) 一般納稅人銷售自行開發的房地產老項目，可以選擇適用簡易計稅方法按照5%的徵收率計稅。一經選擇簡易計稅方法計稅的，36個月內不得變更為一般計稅方法計稅。

一般納稅人銷售自行開發的房地產老項目適用簡易計稅方法計稅的，以取得的全部價款和價外費用為銷售額，不得扣除對應的土地價款。銷售額的計算公式如下：

銷售額＝全部價款和價外費用÷(1+5%)

2. 進項稅額

一般納稅人銷售自行開發的房地產項目，兼有一般計稅方法計稅、簡易計稅方法計稅、免徵增值稅的房地產項目而無法劃分不得抵扣的進項稅額的，應以「建築工程施工許可證」註明的「建設規模」為依據進行劃分。

不得抵扣的進項稅額＝當期無法劃分的全部進項稅額×(簡易計稅、免稅房地產項目建設規模÷房地產項目總建設規模)

3. 計算公式

一般納稅人採取預收款方式銷售自行開發的房地產項目，應在收到預收款時按照3%的預徵率預繳增值稅。

(1) 適用一般計稅方法計稅的，計算公式為：

應預繳稅款＝預收款÷(1+11%)×3%

應納增值稅＝(全部價款和價外費用－當期允許扣除的土地價款)÷(1+11%)×11%－進項稅額
(2) 適用簡易計稅方法計稅的，計算公式為：
應預繳稅款＝預收款÷(1+5%)×3%
應納增值稅＝全部價款和價外費用÷(1+5%)×5%
一般納稅人應在取得預收款的次月納稅申報期向主管國稅機關預繳稅款。
一般納稅人銷售自行開發的房地產項目，應按照規定的納稅義務發生時間，計算當期應納稅額，抵減已預繳稅款後，向主管國稅機關申報納稅。未抵減完的預繳稅款可以結轉下期繼續抵減。

[案例 5-40] 某房地產開發公司 2016 年 1 月從政府部門取得土地使用權，支付土地價款 2,000 萬元，取得財政票據。該房地產公司 1 月開工將該土地的 50% 用於開發商品房，可供銷售建築面積 1 萬平方米。該房地產公司 1 月購買材料和設備 1,000 萬元（含稅），支付設計費 100 萬元（含稅），支付建築費 500 萬元（含稅）。該房地產公司 5 月營改增登記為一般納稅人，繼續購買材料和設備，取得專用發票，註明金額 1,000 萬元、稅額 170 萬元；支付建築費，取得專用發票，註明金額 500 萬元、稅額 15 萬元。該房地產公司 5 月預售建築面積 0.4 萬平方米，每平方米 6,000 元（含稅）。10 月項目竣工，該房地產公司銷售建築面積 0.6 萬平方米，每平方米 6,000 元（含稅），並將 1 萬平方米全部交房。
①如果該房地產公司選擇抵扣計稅方法，計算應預繳增值稅、應納增值稅。
②如果該房地產公司選擇簡易計稅方法，計算應預繳增值稅、應納增值稅。
[解答] ①如果該房地產公司選擇抵扣計稅方法。
5 月在主管國稅機關應預繳增值稅＝0.4×6,000÷(1+11%)×3%＝64.86（萬元）
5 月應納增值稅＝0－(170+15)＝－185（萬元）
未抵扣的進項稅額 185 萬元，結轉下期繼續抵扣；未抵減的預繳稅款 64.86 萬元結轉下期繼續抵減。
10 月應納增值稅＝(6,000－2,000÷2)÷(1+11%)×11%－185＝310.50（萬元）
10 月在主管國稅機關應補增值稅＝310.50－64.86＝245.64（萬元）
②如果該房地產公司選擇簡易計稅方法。
5 月在主管國稅機關應預繳增值稅＝0.4×6,000÷(1+5%)×3%＝68.57（萬元）
5 月應納增值稅＝0（萬元）
未抵減的預繳稅款 68.57 萬元結轉下期繼續抵減。
10 月應納增值稅＝6,000÷(1+5%)×5%＝285.71（萬元）
10 月在主管國稅機關應補增值稅＝285.71－68.57＝217.14（萬元）
因此，選擇簡易計稅方法，節省增值稅＝310.50－285.71＝24.79（萬元）
(三) 小規模納稅人計算公式
房地產開發企業中的小規模納稅人（以下簡稱小規模納稅人）採取預收款方式銷售自行開發的房地產項目，應在收到預收款時按照 3% 的預徵率預繳增值稅。其計算公式為：
應預繳稅款＝預收款÷(1+5%)×3%
應納增值稅＝全部價款和價外費用÷(1+5%)×5%
小規模納稅人應在取得預收款的次月納稅申報期或主管國稅機關核定的納稅期限向主管國稅機關預繳稅款。
小規模納稅人銷售自行開發的房地產項目，應按照規定的納稅義務發生時間，以當期銷售額和 5% 的徵收率計算當期應納稅額，抵減已預繳稅款後，向主管國稅機關申報納稅。未抵減完的預繳稅款可以結轉下期繼續抵減。

（四）徵收管理
（1）房地產開發企業以預繳稅款抵減應納稅額，應以完稅憑證作為合法有效憑證。
（2）一般納稅人銷售自行開發的房地產項目，自行開具增值稅發票。
小規模納稅人銷售自行開發的房地產項目，自行開具增值稅普通發票。購買方需要增值稅專用發票的，小規模納稅人向主管國稅機關申請代開。
（3）納稅人（包括一般納稅人和小規模納稅人）銷售自行開發的房地產項目，其2016年4月30日前收取並已向主管地稅機關申報繳納營業稅的預收款，未開具營業稅發票的，可以開具增值稅普通發票，不得開具增值稅專用發票。
（4）納稅人（包括一般納稅人和小規模納稅人）向其他個人銷售自行開發的房地產項目，不得開具增值稅專用發票。
（5）房地產開發企業銷售自行開發的房地產項目，預繳稅款時，應填報《增值稅預繳稅款表》。
（6）房地產開發企業銷售自行開發的房地產項目，未按規定預繳或繳納稅款的，由主管國稅機關按照《中華人民共和國稅收徵收管理法》及相關規定進行處理。

## 第六節 稅額減免

增值稅減免類型如下：
第一類：單一環節免稅（含起徵點）。本環節不計銷項稅額，不得抵扣進項額；下一環節一般不得抵扣，特殊情況可以根據購進金額和規定的抵扣率計算抵扣。
第二類：全環節免稅。全環節不計銷項稅額，不得抵扣進項稅額。
第三類：減稅。針對銷售業務減稅，減稅部分下一環節不得抵扣；非針對銷售業務減稅，減稅部分下一環節也可以抵扣。
第四類：即徵即退或先徵後退。本環節計入銷項稅額，可以抵扣進項稅額，但退還全部或部分應納稅額；下一環節可以按增值稅專用發票全部抵扣。
納稅人兼營免稅、減稅項目的，應當分別核算免稅、減稅項目的銷售額；未分別核算的，不得免稅、減稅。
納稅人銷售貨物、勞務、服務、無形資產、不動產，適用免稅、減稅規定的，可以放棄免稅、減稅，依照規定繳納增值稅。放棄免稅、減稅後，36個月內不得再申請免稅、減稅。

### 一、原增值稅免稅

（1）農業生產者銷售的自產農產品，免徵增值稅。
農業是指種植業、養殖業、林業、牧業、水產業。農業生產者包括從事農業生產的單位和個人。農產品是指初級農產品，具體範圍由財政部、國家稅務總局確定。
農業生產者銷售的自產農業產品是指直接從事植物的種植、收割和動物的飼養、捕撈的單位和個人銷售的《農業產品徵稅範圍註釋》所列的自產農業產品；對上述單位和個人銷售的外購的農業產品以及單位和個人外購農業產品生產、加工後銷售的仍然屬於《農業產品徵稅範圍註釋》所列的農業產品，不屬於免稅的範圍，應當按照規定稅率徵收增值稅。
（2）人工合成牛胚胎屬於動物類「其他動物組織」，人工合成牛胚胎的生產過程屬於農業生產，納稅人銷售自產人工合成牛胚胎應免徵增值稅。
（3）制種企業在下列生產經營模式下生產銷售種子，屬於農業生產者銷售自產農業產

品，免徵增值稅。

①制種企業利用自有土地或承租土地，雇傭農戶或雇工進行種子繁育，再經烘干、脫粒、風篩等深加工后銷售種子。

②制種企業提供親本種子委託農戶繁育並從農戶手中收回，再經烘干、脫粒、風篩等深加工后銷售種子。

(4) 一些納稅人採取「公司+農戶」經營模式從事畜禽飼養，即公司與農戶簽訂委託養殖合同，向農戶提供畜禽苗、飼料、獸藥及疫苗等（所有權屬於公司），農戶飼養畜禽苗至成品后交付公司回收，公司將回收的成品畜禽用於銷售。自 2013 年 4 月 1 日起，在上述經營模式下，納稅人回收再銷售畜禽，屬於農業生產者銷售自產農產品，免徵增值稅。畜禽屬於農業產品。

(5) 自 2012 年 1 月 1 日起，對從事蔬菜批發、零售的納稅人銷售的蔬菜免徵增值稅。

蔬菜是指可作副食的草本、木本植物，包括各種蔬菜、菌類植物和少數可作副食的木本植物。蔬菜的主要品種參照《蔬菜主要品種目錄》執行。

經挑選、清洗、切分、晾曬、包裝、脫水、冷藏、冷凍等工序加工的蔬菜，屬於規定所述蔬菜的範圍。

各種蔬菜罐頭不屬於蔬菜的範圍。蔬菜罐頭是指蔬菜經處理、裝罐、密封、殺菌或無菌包裝而制成的食品。

(6) 自 2012 年 10 月 1 日起，對從事農產品批發、零售的納稅人銷售的部分鮮活肉蛋產品免徵增值稅。

免徵增值稅的鮮活肉產品是指豬、牛、羊、雞、鴨、鵝及其整塊或者分割的鮮肉、冷藏或者冷凍肉，內臟、頭、尾、骨、蹄、翅、爪等組織。

免徵增值稅的鮮活蛋產品是指雞蛋、鴨蛋、鵝蛋，包括鮮蛋、冷藏蛋以及對其進行破殼分離的蛋液、蛋黃和蛋殼。

上述產品中不包括《中華人民共和國野生動物保護法》所規定的國家珍貴、瀕危野生動物及其鮮活肉類、蛋類產品。

(7) 國有糧食購銷企業必須按順價原則銷售糧食。對承擔糧食收儲任務的國有糧食購銷企業銷售的糧食免徵增值稅。自 2014 年 5 月 1 日起，增值稅免稅政策適用範圍由糧食擴大到糧食和大豆，並可對免稅業務開具增值稅專用發票。

對其他糧食企業經營糧食，除下列項目免徵增值稅外，一律徵收增值稅。

①軍隊用糧。軍隊用糧指憑軍用糧票和軍糧供應證按軍供價供應中國人民解放軍和中國人民武裝警察部隊的糧食。

②救災救濟糧。救災救濟糧指經縣（含）以上人民政府批准，憑救災救濟糧食（證）按規定的銷售價格向需救助的災民供應的糧食。

③水庫移民口糧。水庫移民口糧指經縣（含）以上人民政府批准，憑水庫移民口糧票（證）按規定的銷售價格供應給水庫移民的糧食。

對銷售食用植物油業務，除政府儲備食用植物油的銷售繼續免徵增值稅外，一律照章徵收增值稅。

(8) 農業生產資料增值稅政策。

①農膜，免徵增值稅。

②批發和零售的種子、種苗、農藥、農機，免徵增值稅。

(9) 自 2008 年 7 月 1 日起，農民專業合作社有關稅收政策如下：

①對農民專業合作社銷售本社成員生產的農業產品，視同農業生產者銷售自產農產品免徵增值稅。

②增值稅一般納稅人從農民專業合作社購進的免稅農業產品，可按 13% 的抵扣率計算抵扣增值稅進項稅額。

③對農民專業合作社向本社成員銷售的農膜、種子、種苗、農藥、農機，免徵增值稅。

農民專業合作社是指依照《中華人民共和國農民專業合作社法》規定設立和登記的農民專業合作社。

（10）自 2008 年 6 月 1 日起，納稅人生產銷售和批發、零售有機肥產品免徵增值稅。

享受上述免稅政策的有機肥產品是指有機肥料、有機—無機復混肥料和生物有機肥。

①有機肥料指來源於植物和（或）動物，施於土壤以提供植物營養為主要功能的含碳物料。

②有機—無機復混肥料指由有機和無機肥料混合和（或）化合制成的含有一定量有機肥料的復混肥料。

③生物有機肥指特定功能微生物與主要以動植物殘體（如禽畜糞便、農作物秸秆等）為來源並經無害化處理、腐熟的有機物料複合而成的一類兼具微生物肥料和有機肥效應的肥料。

（11）飼料產品增值稅政策。免稅飼料產品範圍包括：

①單一大宗飼料。單一大宗飼料是指以一種動物、植物、微生物或礦物質為來源的產品或其副產品。其範圍僅限於糠麩、酒糟、魚粉、草飼料、飼料級磷酸氫鈣及除豆粕以外的菜子粕、棉子粕、向日葵粕、花生粕等粕類產品。

膨化血粉、膨化肉粉、水解羽毛粉不屬於現行增值稅優惠政策所定義的單一大宗飼料產品，應對其照章徵收增值稅。

②混合飼料。混合飼料是指由兩種以上單一大宗飼料、糧食、糧食副產品及飼料添加劑按照一定比例配置，其中單一大宗飼料、糧食及糧食副產品的摻兌比例不低於 95% 的飼料。

添加其他成分的膨化血粉、膨化肉粉、水解羽毛粉等飼料產品，不符合現行增值稅優惠政策有關混合飼料的定義，應對其照章徵收增值稅。

③配合飼料。配合飼料是指根據不同的飼養對象及飼養對象的不同生長發育階段的營養需要，將多種飼料原料按飼料配方經工業生產后，形成的能滿足飼養動物全部營養需要（除水分外）的飼料。

自 2013 年 9 月 1 日起，精料補充料屬於「配合飼料」範疇，可按照相關規定免徵增值稅。精料補充料是指為補充草食動物的營養，將多種飼料和飼料添加劑按照一定比例配製的飼料。

④複合預混料。複合預混料是指能夠按照國家有關飼料產品的標準要求量，全面提供動物飼養相應階段所需微量元素（4 種或以上）、維生素（8 種或以上），由微量元素、維生素、氨基酸和非營養性添加劑中任何兩類或兩類以上的組分與載體或稀釋劑按一定比例配置的均勻混合物。

⑤濃縮飼料。濃縮飼料是指由蛋白質、複合預混料及礦物質等按一定比例配製的均勻混合物。

（12）自 2010 年 1 月 1 日起，豆粕屬於徵收增值稅的飼料產品，除豆粕以外的其他粕類飼料產品，均免徵增值稅。

（13）避孕藥品和用具，免徵增值稅。

（14）古舊圖書，免徵增值稅。古舊圖書是指向社會收購的古書和舊書。

（15）直接用於科學研究、科學試驗和教學的進口儀器、設備，免徵增值稅。

（16）外國政府、國際組織無償援助的進口物資和設備，免徵增值稅。

（17）由殘疾人的組織直接進口供殘疾人專用的物品，免徵增值稅。
（18）其他個人銷售自己使用過的物品，免徵增值稅。
（19）對殘疾人個人提供的加工、修理修配勞務，免徵增值稅。
（20）自 2011 年 1 月 1 日起，節能服務公司實施符合條件的合同能源管理項目，將項目中的增值稅應稅貨物轉讓給用能企業，暫免徵收增值稅。

所稱「符合條件」是指同時滿足以下條件：

①節能服務公司實施合同能源管理項目相關技術應符合國家質量監督檢驗檢疫總局和國家標準化管理委員會發布的《合同能源管理技術通則》（GB/T24915-2010）規定的技術要求；

②節能服務公司與用能企業簽訂「節能效益分享型」合同，其合同格式和內容，符合《中華人民共和國合同法》和國家質量監督檢驗檢疫總局和國家標準化管理委員會發布的《合同能源管理技術通則》（GB/T24915-2010）等規定。

（21）自 2011 年 1 月 1 日起至 2018 年 12 月 31 日止，對農村飲水安全工程營運管理單位向農村居民提供生活用水取得的自來水銷售收入，免徵增值稅。
（22）自 2013 年 1 月 1 日起至 2017 年 12 月 31 日止，免徵圖書批發、零售環節增值稅。

## 二、試點增值稅免稅

下列項目免徵增值稅：

（1）行政單位之外的其他單位收取的同時符合以下條件的政府性基金和行政事業性收費：

①由國務院或者財政部批准設立的政府性基金，由國務院或者省級人民政府及其財政、價格主管部門批准設立的行政事業性收費；

②收取時開具省級以上（含省級）財政部門監（印）制的財政票據；

③所收款項全額上繳財政。

（2）國家商品儲備管理單位及其直屬企業承擔商品儲備任務，從中央或者地方財政取得的利息補貼收入和價差補貼收入。

國家商品儲備管理單位及其直屬企業是指接受中央、省、市、縣四級政府有關部門（或者政府指定管理單位）委託，承擔糧（含大豆）、食用油、棉、糖、肉、鹽（限於中央儲備）6 種商品儲備任務，並按有關政策收儲、銷售上述 6 種儲備商品，取得財政儲備經費或者補貼的商品儲備企業。利息補貼收入是指國家商品儲備管理單位及其直屬企業因承擔上述商品儲備任務從金融機構貸款，並從中央或者地方財政取得的用於償還貸款利息的貼息收入。價差補貼收入包括銷售價差補貼收入和輪換價差補貼收入。銷售價差補貼收入是指按照中央或者地方政府指令銷售上述儲備商品時，由於銷售收入小於庫存成本而從中央或者地方財政獲得的全額價差補貼收入。輪換價差補貼收入是指根據要求定期組織政策性儲備商品輪換而從中央或者地方財政取得的商品新陳品質價差補貼收入。

（3）福利彩票、體育彩票的發行收入。
（4）殘疾人員本人為社會提供的服務。
（5）臺灣航運公司、航空公司從事海峽兩岸海上直航、空中直航業務在大陸取得的運輸收入。

臺灣航運公司是指取得交通運輸部頒發的「臺灣海峽兩岸間水路運輸許可證」且該許可證上註明的公司登記地址在臺灣的航運公司。

臺灣航空公司是指取得中國民用航空局頒發的「經營許可」或者依據《海峽兩岸空運協議》和《海峽兩岸空運補充協議》的規定，批准經營兩岸旅客、貨物和郵件不定期（包

機）運輸業務，並且公司登記地址在臺灣的航空公司。

（6）以下利息收入：

① 2016 年 12 月 31 日前，金融機構農戶小額貸款。

小額貸款是指單筆且該農戶貸款餘額總額在 10 萬元（含本數）以下的貸款。

所稱農戶是指長期（一年以上）居住在鄉鎮（不包括城關鎮）行政管理區域內的住戶，還包括長期居住在城關鎮所轄行政村範圍內的住戶和戶口不在本地而在本地居住一年以上的住戶以及國有農場的職工和農村個體工商戶。位於鄉鎮（不包括城關鎮）行政管理區域內和在城關鎮所轄行政村範圍內的國有經濟的機關、團體、學校、企事業單位的集體戶；有本地戶口，但舉家外出謀生一年以上的住戶，無論是否保留承包耕地均不屬於農戶。農戶以戶為統計單位，既可以從事農業生產經營，也可以從事非農業生產經營。農戶貸款的判定應以貸款發放時的承貸主體是否屬於農戶為準。

②國家助學貸款。

③國債、地方政府債。

④人民銀行對金融機構的貸款。

⑤住房公積金管理中心用住房公積金在指定的委託銀行發放的個人住房貸款。

⑥外匯管理部門在從事國家外匯儲備經營過程中，委託金融機構發放的外匯貸款。

⑦統借統還業務中，企業集團或企業集團中的核心企業以及集團所屬財務公司按不高於支付給金融機構的借款利率水平或者支付的債券票面利率水平，向企業集團或者集團內下屬單位收取的利息。

統借方向資金使用單位收取的利息，高於支付給金融機構借款利率水平或者支付的債券票面利率水平的，應全額繳納增值稅。

統借統還業務是指：

第一，企業集團或者企業集團中的核心企業向金融機構借款或對外發行債券取得資金后，將所借資金分撥給下屬單位（包括獨立核算單位和非獨立核算單位，下同），並向下屬單位收取用於歸還金融機構或債券購買方本息的業務。

第二，企業集團向金融機構借款或對外發行債券取得資金后，由集團所屬財務公司與企業集團或者集團內下屬單位簽訂統借統還貸款合同並分撥資金，並向企業集團或者集團內下屬單位收取本息，再轉付企業集團，由企業集團統一歸還金融機構或債券購買方的業務。

[案例 5-41] 某上市公司（一般納稅人）註冊資本 8,000 萬元人民幣，擁有 5 家子公司，5 家子公司均具有法人資格，註冊資本均為 1,000 萬元人民幣。該上市公司與 5 家子公司組建企業集團，到工商行政管理局辦理登記，取得「企業集團登記證」。2016 年 5 月 1 日，該上市公司從銀行借款 6,000 萬元，期限 1 年，年利率 5%（含稅），到期一次還本付息。該上市公司將所借資金分撥給 5 家子公司，每家子公司 1,000 萬元，2017 年 4 月 30 日該上市公司向 5 家子公司收取利息及本金用於歸還銀行借款。

①如果該上市公司按年利率 6%向子公司收取利息，計算銷項稅額。

②如果該上市公司按年利率 5%向子公司收取利息，計算銷項稅額。

[解答] ①如果該上市公司按年利率 6%向子公司收取利息，高於支付給銀行的借款利率 5%，應全額繳納增值稅。

銷項稅額 = 1,000×5×6%÷(1+6%)×6% = 16.98（萬元）

②如果該上市公司按年利率 5%向子公司收取利息，不高於支付給銀行的借款利率 5%，上市公司向子公司收取的利息免徵增值稅，節省增值稅 16.98 萬元。

（7）金融同業往來利息收入。

①金融機構與人民銀行所發生的資金往來業務。金融機構與人民銀行所發生的資金往來業務包括人民銀行對一般金融機構貸款，以及人民銀行對商業銀行的再貼現等。

商業銀行購買央行票據、與央行開展貨幣掉期和貨幣互存等業務屬於所稱的金融機構與人民銀行所發生的資金往來業務。

②銀行聯行往來業務。銀行聯行往來業務是指同一銀行系統內部不同行、處之間所發生的資金帳務往來業務。

境內銀行與其境外的總機構、母公司之間以及境內銀行與其境外的分支機構、全資子公司之間的資金往來業務屬於所稱的銀行聯行往來業務。

③金融機構間的資金往來業務。金融機構間的資金往來業務是指經人民銀行批准，進入全國銀行間同業拆借市場的金融機構之間通過全國統一的同業拆借網路進行的短期（一年以下含一年）無擔保資金融通行為。

④金融機構之間開展的轉貼現業務。

⑤金融機構開展下列業務取得的利息收入：

其一，同業存款。同業存款是指金融機構之間開展的同業資金存入與存出業務，其中資金存入方僅為具有吸收存款資格的金融機構。

其二，同業借款。同業借款是指法律法規賦予此項業務範圍的金融機構開展的同業資金借出和借入業務。所稱「法律法規賦予此項業務範圍的金融機構」主要是指農村信用社之間以及在金融機構營業執照列示的業務範圍中有反應為「向金融機構借款」業務的金融機構。

其三，同業代付。同業代付是指商業銀行（受託方）接受金融機構（委託方）的委託向企業客戶付款，委託方在約定還款日償還代付款項本息的資金融通行為。

其四，同業存單。同業存單是指銀行業存款類金融機構法人在全國銀行間市場上發行的記帳式定期存款憑證。

其五，質押式買入返售金融商品。質押式買入返售金融商品是指交易雙方進行的以債券等金融商品為權利質押的一種短期資金融通業務。

其六，買斷式買入返售金融商品。買斷式買入返售金融商品是指金融商品持有人（正回購方）將債券等金融商品賣給債券購買方（逆回購方）的同時，交易雙方約定在未來某一日期，正回購方再以約定價格從逆回購方買回相等數量同種債券等金融商品的交易行為。

其七，持有政策性金融債券。政策性金融債券是指開發性、政策性金融機構發行的債券。

其八，持有金融債券。金融債券是指依法在中華人民共和國境內設立的金融機構法人在全國銀行間和交易所債券市場發行的、按約定還本付息的有價證券。

金融機構是指：

①銀行，包括人民銀行、商業銀行、政策性銀行。

②信用合作社。

③證券公司。

④金融租賃公司、證券基金管理公司、財務公司、信託投資公司、證券投資基金。

⑤保險公司。

⑥其他經人民銀行、銀監會、證監會、保監會批准成立且經營金融保險業務的機構等。

(8) 下列金融商品轉讓收入。

①個人從事金融商品轉讓業務。

②證券投資基金（封閉式證券投資基金、開放式證券投資基金）管理人運用基金買賣股票、債券。

③合格境外投資者（QFII）委託境內公司在中國從事證券買賣業務。

④香港市場投資者（包括單位和個人）通過滬港通買賣上海證券交易所上市 A 股股票。

⑤對香港市場投資者（包括單位和個人）通過基金互認買賣內地基金份額。

⑥人民幣合格境外投資者（RQFII）委託境內公司在中國從事證券買賣業務。

⑦經人民銀行認可的境外機構投資銀行間本幣市場取得的收入。銀行間本幣市場包括貨幣市場、債券市場以及衍生品市場。

（9）同時符合下列條件的擔保機構從事中小企業信用擔保或者再擔保業務取得的收入（不含信用評級、諮詢、培訓等收入）3 年內免徵增值稅：

①已取得監管部門頒發的融資性擔保機構經營許可證，依法登記註冊為企（事）業法人，實收資本超過 2,000 萬元。

②平均年擔保費率不超過銀行同期貸款基準利率的 50%。

平均年擔保費率＝本期擔保費收入÷（期初擔保餘額＋本期增加擔保金額）×100%

③連續合規經營 2 年以上，資金主要用於擔保業務，具備健全的內部管理制度和為中小企業提供擔保的能力，經營業績突出，對受保項目具有完善的事前評估、事中監控、事後追償與處置機制。

④為中小企業提供的累計擔保貸款額占其兩年累計擔保業務總額的 80% 以上，單筆 800 萬元以下的累計擔保貸款額占其累計擔保業務總額的 50% 以上。

⑤對單個受保企業提供的擔保餘額不超過擔保機構實收資本總額的 10%，並且平均單筆擔保責任金額最多不超過 3,000 萬元人民幣。

⑥擔保責任餘額不低於其淨資產的 3 倍，並且代償率不超過 2%。

擔保機構免徵增值稅政策採取備案管理方式。符合條件的擔保機構應到所在地縣（市）主管稅務機關和同級中小企業管理部門履行規定的備案手續，自完成備案手續之日起，享受 3 年免徵增值稅政策。3 年免稅期滿後，符合條件的擔保機構可按規定程序辦理備案手續後繼續享受該項政策。

具體備案管理辦法按照《國家稅務總局關於中小企業信用擔保機構免徵營業稅審批事項取消後有關管理問題的公告》（國家稅務總局公告 2015 年第 69 號）規定執行，其中稅務機關的備案管理部門統一調整為縣（市）級國家稅務局。

（10）保險公司開辦的一年期以上人身保險產品取得的保費收入。

一年期以上人身保險是指保險期間為一年期及以上返還本利的人壽保險、養老年金保險、其他年金保險以及保險期間為一年期及以上的健康保險。

人壽保險是指以人的壽命為保險標的的人身保險。

養老年金保險是指以養老保障為目的，以被保險人生存為給付保險金條件，並按約定的時間間隔分期給付生存保險金的人身保險。養老年金保險應當同時符合下列條件：

①保險合同約定給付被保險人生存保險金的年齡不得小於國家規定的退休年齡。

②相鄰兩次給付的時間間隔不得超過一年。

其他年金保險是指養老年金以外的年金保險。

健康保險是指以因健康原因導致損失為給付保險金條件的人身保險。

上述免稅政策實行備案管理，具體備案管理辦法按照《國家稅務總局關於一年期以上返還性人身保險產品免徵營業稅審批事項取消後有關管理問題的公告》（國家稅務總局公告 2015 年第 65 號）規定執行。

試點納稅人提供再保險服務（境內保險公司向境外保險公司提供的再保險服務除外），實行與原保險服務一致的增值稅政策。再保險合同對應多個原保險合同的，所有原保險合

同均適用免徵增值稅政策時，該再保險合同適用免徵增值稅政策。否則，該再保險合同應按規定繳納增值稅。

原保險服務是指保險分出方與投保人之間直接簽訂保險合同而建立保險關係的業務活動。

（11）被撤銷金融機構以貨物、不動產、無形資產、有價證券、票據等財產清償債務。

被撤銷金融機構是指經人民銀行、銀監會依法決定撤銷的金融機構及其分設於各地的分支機構，包括被依法撤銷的商業銀行、信託投資公司、財務公司、金融租賃公司、城市信用社和農村信用社。除另有規定外，被撤銷金融機構所屬、附屬企業，不享受被撤銷金融機構增值稅免稅政策。

（12）同時符合下列條件的合同能源管理服務：

①節能服務公司實施合同能源管理項目相關技術，應當符合國家質量監督檢驗檢疫總局和國家標準化管理委員會發布的《合同能源管理技術通則》（GB/T24915-2010）規定的技術要求。

②節能服務公司與用能企業簽訂節能效益分享型合同，其合同格式和內容，符合《中華人民共和國合同法》和《合同能源管理技術通則》（GB/T24915-2010）等規定。

（13）自2016年1月1日起，中國郵政集團公司及其所屬郵政企業為金融機構代辦金融保險業務取得的代理收入，在營改增試點期間免徵增值稅。

（14）納稅人提供的直接或者間接國際貨物運輸代理服務。

①納稅人提供直接或者間接國際貨物運輸代理服務，向委託方收取的全部國際貨物運輸代理服務收入以及向國際運輸承運人支付的國際運輸費用，必須通過金融機構進行結算。

②納稅人為大陸與中國香港、澳門、臺灣地區之間的貨物運輸提供的貨物運輸代理服務參照國際貨物運輸代理服務有關規定執行。

③委託方索取發票的，納稅人應當就國際貨物運輸代理服務收入向委託方全額開具增值稅普通發票。

（15）農業機耕、排灌、病蟲害防治、植物保護、農牧保險以及相關技術培訓業務，家禽、牲畜、水生動物的配種和疾病防治。

農業機耕是指在農業、林業、牧業中使用農業機械進行耕作（包括耕耘、種植、收割、脫粒、植物保護等）的業務；排灌是指對農田進行灌溉或者排澇的業務；病蟲害防治是指從事農業、林業、牧業、漁業的病蟲害測報和防治的業務；農牧保險是指為種植業、養殖業、牧業種植和飼養的動植物提供保險的業務；相關技術培訓是指與農業機耕、排灌、病蟲害防治、植物保護業務相關以及為使農民獲得農牧保險知識的技術培訓業務；家禽、牲畜、水生動物的配種和疾病防治業務的免稅範圍包括與該項服務有關的提供藥品和醫療用具的業務。

（16）紀念館、博物館、文化館、文物保護單位管理機構、美術館、展覽館、書畫院、圖書館在自己的場所提供文化體育服務取得的第一道門票收入。

（17）寺院、宮觀、清真寺和教堂舉辦文化、宗教活動的門票收入。

（18）2017年12月31日前，科普單位的門票收入以及縣級及以上黨政部門和科協開展科普活動的門票收入。

科普單位是指科技館、自然博物館，對公眾開放的天文館（站、臺）、氣象臺（站）、地震臺（站）以及高等院校、科研機構對公眾開放的科普基地。

科普活動是指利用各種傳媒以淺顯的、讓公眾易於理解、接受和參與的方式，向普通大眾介紹自然科學和社會科學知識，推廣科學技術的應用，倡導科學方法，傳播科學思想，弘揚科學精神的活動。

（19）從事學歷教育的學校提供的教育服務。

①學歷教育是指受教育者經過國家教育考試或者國家規定的其他入學方式，進入國家有關部門批准的學校或者其他教育機構學習，獲得國家承認的學歷證書的教育形式。其具體包括：

第一，初等教育：普通小學、成人小學。

第二，初級中等教育：普通初中、職業初中、成人初中。

第三，高級中等教育：普通高中、成人高中和中等職業學校（包括普通中專、成人中專、職業高中、技工學校）。

第四，高等教育：普通本專科、成人本專科、網路本專科、研究生（博士、碩士）、高等教育自學考試、高等教育學歷文憑考試。

②從事學歷教育的學校是指：

第一，普通學校。

第二，經地（市）級以上人民政府或者同級政府的教育行政部門批准成立、國家承認其學員學歷的各類學校。

第三，經省級及以上人力資源社會保障行政部門批准成立的技工學校、高級技工學校。

第四，經省級人民政府批准成立的技師學院。

上述學校均包括符合規定的從事學歷教育的民辦學校，但不包括職業培訓機構等國家不承認學歷的教育機構。

③提供教育服務免徵增值稅的收入是指對列入規定招生計劃的在籍學生提供學歷教育服務取得的收入。其具體包括經有關部門審核批准並按規定標準收取的學費、住宿費、課本費、作業本費、考試報名費收入以及學校食堂提供餐飲服務取得的伙食費收入。除此之外的收入，包括學校以各種名義收取的贊助費、擇校費等，不屬於免徵增值稅的範圍。

學校食堂是指依照《學校食堂與學生集體用餐衛生管理規定》（教育部令第14號）管理的學校食堂。

（20）政府舉辦的從事學歷教育的高等、中等和初等學校（不含下屬單位），舉辦進修班、培訓班取得的全部歸該學校所有的收入。

全部歸該學校所有是指舉辦進修班、培訓班取得的全部收入進入該學校統一帳戶，並納入預算全額上繳財政專戶管理，同時由該學校對有關票據進行統一管理和開具。

舉辦進修班、培訓班取得的收入進入該學校下屬部門自行開設帳戶的，不予免徵增值稅。

（21）政府舉辦的職業學校設立的主要為在校學生提供實習場所、由學校出資自辦、由學校負責經營管理、經營收入歸學校所有的企業，從事《銷售服務、無形資產或者不動產註釋》中「現代服務」（不含融資租賃服務、廣告服務和其他現代服務）和「生活服務」（不含文化體育服務、其他生活服務和桑拿、氧吧）業務活動取得的收入。

（22）對按照國家規定的收費標準向學生收取的高校學生公寓住宿費收入、對高校學生食堂為高校師生提供餐飲服務取得的收入，自2016年5月1日起，在營改增試點期間免徵增值稅。

高校學生公寓是指為高校學生提供住宿服務，按照國家規定的收費標準收取住宿費的學生公寓。

高校學生食堂是指依照《學校食堂與學生集體用餐衛生管理規定》（教育部令第14號）管理的高校學生食堂。

（23）學生勤工儉學提供的服務。

（24）醫療機構提供的醫療服務。

醫療機構是指依據國務院《醫療機構管理條例》（國務院令第 149 號）及衛生部《醫療機構管理條例實施細則》（衛生部令第 35 號）的規定，經登記取得《醫療機構執業許可證》的機構以及軍隊、武警部隊各級各類醫療機構。其具體包括各級各類醫院、門診部（所）、社區衛生服務中心（站）、急救中心（站）、城鄉衛生院、護理院（所）、療養院、臨床檢驗中心、各級政府及有關部門舉辦的衛生防疫站（疾病控制中心）、各種專科疾病防治站（所）、各級政府舉辦的婦幼保健所（站）、母嬰保健機構、兒童保健機構、各級政府舉辦的血站（血液中心）等醫療機構。

所稱的醫療服務，是指醫療機構按照不高於地（市）級以上價格主管部門會同同級衛生主管部門及其他相關部門制定的醫療服務指導價格（包括政府指導價和按照規定由供需雙方協商確定的價格等）為就醫者提供《全國醫療服務價格項目規範》所列的各項服務以及醫療機構向社會提供衛生防疫、衛生檢疫的服務。

（25）托兒所、幼兒園提供的保育和教育服務。

托兒所、幼兒園是指經縣級以上教育部門審批成立、取得辦園許可證的實施 0~6 歲學前教育的機構，包括公辦和民辦的托兒所、幼兒園、學前班、幼兒班、保育院、幼兒院。

公辦托兒所、幼兒園免徵增值稅的收入是指在省級財政部門和價格主管部門審核報省級人民政府批准的收費標準以內收取的教育費、保育費。

民辦托兒所、幼兒園免徵增值稅的收入是指在報經當地有關部門備案並公示的收費標準範圍內收取的教育費、保育費。

超過規定收費標準的收費，以開辦實驗班、特色班與興趣班等為由另外收取的費用以及與幼兒入園掛勾的贊助費、支教費等超過規定範圍的收入，不屬於免徵增值稅的收入。

（26）殘疾人福利機構提供的育養服務。

（27）婚姻介紹服務。

（28）養老機構提供的養老服務。

養老機構是指依照民政部《養老機構設立許可辦法》（民政部令第 48 號）設立並依法辦理登記的為老年人提供集中居住和照料服務的各類養老機構；養老服務是指上述養老機構按照民政部《養老機構管理辦法》（民政部令第 49 號）的規定，為收住的老年人提供的生活照料、康復護理、精神慰藉、文化娛樂等服務。

（29）殯葬服務。

殯葬服務是指收費標準由各地價格主管部門會同有關部門核定，或者實行政府指導價管理的遺體接運（含抬屍、消毒）、遺體整容、遺體防腐、存放（含冷藏）、火化、骨灰寄存、吊唁設施設備租賃、墓穴租賃及管理等服務。

（30）家政服務企業由員工制家政服務員提供家政服務取得的收入。

家政服務企業是指在企業營業執照的規定經營範圍中包括家政服務內容的企業。

員工制家政服務員是指同時符合下列 3 個條件的家政服務員：

①依法與家政服務企業簽訂半年及半年以上的勞動合同或者服務協議，並且在該企業實際上崗工作。

②家政服務企業為其按月足額繳納了企業所在地人民政府根據國家政策規定的基本養老保險、基本醫療保險、工傷保險、失業保險等社會保險。對已享受新型農村養老保險和新型農村合作醫療等社會保險或者下崗職工原單位繼續為其繳納社會保險的家政服務員，如果本人書面提出不再繳納企業所在地人民政府根據國家政策規定的相應的社會保險，並出具其所在鄉鎮或者原單位開具的已繳納相關保險的證明，可視同家政服務企業已為其按月足額繳納了相應的社會保險。

③家政服務企業通過金融機構向其實際支付不低於企業所在地適用的經省級人民政府

批准的最低工資標準的工資。

（31）個人轉讓著作權。

（32）納稅人提供技術轉讓、技術開發和與之相關的技術諮詢、技術服務。

①技術轉讓、技術開發是指《銷售服務、無形資產、不動產註釋》中「轉讓技術」「研發服務」範圍內的業務活動。技術諮詢是指就特定技術項目提供可行性論證、技術預測、專題技術調查、分析評價報告等業務活動。

與技術轉讓、技術開發相關的技術諮詢、技術服務是指轉讓方（或者受託方）根據技術轉讓或者開發合同的規定，為幫助受讓方（或者委託方）掌握所轉讓（或者委託開發）的技術，而提供的技術諮詢、技術服務業務，並且這部分技術諮詢、技術服務的價款與技術轉讓或者技術開發的價款應當在同一張發票上開具。

②備案程序。試點納稅人申請免徵增值稅時，須持技術轉讓、開發的書面合同，到納稅人所在地省級科技主管部門進行認定，並持有關的書面合同和科技主管部門審核意見證明文件報主管稅務機關備查。

[案例5-42]某公司為一般納稅人，6月份取得含稅銷售額合計1,560萬元，其中提供電路設計及測試服務的銷售額1,060萬元，技術開發的銷售額500萬元。該公司當月進項稅額合計30萬元，其中提供電路設計及測試服務的進項稅額18萬元，技術開發的進項稅額12萬元。

①如果該公司銷售額不分別核算，計算應納增值稅。
②如果該公司銷售額分別核算，進項稅額分別核算，計算應納增值稅。
③如果該公司銷售額分別核算，進項稅額不分別核算，計算應納增值稅。

[解答]①如果銷售額不分別核算。
應納增值稅=1,560÷1.06×6%-30=88.30-30=58.30（萬元）
②如果銷售額分別核算，進項稅額分別核算。
應納增值稅=1,060÷1.06×6%-18=60-18=42（萬元）
③如果銷售額分別核算，進項稅額不分別核算。
應納增值稅=1,000×6%-30×1,000÷(1,000+500)=60-20=40（萬元）

（33）2018年12月31日前，公共租賃住房經營管理單位出租公共租賃住房。

公共租賃住房是指納入省、自治區、直轄市、計劃單列市人民政府及新疆生產建設兵團批准的公共租賃住房發展規劃和年度計劃，並按照《關於加快發展公共租賃住房的指導意見》（建保〔2010〕87號）和市、縣人民政府制定的具體管理辦法進行管理的公共租賃住房。

（34）軍隊空余房產租賃收入。

（35）為了配合國家住房制度改革，企業、行政事業單位按房改成本價、標準價出售住房取得的收入。

（36）在營改增試點期間，對符合條件的科技企業孵化器（含眾創空間）向孵化企業出租場地、房屋以及提供孵化服務的收入，免徵增值稅。

在營業稅改徵增值稅試點期間，對國家大學科技園向孵化企業出租場地、房屋以及提供孵化服務的收入，免徵增值稅。

所稱孵化服務，改徵增值稅后是指為孵化企業提供的經紀代理、經營租賃、研發和技術、信息技術、鑒證諮詢等服務。

（37）將土地使用權轉讓給農業生產者用於農業生產。

（38）涉及家庭財產分割的個人無償轉讓不動產、土地使用權。

家庭財產分割包括下列情形：離婚財產分割；無償贈與配偶、父母、子女、祖父母、

外祖父母、孫子女、外孫子女、兄弟姐妹；無償贈與對其承擔直接撫養或者贍養義務的撫養人或者贍養人；房屋產權所有人死亡，法定繼承人、遺囑繼承人或者受遺贈人依法取得房屋產權。

(39) 土地所有者出讓土地使用權和土地使用者將土地使用權歸還給土地所有者。

(40) 縣級以上地方人民政府或自然資源行政主管部門出讓、轉讓或收回自然資源使用權（不含土地使用權）。

(41) 隨軍家屬就業創業。

①為安置隨軍家屬就業而新開辦的企業，自領取稅務登記證之日起，其提供的應稅服務 3 年內免徵增值稅。

享受稅收優惠政策的企業，隨軍家屬必須占企業總人數的 60%（含）以上，並有軍（含）以上政治和后勤機關出具的證明。

②從事個體經營的隨軍家屬，自辦理稅務登記事項之日起，其提供的應稅服務 3 年內免徵增值稅。

隨軍家屬必須有師以上政治機關出具的可以表明其身分的證明。

按照上述規定，每一名隨軍家屬可以享受一次免稅政策。

(42) 軍隊轉業幹部就業創業。

①從事個體經營的軍隊轉業幹部，自領取稅務登記證之日起，其提供的應稅服務 3 年內免徵增值稅。

②為安置自主擇業的軍隊轉業幹部就業而新開辦的企業，凡安置自主擇業的軍隊轉業幹部占企業總人數 60%（含）以上的，自領取稅務登記證之日起，其提供的應稅服務 3 年內免徵增值稅。

享受上述優惠政策的自主擇業的軍隊轉業幹部必須持有師以上部隊頒發的轉業證件。

### 三、個人銷售住房徵免稅

(1) 個人銷售自建自用住房，免徵增值稅。

(2) 個人將購買不足 2 年的住房對外銷售的，按照 5%的徵收率全額繳納增值稅；個人將購買 2 年以上（含 2 年）的住房對外銷售的，免徵增值稅。上述政策適用於北京市、上海市、廣州市和深圳市之外的地區。

[案例 5-43] 2014 年 7 月 1 日，胡某在長沙市購買一套 150 平方米住房，購買時支付房屋價款 80 萬元，有購房合同、發票等有效憑證。2016 年 6 月，胡某工作調動，擬出售該套商品房，已與買主協商妥當，價格 150 萬元（含增值稅）。

①如果 2016 年 6 月 30 日前簽訂住房轉讓合同，計算應納增值稅。

②如果 2016 年 7 月 1 日后簽訂住房轉讓合同，計算應納增值稅。

[解答] ①如果 2016 年 6 月 30 日前簽訂住房轉讓合同，不足 2 年的住房，全額繳納增值稅。

應納增值稅＝150÷(1+5%)×5%＝7.14（萬元）

②如果 2016 年 7 月 1 日后簽訂住房轉讓合同，超過 2 年的住房，免徵增值稅，節省增值稅 7.14 萬元。

(3) 個人將購買不足 2 年的住房對外銷售的，按照 5%的徵收率全額繳納增值稅；個人將購買 2 年以上（含 2 年）的非普通住房對外銷售的，以銷售收入減去購買住房價款后的差額按照 5%的徵收率繳納增值稅；個人將購買 2 年以上（含 2 年）的普通住房對外銷售的，免徵增值稅。上述政策僅適用於北京市、上海市、廣州市和深圳市。

辦理免稅的具體程序、購買房屋的時間、開具發票、非購買形式取得住房行為及其他

相關稅收管理規定，按照《國務院辦公廳轉發建設部等部門關於做好穩定住房價格工作意見的通知》（國辦發〔2005〕26號）、《國家稅務總局 財政部 建設部關於加強房地產稅收管理的通知》（國稅發〔2005〕89號）和《國家稅務總局關於房地產稅收政策執行中幾個具體問題的通知》（國稅發〔2005〕172號）的有關規定執行。

[案例5-44] 2014年10月1日，朱某在深圳市購買一套別墅，購買時支付房屋價款800萬元，有購房合同、發票等有效憑證。2016年9月，朱某因需要資金，擬出售該套別墅，已與買主協商妥當，價格1,000萬元（含增值稅）。

①如果2016年9月30日前簽訂別墅轉讓合同，計算應納增值稅。
②如果2016年10月1日后簽訂別墅轉讓合同，計算應納增值稅。

[解答] ①如果2016年9月30日前簽訂別墅轉讓合同，不足2年的非普通住房，全額繳納增值稅。

應納增值稅 = 1,000÷(1+5%)×5% = 47.62（萬元）

②如果2016年10月1日后簽訂別墅轉讓合同，超過2年的非普通住房，差額繳納增值稅。

應納增值稅 = (1,000-800)÷(1+5%)×5% = 9.52（萬元）

2016年10月1日后簽訂別墅轉讓合同，節省增值稅 = 47.62-9.52 = 38.1（萬元）

### 四、符合條件的小規模納稅人免稅

（1）個人銷售額未達到增值稅起徵點的，免徵增值稅；達到起徵點的，全額計算繳納增值稅。

增值稅起徵點不適用於登記為一般納稅人的個體工商戶。

增值稅起徵點幅度如下：

①按期納稅的，為月銷售額5,000~20,000元（含本數）。
②按次納稅的，為每次（日）銷售額300~500元（含本數）。

起徵點的調整由財政部和國家稅務總局規定。省、自治區、直轄市財政廳（局）和國家稅務局應當在規定的幅度內，根據實際情況確定本地區適用的起徵點，並報財政部和國家稅務總局備案。

（2）對增值稅小規模納稅人中月銷售額未達到2萬元的企業或非企業性單位，免徵增值稅。

（3）2017年12月31日前，對月銷售額2萬元（含本數）至3萬元的增值稅小規模納稅人，免徵增值稅。

①增值稅小規模納稅人應分別核算銷售貨物，提供加工、修理修配勞務的銷售額以及銷售服務、無形資產的銷售額。增值稅小規模納稅人銷售貨物，提供加工、修理修配勞務月銷售額不超過3萬元（按季納稅9萬元），銷售服務、無形資產月銷售額不超過3萬元（按季納稅9萬元）的，自2016年5月1日起至2017年12月31日，可分別享受小微企業暫免徵收增值稅優惠政策。

②按照現行規定，適用增值稅差額徵收政策的增值稅小規模納稅人，以差額前的銷售額確定是否可以享受3萬元（按季納稅9萬元）以下免徵增值稅政策。

③按季納稅申報的增值稅小規模納稅人，實際經營期不足一個季度的，以實際經營月份計算當期可享受小微企業免徵增值稅政策的銷售額度。

④其他個人採取一次性收取租金的形式出租不動產，取得的租金收入可在租金對應的租賃期內平均分攤，分攤后的月租金收入不超過3萬元的，可享受小微企業免徵增值稅優惠政策。

⑤增值稅小規模納稅人月銷售額不超過 3 萬元（按季納稅 9 萬元）的，當期因代開增值稅專用發票已經繳納的稅款，在專用發票全部聯次追回或者按規定開具紅字專用發票后，可以向主管稅務機關申請退還。

[案例 5-45] 甲個體戶、乙個體戶均提供修理修配勞務，均為增值稅小規模納稅人，納稅期限均為 1 個季度。第四季度甲、乙含增值稅銷售額分別為 92,700 元、92,800 元。分別計算甲、乙應納增值稅。

[解答] 甲季度銷售額＝92,700÷(1+3%)＝90,000≤90,000（元）
免徵增值稅。
甲稅后營業收入 92,700 元。
乙季度銷售額＝92,800÷(1+3%)＝90,097.09＞90,000（元）
應全額計算繳納增值稅。
乙應納增值稅＝90,097.09×3%＝2,720.91（元）
乙稅后營業收入＝92,800-2,720.91＝90,097.09（元）
稅前乙比甲營業收入多＝92,800-92,700＝100（元）
稅后乙比甲營業收入少＝92,700-90,097.09＝2,602.91（元）

**五、減稅**

（一）增值稅稅控系統專用設備和技術維護費用

（1）增值稅納稅人 2011 年 12 月 1 日（含，下同）以后初次購買增值稅稅控系統專用設備（包括分開票機）支付的費用，可憑購買增值稅稅控系統專用設備取得的增值稅專用發票，在增值稅應納稅額中全額抵減（抵減額為價稅合計額），不足抵減的可結轉下期繼續抵減。增值稅納稅人非初次購買增值稅稅控系統專用設備支付的費用，由其自行負擔，不得在增值稅應納稅額中抵減。

增值稅發票系統升級版納稅人端稅控設備包括金稅盤和稅控盤（以下統稱專用設備）。專用設備均可開具增值稅專用發票、增值稅普通發票、機動車銷售統一發票和增值稅電子普通發票。

（2）增值稅納稅人 2011 年 12 月 1 日以后繳納的技術維護費（不含補繳的 2011 年 11 月 30 日以前的技術維護費），可憑技術維護服務單位開具的技術維護費發票，在增值稅應納稅額中全額抵減，不足抵減的可結轉下期繼續抵減。技術維護費按照價格主管部門核定的標準執行。

（3）增值稅一般納稅人支付的二項費用在增值稅應納稅額中全額抵減的，其增值稅專用發票不作為增值稅抵扣憑證，其進項稅額不得從銷項稅額中抵扣。

[案例 5-46] 某公司 2017 年 1 月初次購買增值稅稅控系統專用設備（金稅盤），以銀行存款支付 490 元，並以銀行存款支付 2017 年度技術維護費 330 元。計算減免增值稅並進行稅務會計處理。

[解答] 減免增值稅＝490+330＝820（元）
借：管理費用　　　　　　　　　　　　　　　　　　　　　　820
　　貸：銀行存款　　　　　　　　　　　　　　　　　　　　820
借：應交稅費——應交增值稅（減免稅額）　　　　　　　　820
　　貸：管理費用　　　　　　　　　　　　　　　　　　　820

（二）退役士兵創業就業

（1）對自主就業退役士兵從事個體經營的，在 3 年內按每戶每年 8,000 元為限額依次扣減其當年實際應繳納的增值稅、城市維護建設稅、教育費附加、地方教育附加和個人所

得稅。限額標準最高可上浮20%，各省、自治區、直轄市人民政府可根據本地區實際情況在此幅度內確定具體限額標準，並報財政部和國家稅務總局備案。

納稅人年度應繳納稅款小於上述扣減限額的，以其實際繳納的稅款為限；大於上述扣減限額的，應以上述扣減限額為限。納稅人的實際經營期不足一年的，應當以實際月份換算其減免稅限額。其換算公式為：

減免稅限額＝年度減免稅限額÷12×實際經營月數

納稅人在享受稅收優惠政策的當月，持「中國人民解放軍義務兵退出現役證」或「中國人民解放軍士官退出現役證」以及稅務機關要求的相關材料向主管稅務機關備案。

（2）對商貿企業、服務型企業、勞動就業服務企業中的加工型企業和街道社區具有加工性質的小型企業實體，在新增加的崗位中，當年新招用自主就業退役士兵，與其簽訂1年以上期限勞動合同並依法繳納社會保險費的，在3年內按實際招用人數予以定額依次扣減增值稅、城市維護建設稅、教育費附加、地方教育附加和企業所得稅優惠。定額標準為每人每年4,000元，最高可上浮50%，各省、自治區、直轄市人民政府可根據本地區實際情況在此幅度內確定具體定額標準，並報財政部和國家稅務總局備案。

所稱服務型企業，是指從事《銷售服務、無形資產、不動產註釋》中「不動產租賃服務」以及「商務輔助服務」（不含貨物運輸代理和代理報關服務）和「生活服務」（不含文化體育服務）範圍內業務活動的企業以及按照《民辦非企業單位登記管理暫行條例》（國務院令第251號）登記成立的民辦非企業單位。

納稅人按企業招用人數和簽訂的勞動合同時間核定企業減免稅總額，在核定減免稅總額內每月依次扣減增值稅、城市維護建設稅、教育費附加和地方教育附加。納稅人實際應繳納的增值稅、城市維護建設稅、教育費附加和地方教育附加小於核定減免稅總額的，以實際應繳納的增值稅、城市維護建設稅、教育費附加和地方教育附加為限；實際應繳納的增值稅、城市維護建設稅、教育費附加和地方教育附加大於核定減免稅總額的，以核定減免稅總額為限。

納稅年度終了，如果企業實際減免的增值稅、城市維護建設稅、教育費附加和地方教育附加小於核定的減免稅總額，企業在企業所得稅匯算清繳時扣減企業所得稅。當年扣減不足的，不再結轉以后年度扣減。

其計算公式為：

企業減免稅總額＝Σ每名自主就業退役士兵本年度在本企業工作月份÷12×定額標準

企業自招用自主就業退役士兵的次月起享受稅收優惠政策，並於享受稅收優惠政策的當月，持下列材料向主管稅務機關備案：

①新招用自主就業退役士兵的「中國人民解放軍義務兵退出現役證」或「中國人民解放軍士官退出現役證」。

②企業與新招用自主就業退役士兵簽訂的勞動合同（副本）和企業為職工繳納的社會保險費記錄。

③自主就業退役士兵本年度在企業工作時間表。

④主管稅務機關要求的其他相關材料。

（3）上述所稱自主就業退役士兵是指依照《退役士兵安置條例》（國務院、中央軍委令第608號）的規定退出現役並按自主就業方式安置的退役士兵。

（4）上述稅收優惠政策的執行期限為2016年5月1日至2016年12月31日，納稅人在2016年12月31日未享受滿3年的，可繼續享受至3年期滿為止。

按照《財政部 國家稅務總局 民政部關於調整完善扶持自主就業退役士兵創業就業有關稅收政策的通知》（財稅〔2014〕42號）規定享受營業稅優惠政策的納稅人，自2016年

5月1日起按照上述規定享受增值稅優惠政策，在2016年12月31日未享受滿3年的，可繼續享受至3年期滿為止。

《財政部 國家稅務總局關於將鐵路運輸和郵政業納入營業稅改徵增值稅試點的通知》（財稅〔2013〕106號）附件3第一條第（十二）項城鎮退役士兵就業免徵增值稅政策，自2014年7月1日起停止執行。在2014年6月30日未享受滿3年的，可繼續享受至3年期滿為止。

（三）重點群體創業就業

（1）對持「就業創業證」（註明「自主創業稅收政策」或「畢業年度內自主創業稅收政策」）或2015年1月27日前取得的「就業失業登記證」（註明「自主創業稅收政策」或附著「高校畢業生自主創業證」）的人員從事個體經營的，在3年內按每戶每年8,000元為限額依次扣減其當年實際應繳納的增值稅、城市維護建設稅、教育費附加、地方教育附加和個人所得稅。限額標準最高可上浮20%，各省、自治區、直轄市人民政府可根據本地區實際情況在此幅度內確定具體限額標準，並報財政部和國家稅務總局備案。

納稅人年度應繳納稅款小於上述扣減限額的，以其實際繳納的稅款為限；大於上述扣減限額的，應以上述扣減限額為限。

上述人員是指：

①在人力資源社會保障部門公共就業服務機構登記失業半年以上的人員。

②零就業家庭、享受城市居民最低生活保障家庭勞動年齡內的登記失業人員。

③畢業年度內高校畢業生。高校畢業生是指實施高等學歷教育的普通高等學校、成人高等學校畢業的學生；畢業年度是指畢業所在自然年，即1月1日至12月31日。

（2）對商貿企業、服務型企業、勞動就業服務企業中的加工型企業和街道社區具有加工性質的小型企業實體，在新增加的崗位中，當年新招用在人力資源社會保障部門公共就業服務機構登記失業半年以上且持「就業創業證」或2015年1月27日前取得的「就業失業登記證」（註明「企業吸納稅收政策」）人員，與其簽訂1年以上期限勞動合同並依法繳納社會保險費的，在3年內按實際招用人數予以定額依次扣減增值稅、城市維護建設稅、教育費附加、地方教育附加和企業所得稅優惠。定額標準為每人每年4,000元，最高可上浮30%，各省、自治區、直轄市人民政府可根據本地區實際情況在此幅度內確定具體定額標準，並報財政部和國家稅務總局備案。

按上述標準計算的稅收扣減額應在企業當年實際應繳納的增值稅、城市維護建設稅、教育費附加、地方教育附加和企業所得稅稅額中扣減，當年扣減不足的，不得結轉下年使用。

所稱服務型企業，是指從事《銷售服務、無形資產、不動產註釋》中「不動產租賃服務」「商務輔助服務」（不含貨物運輸代理和代理報關服務）和「生活服務」（不含文化體育服務）範圍內業務活動的企業以及按照《民辦非企業單位登記管理暫行條例》（國務院令第251號）登記成立的民辦非企業單位。

（3）享受上述優惠政策的人員按以下規定申領「就業創業證」：

①按照《就業服務與就業管理規定》（勞動和社會保障部令第28號）第六十三條的規定，在法定勞動年齡內，有勞動能力，有就業要求，處於無業狀態的城鎮常住人員，在公共就業服務機構進行失業登記，申領「就業創業證」。其中，農村進城務工人員和其他非本地戶籍人員在常住地穩定就業滿6個月的，失業后可以在常住地登記。

②零就業家庭憑社區出具的證明，城鎮低保家庭憑低保證明，在公共就業服務機構登記失業，申領「就業創業證」。

③畢業年度內高校畢業生在校期間憑學生證向公共就業服務機構按規定申領「就業創

業證」，或委託所在高校就業指導中心向公共就業服務機構按規定代為其申領「就業創業證」；畢業年度內高校畢業生離校后直接向公共就業服務機構按規定申領「就業創業證」。

④上述人員申領相關憑證后，由就業和創業地人力資源社會保障部門對人員範圍、就業失業狀態、已享受政策情況進行核實，在「就業創業證」上註明「自主創業稅收政策」「畢業年度內自主創業稅收政策」或「企業吸納稅收政策」字樣，同時符合自主創業和企業吸納稅收政策條件的，可同時加註；主管稅務機關在「就業創業證」上加蓋戳記，註明減免稅所屬時間。

(4) 上述稅收優惠政策的執行期限為 2016 年 5 月 1 日至 2016 年 12 月 31 日，納稅人在 2016 年 12 月 31 日未享受滿 3 年的，可繼續享受至 3 年期滿為止。

按照《財政部 國家稅務總局 人力資源社會保障部關於繼續實施支持和促進重點群體創業就業有關稅收政策的通知》（財稅〔2014〕39 號）規定享受營業稅優惠政策的納稅人，自 2016 年 5 月 1 日起按照上述規定享受增值稅優惠政策，在 2016 年 12 月 31 日未享受滿 3 年的，可繼續享受至 3 年期滿為止。

《財政部 國家稅務總局關於將鐵路運輸和郵政業納入營業稅改徵增值稅試點的通知》（財稅〔2013〕106 號）附件 3 第一條第（十三）項失業人員就業增值稅優惠政策，自 2014 年 1 月 1 日起停止執行。在 2013 年 12 月 31 日未享受滿 3 年的，可繼續享受至 3 年期滿為止。

### 六、即徵即退或先徵后退

(一) 安置殘疾人即徵即退

對安置殘疾人的單位和個體工商戶（以下稱納稅人），實行由稅務機關按納稅人安置殘疾人的人數，限額即徵即退增值稅的辦法。

安置的每位殘疾人每月可退還的增值稅具體限額，由縣級以上稅務機關根據納稅人所在區縣（含縣級市、旗，下同）適用的經省（含自治區、直轄市、計劃單列市，下同）人民政府批准的月最低工資標準的 4 倍確定。

享受稅收優惠政策的條件如下：

(1) 納稅人（除盲人按摩機構外）月安置的殘疾人占在職職工人數的比例不低於 25%（含 25%），並且安置的殘疾人人數不少於 10 人（含 10 人）。

盲人按摩機構月安置的殘疾人占在職職工人數的比例不低於 25%（含 25%），並且安置的殘疾人人數不少於 5 人（含 5 人）。

(2) 依法與安置的每位殘疾人簽訂了一年以上（含一年）的勞動合同或服務協議。

(3) 為安置的每位殘疾人按月足額繳納了基本養老保險、基本醫療保險、失業保險、工傷保險和生育保險等社會保險。

(4) 通過銀行等金融機構向安置的每位殘疾人，按月支付了不低於納稅人所在區縣適用的經省人民政府批准的月最低工資標準的工資。

上述規定的增值稅優惠政策僅適用於生產銷售貨物，提供加工、修理修配勞務以及提供營改增現代服務和生活服務稅目（不含文化體育服務和娛樂服務）範圍的服務取得的收入之和，占其增值稅收入的比例達到 50%的納稅人，但不適用於上述納稅人直接銷售外購貨物（包括商品批發和零售）以及銷售委託加工的貨物取得的收入。

納稅人應當分別核算上述享受稅收優惠政策和不得享受稅收優惠政策業務的銷售額，不能分別核算的，不得享受規定的優惠政策。

如果既適用促進殘疾人就業增值稅優惠政策，又適用重點群體、退役士兵、隨軍家屬、軍轉幹部等支持就業的增值稅優惠政策的，納稅人可自行選擇適用的優惠政策，但不能累加執行。一經選定，36 個月內不得變更。

（二）軟件產品即徵即退

（1）增值稅一般納稅人銷售其自行開發生產的軟件產品，按 17% 稅率徵收增值稅后，對其增值稅實際稅負超過 3% 的部分實行即徵即退政策。

增值稅一般納稅人將進口軟件產品進行本地化改造后對外銷售，其銷售的軟件產品可享受上述規定的增值稅即徵即退政策。

本地化改造是指對進口軟件產品進行重新設計、改進、轉換等，單純對進口軟件產品進行漢字化處理不包括在內。

（2）軟件產品增值稅即徵即退稅額的計算方法如下：

即徵即退稅額＝當期軟件產品增值稅應納稅額－當期軟件產品銷售額×3%

當期軟件產品增值稅應納稅額＝當期軟件產品銷項稅額－當期軟件產品可抵扣進項稅額

當期軟件產品銷項稅額＝當期軟件產品銷售額×17%

（3）嵌入式軟件產品增值稅即徵即退稅額的計算。

①嵌入式軟件產品增值稅即徵即退稅額的計算方法如下：

即徵即退稅額＝當期嵌入式軟件產品增值稅應納稅額－當期嵌入式軟件產品銷售額×3%

當期嵌入式軟件產品增值稅應納稅額＝當期嵌入式軟件產品銷項稅額－當期嵌入式軟件產品可抵扣進項稅額

當期嵌入式軟件產品銷項稅額＝當期嵌入式軟件產品銷售額×17%

②當期嵌入式軟件產品銷售額的計算公式如下：

當期嵌入式軟件產品銷售額＝當期嵌入式軟件產品與計算機硬件、機器設備銷售額合計－當期計算機硬件、機器設備銷售額

計算機硬件、機器設備銷售額按照下列順序確定：

第一，按納稅人最近同期同類貨物的平均銷售價格計算確定；

第二，按其他納稅人最近同期同類貨物的平均銷售價格計算確定；

第三，按計算機硬件、機器設備組成計稅價格計算確定。

計算機硬件、機器設備組成計稅價格＝計算機硬件、機器設備成本×（1+10%）

[案例 5-47] 某軟件公司為一般納稅人，11 月份購買原材料，取得增值稅專用發票，註明金額 120 萬元，稅額 20.4 萬元；銷售軟件產品，取得含增值稅銷售額 702 萬元。計算該軟件公司 11 月份應納增值稅、即徵即退增值稅。

[解答] 應納增值稅＝702÷（1+17%）×17%－20.4＝81.6（萬元）

即徵即退增值稅＝81.6－702÷（1+17%）×3%＝81.6－18＝63.6（萬元）

（三）動漫軟件即徵即退

自 2011 年 1 月 1 日起至 2017 年 12 月 31 日止，對屬於增值稅一般納稅人的動漫企業銷售其自主開發生產的動漫軟件，按 17% 的稅率徵收增值稅后，對其增值稅實際稅負超過 3% 的部分，實行即徵即退政策。動漫軟件出口免徵增值稅。上述動漫軟件，按照軟件產品相關規定執行。

（四）水力發電即徵即退

裝機容量超過 100 萬千瓦的水力發電站（含抽水蓄能電站）銷售自產電力產品，自 2016 年 1 月 1 日起至 2017 年 12 月 31 日止，對其增值稅實際稅負超過 12% 的部分實行即徵即退政策。

所稱的裝機容量，是指單站發電機組額定裝機容量的總和。該額定裝機容量包括項目核准（審批）機關依權限核准（審批）的水力發電站總裝機容量（含分期建設和擴機）以及后續因技術改造升級等原因經批准增加的裝機容量。

（五）風力發電即徵即退

自 2015 年 7 月 1 日起，對納稅人銷售自產的利用風力生產的電力產品，實行增值稅即徵即退 50%的政策。

[案例 5-48] 某公司為一般納稅人，利用風力生產電力產品。該公司 12 月份以銀行存款購買設備，取得增值稅專用發票，註明金額 150 萬元、稅額 25.5 萬元；銷售電力產品，取得含增值稅銷售額 585 萬元，存入銀行。

計算該公司應納增值稅、即徵即退增值稅並進行稅務會計處理。

[解答] ①購買設備。

借：固定資產　　　　　　　　　　　　　　　　　　　　　1,500,000
　　應交稅費——應交增值稅（進項稅額）　　　　　　　　　　255,000
　貸：銀行存款　　　　　　　　　　　　　　　　　　　　　1,755,000

②銷售產品。

借：銀行存款　　　　　　　　　　　　　　　　　　　　　5,850,000
　貸：主營業務收入　　　　　　　　　　　　　　　　　　5,000,000
　　　應交稅費——應交增值稅（銷項稅額）　　　　　　　　　850,000

③應納增值稅 = 585÷(1+17%)×17%－25.5 = 59.5（萬元）

如果 1 月繳納 1 月的增值稅。

借：應交稅費——應交增值稅（已交稅額）　　　　　　　　　595,000
　貸：銀行存款　　　　　　　　　　　　　　　　　　　　　595,000

如果 2 月繳納 1 月未交的增值稅。

借：應交增值稅——未交增值稅　　　　　　　　　　　　　　595,000
　貸：銀行存款　　　　　　　　　　　　　　　　　　　　　595,000

④計算即徵即退增值稅 = 59.5×50% = 29.75（萬元）

借：其他應收款　　　　　　　　　　　　　　　　　　　　　297,500
　貸：營業外收入——政府補助　　　　　　　　　　　　　　297,500

⑤收到退還的增值稅。

借：銀行存款　　　　　　　　　　　　　　　　　　　　　　297,500
　貸：其他應收款　　　　　　　　　　　　　　　　　　　　297,500

（六）光伏發電即徵即退

2016 年 1 月 1 日至 2018 年 12 月 31 日，對納稅人銷售自產的利用太陽能生產的電力產品，實行增值稅即徵即退 50%的政策。此規定出抬前已徵的按本規定應予退還的增值稅，可抵減納稅人以後月份應繳納的增值稅或予以退還。

（七）資源綜合利用即徵即退

（1）自 2015 年 7 月 1 日起，納稅人銷售自產的資源綜合利用產品和提供資源綜合利用勞務（以下稱銷售綜合利用產品和勞務），可享受增值稅即徵即退政策。具體綜合利用的資源名稱、綜合利用產品和勞務名稱、技術標準和相關條件、退稅比例等按照《資源綜合利用產品和勞務增值稅優惠目錄》的相關規定執行。

（2）納稅人從事《資源綜合利用產品和勞務增值稅優惠目錄》所列的資源綜合利用項目，其申請享受規定的增值稅即徵即退政策時，應同時符合下列條件：

①屬於增值稅一般納稅人。

②銷售綜合利用產品和勞務，不屬於國家發展改革委《產業結構調整指導目錄》中的禁止類、限制類項目。

③銷售綜合利用產品和勞務，不屬於環境保護部《環境保護綜合名錄》中的「高污

染、高環境風險」產品或者重污染工藝。

④綜合利用的資源，屬於環境保護部《國家危險廢物名錄》列明的危險廢物的，應當取得省級及以上環境保護部門頒發的「危險廢物經營許可證」，並且許可經營範圍包括該危險廢物的利用。

⑤納稅信用等級不屬於稅務機關評定的 C 級或 D 級。

納稅人在辦理退稅事宜時，應向主管稅務機關提供其符合規定的上述條件以及《資源綜合利用產品和勞務增值稅優惠目錄》規定的技術標準和相關條件的書面聲明材料，未提供書面聲明材料或者出具虛假材料的，稅務機關不得給予退稅。

（八）新型牆體材料即徵即退

（1）自 2015 年 7 月 1 日起，對納稅人銷售自產的列入所附《享受增值稅即徵即退政策的新型牆體材料目錄》的新型牆體材料，實行增值稅即徵即退 50%的政策。

（2）納稅人銷售自產的《享受增值稅即徵即退政策的新型牆體材料目錄》所列新型牆體材料，其申請享受規定的增值稅優惠政策時，應同時符合下列條件：

①銷售自產的新型牆體材料，不屬於國家發展和改革委員會《產業結構調整指導目錄》中的禁止類、限制類項目。

②銷售自產的新型牆體材料，不屬於環境保護部《環境保護綜合名錄》中的「高污染、高環境風險」產品或者重污染工藝。

③納稅信用等級不屬於稅務機關評定的 C 級或 D 級。

納稅人在辦理退稅事宜時，應向主管稅務機關提供其符合上述條件的書面聲明材料，未提供書面聲明材料或者出具虛假材料的，稅務機關不得給予退稅。

（九）管道運輸服務即徵即退

一般納稅人提供管道運輸服務，對其增值稅實際稅負超過 3%的部分實行增值稅即徵即退政策。

（十）融資租賃和融資性售后回租即徵即退

經人民銀行、銀監會或者商務部批准從事融資租賃業務的試點納稅人中的一般納稅人，提供有形動產融資租賃服務和有形動產融資性售后回租服務，對其增值稅實際稅負超過 3%的部分實行增值稅即徵即退政策。商務部授權的省級商務主管部門和國家經濟技術開發區批准的從事融資租賃業務和融資性售后回租業務的試點納稅人中的一般納稅人，2016 年 5 月 1 日後實收資本達到 1.7 億元的，從達到標準的當月起按照上述規定執行；2016 年 5 月 1 日後實收資本未達到 1.7 億元但註冊資本達到 1.7 億元的，在 2016 年 7 月 31 日前仍可按照上述規定執行，2016 年 8 月 1 日後開展的有形動產融資租賃業務和有形動產融資性售后回租業務不得按照上述規定執行。

所稱增值稅實際稅負，是指納稅人當期提供應稅服務實際繳納的增值稅額占納稅人當期提供應稅服務取得的全部價款和價外費用的比例。

一般納稅人提供管道運輸服務和有形動產融資租賃服務，按照《營業稅改徵增值稅試點過渡政策的規定》（財稅〔2013〕106 號）第二條有關規定適用的增值稅實際稅負超過 3%部分即徵即退政策，在 2016 年 1 月 1 日至 4 月 30 日期間繼續執行。

（十一）宣傳文化先徵后退

（1）自 2013 年 1 月 1 日起至 2017 年 12 月 31 日止，對下列出版物在出版環節執行增值稅 100%先徵后退的政策：

①中國共產黨和各民主黨派的各級組織的機關報紙和機關期刊，各級人大、政協、政府、工會、共青團、婦聯、殘聯、科協的機關報紙和機關期刊，新華社的機關報紙和機關期刊，軍事部門的機關報紙和機關期刊。

上述各級組織不含其所屬部門。機關報紙和機關期刊增值稅先徵后退範圍掌握在一個單位一份報紙和一份期刊以內。

②專為少年兒童出版發行的報紙和期刊、中小學的學生課本。

③專為老年人出版發行的報紙和期刊。

④少數民族文字出版物。

⑤盲文圖書和盲文期刊。

⑥經批准在內蒙古、廣西、西藏、寧夏、新疆五個自治區內註冊的出版單位出版的出版物。

⑦列入「適用增值稅100％先徵后退政策的特定圖書、報紙和期刊名單」的圖書、報紙和期刊。

（2）自2013年1月1日起至2017年12月31日止，對下列出版物在出版環節執行增值稅先徵后退50％的政策：

①各類圖書、期刊、音像製品、電子出版物，但上述規定執行增值稅100％先徵后退的出版物除外。

②列入「適用增值稅50％先徵后退政策的報紙名單」的報紙。

（3）自2013年1月1日起至2017年12月31日止，對下列印刷、製作業務執行增值稅100％先徵后退的政策：

①對少數民族文字出版物的印刷或製作業務。

②列入「適用增值稅100％先徵后退政策的新疆維吾爾自治區印刷企業名單」的新疆維吾爾自治區印刷企業的印刷業務。

## 第七節　出口（跨境）增值稅

出口貨物、對外提供加工修理修配勞務（以下統稱出口貨物勞務，包括視同出口貨物）跨境應稅行為，增值稅政策包括出口（跨境）免稅並退稅，即增值稅退（免）稅政策；出口（跨境）免稅不退稅，即增值稅免稅政策；出口（跨境）不免稅不退稅政策，即增值稅徵稅政策。

對於適用增值稅免稅政策的出口貨物勞務，出口企業或其他單位可以依照現行增值稅有關規定放棄免稅，並依照增值稅徵稅政策的規定繳納增值稅。

納稅人發生應稅行為同時適用免稅和零稅率規定的，納稅人可以選擇適用免稅或者零稅率。

境內的單位和個人銷售適用增值稅零稅率的服務或無形資產的，可以放棄適用增值稅零稅率，選擇免稅或按規定繳納增值稅。放棄適用增值稅零稅率后，36個月內不得再申請適用增值稅零稅率。

### 一、出口（跨境）退（免）稅政策

（一）出口貨物勞務退（免）稅範圍

對下列出口貨物勞務，除另有規定外，實行免徵和退還增值稅［以下稱增值稅退（免）稅］政策：

1. 出口企業出口貨物

所稱出口企業，是指依法辦理工商登記、稅務登記、對外貿易經營者備案登記，自營或委託出口貨物的單位或個體工商戶以及依法辦理工商登記、稅務登記但未辦理對外貿易

經營者備案登記，委託出口貨物的生產企業。

所稱出口貨物，是指向海關報關后實際離境並銷售給境外單位或個人的貨物，分為自營出口貨物和委託出口貨物兩類。

所稱生產企業，是指具有生產能力（包括加工修理修配能力）的單位或個體工商戶。

2. 出口企業或其他單位視同出口貨物

出口企業或其他單位視同出口貨物具體是指：

（1）出口企業對外援助、對外承包、境外投資的出口貨物。

（2）出口企業經海關報關進入國家批准的出口加工區、保稅物流園區、保稅港區、綜合保稅區、珠澳跨境工業區（珠海園區）、中哈霍爾果斯國際邊境合作中心（中方配套區域）、保稅物流中心（B型）（以下統稱特殊區域）並銷售給特殊區域內單位或境外單位、個人的貨物。

（3）免稅品經營企業銷售的貨物（國家規定不允許經營和限制出口的貨物、卷菸和超出免稅品經營企業「企業法人營業執照」規定經營範圍的貨物除外）。其具體是指：

①中國免稅品（集團）有限責任公司向海關報關運入海關監管倉庫，專供其經國家批准設立的統一經營、統一組織進貨、統一制定零售價格、統一管理的免稅店銷售的貨物；

②國家批准的除中國免稅品（集團）有限責任公司外的免稅品經營企業，向海關報關運入海關監管倉庫，專供其所屬的首都機場口岸海關隔離區內的免稅店銷售的貨物；

③國家批准的除中國免稅品（集團）有限責任公司外的免稅品經營企業所屬的上海虹橋、浦東機場海關隔離區內的免稅店銷售的貨物。

（4）出口企業或其他單位銷售給用於國際金融組織或外國政府貸款國際招標建設項目的中標機電產品（以下稱中標機電產品）。中標機電產品包括外國企業中標再分包給出口企業或其他單位的機電產品。

（5）生產企業向海上石油天然氣開採企業銷售的自產的海洋工程結構物。

（6）出口企業或其他單位銷售給國際運輸企業用於國際運輸工具上的貨物。上述規定暫僅適用於外輪供應公司、遠洋運輸供應公司銷售給外輪、遠洋國輪的貨物，國內航空供應公司生產銷售給國內和國外航空公司國際航班的航空食品。

（7）出口企業或其他單位銷售給特殊區域內生產企業生產耗用且不向海關報關而輸入特殊區域的水（包括蒸汽）、電力、燃氣（以下稱輸入特殊區域的水電氣）。

除另有規定外，視同出口貨物適用出口貨物的各項規定。

3. 出口企業對外提供加工修理修配勞務

對外提供加工修理修配勞務是指對進境復出口貨物或從事國際運輸的運輸工具進行的加工修理修配。

4. 視同自產貨物的具體範圍

（1）持續經營以來從未發生騙取出口退稅、虛開增值稅專用發票或農產品收購發票、接受虛開增值稅專用發票（善意取得虛開增值稅專用發票除外）行為且同時符合下列條件的生產企業出口的外購貨物，可視同自產貨物適用增值稅退（免）稅政策：

①已取得增值稅一般納稅人資格。

②已持續經營2年及2年以上。

③納稅信用等級A級。

④上一年度銷售額5億元以上。

⑤外購出口的貨物與本企業自產貨物同類型或具有相關性。

（2）持續經營以來從未發生騙取出口退稅、虛開增值稅專用發票或農產品收購發票、接受虛開增值稅專用發票（善意取得虛開增值稅專用發票除外）行為但不能同時符合上述

規定的條件的生產企業，出口的外購貨物符合下列條件之一的，可視同自產貨物申報適用增值稅退（免）稅政策：

①同時符合下列條件的外購貨物：

第一，與本企業生產的貨物名稱、性能相同。

第二，使用本企業註冊商標或境外單位或個人提供給本企業使用的商標。

第三，出口給進口本企業自產貨物的境外單位或個人。

②與本企業所生產的貨物屬於配套出口，並且出口給進口本企業自產貨物的境外單位或個人的外購貨物，符合下列條件之一的：

第一，用於維修本企業出口的自產貨物的工具、零部件、配件。

第二，不經過本企業加工或組裝，出口后能直接與本企業自產貨物組合成成套設備的貨物。

③經集團公司總部所在地的地級以上國家稅務局認定的集團公司，其控股（按照《中華人民共和國公司法》第二百一十七條規定的口徑執行）的生產企業之間收購的自產貨物以及集團公司與其控股的生產企業之間收購的自產貨物。

④同時符合下列條件的委託加工貨物：

第一，與本企業生產的貨物名稱、性能相同，或者是用本企業生產的貨物再委託深加工的貨物。

第二，出口給進口本企業自產貨物的境外單位或個人。

第三，委託方與受託方必須簽訂委託加工協議，並且主要原材料必須由委託方提供，受託方不墊付資金，只收取加工費，開具加工費（含代墊的輔助材料）的增值稅專用發票。

⑤用於本企業中標項目下的機電產品。

⑥用於對外承包工程項目下的貨物。

⑦用於境外投資的貨物。

⑧用於對外援助的貨物。

⑨生產自產貨物的外購設備和原材料（農產品除外）。

（二）跨境服務和無形資產零稅率範圍

境內的單位和個人銷售的下列服務和無形資產，適用增值稅零稅率：

（1）國際運輸服務。

國際運輸服務是指：

①在境內載運旅客或者貨物出境。

②在境外載運旅客或者貨物入境。

③在境外載運旅客或者貨物。

按照國家有關規定應取得相關資質的國際運輸服務項目，納稅人取得相關資質的，適用增值稅零稅率政策；未取得的，適用增值稅免稅政策。

境內的單位或個人提供承租服務，如果租賃的交通工具用於國際運輸服務和港澳臺運輸服務，由出租方按規定申請適用增值稅零稅率。

境內的單位和個人向境內單位或個人提供期租、濕租服務，如果承租方利用租賃的交通工具向其他單位或個人提供國際運輸服務和港澳臺運輸服務，由承租方適用增值稅零稅率。境內的單位或個人向境外單位或個人提供期租、濕租服務，由出租方適用增值稅零稅率。

境內單位和個人以無運輸工具承運方式提供的國際運輸服務，由境內實際承運人適用增值稅零稅率；無運輸工具承運業務的經營者適用增值稅免稅政策。

（2）航天運輸服務。

（3）向境外單位提供的完全在境外消費的下列服務：
①研發服務。
②合同能源管理服務。
③設計服務。
④廣播影視節目（作品）的製作和發行服務。
⑤軟件服務。
⑥電路設計及測試服務。
⑦信息系統服務。
⑧業務流程管理服務。
⑨離岸服務外包業務。
離岸服務外包業務包括信息技術外包服務（ITO）、技術性業務流程外包服務（BPO）、技術性知識流程外包服務（KPO）。其所涉及的具體業務活動，按照《銷售服務、無形資產、不動產註釋》相對應的業務活動執行。
⑩轉讓技術。
（4）財政部和國家稅務總局規定的其他服務。
所稱完全在境外消費，是指：
①服務的實際接受方在境外，並且與境內的貨物和不動產無關。
②無形資產完全在境外使用，並且與境內的貨物和不動產無關。
③財政部和國家稅務總局規定的其他情形。
境內單位和個人發生的與中國香港、澳門、臺灣地區有關的應稅行為，除另有規定外，參照上述規定執行。

（三）退（免）稅的計稅方法
（1）適用增值稅退（免）稅政策的出口貨物勞務，按照下列規定實行增值稅免抵退稅或免退稅辦法。
①免抵退稅辦法。生產企業出口自產貨物和視同自產貨物、對外提供加工修理修配勞務以及列名生產企業出口非自產貨物，免徵增值稅，相應的進項稅額抵減應納增值稅額（不包括適用增值稅即徵即退、先徵后退政策的應納增值稅額），未抵減完的部分予以退還。
②免退稅辦法。不具有生產能力的出口企業（以下稱外貿企業）或其他單位出口貨物勞務，免徵增值稅，相應的進項稅額予以退還。
（2）境內的單位和個人提供適用增值稅零稅率的服務或者無形資產，如果屬於適用簡易計稅方法的，實行免徵增值稅辦法。如果屬於適用增值稅一般計稅方法的，生產企業實行免抵退稅辦法，外貿企業外購服務或者無形資產出口實行免退稅辦法，外貿企業直接將服務或自行研發的無形資產出口，視同生產企業連同其出口貨物統一實行免抵退稅辦法。

（四）退稅率
（1）除財政部和國家稅務總局根據國務院決定而明確的增值稅出口退稅率（以下稱退稅率）外，出口貨物的退稅率為其適用稅率。國家稅務總局根據上述規定將退稅率通過出口貨物勞務退稅率文庫予以發布，供徵納雙方執行。退稅率有調整的，除另有規定外，其執行時間以貨物（包括被加工修理修配的貨物）出口貨物報關單（出口退稅專用）上註明的出口日期為準。
（2）服務和無形資產的退稅率為其適用的增值稅稅率。
（3）退稅率的特殊規定如下：
①外貿企業購進按簡易辦法徵稅的出口貨物、從小規模納稅人購進的出口貨物，其退稅率分別為簡易辦法實際執行的徵收率、小規模納稅人徵收率。上述出口貨物取得增值

專用發票的，退稅率按照增值稅專用發票上的稅率和出口貨物退稅率孰低的原則確定。

②出口企業委託加工修理修配貨物，其加工修理修配費用的退稅率，為出口貨物的退稅率。

③中標機電產品、出口企業向海關報關進入特殊區域銷售給特殊區域內生產企業生產耗用的列名原材料（以下稱列名原材料）、輸入特殊區域的水電氣，其退稅率為適用稅率。如果國家調整列名原材料的退稅率，列名原材料應當自調整之日起按調整后的退稅率執行。

④海洋工程結構物退稅率的適用。

（4）適用不同退稅率的貨物勞務，應分開報關、核算並申報退（免）稅，未分開報關、核算或劃分不清的，從低適用退稅率。

（五）退（免）稅的計稅依據

（1）出口貨物勞務的增值稅退（免）稅的計稅依據，按出口貨物勞務的出口發票（外銷發票）、其他普通發票或購進出口貨物勞務的增值稅專用發票、海關進口增值稅專用繳款書確定。

①生產企業出口貨物勞務（進料加工復出口貨物除外）增值稅退（免）稅的計稅依據，為出口貨物勞務的實際離岸價（FOB）。實際離岸價應以出口發票上的離岸價為準，但如果出口發票不能反應實際離岸價，主管稅務機關有權予以核定。

②生產企業進料加工復出口貨物增值稅退（免）稅的計稅依據，按出口貨物的離岸價（FOB）扣除出口貨物所含的海關保稅進口料件的金額後確定。

所稱海關保稅進口料件，是指海關以進料加工貿易方式監管的出口企業從境外和特殊區域等進口的料件，包括出口企業從境外單位或個人購買並從海關保稅倉庫提取且辦理海關進料加工手續的料件以及保稅區外的出口企業從保稅區內的企業購進並辦理海關進料加工手續的進口料件。

③生產企業國內購進無進項稅額且不計提進項稅額的免稅原材料加工後出口的貨物的計稅依據，按出口貨物的離岸價（FOB）扣除出口貨物所含的國內購進免稅原材料的金額后確定。

④外貿企業出口貨物（委託加工修理修配貨物除外）增值稅退（免）稅的計稅依據，為購進出口貨物的增值稅專用發票註明的金額或海關進口增值稅專用繳款書註明的完稅價格。

⑤外貿企業出口委託加工修理修配貨物增值稅退（免）稅的計稅依據，為加工修理修配費用增值稅專用發票註明的金額。外貿企業應將加工修理修配使用的原材料（進料加工海關保稅進口料件除外）作價銷售給委託加工修理修配的生產企業，受託加工修理修配的生產企業應將原材料成本並入加工修理修配費用開具發票。

⑥出口進項稅額未計算抵扣的已使用過的設備增值稅退（免）稅的計稅依據，按下列公式確定：

退（免）稅計稅依據＝增值稅專用發票上的金額或海關進口增值稅專用繳款書註明的完稅價格×已使用過的設備固定資產淨值÷已使用過的設備原值

已使用過的設備固定資產淨值＝已使用過的設備原值－已使用過的設備已提累計折舊

所稱已使用過的設備，是指出口企業根據財會會計制度已經計提折舊的固定資產。

⑦免稅品經營企業銷售的貨物增值稅退（免）稅的計稅依據，為購進貨物的增值稅專用發票註明的金額或海關進口增值稅專用繳款書註明的完稅價格。

⑧中標機電產品增值稅退（免）稅的計稅依據，生產企業為銷售機電產品的普通發票註明的金額，外貿企業為購進貨物的增值稅專用發票註明的金額或海關進口增值稅專用繳款書註明的完稅價格。

⑨生產企業向海上石油天然氣開採企業銷售的自產的海洋工程結構物增值稅退（免）稅的計稅依據，為銷售海洋工程結構物的普通發票註明的金額。

⑩輸入特殊區域的水電氣增值稅退（免）稅的計稅依據，為作為購買方的特殊區域內生產企業購進水（包括蒸汽）、電力、燃氣的增值稅專用發票註明的金額。

（2）零稅率應稅服務增值稅退（免）稅的計稅依據。

①實行免抵退稅辦法的零稅率應稅服務免抵退稅計稅依據，為提供零稅率應稅服務取得的全部價款。

②外貿企業兼營的零稅率應稅服務免退稅計稅依據：

第一，從境內單位或者個人購進出口零稅率應稅服務的，為取得提供方開具的增值稅專用發票上註明的金額。

第二，從境外單位或者個人購進出口零稅率應稅服務的，為取得的解繳稅款的中華人民共和國稅收繳款憑證上註明的金額。

③實行退（免）稅辦法的服務和無形資產，如果主管稅務機關認定出口價格偏高的，有權按照核定的出口價格計算退（免）稅，核定的出口價格低於外貿企業購進價格的，低於部分對應的進項稅額不予退稅，轉入成本。

（六）免抵退辦法的計算

1. 現行免抵退辦法

生產企業出口貨物勞務增值稅免抵退稅，依下列公式計算：

（1）當期應納稅額的計算。

當期應納稅額＝當期銷項稅額－（當期進項稅額－當期不得免徵和抵扣稅額）

當期不得免徵和抵扣稅額＝當期出口貨物離岸價×外匯人民幣折合率×（出口貨物適用稅率－出口貨物退稅率）－當期不得免徵和抵扣稅額抵減額

當期不得免徵和抵扣稅額抵減額＝當期免稅購進原材料價格×（出口貨物適用稅率－出口貨物退稅率）

（2）當期免抵退稅額的計算。

當期免抵退稅額＝當期出口貨物離岸價×外匯人民幣折合率×出口貨物退稅率－當期免抵退稅額抵減額

當期免抵退稅額抵減額＝當期免稅購進原材料價格×出口貨物退稅率

（3）當期應退稅額和免抵稅額的計算。

①當期期末留抵稅額≤當期免抵退稅額，則：

當期應退稅額＝當期期末留抵稅額

當期免抵稅額＝當期免抵退稅額－當期應退稅額

②當期期末留抵稅額＞當期免抵退稅額，則：

當期應退稅額＝當期免抵退稅額

當期免抵稅額＝0

當期期末留抵稅額為當期增值稅納稅申報表中「期末留抵稅額」。

（4）當期免稅購進原材料價格包括當期國內購進的無進項稅額且不計提進項稅額的免稅原材料的價格和當期進料加工保稅進口料件的價格，其中當期進料加工保稅進口料件的價格為組成計稅價格。

當期進料加工保稅進口料件的組成計稅價格＝當期進口料件到岸價格＋海關實徵關稅＋海關實徵消費稅

①採用「實耗法」的，當期進料加工保稅進口料件的組成計稅價格為當期進料加工出口貨物耗用的進口料件組成計稅價格。其計算公式為：

當期進料加工保稅進口料件的組成計稅價格＝當期進料加工出口貨物離岸價×外匯人民幣折合率×計劃分配率

計劃分配率＝計劃進口總值÷計劃出口總值×100%

實行紙質手冊和電子化手冊的生產企業，應根據海關簽發的加工貿易手冊或加工貿易電子化紙質單證所列的計劃進出口總值計算計劃分配率。

實行電子帳冊的生產企業，計劃分配率按前一期已核銷的實際分配率確定；新啟用電子帳冊的，計劃分配率按前一期已核銷的紙質手冊或電子化手冊的實際分配率確定。

②採用「購進法」的，當期進料加工保稅進口料件的組成計稅價格為當期實際購進的進料加工進口料件的組成計稅價格。

若當期實際不得免徵和抵扣稅額抵減額大於當期出口貨物離岸價×外匯人民幣折合率×(出口貨物適用稅率－出口貨物退稅率)的，則：

當期不得免徵和抵扣稅額抵減額＝當期出口貨物離岸價×外匯人民幣折合率×(出口貨物適用稅率－出口貨物退稅率)

2. 筆者實徵辦法

生產企業出口貨物和勞務，現行出口退稅率≤稅率，因此實徵稅率≥0。實徵辦法計算公式如下：

(1) 應納增值稅＝銷項稅額－進項稅額＋跨境實徵稅額

跨境實徵稅額＝(出口離岸價－免稅購進原材料價格)×實徵稅率

實徵稅率＝稅率－退稅率

應納增值稅＞0，表示徵稅；應納增值稅＝0，表示不徵稅也不退稅；應納增值稅＜0，表示退稅或結轉下期繼續抵扣。

(2) 應退增值稅限額(免抵退稅額)＝(出口離岸價－免稅購進原材料價格)×退稅率

(3) 應退增值稅＝MIN(－MIN(0,應納增值稅),應退增值稅限額)

(4) 免抵稅額＝應退增值稅限額－應退增值稅

(5) 結轉下期抵扣的進項稅額＝－MIN(0,應納增值稅)－應退增值稅

[案例5-49] 某自營出口的生產企業為增值稅一般納稅人，產品的稅率為17%，出口退稅率為13%。該企業1月份有關經營業務為：購原材料一批，取得增值稅專用發票，註明金額200萬元、稅額34萬元；當月進料加工免稅進口料件的組成計稅價格20萬美元，採用購進法（上期期末留抵稅款3萬元）；本月境內銷售貨物不含增值稅銷售額100萬元；本月出口產品離岸價格50萬美元。上述款項均通過銀行收付。該生產企業出口貨物執行免抵退辦法，1美元對人民幣6.5元。計算該企業應退增值稅，並進行稅務會計處理。

[解答] 出口增值稅計算如下：

①應納增值稅＝100×17%－(34＋3)＋(50×6.5－20×6.5)×(17%－13%)
　　　　　　＝17－37＋7.8＝－12.2（萬元）

②應退增值稅限額（免抵退稅額）＝(50×6.5－20×6.5)×13%＝25.35（萬元）

③應退增值稅＝MIN(12.2,25.35)＝12.2（萬元）

④免抵稅額＝25.35－12.2＝13.15（萬元）

⑤結轉下期抵扣的進項稅額＝12.2－12.2＝0（萬元）

稅務會計處理如下：

①「應交稅費——未交增值稅」帳戶月初借方余額30,000元。

②境內購進原材料。

借：原材料　　　　　　　　　　　　　　　　　　　　　　　2,000,000
　　應交稅費——應交增值稅（進項稅額）　　　　　　　　　　340,000

贷：银行存款 2,340,000
③進料加工免稅進口料件。
借：原材料 1,248,000
　　應交稅費——應交增值稅（跨境實徵稅額） 52,000
　　贷：銀行存款 1,300,000
④境內銷售貨物。
借：銀行存款 1,170,000
　　贷：主營業務收入 1,000,000
　　　　應交稅費——應交增值稅（銷項稅額） 170,000
⑤出口產品。
借：銀行存款 3,250,000
　　贷：主營業務收入 3,120,000
　　　　應交稅費——應交增值稅（跨境實徵稅額） 130,000
⑥計算應退稅額。
借：其他應收款——應收補貼款 122,000
　　贷：應交稅費——應交增值稅（跨境退稅） 122,000
⑦計算免抵稅額（免抵稅額不管是否為0，該筆分錄均無實際意義）。
借：應交稅費——應交增值稅（免抵稅額） 131,500
　　贷：應交稅費——應交增值稅（跨境退稅） 131,500
⑧月末轉出未交增值稅3萬元。
借：應交稅費——應交增值稅（轉出未交增值稅） 30,000
　　贷：應交稅費——未交增值稅 30,000
「應交稅費——未交增值稅」帳戶月末無餘額，結轉下期抵扣的進項稅額為0。

3. 零稅率應稅服務增值稅免抵退稅計算公式
(1) 當期免抵退稅額的計算：
當期零稅率應稅服務免抵退稅額＝當期零稅率應稅服務免抵退稅計稅依據×外匯人民幣折合率×零稅率應稅服務增值稅退稅率
(2) 當期應退稅額和當期免抵稅額的計算。
①當期期末留抵稅額≤當期免抵退稅額時，則：
當期應退稅額＝當期期末留抵稅額
當期免抵稅額＝當期免抵退稅額－當期應退稅額
②當期期末留抵稅額＞當期免抵退稅額時，則：
當期應退稅額＝當期免抵退稅額
當期免抵稅額＝0
「當期期末留抵稅額」為當期《增值稅納稅申報表》的「期末留抵稅額」。

[案例5-50] 境內某公司從事設計服務，為一般納稅人。該公司2月份購進貨物、勞務、服務進項稅額577萬元；向境內單位提供設計服務，收取價款3,000萬元（不含稅）；6月20日向境外單位提供設計服務，收取價款1,000萬美元，人民幣匯率中間價為1美元對人民幣6.6元。計算應退增值稅，並進行稅務會計處理。

[解答] 應納增值稅＝3,000×6%－577＋1,000×6.6×0＝－397（萬元）
應退增值稅限額(免抵退稅額)＝1,000×6.6×6%＝396（萬元）
應退增值稅＝MIN(397,396)＝396（萬元）
免抵稅額＝396－396＝0（萬元）

結轉下期抵扣的進項稅額＝397－396＝1（萬元）
稅務會計處理如下：
①向境內單位提供設計服務，收取價款。

| | | |
|---|---|---|
| 借：銀行存款 | | 31,800,000 |
| 　　貸：主營業務收入 | | 30,000,000 |
| 　　　　應交稅費——應交增值稅（銷項稅額） | | 1,800,000 |

②向境外單位提供設計服務，收取價款。

| | | |
|---|---|---|
| 借：銀行存款 | | 66,000,000 |
| 　　貸：主營業務收入 | | 66,000,000 |

③計算應退增值稅。

| | | |
|---|---|---|
| 借：其他應收款——應收補貼款 | | 3,960,000 |
| 　　貸：應交稅費——應交增值稅（跨境退稅） | | 3,960,000 |

④計算免抵稅額（免抵稅額不管是否為0，該筆分錄均無實際意義）。

| | | |
|---|---|---|
| 借：應交稅費——應交增值稅（免抵稅額） | | 0 |
| 　　貸：應交稅費——應交增值稅（跨境退稅） | | 0 |

⑤結轉下期抵扣的進項稅額1萬元。

| | | |
|---|---|---|
| 借：應交稅費——未交增值稅 | | 10,000 |
| 　　貸：應交稅費——應交增值稅（轉出多交增值稅） | | 10,000 |

（七）免退稅辦法的計算
（1）外貿企業出口貨物勞務增值稅免退稅，依下列公式計算：
①外貿企業出口委託加工修理修配貨物以外的貨物。
增值稅應退稅額＝增值稅退（免）稅計稅依據×出口貨物退稅率
②外貿企業出口委託加工修理修配貨物。
出口委託加工修理修配貨物的增值稅應退稅額＝委託加工修理修配的增值稅退（免）稅計稅依據×出口貨物退稅率

[**案例5-51**] 某外貿公司為一般納稅人，3月份購進商品一批驗收入庫，取得專用發票，註明金額100,000元、稅額17,000元；當月出口該商品的一半，離岸價格10,000美元。款項已通過銀行收付，1美元對人民幣6.5元，該商品退稅率為15%。計算該外貿公司應退增值稅，並進行稅務會計處理。

[**解答**] ①購進商品。

| | | |
|---|---|---|
| 借：庫存商品 | | 100,000 |
| 　　應交稅費——應交增值稅（進項稅額） | | 17,000 |
| 　　貸：銀行存款 | | 117,000 |

②出口商品。

| | | |
|---|---|---|
| 借：銀行存款 | | 65,000 |
| 　　貸：主營業務收入 | | 65,000 |

③結轉出口商品成本。

| | | |
|---|---|---|
| 借：主營業務成本 | | 50,000 |
| 　　貸：庫存商品 | | 50,000 |

④計算跨境實徵稅額。
跨境實徵稅額＝100,000÷2×(17%－15%)＝1,000（元）

| | | |
|---|---|---|
| 借：主營業務成本 | | 1,000 |
| 　　貸：應交稅費——應交增值稅（跨境實徵稅額） | | 1,000 |

⑤計算出口退稅。

應退增值稅 = 100,000÷2×15% = 7,500（元）

借：其他應收款　　　　　　　　　　　　　　　　　7,500
　　貸：應交稅費——應交增值稅（跨境退稅）　　　　　7,500

[案例5-52] 某進出口公司4月份購進牛仔布委託加工成服裝出口（退稅率為16%），取得牛仔布增值稅專用發票一張，註明金額10,000元、稅額1,700元；取得服裝加工增值稅專用發票一張，註明金額2,000元、稅額340元。計算該進出口公司應退增值稅。

[解答] 應退增值稅 = 10,000×16%+2,000×16% = 1,920（元）

(2) 外貿企業兼營的零稅率應稅服務增值稅免退稅，依下列公式計算：

外貿企業兼營的零稅率應稅服務應退稅額 = 外貿企業兼營的零稅率應稅服務免退稅計稅依據×零稅率應稅服務增值稅退稅率

(八) 其他規定

(1) 退稅率低於適用稅率的，相應計算出的差額部分的稅款計入出口貨物勞務成本。

(2) 出口企業既有適用增值稅免抵退項目，也有增值稅即徵即退、先徵后退項目的，增值稅即徵即退和先徵后退項目不參與出口項目免抵退稅計算。出口企業應分別核算增值稅免抵退項目和增值稅即徵即退、先徵后退項目，並分別申請享受增值稅即徵即退、先徵后退和免抵退稅政策。

用於增值稅即徵即退或者先徵后退項目的進項稅額無法劃分的，按照下列公式計算：

無法劃分進項稅額中用於增值稅即徵即退或者先徵后退項目的部分 = 當月無法劃分的全部進項稅額×當月增值稅即徵即退或者先徵后退項目銷售額÷當月全部銷售額、營業額合計

(3) 出口貨物辦理退稅后發生退貨或者退關的，納稅人應當依法補繳已退的稅款。

## 二、出口（跨境）免稅政策

(一) 出口貨物勞務免稅範圍

對符合下列條件的出口貨物勞務，除另有規定外，按下列規定實行免徵增值稅（以下稱增值稅免稅）政策：

(1) 出口企業或其他單位出口規定的貨物，具體是指：

①增值稅小規模納稅人出口的貨物。

②避孕藥品和用具、古舊圖書。

③軟件產品。其具體範圍是指海關稅則號前四位為「9803」的貨物。

④含黃金、鉑金成分的貨物，鑽石及其飾品。

⑤國家計劃內出口的卷菸。

⑥已使用過的設備。其具體範圍是指購進時未取得增值稅專用發票、海關進口增值稅專用繳款書，但其他相關單證齊全的已使用過的設備。

⑦非出口企業委託出口的貨物。

⑧非列名生產企業出口的非視同自產貨物。

⑨農業生產者自產農產品。

⑩油畫、花生果仁、黑大豆等財政部和國家稅務總局規定的出口免稅的貨物。

⑪外貿企業取得普通發票、廢舊物資收購憑證、農產品收購發票、政府非稅收入票據的貨物。

⑫來料加工復出口的貨物。

⑬特殊區域內的企業出口的特殊區域內的貨物。

⑭以人民幣現金作為結算方式的邊境地區出口企業從所在省（自治區）的邊境口岸出口到接壤國家的一般貿易和邊境小額貿易出口貨物。
⑮以旅遊購物貿易方式報關出口的貨物。
（2）出口企業或其他單位視同出口的下列貨物勞務：
①國家批准設立的免稅店銷售的免稅貨物［包括進口免稅貨物和已實現退（免）稅的貨物］。
②特殊區域內的企業為境外的單位或個人提供加工修理修配勞務。
③同一特殊區域、不同特殊區域內的企業之間銷售特殊區域內的貨物。
（3）出口企業或其他單位未按規定申報或未補齊增值稅退（免）稅憑證的出口貨物勞務。其具體是指：
（1）未在國家稅務總局規定的期限內申報增值稅退（免）稅的出口貨物勞務。
（2）未在規定期限內申報開具《代理出口貨物證明》的出口貨物勞務。
（3）已申報增值稅退（免）稅，却未在國家稅務總局規定的期限內向稅務機關補齊增值稅退（免）稅憑證的出口貨物勞務。
（二）跨境應稅行為免稅範圍
境內的單位和個人銷售的下列服務和無形資產免徵增值稅，但財政部和國家稅務總局規定適用增值稅零稅率的除外：
（1）工程項目在境外的建築服務。
工程總承包方和工程分包方為施工地點在境外的工程項目提供的建築服務，均屬於工程項目在境外的建築服務。
（2）工程項目在境外的工程監理服務。
（3）工程、礦產資源在境外的工程勘察勘探服務。
（4）會議展覽地點在境外的會議展覽服務。
為客戶參加在境外舉辦的會議、展覽而提供的組織安排服務，屬於會議展覽地點在境外的會議展覽服務。
（5）存儲地點在境外的倉儲服務。
（6）標的物在境外使用的有形動產租賃服務。
（7）在境外提供的廣播影視節目（作品）的播映服務。
在境外提供的廣播影視節目（作品）播映服務是指在境外的影院、劇院、錄像廳及其他場所播映廣播影視節目（作品）。
通過境內的電臺、電視臺、衛星通信、互聯網、有線電視等無線或者有線裝置向境外播映廣播影視節目（作品），不屬於在境外提供的廣播影視節目（作品）播映服務。
（8）在境外提供的文化體育服務、教育醫療服務、旅遊服務。
在境外提供的文化體育服務和教育醫療服務是指納稅人在境外現場提供的文化體育服務和教育醫療服務。
為參加在境外舉辦的科技活動、文化活動、文化演出、文化比賽、體育比賽、體育表演、體育活動而提供的組織安排服務，屬於在境外提供的文化體育服務。
通過境內的電臺、電視臺、衛星通信、互聯網、有線電視等媒體向境外單位或個人提供的文化體育服務或教育醫療服務，不屬於在境外提供的文化體育服務、教育醫療服務。
（9）為出口貨物提供的郵政服務、收派服務、保險服務。
①為出口貨物提供的郵政服務，是指：
第一，寄遞函件、包裹等郵件出境。
第二，向境外發行郵票。

第三，出口郵冊等郵品。
②為出口貨物提供的收派服務是指為出境的函件、包裹提供的收件、分揀、派送服務。納稅人為出口貨物提供收派服務，免稅銷售額為其向寄件人收取的全部價款和價外費用。
③為出口貨物提供的保險服務，包括出口貨物保險和出口信用保險。
（10）境內保險公司向境外保險公司提供的完全在境外消費的再保險服務。
（11）向境外單位銷售的完全在境外消費的電信服務。
納稅人向境外單位或者個人提供的電信服務，通過境外電信單位結算費用的，服務接受方為境外電信單位，屬於完全在境外消費的電信服務。
（12）向境外單位銷售的完全在境外消費的知識產權服務。
服務實際接受方為境內單位或者個人的知識產權服務，不屬於完全在境外消費的知識產權服務。
（13）向境外單位銷售的完全在境外消費的物流輔助服務（倉儲服務、收派服務除外）。
境外單位從事國際運輸和港澳臺運輸業務經停中國機場、碼頭、車站、領空、內河、海域時，納稅人向其提供的航空地面服務、港口碼頭服務、貨運客運站場服務、打撈救助服務、裝卸搬運服務，屬於完全在境外消費的物流輔助服務。
（14）向境外單位銷售的完全在境外消費的鑒證諮詢服務。
下列情形不屬於完全在境外消費的鑒證諮詢服務：
①服務的實際接受方為境內單位或者個人。
②對境內的貨物或不動產進行的認證服務、鑒證服務和諮詢服務。
（15）向境外單位銷售的完全在境外消費的專業技術服務。
下列情形不屬於完全在境外消費的專業技術服務：
①服務的實際接受方為境內單位或者個人。
②對境內的天氣情況、地震情況、海洋情況、環境和生態情況進行的氣象服務、地震服務、海洋服務、環境和生態監測服務。
③為境內的地形地貌、地質構造、水文、礦藏等進行的測繪服務。
④為境內的城、鄉、鎮提供的城市規劃服務。
（16）向境外單位銷售的完全在境外消費的商務輔助服務。
①納稅人向境外單位提供的代理報關服務和貨物運輸代理服務，屬於完全在境外消費的代理報關服務和貨物運輸代理服務。
②納稅人向境外單位提供的外派海員服務，屬於完全在境外消費的人力資源服務。外派海員服務是指境內單位派出屬於本單位員工的海員，為境外單位在境外提供的船舶駕駛和船舶管理等服務。
③納稅人以對外勞務合作方式，向境外單位提供的完全在境外發生的人力資源服務，屬於完全在境外消費的人力資源服務。對外勞務合作是指境內單位與境外單位簽訂勞務合作合同，按照合同約定組織和協助中國公民赴境外工作的活動。
④下列情形不屬於完全在境外消費的商務輔助服務：
第一，服務的實際接受方為境內單位或者個人。
第二，對境內不動產的投資與資產管理服務、物業管理服務、房地產仲介服務。
第三，拍賣境內貨物或不動產過程中提供的經紀代理服務。
第四，為境內貨物或不動產的物權糾紛提供的法律代理服務。
第五，為境內貨物或不動產提供的安全保護服務。
（17）向境外單位銷售的廣告投放地在境外的廣告服務。

廣告投放地在境外的廣告服務是指為在境外發布的廣告提供的廣告服務。
(18) 向境外單位銷售的完全在境外消費的無形資產（技術除外）。
下列情形不屬於向境外單位銷售的完全在境外消費的無形資產：
①無形資產未完全在境外使用。
②所轉讓的自然資源使用權與境內自然資源相關。
③所轉讓的基礎設施資產經營權、公共事業特許權與境內貨物或不動產相關。
④向境外單位轉讓在境內銷售貨物、應稅勞務、服務、無形資產或不動產的配額、經營權、經銷權、分銷權、代理權。
(19) 為境外單位之間的貨幣資金融通及其他金融業務提供的直接收費金融服務，並且該服務與境內的貨物、無形資產和不動產無關。
為境外單位之間、境外單位和個人之間的外幣、人民幣資金往來提供的資金清算、資金結算、金融支付、帳戶管理服務，屬於為境外單位之間的貨幣資金融通及其他金融業務提供的直接收費金融服務。
(20) 屬於以下情形的國際運輸服務：
①以無運輸工具承運方式提供的國際運輸服務。
②以水路運輸方式提供國際運輸服務但未取得「國際船舶運輸經營許可證」的。
③以公路運輸方式提供國際運輸服務但未取得「道路運輸經營許可證」或者「國際汽車運輸行車許可證」，或者「道路運輸經營許可證」的經營範圍未包括「國際運輸」的。
④以航空運輸方式提供國際運輸服務但未取得「公共航空運輸企業經營許可證」，或者其經營範圍未包括「國際航空客貨郵運輸業務」的。
⑤以航空運輸方式提供國際運輸服務但未持有「通用航空經營許可證」，或者其經營範圍未包括「公務飛行」的。
(21) 符合零稅率政策但適用簡易計稅方法或聲明放棄適用零稅率選擇免稅的下列應稅行為：
①國際運輸服務。
②航天運輸服務。
③向境外單位提供的完全在境外消費的下列服務：
第一，研發服務；
第二，合同能源管理服務；
第三，設計服務；
第四，廣播影視節目（作品）的製作和發行服務；
第五，軟件服務；
第六，電路設計及測試服務；
第七，信息系統服務；
第八，業務流程管理服務；
第九，離岸服務外包業務。
④向境外單位轉讓完全在境外消費的技術。
納稅人向國內海關特殊監管區域內的單位或者個人銷售服務、無形資產，不屬於跨境應稅行為，應照章徵收增值稅。

(三) 進項稅額的處理計算

(1) 適用增值稅免稅政策的出口貨物勞務，其進項稅額不得抵扣和退稅，應當轉入成本。
(2) 出口卷菸，依下列公式計算：

不得抵扣的進項稅額＝出口卷菸含消費稅金額÷(出口卷菸含消費稅金額+內銷卷菸銷售額)×當期全部進項稅額

①當生產企業銷售的出口卷菸在國內有同類產品銷售價格時：

出口卷菸含消費稅金額＝出口銷售數量×銷售價格

銷售價格為同類產品生產企業國內實際調撥價格。如實際調撥價格低於稅務機關公示的計稅價格的，銷售價格為稅務機關公示的計稅價格；如實際調撥價格高於公示計稅價格的，銷售價格為實際調撥價格。

②當生產企業銷售的出口卷菸在國內沒有同類產品銷售價格時：

出口卷菸含稅金額＝(出口銷售額+出口銷售數量×消費稅定額稅率)÷(1-消費稅比例稅率)

出口銷售額以出口發票上的離岸價為準。若出口發票不能如實反應離岸價，生產企業應按實際離岸價計算；否則，稅務機關有權按照有關規定予以核定調整。

(3) 除出口卷菸外，適用增值稅免稅政策的其他出口貨物勞務的計算，按照增值稅免稅政策的統一規定執行。其中，如果涉及銷售額，除來料加工復出口貨物為其加工費收入外，其他均為出口離岸價或銷售額。

### 三、增值稅徵稅政策

(一) 適用範圍

下列出口貨物勞務，不適用增值稅退（免）稅和免稅政策，按下列規定及視同內銷貨物徵稅的其他規定徵收增值稅（以下稱增值稅徵稅）：

(1) 出口企業出口或視同出口財政部和國家稅務總局根據國務院決定明確取消出口退（免）稅的貨物（不包括來料加工復出口貨物、中標機電產品、列名原材料、輸入特殊區域的水電氣、海洋工程結構物）。

(2) 出口企業或其他單位銷售給特殊區域內的生活消費用品和交通運輸工具。

(3) 出口企業或其他單位因騙取出口退稅被稅務機關停止辦理增值稅退（免）稅期間出口的貨物。

(4) 出口企業或其他單位提供虛假備案單證的貨物。

(5) 出口企業或其他單位增值稅退（免）稅憑證有偽造或內容不實的貨物。

(6) 出口企業或其他單位未在國家稅務總局規定期限內申報免稅核銷以及經主管稅務機關審核不予免稅核銷的出口卷菸。

(7) 出口企業或其他單位具有以下情形之一的出口貨物勞務：

①將空白的出口貨物報關單、出口收匯核銷單等退（免）稅憑證交由除簽有委託合同的貨代公司、報關行，或由境外進口方指定的貨代公司（提供合同約定或者其他相關證明）以外的其他單位或個人使用的。

②以自營名義出口，其出口業務實質上是由本企業及其投資的企業以外的單位或個人借該出口企業名義操作完成的。

③以自營名義出口，其出口的同一批貨物既簽訂購貨合同，又簽訂代理出口合同（或協議）的。

④出口貨物在海關驗放后，自己或委託貨代承運人對該筆貨物的海運提單或其他運輸單據等上的品名、規格等進行修改，造成出口貨物報關單與海運提單或其他運輸單據有關內容不符的。

⑤以自營名義出口，但不承擔出口貨物的質量、收款或退稅風險之一的，即出口貨物發生質量問題不承擔購買方的索賠責任（合同中有約定質量責任承擔者除外）；不承擔未按期收款導致不能核銷的責任（合同中有約定收款責任承擔者除外）；不承擔因申報出口退

(免）稅的資料、單證等出現問題造成不退稅責任的。

⑥未實質參與出口經營活動、接受並從事由中間人介紹的其他出口業務，但仍以自營名義出口的。

（二）應納增值稅的計算

適用增值稅徵稅政策的出口貨物勞務，其應納增值稅按下列辦法計算：

1. 一般納稅人出口貨物

銷項稅額＝（出口貨物離岸價-出口貨物耗用的進料加工保稅進口料件金額）÷（1+適用稅率）×適用稅率

出口貨物若已按徵退稅率之差計算不得免徵和抵扣稅額並已經轉入成本的，相應的稅額應轉回進項稅額。

（1）出口貨物耗用的進料加工保稅進口料件金額＝主營業務成本×（投入的保稅進口料件金額÷生產成本）

主營業務成本、生產成本均為不予退（免）稅的進料加工出口貨物的主營業務成本、生產成本。當耗用的保稅進口料件金額大於不予退（免）稅的進料加工出口貨物金額時，耗用的保稅進口料件金額為不予退（免）稅的進料加工出口貨物金額。

（2）出口企業應分別核算內銷貨物和增值稅徵稅的出口貨物的生產成本、主營業務成本。未分別核算的，其相應的生產成本、主營業務成本由主管稅務機關核定。

進料加工手冊海關核銷後，出口企業應對出口貨物耗用的保稅進口料件金額進行清算。其清算公式為：

清算耗用的保稅進口料件總額＝實際保稅進口料件總額-退（免）稅出口貨物耗用的保稅進口料件總額-進料加工副產品耗用的保稅進口料件總額

若耗用的保稅進口料件總額與各納稅期扣減的保稅進口料件金額之和存在差額時，應在清算的當期相應調整銷項稅額。當耗用的保稅進口料件總額大於出口貨物離岸金額時，其差額部分不得扣減其他出口貨物金額。

[**案例5-53**] 某公司（一般納稅人）生產產品出口，該產品稅率為13%，屬於取消出口退（免）稅的貨物。該公司5月份出口該產品，收取價款100萬美元，當月境內購進原材料，取得專用發票註明金額200萬元、稅額26萬元；出口貨物耗用的進料加工保稅進口料件金額20萬美元。人民幣匯率中間價為1美元對人民幣6.5元。計算該公司應納增值稅。

[**解答**] 應納增值稅＝（100×6.5-20×6.5）÷（1+13%）×13%-26＝33.82（萬元）

2. 小規模納稅人出口貨物

小規模納稅人出口貨物的應納稅額計算公式如下：

應納稅額＝出口貨物離岸價÷（1+徵收率）×徵收率

# 第八節　徵收管理

增值稅的徵收管理，按照《中華人民共和國稅收徵收管理法》和原增值稅、試點增值稅徵收管理有關規定執行。

**一、納稅時間**

（一）納稅義務和扣繳義務發生時間

（1）納稅人銷售貨物、勞務、服務、無形資產或者不動產並收訖銷售款項或者取得索取銷售款項憑據的當天；先開具發票的，為開具發票的當天。

收訖銷售款項或者取得索取銷售款項憑據的當天，按銷售結算方式的不同，具體為：

①採取直接收款方式銷售貨物，不論貨物是否發出，均為收到銷售款或者取得索取銷售款憑據的當天。

自 2011 年 8 月 1 日起，納稅人生產經營活動中採取直接收款方式銷售貨物，已將貨物移送對方並暫估銷售收入入帳，但既未取得銷售款或取得索取銷售款憑據也未開具銷售發票的，其增值稅納稅義務發生時間為取得銷售款或取得索取銷售款憑據的當天；先開具發票的，為開具發票的當天。

②採取托收承付和委託銀行收款方式銷售貨物，為發出貨物並辦妥托收手續的當天。

③採取賒銷和分期收款方式銷售貨物，為書面合同約定的收款日期的當天，無書面合同的或者書面合同沒有約定收款日期的，為貨物發出的當天。

④採取預收貨款方式銷售貨物，為貨物發出的當天，但生產銷售生產工期超過 12 個月的大型機械設備、船舶、飛機等貨物，為收到預收款或者書面合同約定的收款日期的當天。

⑤委託其他納稅人代銷貨物，為收到代銷單位的代銷清單或者收到全部或者部分貨款的當天。未收到代銷清單及貨款的，為發出代銷貨物滿 180 天的當天。

⑥銷售應稅勞務，為提供勞務同時收訖銷售款或者取得索取銷售款的憑據的當天。

⑦納稅人發生視同銷售貨物行為，為貨物移送的當天。

⑧納稅人銷售服務、無形資產或者不動產收訖銷售款項，是指納稅人銷售服務、無形資產、不動產過程中或者完成後收到款項。取得索取銷售款項憑據的當天，是指書面合同確定的付款日期；未簽訂書面合同或者書面合同未確定付款日期的，為服務、無形資產轉讓完成的當天或者不動產權屬變更的當天。

⑨納稅人提供建築服務、租賃服務採取預收款方式的，其納稅義務發生時間為收到預收款的當天。

⑩納稅人從事金融商品轉讓的，為金融商品所有權轉移的當天。

⑪納稅人發生視同銷售應稅行為的，其納稅義務發生時間為服務、無形資產轉讓完成的當天或者不動產權屬變更的當天。

⑫銀行提供貸款服務按期計收利息的，結息日當日計收的全部利息收入，均應計入結息日所屬期的銷售額，按照現行規定計算繳納增值稅。

⑬金融企業發放貸款后，自結息日起 90 天內發生的應收未收利息按現行規定繳納增值稅，自結息日起 90 天后發生的應收未收利息暫不繳納增值稅，待實際收到利息時按規定繳納增值稅。

所稱金融企業，是指銀行（包括國有、集體、股份制、合資、外資銀行以及其他所有制形式的銀行）、城市信用社、農村信用社、信託投資公司、財務公司。

[案例 5-54] 某公司（一般納稅人）提供服務（稅率為 6%），價款 100 萬元（含稅），約定 9 月 1 日收款，6 月 1 日服務完成，9 月 5 日收到款項並開具發票。

①如果雙方口頭約定 9 月 1 日收款，確定納稅義務發生時間。

②如果雙方簽訂書面合同約定 9 月 1 日收款，確定納稅義務發生時間。

[解答] ①雙方未簽訂書面合同，口頭約定 9 月 1 日收款，6 月 1 日服務完成，9 月 5 日收到款項並開具發票，納稅義務發生時間為服務完成的當天。

6 月份銷項稅額 = 100÷(1+6%)×6% = 5.66（萬元）

②如果雙方簽訂書面合同，約定 9 月 1 日收款，6 月 1 日服務完成，9 月 5 日收到款項並開具發票，納稅義務發生時間為書面合同確定付款的日期。

9 月份銷項稅額 = 100÷(1+6%)×6% = 5.66（萬元）

因此，雙方簽訂書面合同，可推遲 3 個月繳納增值稅 5.66 萬元。

（2）單用途商業預付卡（以下簡稱單用途卡）業務按照以下規定執行：

①單用途卡發卡企業或者售卡企業（以下統稱售卡方）銷售單用途卡，或者接受單用途卡持卡人充值取得的預收資金，不繳納增值稅。售卡方可按照規定向購卡人、充值人開具增值稅普通發票，不得開具增值稅專用發票。

單用途卡是指發卡企業按照國家有關規定發行的，僅限於在本企業、本企業所屬集團或者同一品牌特許經營體系內兌付貨物或者服務的預付憑證。

發卡企業是指按照國家有關規定發行單用途卡的企業。售卡企業是指集團發卡企業或者品牌發卡企業指定的，承擔單用途卡銷售、充值、掛失、換卡、退卡等相關業務的本集團或同一品牌特許經營體系內的企業。

②售卡方因發行或者銷售單用途卡並辦理相關資金收付結算業務取得的手續費、結算費、服務費、管理費等收入，應按照現行規定繳納增值稅。

③持卡人使用單用途卡購買貨物或服務時，貨物或者服務的銷售方應按照現行規定繳納增值稅，並且不得向持卡人開具增值稅發票。

④銷售方與售卡方不是同一個納稅人的，銷售方在收到售卡方結算的銷售款時，應向售卡方開具增值稅普通發票，並在備註欄註明「收到預付卡結算款」，不得開具增值稅專用發票。

售卡方從銷售方取得的增值稅普通發票，作為其銷售單用途卡或接受單用途卡充值取得預收資金不繳納增值稅的憑證，留存備查。

（3）支付機構預付卡（以下稱多用途卡）業務按照以下規定執行：

①支付機構銷售多用途卡取得的等值人民幣資金，或者接受多用途卡持卡人充值取得的充值資金，不繳納增值稅。支付機構可按照規定，向購卡人、充值人開具增值稅普通發票，不得開具增值稅專用發票。

支付機構是指取得中國人民銀行核發的《支付業務許可證》，獲準辦理「預付卡發行與受理」業務的發卡機構和獲準辦理「預付卡受理」業務的受理機構。

多用途卡是指發卡機構以特定載體和形式發行的，可在發卡機構之外購買貨物或服務的預付價值。

②支付機構因發行或者受理多用途卡並辦理相關資金收付結算業務取得的手續費、結算費、服務費、管理費等收入，應按照現行規定繳納增值稅。

③持卡人使用多用途卡，向與支付機構簽署合作協議的特約商戶購買貨物或服務，特約商戶應按照現行規定繳納增值稅，並且不得向持卡人開具增值稅發票。

④特約商戶收到支付機構結算的銷售款時，應向支付機構開具增值稅普通發票，並在備註欄註明「收到預付卡結算款」，不得開具增值稅專用發票。支付機構從特約商戶取得的增值稅普通發票，作為其銷售多用途卡或接受多用途卡充值取得預收資金不繳納增值稅的憑證，留存備查。

（4）進口貨物，為報關進口的當天。

（5）增值稅扣繳義務發生時間為納稅人增值稅納稅義務發生的當天。

（二）納稅期限與退稅期限

增值稅的納稅期限分別為1日、3日、5日、10日、15日、1個月或者1個季度。納稅人的具體納稅期限，由主管稅務機關根據納稅人應納稅額的大小分別核定。以1個季度為納稅期限的規定適用於小規模納稅人、銀行、財務公司、信託投資公司、信用社以及財政部和國家稅務總局規定的其他納稅人。不能按照固定期限納稅的，可以按次納稅。

自2016年4月1日起，增值稅小規模納稅人繳納增值稅、消費稅、文化事業建設費以及隨增值稅、消費稅附徵的城市維護建設稅、教育費附加等稅費，原則上實行按季申報。

納稅人要求不實行按季申報的，由主管稅務機關根據其應納稅額大小核定納稅期限。

扣繳義務人解繳稅款的期限，按照上述規定執行。

納稅人出口貨物適用退（免）稅規定的，應當向海關辦理出口手續，憑出口報關單等有關憑證，在規定的出口退（免）稅申報期內按月向主管稅務機關申報辦理該項出口貨物的退（免）稅。

境內的單位和個人銷售適用增值稅零稅率的服務或無形資產，按月向主管退稅的稅務機關申報辦理增值稅退（免）稅手續。具體管理辦法由國家稅務總局商財政部另行制定。

(三) 申報繳稅期限

納稅人以 1 個月或者 1 個季度為 1 個納稅期的，自期滿之日起 15 日內申報納稅；以 1 日、3 日、5 日、10 日或者 15 日為 1 個納稅期的，自期滿之日起 5 日內預繳稅款，於次月 1 日起 15 日內申報納稅並結清上月應納稅款。

扣繳義務人解繳稅款的期限，按照上述規定執行。

納稅人進口貨物，應當自海關填發海關進口增值稅專用繳款書之日起 15 日內繳納稅款。

**二、納稅地點**

(1) 固定業戶應當向其機構所在地或者居住地主管稅務機關申報納稅。總機構和分支機構不在同一縣（市）的，應當分別向各自所在地的主管稅務機關申報納稅；經財政部和國家稅務總局或者其授權的財政和稅務機關批准，可以由總機構匯總向總機構所在地的主管稅務機關申報納稅。

屬於固定業戶的納稅人，總分支機構不在同一縣（市），但在同一省（自治區、直轄市、計劃單列市）範圍內的，經省（自治區、直轄市、計劃單列市）財政廳（局）和國家稅務局批准，可以由總機構匯總向總機構所在地的主管稅務機關申報繳納增值稅。

原以地市一級機構匯總繳納營業稅的金融機構，營改增後繼續以地市一級機構匯總繳納增值稅。

同一省（自治區、直轄市、計劃單列市）範圍內的金融機構，經省（自治區、直轄市、計劃單列市）國家稅務局和財政廳（局）批准，可以由總機構匯總向總機構所在地的主管國稅機關申報繳納增值稅。

(2) 固定業戶到外縣（市）銷售貨物或者應稅勞務，應當向其機構所在地的主管稅務機關申請開具外出經營活動稅收管理證明，並向其機構所在地的主管稅務機關申報納稅；未開具證明的，應當向銷售地或者勞務發生地的主管稅務機關申報納稅；未向銷售地或者勞務發生地的主管稅務機關申報納稅的，由其機構所在地的主管稅務機關補徵稅款。

(3) 非固定業戶應當向銷售地、勞務發生地或者應稅行為發生地主管稅務機關申報納稅；未申報納稅的，由其機構所在地或者居住地主管稅務機關補徵稅款。

(4) 其他個人提供建築服務，銷售或者租賃不動產，轉讓自然資源使用權，應向建築服務發生地、不動產所在地、自然資源所在地主管稅務機關申報納稅。

(5) 進口貨物應當向報關地海關申報納稅。

(6) 扣繳義務人應當向其機構所在地或者居住地主管稅務機關申報繳納扣繳的稅款。

各地稅務機關要充分發揮同城通辦給納稅人辦稅帶來的便利，建立辦稅服務廳等候狀況即時發布機制，讓納稅人通過官方網站、手機應用軟件、微信、短信等多種渠道，即時瞭解各辦稅服務廳的等候狀況，合理選擇辦稅服務廳進行辦稅，避免因納稅人過度集中而造成辦稅不暢、效率不高等問題。

### 三、稅收歸屬和徵稅部門

(一) 稅收歸屬

增值稅屬於共享稅。自 2016 年 5 月 1 日起，所有行業企業繳納的增值稅均納入中央和地方共享範圍，中央分享增值稅的 50%，地方按稅收繳納地分享增值稅的 50%。

(二) 徵稅部門

(1) 增值稅由國家稅務局負責徵收。進口貨物的增值稅由海關代徵。納稅人銷售取得的不動產和其他個人出租不動產的增值稅，國家稅務局暫委託地方稅務局代為徵收。

自 2016 年 5 月 1 日起，營業稅改徵增值稅後由地稅機關繼續受理納稅人銷售其取得的不動產和其他個人出租不動產的申報繳稅和代開增值稅發票業務，以方便納稅人辦稅。

各地國稅機關、地稅機關要加強溝通、密切協作，採取互設窗口、共建辦稅服務廳、共駐政務中心的方式，整合辦稅服務資源。

(2) 個人保險代理人為保險企業提供保險代理服務應當繳納的增值稅和城市維護建設稅、教育費附加、地方教育附加，稅務機關可以根據《國家稅務總局關於發布〈委託代徵管理辦法〉的公告》(國家稅務總局公告 2013 年第 24 號)的有關規定，委託保險企業代徵。

接受稅務機關委託代徵稅款的保險企業，向個人保險代理人支付佣金費用后，可代個人保險代理人統一向主管國稅機關申請匯總代開增值稅普通發票或增值稅專用發票。

(3) 個人攜帶或者郵寄進境自用物品的增值稅，連同關稅一併計徵。具體辦法由國務院關稅稅則委員會同有關部門制定。

### 四、發票管理

(一) 發票種類

(1) 增值稅一般納稅人銷售貨物、提供加工修理修配勞務和應稅行為，使用增值稅發票管理新系統 (以下簡稱新系統) 開具增值稅專用發票、增值稅普通發票、機動車銷售統一發票、增值稅電子普通發票。

(2) 增值稅小規模納稅人銷售貨物、提供加工修理修配勞務月銷售額超過 3 萬元 (按季納稅 9 萬元)，或者銷售服務、無形資產月銷售額超過 3 萬元 (按季納稅 9 萬元)，使用新系統開具增值稅普通發票、機動車銷售統一發票、增值稅電子普通發票。

(3) 增值稅普通發票 (卷式) 啟用前，納稅人可通過新系統使用國稅機關發放的現有卷式發票。

(4) 門票、過路 (過橋) 費發票、定額發票、客運發票和二手車銷售統一發票繼續使用。

(5) 採取匯總納稅的金融機構，省、自治區所轄地市以下分支機構可以使用地市級機構統一領取的增值稅專用發票、增值稅普通發票、增值稅電子普通發票；直轄市、計劃單列市所轄區縣及以下分支機構可以使用直轄市、計劃單列市機構統一領取的增值稅專用發票、增值稅普通發票、增值稅電子普通發票。

(6) 國稅機關、地稅機關使用新系統代開增值稅專用發票和增值稅普通發票。代開增值稅專用發票使用六聯票，代開增值稅普通發票使用五聯票。

納稅人銷售其取得的不動產，自行開具或者稅務機關代開增值稅發票時，使用六聯增值稅專用發票或者五聯增值稅普通發票。納稅人辦理產權過戶手續需要使用發票的，可以使用增值稅專用發票第六聯或者增值稅普通發票第三聯。

(7) 自 2016 年 5 月 1 日起，地稅機關不再向試點納稅人發放發票。試點納稅人已領取地稅機關印製的發票以及印有本單位名稱的發票，可繼續使用至 2016 年 6 月 30 日，特殊情

況經省國稅局確定，可適當延長使用期限，最遲不超過 2016 年 8 月 31 日。

納稅人在地稅機關已申報營業稅未開具發票，2016 年 5 月 1 日以後需要補開發票的，可於 2016 年 12 月 31 日前開具增值稅普通發票（稅務總局另有規定的除外）。

營改增后，門票、過路（過橋）費發票屬於予以保留的票種，自 2016 年 5 月 1 日起，由國稅機關監制管理。原地稅機關監制的上述兩類發票，可以延用至 2016 年 6 月 30 日。

(8) 納稅人使用增值稅普通發票開具收購發票，系統在發票左上角自動打印「收購」字樣。

（二）發票索取

(1) 納稅人銷售貨物、勞務、服務、無形資產、不動產，應當向索取增值稅專用發票的購買方開具增值稅專用發票，並在增值稅專用發票上分別註明銷售額和銷項稅額。

(2) 屬於下列情形之一的，不得開具增值稅專用發票：

①向消費者個人銷售貨物、勞務、服務、無形資產或者不動產。

②適用免徵增值稅規定的貨物、勞務、服務、無形資產或者不動產，法律、法規及國家稅務總局另有規定的除外。

③商業企業一般納稅人零售的菸、酒、食品、服裝、鞋帽（不包括勞保專用部分）、化妝品等消費品不得開具專用發票。

(3) 小規模納稅人銷售貨物、勞務、服務、無形資產、不動產，購買方索取增值稅專用發票的，可以向主管稅務機關申請代開。

(4) 增值稅納稅人購買貨物、勞務、服務、無形資產或不動產，索取增值稅專用發票時，須向銷售方提供購買方名稱（不得為自然人）、納稅人識別號、地址電話、開戶行及帳號信息，不需要提供營業執照、稅務登記證、組織機構代碼證、開戶許可證、增值稅一般納稅人登記表等相關證件或其他證明材料。

(5) 個人消費者購買貨物、勞務、服務、無形資產或不動產，索取增值稅普通發票時，不需要向銷售方提供納稅人識別號、地址電話、開戶行及帳號信息，也不需要提供相關證件或其他證明材料。

[案例 5-55] 某公司（一般納稅人）租賃高某在市區的商鋪，月租金 50,000 元（含稅）。該公司如何索取發票？

[解答] 陳某應納增值稅 = 50,000÷(1+5%)×5% = 2,380.95（元）

①如果該公司要求陳某到地稅機關代開普通發票，公司取得普通發票，不能抵扣進項稅額。

②如果該公司要求陳某到地稅機關代開專用發票，公司取得專用發票，可以抵扣進項稅額，節省增值稅 2,380.95 元。

（三）稅務機關代開發票

1. 國稅機關代開專用發票

代開專用發票是指主管稅務機關為所轄範圍內的增值稅納稅人代開專用發票，其他單位和個人不得代開。

所稱增值稅納稅人，是指已辦理稅務登記的小規模納稅人（包括個體經營者）以及國家稅務總局確定的其他可予代開增值稅專用發票的納稅人。

增值稅納稅人發生增值稅應稅行為、需要開具專用發票時，可向其主管稅務機關申請代開。

2. 地稅機關代開專用發票和普通發票

增值稅小規模納稅人銷售其取得的不動產以及其他個人出租不動產，購買方或承租方不屬於其他個人的，納稅人繳納增值稅后可以向地稅局申請代開增值稅專用發票。不能自

開增值稅普通發票的小規模納稅人銷售其取得的不動產以及其他個人出租不動產，可以向地稅局申請代開增值稅普通發票。地稅局代開發票部門通過增值稅發票管理新系統代開增值稅發票，系統自動在發票上打印「代開」字樣。

地稅局代開發票部門為納稅人代開的增值稅發票，統一使用六聯增值稅專用發票和五聯增值稅普通發票。第四聯由代開發票崗位留存，以備發票掃描補錄；第五聯交徵收崗位留存，用於代開發票與徵收稅款的定期核對；其他聯次繳納稅人。

代開發票崗位應按下列要求填寫增值稅發票：

(1)「稅率」欄填寫增值稅徵收率。免稅、其他個人出租其取得的不動產適用優惠政策減按1.5%徵收、差額徵收的，「稅率」欄自動打印「×××」。

(2)「銷售方名稱」欄填寫代開地稅局名稱。

(3)「銷售方納稅人識別號」欄填寫代開發票地稅局代碼。

(4)「銷售方開戶行及帳號」欄填寫稅收完稅憑證字軌及號碼（免稅代開增值稅普通發票可不填寫）。

(5) 備註欄填寫銷售或出租不動產納稅人的名稱、納稅人識別號（或者組織機構代碼）、不動產的詳細地址。

(6) 差額徵稅代開發票，通過系統中差額徵稅開票功能，錄入含稅銷售額（或含稅評估額）和扣除額，系統自動計算稅額和金額，備註欄自動打印「差額徵稅」字樣。

(7) 納稅人銷售其取得的不動產代開發票，「貨物或應稅勞務、服務名稱」欄填寫不動產名稱及房屋產權證書號碼，「單位」欄填寫面積單位。

(8) 按照核定計稅價格徵稅的，「金額」欄填寫不含稅計稅價格，備註欄註明「核定計稅價格，實際成交含稅金額×××元」。

其他項目按照增值稅發票填開的有關規定填寫。

地稅局代開發票部門應在代開增值稅發票的備註欄上，加蓋地稅代開發票專用章。

(四) 發票開具

(1) 自2016年1月1日起，停止使用貨物運輸業增值稅專用發票（以下簡稱貨運專票）。增值稅一般納稅人提供貨物運輸服務，使用增值稅專用發票和增值稅普通發票，開具發票時應將起運地、到達地、車種車號以及運輸貨物信息等內容填寫在發票備註欄中，如內容較多可另附清單。

(2) 稅務總局編寫了《商品和服務稅收分類與編碼(試行)》（以下簡稱編碼），並在新系統中增加了編碼相關功能。自2016年5月1日起，納入新系統推行範圍的試點納稅人及新辦增值稅納稅人，應使用新系統選擇相應的編碼開具增值稅發票。北京市、上海市、江蘇省和廣東省已使用編碼的納稅人，應於5月1日前完成開票軟件升級。5月1日前已使用新系統的納稅人，應於8月1日前完成開票軟件升級。

(3) 按照現行政策規定適用差額徵稅辦法繳納增值稅，並且不得全額開具增值稅發票的（財政部、稅務總局另有規定的除外），納稅人自行開具或者稅務機關代開增值稅發票時，通過新系統中差額徵稅開票功能，錄入含稅銷售額（或含稅評估額）和扣除額，系統自動計算稅額和不含稅金額，備註欄自動打印「差額徵稅」字樣，發票開具不應與其他應稅行為混開。

(4) 提供建築服務，納稅人自行開具或者稅務機關代開增值稅發票時，應在發票的備註欄註明建築服務發生地縣（市、區）名稱及項目名稱。

(5) 銷售不動產，納稅人自行開具或者稅務機關代開增值稅發票時，應在發票「貨物或應稅勞務、服務名稱」欄填寫不動產名稱及房屋產權證書號碼（無房屋產權證書的可不填寫），「單位」欄填寫面積單位，備註欄註明不動產的詳細地址。

（6）出租不動產，納稅人自行開具或者稅務機關代開增值稅發票時，應在備註欄註明不動產的詳細地址。

（7）個人出租住房適用優惠政策減按 1.5% 徵收，納稅人自行開具或者稅務機關代開增值稅發票時，通過新系統中徵收率減按 1.5% 徵收開票功能，錄入含稅銷售額，系統自動計算稅額和不含稅金額，發票開具不應與其他應稅行為混開。

（8）稅務機關代開增值稅發票時，「銷售方開戶行及帳號」欄填寫稅收完稅憑證字軌及號碼或系統稅票號碼（免稅代開增值稅普通發票可不填寫）。

（9）國稅機關為跨縣（市、區）提供不動產經營租賃服務、建築服務的小規模納稅人（不包括其他個人），代開增值稅發票時，在發票備註欄中自動打印「YD」字樣。

（10）保險機構作為車船稅扣繳義務人，在代收車船稅並開具增值稅發票時，應在增值稅發票備註欄中註明代收車船稅稅款信息。其具體包括保險單號、稅款所屬期（詳細至月）、代收車船稅金額、滯納金金額、金額合計等。該增值稅發票可作為納稅人繳納車船稅及滯納金的會計核算原始憑證。

（五）發票軟件

開票軟件是指增值稅納稅人安裝使用的增值稅發票稅控開票軟件（金稅盤版）和增值稅發票稅控開票軟件（稅控盤版）。

自 2015 年 4 月 1 日起，在全國範圍分步全面推行增值稅發票系統升級版。

1. 推行範圍

目前尚未使用增值稅發票系統升級版的增值稅納稅人。推行工作按照先一般納稅人和起徵點以上小規模納稅人，后起徵點以下小規模納稅人和使用稅控收款機納稅人的順序進行，具體推行方案由各省國稅局根據本地區的實際情況制定。

各地國稅機關在增值稅發票系統升級版的推行工作中，對於不達增值稅起徵點的小規模納稅人，目前不得納入增值稅發票系統升級版推行範圍。增值稅起徵點以下的存量小規模納稅人，可暫繼續使用現有方式開具發票。

2. 系統使用

增值稅發票系統升級版是對增值稅防偽稅控系統、稽核系統以及稅務數字證書系統等進行整合升級完善。實現納稅人經過稅務數字證書安全認證、加密開具的發票數據，通過互聯網即時上傳稅務機關，生成增值稅發票電子底帳，作為納稅申報、發票數據查驗以及稅源管理、數據分析利用的依據。

（1）增值稅發票系統升級版納稅人端稅控設備包括金稅盤和稅控盤（以下統稱專用設備）。專用設備均可開具增值稅專用發票、增值稅普通發票、機動車銷售統一發票和增值稅電子普通發票。

（2）納稅人應在互聯網連接狀態下在線使用增值稅發票系統升級版開具發票。增值稅發票系統升級版可自動上傳已開具的發票明細數據。

（3）納稅人因網路故障等原因無法在線開票的，在稅務機關設定的離線開票時限和離線開具發票總金額範圍內仍可開票，超限將無法開具發票。納稅人開具發票次月仍未連通網路上傳已開具發票明細數據的，也將無法開具發票。納稅人需連通網路上傳發票數據后方可開票，若仍無法連通網路的需攜帶專用設備到稅務機關進行徵期報稅或非徵期報稅后方可開票。

納稅人已開具未上傳的增值稅發票為離線發票。離線開票時限是指自第一份離線發票開具時間起開始計算可離線開具的最長時限。離線開票總金額是指可開具離線發票的累計不含稅總金額，離線開票總金額按不同票種分別計算。

納稅人離線開票時限和離線開票總金額的設定標準及方法由各省、自治區、直轄市和

計劃單列市國家稅務局確定。

(4) 按照有關規定不使用網路辦稅或不具備網路條件的特定納稅人，以離線方式開具發票，不受離線開票時限和離線開具發票總金額限制。特定納稅人的相關信息由主管稅務機關在綜合徵管系統中設定，並同步至增值稅發票系統升級版。

(5) 納稅人應在納稅申報期內將上月開具發票匯總情況通過增值稅發票系統升級版進行網路報稅。

特定納稅人不使用網路報稅，需攜帶專用設備和相關資料到稅務機關進行報稅。

除特定納稅人外，使用增值稅發票系統升級版的納稅人，不再需要到稅務機關進行報稅，原使用的網上報稅方式停止使用。

(6) 一般納稅人發票認證、稽核比對、納稅申報等涉稅事項仍按照現行規定執行。

(7) 一般納稅人和小規模納稅人自願選擇使用增值稅稅控主機共享服務系統開具增值稅發票，任何稅務機關和稅務人員不得強制納稅人使用。

3. 紅字發票開具

自 2016 年 8 月 1 日起，紅字發票開具有關問題如下：

(1) 增值稅一般納稅人開具增值稅專用發票（以下簡稱專用發票）後，發生銷貨退回、開票有誤、應稅服務中止等情形但不符合發票作廢條件，或者因銷貨部分退回及發生銷售折讓，需要開具紅字專用發票的，按以下方法處理：

①購買方取得專用發票已用於申報抵扣的，購買方可在增值稅發票管理新系統（以下簡稱新系統）中填開並上傳《開具紅字增值稅專用發票信息表》（以下簡稱《信息表》），在填開《信息表》時不填寫相對應的藍字專用發票信息，應暫依《信息表》所列增值稅稅額從當期進項稅額中轉出，待取得銷售方開具的紅字專用發票後，與《信息表》一併作為記帳憑證。

購買方取得專用發票未用於申報抵扣，但發票聯或抵扣聯無法退回的，購買方填開《信息表》時應填寫相對應的藍字專用發票信息。

銷售方開具專用發票尚未交付購買方以及購買方未用於申報抵扣並將發票聯及抵扣聯退回的，銷售方可在新系統中填開並上傳《信息表》。銷售方填開《信息表》時應填寫相對應的藍字專用發票信息。

②主管稅務機關通過網路接收納稅人上傳的《信息表》，系統自動校驗通過後，生成帶有「紅字發票信息表編號」的《信息表》，並將信息同步至納稅人端系統中。

③銷售方憑稅務機關係統校驗通過的《信息表》開具紅字專用發票，在新系統中以銷項負數開具。紅字專用發票應與《信息表》一一對應。

④納稅人也可憑《信息表》電子信息或紙質資料到稅務機關對《信息表》內容進行系統校驗。

(2) 稅務機關為小規模納稅人代開專用發票，需要開具紅字專用發票的，按照一般納稅人開具紅字專用發票的方法處理。

(3) 納稅人需要開具紅字增值稅普通發票的，可以在所對應的藍字發票金額範圍內開具多份紅字發票。紅字機動車銷售統一發票需與原藍字機動車銷售統一發票一一對應。

(4) 按照《國家稅務總局關於納稅人認定或登記為一般納稅人前進項稅額抵扣問題的公告》（國家稅務總局公告 2015 年第 59 號）的規定，需要開具紅字專用發票的，按照上述規定執行。

(六) 部分地區開展住宿業小規模納稅人自行開具專用發票試點

自 2016 年 8 月 1 日起，在部分地區開展住宿業增值稅小規模納稅人自行開具增值稅專用發票（以下簡稱專用發票）試點工作。

1. 試點範圍

試點範圍限於全國 91 個城市月銷售額超過 3 萬元（或季銷售額超過 9 萬元）的住宿業增值稅小規模納稅人（以下稱試點納稅人）。

2. 試點內容

（1）試點納稅人提供住宿服務、銷售貨物或發生其他應稅行為，需要開具專用發票的，可以通過增值稅發票管理新系統自行開具，主管國稅機關不再為其代開。

試點納稅人銷售其取得的不動產，需要開具專用發票的，仍須向地稅機關申請代開。

（2）主管稅務機關為試點納稅人核定的單份專用發票最高開票限額不超過 1 萬元。

（3）試點納稅人所開具的專用發票應繳納的稅款，應在規定的納稅申報期內，向主管稅務機關申報納稅。在填寫增值稅納稅申報表時，應將當期開具專用發票的銷售額，按照 3% 和 5% 的徵收率，分別填寫在《增值稅納稅申報表》（小規模納稅人適用）第 2 欄和第 5 欄「稅務機關代開的增值稅專用發票不含稅銷售額」的「本期數」相應欄次中。

3. 有關要求

主管稅務機關要加強對試點納稅人的培訓輔導，保障納稅人正確開具專用發票，同時要強化風險防控，加強數據分析比對，認真總結試點經驗。

試點納稅人應嚴格按照專用發票管理有關規定領用、保管、開具專用發票。

（七）虛開增值稅專用發票

（1）虛開增值稅專用發票是指有為他人虛開、為自己虛開、讓他人為自己虛開、介紹他人虛開增值稅專用發票行為之一的。具有下列行為之一的，屬於虛開增值稅專用發票：

①沒有貨物購銷或者沒有提供或接受應稅勞務而為他人、為自己、讓他人為自己、介紹他人開具增值稅專用發票；

②有貨物購銷或者提供或接受了應稅勞務，但為他人、為自己、讓他人為自己、介紹他人開具數量或者金額不實的增值稅專用發票；

③進行了實際經營活動，但讓他人為自己代開增值稅專用發票。

（2）納稅人虛開增值稅專用發票，未就其虛開金額申報並繳納增值稅的，應按照其虛開金額補繳增值稅；已就其虛開金額申報並繳納增值稅的，不再按照其虛開金額補繳增值稅。稅務機關對納稅人虛開增值稅專用發票的行為，應按《中華人民共和國稅收徵收管理法》及《中華人民共和國發票管理辦法》的有關規定給予處罰。納稅人取得虛開的增值稅專用發票，不得作為增值稅合法有效的扣稅憑證抵扣其進項稅額。虛開增值稅專用發票構成犯罪的，按《全國人民代表大會常務委員會關於懲治虛開、偽造和非法出售增值稅專用發票犯罪的決定》處以刑罰。

（3）納稅人通過虛增增值稅進項稅額偷逃稅款，但對外開具增值稅專用發票同時符合以下情形的，不屬於對外虛開增值稅專用發票：

①納稅人向受票方納稅人銷售了貨物，或者提供了增值稅應稅勞務、應稅服務；

②納稅人向受票方納稅人收取了所銷售貨物、所提供應稅勞務或者應稅服務的款項，或者取得了索取銷售款項的憑據；

③納稅人按規定向受票方納稅人開具的增值稅專用發票相關內容，與所銷售貨物、所提供應稅勞務或者應稅服務相符，並且該增值稅專用發票是納稅人合法取得、並以自己名義開具的。

受票方納稅人取得的符合上述情形的增值稅專用發票，可以作為增值稅扣稅憑證抵扣進項稅額。

（4）有下列情形之一的，無論購貨方（受票方）與銷售方是否進行了實際的交易，增值稅專用發票所註明的數量、金額與實際交易是否相符，購貨方向稅務機關申請抵扣進項

稅款或者出口退稅的，對其均應按偷稅或者騙取出口退稅處理。

①購貨方取得的增值稅專用發票所註明的銷售方名稱、印章與其進行實際交易的銷售方不符的，即《國家稅務總局關於納稅人取得虛開的增值稅專用發票處理問題的通知》（國稅發〔1997〕134號，以下簡稱「134號文件」）第二條規定的「購貨方從銷售方取得第三方開具的專用發票」的情況。

②購貨方取得的增值稅專用發票為銷售方所在省（自治區、直轄市和計劃單列市）以外地區的，即「134號文件」第二條規定的「從銷貨地以外的地區取得專用發票」的情況。

③其他有證據表明購貨方明知取得的增值稅專用發票系銷售方以非法手段獲得的，即「134號文件」第一條規定的「受票方利用他人虛開的專用發票，向稅務機關申報抵扣稅款進行偷稅」的情況。

（5）購貨方與銷售方存在真實的交易，銷售方使用的是其所在省（自治區、直轄市和計劃單列市）的專用發票，專用發票註明的銷售方名稱、印章、貨物數量、金額及稅額等全部內容與實際相符，並且沒有證據表明購貨方知道銷售方提供的專用發票是以非法手段獲得的，對購貨方不以偷稅或者騙取出口退稅論處。但應按有關規定不予抵扣進項稅款或者不予出口退稅；購貨方已經抵扣的進項稅款或者取得的出口退稅，應依法追繳。購貨方能夠重新從銷售方取得防偽稅控系統開出的合法、有效專用發票的，應依法準予抵扣進項稅款或者出口退稅。

**五、外出經營活動稅收管理證明**

為切實做好稅源管理工作，減輕基層稅務機關和納稅人的辦稅負擔，提高稅收徵管效率，現就優化「外出經營活動稅收管理證明」（以下簡稱「外管證」）相關制度和辦理程序提出如下意見：

（一）創新「外管證」管理制度

（1）改進「外管證」開具範圍界定。納稅人跨省稅務機關管轄區域（以下簡稱跨省）經營的，應按本規定開具「外管證」；納稅人在省稅務機關管轄區域內跨縣（市）經營的，是否開具「外管證」由省稅務機關自行確定。

（2）探索外出經營稅收管理信息化。省稅務機關管轄區域內跨縣（市）經營需要開具「外管證」的，稅務機關應積極推進網上辦稅服務廳建設，受理納稅人的網上申請，為其開具電子「外管證」；通過網路及時向經營地稅務機關推送相關信息。在此前提下，探索取消電子「外管證」紙質打印和經營地報驗登記。

（3）延長建築安裝行業納稅人「外管證」有效期限。「外管證」有效期限一般不超過180天，但建築安裝行業納稅人項目合同期限超過180天的，按照合同期限確定有效期限。

（二）優化「外管證」辦理程序

1.「外管證」的開具

（1）「一地一證」。從事生產、經營的納稅人跨省從事生產、經營活動的，應當在外出生產經營之前，到機構所在地主管稅務機關開具「外管證」。稅務機關按照「一地一證」的原則，發放「外管證」。

（2）簡化資料報送。一般情況下，納稅人辦理「外管證」時只需提供稅務登記證件副本或者加蓋納稅人印章的副本首頁複印件（實行實名辦稅的納稅人，可不提供上述證件）；從事建築安裝的納稅人另需提供外出經營合同（原件或複印件，沒有合同或合同內容不全的，提供外出經營活動情況說明）。

（3）即時辦理。納稅人提交資料齊全、符合法定形式的，稅務機關應即時開具「外管證」（可使用業務專用章）。

2.「外管證」的報驗登記

（1）納稅人應當自「外管證」簽發之日起 30 日内，持「外管證」向經營地稅務機關報驗登記，並接受經營地稅務機關的管理。納稅人以「外管證」上註明的納稅人識別號，在經營地稅務機關辦理稅務事項。

（2）報驗登記時應提供「外管證」，建築安裝行業納稅人另需提供外出經營合同複印件或外出經營活動情況說明。

（3）營改增之前地稅機關開具的「外管證」仍在有效期限内的，國稅機關應予以受理，進行報驗登記。

3.「外管證」的核銷

（1）納稅人外出經營活動結束，應當向經營地稅務機關填報《外出經營活動情況申報表》，並結清稅款。

（2）經營地稅務機關核對資料，發現納稅人存在欠繳稅款、多繳（包括預繳、應退未退）稅款等未辦結事項的，及時制發《稅務事項通知書》，通知納稅人辦理。納稅人不存在未辦結事項的，經營地稅務機關核銷報驗登記，在「外管證」上簽署意見（可使用業務專用章）。

（三）其他事項

異地不動產轉讓和租賃業務不適用外出經營活動稅收管理相關制度規定。

### 六、稅務會計

納稅人應當按照國家統一的會計制度進行增值稅會計核算。

（1）增值稅納稅人可以在「應交稅費」科目下設置一般納稅人和小規模納稅人共同適用的明細科目「應交增值稅」「未交增值稅」「扣繳增值稅」等；設置僅適用一般納稅人的明細科目「待抵扣進項稅額」「待認證進項稅額」「待轉銷項稅額」等。

（2）增值稅納稅人可以在「應交稅費——應交增值稅」明細帳内設置一般納稅人和小規模納稅人共同適用的專欄「已交稅額」「預繳稅額」「轉出未交增值稅」「減免稅額」「簡易計稅」「轉出多交增值稅」等；設置僅適用一般納稅人的專欄「進項稅額」「銷項稅額抵減」「銷項稅額」「跨境實徵稅額」「跨境退稅」「進項稅額轉出」等專欄。

### 七、納稅申報與退（免）稅申報

（一）納稅申報

自 2016 年 6 月 1 日起，境内增值稅納稅人（包括原增值稅納稅人和試點增值稅納稅人）應按照規定進行增值稅納稅申報。

納稅申報資料包括納稅申報表及其附列資料和納稅申報其他資料。納稅申報表及其附列資料為必報資料。納稅申報其他資料的報備要求由各省、自治區、直轄市和計劃單列市國家稅務局確定。

（1）《增值稅納稅申報表（一般納稅人適用）》及其附列資料如下：

①《增值稅納稅申報表（一般納稅人適用）》。
②《增值稅納稅申報表附列資料（一）》（本期銷售情況明細）。
③《增值稅納稅申報表附列資料（二）》（本期進項稅額明細）。
④《增值稅納稅申報表附列資料（三）》（服務、不動產和無形資產扣除項目明細）。
⑤《增值稅納稅申報表附列資料（四）》（稅額抵減情況表）。
⑥《增值稅納稅申報表附列資料（五）》（不動產分期抵扣計算表）。
⑦《固定資產（不含不動產）進項稅額抵扣情況表》。

⑧《本期抵扣進項稅額結構明細表》。
⑨《增值稅減免稅申報明細表》。
(2)《增值稅納稅申報表（小規模納稅人適用）》及其附列資料如下：
①《增值稅納稅申報表（小規模納稅人適用）》。
②《增值稅納稅申報表（小規模納稅人適用）附列資料》。
③《增值稅減免稅申報明細表》。
(3)《增值稅預繳稅款表》。納稅人跨縣（市）提供建築服務、房地產開發企業預售自行開發的房地產項目、納稅人出租與機構所在地不在同一縣（市）的不動產，按規定需要在項目所在地或不動產所在地主管國稅機關預繳稅款的，需填寫《增值稅預繳稅款表》。

上述表格均為 Excel 格式，表格式樣略。

(二) 退（免）稅申報

國家稅務總局制定的出口貨物勞務增值稅退（免）稅申報表主要有：
(1)《免抵退稅申報匯總表》，此表為 Excel 格式，表格式樣略。
(2)《外貿企業出口退稅匯總申報表》，此表為 Excel 格式，表格式樣略。

# 第六章

# 附加稅費和印花稅

## 第一節 附加稅費

城市維護建設稅、教育費附加和地方教育附加是對繳納增值稅、消費稅（以下稱「兩稅」）的單位和個人徵收的三種附加稅費。1985 年 1 月 1 日中國開徵城市維護建設稅，1986 年 7 月 1 日中國開徵教育費附加，2011 年中國全面開徵地方教育附加。現行城市維護建設稅、教育費附加和地方教育附加具有如下特點：
（1）教育費附加和地方教育附加名稱上是費，實質上是稅。
（2）納稅人、繳費人為繳納「兩稅」的單位和個人，稅負容易轉嫁，屬於間接稅（費）。
（3）採用從價定率計徵方法，屬於從價稅（費）。
（4）城市維護建設稅實行地區差別比例稅率，稅率為 7%、5% 和 1%；教育費附加和地方教育附加實行單一附加率，附加率分別為 3%、2%。
（5）計徵依據為實際繳納的「兩稅」稅額，屬於附加稅（費）。
（6）隨同增值稅、消費稅徵免。
（7）屬於共享稅（費），由地方稅務局和國家稅務局負責徵收管理。
（8）屬於特定目的稅（費），稅款專款專用，城市維護建設稅用於城市的公用事業和公共設施的維護建設，用於鄉鎮的維護和建設；教育費附加和地方教育附加專項用於發展教育事業。

現行城市維護建設稅、教育費附加和地方教育附加的基本規範如下：
（1）《中華人民共和國城市維護建設稅暫行條例》（1985 年 2 月 8 日國發〔1985〕19 號公布，自 1985 年 1 月 1 日起施行）。
（2）《國家稅務總局關於城市維護建設稅徵收問題的通知》（1994 年 3 月 12 日國稅發〔1994〕51 號公布，自 1994 年 1 月 1 日起施行）。
（3）《徵收教育費附加的暫行規定》（1986 年 4 月 28 日國發〔1986〕50 號公布，自 1986 年 7 月 1 日起施行）。
（4）《國務院關於修改〈徵收教育費附加的暫行規定〉的決定》（1990 年 6 月 7 日國務院令第 60 號公布，自 1990 年 8 月 1 日起施行）。
（5）《國務院關於教育費附加徵收問題的緊急通知》（1994 年 2 月 7 日國發明電〔1994〕2 號公布，自 1994 年 1 月 1 日起施行）。
（6）《國務院關於修改〈徵收教育費附加的暫行規定〉的決定》（2005 年 8 月 20 日國務院令第 448 號公布，自 2005 年 10 月 1 日起施行）。
（7）《財政部關於統一地方教育附加政策有關問題的通知》（2010 年 11 月 7 日財綜〔2010〕98 號公布）。
（8）《國務院關於進一步加大財政教育投入的意見》（2011 年 6 月 29 日國發〔2011〕

22號公布)。

### 一、納稅人、繳費人和扣繳義務人

凡繳納「兩稅」的單位和個人，都是城市維護建設稅的納稅義務人。凡繳納「兩稅」的單位和個人，都應當依照規定徵收教育費附加和地方教育附加。

自2010年12月1日起，對外商投資企業、外國企業及外籍個人徵收城市維護建設稅和徵收教育費附加。對外商投資企業、外國企業及外籍個人徵收地方教育附加。

「兩稅」的代扣代繳、代收代繳義務人同時也是城市維護建設稅的代扣代繳、代收代繳義務人。

### 二、計徵方法、稅率、附加率和計徵依據

(一) 計徵方法

應交城市維護建設稅＝(應交增值稅＋應交消費稅)×稅率
應交教育費附加＝(應交增值稅＋應交消費稅)×附加率
應交地方教育附加＝(應交增值稅＋應交消費稅)×附加率

(二) 稅率和附加率

(1) 城市維護建設稅實行地區差別比例稅率，具體規定如下：

①納稅人所在地在市區的，稅率為7%。

縣政府設在城市市區，其在市區辦的企業，按市區的規定稅率計算納稅。

撤縣建市后，城市維護建設稅適用稅率應為7%。

②納稅人所在地在縣城、建制鎮的，稅率為5%。

中國鐵道總公司應繳納的城市維護建設稅，稅率為5%。

③納稅人所在地不在市區、縣城或建制鎮的，稅率為1%。

開採海洋石油資源的中外合作油(氣)田所在地在海上，其城市維護建設稅適用1%的稅率。中國海洋石油總公司海上自營油(氣)田按照上述規定執行。

④納稅人所在地為工礦區的，依照上述規定，應根據行政區劃分別按照7%、5%、1%的稅率繳納城市維護建設稅。

⑤城市維護建設稅的適用稅率，應按納稅人所在地的規定稅率執行。但對下列兩種情況，可按繳納「兩稅」所在地的規定稅率就地繳納城市維護建設稅：

第一，由受託方代徵代扣「兩稅」的單位和個人；

第二，流動經營等無固定納稅地點的單位和個人。

(2) 教育費附加率統一為3%。除國務院另有規定者外，任何地區、部門不得擅自提高或者降低教育費附加率。

(3) 地方教育附加率統一為2%。

(三) 計徵依據

(1) 城市維護建設稅、教育費附加和地方教育費加以納稅人實際繳納的「兩稅」稅額為計徵依據，即稅額減免后的應交增值稅和應交消費稅之和為計徵依據。

[案例6-1] 某內資企業位於縣城，1月份應交增值稅500,000元，應交消費稅400,000元。計算該企業當月應交城市維護建設稅、教育費附加和地方教育附加。

[解答] 應交城市維護建設稅＝(500,000+400,000)×5%＝45,000 (元)

應交教育費附加＝(500,000+400,000)×3%＝27,000 (元)

應交地方教育附加＝(500,000+400,000)×2%＝18,000 (元)

(2) 海關對進口產品代徵的增值稅、消費稅，不徵收城市維護建設稅和教育費附加。

**[案例6-2]** 某外資企業位於市區，2月份繳納進口關稅20萬元、進口消費稅10萬元、進口增值稅17萬元、境內消費稅30萬元、境內增值稅51萬元。計算該企業當月應交城市維護建設稅、教育費附加和地方教育附加。

**[解答]** 應交城市維護建設稅=(30+51)×7%=5.67（萬元）

應交教育費附加=(30+51)×3%=2.43（萬元）

應交地方教育附加=(30+51)×2%=1.62（萬元）

（3）對出口產品退還增值稅、消費稅的，不退還已納的城市維護建設稅和教育費附加。

（4）自2005年1月1日起，經國家稅務局正式審核批准的當期免抵的增值稅稅額應納入城市維護建設稅和教育費附加的計徵範圍，按規定的稅（費）率徵收城市維護建設稅和教育費附加。

**[案例6-3]** 某生產企業為增值稅一般納稅人，不在市區、縣城或建制鎮，經營內銷與出口業務。該企業3月份實際繳納增值稅40萬元，出口貨物免抵稅額5萬元。計算該企業當月應交城市維護建設稅、教育費附加和地方教育附加。

**[解答]** 應交城市維護建設稅=(40+5)×1%=0.45（萬元）

應交教育費附加=(40+5)×3%=1.35（萬元）

應交地方教育附加=(40+5)×2%=0.90（萬元）

### 三、稅費減免

（1）城市維護建設稅和教育費附加隨同「兩稅」徵免，即單位和個人凡應繳納「兩稅」的均應繳納城市維護建設稅和教育費附加。

（2）對由於減免「兩稅」而發生的退稅，同時退還已納的城市維護建設稅和教育費附加。

（3）對「兩稅」實行先徵后返、先徵后退、即徵即退辦法的，除另有規定外，對隨「兩稅」附徵的城市維護建設稅和教育費附加，一律不予退（返）還。

**[案例6-4]** 某軟件公司位於建制鎮，4月份銷售軟件產品應納增值稅81.6萬元，即徵即退增值稅63.6萬元。計算該公司當月應交城市維護建設稅、教育費附加和地方教育附加。

**[解答]** 應交城市維護建設稅=81.6×5%=4.08（萬元）

應交教育費附加=81.6×3%=2.45（萬元）

應交地方教育附加=81.6×2%=1.63（萬元）

（4）為支持國家重大水利工程建設，對國家重大水利工程建設基金免徵城市維護建設稅和教育費附加。

（5）對自主就業退役士兵從事個體經營的，在3年內按每戶每年8,000元為限額依次扣減其當年實際應繳納的增值稅、城市維護建設稅、教育費附加、地方教育附加和個人所得稅。限額標準最高可上浮20%，各省、自治區、直轄市人民政府可根據本地區實際情況在此幅度內確定具體限額標準，並報財政部和國家稅務總局備案。

對商貿企業、服務型企業、勞動就業服務企業中的加工型企業和街道社區具有加工性質的小型企業實體，在新增加的崗位中，當年新招用自主就業退役士兵，與其簽訂1年以上期限勞動合同並依法繳納社會保險費的，在3年內按實際招用人數予以定額依次扣減增值稅、城市維護建設稅、教育費附加、地方教育附加和企業所得稅優惠。定額標準為每人每年4,000元，最高可上浮50%，各省、自治區、直轄市人民政府可根據本地區實際情況在此幅度內確定具體定額標準，並報財政部和國家稅務總局備案。

上述稅收優惠政策的執行期限為2016年5月1日至2016年12月31日，納稅人在2016

年12月31日未享受滿3年的,可繼續享受至3年期滿為止。

(6) 對持「就業創業證」(註明「自主創業稅收政策」或「畢業年度內自主創業稅收政策」)或2015年1月27日前取得的「就業失業登記證」(註明「自主創業稅收政策」或附著「高校畢業生自主創業證」)的人員從事個體經營的,在3年內按每戶每年8,000元為限額依次扣減其當年實際應繳納的增值稅、城市維護建設稅、教育費附加、地方教育附加和個人所得稅。限額標準最高可上浮20%,各省、自治區、直轄市人民政府可根據本地區實際情況在此幅度內確定具體限額標準,並報財政部和國家稅務總局備案。

對商貿企業、服務型企業、勞動就業服務企業中的加工型企業和街道社區具有加工性質的小型企業實體,在新增加的崗位中,當年新招用在人力資源社會保障部門公共就業服務機構登記失業半年以上且持「就業創業證」或2015年1月27日前取得的「就業失業登記證」(註明「企業吸納稅收政策」)人員,與其簽訂1年以上期限勞動合同並依法繳納社會保險費的,在3年內按實際招用人數予以定額依次扣減增值稅、城市維護建設稅、教育費附加、地方教育附加和企業所得稅優惠。定額標準為每人每年4,000元,最高可上浮30%,各省、自治區、直轄市人民政府可根據本地區實際情況在此幅度內確定具體定額標準,並報財政部和國家稅務總局備案。

上述稅收優惠政策的執行期限為2016年5月1日至2016年12月31日,納稅人在2016年12月31日未享受滿3年的,可繼續享受至3年期滿為止。

(7) 自2016年2月1日起,將免徵教育費附加、地方教育附加、水利建設基金的範圍,由現行按月納稅的月銷售額或營業額不超過3萬元(按季度納稅的季度銷售額或營業額不超過9萬元)的繳納義務人,擴大到按月納稅的月銷售額或營業額不超過10萬元(按季度納稅的季度銷售額或營業額不超過30萬元)的繳納義務人。

**四、徵收管理**

城市維護建設稅的徵收、管理、納稅環節、獎罰等事項,比照增值稅、消費稅的有關規定辦理。

教育費附加的徵收管理,按照增值稅、消費稅的有關規定辦理。徵收教育費附加的環節和地點,原則上與徵收增值稅、消費稅的規定一致。

城市維護建設稅的代扣代繳、代收代繳,一律比照增值稅、消費稅的有關規定辦理。

納稅人在被查補增值稅、消費稅和被處以罰款時,應同時對其偷漏的城市維護建設稅進行補稅和罰款。

(一) 納稅(繳費)時間

城市維護建設稅和教育費附加與增值稅、消費稅同時繳納。

增值稅小規模納稅人繳納增值稅、消費稅、文化事業建設費以及隨增值稅、消費稅附徵的城市維護建設稅、教育費附加等稅費,原則上實行按季申報。

納稅人要求不實行按季申報的,由主管稅務機關根據其應納稅額大小核定納稅期限。

隨增值稅、消費稅附徵的城市維護建設稅、教育費附加免於零申報。

(二) 納稅(繳費)地點

徵收城市維護建設稅和教育費附加的地點,原則上與徵收增值稅、消費稅的規定一致。

自2014年1月1日起,鐵路運輸納入營改增試點,中國鐵路總公司的分支機構預徵1%增值稅所應繳納的城市維護建設稅和教育費附加,由中國鐵路總公司按季向北京市國家稅務局繳納。

自2016年5月1日起,納稅人跨地區提供建築服務、銷售和出租不動產的,應在建築服務發生地、不動產所在地預繳增值稅時,以預繳增值稅稅額為計稅依據,並按預繳增值

稅所在地的城市維護建設稅適用稅率和教育費附加徵收率就地計算繳納城市維護建設稅和教育費附加。

預繳增值稅的納稅人在其機構所在地申報繳納增值稅時，以其實際繳納的增值稅稅額為計稅依據，並按機構所在地的城市維護建設稅適用稅率和教育費附加徵收率就地計算繳納城市維護建設稅和教育費附加。

(三) 收入歸屬和徵收部門

由中央主管部門集中繳納增值稅和消費稅的單位，如人民銀行、工商銀行、農業銀行、中國銀行、建設銀行五個銀行總行和保險總公司等單位，在其繳納增值稅的同時，應按規定繳納城市維護建設稅和教育費附加，稅款作為中央預算收入，由國家稅務局負責徵收。其余城市維護建設稅，歸地方政府，由地方稅務局負責徵收。

從 2012 年 1 月 1 日起，中國鐵道總公司集中繳納的城市維護建設稅、教育費附加由中央收入調整為地方收入。跨省（自治區、直轄市）合資鐵路企業繳納的城市維護建設稅、教育費附加為地方收入。

國稅局要根據地稅局所提需求，向同級地稅局傳遞「兩稅」分戶徵收信息。

對由國稅局臨時開票徵收「兩稅」的納稅人，地稅局可以委託國稅局代徵城市維護建設稅；經雙方協商同意，也可以採取其他徵管方式。

國稅局在檢查或採取強制執行措施追繳納稅人應繳的「兩稅」時，應及時向同級地稅局通報情況，提供追補「兩稅」的信息，以便地稅局據以追補城市維護建設稅及教育費附加。

地稅局發現納稅人有漏報、少報銷售收入偷漏「兩稅」的，應及時向國稅局通報情況，提供相關信息，並與國稅局共同做好稅款補徵工作。

(四) 收入用途

城市維護建設稅應當保證用於城市的公用事業和公共設施的維護建設，用於鄉鎮的維護和建設，具體安排由地方人民政府確定。

教育費附加納入預算管理。作為教育專項資金，根據「先收后支、列收列支、收支平衡」的原則使用和管理。地方各級人民政府應當依照國家有關規定，使預算內教育事業費逐步增長，不得因教育費附加納入預算專項資金管理而抵頂教育事業費撥款。

中國人民銀行總行，各專業銀行總行、保險總公司隨同營業稅上繳的教育費附加，由國家教育委員會按年度提出分配方案，商財政部同意后，用於基礎教育的薄弱環節。

各省、自治區、直轄市財政部門要嚴格按照《中華人民共和國教育法》的規定和財政部批覆意見，採取有效措施，切實加強地方教育附加徵收使用管理，確保基金應收盡收，專項用於發展教育事業，不得從地方教育附加中提取或列支徵收或代徵手續費。

## 第二節　印花稅

印花稅是對在境內書立、領受應稅憑證的單位和個人徵收的一種稅。1624 年荷蘭最早開徵印花稅。印花稅因其採用在應稅憑證上粘貼印花稅票的方法繳納稅款而得名。中國現行印花稅具有如下特點：

(1) 徵稅對象為在境內書立、領受的應稅憑證，形式上屬於憑證稅，實質上既屬於商品稅，又屬於財產稅，還屬於對物稅。

(2) 納稅人包括單位和個人，除證券（股票）交易、營業帳簿、權利許可證照印花稅單方繳納外，其他印花稅由兩方或者兩方以上當事人繳納。

(3）採用從價定率和從量定額計稅方法，屬於從價稅、從量稅。
(4）實行比例稅率或者定額稅率，比例稅率有 0.005%、0.03%、0.05%、0.1%，定額稅率為 5 元/件。稅率在現行所有稅種中最低。
(5）稅基為應稅憑證計稅金額或應稅憑證件數。筆者認為，免增值稅的或者應稅憑證未單獨記載增值稅額的，計稅金額不扣除增值稅額；應稅憑證單獨記載增值稅額的，不計入計稅金額。稅基的確定方式有據實方式和核定方式。
(6）稅額減免包括一般免稅和企業改制徵免稅。
(7）採用自行貼花、匯繳或匯貼、代扣代繳納稅方式，凡多貼印花稅票者，不得申請退稅或者抵用。
(8）屬於共享稅，證券交易印花稅歸中央政府，由國家稅務局徵收；其他印花稅歸地方政府，由地方稅務局負責徵收。
現行印花稅的基本規範如下：
(1）《中華人民共和國印花稅暫行條例》（1988 年 8 月 6 日國務院令第 11 號公布，自 1988 年 10 月 1 日起施行）。
(2）《中華人民共和國印花稅暫行條例施行細則》（1988 年 9 月 29 日財稅字第 225 號公布，自 1988 年 10 月 1 日起施行）。

### 一、徵稅對象和納稅人

(一）徵稅對象

印花稅的徵稅對象是在中國境內書立、領受的應稅憑證。
在中境內書立、領受應稅憑證是指在中國境內具有法律效力，受中國法律保護的憑證。上述憑證無論在中國境內或者境外書立，均應依照條例規定貼花。
應納稅憑證包括合同或者具有合同性質的憑證、產權轉移書據、營業帳簿、權利、許可證照，經財政部確定徵稅的其他憑證。
合同是指根據《中華人民共和國合同法》和其他有關合同法規訂立的合同。具有合同性質的憑證是指具有合同效力的協議、契約、合約、單據、確認書及其他各種名稱的憑證。
對納稅人以電子形式簽訂的各類應稅憑證按規定徵收印花稅。
依照《中華人民共和國印花稅暫行條例》的規定，合同簽訂時即應貼花，履行完稅手續。因此，不論合同是否兌現或能否按期兌現，都一律按照規定貼花。
印花稅只對條例列舉的憑證和經財政部確定徵稅的其他憑證徵稅，具體如下：
1. 購銷合同
購銷合同包括供應、預購、採購、購銷結合及協作、調劑、補償、易貨等合同。
各類出版單位與發行單位之間訂立的圖書、報紙、期刊以及音像製品的徵訂憑證（包括訂購單、訂數單等），按「購銷合同」納稅。
對發電廠與電網之間、電網與電網之間（國家電網公司系統、南方電網公司系統內部各級電網互供電量除外）簽訂的購售電合同按購銷合同徵收印花稅。電網與用戶之間簽訂的供用電合同不屬於印花稅列舉徵稅的憑證，不徵收印花稅。
2. 加工承攬合同
加工承攬合同包括加工、定做、修繕、修理、印刷廣告、測繪、測試等合同。
對商店、門市部的零星加工修理業務開具的修理單，不貼印花。
3. 建設工程勘察設計合同
建設工程勘察設計合同既包括勘察、設計合同，又包括總包合同、分包合同和轉包合同。

4. 建築安裝工程承包合同

建築安裝工程承包合同既包括建築、安裝工程承包合同，又包括總包合同、分包合同和轉包合同。

5. 財產租賃合同

財產租賃合同包括租賃房屋、船舶、飛機、機動車輛、機械、器具、設備等合同。

企業、個人出租門店、櫃臺等簽訂的合同，屬於財產租賃合同，應按照規定貼花。

企業與主管部門等簽訂的租賃承包經營合同，不屬於財產租賃合同，不應貼花。

6. 貨物運輸合同

貨物運輸合同包括民用航空運輸、鐵路運輸、海上運輸、內河運輸、公路運輸和聯運合同。單據作為合同使用的，按合同貼花。

對鐵路、公路、航運、水路承運快件行李、包裹開具的托運單據，暫免貼印花。

7. 倉儲保管合同

倉儲保管合同包括倉儲、保管合同。倉單或棧單作為合同使用的，按合同貼花。

倉儲保管業務的應稅憑證為倉儲保管合同或作為合同使用的倉單、棧單（或稱入庫單等）。對有些憑證使用不規範，不便計稅的，可就其結算單據作為計稅貼花的憑證。

8. 借款合同

銀行及其他金融組織和借款人（不包括銀行同業拆借）所簽訂的合同。單據作為合同使用的，按合同貼花。

中國的其他金融組織是指除人民銀行、各專業銀行以外，由中國人民銀行批准設立，領取經營金融業務許可證書的單位。

借款方以財產作抵押，與貸款方簽訂的抵押借款合同，屬於資金信貸業務，借貸雙方應按「借款合同」計稅貼花。因借款方無力償還借款而將抵押財產轉移給貸款方，應就雙方書立的產權轉移書據，按「產權轉移書據」計稅貼花。

對辦理借款展期業務使用借款展期合同或其他憑證，按信貸制度規定，僅載明延期還款事項的，可暫不貼花。

對開展融資租賃業務簽訂的融資租賃合同（含融資性售後回租），統一按其所載明的租金總額依照「借款合同」計稅貼花。在融資性售後回租業務中，對承租人、出租人因出售租賃資產及購回租賃資產所簽訂的合同，不徵收印花稅。

9. 財產保險合同

財產保險合同包括財產、責任、保證、信用等保險合同。單據作為合同使用的，按合同貼花。

保險公司的財產保險分為企業財產保險、機動車輛保險、貨物運輸保險、家庭財產保險和農牧業保險五大類。家庭財產兩全保險屬於家庭財產保險性質，其合同應照章貼花。

對貨物運輸、倉儲保管、財產保險、銀行借款等，辦理一項業務既書立合同，又開立單據的，只就合同貼花；凡不書立合同，只開立單據，以單據作為合同使用的，應按照規定貼花。

10. 技術合同

技術合同包括技術開發、轉讓、諮詢、服務等合同。

技術轉讓包括專利權轉讓、專利申請權轉讓、專利實施許可和非專利技術轉讓。為這些不同類型技術轉讓所書立的憑證，按照印花稅稅目稅率表的規定，分別適用不同的稅目、稅率。其中，專利申請權轉讓、非專利技術轉讓所書立的合同，適用「技術合同」稅目；專利權轉讓、專利實施許可所書立的合同和書據，適用「產權轉移書據」稅目。

技術諮詢合同是當事人就有關項目的分析、論證、評價、預測和調查訂立的技術合同。

至於一般的法律、法規、會計、審計等方面的諮詢不屬於技術諮詢，其所立合同不貼印花。

技術服務合同的徵稅範圍包括技術服務合同、技術培訓合同和技術仲介合同。

11. 產權轉移書據

產權轉移書據是指單位和個人產權的買賣、繼承、贈與、交換、分割等所立的書據。產權轉移書據包括財產所有權、商標專用權、專利權、專有技術使用權等轉移書據。

「財產所有權」轉移書據的徵稅範圍是經政府管理機關登記註冊的動產、不動產的所有權轉移所立的書據以及企業股權轉讓所立的書據。

對土地使用權出讓合同、土地使用權轉讓合同按產權轉移書據徵收印花稅。對商品房銷售合同按照產權轉移書據徵收印花稅。

自 2014 年 11 月 17 日起，香港市場投資者通過滬港通買賣、繼承、贈與上交所上市 A 股，按照內地現行稅制規定繳納證券（股票）交易印花稅。內地投資者通過滬港通買賣、繼承、贈與聯交所上市股票，按照香港特別行政區現行稅法規定繳納印花稅。中國結算和香港結算可互相代收上述稅款。

自 2015 年 12 月 18 日起，對香港市場投資者通過基金互認買賣、繼承、贈與內地基金份額，按照內地現行稅制規定，暫不徵收印花稅。對內地投資者通過基金互認買賣、繼承、贈與香港基金份額，按照香港特別行政區現行印花稅規定執行。

所稱基金互認，是指內地基金或香港基金經香港證監會認可或中國證監會註冊，在雙方司法管轄區內向公眾銷售。所稱內地基金，是指中國證監會根據《中華人民共和國證券投資基金法》註冊的公開募集證券投資基金。所稱香港基金，是指香港證監會根據香港法規認可公開銷售的單位信託、互惠基金或者其他形式的集體投資計劃。所稱買賣基金份額，包括申購與贖回、交易。

12. 營業帳簿

營業帳簿是指單位或者個人記載生產經營活動的財務會計核算帳簿，包括記載資金的帳簿和其他帳簿。

記載資金的帳簿是指載有「實收資本」與「資本公積」的總分類帳簿，或者專門設置的記載「實收資本」與「資本公積」的帳簿。

其他帳簿是指除上述帳簿以外的帳簿，包括日記帳簿和各明細分類帳簿。

對採用一級核算形式的，只就財會部門設置的帳簿貼花；採用分級核算形式的，除財會部門的帳簿應貼花外，財會部門設置在其他部門和車間的明細分類帳，亦應按規定貼花。

車間、門市部、倉庫設置的不屬於會計核算範圍或雖屬會計核算範圍，但不記載金額的登記簿、統計簿、臺帳等，不貼印花。

對日常用單頁表式記載資金活動情況，以表代帳的，在未形成帳簿（冊）前，暫不貼花，待裝訂成冊時，按冊貼花。

對有經營收入的事業單位，凡屬由國家財政部門撥付事業經費，實行差額預算管理的單位，其記載經營業務的帳簿，按其他帳簿定額貼花，不記載經營業務的帳簿不貼花；凡屬經費來源實行自收自支的單位，其營業帳簿，應對記載資金的帳簿和其他帳簿分別按規定貼花。

13. 權利、許可證照

權利、許可證照包括政府部門發給的土地使用證、房屋產權證、工商營業執照、商標註冊證、專利證。

出版合同不屬於印花稅列舉徵稅的憑證，不貼印花。

在代理業務中，代理單位與委託單位之間簽訂的委託代理合同，凡僅明確代理事項、權限和責任的，不屬於應稅憑證，不貼印花。

對於企業集團內具有平等法律地位的主體之間自願訂立、明確雙方購銷關係、據以供貨和結算、具有合同性質的憑證，應按規定徵收印花稅。對於企業集團內部執行計劃使用的、不具有合同性質的憑證，不徵收印花稅。

納稅人對憑證不能確定是否應當納稅的，應及時攜帶憑證，到當地稅務機關鑑別。納稅人同稅務機關對憑證的性質發生爭議的，應檢附該憑證報請上一級稅務機關核定。

（二）納稅人

在中國境內書立、領受應稅憑證的單位和個人，都是印花稅的納稅義務人。

單位和個人是指國內各類企業、事業、機關、團體、部隊以及中外合資企業、合作企業、外資企業、外國公司企業和其他經濟組織及其在華機構等單位和個人。

印花稅的納稅人包括立合同人、立據人、立帳簿人、領受人。

立合同人是指合同的當事人。當事人的代理人有代理納稅的義務。

產權轉移書據由立據人貼花，如未貼或者少貼印花，書據的持有人應負責補貼印花。所立書據以合同方式簽訂的，應由持有書據的各方分別按全額貼花。

同一憑證由兩方或者兩方以上當事人簽訂並各執一份的，應當由各方就所執的一份各自全額貼花。當事人是指對憑證有直接權利義務關係的單位和個人，不包括保人、證人、鑑定人。

證券（股票）交易印花稅由出讓方單方繳納，營業帳簿印花稅由立帳簿人單方繳納，權利、許可證照印花稅由領受人單方繳納。

### 二、計稅方法和稅率

（一）計稅方法

印花稅採用從價定率和從量定額計稅方法。

從價印花稅＝應稅憑證計稅金額×比例稅率

從量印花稅＝應稅憑證件數×定額稅率

筆者認為，免增值稅的或者應稅憑證未單獨記載增值稅額的，計稅金額不扣除增值稅額；應稅憑證單獨記載增值稅額的，不計入計稅金額。

應納稅額不足一角的，免納印花稅。應納稅額在一角以上的，其稅額尾數不滿五分的不計，滿五分的按一角計算繳納。

（二）稅率

印花稅實行差別比例稅率和定額稅率，比例稅率有 0.005%、0.03%、0.05%、0.1%，定額稅率為 5 元/件（如表 6-1 所示）。

表 6-1　　　　　　　　　　　印花稅稅率表

| 稅目 | 納稅人 | 稅基 | 稅率 |
| --- | --- | --- | --- |
| 1. 購銷合同 | 立合同人 | 購銷金額 | 0.03% |
| 2. 加工承攬合同 | 立合同人 | 加工或承攬收入 | 0.05% |
| 3. 建設工程勘察設計合同 | 立合同人 | 收取費用 | 0.05% |
| 4. 建築安裝工程承包合同 | 立合同人 | 承包金額 | 0.03% |
| 5. 財產租賃合同 | 立合同人 | 租賃金額 | 0.1% |
| 6. 貨物運輸合同 | 立合同人 | 運輸費用 | 0.05% |
| 7. 倉儲保管合同 | 立合同人 | 倉儲保管費用 | 0.1% |
| 8. 借款合同 | 立合同人 | 借款金額 | 0.005% |

表6-1(續)

| 稅目 | 納稅人 | 稅基 | 稅率 |
|---|---|---|---|
| 9. 財產保險合同 | 立合同人 | 保險費收入 | 0.1‰ |
| 10. 技術合同 | 立合同人 | 所載價款、報酬、使用費的金額 | 0.03‰ |
| 11. 產權轉移書據 | 立據人 | 所記載金額 | 0.05% |
| 12. 證券（股票）交易 | 出讓方 | 實際成交金額 | 0.1% |
| 13. 記載資金的帳簿 | 立帳簿人 | 實收資本和資本公積的合計金額 | 0.05% |
| 14. 其他帳簿 | 立帳簿人 | 應稅憑證件數 | 5元/件 |
| 15. 權利、許可證照 | 領受人 | 應稅憑證件數 | 5元/件 |

註1：對責任保險、保證保險和信用保險合同，暫按定額5元貼花。
註2：在上海證券交易所、深圳證券交易所、全國中小企業股份轉讓系統買賣、繼承、贈與股票與優先股所書立的股權轉讓書據，均依書立時實際成交金額，由出讓方按1‰的稅率計算繳納證券（股票）交易印花稅

同一憑證因載有兩個或者兩個以上經濟事項而適用不同稅目稅率，如分別記載金額的，應分別計算應納稅額，相加后按合計稅額貼花；如未分別記載金額的，按稅率高的計稅貼花。

由受託方提供原材料的加工、定作合同，凡在合同中分別記載加工費金額與原材料金額的，應分別按「加工承攬合同」「購銷合同」計稅，兩項稅額相加數，即為合同應貼印花；合同中不劃分加工費金額與原材料金額的，應按全部金額，依照「加工承攬合同」計稅貼花。

### 三、稅基

（一）據實方式的一般規定

印花稅的稅基為應稅憑證計稅金額或者應稅憑證件數。其具體規定如下：

（1）購銷合同的計稅依據為合同所載購銷金額。

商品購銷活動中，採用以貨換貨方式進行商品交易簽訂的合同，是反應既購又銷雙重經濟行為的合同。對此，應按合同所載的購、銷合計金額計稅貼花。合同未列明金額的，應按合同所載購、銷數量依照國家牌價或市場價格計算應納稅金額。

[案例6-5] 某公司2016年簽訂採購合同一份，採購金額5,000萬元；簽訂銷售合同一份，銷售金額12,000萬元；簽訂以貨換貨合同一份，用庫存的1,000萬元產品換取對方900萬元原材料，收取補價100萬元，合同簽訂后，因故未能兌現。計算該公司應納印花稅。

[解答] 採購合同應納印花稅=5,000×0.000,3=1.5（萬元）
銷售合同應納印花稅=12,000×0.000,3=3.6（萬元）
易貨合同應納印花稅=(1,000+900)×0.000,3=0.57（萬元）

（2）加工承攬合同的計稅依據為加工或承攬收入。

[案例6-6] 某石油專用管材製造公司受託為某油田加工定做一批石油套管。雙方商訂，合同總金額280萬元，其中由受託方提供部分原材料，價值235萬元，加工費為45萬元。如果合同分別記載金額，計算應納印花稅；如果合同不分別記載金額，計算應納印花稅。

[解答] ①如果合同分別記載金額，分別適用稅率。
購銷合同雙方各自應納印花稅=2,350,000×0.000,3=705（元）

加工承攬合同雙方各自應納印花稅＝450,000×0.000,5＝225（元）
雙方各自應納印花稅＝705+225＝930（元）
②如果合同不分別記載金額，從高適用稅率。
雙方各自應納印花稅＝2,800,000×0.000,5＝1,400（元）
③合同分別記載金額，雙方均節省印花稅＝1,400-930＝470（元）
（3）建設工程勘察設計合同的計稅依據為收取費用。
（4）建築安裝工程承包合同的計稅依據為承包金額。

[**案例6-7**] 乙建築公司與甲公司簽訂一份建築承包合同，合同總金額6,000萬元。施工期間，乙建築公司又將其中價值800萬元的安裝工程轉包給丙建築公司，並簽訂轉包合同。計算應納印花稅。

[**解答**] 總包合同甲、乙公司分別應納印花稅＝6,000×0.000,3＝1.8（萬元）
分包合同乙、丙公司分別應納印花稅＝800×0.000,3＝0.24（萬元）
（5）財產租賃合同的計稅依據為租賃金額。
（6）貨物運輸合同的計稅依據為運輸費用。

①對國內各種形式的貨物聯運，凡在起運地統一結算全程運費的，應以全程運費作為計稅依據，由起運地運費結算雙方繳納印花稅；凡分程結算運費的，應以分程的運費作為計稅依據，分別由辦理運費結算的各方繳納印花稅。

②關於國際貨運，由中國運輸企業運輸的，不論在中國境內、境外起運或中轉分程運輸，中國運輸企業所持的一份運費結算憑證，均按本程運費計算應納稅額；托運方所持的一份運費結算憑證，按全程運費計算應納稅額。由外國運輸企業運輸進出口貨物的，外國運輸企業所持的一份運費結算憑證免納印花稅；托運方所持的一份運費結算憑證應繳納印花稅。國際貨運運費結算憑證在國外辦理的，應在憑證轉回中國境內時按規定繳納印花稅。

（7）倉儲保管合同的計稅依據為倉儲保管費用。
（8）借款合同的計稅依據為借款金額。

①凡一項信貸業務既簽訂借款合同又一次或分次填開借據的，只就借款合同按所載借款金額計稅貼花；凡只填開借據並作為合同使用的，應按照借據所載借款金額計稅，在借據上貼花。

②在簽訂流動資金週轉借款合同時，應按合同規定的最高借款限額計稅貼花。以後只要在限額內隨借隨還，不再簽訂新合同的，就不另貼印花。

③對開展融資租賃業務簽訂的融資租賃合同（含融資性售後回租），統一按照其所載明的租金總額依照「借款合同」計稅貼花。

④有些借款合同，借款總額中既有應免稅的金額，也有應納稅的金額。對這類「混合」借款合同，凡合同中能劃分免稅金額與應稅金額的，只就應稅金額計稅貼花；不能劃分清楚的，應按借款總金額計稅貼花。

⑤在有的信貸業務中，貸方是由若干銀行組成的銀團，銀團各方均承擔一定的貸款數額，借款合同由借款方與銀團各方共同書立，各執一份合同正本。對這類借款合同，借款方與貸款銀團各方應分別在所執合同正本上按各自的借貸金額計稅貼花。

⑥有些基本建設貸款，先按年度用款計劃分年簽訂借款分合同，在最后一年按總概算簽訂借款總合同，總合同的借款金額中包括各分合同的借款金額。對這類基建借款合同，應按分合同分別貼花，最后簽訂的總合同，只就借款總額扣除分合同借款金額后的余額計稅貼花。

（9）財產保險合同的計稅依據為保險費收入。
家庭財產保險由單位集體辦理的，可分別按個人投保金額計稅。

（10）技術合同的計稅依據為合同所載價款、報酬、使用費的金額。

為鼓勵技術研究開發，對技術開發合同，只就合同所載的報酬金額計稅，研究開發經費不作為計稅依據。但對合同約定按研究開發經費一定比例作為報酬的，應按一定比例的報酬金額計稅貼花。

[案例6-8] A公司與B公司簽訂一份技術開發合同，記載金額共計500萬元，其中研究開發費用為200萬元。計算雙方應納印花稅。

[解答] 合同雙方各自應納印花稅 = (500-200)×0.000,3 = 0.09（萬元）

（11）產權轉移書據的計稅依據為所載金額。

（12）證券（股票）交易的計稅依據為實際成交金額。

（13）記載資金的帳簿的計稅依據為實收資本和資本公積的合計金額。

企業執行「兩則」啟用新帳簿後，其「實收資本」和「資本公積」兩項的合計金額大於原已貼花資金的，就增加的部分補貼印花。

凡是記載資金的帳簿，啟用新帳時，資金未增加的，不再按件定額貼花。

跨地區經營的分支機構使用的營業帳簿，應由各分支機構在其所在地繳納印花稅。對上級單位核撥資金的分支機構，其記載資金的帳簿按核撥的帳面資金數額計稅貼花，其他帳簿按定額貼花；對上級單位不核撥資金的分支機構，只就其他帳簿按定額貼花。為避免對同一資金重複計稅貼花，上級單位記載資金的帳簿，應按扣除撥給下屬機構資金數額后的其餘部分計稅貼花。

（14）其他帳簿的計稅依據為應稅憑證件數。

（15）權利、許可證照的計稅依據為應稅憑證件數。

[案例6-9] 某公司10月份發生以下業務：訂立借款合同1份，所載金額為300萬元；訂立土地使用權受讓合同1份，所載金額700萬元；接受投資，企業記載資金的帳簿中，「實收資本」增加500萬元，「資本公積」增加100萬元；啟用其他營業帳簿10本；領受土地使用證、商標註冊證、專利證各1件。計算該公司應納印花稅。

[解答] 訂立借款合同應納印花稅 = 3,000,000×0.000,05 = 150（元）
訂立產權轉移書據應納印花稅 = 7,000,000×0.000,5 = 3,500（元）
記載資金的帳簿應補印花稅 = (5,000,000+1,000,000)×0.000,5 = 3,000（元）
其他營業帳簿應納印花稅 = 10×5 = 50（元）
領受權利、許可證照應納印花稅 = 3×5 = 15（元）

（二）據實方式的特殊規定

（1）按金額比例貼花的應稅憑證，未標明金額的，應按照憑證所載數量及國家牌價計算金額；沒有國家牌價的，按市場價格計算金額，然后按規定稅率計算應納稅額。

（2）應納稅憑證所載金額為外國貨幣的，納稅人應按照憑證書立當日的中國國家外匯管理局公布的外匯牌價折合人民幣，計算應納稅額。

（3）有些合同在簽訂時無法確定計稅金額，如技術轉讓合同中的轉讓收入是按銷售收入的一定比例收取或是按實現利潤分成的；財產租賃合同只是規定了月（天）租金標準而卻無租賃期限的。對這類合同，可在簽訂時先按定額5元貼花，以后結算時再按實際金額計稅，補貼印花。

[案例6-10] 2015年12月20日，工程師林某與一家公司簽訂技術轉讓合同，合同約定該項技術用於該公司A產品的生產，轉讓收入按該公司2016年A產品銷售收入的10%收取。2016年，該公司A產品實際銷售收入370萬元。2017年1月25日，林某取得技術轉讓收入37萬元。計算技術轉讓合同應納印花稅。

[解答] 2015年12月20日雙方各自貼花 = 5（元）

2017 年 1 月 25 日雙方各自補貼印花＝370,000×0.000,3-5＝106（元）

（4）凡修改合同增加金額的，應就增加部分補貼印花。

（5）納稅人應在合同簽訂時按合同所載金額計稅貼花。因此，對已履行並貼花的合同，發現實際結算金額與合同所載金額不一致的，一般不再補貼印花。

（三）核定方式

根據《中華人民共和國稅收徵管法》第三十五條的規定和印花稅的稅源特徵，為加強印花稅徵收管理，納稅人有下列情形的，地方稅務機關可以核定納稅人印花稅計稅依據：

（1）未按規定建立印花稅應稅憑證登記簿，或未如實登記和完整保存應稅憑證的。

（2）拒不提供應稅憑證或不如實提供應稅憑證致使計稅依據明顯偏低的。

（3）採用按期匯總繳納辦法的，未按地方稅務機關規定的期限報送匯總繳納印花稅情況報告，經地方稅務機關責令限期報告，逾期仍不報告的或者地方稅務機關在檢查中發現納稅人有未按規定匯總繳納印花稅情況的。

地方稅務機關核定徵收印花稅，應向納稅人發放核定徵收印花稅通知書，註明核定徵收的計稅依據和規定的稅款繳納期限。

地方稅務機關核定徵收印花稅，應根據納稅人的實際生產經營收入，參考納稅人各期印花稅納稅情況及同行業合同簽訂情況，確定科學合理的數額或比例作為納稅人印花稅計稅依據。

各級地方稅務機關應逐步建立印花稅基礎資料庫，包括分行業印花稅納稅情況、分戶納稅資料等，確定科學合理的評估模型，保證核定徵收的及時、準確、公平、合理。

各省、自治區、直轄市、計劃單列市地方稅務機關可根據要求，結合本地實際，制定印花稅核定徵收辦法，明確核定徵收的應稅憑證範圍、核定依據、納稅期限、核定額度或比例等，並報國家稅務總局備案。

**四、稅額減免**

（一）一般免稅

（1）已繳納印花稅的憑證的副本或者抄本，免徵印花稅。

已繳納印花稅的憑證的副本或者抄本免納印花稅是指憑證的正式簽署本已按規定繳納了印花稅，其副本或者抄本對外不發生權利義務關係，僅備存查的免貼印花。以副本或者抄本視同止本使用的，應另貼印花。

（2）財產所有人將財產贈與政府、社會福利單位、學校所立的書據，免徵印花稅。

社會福利單位是指撫養孤老傷殘的社會福利單位。

（3）國家指定的收購部門與村民委員會、農民個人書立的農副產品收購合同，免徵印花稅。

中國農副產品種類繁多，地區間差異較大，隨著經濟的發展，國家指定的收購部門也有所變化。對此，可由省、自治區、直轄市稅務局根據當地實際情況具體劃定本地區「收購部門」和「農副產品」的範圍。

（4）無息、貼息貸款合同，免徵印花稅。

（5）外國政府或者國際金融組織向中國政府及國家金融機構提供優惠貸款所書立的合同，免徵印花稅。

（6）對農牧業保險合同，免徵印花稅。

（7）關於特殊貨運憑證的具體規定如下：

①軍事物資運輸。凡附有軍事運輸命令或使用專用的軍事物資運費結算憑證，免徵印花稅。

②搶險救災物資運輸。凡附有縣級以上（含縣級）人民政府搶險救災物資運輸證明文件的運費結算憑證，免徵印花稅。

③新建鐵路的工程臨管線運輸。為新建鐵路運輸施工所需物料，使用工程臨管線專用運費結算憑證，免徵印花稅。

（8）圖書、報紙、期刊以及音像製品發行單位之間以及發行單位與訂閱單位或個人之間書立的徵訂憑證，暫免徵印花稅。

（9）自2008年3月1日起，對個人出租、承租住房簽訂的租賃合同，免徵印花稅。

（10）自2008年11月1日起，對個人銷售或購買住房暫免徵收印花稅。

（11）自2013年7月4日起，對改造安置住房經營管理單位、開發商與改造安置住房相關的印花稅以及購買安置住房的個人涉及的印花稅予以免徵。

在商品住房等開發項目中配套建造安置住房的，依據政府部門出具的相關材料、房屋徵收（拆遷）補償協議或棚戶區改造合同（協議），按改造安置住房建築面積占總建築面積的比例免徵城鎮土地使用稅、印花稅。

（12）自2016年1月1日至2018年12月31日，對公共租賃住房經營管理單位免徵建設、管理公共租賃住房涉及的印花稅。在其他住房項目中配套建設公共租賃住房，依據政府部門出具的相關材料，按公共租賃住房建築面積占總建築面積的比例免徵建設、管理公共租賃住房涉及的印花稅。

對公共租賃住房經營管理單位購買住房作為公共租賃住房，免徵契稅、印花稅；對公共租賃住房租賃雙方免徵簽訂租賃協議涉及的印花稅。

（13）自2016年1月1日起至2018年12月31日止，對高校學生公寓免徵房產稅；對與高校學生簽訂的高校學生公寓租賃合同，免徵印花稅。

（14）自2016年1月1日至2018年12月31日，對農村飲水安全工程營運管理單位為建設飲水工程取得土地使用權而簽訂的產權轉移書據以及與施工單位簽訂的建設工程承包合同免徵印花稅。

（15）自2014年1月1日起至2018年12月31日止，暫免徵收飛機租賃企業購機環節購銷合同印花稅。

（16）自2014年11月1日起至2017年12月31日止，對金融機構與小型、微型企業簽訂的借款合同，免徵印花稅。

上述小型、微型企業的認定，按照《工業和信息化部 國家統計局 國家發展和改革委員會 財政部關於印發〈中小企業劃型標準規定〉的通知》（工信部聯企業〔2011〕300號）的有關規定執行。

（二）企業改制徵免稅

（1）實行公司制改造的企業在改制過程中成立的新企業（重新辦理法人登記的），其新啟用的資金帳簿記載的資金或因企業建立資本紐帶關係而增加的資金，凡原已貼花的部分可不再貼花，未貼花的部分和以後新增加的資金按規定貼花。

公司制改造包括國有企業依《中華人民共和國公司法》整體改造成國有獨資有限責任公司；企業通過增資擴股或者轉讓部分產權，實現他人對企業的參股，將企業改造成有限責任公司或股份有限公司；企業以其部分財產和相應債務與他人組建新公司；企業將債務留在原企業，而以其優質財產與他人組建的新公司。

（2）以合併或分立方式成立的新企業，其新啟用的資金帳簿記載的資金，凡原已貼花的部分可不再貼花，未貼花的部分和以後新增加的資金按規定貼花。

合併包括吸收合併和新設合併。分立包括存續分立和新設分立。

（3）企業債權轉股權新增加的資金按規定貼花。

（4）企業改制中經評估增加的資金按規定貼花。
（5）企業其他會計科目記載的資金轉為實收資本或資本公積的資金按規定貼花。
（6）企業改制前簽訂但尚未履行完的各類應稅合同，改制后需要變更執行主體的，對僅改變執行主體、其余條款未作變動且改制前已貼花的，不再貼花。
（7）企業因改制簽訂的產權轉移書據免予貼花。

### 五、徵收管理

印花稅的徵收管理依照《中華人民共和國稅收徵收管理法》及有關規定執行。

（一）印花稅票

印花稅票由國家稅務總局監制。印花稅票的票面金額以人民幣為單位，分為壹角、貳角、伍角、壹元、貳元、伍元、拾元、伍拾元、壹佰元 9 種。

印花稅票為有價證券，各地稅務機關應按照國家稅務總局制定的管理辦法嚴格管理，具體管理辦法另定。

印花稅票可以委託單位或者個人代售，並由稅務機關付給代售金額 5% 的手續費。支付來源從實徵印花稅款中提取。

（二）納稅方式

1. 自行貼花方式

印花稅實行由納稅人根據規定自行計算應納稅額，購買並一次貼足印花稅票（以下簡稱貼花）的繳納辦法。

印花稅票應當粘貼在應納稅憑證上，並由納稅人在每枚稅票的騎縫處蓋戳註銷或者畫銷。已貼用的印花稅票不得重用。

應納稅憑證粘貼印花稅票后應即註銷。納稅人有印章的，加蓋印章註銷；納稅人沒有印章的，可用鋼筆（圓珠筆）畫幾條橫線註銷。註銷標記應與騎縫處相交。騎縫處是指粘貼的印花稅票與憑證及印花稅票之間的交接處。

已貼花的憑證，修改後所載金額增加的，其增加部分應當補貼印花稅票。

凡多貼印花稅票者，不得申請退稅或者抵用。

2. 匯繳或匯貼方式

為簡化貼花手續，應納稅額較大或者貼花次數頻繁的，納稅人可向稅務機關提出申請，採取以繳款書代替貼花或者按期匯總繳納的辦法。

（1）匯繳方式。一份憑證應納稅額超過 500 元的，應向當地稅務機關申請填寫繳款書或者完稅證，將其中一聯粘貼在憑證上或者由稅務機關在憑證上加註完稅標記代替貼花。

（2）匯貼方式。同一種類應納稅憑證，需頻繁貼花的，納稅人可以根據實際情況自行決定是否採用按期匯總繳納印花稅的方式。匯總繳納的期限為一個月。採用按期匯總繳納方式的納稅人應事先告知主管稅務機關。繳納方式一經選定，一年內不得改變。

實行印花稅按期匯總繳納的單位，對徵稅憑證和免稅憑證匯總時，凡分別匯總的，按本期徵稅憑證的匯總金額計算繳納印花稅；凡確屬不能分別匯總的，應按本期全部憑證的實際匯總金額計算繳納印花稅。

凡匯總繳納印花稅的憑證，應加註稅務機關指定的匯繳戳記、編號並裝訂成冊后，將已貼印花或者繳款書的一聯粘附冊后，蓋章註銷，保存備查。

3. 代扣代繳方式

證券交易場所和證券登記結算機構扣繳證券交易印花稅。

自 2001 年 1 月 1 日起，證券交易印花稅代徵手續費提取比例從 2% 調整為 1%。

(三) 應稅憑證的管理

各級地方稅務機關應加強對印花稅應稅憑證的管理，要求納稅人統一設置印花稅應稅憑證登記簿，保證各類應稅憑證及時、準確、完整地進行登記；應稅憑證數量多或內部多個部門對外簽訂應稅憑證的單位，要求其制定符合本單位實際的應稅憑證登記管理辦法。有條件的納稅人應指定專門部門、專人負責應稅憑證的管理。

印花稅應稅憑證應按照《中華人民共和國稅收徵收管理法實施細則》的規定保存10年。

(四) 納稅時間

應納稅憑證應當於書立或者領受時貼花。書立或者領受時貼花是指在合同的簽訂時、書據的立據時、帳簿的啟用時和證照的領受時貼花。如果合同在國外簽訂的，應在國內使用時貼花。

證券登記公司扣繳的 A 種股票稅款，以一個交易周為解繳期，自期滿之日起 5 日內將稅款解繳入庫，於次月 1 日起 10 日內結清上月代扣的稅款；證券登記公司扣繳的 B 種股票稅款，以兩個交易周為解繳期，自期滿之日起 10 日內將稅款解繳入庫，於次月 1 日起 10 日內結清上月代扣的稅款；證券登記公司扣繳的非交易轉讓稅款，以一個月為解繳期，於次月 1 日起 10 日內將稅款解繳入庫。

(五) 納稅地點

在全國性商品物資訂貨會（包括展銷會、交易會等）上所簽合同應當繳納的印花稅，由納稅人回其所在地后即時辦理貼花完稅手續。對此類合同的貼花完稅情況，各地稅務機關要加強監督檢查，並相應建立必要的納稅管理辦法。

對地方主辦、不涉及省際關係的訂貨會、展銷會上所簽合同的印花稅納稅地點，由各省、自治區、直轄市稅務局自行確定。

(六) 稅收歸屬和徵稅部門

印花稅是共享稅，自 2016 年 1 月 1 日起，證券交易印花稅收入全部歸中央政府，其他印花稅收入歸地方政府。證券交易印花稅由國家稅務局負責徵收，其他印花稅由地方稅務局負責徵收。

印花稅的檢查，由稅務機關執行。稅務人員進行檢查時，應當出示稅務檢查證。納稅人不得以任何借口加以拒絕。

稅務人員查獲違反條例規定的憑證，應按有關規定處理。如需將憑證帶回的，應出具收據，交被檢查人收執。

發放或者辦理應納稅憑證的單位，負有監督納稅人依法納稅的義務。

發放或者辦理應納稅憑證的單位是指發放權利、許可證照的單位和辦理憑證的鑒證、公證及其他有關事項的單位。

(七) 納稅申報

國家稅務總局制定的印花稅納稅申報表有：

(1)《印花稅納稅申報（報告）表》。

(2)《代扣代繳證券交易印花稅報告表》。

上述表格均為 Word 表格，表格式樣略。

# 第四篇

# 財產稅理論與實務

## 第七章
## 契稅和土地增值稅

### 第一節　契稅

契稅是對在境內承受土地、房屋權屬的單位和個人徵收的一種稅。契稅起源於東晉的「估稅」，至今已有1,600多年的歷史。現行契稅具有如下特點：

(1) 徵稅對象是土地、房屋權屬，屬於不動產稅、單項財產稅、對物稅。
(2) 納稅環節是轉移環節，實行多次課徵制，屬於轉讓財產稅。
(3) 納稅人是承受的單位和個人，稅負難以轉嫁，屬於直接稅。
(4) 採用從價定率計稅方法，屬於從價稅。
(5) 實行幅度比例稅率，稅率為3%~5%，優惠稅率為1%、1.5%、2%。
(6) 計稅金額不含增值稅、不含契稅，屬於價外稅。
(7) 稅額減免包括一般減免和改制重組減免。
(8) 屬於地方稅，由地方稅務局徵收，土地管理部門、房產管理部門配合。

現行契稅的基本規範如下：

(1)《中華人民共和國契稅暫行條例》（1997年7月7日國務院令第224號公布，自1997年10月1日起施行）。
(2)《中華人民共和國契稅暫行條例細則》（1997年10月28日財法字〔1997〕52號公布，自1997年10月1日起施行）。

#### 一、徵稅對象、納稅環節和納稅人

(一) 徵稅對象

契稅的徵稅對象是土地、房屋權屬。土地、房屋權屬是指土地使用權、房屋所有權。

土地租賃行為不屬於契稅徵收範圍。房屋使用權與房屋所有權是兩種不同性質的權屬，房屋使用權的轉移行為不屬於契稅徵收範圍，不應徵收契稅。

(二) 納稅環節

(1) 契稅的納稅環節是在中國境內轉移土地、房屋權屬。所稱轉移土地、房屋權屬，

是指下列行為：
　　①國有土地使用權出讓。國有土地使用權出讓是指土地使用者向國家交付土地使用權出讓費用，國家將國有土地使用權在一定年限內讓予土地使用者的行為。
　　②土地使用權轉讓，包括出售、贈與和交換。土地使用權轉讓是指土地使用者以出售、贈與、交換或者其他方式將土地使用權轉移給其他單位和個人的行為。土地使用權出售是指土地使用者以土地使用權作為交易條件，取得貨幣、實物、無形資產或者其他經濟利益的行為。土地使用權贈與是指土地使用者將其土地使用權無償轉讓給受贈者的行為。土地使用權交換是指土地使用者之間相互交換土地使用權的行為。
　　土地使用權轉讓不包括農村集體土地承包經營權的轉移。
　　③房屋買賣。房屋買賣是指房屋所有者將其房屋出售，由承受者交付貨幣、實物、無形資產或者其他經濟利益的行為。
　　對已繳納契稅的購房單位和個人，在未辦理房屋權屬變更登記前退房的，退還已納契稅；在辦理房屋權屬變更登記後退房的，不予退還已納契稅。
　　④房屋贈與。房屋贈與是指房屋所有者將其房屋無償轉讓給受贈者的行為。
　　⑤房屋交換。房屋交換是指房屋所有者之間相互交換房屋的行為。
　　(2) 土地、房屋權屬以下列方式轉移的，視同土地使用權轉讓、房屋買賣或者房屋贈與徵稅：
　　①以土地、房屋權屬作價投資、入股。
　　對以國家作價出資（入股）方式轉移國有土地使用權的行為，應視同土地使用權轉讓，由土地使用權的承受方按規定繳納契稅。
　　②以土地、房屋權屬抵債。
　　③以獲獎方式承受土地、房屋權屬。
　　④以預購方式或者預付集資建房款方式承受土地、房屋權屬。
　　(3) 對於承受與房屋相關的附屬設施（包括停車位、汽車庫、自行車庫、頂層閣樓以及儲藏室）所有權或土地使用權的行為，按照契稅法律、法規的規定徵收契稅；對於不涉及土地使用權和房屋所有權轉移變動的，不徵收契稅。
　　(4) 單位、個人以房屋、土地以外的資產增資，相應擴大其在被投資公司的股權持有比例，無論被投資公司是否變更工商登記，其房屋、土地權屬不發生轉移，不徵收契稅。
　　(5) 對經法院判決的無效產權轉移行為不徵收契稅。法院判決撤銷房屋所有權證後，已納契稅款應予退還。
　　(三) 納稅人
　　在中國境內轉移土地、房屋權屬，承受的單位和個人為契稅的納稅人。
　　承受是指以受讓、購買、受贈、交換等方式取得土地、房屋權屬的行為。
　　單位是指企業單位、事業單位、國家機關、軍事單位和社會團體以及其他組織。個人是指個體經營者及其他個人。
　　以「招、拍、掛」方式出讓國有土地使用權的，納稅人為最終與土地管理部門簽訂出讓合同的土地使用權承受人。
　　例如，甲單位擁有土地，乙單位提供資金，共建住房。乙單位獲得了甲單位的部分土地使用權，屬於土地使用權權屬轉移，對乙單位應徵收契稅，其計稅依據為乙單位取得土地使用權的成交價格。上述甲乙單位合建並各自分得的房屋，不發生權屬轉移，不徵收契稅。

## 二、計稅方法、稅率、稅基

（一）計稅方法

契稅採用從價定率計稅方法，應納稅額的計算公式為：

應納契稅＝計稅價格×比例稅率

應納稅額以人民幣計算。轉移土地、房屋權屬以外匯結算的，按照納稅義務發生之日中國人民銀行公布的人民幣市場匯率中間價折合成人民幣計算。

（二）稅率

契稅實行幅度比例稅率，稅率為3%～5%。契稅的適用稅率，由省、自治區、直轄市人民政府在上述規定的幅度內按照本地區的實際情況確定，並報財政部和國家稅務總局備案。

承受的房屋附屬設施權屬如為單獨計價的，按照當地確定的適用稅率徵收契稅；如與房屋統一計價的，適用與房屋相同的契稅稅率。

自2016年2月22日起，對個人購買家庭唯一住房（家庭成員範圍包括購房人、配偶以及未成年子女，下同），面積為90平方米及以下的，減按1%的稅率徵收契稅；面積為90平方米以上的，減按1.5%的稅率徵收契稅。

自2016年2月22日起，北京市、上海市、廣州市、深圳市以外的其他地區，對個人購買家庭第二套改善性住房，面積為90平方米及以下的，減按1%的稅率徵收契稅；面積為90平方米以上的，減按2%的稅率徵收契稅。家庭第二套改善性住房是指已擁有一套住房的家庭，購買的家庭第二套住房。

納稅人申請享受稅收優惠的，根據納稅人的申請或授權，由購房所在地的房地產主管部門出具納稅人家庭住房情況書面查詢結果，並將查詢結果和相關住房信息及時傳遞給稅務機關。暫不具備查詢條件而不能提供家庭住房查詢結果的，納稅人應向稅務機關提交家庭住房實有套數書面誠信保證，誠信保證不實的，屬於虛假納稅申報，按照《中華人民共和國稅收徵收管理法》的有關規定處理，並將不誠信記錄納入個人徵信系統。

按照便民、高效原則，房地產主管部門應按規定及時出具納稅人家庭住房情況書面查詢結果，稅務機關應對納稅人提出的稅收優惠申請限時辦結。

具體操作辦法由各省、自治區、直轄市財政、稅務、房地產主管部門共同制定。

（三）稅基

（1）出讓國有土地使用權的，其契稅計稅價格為承受人為取得該土地使用權而支付的全部經濟利益。

①以協議方式出讓的，其契稅計稅價格為成交價格。成交價格包括土地出讓金、土地補償費、安置補助費、地上附著物和青苗補償費、拆遷補償費、市政建設配套費等承受者應支付的貨幣、實物、無形資產及其他經濟利益。

沒有成交價格或者成交價格明顯偏低的，徵收機關可依次按下列兩種方式確定：

評估價格：由政府批准設立的房地產評估機構根據相同地段、同類房地產進行綜合評定，並經當地稅務機關確認的價格。

土地基準地價：由縣以上人民政府公示的土地基準地價。

②以競價方式出讓的，其契稅計稅價格一般應確定為競價的成交價格，土地出讓金、市政建設配套費以及各種補償費用應包括在內。

③先以劃撥方式取得土地使用權，后經批准改為出讓方式取得該土地使用權的，應依法繳納契稅，其計稅依據為應補繳的土地出讓金和其他出讓費用。

④對通過「招、拍、掛」程序承受國有土地使用權的，應按照土地成交總價款計徵契稅，其中的土地前期開發成本不得扣除。

⑤對承受國有土地使用權所應支付的土地出讓金，要計徵契稅。不得因減免土地出讓金，而減免契稅。

⑥企業承受土地使用權用於房地產開發，並在該土地上代政府建設保障性住房的，計稅價格為取得全部土地使用權的成交價格。

（2）土地使用權出售、房屋買賣，其契稅計稅價格為成交價格。

成交價格是指土地、房屋權屬轉移合同確定的價格，包括承受者應交付的貨幣、實物、無形資產或者其他經濟利益。

計徵契稅的成交價格不含增值稅。免徵增值稅的，確定計稅依據時，成交價格不扣減增值稅額。稅務機關核定的計稅價格不含增值稅。

土地使用者將土地使用權及所附建築物、構築物等（包括在建的房屋、其他建築物、構築物和其他附著物）轉讓給他人的，應按照轉讓的總價款計徵契稅。

採取分期付款方式購買房屋附屬設施土地使用權、房屋所有權的，應按合同規定的總價款計徵契稅。

房屋買賣的契稅計稅價格為房屋買賣合同的總價款，買賣裝修的房屋，裝修費用應包括在內。

[案例 7-1] 甲企業欠乙企業 580 萬元貨款無力償還，2016 年 5 月以房產抵償該筆債務，乙企業因此取得該房產的產權並支付給甲企業差價款 20 萬元，另支付增值稅 30 萬元。當地契稅稅率為 3%。計算應納契稅。

[解答] 甲企業不納契稅。

乙企業應納契稅＝（580+20）×3%＝18（萬元）

[案例 7-2] 何某在市區以 100 萬元（不含增值稅）購買一套 120 平方米的普通住房，該套住房屬於何某家庭唯一住房。當地契稅稅率為 4%，計算何某應納契稅。

[解答] 應納契稅＝100×1.5%＝1.5（萬元）

（3）土地使用權贈與、房屋贈與，其契稅計稅價格由徵收機關參照土地使用權出售、房屋買賣的市場價格核定。

（4）土地使用權交換、房屋交換，其契稅計稅價格為所交換的土地使用權、房屋的價格的差額。

土地使用權交換、房屋交換，交換價格不相等的，由多交付貨幣、實物、無形資產或者其他經濟利益的一方繳納稅款。交換價格相等，免徵契稅。

土地使用權與房屋所有權之間相互交換，按照上述規定徵稅。

[案例 7-3] 郭某因工作調動，購置了一套價值 200 萬元（不含增值稅，下同）的新住房，然后對原有的兩套住房處理如下：一套住房出售，成交價格 120 萬元；另一套市場價格 80 萬元的住房與他人 110 萬元的住房進行交換，並支付給他人差價款。當地契稅稅率為 4%，計算郭某應納契稅。

[解答] 郭某購置住房應納契稅＝200×4%＝8（萬元）

郭某出售住房不納契稅。

郭某交換住房應納契稅＝（110-80）×4%＝1.2（萬元）

（5）成交價格明顯低於市場價格並且無正當理由的，或者所交換土地使用權、房屋的價格的差額明顯不合理並且無正當理由的，其契稅計稅價格由徵收機關參照市場價格核定。

三、稅額減免

（一）一般減免

（1）國家機關、事業單位、社會團體、軍事單位承受土地、房屋用於辦公、教學、醫

療、科研和軍事設施的，免徵契稅。

對縣級以上人民政府教育行政主管部門或勞動行政主管部門批准並核發「社會力量辦學許可證」，由企業事業組織、社會團體及其他社會組織和公民個人利用非國家財政性教育經費面向社會舉辦的教育機構，其承受的土地、房屋權屬用於教學的，比照上述規定，免徵契稅。

①用於辦公的是指辦公室（樓）以及其他直接用於辦公的土地、房屋。
②用於教學的是指教室（教學樓）以及其他直接用於教學的土地、房屋。
③用於醫療的是指門診部以及其他直接用於醫療的土地、房屋。
④用於科研的是指科學試驗的場所以及其他直接用於科研的土地、房屋。
⑤用於軍事設施的是指地上和地下的軍事指揮作戰工程；軍用的機場、港口、碼頭；軍用的庫房、營區、訓練場、試驗場；軍用的通信、導航、觀測臺站；其他直接用於軍事設施的土地、房屋。

其他直接用於辦公、教學、醫療、科研的以及其他直接用於軍事設施的土地、房屋的具體範圍，由省、自治區、直轄市人民政府確定。

（2）城鎮職工按規定第一次購買公有住房的，免徵契稅。

城鎮職工按規定第一次購買公有住房的是指經縣以上人民政府批准，在國家規定標準面積以內購買的公有住房。城鎮職工享受免徵契稅，僅限於第一次購買的公有住房。超過國有規定標準面積的部分，仍應按規定繳納契稅。

對各類公有制單位為解決職工住房而採取集資建房方式建成的普通住房或由單位購買的普通商品住房，經當地縣以上人民政府房改部門批准，按照國家房改政策出售給本單位職工的，如屬職工首次購買住房，均可免徵契稅。

已購公有住房經補繳土地出讓金和其他出讓費用成為完全產權住房的，免徵土地權屬轉移的契稅。

（3）因不可抗力滅失住房而重新購買住房的，酌情準予減徵或者免徵契稅。不可抗力是指自然災害、戰爭等不能預見、不能避免並不能克服的客觀情況。

因地震災害滅失住房而重新購買住房的，準予減徵或者免徵契稅，具體的減免辦法由受災地區省級人民政府制定。

（4）土地、房屋被縣級以上人民政府徵用、占用后，重新承受土地、房屋權屬的，是否減徵或者免徵契稅，由省、自治區、直轄市人民政府確定。

市、縣級人民政府根據《國有土地上房屋徵收與補償條例》有關規定徵收居民房屋，居民因個人房屋被徵收而選擇貨幣補償用以重新購置房屋，並且購房成交價格不超過貨幣補償的，對新購房屋免徵契稅；購房成交價格超過貨幣補償的，對差價部分按規定徵收契稅。居民因個人房屋被徵收而選擇房屋產權調換，並且不繳納房屋產權調換差價的，對新換房屋免徵契稅；繳納房屋產權調換差價的，對差價部分按規定徵收契稅。

個人因房屋被徵收而取得貨幣補償並用於購買改造安置住房，或因房屋被徵收而進行房屋產權調換並取得改造安置住房，按有關規定減免契稅。

（5）納稅人承受荒山、荒溝、荒丘、荒灘土地使用權，用於農、林、牧、漁業生產的，免徵契稅。

（6）依照中國有關法律規定以及中國締結或參加的雙邊和多邊條約或協定的規定應當予以免稅的外國駐華使館、領事館、聯合國駐華機構及其外交代表、領事官員和其他外交人員承受土地、房屋權屬的，經外交部確認，可以免徵契稅。

（7）對金融租賃公司開展售后回租業務，承受承租人房屋、土地權屬的，照章徵稅。對售后回租合同期滿，承租人回購原房屋、土地權屬的，免徵契稅。

（8）對經營管理單位回購已分配的改造安置住房繼續作為改造安置房源的，免徵契稅。

（9）2016年1月1日至2018年12月31日，對公共租賃住房經營管理單位購買住房作為公共租賃住房，免徵契稅。

（10）對於《中華人民共和國繼承法》規定的法定繼承人（包括配偶、子女、父母、兄弟姐妹、祖父母、外祖父母）繼承土地、房屋權屬，不徵契稅。

按照《中華人民共和國繼承法》的規定，非法定繼承人根據遺囑承受死者生前的土地、房屋權屬，屬於贈與行為，應徵收契稅。

（11）根據《中華人民共和國婚姻法》的規定，夫妻共有房屋屬共同共有財產。因夫妻財產分割而將原共有房屋產權歸屬一方，是房產共有權的變動而不是現行契稅政策規定徵稅的房屋產權轉移行為。因此，對離婚後原共有房屋產權的歸屬人不徵收契稅。

（12）自2013年12月31日起，在婚姻關係存續期間，房屋、土地權屬原歸夫妻一方所有，變更為夫妻雙方共有或另一方所有的；或者房屋、土地權屬原歸夫妻雙方共有，變更為其中一方所有的；或者房屋、土地權屬原歸夫妻雙方共有，雙方約定、變更共有份額的，免徵契稅。

（13）自2012年12月6日起，個體工商戶的經營者將其個人名下的房屋、土地權屬轉移至個體工商戶名下，或個體工商戶將其名下的房屋、土地權屬轉回原經營者個人名下，免徵契稅。

合夥企業的合夥人將其名下的房屋、土地權屬轉移至合夥企業名下，或合夥企業將其名下的房屋、土地權屬轉回原合夥人名下，免徵契稅。

（14）2016年1月1日至2018年12月31日，對農村飲水安全工程營運管理單位為建設飲水工程而承受土地使用權，免徵契稅。

（15）經批准減徵、免徵契稅的納稅人改變有關土地、房屋的用途，不再屬於規定的減徵、免徵契稅範圍的，應當補繳已經減徵、免徵的稅款。

（二）改制重組減免

自2015年1月1日起至2017年12月31日止，企業、事業單位改制重組涉及的契稅政策規定如下：

1. 企業改制

企業按照《中華人民共和國公司法》有關規定整體改制，包括非公司制企業改制為有限責任公司或股份有限公司、有限責任公司變更為股份有限公司、股份有限公司變更為有限責任公司，原企業投資主體存續並在改制（變更）後的公司中所持股權（股份）比例超過75%，並且改制（變更）後公司承繼原企業權利、義務的，對改制（變更）後公司承受原企業土地、房屋權屬，免徵契稅。

2. 事業單位改制

事業單位按照國家有關規定改制為企業，原投資主體存續並在改制後企業中出資（股權、股份）比例超過50%的，對改制後企業承受原事業單位土地、房屋權屬，免徵契稅。

3. 公司合併

兩個或兩個以上的公司，依照法律規定、合同約定，合併為一個公司，並且原投資主體存續的，對合併後公司承受原合併各方土地、房屋權屬，免徵契稅。

4. 公司分立

公司依照法律規定、合同約定分立為兩個或兩個以上與原公司投資主體相同的公司，對分立後公司承受原公司土地、房屋權屬，免徵契稅。

5. 企業破產

企業依照有關法律法規規定實施破產，債權人（包括破產企業職工）承受破產企業抵

償債務的土地、房屋權屬，免徵契稅；對非債權人承受破產企業土地、房屋權屬，凡按照《中華人民共和國勞動法》等國家有關法律法規政策妥善安置原企業全部職工，與原企業全部職工簽訂服務年限不少於 3 年的勞動用工合同的，對其承受所購企業土地、房屋權屬，免徵契稅；與原企業超過30%的職工簽訂服務年限不少於 3 年的勞動用工合同的，減半徵收契稅。

6. 資產劃轉

對承受縣級以上人民政府或國有資產管理部門按規定進行行政性調整、劃轉國有土地、房屋權屬的單位，免徵契稅。

同一投資主體內部所屬企業之間土地、房屋權屬的劃轉，包括母公司與其全資子公司之間，同一公司所屬全資子公司之間，同一自然人與其設立的個人獨資企業、一人有限公司之間土地、房屋權屬的劃轉，免徵契稅。

7. 債權轉股權

經國務院批准實施債權轉股權的企業，對債權轉股權后新設立的公司承受原企業的土地、房屋權屬，免徵契稅。

8. 劃撥用地出讓或作價出資

以出讓方式或國家作價出資（入股）方式承受原改制重組企業、事業單位劃撥用地的，不屬上述規定的免稅範圍，對承受方應按規定徵收契稅。

9. 公司股權（股份）轉讓

在股權（股份）轉讓中，單位、個人承受公司股權（股份），公司土地、房屋權屬不發生轉移，不徵收契稅。

10. 有關用語含義

所稱企業、公司，是指依照中國有關法律法規設立並在中國境內註冊的企業、公司。

所稱投資主體存續，是指原企業、事業單位的出資人必須存在於改制重組后的企業，出資人的出資比例可以發生變動；投資主體相同是指公司分立前后出資人不發生變動，出資人的出資比例可以發生變動。

**四、徵收管理**

契稅的徵收管理依照相關條例和參照《中華人民共和國稅收徵收管理法》等法律、法規執行。

（一）納稅義務發生時間

契稅的納稅義務發生時間為納稅人簽訂土地、房屋權屬轉移合同的當天，或者納稅人取得其他具有土地、房屋權屬轉移合同性質憑證的當天。

其他具有土地、房屋權屬轉移合同性質憑證是指具有合同效力的契約、協議、合約、單據、確認書以及由省、自治區、直轄市人民政府確定的基礎憑證。

納稅人因改變土地、房屋用途應當補繳已經減徵、免徵契稅的，其納稅義務發生時間為改變有關土地、房屋用途的當天。

購房人以按揭、抵押貸款方式購買房屋，當其從銀行取得抵押憑證時，購房人與原產權人之間的房屋產權轉移已經完成，契稅納稅義務已經發生，必須依法繳納契稅。

（二）納稅期限

納稅人應當自納稅義務發生之日起 10 日內，向土地、房屋所在地的契稅徵收機關辦理納稅申報，並在契稅徵收機關核定的期限內繳納稅款。

納稅人符合減徵或者免徵契稅規定的，應當在簽訂土地、房屋權屬轉移合同后 10 日內，向土地、房屋所在地的契稅徵收機關辦理減徵或者免徵契稅手續。

（三）納稅地點

契稅的納稅地點為土地、房屋所在地。

（四）稅收歸屬和徵稅部門

契稅歸地方政府，由土地、房屋所在地的地方稅務局徵收管理。

納稅人辦理納稅事宜後，契稅徵收機關應當向納稅人開具契稅完稅憑證。

根據人民法院、仲裁委員會的生效法律文書發生土地、房屋權屬轉移，納稅人不能取得銷售不動產發票的，可持人民法院執行裁定書原件及相關材料辦理契稅納稅申報，稅務機關應予受理。

購買新建商品房的納稅人在辦理契稅納稅申報時，由於銷售新建商品房的房地產開發企業已辦理註銷稅務登記或者被稅務機關列為非正常戶等原因，致使納稅人不能取得銷售不動產發票的，稅務機關在核實有關情況后應予受理。

（五）配合部門

土地管理部門、房產管理部門應當向契稅徵收機關提供有關資料，並協助契稅徵收機關依法徵收契稅。

有關資料是指土地管理部門、房產管理部門辦理土地、房屋權屬變更登記手續的有關土地、房屋權屬、土地出讓費用、成交價格以及其他權屬變更方面的資料。

納稅人應當持契稅完稅憑證和其他規定的文件材料，依法向土地管理部門、房產管理部門辦理有關土地、房屋的權屬變更登記手續。

納稅人未出具契稅完稅憑證的，土地管理部門、房產管理部門不予辦理有關土地、房屋的權屬變更登記手續。

（六）納稅申報

國家稅務總局制定《契稅納稅申報表》，此表為 Word 表格，表格式樣略。

## 第二節　土地增值稅

土地增值稅是對有償轉讓房地產的單位和個人徵收的一種稅。1994 年 1 月 1 日中國開徵土地增值稅。現行土地增值稅具有如下特點：

（1）徵稅對象是房地產，屬於不動產稅、單項財產稅、對物稅。
（2）納稅環節是有償轉讓環節，實行多次課徵制，屬於轉讓財產稅。
（3）納稅人是有償轉讓房地產的單位和個人，稅負容易轉嫁，屬於間接稅。
（4）實行四級超率累進稅率，稅率為 30%、40%、50%、60%。
（5）採用從價定率計稅方法，屬於從價稅，具體計算可採用分級法或速算法。
（6）計稅金額為轉讓房地產的增值額，不含增值稅及附加、印花稅和契稅，含土地增值稅，屬於價內稅。增值額的確定方式有據實方式、評估方式和核定方式。
（7）稅額減免包括一般免稅和改制重組免稅。
（8）實行按次納稅，或者按期預徵、按項目清算等辦法。
（9）屬於地方稅，由地方稅務局徵收管理，土地管理部門、房產管理部門配合。

現行土地增值稅的基本規範如下：

（1）《中華人民共和國土地增值稅暫行條例》（1993 年 12 月 13 日國務院令第 138 號公布，自 1994 年 1 月 1 日起施行）。
（2）《中華人民共和國土地增值稅暫行條例實施細則》（1995 年 1 月 27 日財法字〔1995〕6 號公布，自公布之日起施行）。

## 一、徵稅對象、納稅環節和納稅人

### （一）徵稅對象

土地增值稅的徵稅對象是國有土地使用權、地上的建築物及其附著物（以下簡稱房地產）。

國有土地是指按國家法律規定屬於國家所有的土地。地上的建築物是指建於土地上的一切建築物，包括地上地下的各種附屬設施。附著物是指附著於土地上的不能移動，一經移動即遭損壞的物品。

土地增值稅僅對轉讓國有土地使用權的徵收，對轉讓集體土地使用權的不徵稅。這是因為根據《中華人民共和國土地管理法》的規定，國家為了公共利益，可以依照法律規定對集體土地實行徵用，依法被徵用后的土地屬於國家所有。未經國家徵用的集體土地不得轉讓。如要自行轉讓，則是一種違法行為。對這種違法行為應由有關部門依照相關法律來處理，而不應納入土地增值稅的徵稅範圍。

### （二）納稅環節

土地增值稅的納稅環節是轉讓房地產並取得收入。

轉讓房地產並取得收入是指以出售或者其他方式有償轉讓房地產的行為。其不包括國有土地使用權出讓取得收入的行為，也不包括以繼承、贈與方式無償轉讓房地產的行為。

對轉讓的房地產徵收土地增值稅，不轉讓的不徵稅。例如，房地產的出租雖然取得了收入，但沒有發生房地產的產權轉讓，不應屬於土地增值稅的徵收範圍。

### （三）納稅人

轉讓房地產並取得收入的單位和個人，為土地增值稅的納稅義務人。

單位是指各類企業單位、事業單位、國家機關和社會團體及其他組織。個人包括個體經營者。

土地增值稅的納稅義務人包括外商投資企業、外國企業和外籍個人。

## 二、稅率和計稅方法

### （一）稅率

土地增值稅實行四級超率累進稅率，如表 7-1 所示。

表 7-1　　　　　　　　　　　土地增值稅稅率表　　　　　　　　　　單位:％

| 級數 | 增值率＝增值額÷稅收扣除 ||  稅率 | 速算抵扣率 |
| --- | --- | --- | --- | --- |
| | 下限（不含） | 上限（含） | | |
| 1 | 0 | 50 | 30 | 0 |
| 2 | 50 | 100 | 40 | 5 |
| 3 | 100 | 200 | 50 | 15 |
| 4 | 200 | | 60 | 35 |

### （二）計稅方法

土地增值稅以納稅人房地產成本核算的最基本的核算項目或核算對象為單位計算。

1. 分級法

土地增值稅按照納稅人轉讓房地產所取得的增值額和規定的稅率計算徵收。其具體公式如下：

應納土地增值稅＝∑(每級距增值額×對應稅率)

2. 速算法

計算土地增值稅稅額，可按增值額乘以適用的稅率減去扣除項目金額乘以速算扣除系數（或稱速算抵扣率）的簡便方法計算。其具體公式如下：

應納土地增值稅＝增值額×稅率－稅收扣除×速算抵扣率

(三) 計算步驟

(1) 應稅收入＝貨幣收入＋實物收入＋其他收入

(2) 稅收扣除＝取得土地使用權所支付的金額＋房地產開發成本＋房地產開發費用＋舊房及建築物的評估價格＋與轉讓房地產有關的稅金＋其他扣除項目

(3) 增值額＝應稅收入－稅收扣除

(4) 增值率＝增值額÷稅收扣除×100％

(5) 根據增值率查找稅率和速算抵扣率。

(6) 應納土地增值稅＝增值額×超率累進稅率－稅收扣除×速算抵扣率

(7) 應交土地增值稅＝應納土地增值稅－稅額減免

[案例7-4] 某公司轉讓房地產所取得的收入為400萬元（不含增值稅），其扣除項目金額為100萬元。計算其應納土地增值稅。

[解答] ①應稅收入＝400（萬元）

②稅收扣除＝100（萬元）

③增值額＝400－100＝300（萬元）

④增值率＝300÷100＝300％

⑤查土地增值稅稅率表可知，達到第4級，稅率為60％，速算抵扣率為35％。

⑥應納土地增值稅＝300×60％－100×35％＝145（萬元）

### 三、增值額

土地增值稅的稅基為增值額。納稅人轉讓房地產所取得的收入減除規定的扣除項目金額后的餘額，為增值額。

(一) 應稅收入

(1) 納稅人轉讓房地產所取得的收入，包括轉讓房地產的全部價款及有關的經濟收益，具體包括貨幣收入、實物收入和其他收入。

(2) 土地增值稅納稅人轉讓房地產取得的收入為不含增值稅收入；免徵增值稅的，確定計稅依據時，轉讓房地產取得的收入不扣減增值稅額；稅務機關核定的計稅價格或收入不含增值稅。

(3) 土地增值稅以人民幣為計算單位。轉讓房地產所取得的收入為外國貨幣的，以取得收入當天或當月1日國家公布的市場匯價折合成人民幣，據以計算應納土地增值稅稅額。對於以分期收款形式取得的外幣收入，也應按實際收款日或收款當月1日國家公布的市場匯價折合人民幣。

(4) 房地產開發企業將開發產品用於職工福利、獎勵、對外投資、分配給股東或投資人、抵償債務、換取其他單位和個人的非貨幣性資產等，發生所有權轉移時應視同銷售房地產，其收入按下列方法和順序確認：

①按本企業在同一地區、同一年度銷售的同類房地產的平均價格確定；

②由主管稅務機關參照當地當年、同類房地產的市場價格或評估價值確定。

(5) 房地產開發企業將開發的部分房地產轉為企業自用或用於出租等商業用途時，如果產權未發生轉移，不徵收土地增值稅，在稅款清算時不列收入，不扣除相應的成本和

費用。

(6) 土地增值稅清算時，已全額開具商品房銷售發票的，按照發票所載金額確認收入；未開具發票或未全額開具發票的，以交易雙方簽訂的銷售合同所載的售房金額及其他收益確認收入。銷售合同所載商品房面積與有關部門實際測量面積不一致，在清算前已發生補、退房款的，應在計算土地增值稅時予以調整。

(二) 扣除項目一般規定

1. 取得土地使用權所支付的金額

取得土地使用權所支付的金額是指納稅人為取得土地使用權所支付的地價款和按國家統一規定繳納的有關費用。具體為以出讓方式取得土地使用權的，為支付的土地出讓金；以行政劃撥方式取得土地使用權的，為轉讓土地使用權時按規定補交的出讓金；以轉讓方式取得土地使用權的，為支付的地價款。

納稅人成片受讓土地使用權后，分期分批開發、轉讓房地產的，其扣除項目金額的確定，可按實際轉讓土地的面積占可轉讓土地總面積來計算分攤，或按建築面積計算分攤，也可按稅務機關確認的其他方式計算分攤。可轉讓土地面積為開發土地總面積減除不能轉讓的公共設施用地面積后的剩余面積。

房地產開發企業逾期開發繳納的土地閒置費不得扣除。

房地產開發企業為取得土地使用權所支付的契稅，應視同按國家統一規定繳納的有關費用，計入取得土地使用權所支付的金額中扣除。

2. 房地產開發成本

房地產開發成本，即開發土地和新建房及配套設施（以下簡稱房地產開發）的成本，是指納稅人房地產開發項目實際發生的成本，包括土地徵用及拆遷補償費、前期工程費、建築安裝工程費、基礎設施費、公共配套設施費、開發間接費用。

(1) 土地徵用及拆遷補償費包括土地徵用費、耕地占用稅、勞動力安置費及有關地上、地下附著物拆遷補償的淨支出、安置動遷用房支出等。

房地產企業用建造的本項目房地產安置回遷戶的，安置用房視同銷售處理，按視同銷售規定確認收入，同時將此確認為房地產開發項目的拆遷補償費。房地產開發企業支付給回遷戶的補差價款，計入拆遷補償費；回遷戶支付給房地產開發企業的補差價款，應抵減本項目拆遷補償費。

開發企業採取異地安置，異地安置的房屋屬於自行開發建造的，房屋價值按視同銷售規定計算，計入本項目的拆遷補償費；異地安置的房屋屬於購入的，以實際支付的購房支出計入拆遷補償費。

貨幣安置拆遷的，房地產開發企業憑合法有效憑據計入拆遷補償費。

(2) 前期工程費包括規劃、設計、項目可行性研究和水文、地質、勘察、測繪、「三通一平」等支出。

(3) 建築安裝工程費是指以出包方式支付給承包單位的建築安裝工程費，以自營方式發生的建築安裝工程費。

房地產開發企業在工程竣工驗收后，根據合同約定，扣留建築安裝施工企業一定比例的工程款，作為開發項目的質量保證金，在計算土地增值稅時，建築安裝施工企業就質量保證金對房地產開發企業開具發票的，按發票所載金額予以扣除；未開具發票的，扣留的質保金不得計算扣除。

(4) 基礎設施費包括開發小區內道路、供水、供電、供氣、排污、排洪、通信、照明、環衛、綠化等工程發生的支出。

(5) 公共配套設施費包括不能有償轉讓的開發小區內公共配套設施發生的支出。

（6）開發間接費用是指直接組織、管理開發項目發生的費用，包括工資、職工福利費、折舊費、修理費、辦公費、水電費、勞動保護費、週轉房攤銷等。

房地產開發企業銷售已裝修的房屋，其裝修費用可以計入房地產開發成本。

房地產開發企業辦理土地增值稅清算所附送的前期工程費、建築安裝工程費、基礎設施費、開發間接費用的憑證或資料不符合清算要求或不實的，地方稅務機關可參照當地建設工程造價管理部門公布的建安造價定額資料，結合房屋結構、用途、區位等因素，核定上述四項開發成本的單位面積金額標準，並據以計算扣除。其具體核定方法由省稅務機關確定。

3. 房地產開發費用

房地產開發費用，即開發土地和新建房及配套設施的費用，是指與房地產開發項目有關的銷售費用、管理費用、財務費用。

（1）財務費用中的利息支出，凡能夠按轉讓房地產項目計算分攤並提供金融機構證明的，允許據實扣除，但最高不能超過按商業銀行同類同期貸款利率計算的金額。其他房地產開發費用，在按照「取得土地使用權所支付的金額」與「房地產開發成本」金額之和的5%以內計算扣除。

（2）凡不能按轉讓房地產項目計算分攤利息支出或不能提供金融機構證明的，房地產開發費用在按「取得土地使用權所支付的金額」與「房地產開發成本」金額之和的10%以內計算扣除。

全部使用自有資金，沒有利息支出的，按照以上方法扣除。

上述具體適用的比例按省級人民政府此前規定的比例執行。

（3）房地產開發企業既向金融機構借款，又有其他借款的，其房地產開發費用計算扣除時不能同時適用上述（1）和（2）項所述兩種辦法。

（4）土地增值稅清算時，已經計入房地產開發成本的利息支出，應調整至財務費用中計算扣除。

（5）利息的上浮幅度按國家的有關規定執行，超過上浮幅度的部分不允許扣除；對於超過貸款期限的利息部分和加罰的利息不允許扣除。

4. 舊房及建築物的評估價格

舊房及建築物的評估價格是指在轉讓已使用的房屋及建築物時，由政府批准設立的房地產評估機構評定的重置成本價乘以成新度折扣率后的價格。評估價格須經當地稅務機關確認。

新建房是指建成后未使用的房產。凡是已使用一定時間或達到一定磨損程度的房產均屬舊房。使用時間和磨損程度標準可由各省、自治區、直轄市財政廳（局）和地方稅務局具體規定。

納稅人轉讓舊房及建築物時因計算納稅的需要而對房地產進行評估，其支付的評估費用允許在計算增值額時予以扣除。對納稅人隱瞞、虛報房地產成交價格等情形而按房地產評估價格計算徵收土地增值稅所發生的評估費用，不允許在計算土地增值稅時予以扣除。

5. 與轉讓房地產有關的稅金

與轉讓房地產有關的稅金是指在轉讓房地產時繳納的城市維護建設稅和印花稅。因轉讓房地產繳納的教育費附加和地方教育附加，也可視同稅金予以扣除。

允許扣除的印花稅是指在轉讓房地產時繳納的印花稅。房地產開發企業按照有關規定，其繳納的印花稅列入管理費用，不另作為「與轉讓房地產有關的稅金」予以扣除。其他的土地增值稅納稅義務人在計算土地增值稅時允許扣除在轉讓時繳納的印花稅。

6. 加計扣除

對從事房地產開發的納稅人，可按取得土地使用權所支付的金額與房地產開發成本之和加計20%的扣除。

（三）扣除項目特殊規定

（1）土地增值稅扣除項目涉及的增值稅進項稅額，允許在銷項稅額中計算抵扣的，不計入扣除項目；不允許在銷項稅額中計算抵扣的，可以計入扣除項目。

（2）除另有規定外，扣除取得土地使用權所支付的金額、房地產開發成本、費用及與轉讓房地產有關稅金，必須提供合法有效憑證；不能提供合法有效憑證的，不予扣除。

（3）房地產開發企業的預提費用，除另有規定外，不得扣除。

（4）房地產開發企業開發建造的與清算項目配套的居委會和派出所用房、會所、停車場（庫）、物業管理場所、變電站、熱力站、水廠、文體場館、學校、幼兒園、托兒所、醫院、郵電通信等公共設施，按以下原則處理：

①建成后產權屬於全體業主所有的，其成本、費用可以扣除；

②建成后無償移交給政府、公用事業單位用於非營利性社會公共事業的，其成本、費用可以扣除；

③建成后有償轉讓的，應計算收入，並準予扣除成本、費用。

（5）屬於多個房地產項目共同的成本費用，應按清算項目可售建築面積占多個項目可售總建築面積的比例或其他合理的方法，計算確定清算項目的扣除金額。

（6）對於縣級及縣級以上人民政府要求房地產開發企業在售房時代收的各項費用，如果代收費用是計入房價中向購買方一併收取的，可作為轉讓房地產所取得的收入計稅；如果代收費用未計入房價中，而是在房價之外單獨收取的，可以不作為轉讓房地產的收入。

對於代收費用作為轉讓收入計稅的，在計算扣除項目金額時，可予以扣除，但不允許作為加計20%扣除的基數；對於代收費用未作為轉讓房地的收入計稅的，在計算增值額時不允許扣除代收費用。

（四）扣除情形

在具體計算增值額時，要區分以下幾種情況進行處理：

（1）對取得土地或房地產使用權后，未進行開發即轉讓的，計算其增值額時，只允許扣除取得土地使用權時支付的地價款、繳納的有關費用以及在轉讓環節繳納的稅金。

（2）對取得土地使用權后投入資金，將生地變為熟地轉讓的，計算其增值額時，允許扣除取得土地使用權時支付的地價款、繳納的有關費用、開發土地所需成本再加計開發成本的20%以及在轉讓環節繳納的稅金。

（3）對取得土地使用權后進行房地產開發建造的，在計算其增值額時，允許扣除取得土地使用權時支付的地價款和有關費用、開發土地和新建房及配套設施的成本和規定的費用、轉讓房地產有關的稅金，並允許加計20%的扣除。

[案例7-5] 某房地產開發公司建造一幢商品房出售，適用抵扣方法計算增值稅。該房地產公司以轉讓方式從其他公司取得土地使用權，取得專用發票，註明金額200萬元、稅額22萬元；繳納契稅10萬元；支付建築公司建築費，取得專用發票，註明金額500萬元、稅額55萬元；支出利息37萬元（能夠按轉讓房地產項目計算分攤並提供金融機構證明），另支付罰息3萬元；銷售全部商品房取得價款1,500萬元，另收取銷項稅額165萬元。當地規定其他房地產開發費用的扣除比例為5%，城市維護建設稅稅率為5%，教育費附加率為3%，地方教育附加率為2%。計算該房地產開發公司應納土地增值稅。

[解答] ①應稅收入＝1,500（萬元）

②取得土地使用權所支付的金額＝200＋10＝210（萬元）

房地產開發成本 = 500（萬元）
房地產開發費用 = 37 +（210 + 500）× 5% = 72.5（萬元）
轉讓房地產增值稅 = 1,500 × 11% −（22 + 55）= 88（萬元）
與轉讓房地產有關的稅金 = 88 ×（5% + 3% + 2%）= 8.8（萬元）
加計扣除 =（210 + 500）× 20% = 142（萬元）
稅收扣除合計 = 210 + 500 + 72.5 + 8.8 + 142 = 933.3（萬元）
③增值額 = 1,500 − 933.3 = 566.7（萬元）
④增值率 = 566.7 ÷ 933.3 = 60.7%
⑤稅率為 40%，速算抵扣率為 5%。
⑥應納土地增值稅 = 566.7 × 40% − 933.3 × 5% = 180.02（萬元）

（4）轉讓舊房的，應按房屋及建築物的評估價格、取得土地使用權所支付的地價款和按國家統一規定繳納的有關費用以及在轉讓環節繳納的稅金作為扣除項目金額計徵土地增值稅。對取得土地使用權時未支付地價款或不能提供已支付的地價款憑據的，不允許扣除取得土地使用權所支付的金額。對於個人購入房地產再轉讓的，其在購入時已繳納的契稅，在舊房及建築物的評估價中已包括了此項因素，在計徵土地增值稅時，不另作為「與轉讓房地產有關的稅金」予以扣除。

納稅人轉讓舊房及建築物，凡不能取得評估價格，但能提供購房發票的，經當地稅務部門確認，取得土地使用權所支付的金額、新建房及配套設施的成本、費用，或者舊房及建築物的評估價格，可按發票所載金額並從購買年度起至轉讓年度止每年加計5%計算。計算扣除項目時「每年」按購房發票所載日期起至售房發票開具之日止，每滿12個月計一年；超過一年，未滿12個月但超過6個月的，可以視同一年。對納稅人購房時繳納的契稅，凡能提供契稅完稅憑證的，準予作為「與轉讓房地產有關的稅金」予以扣除，但不作為加計5%的基數。

對於轉讓舊房及建築物，既沒有評估價格，又不能提供購房發票的，地方稅務機關可以根據《中華人民共和國稅收徵收管理法》第三十五條的規定，實行核定徵收。

[案例7-6] 某事業單位6月份將一幢舊辦公樓房出售，選擇簡易方法計算增值稅，取得價款2,000萬元，另收取增值稅稅額100萬元。該單位為建造此樓支付的地價款為200萬元，舊房重置成本價為1,000萬元，八成新。當地城市維護建設稅稅率為5%，教育費附加率為3%，地方教育附加率為2%，產權轉移書據印花稅稅率為0.05%。計算該事業單位應納土地增值稅。

[解答] ①應稅收入 = 2,000（萬元）
②稅收扣除 = 200 + 1,000 × 80% + 100 ×（5% + 3% + 2%）+ 2,000 × 0.05% = 1,011（萬元）
③增值額 = 2,000 − 1,011 = 989（萬元）
④增值額 ÷ 稅收扣除 = 989 ÷ 1,011 = 97.8%
⑤稅率為 40%，速算抵扣率為 5%。
⑥應納土地增值稅 = 989 × 40% − 1,011 × 5% = 345.05（萬元）

（五）評估方式

納稅人有下列情形之一的，按照房地產評估價格計算徵收：

（1）隱瞞、虛報房地產成交價格的，是指納稅人不報或有意低報轉讓土地使用權、地上建築物及其附著物價款的行為。隱瞞、虛報房地產成交價格，應由評估機構參照同類房地產的市場交易價格進行評估。稅務機關根據評估價格確定轉讓房地產的收入。

（2）提供扣除項目金額不實的，是指納稅人在納稅申報時不據實提供扣除項目金額的行為。提供扣除項目金額不實的，應由評估機構按照房屋重置成本價乘以成新度折扣率計

算的房屋成本價和取得土地使用權時的基準地價進行評估。稅務機關根據評估價格確定扣除項目金額。

(3) 轉讓房地產的成交價格低於房地產評估價格，又無正當理由的，是指納稅人申報的轉讓房地產的實際成交價低於房地產評估機構評定的交易價，納稅人又不能提供憑據或無正當理由的行為。轉讓房地產的成交價格低於房地產評估價格，又無正當理由的，由稅務機關參照房地產評估價格確定轉讓房地產的收入。

房地產評估價格是指由政府批准設立的房地產評估機構根據相同地段、同類房地產進行綜合評定的價格。評估價格須經當地稅務機關確認。

(六) 核定方式

(1) 房地產開發企業有下列情形之一的，稅務機關可以參照與其開發規模和收入水平相近的當地企業的土地增值稅稅負情況，按不低於預徵率的徵收率核定徵收土地增值稅：

①依照法律、行政法規的規定應當設置但未設置帳簿的；

②擅自銷毀帳簿或者拒不提供納稅資料的；

③雖設置帳簿，但帳目混亂或者成本資料、收入憑證、費用憑證殘缺不全，難以確定轉讓收入或扣除項目金額的；

④符合土地增值稅清算條件，未按照規定的期限辦理清算手續，經稅務機關責令限期清算，逾期仍不清算的；

⑤申報的計稅依據明顯偏低，又無正當理由的。

(2) 為了規範核定工作，核定徵收率原則上不得低於5%，各省級稅務機關要結合本地實際，區分不同房地產類型制定核定徵收率。

### 四、稅額減免

(一) 一般免稅

(1) 納稅人建造普通標準住宅出售，增值額未超過扣除項目金額20%的，免徵土地增值稅。

普通標準住宅是指按所在地一般民用住宅標準建造的居住用住宅。高級公寓、別墅、度假村等不屬於普通標準住宅。

享受優惠政策的住房原則上應同時滿足以下條件：住宅小區建築容積率在1.0以上、單套建築面積在120平方米以下、實際成交價格低於同級別土地上住房平均交易價格1.2倍以下。各省、自治區、直轄市要根據實際情況，制定本地區享受優惠政策普通住房的具體標準。允許單套建築面積和價格標準適當浮動，但向上浮動的比例不得超過上述標準的20%。各直轄市和省會城市的具體標準要報建設部、財政部、稅務總局備案后，在2005年5月31日前公布。

納稅人建造普通標準住宅出售，增值額未超過扣除項目金額之和20%的，免徵土地增值稅；增值額超過扣除項目金額之和20%的，應就其全部增值額按規定計稅。

對納稅人既建普通標準住宅又搞其他房地產開發的，應分別核算增值額。不分別核算增值額或不能準確核算增值額的，其建造的普通標準住宅不能適用免稅規定。

[案例7-7] 某房地產開發有限公司2017年商品房銷售收入為15,000萬元（不含增值稅，下同），其中普通住宅的銷售額為10,000萬元，豪華住宅的銷售額為5,000萬元。準予扣除項目金額為11,000萬元，其中普通住宅的可扣除項目金額為8,500萬元，豪華住宅的可扣除項目金額為2,500萬元。計算該公司不分別核算時應納土地增值稅和分別核算時應納土地增值稅。

[解答] ①如果該公司不分別核算。

增值額＝15,000－11,000＝4,000（萬元）
增值率＝4,000÷11,000＝36.4%
適用稅率30%。
應納土地增值稅＝4,000×30%＝1,200（萬元）
②如果該公司分別核算。
普通住宅：
增值額＝10,000－8,500＝1,500（萬元）
增值率＝1,500÷8,500＝17.6%＜20%
普通標準住宅免納土地增值稅。
豪華住宅：
增值額＝5,000－2,500＝2,500（萬元）
增值率＝2,500÷2,500＝100%
適用稅率40%，速算抵扣率5%。
豪華住宅應納土地增值稅＝2,500×40%－2,500×5%＝875（萬元）
③如果該公司分別核算，可節省土地增值稅＝1,200－875＝325（萬元）

（2）因國家建設需要依法徵用、收回的房地產，免徵土地增值稅。

因國家建設需要依法徵用、收回的房地產是指因城市實施規劃、國家建設的需要而被政府批准徵用的房產或收回的土地使用權。

（3）因城市實施規劃、國家建設的需要而搬遷，由納稅人自行轉讓原房地產的，免徵土地增值稅。

因城市實施規劃而搬遷是指因舊城改造或因企業污染、擾民（指產生過量廢氣、廢水、廢渣和噪音，使城市居民生活受到一定危害），而由政府或政府有關主管部門根據已審批通過的城市規劃確定進行搬遷的情況；因國家建設的需要而搬遷是指因實施國務院、省級人民政府、國務院有關部委批准的建設項目而進行搬遷的情況。

（4）對轉讓房地產並取得收入的徵稅；對發生轉讓行為而未取得收入的不徵稅。如通過繼承、贈與方式轉讓房地產的，雖然發生了轉讓行為，但未取得收入，就不能徵收土地增值稅。所稱贈與，是指如下情況：

①房產所有人、土地使用權所有人將房屋產權、土地使用權贈與直系親屬或承擔直接贍養義務人的。

②房產所有人、土地使用權所有人通過境內非營利的社會團體、國家機關將房屋產權、土地使用權贈與教育、民政和其他社會福利、公益事業的。

（5）對個人之間互換自有居住用房地產的，經當地稅務機關核實，可以免徵土地增值稅。

（6）自2008年11月1日起，對個人銷售住房暫免徵收土地增值稅。

（7）對於一方出土地，一方出資金，雙方合作建房，建成後按比例分房自用的，暫免徵收土地增值稅；建成後轉讓的，應徵收土地增值稅。

（8）自2013年7月4日起，企事業單位、社會團體以及其他組織轉讓舊房作為改造安置住房房源且增值額未超過扣除項目金額20%的，免徵土地增值稅。

（9）自2016年1月1日起至2018年12月31日止，對企事業單位、社會團體以及其他組織轉讓舊房作為公共租賃住房房源，並且增值額未超過扣除項目金額20%的，免徵土地增值稅。

（二）改制重組免稅

自2015年1月1日起至2017年12月31日止，執行企業改制重組有關土地增值稅政

策。其具體內容如下：

(1) 按照《中華人民共和國公司法》的規定，非公司制企業整體改建為有限責任公司或者股份有限公司、有限責任公司（股份有限公司）整體改建為股份有限公司（有限責任公司），對改建前的企業將國有土地、房屋權屬轉移、變更到改建后的企業，暫不徵土地增值稅。所稱整體改建，是指不改變原企業的投資主體，並承繼原企業權利、義務的行為。

(2) 按照法律規定或者合同約定，兩個或兩個以上企業合併為一個企業，並且原企業投資主體存續的，對原企業將國有土地、房屋權屬轉移、變更到合併后的企業，暫不徵土地增值稅。

(3) 按照法律規定或者合同約定，企業分設為兩個或兩個以上與原企業投資主體相同的企業，對原企業將國有土地、房屋權屬轉移、變更到分立后的企業，暫不徵土地增值稅。

(4) 單位、個人在改制重組時以國有土地、房屋進行投資，對其將國有土地、房屋權屬轉移、變更到被投資的企業，暫不徵土地增值稅。

(5) 上述改制重組有關土地增值稅政策不適用於房地產開發企業。

(6) 企業改制重組后再轉讓國有土地使用權並申報繳納土地增值稅時，應以改制前取得該宗國有土地使用權所支付的地價款和按國家統一規定繳納的有關費用，作為該企業「取得土地使用權所支付的金額」扣除。企業在重組改制過程中經省級以上（含省級）國土管理部門批准，國家以國有土地使用權作價出資入股的，再轉讓該宗國有土地使用權並申報繳納土地增值稅時，應以該宗土地作價入股時省級以上（含省級）國土管理部門批准的評估價格，作為該企業「取得土地使用權所支付的金額」扣除。辦理納稅申報時，企業應提供該宗土地作價入股時省級以上（含省級）國土管理部門的批准文件和批准的評估價格，不能提供批准文件和批准的評估價格的，不得扣除。

(7) 企業按上述有關規定享受相關土地增值稅優惠政策的，應及時向主管稅務機關提交相關房產、國有土地權證、價值證明等書面材料。

**五、徵收管理**

土地增值稅的徵收管理，依據《中華人民共和國稅收徵收管理法》及有關規定執行。

(一) 納稅時間

納稅人應當自轉讓房地產合同簽訂之日起7日內向房地產所在地主管稅務機關辦理納稅申報，並在稅務機關核定的期限內繳納土地增值稅。稅務機關核定的納稅期限，應在納稅人簽訂房地產轉讓合同之后、辦理房地產權屬轉讓（即過戶及登記）手續之前。

納稅人因經常發生房地產轉讓而難以在每次轉讓后申報的，可以定期進行納稅申報，具體期限由稅務機關根據情況確定。

納稅人在項目全部竣工結算前轉讓房地產取得的收入，由於涉及成本確定或其他原因，而無法據以計算土地增值稅的，可以預徵土地增值稅，待該項目全部竣工、辦理結算后再進行清算，多退少補。具體辦法由各省、自治區、直轄市地方稅務局根據當地情況制定。

(二) 預徵

各地要進一步完善土地增值稅預徵辦法，根據本地區房地產業增值水平和市場發展情況，區別普通住房、非普通住房和商用房等不同類型，科學合理地確定預徵率，並適時調整。工程項目竣工結算后，應及時進行清算，多退少補。

對未按預徵規定期限預繳稅款的，應根據《中華人民共和國稅收徵收管理法》及其實施細則的有關規定，從限定的繳納稅款期限屆滿的次日起，加收滯納金。

為了發揮土地增值稅在預徵階段的調節作用，各地須對目前的預徵率進行調整。除保障性住房外，東部地區省份預徵率不得低於2%，中部和東北地區省份預徵率不得低於

1.5%，西部地區省份預徵率不得低於1%，各地要根據不同類型房地產確定適當的預徵率（地區的劃分按照國務院有關文件的規定執行）。對尚未預徵或暫緩預徵的地區，應切實按照稅收法律法規開展預徵，確保土地增值稅在預徵階段及時、充分發揮調節作用。

（三）清算

1. 土地增值稅的清算單位

土地增值稅以國家有關部門審批的房地產開發項目為單位進行清算，對於分期開發的項目，以分期項目為單位清算。

開發項目中同時包含普通住宅和非普通住宅的，應分別計算增值額。

2. 土地增值稅的清算條件

（1）符合下列情形之一的，納稅人應進行土地增值稅的清算：

①房地產開發項目全部竣工、完成銷售的；

②整體轉讓未竣工決算房地產開發項目的；

③直接轉讓土地使用權的。

（2）符合下列情形之一的，主管稅務機關可要求納稅人進行土地增值稅清算：

①已竣工驗收的房地產開發項目，已轉讓的房地產建築面積占整個項目可售建築面積的比例在85%以上，或該比例雖未超過85%，但剩餘的可售建築面積已經出租或自用的；

②取得銷售（預售）許可證滿3年仍未銷售完畢的；

③納稅人申請註銷稅務登記但未辦理土地增值稅清算手續的；

④省稅務機關規定的其他情況。

3. 清算後應補繳的土地增值稅加收滯納金問題

納稅人按規定預繳土地增值稅後，清算補繳的土地增值稅，在主管稅務機關規定的期限內補繳的，不加收滯納金。

4. 清算後再轉讓房地產的處理

在土地增值稅清算時未轉讓的房地產，清算后銷售或有償轉讓的，納稅人應按規定進行土地增值稅的納稅申報，扣除項目金額按清算時的單位建築面積成本費用乘以銷售或轉讓面積計算。

單位建築面積成本費用＝清算時的扣除項目總金額÷清算的總建築面積

扣除項目金額＝單位建築面積成本費用×銷售或轉讓面積

（四）納稅地點

納稅人應當向房地產所在地主管稅務機關辦理納稅申報，並在稅務機關核定的期限內繳納土地增值稅。

房地產所在地是指房地產的坐落地。納稅人轉讓房地產坐落在兩個或兩個以上地區的，應按房地產所在地分別申報納稅。

（五）稅收歸屬、徵稅部門和配合部門

土地增值稅歸地方政府，由地方稅務局徵收管理。

土地管理部門、房產管理部門應當向稅務機關提供有關資料，並協助稅務機關依法徵收土地增值稅。土地管理部門、房產管理部門應當向稅務機關提供有關資料是指向房地產所在地主管稅務機關提供有關房屋及建築物產權、土地使用權、土地出讓金數額、土地基準地價、房地產市場交易價格及權屬變更等方面的資料。

納稅人未按照規定繳納土地增值稅的，土地管理部門、房產管理部門不得辦理有關的權屬變更手續。

（六）納稅申報

國家稅務總局制定的土地增值稅納稅申報表有：

(1)《土地增值稅項目登記表》(從事房地產開發的納稅人適用)。
(2)《土地增值稅納稅申報表(一)》(從事房地產開發的納稅人預徵適用)。
(3)《土地增值稅納稅申報表(二)》(從事房地產開發的納稅人清算適用)。
(4)《土地增值稅納稅申報表(三)》(非從事房地產開發的納稅人適用)。
(5)《土地增值稅納稅申報表(四)》(從事房地產開發的納稅人清算后尾盤銷售適用)。

附表:《清算后尾盤銷售土地增值稅扣除項目明細表》。

(6)《土地增值稅納稅申報表(五)》(從事房地產開發的納稅人清算方式為核定徵收適用)。
(7)《土地增值稅納稅申報表(六)》(納稅人整體轉讓在建工程適用)。
(8)《土地增值稅納稅申報表(七)》(非從事房地產開發的納稅人核定徵收適用)。

上述表格均為 Word 表格,表格式樣略。

#  第八章

# 城鎮土地使用稅和房產稅

## 第一節　城鎮土地使用稅

　　城鎮土地使用稅是對在城市、縣城、建制鎮、工礦區範圍內使用土地的單位和個人徵收的一種稅。徵收城鎮土地使用稅是為了合理利用城鎮土地，調節土地級差收入，提高土地使用效益，加強土地管理。現行城鎮土地使用稅具有如下特點：

　　（1）徵稅對象是城市、縣城、建制鎮、工礦區範圍內的土地，屬於不動產稅、單項財產稅、對物稅。

　　（2）納稅環節是持有環節，按年計算，屬於持有財產稅。

　　（3）納稅人包括單位和個人，稅負難以轉嫁，屬於直接稅。

　　（4）採用從量定額計稅方法，屬於從量稅。

　　（5）實行差別幅度定額稅率。

　　（6）稅基為實際占用的土地面積，計稅單位為每平方米。

　　（7）稅額減免包括單位自用土地減免、基礎設施用地減免、採礦用地減免、涉農用地減免、住房用地減免、特殊用地減免和地方減免。

　　（8）屬於地方稅，由地方稅務局徵收，土地管理部門配合。

　　現行城鎮土地使用稅的基本規範如下：

　　（1）《國務院關於修改〈中華人民共和國城鎮土地使用稅暫行條例〉的決定》（2006年12月31日國務院令第483號公布，自2007年1月1日起施行）。

　　（2）《國家稅務局關於檢發〈關於土地使用稅若干具體問題的解釋和暫行規定〉的通知》（1988年10月24日（1988）國稅地字第15號公布）。

### 一、徵稅對象、徵稅地域和納稅人

　　（一）徵稅對象

　　城鎮土地使用稅（以下簡稱土地使用稅）的徵稅對象是土地，即屬於國家所有和集體所有的土地。

　　（二）徵稅地域

　　土地使用稅在城市、縣城、建制鎮、工礦區徵收。其具體規定如下：

　　（1）城市是指經國務院批准設立的市。城市的徵稅範圍為市區和郊區。

　　（2）縣城是指縣人民政府所在地。縣城的徵稅範圍為縣人民政府所在的城鎮。

　　（3）建制鎮是指經省、自治區、直轄市人民政府批准設立的建制鎮。建制鎮的徵稅範圍為鎮人民政府所在地。

　　（4）工礦區是指工商業比較發達，人口比較集中，符合國務院規定的建制鎮標準，但尚未設立鎮建制的大中型工礦企業所在地。工礦區須經省、自治區、直轄市人民政府批准。

　　城市、縣城、建制鎮、工礦區的具體徵稅範圍，由各省、自治區、直轄市人民政府

劃定。

對農林牧漁業用地和農民居住用土地，不徵收土地使用稅。

（三）納稅人

在城市、縣城、建制鎮、工礦區範圍內使用土地的單位和個人，為土地使用稅的納稅人。

所稱單位，包括國有企業、集體企業、私營企業、股份制企業、外商投資企業、外國企業以及其他企業和事業單位、社會團體、國家機關、軍隊以及其他單位；所稱個人，包括個體工商戶以及其他個人。

土地使用稅由擁有土地使用權的單位或個人繳納。擁有土地使用權的納稅人不在土地所在地的，由代管人或實際使用人納稅；土地使用權未確定或權屬糾紛未解決的，由實際使用人納稅；土地使用權共有的，由共有各方分別納稅。

房管部門經租的公房用地，凡土地使用權屬於房管部門的，由房管部門繳納土地使用稅。

在土地使用稅徵稅範圍內實際使用應稅集體所有建設用地，但未辦理土地使用權流轉手續的，由實際使用集體土地的單位和個人按規定繳納土地使用稅。

凡在土地使用稅開徵區範圍內使用土地的單位和個人，不論通過出讓方式還是轉讓方式取得的土地使用權，都應依法繳納土地使用稅。

土地使用者不論以何種方式取得土地使用權以及是否繳納土地使用金，只要在土地使用稅的開徵範圍內，都應依照規定繳納土地使用稅。

## 二、計稅方法、稅基與稅率

（一）計稅方法

土地使用稅採用從量定額計稅方法，全年應納稅額計算公式為：

年應納土地使用稅＝實際占用的土地面積（平方米）×定額稅率

應納土地使用稅＝年應納土地使用稅÷12×應納稅月份數

（二）稅基

土地使用稅以納稅人實際占用的土地面積為計稅依據，計稅單位為每平方米。

土地使用權共有的各方，應按其實際的土地面積占總面積的比例，分別計算繳納土地使用稅。

納稅人實際占用的土地面積是指由省、自治區、直轄市政府確定的單位組織測定的土地面積。尚未組織測量，但納稅人持有政府部門核發的土地使用證書的，以證書確認的土地面積為準；尚未核發土地使用證書的，應由納稅人據實申報土地面積。

（三）稅率

土地使用稅實行差別幅度定額稅率，每平方米年稅額如表 8-1 所示。

表 8-1　　　　　　　　　　城鎮土地使用稅稅率表

| 級別 | 人口（人） | 每平方米年稅額（元） |
| --- | --- | --- |
| 大城市 | 50 萬以上 | 1.5~30 |
| 中等城市 | 20 萬~50 萬（含 50 萬） | 1.2~24 |
| 小城市 | 20 萬及以下 | 0.9~18 |
| 縣城、建制鎮、工礦區 |  | 0.6~12 |

省、自治區、直轄市人民政府，應當在上述規定的稅額幅度內，根據市政建設狀況、經濟繁榮程度等條件，確定所轄地區的適用稅額幅度。市、縣人民政府應當根據實際情況，將本地區土地劃分為若干等級，在省、自治區、直轄市人民政府確定的稅額幅度內，制定相應的適用稅額標準，報省、自治區、直轄市人民政府批准執行。

經省、自治區、直轄市人民政府批准，經濟落後地區土地使用稅的適用稅額標準可以適當降低，但降低額不得超過上述規定最低稅額的 30%。經濟發達地區土地使用稅的適用稅額標準可以適當提高，但須報經財政部批准。

[案例8-1] 某公司位於上海市，2016 年應稅土地面積為 10,000 平方米，經稅務機關核定，二級土地 4,000 平方米，三級土地 6,000 平方米。上海市規定每平方米年稅額如下：一級為 30 元，二級為 20 元，三級為 12 元，四級為 6 元，五級為 3 元，六級為 1.5 元。計算該公司 2016 年應納城鎮土地使用稅。

[解答] 應納城鎮土地使用稅 = 4,000×20+6,000×12 = 152,000（元）

### 三、稅額減免

(一) 單位自用土地減免

(1) 國家機關、人民團體、軍隊自用的土地，免徵土地使用稅。

人民團體是指經國務院授權的政府部門批准設立或登記備案並由國家撥付行政事業費的各種社會團體。

國家機關、人民團體、軍隊自用的土地是指這些單位本身的辦公用地和公務用地。

(2) 由國家財政部門撥付事業經費的單位自用的土地，免徵土地使用稅。

由國家財政部門撥付事業經費的單位是指由國家財政部門撥付經費，實行全額預算管理或差額預算管理的事業單位，不包括實行自收自支、自負盈虧的事業單位。

事業單位自用的土地是指這些單位本身的業務用地。

企業辦的學校、醫院、托兒所、幼兒園，其用地能與企業其他用地明確區分的，可以比照由國家財政部門撥付事業經費的單位自用的土地，免徵土地使用稅。

對國家撥付事業經費和企業辦的各類學校、托兒所、幼兒園自用的土地，免徵土地使用稅。

對政府部門和企事業單位、社會團體以及個人等社會力量投資興辦的福利性、非營利性的老年服務機構自用的土地，暫免徵收土地使用稅。

非營利性科研機構自用的土地，免徵土地使用稅。

對非營利性醫療機構自用的土地，免徵土地使用稅。

對疾病控制機構和婦幼保健機構等衛生機構自用的土地，免徵土地使用稅。

(3) 宗教寺廟、公園、名勝古跡自用的土地，免徵土地使用稅。

宗教寺廟自用的土地是指舉行宗教儀式等的用地和寺廟內的宗教人員生活用地。這裡的「宗教寺廟」包括寺、廟、宮、觀、教堂等各種宗教活動場所。

公園、名勝古跡自用的土地是指供公共參觀遊覽的用地及其管理單位的辦公用地。

(4) 以上單位的生產、營業用地和其他用地，不屬於免稅範圍，應按規定繳納土地使用稅。

公園、名勝古跡中附設的營業單位，如影劇院、飲食部、茶社、照相館等使用的土地，應徵收土地使用稅。

公園、名勝古跡內的索道公司經營用地，應按規定繳納土地使用稅。

(5) 對免稅單位無償使用納稅單位的土地（如公安、海關等單位使用鐵路、民航等單位的土地），免徵土地使用稅；對納稅單位無償使用免稅單位的土地，納稅單位應照章繳納

土地使用稅。

納稅單位與免稅單位共同使用共有使用權土地上的多層建築，對納稅單位可按其占用的建築面積占建築總面積的比例計徵土地使用稅。

(二) 基礎設施用地減免

(1) 市政街道、廣場、綠化地帶等公共用地，免徵土地使用稅。

(2) 對企業廠區（包括生產、辦公及生活區）以內的綠化用地，應照章徵收土地使用稅，廠區以外的公共綠化用地和向社會開放的公園用地，暫免徵收土地使用稅。

(3) 對火電廠廠區圍牆內的用地，均應照章徵收土地使用稅。對廠區圍牆外的灰場、輸灰管、輸油（氣）管道、鐵路專用線用地，免徵土地使用稅；廠區圍牆外的其他用地，應照章徵稅。

對水電站的發電廠房用地（包括壩內、壩外式廠房），生產、辦公、生活用地，照章徵收土地使用稅；對其他用地給予免稅照顧。

對供電部門的輸電線路用地、變電站用地，免徵土地使用稅。

(4) 對核電站的核島、常規島、輔助廠房和通信設施用地（不包括地下線路用地），生活、辦公用地按規定徵收土地使用稅，其他用地免徵土地使用稅。

對核電站應稅土地在基建期內減半徵收土地使用稅。

(5) 機場飛行區（包括跑道、滑行道、停機坪、安全帶、夜航燈光區）用地，場內外通信導航設施用地和飛行區四周排水防洪設施用地，免徵土地使用稅。

機場道路，區分為場內、場外道路。場外道路用地免徵土地使用稅。

(6) 對港口的碼頭（即泊位，包括岸邊碼頭、伸入水中的浮碼頭、堤岸、堤壩、棧橋等）用地，免徵土地使用稅。

(7) 對企業的鐵路專用線、公路等用地，除另有規定者外，在企業廠區（包括生產、辦公及生活區）以內的，應照章徵收土地使用稅；在廠區以外、與社會公用地段未加隔離的，暫免徵收土地使用稅。

(8) 對水利設施及其管護用地（如水庫庫區、大壩、堤防、灌渠、泵站等用地），免徵土地使用稅；其他用地，如生產、辦公、生活用地，應照章徵收土地使用稅。

對兼有發電的水利設施用地徵免土地使用稅問題，比照電力行業徵免土地使用稅的有關規定辦理。

(9) 在城市、縣城、建制鎮以外工礦區內的消防、防洪排澇、防風、防沙設施用地，暫免徵收城鎮土地使用稅。

(10) 自2016年1月1日起至2018年12月31日止，對符合條件的科技企業孵化器（含眾創空間）自用以及無償或通過出租等方式提供給孵化企業使用的房產、土地，免徵房產稅和城鎮土地使用稅。

(11) 自2016年1月1日起至2018年12月31日止，對符合條件的國家大學科技園自用以及無償或通過出租等方式提供給孵化企業使用的房產、土地，免徵房產稅和城鎮土地使用稅。

(12) 國家機關、軍隊、人民團體、財政補助事業單位、居民委員會、村民委員會擁有的體育場館，用於體育活動的房產、土地，免徵房產稅和城鎮土地使用稅。

經費自理事業單位、體育社會團體、體育基金會、體育類民辦非企業單位擁有並營運管理的體育場館，同時符合下列條件的，其用於體育活動的房產、土地，免徵房產稅和城鎮土地使用稅：

①向社會開放，用於滿足公眾體育活動需要；

②體育場館取得的收入主要用於場館的維護、管理和事業發展；

③擁有體育場館的體育社會團體、體育基金會及體育類民辦非企業單位，除當年新設立或登記的以外，前一年度登記管理機關的檢查結論為「合格」。

企業擁有並營運管理的大型體育場館，其用於體育活動的房產、土地，減半徵收房產稅和城鎮土地使用稅。

（13）自2015年1月1日起至2016年12月31日止，對物流企業自有的（包括自用和出租）大宗商品倉儲設施用地，減按所屬土地等級適用稅額標準的50%計徵城鎮土地使用稅。

所稱物流企業，是指至少從事倉儲或運輸一種經營業務，為工農業生產、流通、進出口和居民生活提供倉儲、配送等第三方物流服務，實行獨立核算、獨立承擔民事責任，並在工商部門註冊登記為物流、倉儲或運輸的專業物流企業。

[案例8-2] 某物流企業2016年年初實際占用土地面積2,000平方米（屬五級土地，每平方米年稅額12元），其中企業廠區以內的綠化用地600平方米，廠區以外的公共綠化用地400平方米。2016年3月徵用8,000平方米非耕地（屬七級土地，每平方米年稅額6元），作為大宗商品倉儲設施用地。計算該物流企業2016年應納城鎮土地使用稅。

[解答] 2016年應納城鎮土地使用稅＝(2,000−400)×12＋8,000×6×50%÷12×9
＝37,200（元）

（三）採礦用地減免

（1）下列石油天然氣生產建設用地暫免徵收城鎮土地使用稅：
①地質勘探、鑽井、井下作業、油氣田地面工程等施工臨時用地；
②企業廠區以外的鐵路專用線、公路及輸油（氣、水）管道用地；
③油氣長輸管線用地。

（2）煤炭企業的矸石山、排土場用地，防排水溝用地，礦區辦公、生活區以外的公路、鐵路專用線及輕便道和輸變電線路用地，炸藥庫庫房外安全區用地，向社會開放的公園及公共綠化帶用地，暫免徵收土地使用稅。

（3）對礦山的採礦場、排土場、尾礦庫、炸藥庫的安全區、採區運礦及運岩公路、尾礦輸送管道及回水系統用地，免徵土地使用稅。

（4）對石灰廠、水泥廠、大理石廠、沙石廠等企業的採石場、排土場用地，炸藥庫的安全區用地以及採區運岩公路，免徵土地使用稅。

（5）對鹽場的鹽灘、鹽礦的礦井用地，暫免徵收土地使用稅。

對鹽場、鹽礦的生產廠房、辦公、生活區用地，應照章徵收土地使用稅。

（四）涉農用地減免

（1）直接用於農、林、牧、漁業的生產用地，免徵土地使用稅。

直接用於農、林、牧、漁業的生產用地是指直接從事於種植、養殖、飼養的專業用地，不包括農副產品加工場地和生活、辦公用地。

（2）在土地使用稅徵收範圍內經營採摘、觀光農業的單位和個人，其直接用於採摘、觀光的種植、養殖、飼養的土地，免徵土地使用稅。

在土地使用稅徵收範圍內，利用林場土地興建度假村等休閒娛樂場所的，其經營、辦公和生活用地，應按規定徵收土地使用稅。

（3）對林區的育林地、運材道、防火道、防火設施用地，免徵土地使用稅。林業系統的森林公園、自然保護區，可比照公園免徵土地使用稅。

（4）2016年1月1日至2018年12月31日，對農村飲水安全工程營運管理單位自用的生產、辦公用房產、土地，免徵房產稅、城鎮土地使用稅。

（5）2011年1月1日至2020年12月31日，對長江上游、黃河中上游地區，東北、內

蒙古等國有林區天然林二期工程實施企業和單位專門用於天然林保護工程的房產、土地免徵房產稅、城鎮土地使用稅。對上述企業和單位用於其他生產經營活動的房產、土地按規定徵收房產稅、城鎮土地使用稅。

對由於實施天然林二期工程造成森工企業房產、土地閒置一年以上不用的，暫免徵收房產稅和城鎮土地使用稅；閒置房產和土地用於出租或重新用於天然林二期工程之外其他生產經營的，按規定徵收房產稅、城鎮土地使用稅。

用於天然林二期工程的免稅房產、土地應單獨劃分，與其他應稅房產、土地劃分不清的，按規定徵收房產稅、城鎮土地使用稅。

（五）住房用地減免

（1）單位向個人出售公有住房后，其土地使用權仍歸單位所有的，按規定計徵或免徵土地使用稅；其土地使用權歸個人所有並用於自住的，從當地房改之日起，3年內可免徵土地使用稅。

（2）自2008年3月1日起，對個人出租住房，不區分用途，免徵土地使用稅。

（3）自2013年7月4日起，對改造安置住房建設用地免徵城鎮土地使用稅。

在商品住房等開發項目中配套建造安置住房的，依據政府部門出具的相關材料、房屋徵收（拆遷）補償協議或棚戶區改造合同（協議），按改造安置住房建築面積占總建築面積的比例免徵城鎮土地使用稅、印花稅。

（4）2016年1月1日至2018年12月31日，對公共租賃住房建設期間用地及公共租賃住房建成后占地免徵城鎮土地使用稅。在其他住房項目中配套建設公共租賃住房，依據政府部門出具的相關材料，按公共租賃住房建築面積占總建築面積的比例免徵建設、管理公共租賃住房涉及的城鎮土地使用稅。

（六）特殊用地減免

（1）經批准開山填海整治的土地和改造的廢棄土地，從使用的月份起免繳土地使用稅5~10年。

（2）對於各類危險品倉庫、廠房所需的防火、防爆、防毒等安全防範用地，可由各省、自治區、直轄市稅務局確定，暫免徵收土地使用稅；對倉庫庫區、廠房本身用地，應照章徵收土地使用稅。

（3）對在土地使用稅徵稅範圍內單獨建造的地下建築用地，按規定徵收土地使用稅。其中，已取得地下土地使用權證的，按土地使用權證確認的土地面積計算應徵稅款；未取得地下土地使用權證或地下土地使用權證上未標明土地面積的，按地下建築垂直投影面積計算應徵稅款。

對上述地下建築用地暫按應徵稅款的50%徵收土地使用稅。

（4）對因風、火、水、地震等造成的嚴重自然災害或其他不可抗力因素遭受重大損失，從事國家鼓勵和扶持產業或社會公益事業發生嚴重虧損，繳納城鎮土地使用稅確有困難的，可給予定期減免稅。對從事國家限制或不鼓勵發展的產業不予減免稅。

（5）對在一個納稅年度內月平均實際安置殘疾人就業人數占單位在職職工總數的比例高於25%（含25%）且實際安置殘疾人人數高於10人（含10人）的單位，可減徵或免徵該年度城鎮土地使用稅。具體減免稅比例及管理辦法由省、自治區、直轄市財稅主管部門確定。

（七）地方減免

下列土地的徵免稅，由省、自治區、直轄市稅務局確定：

（1）個人所有的居住房屋及院落用地。應稅單位按照國家住房制度改革有關規定，將住房出售給職工並按規定進行核銷帳務處理后，住房用地在未辦理土地使用權過戶期間的

城鎮土地使用稅徵免，比照各省、自治區、直轄市對個人所有住房用地的現行政策執行。
（2）免稅單位職工家屬的宿舍用地。
（3）集體和個人辦的各類學校、醫院、托兒所、幼兒園用地。
（4）城鎮內的集貿市場（農貿市場）用地，按規定應徵收土地使用稅。為了促進集貿市場的發展及照顧各地的不同情況，各省、自治區、直轄市稅務局可根據具體情況自行確定對集貿市場用地徵收或者免徵土地使用稅。
（5）對鹽場、鹽礦的其他用地，由省、自治區、直轄市稅務局根據實際情況，確定徵收土地使用稅或給予定期減徵、免徵的照顧。

### 四、徵收管理

土地使用稅的徵收管理，依照《中華人民共和國稅收徵收管理法》及有關規定執行。
（一）納稅義務發生時間
（1）徵用的耕地，自批准徵用之日起滿1年時開始繳納土地使用稅。
（2）徵用的非耕地，自批准徵用次月起繳納土地使用稅。
徵用的耕地與非耕地以土地管理機關批准徵地的文件為依據確定。
（3）以出讓或轉讓方式有償取得土地使用權的，應由受讓方從合同約定交付土地時間的次月起繳納土地使用稅；合同未約定交付土地時間的，由受讓方從合同簽訂的次月起繳納土地使用稅。
通過招標、拍賣、掛牌方式取得的建設用地，不屬於新徵用的耕地，納稅人應按照上述規定，從合同約定交付土地時間的次月起繳納城鎮土地使用稅；合同未約定交付土地時間的，從合同簽訂的次月起繳納城鎮土地使用稅。
（4）購置新建商品房，自房屋交付使用之次月起徵土地使用稅。
（5）購置存量房，自辦理房屋權屬轉移、變更登記手續，房地產權屬登記機關簽發房屋權屬證書之次月起計徵土地使用稅。
（6）出租、出借房產，自交付出租、出借房產之次月起計徵土地使用稅。
（7）納稅人因土地的實物或權利狀態發生變化而依法終止土地使用稅納稅義務的，其應納稅款的計算應截止到土地的實物或權利狀態發生變化的當月末。
（二）納稅期限
土地使用稅按年計算、分期繳納。繳納期限由省、自治區、直轄市人民政府確定。
（三）納稅地點
土地使用稅在土地所在地繳納。
納稅人使用的土地不屬於同一省（自治區、直轄市）管轄範圍的，應由納稅人分別向土地所在地的稅務機關繳納土地使用稅。
在同一省（自治區、直轄市）管轄範圍內，納稅人跨地區使用的土地，如何確定納稅地點，由各省、自治區、直轄市稅務局確定。
（四）稅收歸屬、徵稅部門和配合部門
土地使用稅歸地方政府，由土地所在地的地方稅務局徵收。
土地管理機關應當向土地所在地的稅務機關提供土地使用權屬資料。
（五）納稅申報
國家稅務總局制定的城鎮土地使用稅納稅申報表有：
（1）《城鎮土地使用稅納稅申報表》。
（2）《城鎮土地使用稅納稅申報表（匯總版）》。
（3）《城鎮土地使用稅減免稅明細申報表》。

(4)《城鎮土地使用稅稅源明細表》。

上述表格均為 Word 表格，表格式樣略。

## 第二節　房產稅

房產稅是對房屋產權所有人持有期間徵收的一種稅。房產稅是一個古老的稅種，《周禮》中所稱「廛布」即為最初的房產稅。現行房產稅具有如下特點：

(1) 徵稅對象是城市、縣城、建制鎮、工礦區範圍內的房屋，屬於不動產稅、單項財產稅、對物稅。
(2) 納稅環節是持有環節，按年計算，屬於持有財產稅。
(3) 納稅人包括單位和個人，稅負難以轉嫁，屬於直接稅。
(4) 採用從價計徵和從租計徵兩種計稅方法，屬於從價稅。
(5) 實行差別比例稅率，稅率為 1.2%、12%或 4%。
(6) 稅基為房產餘值或房產租金收入，租金收入不含增值稅。
(7) 稅額減免包括單位自用房產減免、基礎設施用房減免、住房減免、特殊房產減免。
(8) 屬於地方稅，由地方稅務局徵收。

現行房產稅的基本規範如下：

(1)《中華人民共和國房產稅暫行條例》（1986 年 9 月 15 日國發〔1986〕90 號公布，自 1986 年 10 月 1 日起施行）。
(2)《財政部、稅務總局關於房產稅若干具體問題的解釋和暫行規定》（1986 年 9 月 25 日財稅地字〔1986〕8 號公布）。

### 一、徵稅對象、徵稅地域和納稅人

**(一) 徵稅對象**

房產稅的徵稅對象是房屋。「房產」是以房屋形態表現的財產。房屋是指有屋面和圍護結構（有牆或兩邊有柱），能夠遮風避雨，可供人們在其中生產、工作、學習、娛樂、居住或儲藏物資的場所。

獨立於房屋之外的建築物，如圍牆、蒸囪、水塔、變電塔、油池油櫃、酒窖菜窖、酒精池、糖蜜池、室外游泳池、玻璃暖房、磚瓦石灰窯以及各種油氣罐等，不屬於房產。

加油站罩棚不屬於房產，不徵收房產稅。

鑒於房地產開發企業開發的商品房在出售前對房地產開發企業而言是一種產品，因此對房地產開發企業建造的商品房，在售出前不徵收房產稅；但對售出前房地產開發企業已使用或出租、出借的商品房應按規定徵收房產稅。

**(二) 徵稅地域**

房產稅在城市、縣城、建制鎮和工礦區徵收。其具體規定如下：

(1) 城市是指經國務院批准設立的市。城市的徵稅範圍為市區、郊區和市轄縣縣城，不包括農村。
(2) 縣城是指未設立建制鎮的縣人民政府所在地。
(3) 建制鎮是指經省、自治區、直轄市人民政府批准設立的建制鎮。建制鎮的徵稅範圍為鎮人民政府所在地，不包括所轄的行政村。
(4) 工礦區是指工商業比較發達，人口比較集中，符合國務院規定的建制鎮標準，但尚未設立鎮建制的大中型工礦企業所在地。開徵房產稅的工礦區須經省、自治區、直轄市

人民政府批准。

不在開徵地區範圍之內的工廠、倉庫，不應徵收房產稅。農民居住用房屋，不徵收房產稅。

(三) 納稅人

房產稅由產權所有人繳納。產權屬於全民所有的，由經營管理的單位繳納。產權出典的，由承典人繳納。產權所有人、承典人不在房產所在地的，或者產權未確定及租典糾紛未解決的，由房產代管人或者使用人繳納。

產權所有人、經營管理單位、承典人、房產代管人或者使用人，統稱為納稅義務人。

自 2009 年 1 月 1 日起，外商投資企業、外國企業和組織以及外籍個人，繳納房產稅，取消城市房地產稅。

## 二、計稅方法、稅率和稅基

(一) 計稅方法

房產稅區別房屋的經營使用方式，採用不同計稅方法。房產出租的，按照房產租金收入計稅；房產自營的，按照房產余值計稅。應納稅額的計算公式為：

房產出租：

應納房產稅＝房產租金收入×比例稅率（12%或 4%）

房產自營：

年應納房產稅＝房產余值×比例稅率（1.2%）

應納房產稅＝年應納房產稅÷12×應納稅月份數

(1) 對出租房產，租賃雙方簽訂的租賃合同約定有免收租金期限的，免收租金期間由產權所有人按照房產原值繳納房產稅。

(2) 無租使用其他單位房產的應稅單位和個人，依照房產余值代繳納房產稅。

(3) 產權出典的房產，由承典人依照房產余值繳納房產稅。

(4) 融資租賃的房產，由承租人自融資租賃合同約定開始日的次月起依照房產余值繳納房產稅。合同未約定開始日的，由承租人自合同簽訂的次月起依照房產余值繳納房產稅。

(5) 對於投資聯營的房產，應根據投資聯營的具體情況，在計徵房產稅時予以區別對待。對於以房產投資聯營，投資者參與投資利潤分紅，共擔風險的情況，按房產原值作為計稅依據計徵房產稅；對於以房產投資，收取固定收入，不承擔聯營風險的情況，實際上是以聯營名義取得房產的租金，由出租方按租金收入計繳房產稅。

(6) 對居民住宅區內業主共有的經營性房產，由實際經營（包括自營和出租）的代管人或使用人繳納房產稅。其中自營的，依照房產原值減除 10%～30%后的余值計徵，沒有房產原值或不能將業主共有房產與其他房產的原值準確劃分開的，由房產所在地地方稅務機關參照同類房產核定房產原值；出租的，依照租金收入計徵。

(二) 稅率

房產稅實行比例稅率，具體規定如下：

(1) 房產稅的稅率，依照房產余值計算繳納的，稅率為 1.2%。

(2) 依照房產租金收入計算繳納的，稅率為 12%。

(3) 自 2008 年 3 月 1 日起，對個人出租住房，不區分用途，按 4%的稅率徵收房產稅。

對企事業單位、社會團體以及其他組織按市場價格向個人出租用於居住的住房，減按 4%的稅率徵收房產稅。

(三) 稅基

1. 房產租金收入

房產出租的，以房產租金收入為房產稅的計稅依據。

自 2016 年 5 月 1 日起，房產出租的，計徵房產稅的租金收入不含增值稅。免徵增值稅的，確定計稅依據時，租金收入不扣減增值稅額。

承租人使用房產，以支付修理費抵交房產租金，仍應由房產的產權所有人依照規定繳納房產稅。

出租的地下建築，按照出租地上房屋建築的有關規定計算徵收房產稅。

[**案例 8-3**] 馬某有多套住房，2016 年 5 月至 12 月將其中一套住房出租，每月租金 3,000 元（免增值稅）。計算馬某 2016 年應納房產稅。

[**解答**] 2016 年應納房產稅＝3,000×8×4%＝960（元）

2. 房產余值

房產稅依照房產原值一次減除 10%～30%后的余值計算繳納。具體減除幅度，由省、自治區、直轄市人民政府規定。房產原值規定如下：

（1）對按照房產原值計稅的房產，無論會計上如何核算，房產原值均應包含地價，包括為取得土地使用權支付的價款、開發土地發生的成本費用等。宗地容積率低於 0.5 的，按房產建築面積的 2 倍計算土地面積並據此確定計入房產原值的地價。

[**案例 8-4**] 某公司有一棟辦公樓，建築面積 2,000 平方米，土地面積 5,000 平方米。辦公樓價款 1,000 萬元，土地價款 300 萬元，會計上分別核算。當地房產原值減除比例為 20%，計算該公司年應納房產稅。

[**解答**] 宗地容積率＝2,000÷5,000＝0.4<0.5

年應納房產稅＝(1,000+300÷5,000×2,000×2)×(1-20%)×1.2%＝11.90（萬元）

（2）對依照房產原值計稅的房產，不論是否記載在會計帳簿「固定資產」科目中，均應按照房屋原價計算繳納房產稅。房屋原價應根據國家有關會計制度規定進行核算。對納稅人未按國家會計制度規定核算並記載的，應按規定予以調整或重新評估。

（3）房產原值應包括與房屋不可分割的各種附屬設備或一般不單獨計算價值的配套設施。其主要有暖氣、衛生、通風、照明、煤氣等設備；各種管線，如蒸氣、壓縮空氣、石油、給水排水等管道及電力、電信、電纜導線；電梯、升降機、過道、曬臺等。

屬於房屋附屬設備的水管、下水道、暖氣管、煤氣管等從最近的探視井或三通管算起。電燈網、照明線從進線盒聯接管算起。

（4）為了維持和增加房屋的使用功能或使房屋滿足設計要求，凡以房屋為載體，不可隨意移動的附屬設備和配套設施，如給排水、採暖、消防、中央空調、電氣及智能化樓宇設備等，無論在會計核算中是否單獨記帳與核算，都應計入房產原值，計徵房產稅。

對於更換房屋附屬設備和配套設施的，在將其價值計入房產原值時，可扣減原來相應設備和設施的價值；對附屬設備和配套設施中易損壞、需要經常更換的零配件，更新后不再計入房產原值。

（5）凡在房產稅徵收範圍內的具備房屋功能的地下建築，包括與地上房屋相連的地下建築以及完全建在地面以下的建築、地下人防設施等，均應當依照有關規定徵收房產稅。

上述具備房屋功能的地下建築是指有屋面和維護結構，能夠遮風避雨，可供人們在其中生產、經營、工作、學習、娛樂、居住或儲藏物資的場所。

自用的地下建築，按以下方式計稅：

①工業用途房產，以房屋原價的 50%～60% 作為應稅房產原值。

②商業和其他用途房產，以房屋原價的 70%～80% 作為應稅房產原值。

房屋原價折算為應稅房產原值的具體比例，由各省、自治區、直轄市和計劃單列市財政和地方稅務部門在上述幅度內自行確定。

③對於與地上房屋相連的地下建築，如房屋的地下室、地下停車場、商場的地下部分

等，應將地下部分與地上房屋視為一個整體，按照地上房屋建築的有關規定計算徵收房產稅。

(6) 以人民幣以外的貨幣為記帳本位幣的外資企業及外籍個人在繳納房產稅時，均應將其根據記帳本位幣計算的稅款按照繳款上月最後一日的人民幣匯率中間價折合成人民幣。

(7) 沒有房產原值作為依據的，由房產所在地稅務機關參考同類房產核定。

[案例8-5] 某公司有一棟廠房，房產原值1,000萬元。2016年4月30日將一半房屋出租，租期1年，月租金2萬元（不含增值稅）。當地房產原值減除比例為20%。計算該公司2016年應納房產稅。

[解析] 應納房產稅＝1,000÷2×(1－20%)×1.2%＋1,000÷2×(1－20%)×1.2%÷12×4＋2×8×12%＝8.32（萬元）

### 三、稅額減免

(一) 單位自用房產減免

(1) 國家機關、人民團體、軍隊自用的房產，免徵房產稅。

人民團體是指經國務院授權的政府部門批准設立或登記備案並由國家撥付行政事業費的各種社會團體。

國家機關、人民團體、軍隊自用的房產是指這些單位本身的辦公用房和公務用房。

(2) 由國家財政部門撥付事業經費的單位自用的房產，免徵房產稅。

實行差額預算管理的事業單位，雖然有一定的收入，但收入不夠本身經費開支的部分，還要由國家財政部門撥付經費補助。因此，對實行差額預算管理的事業單位，也屬於是由國家財政部門撥付事業經費的單位，對其本身自用的房產免徵房產稅。

事業單位自用的房產是指這些單位本身的業務用房。

企業辦的各類學校、醫院、托兒所、幼兒園自用的房產，可以比照由國家財政部門撥付事業經費的單位自用的房產，免徵房產稅。

對國家撥付事業經費和企業辦的各類學校、托兒所、幼兒園自用的房產，免徵房產稅。

對政府部門和企事業單位、社會團體以及個人等社會力量投資興辦的福利性、非營利性的老年服務機構自用房產，暫免徵收房產稅。

對非營利性科研機構自用的房產，免徵房產稅。

對非營利性醫療機構自用的房產，免徵房產稅。

對疾病控制機構和婦幼保健機構等衛生機構自用的房產，免徵房產稅。

(3) 宗教寺廟、公園、名勝古跡自用的房產，免徵房產稅。

宗教寺廟自用的房產是指舉行宗教儀式等的房屋和宗教人員使用的生活用房屋。

公園、名勝古跡自用的房產是指供公共參觀遊覽的房屋及其管理單位的辦公用房屋。

(4) 上述免稅單位出租的房產以及非本身業務用的生產、營業用房產不屬於免稅範圍，應徵收房產稅。

公園、名勝古跡中附設的營業單位，如影劇院、飲食部、茶社、照相館等所使用的房產及出租的房產，應徵收房產稅。

對軍隊空餘房產租賃收入暫免徵收房產稅。暫免徵收房產稅的軍隊空餘房產，在出租時必須懸掛「軍隊房地產租賃許可證」，以備查驗。

(5) 納稅單位與免稅單位共同使用的房屋，按各自使用的部分劃分，分別徵收或免徵房產稅。

(二) 基礎設施用房減免

(1) 2016年1月1日至2018年12月31日，對農村飲水安全工程營運管理單位自用的生產、辦公用房產，免徵房產稅。

（2）工商行政管理部門的集貿市場用房，不屬於工商部門自用的房產，按規定應徵收房產稅。但為了促進集貿市場的發展，省、自治區、直轄市可根據具體情況暫給予減稅或免稅照顧。

（3）自2016年1月1日起至2018年12月31日止，對符合條件的科技企業孵化器（含眾創空間）自用以及無償或通過出租等方式提供給孵化企業使用的房產、土地，免徵房產稅和城鎮土地使用稅。

（4）自2016年1月1日起至2018年12月31日止，對符合條件的國家大學科技園自用以及無償或通過出租等方式提供給孵化企業使用的房產、土地，免徵房產稅和城鎮土地使用稅。

（5）國家機關、軍隊、人民團體、財政補助事業單位、居民委員會、村民委員會擁有的體育場館，用於體育活動的房產、土地，免徵房產稅和城鎮土地使用稅。

經費自理事業單位、體育社會團體、體育基金會、體育類民辦非企業單位擁有並營運管理的體育場館，同時符合下列條件的，其用於體育活動的房產、土地，免徵房產稅和城鎮土地使用稅：

①向社會開放，用於滿足公眾體育活動需要；
②體育場館取得的收入主要用於場館的維護、管理和事業發展；
③擁有體育場館的體育社會團體、體育基金會及體育類民辦非企業單位，除當年新設立或登記的以外，前一年度登記管理機關的檢查結論為「合格」。

企業擁有並營運管理的大型體育場館，其用於體育活動的房產、土地，減半徵收房產稅和城鎮土地使用稅。

（6）2011年1月1日至2020年12月31日，對長江上游、黃河中上游地區、東北、內蒙古等國有林區天然林二期工程實施企業和單位專門用於天然林保護工程的房產、土地免徵房產稅、城鎮土地使用稅。對上述企業和單位用於其他生產經營活動的房產、土地按規定徵收房產稅、城鎮土地使用稅。

對由於實施天然林二期工程造成森工企業房產、土地閒置一年以上不用的，暫免徵收房產稅和城鎮土地使用稅；閒置房產和土地用於出租或重新用於天然林二期工程之外其他生產經營的，按規定徵收房產稅、城鎮土地使用稅。

用於天然林二期工程的免稅房產、土地應單獨劃分，與其他應稅房產、土地劃分不清的，按規定徵收房產稅、城鎮土地使用稅。

（三）住房減免

（1）2016年1月1日至2018年12月31日，對公共租賃住房免徵房產稅。公共租賃住房經營管理單位應單獨核算公共租賃住房租金收入，未單獨核算的，不得享受免徵房產稅優惠政策。

（2）自2016年1月1日起至2018年12月31日止，對高校學生公寓免徵房產稅；對與高校學生簽訂的高校學生公寓租賃合同，免徵印花稅。

（3）企業和自收自支事業單位向職工出租的單位自有住房暫免徵收房產稅。暫免徵收營業稅的企業和自收自支事業單位向職工出租的單位自有住房是指按照公有住房管理或納入縣級以上政府廉租住房管理的單位自有住房。

（4）個人所有非營業用的房產免稅。

對個人所有的居住用房，不分面積多少，均免徵房產稅。

個人出租的房產，不分用途，均應徵收房產稅。

上海市政府決定自2011年1月28日起，上海市開展對部分個人住房徵收房產稅試點。

重慶市政府決定自2011年1月28日起，在重慶市主城九區進行對部分個人住房徵收房

產稅改革試點。

（四）特殊房產減免

（1）經有關部門鑒定，對毀損不堪居住和使用的房屋和危險房屋，在停止使用后，可免徵房產稅。

（2）房屋大修停用在半年以上的，在大修期間免徵房產稅，免徵稅額由納稅人在申報繳納房產稅時自行計算扣除，並在申報表附表或備註欄中作相應說明。

（3）凡是在基建工地為基建工地服務的各種工棚、材料棚、休息棚和辦公室、食堂、茶爐房、汽車房等臨時性房屋，不論是施工企業自行建造還是由基建單位出資建造交施工企業使用的，在施工期間，一律免徵房產稅。但是，如果在基建工程結束以後，施工企業將這種臨時性房屋交還或者估價轉讓給基建單位的，應當從基建單位接收的次月起，依照規定徵收房產稅。

（4）納稅人納稅確有困難的，可由省、自治區、直轄市人民政府確定，定期減徵或者免徵房產稅。

**四、徵收管理**

房產稅的徵收管理，依照《中華人民共和國稅收徵收管理法》的規定辦理。

（一）納稅義務發生時間

（1）納稅人自建的房屋，自建成之次月起徵收房產稅。

（2）納稅人委託施工企業建設的房屋，從辦理驗收手續之次月起徵收房產稅。

（3）納稅人在辦理驗收手續前已使用或出租、出借的新建房屋，應按規定徵收房產稅。

（4）購置新建商品房，自房屋交付使用之次月起計徵房產稅。

（5）購置存量房，自辦理房屋權屬轉移、變更登記手續，房地產權屬登記機關簽發房屋權屬證書之次月起計徵房產稅。

（6）出租、出借房產，自交付出租、出借房產之次月起計徵房產稅。

（7）房地產開發企業自用、出租、出借本企業建造的商品房，自房屋使用或交付之次月起計徵房產稅。

（8）納稅人因房產的實物或權利狀態發生變化而依法終止房產稅納稅義務的，其應納稅款的計算應截止到房產的實物或權利狀態發生變化的當月末。

（二）納稅期限

房產稅按年徵收、分期繳納。納稅期限由省、自治區、直轄市人民政府規定。

（三）納稅地點

房產稅在房產所在地繳納。

房產不在一地的納稅人，應按房產的坐落地點，分別向房產所在地的稅務機關繳納房產稅。

（四）稅收歸屬和徵稅部門

房產稅歸地方政府，由房產所在地的地方稅務局徵收。

（五）納稅申報

國家稅務總局制定的房產稅納稅申報表有：

（1）《房產稅納稅申報表》。

（2）《房產稅納稅申報表（匯總版）》。

（3）《房產稅減免稅明細申報表》。

（4）《從價計徵房產稅稅源明細表》。

（5）《從租計徵房產稅稅源明細表》。

上述表格均為 Word 表格，表格式樣略。

# 第九章

# 車輛購置稅和車船稅

## 第一節　車輛購置稅

車輛購置稅是對在境內購置應稅車輛的單位和個人徵收的一種稅。2001 年 1 月 1 日中國取消車輛購置費，開徵車輛購置稅。現行車輛購置稅具有如下特點：
　　(1) 徵稅對象是應稅車輛，屬於動產稅、單項財產稅、對物稅。
　　(2) 納稅環節是購置環節，實行一次課徵制，屬於轉讓財產稅。
　　(3) 納稅人包括單位和個人，稅負難以轉嫁，屬於直接稅。
　　(4) 採用從價定率計稅方法，屬於從價稅。
　　(5) 實行比例稅率，稅率為 10%，特殊時期對小排量乘用車實行稅率減徵。
　　(6) 計稅金額含進口關稅、消費稅，不含增值稅、車輛購置稅，屬於價外稅。
　　(7) 稅額減免包括免稅和退稅。
　　(8) 屬於中央稅，由國家稅務局徵收，公安機關車輛管理機構配合。
車輛購置稅的基本規範如下：
(1)《中華人民共和國車輛購置稅暫行條例》（2000 年 10 月 22 日國務院令第 294 號公布，自 2001 年 1 月 1 日起施行）。
(2)《車輛購置稅徵收管理辦法》（2015 年 12 月 28 日國家稅務總局令第 38 號重新公布，自 2016 年 2 月 1 日起施行）。

### 一、徵稅對象、納稅環節和納稅人

(一) 徵稅對象

車輛購置稅的徵稅對象是應稅車輛，包括汽車、摩托車、電車、掛車、農用運輸車。其具體徵收範圍如下：
　　(1) 汽車。汽車包括各類汽車。
　　(2) 摩托車。摩托車包括輕便摩托車、二輪摩托車、三輪摩托車。
①輕便摩托車：最高設計時速不大於 50 千米/小時，發動機汽缸總排量不大於 50 立方厘米的兩個或者三個車輪的機動車。
②二輪摩托車：最高設計車速大於 50 千米/小時，或者發動機汽缸總排量大於 50 立方厘米的兩個車輪的機動車。
③三輪摩托車：最高設計車速大於 50 千米/小時，或者發動機汽缸總排量大於 50 立方厘米，空車重量不大於 400 千克的三個車輪的機動車。
　　(3) 電車。電車包括無軌電車、有軌電車。
①無軌電車：以電能為動力，由專用輸電電纜線供電的輪式公共車輛。
②有軌電車：以電能為動力，在軌道上行駛的公共車輛。
　　(4) 掛車。掛車包括全掛車、半掛車。

①全掛車：無動力設備，獨立承載，由牽引車輛牽引行駛的車輛。
②半掛車：無動力設備，與牽引車輛共同承載，由牽引車輛牽引行駛的車輛。
（5）農用運輸車。農用運輸車包括三輪農用運輸車、四輪農用運輸車。
①三輪農用運輸車：柴油發動機，功率不大於 7.4 千瓦，載重量不大於 500 千克，最高車速不大於 40 千米/小時的三個車輪的機動車。
②四輪農用運輸車：柴油發動機，功率不大於 28 千瓦，載重量不大於 1,500 千克，最高車速不大於 50 千米/小時的四個車輪的機動車。
對於動力裝置和拖鬥連接成整體且以該整體進行車輛登記註冊的各種變形拖拉機等農用車輛，按照「農用運輸車」徵收車購稅；動力裝置和拖鬥不是連接成整體且動力裝置和拖鬥是分別進行車輛登記註冊的，只對拖鬥部分按「掛車」徵收車購稅，動力部分不徵稅。

（二）納稅環節

車輛購置稅的納稅環節是購置環節。所稱購置，包括購買、進口、自產、受贈、獲獎或者以其他方式取得並自用應稅車輛的行為。
車輛購置稅實行一次徵收制度。購置已徵車輛購置稅的車輛，不再徵收車輛購置稅。

（三）納稅人

在中國境內購置應稅車輛的單位和個人，為車輛購置稅的納稅人。
所稱單位，包括國有企業、集體企業、私營企業、股份制企業、外商投資企業、外國企業以及其他企業和事業單位、社會團體、國家機關、部隊以及其他單位。所稱個人，包括個體工商戶以及其他個人。

## 二、計稅方法、稅率和稅基

（一）計稅方法

車輛購置稅實行從價定率的辦法計算應納稅額。應納稅額的計算公式為：
應納車輛購置稅＝計稅價格×稅率
納稅人以外匯結算應稅車輛價款的，按照申報納稅之日中國人民銀行公布的人民幣基準匯價，折合成人民幣計算應納稅額。
車輛購置稅實行一車一申報制度。車輛購置稅稅款應當一次繳清。

（二）稅率

車輛購置稅實行比例稅率，稅率為 10%。車輛購置稅稅率的調整，由國務院決定並公布。
自 2015 年 10 月 1 日起至 2016 年 12 月 31 日止，對購置 1.6 升及以下排量乘用車減按 5%的稅率徵收車輛購置稅。
所稱乘用車，是指在設計和技術特性上主要用於載運乘客及其隨身行李和（或）臨時物品、含駕駛員座位在內最多不超過 9 個座位的汽車。其具體包括：
（1）國產轎車：「中華人民共和國機動車整車出廠合格證」（以下簡稱合格證）中「車輛型號」項的車輛類型代號（車輛型號的第一位數字，下同）為「7」，「排量和功率（毫升/千瓦）」項中排量不超過 1,600 毫升，「額定載客（人）」項不超過 9 人。
（2）國產專用乘用車：合格證中「車輛型號」項的車輛類型代號為「5」，「排量和功率（毫升/千瓦）」項中排量不超過 1,600 毫升，「額定載客（人）」項不超過 9 人，「額定載質量（千克）」項小於額定載客人數和 65 千克的乘積。
（3）其他國產乘用車：合格證中「車輛型號」項的車輛類型代號為「6」，「排量和功率（毫升/千瓦）」項中排量不超過 1,600 毫升，「額定載客（人）」項不超過 9 人。
（4）進口乘用車。參照國產同類車型技術參數認定。

乘用車購置日期按照「機動車銷售統一發票」或「海關關稅專用繳款書」等有效憑證的開具日期確定。

購置符合上述規定的車輛，已按全額繳納車輛購置稅的，多徵稅款可按有關規定予以退還。

（三）稅基

車輛購置稅計稅價格按照以下情形確定：

（1）納稅人購買自用的應稅車輛，計稅價格為納稅人購買應稅車輛而支付給銷售者的全部價款和價外費用，不包含增值稅稅款。

價外費用是指銷售方價外向購買方收取的基金、集資費、違約金（延期付款利息）和手續費、包裝費、儲存費、優質費、運輸裝卸費、保管費以及其他各種性質的價外收費，但不包括銷售方代辦保險等而向購買方收取的保險費以及向購買方收取的代購買方繳納的車輛購置稅、車輛牌照費。

[案例9-1] 羅某1月份從某汽車銷售公司（一般納稅人）購買一輛小汽車供自己使用，支付了含增值稅稅款在內的款項210,600元，另支付購買工具件和零配件價款3,000元，車輛裝飾費2,850元。所支付的款項均由該汽車銷售公司開具發票。計算羅某應納車輛購置稅。

[解答] 計稅依據＝(210,600＋3,000＋2,850)÷(1＋17%)＝185,000（元）

應納車輛購置稅＝185,000×10%＝18,500（元）

（2）納稅人進口自用的應稅車輛，計稅價格公式為：

計稅價格＝關稅完稅價格＋關稅＋消費稅

所稱進口自用，是指納稅人直接從境外進口或者委託代理進口自用的應稅車輛，不包括境內購買的進口車輛。

[案例9-2] 某進出口公司2月份從國外進口排氣量2升的小汽車10輛，該批小汽車關稅完稅價格為每輛190,000元人民幣，海關按25%的稅率徵收了每輛關稅47,500元，按5%的稅率代徵了每輛消費稅12,500元，按17%的稅率代徵了每輛增值稅42,500元。該公司留下2輛小轎車由本單位使用，計算應納車輛購置稅。

[解答] 計稅價格＝(190,000＋47,500＋12,500)×2＝500,000（元）

應納車輛購置稅＝500,000×10%＝50,000（元）

（3）納稅人購買自用或者進口自用應稅車輛，申報的計稅價格低於同類型應稅車輛的最低計稅價格，又無正當理由的（除規定車輛之外的情形），計稅價格為國家稅務總局核定的最低計稅價格。

（4）納稅人自產、受贈、獲獎或者以其他方式取得並自用的應稅車輛的計稅價格，主管稅務機關參照國家稅務總局規定的最低計稅價格核定。

最低計稅價格是指國家稅務總局依據機動車生產企業或者經銷商提供的車輛價格信息，參照市場平均交易價格核定的車輛購置稅計稅價格。車輛購置稅最低計稅價格管理辦法由國家稅務總局另行制定。

[案例9-3] 梁某抽獎中得一輛小汽車自用，該小汽車發票價格220,000元，主管稅務機關核定最低計稅價格250,000元。計算梁某應納車輛購置稅。

[解答] 應納車輛購置稅＝250,000×10%＝25,000（元）

（5）國家稅務總局未核定最低計稅價格的車輛，計稅價格為納稅人提供的有效價格證明註明的價格。有效價格證明註明的價格明顯偏低的，主管稅務機關有權核定應稅車輛的計稅價格。核定計稅價格的方法如下：

核定計稅價格＝車輛銷售企業車輛進價(進貨合同或者發票註明的價格)×(1＋成本利潤率)

成本利潤率由省、自治區、直轄市和計劃單列市國家稅務局確定。

(6) 進口舊車、因不可抗力因素導致受損的車輛、庫存超過 3 年的車輛、行駛 8 萬千米以上的試驗車輛、國家稅務總局規定的其他車輛，計稅價格為納稅人提供的有效價格證明註明的價格。納稅人無法提供車輛有效價格證明的，主管稅務機關有權核定應稅車輛的計稅價格。

所稱進口舊車，是指《中華人民共和國海關監管車輛進（出）境領（銷）牌照通知書》或者其他有效證明註明的進口舊車。

所稱因不可抗力因素導致受損的車輛，是指車輛投保的保險公司出具的受損車輛賠償文書報告或者有關機構出具的有效證明中註明的因不可抗力因素導致受損的車輛。

所稱庫存超過 3 年的車輛，是指自合格證標註的「車輛製造日期」至車輛有效價格證明的開具日期超過 3 年的國產車輛；自《中華人民共和國海關貨物進口證明書》標註的「運抵日期」，或者《沒收走私汽車、摩托車證明書》或者裁定沒收法律文書標註的「簽發日期」至車輛有效價格證明的開具日期超過 3 年的進口車輛。

所稱行駛 8 萬千米以上的試驗車輛，是指經工業和信息化部授權的車輛試驗機構出具的車輛試驗報告或者其他證明材料註明已行駛 8 萬千米以上的試驗車輛。

(7) 駐外使領館工作人員進口自用車輛在申報繳納車輛購置稅時，主管稅務機關應當按照海關專用繳款書核定的車輛完稅價格，確定計稅價格。

(8) 免稅條件消失的車輛，自初次辦理納稅申報之日起，使用年限未滿 10 年的，計稅價格以免稅車輛初次辦理納稅申報時確定的計稅價格為基準，每滿 1 年扣減 10%；未滿 1 年的，計稅價格為免稅車輛的原計稅價格；使用年限 10 年（含）以上的，計稅價格為 0。

主管稅務機關應對納稅申報資料進行審核，確定計稅價格，徵收稅款，核發完稅證明。

[案例 9-4] 某醫院一輛已繳納車輛購置稅的汽車，2016 年 4 月因交通事故更換底盤，國家稅務總局核定的同類型車輛最低計稅價格為 280,000 元。計算該醫院應納車輛購置稅。

[解答] 自 2015 年 2 月 1 日起，取消了底盤發生更換應重新申報納稅的規定。更換底盤不繳納車輛購置稅。

### 三、稅額減免

(一) 免稅

(1) 外國駐華使館、領事館和國際組織駐華機構及其外交人員自用的車輛，免徵車輛購置稅。

(2) 中國人民解放軍和中國人民武裝警察部隊列入軍隊武器裝備訂貨計劃的車輛，免徵車輛購置稅。

(3) 設有固定裝置的非運輸車輛，免徵車輛購置稅。

所稱設有固定裝置，是指車輛設有不能輕易移動和拆卸（焊接、鉚接或者螺栓固定等）的固定裝置。

設有固定裝置的非運輸車輛，是指列入國家稅務總局下發的《設有固定裝置非運輸車輛免稅圖冊》（以下簡稱免稅圖冊）的車輛。

自 2014 年 8 月 28 日起，自卸式垃圾車不屬於設有固定裝置非運輸車輛，納稅人購買自卸式垃圾車應按照規定申報繳納車輛購置稅。自卸式垃圾車不再列入《設有固定裝置非運輸車輛免稅圖冊》，主管稅務機關不再辦理自卸式垃圾車申請列入《設有固定裝置非運輸車輛免稅圖冊》手續。

(4) 防汛和森林消防部門購置的由指定廠家生產的指定型號的用於指揮、檢查、調度、防汛（警）、聯絡的專用車輛，免徵車輛購置稅。

（5）在外留學人員（含香港、澳門地區）回國服務的，購買1輛國產小汽車，免徵車輛購置稅。

（6）長期來華定居專家進口自用的1輛小汽車，免徵車輛購置稅。

（7）自2004年10月1日起對農用三輪車免徵車輛購置稅。農用三輪車是指柴油發動機，功率不大於7.4千瓦，載重量不大於500千克，最高車速不大於40千米/小時的三個車輪的機動車。

（8）對由中國婦女發展基金會募集社會捐贈資金統一購置的，用於「母親健康快車」公益項目使用的流動醫療車免徵車輛購置稅。該項目車輛的免稅指標計劃（包括車輛型號、受贈數量、受贈單位和車輛照片），每年由財政部和國家稅務總局審核后共同下達。車主所在地的主管稅務機關據此辦理免徵車輛購置稅手續。

（9）2014年9月1日至2017年12月31日，對購置的新能源汽車免徵車輛購置稅。對免徵車輛購置稅的新能源汽車，由工業和信息化部、國家稅務總局通過發布《免徵車輛購置稅的新能源汽車車型目錄》實施管理。

（10）自2016年1月1日起至2020年12月31日止，對城市公交企業購置的公共汽電車輛免徵車輛購置稅。

（11）免稅、減稅車輛因轉讓、改變用途等原因不再屬於免稅、減稅範圍的，應當在辦理車輛過戶手續前或者辦理變更車輛登記註冊手續前繳納車輛購置稅。

（二）退稅

已繳納車輛購置稅的車輛，發生下列情形之一的，準予納稅人申請退稅：

（1）車輛退回生產企業或者經銷商的。

車輛退回生產企業或者經銷商的，納稅人申請退稅時，主管稅務機關自納稅人辦理納稅申報之日起，按已繳納稅款每滿1年扣減10%計算退稅額；未滿1年的，按已繳納稅款全額退稅。

（2）符合免稅條件的設有固定裝置的非運輸車輛但已徵稅的。

（3）其他依據法律法規規定應予退稅的情形。

其他退稅情形，納稅人申請退稅時，主管稅務機關依據有關規定計算退稅額。

**四、徵收管理**

車輛購置稅的徵收管理，依照《中華人民共和國稅收徵收管理法》及有關規定執行。

（一）納稅時間

（1）納稅人購買自用應稅車輛的，應當自購買之日起60日內申報納稅。所稱購買之日，是指「機動車銷售統一發票」或者其他有效憑證的開具日期。

（2）進口自用應稅車輛的，應當自進口之日起60日內申報納稅。進口之日是指「海關進口增值稅專用繳款書」或者其他有效憑證的開具日期。

（3）自產、受贈、獲獎或者以其他方式取得並自用應稅車輛的，應當自取得之日起60日內申報納稅。取得之日是指合同、法律文書或者其他有效憑證的生效或者開具日期。

（4）免稅車輛因轉讓、改變用途等原因，其免稅條件消失的，納稅人應在免稅條件消失之日起60日內到主管稅務機關重新申報納稅。

（5）免稅車輛發生轉讓，但仍屬於免稅範圍的，受讓方應當自購買或取得車輛之日起60日內到主管稅務機關重新申報免稅。

（二）納稅地點

需要辦理車輛登記註冊手續的納稅人，向車輛登記註冊地的主管稅務機關辦理納稅申報。

不需要辦理車輛登記註冊手續的納稅人，向納稅人所在地的主管稅務機關辦理納稅申報。所稱納稅人所在地，是指納稅人機構所在地或者居住地。

納稅人辦理車輛購置稅涉稅事宜，可以自行辦理，也可以委託代理人辦理。

(三) 稅收歸屬和徵稅部門

車輛購置稅歸中央政府，由國家稅務局徵收。2005 年 1 月 1 日起，車輛購置稅正式由國家稅務局徵收。

主管稅務機關對已經辦理納稅申報車輛的徵管資料及電子信息按規定保存。主管稅務機關應當按規定對車輛購置稅徵管資料進行電子影像化管理。

車輛購置稅紙質徵管資料保存期限：摩托車紙質徵管資料 5 年，其他車輛紙質徵管資料 10 年。車輛購置稅紙質徵管資料超過保存期限的，主管稅務機關可以按規定清點造冊後予以銷毀。

(四) 配合部門

納稅人應當在向公安機關車輛管理機構辦理車輛登記註冊前，繳納車輛購置稅。

納稅人應當持主管稅務機關出具的完稅證明或者免稅證明，向公安機關車輛管理機構辦理車輛登記註冊手續；沒有完稅證明或者免稅證明的，公安機關車輛管理機構不得辦理車輛登記註冊手續。

稅務機關應當及時向公安機關車輛管理機構通報納稅人繳納車輛購置稅的情況。公安機關車輛管理機構應當定期向稅務機關通報車輛登記註冊的情況。

稅務機關發現納稅人未按照規定繳納車輛購置稅的，有權責令其補繳；納稅人拒絕繳納的，稅務機關可以通知公安機關車輛管理機構暫扣納稅人的車輛牌照。

(五) 繳稅方式

單位（非自然人）納稅人應繳的車輛購置稅，實行就地繳庫，執行《中華人民共和國國家金庫條例實施細則》有關規定；非單位（自然人）納稅人應繳的車輛購置稅，通過車輛購置稅專用帳戶辦理稅款的收納和繳庫。

為方便納稅人，提高徵繳效率，稅務機關應向納稅人提供多元化繳稅方式，包括銀行卡刷卡繳稅、轉帳繳稅、現金繳稅等，特別要大力推廣應用 POS 機刷卡繳稅，將車輛購置稅從納稅人銀行卡帳戶直接劃繳入庫。

(六) 完稅證明

(1) 主管稅務機關要加強完稅證明管理，不得交由稅務機關以外的單位核發。主管稅務機關在稅款足額入庫后發放完稅證明。完稅證明不得轉借、塗改、買賣或者偽造。

主管稅務機關在稅款足額入庫后發放完稅證明，具體情形如下：納稅人到銀行辦理車輛購置稅稅款繳納（轉帳或者現金）由銀行將稅款繳入國庫的，主管稅務機關依據國庫傳回的「稅收繳款書(銀行經收專用)」聯次發放完稅證明；納稅人通過橫向聯網電子繳稅系統等電子方式繳納稅款的，稅款劃繳成功后，主管稅務機關即可發放完稅證明；納稅人在辦稅服務廳以現金方式繳納稅款的，主管稅務機關收取稅款后即可發放完稅證明。

(2) 完稅證明分正本和副本，按車核發，每車一證。正本由車主保管，副本用於辦理車輛登記註冊。稅務機關積極推行與車輛登記管理部門共享車輛購置稅完稅情況電子信息。

(3) 購買二手車時，購買者應當向原車主索要完稅證明。

(4) 完稅證明發生損毀丟失的，車主在補辦完稅證明時，填寫《車輛購置稅完稅證明補辦表》，分別按照以下情形予以補辦：

①車輛登記註冊前完稅證明發生損毀丟失的，主管稅務機關應依據納稅人提供的車輛購置稅完稅憑證聯次或者主管稅務機關車輛購置稅完稅憑證留存聯次或者其電子信息、車輛合格證明補辦；

②車輛登記註冊后完稅證明發生損毀丟失的，主管稅務機關應依據車主提供的「機動車行駛證」或者「機動車登記證書」，核發完稅證明正本（副本留存）。

(5) 完稅證明內容與原申報資料不一致時，納稅人可以到發證稅務機關辦理完稅證明的更正。

(6) 完稅證明的樣式、規格、編號由國家稅務總局統一規定並印製。

(7) 主管稅務機關應加強稅源管理。發現納稅人不按規定進行納稅申報，造成不繳或者少繳應納稅款的，按《中華人民共和國稅收徵收管理法》有關規定處理。

（七）納稅申報

納稅申報表、免稅申報表、完稅證明補辦表、退稅申請表、車輛信息表的樣式、規格由國家稅務總局統一規定，另行下發。各省、自治區、直轄市和計劃單列市國家稅務局自行印製使用，納稅人也可在主管稅務機關網站自行下載填寫使用。

(1)《車輛購置稅納稅申報表》。
(2)《車輛購置稅免（減）稅申報表》。
(3)《車輛購置稅完稅證明補辦表》。
(4)《車輛購置稅退稅申請表》。
(5)《設有固定裝置非運輸車輛信息表》。
上述表格均為 Word 表格，表格式樣略。

## 第二節　車船稅

車船稅是對境內應稅車船的所有人持有期間徵收的一種稅。早在公元前 129 年（漢武帝元光六年），就開徵了「算商車」。現行車船稅具有如下特點：

(1) 徵稅對象是應稅車船，屬於動產稅、單項財產稅、對物稅。
(2) 納稅環節是持有環節，按年申報繳納，屬於持有財產稅。
(3) 納稅人包括單位和個人，稅負難以轉嫁，屬於直接稅。
(4) 採用從量定額計稅方法，屬於從量稅。
(5) 實行差別定額稅率。
(6) 計稅數量為持有車船數量，計稅單位有每輛、整備質量每噸、淨噸位每噸、艇身長度每米。
(7) 稅額減免包括全國減免和地方減免。
(8) 屬於地方稅，由地方稅務局徵收。徵收方式有直接徵收和委託代徵，納稅方式有代收代繳和自行納稅。

車船稅的基本規範如下：

(1)《中華人民共和國車船稅法》（2011 年 2 月 25 日主席令第 43 號公布，自 2012 年 1 月 1 日起施行）。

(2)《中華人民共和國車船稅法實施條例》（2011 年 12 月 5 日國務院令第 611 號公布，自 2012 年 1 月 1 日起施行）。

### 一、徵稅對象和納稅人

（一）徵稅對象

車船稅的徵稅對象是中國境內應稅車輛、船舶（以下簡稱應稅車船）。

車輛、船舶是指依法應當在車船登記管理部門登記的機動車輛和船舶；依法不需要在

車船登記管理部門登記的在單位內部場所行駛或者作業的機動車輛和船舶。其具體徵收範圍如下：

1. 乘用車

乘用車是指在設計和技術特性上主要用於載運乘客及隨身行李，核定載客人數包括駕駛員在內不超過 9 人的汽車。

純電動乘用車和燃料電池乘用車不屬於車船稅徵稅範圍，對其不徵車船稅。

2. 商用車

商用車是指除乘用車外，在設計和技術特性上用於載運乘客、貨物的汽車，劃分為客車和貨車。客車核定載客人數 9 人以上，包括電車。貨車包括半掛牽引車、三輪汽車和低速載貨汽車等。

半掛牽引車是指裝備有特殊裝置用於牽引半掛車的商用車。

三輪汽車是指最高設計車速不超過每小時 50 千米，具有三個車輪的貨車。

低速載貨汽車是指以柴油機為動力，最高設計車速不超過每小時 70 千米，具有四個車輪的貨車。

客貨兩用車又稱多用途貨車，是指在設計和結構上主要用於載運貨物，但在駕駛員座椅后帶有固定或折疊式座椅，可運載 3 人以上乘客的貨車。客貨兩用車依照貨車的計稅單位和年基準稅額計徵車船稅。

3. 掛車

掛車是指就其設計和技術特性需由汽車或者拖拉機牽引，才能正常使用的一種無動力的道路車輛。

4. 其他車輛

其他車輛包括專用作業車、輪式專用機械車，不包括拖拉機。

專用作業車是指在其設計和技術特性上用於特殊工作的車輛。對於在設計和技術特性上用於特殊工作，並裝置有專用設備或器具的汽車，應認定為專用作業車，如汽車起重機、消防車、混凝土泵車、清障車、高空作業車、灑水車、掃路車等。以載運人員或貨物為主要目的的專用汽車，如救護車，不屬於專用作業車。

輪式專用機械車是指有特殊結構和專門功能，裝有橡膠車輪可以自行行駛，最高設計車速大於每小時 20 千米的輪式工程機械車。

5. 摩托車

摩托車是指無論採用何種驅動方式，最高設計車速大於每小時 50 千米，或者使用內燃機，其排量大於 50 毫升的兩輪或者三輪車輛。

6. 船舶

船舶是指各類機動、非機動船舶以及其他水上移動裝置，但是船舶上裝備的救生艇筏和長度小於 5 米的艇筏除外。

機動船舶是指用機器推進的船舶；拖船是指專門用於拖（推）動運輸船舶的專業作業船舶；非機動駁船是指在船舶登記管理部門登記為駁船的非機動船舶；遊艇是指具備內置機械推進動力裝置，長度在 90 米以下，主要用於遊覽觀光、休閒娛樂、水上體育運動等活動，並應當具有船舶檢驗證書和適航證書的船舶。

臨時入境的外國車船和香港特別行政區、澳門特別行政區、臺灣地區的車船，不徵收車船稅。

按照規定繳納船舶噸稅的機動船舶，自車船稅法實施之日起 5 年內免徵車船稅。

境內單位和個人租入外國籍船舶的，不徵收車船稅。境內單位和個人將船舶出租到境外的，應依法徵收車船稅。

## （二）納稅人

中國境內應稅車船的所有人或者管理人，為車船稅的納稅人。

## 二、計稅方法、稅基和稅率

### （一）計稅方法

車船稅採用從量定額計稅方法，應納稅額的計算公式為：

年應納車船稅＝計稅數量×定額稅率

應納稅額＝年應納車船稅÷12×應納稅月數

整備質量、淨噸位、艇身長度等計稅單位，有尾數的一律按照含尾數的計稅單位據實計算車船稅應納稅額。計算得出的應納稅額小數點后超過兩位的可四捨五入保留兩位小數。

已經繳納車船稅的車船，因質量原因，車船被退回生產企業或者經銷商的，納稅人可以向納稅所在地的主管稅務機關申請退還自退貨月份起至該納稅年度終了期間的稅款。退貨月份以退貨發票所載日期的當月為準。

### （二）稅基

車船稅的計稅數量為持有車船數量。

（1）乘用車、客車和摩托車的計稅單位為每輛。

（2）貨車、專用作業車、輪式專用機械車的計稅單位為整備質量每噸。

（3）機動船舶的計稅單位為淨噸位每噸。拖船按照發動機功率每1千瓦折合淨噸位0.67噸計算徵收車船稅。

（4）遊艇的計稅單位為艇身長度每米。

### （三）稅率

（1）車船稅實行差別定額稅率，車船的適用稅額依照《車船稅稅目稅額表》（見表9-1）執行。

表9-1　　　　　　　　　　車船稅稅目稅額表

| 稅　目 | | 計稅單位 | 年基準稅額 | 備　註 |
|---|---|---|---|---|
| 乘用車<br>[按發動機汽缸容量（排氣量）分檔] | 1.0升（含）以下的 | 每輛 | 60~360元 | 核定載客人數9人（含）以下 |
| | 1.0升以上至1.6升（含）的 | | 300~540元 | |
| | 1.6升以上至2.0升（含）的 | | 360~660元 | |
| | 2.0升以上至2.5升（含）的 | | 660~1,200元 | |
| | 2.5升以上至3.0升（含）的 | | 1,200~2,400元 | |
| | 3.0升以上至4.0升（含）的 | | 2,400~3,600元 | |
| | 4.0升以上的 | | 3,600~5,400元 | |
| 商用車 | 客　車 | 每輛 | 480~1,440元 | 核定載客人數9人以上，包括電車 |
| | 貨　車 | 整備質量每噸 | 16~120元 | 包括半掛牽引車、三輪汽車和低速載貨汽車等 |
| 掛車 | | 整備質量每噸 | 按照貨車稅額的50%計算 | |

表9-1(續)

| 稅　目 | | 計稅單位 | 年基準稅額 | 備　註 |
|---|---|---|---|---|
| 其他車輛 | 專用作業車 | 整備質量每噸 | 16~120元 | 不包括拖拉機 |
| | 輪式專用機械車 | | 16~120元 | |
| 摩托車 | | 每輛 | 36~180元 | |
| 船舶 | 機動船舶 | 淨噸位每噸 | 3~6元 | 拖船、非機動駁船分別按照機動船舶稅額的50%計算 |
| | 遊　艇 | 艇身長度每米 | 600~2,000元 | |

排氣量、整備質量、核定載客人數、淨噸位、千瓦、艇身長度，以車船登記管理部門核發的車船登記證書或者行駛證所載數據為準。

乘用車以車輛登記管理部門核發的機動車登記證書或者行駛證書所載的排氣量毫升數確定稅額區間。

依法不需要辦理登記的車船和依法應當登記而未辦理登記或者不能提供車船登記證書、行駛證的車船，以車船出廠合格證明或者進口憑證標註的技術參數、數據為準；不能提供車船出廠合格證明或者進口憑證的，由主管稅務機關參照國家相關標準核定，沒有國家相關標準的參照同類車船核定。

(2) 車輛的具體適用稅額由省、自治區、直轄市人民政府依照《車船稅稅目稅額表》規定的稅額幅度和國務院的規定確定。

[案例9-5] 某公路運輸公司2016年年初擁有貨車15輛（每輛整備質量10噸，貨車每噸年稅額84元），大型客車20輛（大型客車每輛年稅額600元）。2016年8月新購乘用車10輛（每輛排氣量3升，每輛年稅額1,920元）。計算2016年該公司應納車船稅。

[解答] 貨車應納車船稅＝15×10×84＝12,600（元）
大型客車應納車船稅＝20×600＝12,000（元）
新購乘用車應納車船稅＝10×1,920÷12×5＝8,000（元）
2014年應納車船稅合計＝12,600+12,000+8,000＝32,600（元）

(3) 船舶的具體適用稅額由國務院在《車船稅稅目稅額表》規定的稅額幅度內確定。機動船舶具體適用稅額為：

①淨噸位不超過200噸的，每噸3元；
②淨噸位超過200噸但不超過2,000噸的，每噸4元；
③淨噸位超過2,000噸但不超過10,000噸的，每噸5元；
④淨噸位超過10,000噸的，每噸6元。

[案例9-6] 某船運公司擬向造船廠定做淨噸位2,000噸或者2,050噸規格的輪船，二者的性能價格比基本相同，使用壽命均為10年。計算這兩種不同規格的輪船每年應納車船稅。

[解答] ①如果定做淨噸位2,000噸規格的輪船，單位稅額為每噸4元。
每年應納車船稅＝2,000×4＝8,000（元）
②如果定做淨噸位2,050噸規格的輪船，單位稅額為每噸5元。
每年應納車船稅＝2,050×5＝10,250（元）
定做淨噸位2,000噸規格的輪船：每年節省車船稅＝10,250-8,000＝2,250（元）

(4) 遊艇具體適用稅額為：
①艇身長度不超過 10 米的，每米 600 元；
②艇身長度超過 10 米但不超過 18 米的，每米 900 元；
③艇身長度超過 18 米但不超過 30 米的，每米 1,300 元；
④艇身長度超過 30 米的，每米 2,000 元；
⑤輔助動力帆艇，每米 600 元。

### 三、稅額減免

(一) 全國減免

(1) 捕撈、養殖漁船，免徵車船稅。捕撈、養殖漁船是指在漁業船舶登記管理部門登記為捕撈船或者養殖船的船舶。

(2) 軍隊、武裝警察部隊專用的車船，免徵車船稅。軍隊、武裝警察部隊專用的車船是指按照規定在軍隊、武裝警察部隊車船登記管理部門登記，並領取軍隊、武警牌照的車船。

(3) 警用車船，免徵車船稅。警用車船是指公安機關、國家安全機關、監獄、勞動教養管理機關和人民法院、人民檢察院領取警用牌照的車輛和執行警務的專用船舶。

(4) 依照法律規定應當予以免稅的外國駐華使領館、國際組織駐華代表機構及其有關人員的車船，免徵車船稅。

(5) 對節約能源車船，減半徵收車船稅。對使用新能源車船，免徵車船稅。
符合標準的節約能源乘用車、商用車以及使用新能源汽車，由財政部、國家稅務總局、工業和信息化部不定期聯合發布《享受車船稅減免優惠的節約能源、使用新能源汽車車型目錄》予以公告。

(6) 依法不需要在車船登記管理部門登記的機場、港口、鐵路站場內部行駛或者作業的車船，自《中華人民共和國車船稅法》實施之日起 5 年內免徵車船稅。

(二) 地方減免

(1) 省、自治區、直轄市人民政府根據當地實際情況，可以對公共交通車船，農村居民擁有並主要在農村地區使用的摩托車、三輪汽車和低速載貨汽車定期減徵或者免徵車船稅。

(2) 對受地震、洪澇等嚴重自然災害影響納稅困難以及其他特殊原因確需減免稅的車船，可以在一定期限內減徵或者免徵車船稅。具體減免期限和數額由省、自治區、直轄市人民政府確定，報國務院備案。

### 四、徵收管理

車船稅的徵收管理，依照《中華人民共和國車船稅法》和《中華人民共和國稅收徵收管理法》的規定執行。

(一) 納稅時間

(1) 車船稅納稅義務發生時間為取得車船所有權或者管理權的當月。所稱取得車船所有權或者管理權的當月，應當以購買車船的發票或者其他證明文件所載日期的當月為準。

(2) 車船稅按年申報，分月計算，一次性繳納。納稅年度為公曆 1 月 1 日至 12 月 31 日。具體申報納稅期限由省、自治區、直轄市人民政府規定。

(3) 購置的新車船，購置當年的應納稅額自納稅義務發生的當月起按月計算。應納稅額為年應納稅額除以 12 再乘以應納稅月份數。

(4) 在一個納稅年度內，已完稅的車船被盜搶、報廢、滅失的，納稅人可以憑有關管

理機關出具的證明和完稅憑證，向納稅所在地的主管稅務機關申請退還自被盜搶、報廢、滅失月份起至該納稅年度終了期間的稅款。

(5) 已辦理退稅的被盜搶車船失而復得的，納稅人應當從公安機關出具相關證明的當月起計算繳納車船稅。

(6) 已繳納車船稅的車船在同一納稅年度內辦理轉讓過戶的，不另納稅，也不退稅。

(二) 納稅地點

車船稅的納稅地點為車船的登記地或者車船稅扣繳義務人所在地。依法不需要辦理登記的車船，車船稅的納稅地點為車船的所有人或者管理人所在地。

車輛車船稅的納稅人按照納稅地點所在的省、自治區、直轄市人民政府確定的具體適用稅額繳納車船稅。

(三) 稅收歸屬、徵稅部門和代徵部門

車船稅歸地方政府，由地方稅務局負責徵收。

船舶車船稅委託代徵是指稅務機關根據有利於稅收管理和方便納稅的原則，委託交通運輸部門海事管理機構代為徵收船舶車船稅稅款的行為。

納稅人繳納車船稅時，應當提供反應排氣量、整備質量、核定載客人數、淨噸位、千瓦、艇身長度等與納稅相關信息的相應憑證以及稅務機關根據實際需要要求提供的其他資料。

納稅人以前年度已經提供前款所列資料信息的，可以不再提供。

(四) 配合部門

公安、交通運輸、農業、漁業等車船登記管理部門、船舶檢驗機構和車船稅扣繳義務人的行業主管部門應當在提供車船有關信息等方面，協助稅務機關加強車船稅的徵收管理。

車輛所有人或者管理人在申請辦理車輛相關登記、定期檢驗手續時，應當向公安機關交通管理部門提交依法納稅或者免稅證明。公安機關交通管理部門核查後辦理相關手續。

稅務機關可以在車船登記管理部門、車船檢驗機構的辦公場所集中辦理車船稅徵收事宜。

公安機關交通管理部門在辦理車輛相關登記和定期檢驗手續時，經核查，對沒有提供依法納稅或者免稅證明的，不予辦理相關手續。

(五) 納稅方式

1. 代收代繳

從事機動車第三者責任強制保險業務的保險機構為機動車車船稅的扣繳義務人，應當在收取保險費時依法代收車船稅，並出具代收稅款憑證。

機動車車船稅扣繳義務人在代收車船稅時，應當在機動車交通事故責任強制保險的保險單以及保費發票上註明已收稅款的信息，作為代收稅款憑證。

已完稅或者依法減免稅的車輛，納稅人應當向扣繳義務人提供登記地的主管稅務機關出具的完稅憑證或者減免稅證明。

納稅人沒有按照規定期限繳納車船稅的，扣繳義務人在代收代繳稅款時，可以一併代收代繳欠繳稅款的滯納金。車船稅扣繳義務人代收代繳欠繳稅款的滯納金，從各省、自治區、直轄市人民政府規定的申報納稅期限截止日期的次日起計算。

扣繳義務人應當及時解繳代收代繳的稅款和滯納金，並向主管稅務機關申報。扣繳義務人向稅務機關解繳稅款和滯納金時，應當同時報送明細的稅款和滯納金扣繳報告。扣繳義務人解繳稅款和滯納金的具體期限，由省、自治區、直轄市地方稅務機關依照法律、行政法規的規定確定。

保險機構代收代繳車船稅的手續費，由稅款解繳地的地方財政、稅務部門按照保險機

構代收代繳車船稅的實際收入予以審核、支付，具體支付標準暫按 5%。

2. 自行納稅

扣繳義務人已代收代繳車船稅的，納稅人不再向車輛登記地的主管稅務機關申報繳納車船稅。

納稅人在購買「交強險」時，由扣繳義務人代收代繳車船稅的，憑註明已收稅款信息的「交強險」保險單，車輛登記地的主管稅務機關不再徵收該納稅年度的車船稅。再次徵收的，車輛登記地主管稅務機關應予退還。

沒有扣繳義務人的，納稅人應當向主管稅務機關自行申報繳納車船稅。

# 第五篇
# 所得稅理論與實務

## 第十章
## 企業所得稅

　　企業所得稅是對法人的各類應稅所得項目就其所得額徵收的一種稅。現行企業所得稅具有如下特點：
　　(1) 徵稅對象為經營所得、持有財產所得、轉讓財產所得和轉移所得，屬於所得稅、對人稅。
　　(2) 納稅人分為居民企業和非居民企業，但不包括個人獨資企業和合夥企業，屬於法人所得稅。稅負難以轉嫁，屬於直接稅。
　　(3) 中國行使居民、地域雙重徵稅權，對居民企業的境內所得和境外所得徵稅、對非居民企業的境內所得徵稅。
　　(4) 採用從價定率計稅方法，屬於從價稅。採用不分國不分項（或者分國不分項）計稅方法，屬於綜合所得稅。
　　(5) 實行差別比例稅率，稅率為25%、20%、15%和10%。
　　(6) 稅基為應納稅所得額，應納稅所得額只含企業所得稅，不含其他稅費，屬於價內稅。應納稅所得額與利潤總額既有聯繫，又有區別。確定方式有據實方式、核定方式。
　　(7) 對居民企業境外所得已納稅額，實行分國不分項限額抵扣法。
　　(8) 稅收優惠有稅率優惠、收入優惠、扣除優惠、稅基優惠、稅額優惠等。稅收優惠不是一個單獨的稅收要素，涉及多個稅收要素。
　　(9) 實行按年計算，分月或分季預繳，年終匯算清繳辦法。採用自行申報、源泉扣繳納稅方式。
　　(10) 屬於共享稅，由國家稅務局和地方稅務局負責徵收管理。
　　現行企業所得稅的基本規範如下：
　　(1)《中華人民共和國企業所得稅法》(2007年3月16日主席令第63號公布，自2008年1月1日起施行)。
　　(2)《中華人民共和國企業所得稅法實施條例》(2007年12月6日國務院令第512號公布，自2008年1月1日起施行)。

## 第一節 納稅人和徵稅對象

### 一、納稅人

在中國境內,企業和其他取得收入的組織為企業所得稅的納稅人。企業所得稅的納稅人分為居民企業和非居民企業,但不包括個人獨資企業和合夥企業。

居民企業與非居民企業的劃分標準有註冊標準和實際管理機構標準。

(一) 居民企業

居民企業是指依法在境內成立,或者依照外國(地區)法律成立但實際管理機構在境內的企業。

依法在境內成立的企業,包括依照中國法律、行政法規在境內成立的企業、事業單位、社會團體以及其他取得收入的組織。依照外國(地區)法律成立的企業,包括依照外國(地區)法律成立的企業和其他取得收入的組織。實際管理機構是指對企業的生產經營、人員、帳務、財產等實施實質性全面管理和控制的機構。

(二) 非居民企業

非居民企業是指依照外國(地區)法律成立且實際管理機構不在境內,但在境內設立機構、場所的,或者在境內未設立機構、場所,但有來源於境內所得的企業。

機構、場所是指在境內從事生產經營活動的機構、場所,包括:

(1) 管理機構、營業機構、辦事機構;
(2) 工廠、農場、開採自然資源的場所;
(3) 提供勞務的場所;
(4) 從事建築、安裝、裝配、修理、勘探等工程作業的場所;
(5) 其他從事生產經營活動的機構、場所。

非居民企業委託營業代理人在境內從事生產經營活動的,包括委託單位或者個人經常代其簽訂合同,或者儲存、交付貨物等,該營業代理人視為非居民企業在境內設立的機構、場所。

在中國香港特別行政區、澳門特別行政區和臺灣地區成立的企業,參照境外企業。

### 二、扣繳義務人

非居民企業在境內未設立機構、場所的,或者雖設立機構、場所但取得的所得與其所設機構、場所沒有實際聯繫的所得,應繳納的所得稅,實行源泉扣繳,以支付人為扣繳義務人。稅款由扣繳義務人在每次支付或者到期應支付時,從支付或者到期應支付的款項中扣繳。

對非居民企業在境內取得工程作業和勞務所得應繳納的所得稅,稅務機關可以指定工程價款或者勞務費的支付人為扣繳義務人。

應當扣繳的所得稅,扣繳義務人未依法扣繳或者無法履行扣繳義務的,由納稅人在所得發生地繳納。納稅人未依法繳納的,稅務機關可以從該納稅人在境內其他收入項目的支付人應付的款項中,追繳該納稅人的應納稅款。

### 三、徵稅對象

企業所得稅的徵稅對象為各類應稅所得項目,包括經營所得、持有財產所得、轉讓財

產所得和轉移所得。具體包括銷售貨物所得、提供勞務所得、股息紅利等權益性投資所得、利息所得、租金所得、特許權使用費所得、轉讓財產所得、接受捐贈所得和其他所得。

### 四、徵稅權

中國行使雙重徵稅權：地域徵稅權和居民徵稅權（如表10-1所示）。

表10-1　　　　　　　　　　　　中國徵稅權

| 中國徵稅權範圍 | 境內所得 | 境外所得 |
| --- | --- | --- |
| 居民 | 中國獨占徵稅 | 中國后徵稅（在外國已繳稅額可以在中國抵扣） |
| 非居民 | 中國先徵稅（獨占或降低稅率） | 中國不徵稅 |

居民企業應當就其來源於中國境內、境外的所得繳納企業所得稅。

非居民企業在境內設立機構、場所的，應當就其所設機構、場所取得的來源於境內的所得以及發生在境外但與其所設機構、場所有實際聯繫的所得，繳納企業所得稅。

非居民企業在境內未設立機構、場所的，或者雖設立機構、場所但取得的所得與其所設機構、場所沒有實際聯繫的，應當就其來源於境內的所得繳納企業所得稅。

實際聯繫是指非居民企業在境內設立的機構、場所擁有據以取得所得的股權、債權以及擁有、管理、控制據以取得所得的財產等。

來源於境內、境外的所得，按照以下原則確定：

（1）銷售貨物所得，按照交易活動發生地確定。

（2）提供勞務所得，按照勞務發生地確定。

（3）轉讓財產所得，不動產轉讓所得按照不動產所在地確定，動產轉讓所得按照轉讓動產的企業或者機構、場所所在地確定，權益性投資資產轉讓所得按照被投資企業所在地確定。

（4）股息、紅利等權益性投資所得，按照分配所得的企業所在地確定。

（5）利息所得、租金所得、特許權使用費所得，按照負擔、支付所得的企業或者機構、場所所在地確定，或者按照負擔、支付所得的個人的住所地確定。

（6）其他所得，由國務院財政、稅務主管部門確定。

## 第二節　計稅方法和稅率

### 一、計稅方法

企業所得稅採用從價定率計稅方法，屬於從價稅。

（一）應納稅額的計算

1. 不分國不分項計稅方法

稅法採用不分國不分項計稅方法。企業的應納稅所得額乘以適用稅率，減除依照企業所得稅法關於稅收優惠的規定減免和抵免的稅額后的餘額，為應納稅額。應納稅額的計算公式為：

應納稅額＝應納稅所得額×適用稅率－減免稅額－抵免稅額

2. 分國不分項計稅方法

境內所得應交稅額與境外所得應補稅額按所得來源地分國計算，應交所得稅的計算公

式為：

應交企業所得稅＝境內所得應交企業所得稅＋境外所得應補企業所得稅
境內所得應交企業所得稅＝境內應納稅所得額×稅率－稅額減免
境外所得應補企業所得稅＝境外應納稅所得額×稅率－稅額抵扣

3. 貨幣計量

企業所得稅，以人民幣計算。所得以人民幣以外的貨幣計算的，應當折合成人民幣計算並繳納稅款。

企業所得以人民幣以外的貨幣計算的，預繳企業所得稅時，應當按照月度或者季度最後一日的人民幣匯率中間價，折合成人民幣計算應納稅所得額。年度終了匯算清繳時，對已經按照月度或者季度預繳稅款的，不再重新折合計算，只就該納稅年度內未繳納企業所得稅的部分，按照納稅年度最後一日的人民幣匯率中間價，折合成人民幣計算應納稅所得額。

經稅務機關檢查確認，企業少計或者多計上述規定的所得的，應當按照檢查確認補稅或者退稅時的上一個月最後一日的人民幣匯率中間價，將少計或者多計的所得折合成人民幣計算應納稅所得額，再計算應補繳或者應退的稅款。

（二）應納稅所得額的計算

企業所得稅的稅基是應納稅所得額。在據實方式、核定方式、源泉扣繳、企業清算情況下，應納稅所得額計算公式不同。本書先闡述據實方式下應納稅所得額的計算，核定方式、源泉扣繳、企業清算情況下應納稅所得額的計算在「第六節 核定方式、源泉扣繳和清算所得」中闡述。

1. 稅法公式

企業每一納稅年度的收入總額，減除不徵稅收入、免稅收入、各項扣除以及允許彌補的以前年度虧損後的餘額，為應納稅所得額。

應納稅所得額＝收入總額－不徵稅收入－免稅收入－各項扣除－允許彌補的以前年度虧損

企業應納稅所得額的計算，以權責發生制為原則，屬於當期的收入和費用，不論款項是否收付，均作為當期的收入和費用；不屬於當期的收入和費用，即使款項已經在當期收付，均不作為當期的收入和費用。相關法規和國務院財政、稅務主管部門另有規定的除外。

2. 理論公式

應納稅所得額＝應稅收入－稅收扣除
應稅收入＝收入總額－不徵稅收入－免稅收入－減計收入
稅收扣除＝當期各項扣除＋允許彌補的以前年度虧損

3. 實踐公式

應納稅所得額＝利潤總額＋納稅調整
利潤總額＝會計收益－費用損失

採用實踐公式，利用會計處理結果，可以避免會計業務、稅收業務重複計算，提高工作效率。因此，納稅人計算應納稅所得額，以理論公式為指導，具體操作中採用實踐公式。

4. 會計調整

利潤總額是指企業依照國家統一會計制度的規定計算的年度會計利潤。

如果利潤總額不符合會計規定，應當先進行會計調整，以確保利潤總額的真實性和完整性。會計調整是將不符合會計規定的利潤總額調整為符合會計規定的利潤總額的過程。會計調整要調帳。

5. 納稅調整

企業在計算應納稅所得額及應納所得稅時，企業財務、會計處理辦法與稅法規定不一

致的，應當按照稅法規定計算。稅法規定不明確的，在沒有明確規定之前，暫按企業財務、會計規定計算。

納稅調整是將符合會計規定的利潤總額調整為符合稅法規定的應納稅所得額的過程。納稅調整在納稅申報表中進行調整，無須調帳。稅法規定與會計規定一致的事項或交易不須調整，不一致的事項或交易才須調整。稅法規定與會計規定差異金額即為納稅調整金額。

納稅調整＝應納稅所得額－利潤總額
　　　　＝（應稅收入－稅收扣除）－（會計收益－費用損失）
　　　　＝（應稅收入－會計收益）＋（費用損失－稅收扣除）

納稅調整項目可分為永久性納稅調整、暫時性納稅調整和虧損性納稅調整。永久性納稅調整又分為收入類、扣除類和所得類納稅調整。暫時性納稅調整既可分為收入類、扣除類和所得類納稅調整，也可分為資產類、負債類和所有者權益類納稅調整，兩種分類計算結果一致。其計算公式如下：

收入類或所得類納稅調整＝應稅收入或應稅所得（稅法確認）－會計收益或利潤總額（會計確認）

扣除類納稅調整＝費用損失（會計確認）－稅收扣除（稅法確認）

暫時性納稅調整本年發生額＝本年年末余額－上年年末余額

資產類暫時性納稅調整年末余額＝計稅基礎（稅法確認）－帳面價值（會計確認）

負債類或所有者權益類暫時性納稅調整年末余額＝帳面價值（會計確認）－計稅基礎（稅法確認）

納稅調整按方向可分為納稅調增和納稅調減，納稅調整金額為正數表示調增，納稅調整金額為負數表示調減。永久性納稅調整可分為永久性納稅調增和永久性納稅調減。暫時性納稅調整可分為先調增后調減（可抵扣暫時性差異）和先調減后調增（應納稅暫性差異）。虧損性納稅調整可分為本年境內虧損納稅調增和本年境內補虧納稅調減。

補虧前所得＝利潤總額＋永久性納稅調整＋暫時性納稅調整

虧損性納稅調整＝本年境內虧損納稅調增＋本年境內補虧納稅調減

應納稅所得額＝補虧前所得＋虧損性納稅調整

[案例10-1] 某小汽車生產企業2016年設立在某縣城，為增值稅一般納稅人。該企業2016年度自行核算的相關數據為：全年取得產品銷售收入總額68,000萬元，應扣除的產品銷售成本45,800萬元，應扣除的營業稅金及附加9,250萬元，應扣除的銷售費用3,600萬元、管理費用2,900萬元、財務費用870萬元，投資收益550萬元；另外取得營業外收入320萬元，發生營業外支出1,050萬元；全年實現利潤總額5,400萬元。

2017年2月，經聘請的稅務師事務所對該企業2016年度的經營情況進行審核，發現以下相關問題：

12月20日收到代銷公司代銷5輛小汽車的代銷清單及貨款163.8萬元（小汽車每輛成本價20萬元，與代銷公司不含稅結算價28萬元）。該企業會計分錄為：

借：銀行存款——代銷汽車款　　　　　　　　　　1,638,000
　　貸：預收帳款——代銷汽車款　　　　　　　　　1,638,000

該企業生產的小汽車適用消費稅稅率為9%、城市維護建設稅稅率為5%、教育費附加徵收率為3%、地方教育附加徵收率為2%。假設該企業2016年永久性納稅調整金額為-100萬元，暫時性納稅調整金額為+200萬元，企業所得稅稅率為25%。計算該企業2016年度應納企業所得稅。

[解答] 該企業收到代銷公司代銷5輛小汽車的代銷清單及貨款應作銷售處理，並結轉成本，計提營業稅金及附加。會計調整計算如下：

調增營業收入＝28×5＝140（萬元）
調增營業成本＝20×5＝100（萬元）
調增營業稅金及附加＝5×28×17%×(5%+3%+2%)+5×28×9%×(1+5%+3%+2%)
　　　　　　　　　＝16.24（萬元）
調帳處理如下：
借：預收帳款　　　　　　　　　　　　　　　　　　　　　1,638,000
　貸：主營業務收入　　　　　　　　　　　　　　　　　　　1,400,000
　　　應交稅費——應交增值稅（銷項稅額）　　　　　　　　　238,000
借：主營業務成本　　　　　　　　　　　　　　　　　　　　1,000,000
　貸：委託代銷商品　　　　　　　　　　　　　　　　　　　1,000,000
借：營業稅金及附加　　　　　　　　　　　　　　　　　　　162,400
　貸：應交稅費——應交消費稅　　　　　　　　　　　　　　　126,000
　　　　　　　——應交城市維護建設稅　　　　　　　　　　　18,200
　　　　　　　——應交教育費附加　　　　　　　　　　　　　10,920
　　　　　　　——應交地方教育附加　　　　　　　　　　　　7,280
調增營業利潤＝140-100-16.24＝23.76（萬元）
調增利潤總額＝23.76（萬元）
會計調整后利潤總額＝5,400+23.76＝5,423.76（萬元）
應納稅所得額＝5,423.76-100+200＝5,523.76（萬元）
應納企業所得稅＝5,523.76×25%＝1,380.94（萬元）
所得稅會計處理如下：
確認當期所得稅。
當期所得稅＝應交企業所得稅＝1,380.94（萬元）
借：所得稅費用——當期所得稅費用　　　　　　　　　　　　13,809,400
　貸：應交稅費——應交所得稅　　　　　　　　　　　　　　 13,809,400
　　確認遞延所得稅（區分遞延所得稅資產、遞延所得稅負債，無實際意義。為了簡化，本書不予區分。遞延所得稅本年發生額為正在借方，遞延所得稅本年發生額為負在貸方）。
遞延所得稅年末余額＝(暫時性調整年末余額合計+允許以后彌補的虧損)×當年稅率
遞延所得稅本年發生額＝遞延所得稅本年年末余額-遞延所得稅上年年末余額
如果企業所得稅稅率不變，遞延所得稅本年發生額計算公式可簡化為：
遞延所得稅本年發生額＝(本年暫時性納稅調整+本年虧損性納稅調整-超年限虧損)×稅率
遞延所得稅本年發生額＝(200+0-0)×25%＝50（萬元）
借：遞延所得稅　　　　　　　　　　　　　　　　　　　　　500,000
　貸：所得稅費用——遞延所得稅費用　　　　　　　　　　　　500,000
計算淨利潤。
淨利潤＝利潤總額-所得稅費用
淨利潤＝5,423.76-(1,380.94-50)＝5,423.76-1,330.94＝4,092.82（萬元）
2016年度會計調整如表10-2所示。

表 10-2　　　　　　　　　　　　會計調整明細表　　　　　　　貨幣單位：萬元

| 項目 | 調整前金額 | 會計調整 | 調整后金額 |
|---|---|---|---|
| 一、營業收入 | 68,000.00 | 140.00 | 68,140.00 |
| 減：營業成本 | 45,800.00 | 100.00 | 45,900.00 |
| 　營業稅金及附加 | 9,250.00 | 16.24 | 9,266.24 |
| 　銷售費用 | 3,600.00 |  | 3,600.00 |
| 　管理費用 | 2,900.00 |  | 2,900.00 |
| 　財務費用 | 870.00 |  | 870.00 |
| 　資產減值損失 | 0.00 |  | 0.00 |
| 加：公允價值變動收益 | 0.00 |  | 0.00 |
| 　投資收益 | 550.00 |  | 550.00 |
| 二、營業利潤 | 6,130.00 | 23.76 | 6,153.76 |
| 加：營業外收入 | 320.00 |  | 320.00 |
| 減：營業外支出 | 1,050.00 |  | 1,050.00 |
| 三、利潤總額 | 5,400.00 | 23.76 | 5,423.76 |
| 減：所得稅費用 | — | — | 1,330.94 |
| 四、淨利潤 | — | — | 4,092.82 |

## 二、稅率

（一）居民企業稅率

（1）除另有規定外，居民企業稅率為25%。

（2）符合條件的小型微利企業，減按20%的稅率徵收企業所得稅。

符合條件的小型微利企業是指從事非限制和禁止行業，年度應納稅所得額不超過30萬元，並符合下列條件的企業：

①工業企業，從業人數不超過100人，資產總額不超過3,000萬元；

②其他企業，從業人數不超過80人，資產總額不超過1,000萬元。

所稱從業人數，包括與企業建立勞動關係的職工人數和企業接受的勞務派遣用工人數。

自2015年1月1日起，從業人數和資產總額指標，應按企業全年的季度平均值確定。其具體計算公式如下：

季度平均值=(季初值+季末值)÷2

全年季度平均值=全年各季度平均值之和÷4

年度中間開業或者終止經營活動的，以其實際經營期作為一個納稅年度確定上述相關指標。

2014年及以後年度，符合規定條件的小型微利企業（包括採取查帳徵收和核定徵收方式的企業），均可按照規定享受小型微利企業所得稅優惠政策。

小型微利企業是指企業的全部生產經營活動產生的所得均負有中國企業所得稅納稅義務的企業。因此，僅就來源於中國所得負有中國納稅義務的非居民企業，不適用對符合條件的小型微利企業減按20%稅率徵收企業所得稅的政策。

（3）國家需要重點扶持的高新技術企業，減按15%的稅率徵收企業所得稅。

自2016年1月1日起，認定為高新技術企業須同時滿足以下條件：

①企業申請認定時須工商註冊滿一年以上。

②企業通過自主研發、受讓、受贈、併購等方式，獲得對其主要產品（服務）在技術上發揮核心支持作用的知識產權。

③企業主要產品（服務）的技術屬於《國家重點支持的高新技術領域》規定的範圍。國家重點支持的高新技術領域包括：

電子信息：軟件、微電子技術、計算機產品及其網路應用技術、通信技術、廣播電視技術、新型電子元器件、信息安全技術、智能交通和軌道交通技術。

生物與新醫藥：醫藥生物技術、中藥和天然藥物、化學藥研發技術、藥物新劑型與制劑創制技術、醫療儀器和設備以醫學專用軟件、輕工和化工生物技術、農業生物技術。

航空航天：航空技術、航天技術。

新材料：金屬材料、無機非金屬材料、高分子材料、生物醫用材料、精細和專用化學品、與文化藝術產業相關的新材料。

高技術服務：研發與設計服務、檢驗檢測認證與標準服務、信息技術服務、高技術專業化服務、知識產權與成果轉化服務、電子商務與現代物流技術、城市管理與社會服務、文化創意產業支撐技術。

新能源與節能：可再生清潔能源、核能及氫能、新型高效能量轉換與儲存技術、高效節能技術。

資源與環境：水污染控制與水資源利用技術、大氣污染控制技術、技術固體廢棄物處置與綜合利用技術、物理性污染防治技術、環境監測及環境事故應急處理技術、生態環境建設與保護技術、清潔生產技術、資源勘查與高效開採及綜合利用技術。

先進製造與自動化：工業生產過程控制系統、安全生產技術、高性能和智能化儀器儀表、先進製造工藝與裝備、新型機械、電力系統與設備、汽車及軌道車輛相關技術、高技術船舶與海洋工程裝備設計製造技術、傳統文化產業改造技術。

④企業從事研發和相關技術創新活動的科技人員占企業當年職工總數的比例不低於 10%。

⑤企業近 3 個會計年度（實際經營期不滿 3 年的按實際經營時間計算，下同）的研究開發費用總額占同期銷售收入總額的比例符合如下要求：

最近一年銷售收入小於 2 億元（含）的企業，比例不低於 4%；

最近一年銷售收入在 2 億元以上的企業，比例不低於 3%。

其中，企業在中國境內發生的研究開發費用總額占全部研究開發費用總額的比例不低於 60%。

⑥近一年高新技術產品（服務）收入占企業同期總收入的比例不低於 60%。

⑦企業創新能力評價應達到相應要求。

（4）國家規劃佈局內的重點軟件企業和集成電路設計企業，如當年未享受免稅優惠的，可減按 10%的稅率徵收企業所得稅。

（5）集成電路線寬小於 0.25 微米或投資額超過 80 億元的集成電路生產企業，經認定后，減按 15%的稅率徵收企業所得稅。

（6）自 2014 年 1 月 1 日起至 2018 年 12 月 31 日止，在北京、天津、上海、重慶、大連、深圳、廣州、武漢、哈爾濱、成都、南京、西安、濟南、杭州、合肥、南昌、長沙、大慶、蘇州、無錫、廈門 21 個中國服務外包示範城市（以下簡稱示範城市）繼續實行以下企業所得稅優惠政策：對經認定的技術先進型服務企業，減按 15%的稅率徵收企業所得稅。

（7）自 2011 年 1 月 1 日起至 2020 年 12 月 31 日止，對設在西部地區的鼓勵類產業企業減按 15%的稅率徵收企業所得稅。

西部地區包括重慶市、四川省、貴州省、雲南省、西藏自治區、陝西省、甘肅省、寧夏回族自治區、青海省、新疆維吾爾自治區、新疆生產建設兵團、內蒙古自治區和廣西壯族自治區。湖南省湘西土家族苗族自治州、湖北省恩施土家族苗族自治州、吉林省延邊朝鮮族自治州，可以比照西部地區的稅收政策執行。

上述鼓勵類產業企業是指以《西部地區鼓勵類產業目錄》中規定的產業項目為主營業務，並且其主營業務收入占企業收入總額70%以上的企業。《西部地區鼓勵類產業目錄》另行發布。

為深入實施西部大開發戰略，促進西部地區產業結構調整和特色優勢產業發展，經國務院批准，國家發展改革委發布了《西部地區鼓勵類產業目錄》（中華人民共和國國家發展和改革委員會令第15號），自2014年10月1日起施行。

（8）自2012年1月1日起至2020年12月31日止，對設在贛州市的鼓勵類產業的內資企業和外商投資企業減按15%的稅率徵收企業所得稅。

鼓勵類產業的內資企業是指以《產業結構調整指導目錄》中規定的鼓勵類產業項目為主營業務，並且其主營業務收入占企業收入總額70%以上的企業。

鼓勵類產業的外商投資企業是指以《外商投資產業指導目錄》中規定的鼓勵類項目和《中西部地區外商投資優勢產業目錄》中規定的江西省產業項目為主營業務，並且其主營業務收入占企業收入總額70%以上的企業。

（9）自2014年1月1日起至2020年12月31日止，對設在廣東橫琴新區、福建平潭綜合實驗區和深圳前海深港現代服務業合作區的鼓勵類產業企業減按15%的稅率徵收企業所得稅。

上述鼓勵類產業企業是指以所在區域《企業所得稅優惠目錄》中規定的產業項目為主營業務，並且其主營業務收入占企業收入總額70%以上的企業。

(二) 非居民企業稅率

（1）非居民企業在境內設立機構、場所，取得的來源於境內的所得，稅率為25%。

（2）非居民企業在境內未設立機構、場所的，或者雖設立機構、場所但取得的所得與其所設機構、場所沒有實際聯繫的，取得的來源於境內的所得，適用稅率為20%，減按10%的稅率徵收企業所得稅。

（3）2008年1月1日起，非居民企業從中國居民企業獲得的股息將按照10%的稅率徵收預提所得稅，但是中國政府同外國政府訂立的關於對所得避免雙重徵稅和防止偷漏稅的協定以及內地與香港、澳門間的稅收安排（以下統稱協定），與國內稅法有不同規定的，依照協定的規定辦理。實際徵收率是指《中華人民共和國企業所得稅法》及其實施條例等相關法律法規規定的稅率，或者稅收協定規定的更低的稅率。

## 第三節　應稅收入

### 一、收入納稅調整

會計規定、稅法規定均計入收入：無差異，無須納稅調整。
會計規定、稅法規定均不計入收入：無差異，無須納稅調整。
會計規定不記入收入，稅法規定計入收入：永久性差異，納稅調增。
會計規定記入收入，稅法規定不計入收入：永久性差異，納稅調減。
會計規定后計入收入，稅法規定提前計入收入：可抵扣暫時性差異，先調增后調減。

會計規定先計入收入，稅法規定延期計入收入：應納稅暫時性差異，先調減后調增。

## 二、收入總額

企業以貨幣形式和非貨幣形式從各種來源取得的收入，為收入總額。

企業取得收入的貨幣形式，包括現金、存款、應收帳款、應收票據、準備持有至到期的債券投資以及債務的豁免等。

企業取得收入的非貨幣形式，包括固定資產、生物資產、無形資產、股權投資、存貨、不準備持有至到期的債券投資、勞務以及有關權益等。企業以非貨幣形式取得的收入，應當按照公允價值確定收入額。公允價值是指按照市場價格確定的價值。

（一）銷售貨物收入

銷售貨物收入是指企業銷售商品、產品、原材料、包裝物、低值易耗品以及其他存貨取得的收入。

企業以買一贈一等方式組合銷售本企業商品的，不屬於捐贈，應將總的銷售金額按各項商品的公允價值的比例來分攤確認各項的銷售收入。

銷售貨物收入，會計規定計入主營業務收入或其他業務收入。

［案例10-2］某公司是一家廚房用品生產企業，主要產品是微波爐，副產品是電磁爐。該公司屬於一般納稅人企業，增值稅稅率為17%，所得稅稅率為25%。微波爐售價為每只800元（不含增值稅，下同），成本為每只560元。電磁爐售價為每只200元，成本為每只140元。為了增加銷售額減少庫存，公司決定賣1臺微波爐贈1臺電磁爐，2016年共銷售1萬臺微波爐，並贈送1萬臺電磁爐。計算該公司買一贈一納稅調整金額。

［解答］企業以買一贈一等方式組合銷售本企業商品的，不屬於捐贈，應將總的銷售金額按各項商品的公允價值的比例來分攤確認各項的銷售收入。會計與稅法一致，沒有差別，無須納稅調整。

銷售微波爐應分攤的收入＝800÷（800+200）×800＝640（萬元）

贈送電磁爐應分攤的收入＝800÷（800+200）×200＝160（萬元）

增值稅銷項稅額＝800×17%＝136（萬元）

除《中華人民共和國企業所得稅法》及其實施條例另有規定外，企業銷售收入的確認，必須遵循權責發生制原則和實質重於形式原則。

（1）企業銷售商品同時滿足下列條件的，應確認收入的實現：

①商品銷售合同已經簽訂，企業已將商品所有權相關的主要風險和報酬轉移給購貨方；

②企業對已售出的商品既沒有保留通常與所有權相聯繫的繼續管理權，也沒有實施有效控制；

③收入的金額能夠可靠地計量；

④已發生或將發生的銷售方的成本能夠可靠地核算。

［案例10-3］A公司企業所得稅稅率為25%。A公司於2016年6月20日以托收承付方式向B公司銷售一批商品，成本為70萬元，增值稅專用發票上註明的銷售額為100萬元、增值稅為17萬元。該批商品已經發出，並已向銀行辦妥托收手續。A公司此時得知B公司在另一項交易中發生巨額損失，B公司資金週轉十分困難。經與購貨方交涉，A公司確定此項收入短期收回的可能性不大。2017年3月2日，A公司得知B公司經營情況逐漸好轉，B公司承諾付款。3月20日，A公司收到該筆款項。計算A公司2016年、2017年納稅調整金額。

［解答］銷售商品收入確認的條件，會計規定有「相關的經濟利益很可能流入企業」這一條件，而稅法規定沒有這一條件。會計上，2017年3月2日確認收入並結轉結成本；

税法上，2016年6月20日確認收入並結轉成本，屬於所得類或資產類暫時性納稅調整項目。

計算方法1，按所得類納稅調整項目計算。

2016年暫時性納稅調整＝(100-70)-0＝+30（萬元）

2017年暫時性納稅調整＝0-(100-70)＝-30（萬元）

計算方法2，按資產類暫時性納稅調整項目計算（如表10-3所示）。

表10-3　　　　　應收帳款和發出商品暫時性納稅調整計算表　　　　　單位：萬元

| 年度 | | 2016年 | 2017年 |
|---|---|---|---|
| 會計確認 | 應收帳款 | 17 | 0 |
| | 發出商品 | 70 | 0 |
| | 帳面價值合計 | 87 | 0 |
| 稅法確認 | 應收帳款 | 117 | 0 |
| | 發出商品 | 0 | 0 |
| | 計稅基礎合計 | 117 | 0 |
| 暫時性納稅調整 | 年末餘額 | 30 | 0 |
| | 本年發生額 | +30 | -30 |
| 稅務會計 | 遞延所得稅 | 借7.5 | 貸7.5 |
| | 所得稅費用 | 貸7.5 | 借7.5 |

（2）符合前述收入確認條件，採取下列商品銷售方式的，應按以下規定確認收入實現時間：

①銷售商品採用托收承付方式的，在辦妥托收手續時確認收入。

②銷售商品採取預收款方式的，在發出商品時確認收入。

③銷售商品需要安裝和檢驗的，在購買方接受商品以及安裝和檢驗完畢時確認收入。如果安裝程序比較簡單，可在發出商品時確認收入。

④銷售商品採用支付手續費方式委託代銷的，在收到代銷清單時確認收入。

⑤以分期收款方式銷售貨物的，按照合同約定的收款日期確認收入的實現。

[案例10-4] 某公司企業所得稅稅率為25%。2011年1月1日，該公司以分期收款方式銷售了一套大型設備，合同約定的銷售價格為2,000萬元，分5次於每年12月31日等額收取。該大型設備的成本為1,560萬元。在現銷方式下，該大型設備的銷售價格為1,600萬元。計算該公司2011—2015年納稅調整金額。

[解答] 分期收款銷售商品，會計規定按公允價值在銷售當期確認收入、結轉成本，實際收款時，按實際利率法計算的未實現融資收益衝減財務費用。而稅法規定在合同約定的收款日期，按合同約定的收款比例確認收入、結轉成本。這屬於所得類或資產類納稅調整項目。

2011年1月1日會計上應當確認的銷售商品收入為1,600萬元。

未來五年收款額的現值＝現銷方式下應收款項金額

$400 \times (P/A, r, 5) = 1,600$

解得：$r = 7.93\%$

應收利息和未收本金計算表如表10-4所示。

表 10-4　　　　　　　　應收利息和未收本金計算表　　　　　　　單位：萬元

| 年份 T | 應收總額 A | 應收利息 $B_i = D_{i-1} \times 7.93\%$ | 應收本金 $C = A - B$ | 未收本金 $D_i = D_{i-1} - C_i$ |
|---|---|---|---|---|
| 2011 年 1 月 1 日 | — | — | — | 1,600.00 |
| 2011 年 12 月 31 日 | 400 | 126.88 | 273.12 | 1,326.88 |
| 2012 年 12 月 31 日 | 400 | 105.22 | 294.78 | 1,032.10 |
| 2013 年 12 月 31 日 | 400 | 81.85 | 318.15 | 713.95 |
| 2014 年 12 月 31 日 | 400 | 56.62 | 343.38 | 370.57 |
| 2015 年 12 月 31 日 | 400 | 29.43 | 370.57 | 0 |
| 合計 | 2,000 | 400.00 | 1,600.00 | |

註：29.43 = (2,000 - 1,600) - (126.88 + 105.22 + 81.85 + 56.62)

計算方法 1，按所得類納稅調整項目計算。
2011 年暫時性納稅調整 = (2,000 - 1,560) ÷ 5 - (1,600 - 1,560 + 126.88) = -78.88（萬元）
2012 年暫時性納稅調整 = (2,000 - 1,560) ÷ 5 - 105.22 = -17.22（萬元）
2013 年暫時性納稅調整 = (2,000 - 1,560) ÷ 5 - 81.85 = +6.15（萬元）
2014 年暫時性納稅調整 = (2,000 - 1,560) ÷ 5 - 56.62 = +31.38（萬元）
2015 年暫時性納稅調整 = (2,000 - 1,560) ÷ 5 - 29.43 = +58.57（萬元）

計算方法 2，按資產類暫時性納稅調整項目計算（如表 10-5）所示。

表 10-5　　　　長期應收款和庫存商品暫時性納稅調整計算表　　　　單位：萬元

| 年度 | | 2011 年 | 2012 年 | 2013 年 | 2014 年 | 2015 年 |
|---|---|---|---|---|---|---|
| 會計確認 | 長期應收款 | 1,326.88 | 1,032.10 | 713.95 | 370.57 | 0 |
| | 庫存商品 | 0 | 0 | 0 | 0 | 0 |
| | 帳面價值合計 | 1,326.88 | 1,032.10 | 713.95 | 370.57 | |
| 稅法確認 | 長期應收款 | 0 | 0 | 0 | 0 | 0 |
| | 庫存商品 | 1,248 | 936 | 624 | 312 | 0 |
| | 計稅基礎合計 | 1,248 | 936 | 624 | 312 | |
| 暫時性納稅調整 | 年末餘額 | -78.88 | -96.1 | -89.95 | -58.57 | 0 |
| | 本年發生額 | -78.88 | -17.22 | +6.15 | +31.38 | +58.57 |
| 稅務會計 | 遞延所得稅 | 貸 19.72 | 貸 4.31 | 借 1.54 | 借 7.85 | 借 14.64 |
| | 所得稅費用 | 借 19.72 | 借 4.31 | 貸 1.54 | 貸 7.85 | 貸 14.64 |

（3）採用售後回購方式銷售商品的，銷售的商品按售價確認收入，回購的商品作為購進商品處理。有證據表明不符合銷售收入確認條件的，如以銷售商品方式進行融資，收到的款項應確認為負債，回購價格大於原售價的，差額應在回購期間確認為利息費用。

[案例 10-5] 某公司企業所得稅稅率為 25%。2016 年 8 月 1 日，該公司銷售一批商品，價款 100 萬元，增值稅稅額 17 萬元，商品未發出，款項已經收到。該批商品的成本為 80 萬元。協議規定，該公司應於 2017 年 1 月 1 日回購所售商品，回購價為 110 萬元（不含增值稅）。假設會計上認為該項交易屬於融資交易，稅法上認為屬於銷售。計算該公司 2016 年、2017 年納稅調整金額。

[解答] 會計規定，通常情況下售後回購交易屬於融資交易，商品所有權上的主要風險

和報酬沒有轉移，收到的款項應確認為負債；回購價格大於原售價的差額，企業應在回購期間按期計提利息，計入財務費用。有確鑿證據表明售后回購交易滿足銷售商品收入確認條件的，銷售的商品按售價確認收入，回購的商品作為購買商品處理。該案例會計上認為屬於融資交易，稅法上認為屬於銷售，屬於所得類或資產類暫時性納稅調整項目。

計算方法1，按所得類納稅調整項目計算。

2016年8月1日暫時性納稅調整＝(100-80)-0＝+20（萬元）

2016年12月31日暫時性納稅調整＝0-(-10)＝+10（萬元）

2016年暫時性納稅調整合計＝20+10＝+30（萬元）

2017年暫時性納稅調整＝0-0＝+0（萬元）

計算方法2，按資產類暫時性納稅調整項目計算（如表10-6所示）。

表10-6　　　　　　庫存商品和其他應付款暫時性納稅調整計算表　　　　　單位：萬元

| 年度 | | 2016年 | 2017年 |
|---|---|---|---|
| 會計確認 | 庫存商品 | 80 | 80 |
| | 其他應付款 | 110 | 0 |
| | 帳面價值合計 | -30 | 80 |
| 稅法確認 | 庫存商品 | 0 | 110 |
| | 其他應付款 | 0 | 0 |
| | 計稅基礎合計 | 0 | 110 |
| 暫時性納稅調整 | 年末余額 | 30 | 30 |
| | 本年發生額 | +30 | +0 |
| 稅務會計 | 遞延所得稅 | 借7.5 | 借0 |
| | 所得稅費用 | 貸7.5 | 貸0 |

（4）銷售商品以舊換新的，銷售商品應當按照銷售商品收入確認條件確認收入，回收的商品作為購進商品處理。

（5）企業為促進商品銷售而在商品價格上給予的價格扣除屬於商業折扣，商品銷售涉及商業折扣的，應當按照扣除商業折扣后的金額確定銷售商品收入金額。

（6）債權人為鼓勵債務人在規定的期限內付款而向債務人提供的債務扣除屬於現金折扣，銷售商品涉及現金折扣的，應當按扣除現金折扣前的金額確定銷售商品收入金額，現金折扣在實際發生時作為財務費用扣除。

（7）企業因售出商品的質量不合格等原因而在售價上給的減讓屬於銷售折讓；企業因售出商品質量、品種不符合要求等原因而發生的退貨屬於銷售退回。企業已經確認銷售收入的售出商品發生銷售折讓和銷售退回，應當在發生當期衝減當期銷售商品收入。

[案例10-6] 某公司是一家健身器材銷售公司，企業所得稅稅率為25％。2016年1月1日，該公司銷售一批健身器材，不含稅售價為100萬元，增值稅稅額17萬元，收取款項存入銀行。該批健身器材的成本為80萬元。協議約定，購買方於6月30日之前有權退貨。假定該公司根據以往經驗，估計該批貨物的退貨率為15％。6月30日發生銷售退回，實際退貨率為10％。計算納稅調整金額。

[解答] 會計規定，附有銷售退回條件的商品銷售，企業根據以往經驗能夠合理估計退貨可能性且確認與退貨相關負債的，通常應在發出商品時確認收入。稅法規定，企業已經確認銷售收入的售出商品發生銷售折讓和銷售退回，應當在發生當期衝減當期銷售商品收

入。這屬於所得類或負債類暫時性納稅調整項目。

計算方法1，按所得類納稅調整項目計算。

2016年1月暫時性納稅調整＝(100-80)-(100-80)×(1-15%)＝+3（萬元）

2016年6月暫時性納稅調整＝(100-80)×(-10%)-(100-80)×(15%-10%)＝-3（萬元）

2016年暫時性納稅調整合計＝3-3＝+0（萬元）

計算方法2，按負債類暫時性納稅調整項目計算（如表10-7所示）。

表10-7　　　　　　　　預計負債暫時性納稅調整計算表　　　　　　單位：萬元

| 年度 | | 2016年1月 | 2016年6月 |
|---|---|---|---|
| 會計確認 | 預計負債 | 3 | 0 |
| 稅法確認 | 預計負債 | 0 | 0 |
| 暫時性納稅調整 | 期末余額 | 3 | 0 |
| | 本期發生額 | +3 | -3 |
| 稅務會計 | 遞延所得稅 | 借0.75 | 貸0.75 |
| | 所得稅費用 | 貸0.75 | 借0.75 |

［案例10-7］接［案例10-6］，假定該公司無法根據過去的經驗估計該批貨物的退貨率。計算納稅調整金額。

［解答］會計規定，附有銷售退回條件的商品銷售，企業不能合理估計退貨可能性的，通常應在售出商品退貨期滿時確認收入。稅法規定，企業已經確認銷售收入的售出商品發生銷售折讓和銷售退回，應當在發生當期衝減當期銷售商品收入。這屬於所得類或資產類納稅調整項目。

計算方法1，按所得類納稅調整項目計算。

2016年1月暫時性納稅調整＝(100-80)-0＝+20（萬元）

2016年6月暫時性納稅調整＝(100-80)×(-10%)-(100-80)×(1-10%)
　　　　　　　　　　　　　＝-20（萬元）

2016年暫時性納稅調整合計＝20-20＝+0（萬元）

計算方法2，按資產類暫時性納稅調整項目計算（如表10-8所示）。

表10-8　　　　　發出商品、預收帳款暫時性納稅調整計算表　　　　單位：萬元

| 年度 | | 2016年1月 | 2016年6月 |
|---|---|---|---|
| 會計確認 | 發出商品 | 80 | 0 |
| | 預收帳款 | 100 | 0 |
| | 帳面價值合計 | -20 | 0 |
| 稅法確認 | 發出商品 | 0 | 0 |
| | 預收帳款 | 0 | 0 |
| | 計稅基礎合計 | 0 | 0 |
| 暫時性納稅調整 | 期末余額 | 20 | 0 |
| | 本期發生額 | +20 | -20 |
| 稅務會計 | 遞延所得稅 | 借5 | 貸5 |
| | 所得稅費用 | 貸5 | 借5 |

[案例10-8] 某公司（一般納稅人）2016年11月8日銷售一批產品，銷售價格100萬元（不含稅，增值稅稅率為17%），銷售成本80萬元，貨款於當年12月31日尚未收到。2017年3月12日，由於產品質量問題，該批產品被全部退回。該公司企業所得稅稅率為25%，按淨利潤的10%提取法定盈餘公積，提取法定盈餘公積后不再作其他分配。該公司2017年2月28日完成2017年所得稅匯算清繳，董事會批准財務報告對外公布的日期為2017年3月31日。計算該公司2016年、2017年納稅調整金額。

[解答] 會計規定，資產負債表所屬期間或以前期間所售商品在資產負債表日后退回的，應作為資產負債表日后調整事項處理，衝減報告年度的收入，而稅法規定衝減退回年度的收入，屬於所得類或所有者權益類納稅調整項目。

按所得類納稅調整項目計算。

2016年暫時性納稅調整＝0-(-100+80)=+20（萬元）

2017年暫時性納稅調整＝(-100+80)-0=-20（萬元）

2017年3月12日，銷貨退回會計分錄如下：

| | | |
|---|---|---|
| 借：以前年度損益調整 | | 1,000,000 |
| 　　應交稅費——應交增值稅（銷項稅額） | | 170,000 |
| 　貸：應收帳款 | | 1,170,000 |
| 借：庫存商品 | | 800,000 |
| 　貸：以前年度損益調整 | | 800,000 |
| 借：遞延所得稅 | | 50,000 |
| 　貸：以前年度損益調整 | | 50,000 |
| 借：盈餘公積 | | 15,000 |
| 　　利潤分配——未分配利潤 | | 135,000 |
| 　貸：以前年度損益調整 | | 150,000 |

2017年年底，因銷貨退回納稅調減，會計分錄如下：

| | | |
|---|---|---|
| 借：所得稅費用 | | 50,000 |
| 　貸：遞延所得稅 | | 50,000 |

（二）提供勞務收入

提供勞務收入是指企業從事建築安裝、修理修配、交通運輸、倉儲租賃、金融保險、郵電通信、諮詢經紀、文化體育、科學研究、技術服務、教育培訓、餐飲住宿、仲介代理、衛生保健、社區服務、旅遊、娛樂、加工以及其他勞務服務活動取得的收入。

提供勞務收入，會計規定計入主營業務收入、其他業務收入、手續費收入或保費收入。

企業在各個納稅期末，提供勞務交易的結果能夠可靠估計的，應採用完工進度（完工百分比）法確認提供勞務收入。

（1）提供勞務交易的結果能夠可靠估計是指同時滿足下列條件：

①收入的金額能夠可靠地計量；

②交易的完工進度能夠可靠地確定；

③交易中已發生和將發生的成本能夠可靠地核算。

（2）企業提供勞務完工進度的確定，可選用下列方法：

①已完工作的測量；

②已提供勞務占勞務總量的比例；

③發生成本占總成本的比例。

（3）企業應按照從接受勞務方已收或應收的合同或協議價款確定勞務收入總額，根據納稅期末提供勞務收入總額乘以完工進度扣除以前納稅年度累計已確認提供勞務收入後的

金額，確認為當期勞務收入；同時，按照提供勞務估計總成本乘以完工進度扣除以前納稅期間累計已確認勞務成本后的金額，結轉為當期勞務成本。

[案例10-9] 2016年5月，乙公司與甲公司簽訂了一項總金額為120萬元（不含增值稅）的安裝合同（甲供工程，乙公司選擇簡易計稅方法）。合同約定合同簽訂日甲公司預付帳款30.9萬元，其他款項於完工時結清。2016年乙公司發生成本50萬元（假定全部為安裝人員薪酬），預計還將發生成本30萬元。乙公司在2016年末時得知甲公司因為違法經營被政府處罰，銀行帳戶已被凍結，剩餘款項很可能無法收回。該項勞務的已經發生的成本和預計將發生的成本能夠可靠計量，完工進度能夠可靠地確定。2017年乙公司發生成本30萬元（假定全部為安裝人員薪酬），2017年5月工程完工，2017年8月甲公司銀行帳戶取消凍結，向乙公司支付剩餘款項。計算2016年、2017年納稅調整金額。

[解答] 勞務收入確認的條件，會計規定有「相關的經濟利益很可能流入企業」這一條件。提供勞務交易結果不能可靠估計，收入與成本的確認：已經發生的勞務成本預計全部能夠得到補償的，按照已經發生的勞務成本金額確認提供勞務收入，並按相同金額結轉勞務成本；已經發生的勞務成本預計部分能夠得到補償的，按照能夠得到補償的勞務成本金額確認提供勞務收入，按已經發生的勞務成本金額結轉勞務成本；已經發生的勞務成本預計不能夠得到補償的，應當將已經發生的勞務成本計入當期損益，不確認提供勞務收入。勞務收入確認的條件，稅法規定沒有「相關的經濟利益很可能流入企業」這一條件。這屬於收入類或資產類暫時性納稅調整項目。

計算方法1，按收入類納稅調整項目計算。

完工進度＝50÷(50+30)＝62.5%

2016年暫時性納稅調整＝120×62.5%-30.9÷(1+3%)＝75-30＝+45（萬元）

2017年暫時性納稅調整＝(120-75)-(120-30)＝-45（萬元）

計算方法2，按資產類暫時性納稅調整項目計算（如表10-9所示）。

表10-9　　　　　　　應收帳款暫時性納稅調整計算表　　　　　　　單位：萬元

| 年度 | | 2016年 | 2017年 |
| --- | --- | --- | --- |
| 會計確認 | 應收帳款 | 0 | 0 |
| 稅法確認 | 應收帳款 | 45 | 0 |
| 暫時性納稅調整 | 年末余額 | 45 | 0 |
| | 本年發生額 | +45 | -45 |
| 稅務會計 | 遞延所得稅 | 借11.25 | 貸11.25 |
| | 所得稅費用 | 貸11.25 | 借11.25 |

（4）下列提供勞務滿足收入確認條件的，應按規定確認收入：

①安裝費。安裝費應根據安裝完工進度確認收入。安裝工作是商品銷售附帶條件的，安裝費在確認商品銷售實現時確認收入。

②宣傳媒介的收費。宣傳媒介的收費應在相關的廣告或商業行為出現於公眾面前時確認收入。廣告的製作費應根據製作廣告的完工進度確認收入。

③軟件費。為特定客戶開發軟件的收費應根據開發的完工進度確認收入。

④服務費。包含在商品售價內可區分的服務費在提供服務的期間分期確認收入。

⑤藝術表演、招待宴會和其他特殊活動的收費。這類活動的收費在相關活動發生時確認收入。收費涉及幾項活動的，預收的款項應合理分配給每項活動，分別確認收入。

⑥會員費。申請入會或加入會員，只允許取得會籍，所有其他服務或商品都要另行收

費的，在取得該會員費時確認收入。申請入會或加入會員后，會員在會員期内不再付費就可得到各種服務或商品，或者以低於非會員的價格銷售商品或提供服務的，該會員費應在整個受益期内分期確認收入。

⑦特許權費。屬於提供設備和其他有形資產的特許權費，在交付資產或轉移資產所有權時確認收入；屬於提供初始及后續服務的特許權費，在提供服務時確認收入。

⑧勞務費。長期為客戶提供重複的勞務收取的勞務費，在相關勞務活動發生時確認收入。

（5）企業受託加工製造大型機械設備、船舶、飛機以及從事建築、安裝、裝配工程業務或者提供其他勞務等，持續時間超過12個月的，按照納税年度内完工進度或者完成的工作量確認收入的實現。

（6）房地產開發企業建造、開發的開發產品，無論工程質量是否通過驗收合格，或是否辦理完工（竣工）備案手續以及會計決算手續，當企業開始辦理開發產品交付手續（包括入住手續）或已開始實際投入使用時，為開發產品開始投入使用，應視為開發產品已經完工。房地產開發企業應按規定及時結算開發產品計税成本，並計算企業當年度應納税所得額。

（三）股息、紅利等權益性投資收益

股息、紅利等權益性投資收益是指企業因權益性投資從被投資方取得的收入。

被投資企業將股權（票）溢價所形成的資本公積轉為股本的，不作為投資方企業的股息、紅利收入，投資方企業也不得增加該項長期投資的計税基礎。

自2014年11月17日起，對内地企業投資者通過滬港通投資香港聯交所上市股票取得的股息紅利所得，計入其收入總額，依法計徵企業所得税。其中，内地居民企業連續持有H股滿12個月取得的股息紅利所得，依法免徵企業所得税。

香港聯交所上市H股公司應向中國證券登記結算有限公司（以下簡稱中國結算公司）提出申請，由中國結算公司向H股公司提供内地企業投資者名冊，H股公司對内地企業投資者不代扣股息紅利所得税款，應納税款由企業自行申報繳納。

内地企業投資者自行申報繳納企業所得税時，對香港聯交所非H股上市公司已代扣代繳的股息紅利所得税，可依法申請税收抵免。

自2015年12月18日起，對内地企業投資者通過基金互認從香港基金分配取得的收益，計入其收入總額，依法徵收企業所得税。

股息、紅利等權益性投資收益，會計規定計入投資收益。

企業權益性投資取得股息、紅利等收入，應以被投資企業股東會或股東大會作出利潤分配或轉股決定的日期，確定收入的實現。

採取產品分成方式取得收入的，按照企業分得產品的日期確認收入的實現，其收入額按照產品的公允價值確定。

（四）利息收入

利息收入是指企業將資金提供他人使用但不構成權益性投資，或者因他人占用本企業資金取得的收入，包括存款利息、貸款利息、債券利息、欠款利息等收入。

對利息收入，會計規定計入財務費用或利息收入。

對利息收入，按照合同約定的債務人應付利息的日期確認收入的實現。

金融企業按規定發放的貸款，屬於未逾期貸款（含展期，下同），應根據先收利息后收本金的原則，按貸款合同確認的利率和結算利息的期限計算利息，並於債務人應付利息的日期確認收入的實現；屬於逾期貸款，其逾期后發生的應收利息，應於實際收到的日期，或者雖未實際收到，但會計上確認為利息收入的日期，確認收入的實現。

金融企業已確認為利息收入的應收利息，逾期 90 天仍未收回，並且會計上已沖減了當期利息收入的，準予抵扣當期應納稅所得額。

金融企業已沖減了利息收入的應收未收利息，以后年度收回時，應計入當期應納稅所得額計算納稅。

[案例 10-10] 某公司企業所得稅稅率為 25%。2016 年 1 月 1 日，該公司支付 2,150 萬元（含交易費用）從活躍市場上購入 2 年期公司債券，面值合計 2,400 萬元，票面利率 4%，按年支付利息，即每年 96 萬元，本金最后一次支付。該公司將其劃分為持有至到期投資。計算 2016—2017 年納稅調整金額。

[解答] 會計規定按實際利率法計算利息收入，稅法規定按合同約定的應收利息計算利息收入，屬於所得類或資產類暫時性納稅調整項目。

計算方法 1，按所得類納稅調整項目計算。

設該債券實際利率為 $r$。

$96\times(1+r)^{-1}+(96+2,400)\times(1+r)^{-2}=2,150$

解得：$r=10\%$

利息收入及轉讓所得納稅調整計算表如表 10-10 所示。

表 10-10　　利息收入及轉讓所得納稅調整計算表　　貨幣單位：萬元

| 年度 | | 2016 年 | 2017 年 |
|---|---|---|---|
| 會計確認 | 利息收入 | 2,150×10%＝215 | (2,150+215-96)×10%＝227 |
| 稅法確認 | 利息所得 | 96 | 96 |
| | 轉讓所得 | 0 | 2,400-2,150＝250 |
| | 所得合計 | 96 | 346 |
| 暫時性納稅調整 | | -119 | +119 |
| 稅務會計 | 遞延所得稅 | 貸 29.75 | 借 29.75 |
| | 所得稅費用 | 借 29.75 | 貸 29.75 |

計算方法 2，按資產類暫時性納稅調整項目計算（如表 10-11 所示）。

表 10-11　　持有至到期投資暫時性納稅調整計算表　　單位：萬元

| | 年度 | 2016 年 | 2017 年 |
|---|---|---|---|
| 會計確認 | 持有至到期投資成本 | 2,400 | 0 |
| | 利息調整 | 2,150-2,400+119＝-131 | 0 |
| | 帳面價值 | 2,269 | 0 |
| 稅法確認 | 持有至到期投資成本 | 2,150 | 0 |
| | 利息調整 | 0 | 0 |
| | 計稅基礎 | 2,150 | 0 |
| 暫時性納稅調整 | 年末余額 | -119 | 0 |
| | 本年發生額 | -119 | +119 |
| 稅務會計 | 遞延所得稅 | 貸 29.75 | 借 29.75 |
| | 所得稅費用 | 借 29.75 | 貸 29.75 |

(五) 租金收入

租金收入是指企業提供固定資產、包裝物或者其他有形資產的使用權取得的收入。

對租金收入，會計規定計入其他業務收入或租賃收入。

對租金收入，按照合同約定的承租人應付租金的日期確認收入的實現。

企業提供固定資產、包裝物或者其他有形資產的使用權取得的租金收入，應按交易合同或協議規定的承租人應付租金的日期確認收入的實現。其中，如果交易合同或協議中規定租賃期限跨年度，並且租金提前一次性支付的，根據收入與費用配比原則，出租人可對上述已確認的收入，在租賃期內，分期均勻計入相關年度收入。

出租方如為在中國境內設有機構場所、並且採取據實申報繳納企業所得的非居民企業，也按上述規定執行。

[案例 10-11] A 公司企業所得稅稅率為 25%。2015 年 1 月 1 日，A 公司向 B 公司租入辦公設備一臺，租期為 3 年。設備價值為 100 萬元（不含增值稅），預計使用年限為 10 年，淨殘值為 0。租賃合同規定，租賃開始日 A 公司向 B 公司一次性預付租金 15 萬元（不含增值稅，下同），第一年年末支付租金 15 萬元，第二年年末支付租金 25 萬元，第三年年末支付租金 20 萬元。租賃期屆滿后 B 公司收回設備，3 年的租金總額為 75 萬元。假設 A 公司和 B 公司均在年末確認租金費用和租金收入，並且不存在租金逾期支付的情況。計算 2015—2017 年納稅調整金額。

[解答] 會計規定，經營性租賃的出租人應當在租賃期內各個期間按照直線法確認租金收入，其他方法更為系統合理的，也可以採用其他方法。稅法規定，租金收入應按交易合同或協議規定的承租人應付租金的日期確認收入的實現。這屬於收入類或負債類納稅調整項目。

計算方法 1，按收入類納稅調整項目計算。

2015 年暫時性納稅調整 =（15+15）-75÷3 = +5（萬元）

2016 年暫時性納稅調整 = 25-75÷3 = +0（萬元）

2017 年暫時性納稅調整 = 20-75÷3 = -5（萬元）

計算方法 2，按負債類暫時性納稅調整項目計算（如表 10-12 所示）。

表 10-12　　　　　　預收帳款暫時性納稅調整計算表　　　　　單位：萬元

| 年度 | | 2015 年 | 2016 年 | 2017 年 |
| --- | --- | --- | --- | --- |
| 會計確認 | 預收帳款 | 5 | 5 | 0 |
| 稅法確認 | 預收帳款 | 0 | 0 | 0 |
| 暫時性納稅調整 | 年末余額 | 5 | 5 | 0 |
| | 本年發生額 | +5 | +0 | -5 |
| 稅務會計 | 遞延所得稅 | 借 1.25 | 借 0 | 貸 1.25 |
| | 所得稅費用 | 貸 1.25 | 貸 0 | 借 1.25 |

(六) 特許權使用費收入

特許權使用費收入是指企業提供專利權、非專利技術、商標權、著作權以及其他特許權的使用權取得的收入。

對特許權使用費收入，會計規定計入其他業務收入。

對特許權使用費收入，按照合同約定的特許權使用人應付特許權使用費的日期確認收入的實現。

[案例 10-12] 2015 年 12 月 5 日，A 公司與 B 公司達成一項出租專利技術使用權的合

同，期限為 2016 年 1 月 1 日至 2018 年 12 月 31 日，共 3 年。合同約定 2015 年 12 月 10 日 B 公司向 A 公司一次性支付 3 年的使用費 300 萬元，在 B 公司使用專利技術的 3 年期間，A 公司需派技術人員提供指導。計算 A 公司 2015—2018 年納稅調整金額。

[解答] 會計規定，讓渡資產使用權收入同時滿足下列條件的，才能予以確認：相關的經濟利益很可能流入企業，收入的金額能夠可靠地計量。一次性收取使用費，並且不提供後續服務的，應當視同銷售該項資產一次性確認收入。一次性收取使用費，提供後續服務的，應在合同或協議規定的有效期內分期確認收入。如果合同或協議規定分期收取使用權的，應按合同或協議規定的收款時間和金額或規定的收費方法計算確定的金額分期確認收入。稅法規定，特許權使用費收入，按照合同約定的特許權使用人應付特許權使用費的日期確認收入的實現。這屬於收入類或負債類納稅調整項目。

計算方法 1，按收入類納稅調整項目計算。
2015 年暫時性納稅調整＝300−0＝＋300（萬元）
2016 年暫時性納稅調整＝0−300÷3＝−100（萬元）
2017 年暫時性納稅調整＝0−300÷3＝−100（萬元）
2018 年暫時性納稅調整＝0−300÷3＝−100（萬元）
計算方法 2，按負債類暫時性納稅調整項目計算（如表 10-13 所示）。

表 10-13　　　　　　　　預收帳款暫時性納稅調整計算表　　　　　　　單位：萬元

| 年度 | | 2015 年 | 2016 年 | 2017 年 | 2018 年 |
|---|---|---|---|---|---|
| 會計確認 | 預收帳款 | 300 | 200 | 100 | 0 |
| 稅法確認 | 預收帳款 | 0 | 0 | 0 | 0 |
| 暫時性納稅調整 | 年末余額 | 300 | 200 | 100 | 0 |
| | 本年發生額 | +300 | −100 | −100 | −100 |
| 稅務會計 | 遞延所得稅 | 借 75 | 貸 25 | 貸 25 | 貸 25 |
| | 所得稅費用 | 貸 75 | 借 25 | 借 25 | 借 25 |

（七）轉讓財產收入

轉讓財產收入是指企業轉讓固定資產、生物資產、無形資產、股權、債權等財產取得的收入。

自 2014 年 11 月 17 日起，對內地企業投資者通過滬港通投資香港聯交所上市股票取得的轉讓差價所得，計入其收入總額，依法徵收企業所得稅。

自 2015 年 12 月 18 日起，對內地企業投資者通過基金互認買賣香港基金份額取得的轉讓差價所得，計入其收入總額，依法徵收企業所得稅。

對轉讓財產收入，會計規定計入營業外收入或投資收益。

企業轉讓股權收入，應於轉讓協議生效且完成股權變更手續時，確認收入的實現。轉讓股權收入扣除為取得該股權所發生的成本後，為股權轉讓所得。企業在計算股權轉讓所得時，不得扣除被投資企業未分配利潤等股東留存收益中按該項股權所可能分配的金額。

[案例 10-13] 某公司企業所得稅稅率為 25%，2016 年 5 月 15 日從二級市場購入股票 20 萬股，每股市價 10 元，交易費用 0.2 萬元；初始確認時，該股票劃分為可供出售金融資產。2016 年 12 月 31 日該股票市價為 15 元。該公司 2017 年 8 月 1 日將該股票售出，售價為每股 12 元，交易稅費 2.6 萬元。計算 2016—2017 年納稅調整金額。

[解答] ① 2016 年公允價值變動＝20×15−(20×10+0.2)＝99.8（萬元）
可供出售金融資產的公允價值變動，會計規定直接計入所有者權益，即計入其他綜合

收益，稅法規定不計入也不衝減應納稅所得額，沒有差異，無須納稅調整。

② 2017 年投資收益 = 20×12-2.6-(20×10+0.2) = 37.2（萬元）

可供出售金融資產的轉讓所得，會計規定計入投資收益，稅法規定計入或衝減應納稅所得額，沒有差異，無須納稅調整。

（八）接受捐贈收入

接受捐贈收入是指企業接受的來自其他企業、組織或者個人無償給予的貨幣性資產、非貨幣性資產。

對接受捐贈收入，會計規定計入營業外收入。

對接受捐贈收入，按照實際收到捐贈資產的日期確認收入的實現。

（九）其他收入

其他收入是指企業取得的除上述第（一）項至第（八）項規定的收入外的其他收入，包括企業資產溢餘收入、逾期未退包裝物押金收入、確實無法償付的應付款項、已作壞帳損失處理後又收回的應收款項、債務重組收入、補貼收入、違約金收入、匯兌收益等。

對其他收入，會計規定計入營業外收入或匯兌損益等。

企業發生債務重組，應在債務重組合同或協議生效時確認收入的實現。

企業取得財產（包括各類資產、股權、債權等）轉讓收入、債務重組收入、接受捐贈收入、無法償付的應付款收入等，不論是以貨幣形式，還是非貨幣形式體現，除另有規定外，均應一次性計入確認收入的年度計算繳納企業所得稅。

（十）不視同銷售與視同銷售

（1）企業發生下列情形的處置資產，除將資產轉移至境外以外，由於資產所有權屬在形式和實質上均不發生改變，可作為內部處置資產，不視同銷售確認收入，相關資產的計稅基礎延續計算。

①將資產用於生產、製造、加工另一產品；
②改變資產形狀、結構或性能；
③改變資產用途（如自建商品房轉為自用或經營）；
④將資產在總機構及其分支機構之間轉移；
⑤上述兩種或兩種以上情形的混合；
⑥其他不改變資產所有權屬的用途。

（2）企業將資產移送他人的下列情形，因資產所有權屬已發生改變而不屬於內部處置資產，應按規定視同銷售確定收入。

①非貨幣性資產交換；
②用於市場推廣或銷售；
③用於交際應酬；
④用於職工獎勵或福利；
⑤用於股息分配；
⑥用於對外捐贈；
⑦用於對外投資；
⑧用於償債；
⑨其他改變資產所有權屬的用途。

企業發生視同銷售情形時，屬於企業自製的資產，應按企業同類資產同期對外銷售價格確定銷售收入；屬於外購的資產，可按購入時的價格確定銷售收入。

[案例 10-14] 2016 年 A 公司將自產服裝換與 B 公司布料，該批服裝與布料不含增值稅價格均為 100 萬元，增值稅稅率均為 17%，雙方均開具增值稅專用發票，該批服裝的成

本為70萬元。

①假設該項交易具有商業實質,計算納稅調整金額。

②假設該項交易不具有商業實質,計算納稅調整金額。

[解答] 會計規定,非貨幣性資產交換,當該項交易具有商業實質,並且換入資產、換出資產的公允價值能夠可靠計量,應當以公允價值和應支付的相關稅費作為換入資產的成本,公允價值與換出資產帳面價值的差額計入當期損益;當該項交易不具有商業實質,或換入資產、換出資產的公允價值不能夠可靠計量時,應當以換出資產的帳面價值和應支付的相關稅費作為換入資產的成本,無論是否涉及補價,均不確認損益。

①假設該項交易具有商業實質,會計分錄為:

借:原材料　　　　　　　　　　　　　　　　　　　　1,000,000
　　應交稅費——應交增值稅（進項稅額）　　　　　　　170,000
　貸:主營業務收入　　　　　　　　　　　　　　　　　1,000,000
　　　應交稅費——應交增值稅（銷項稅額）　　　　　　170,000
借:主營業務成本　　　　　　　　　　　　　　　　　　700,000
　貸:庫存商品　　　　　　　　　　　　　　　　　　　700,000

按稅法規定,確認收入100萬元,準予扣除70萬元。稅法與會計規定一致,沒有差異,無須納稅調整。

②假設該項交易不具有商業實質,會計分錄為:

借:原材料　　　　　　　　　　　　　　　　　　　　　700,000
　　應交稅費——應交增值稅（進項稅額）　　　　　　　170,000
　貸:庫存商品　　　　　　　　　　　　　　　　　　　700,000
　　　應交稅費——應交增值稅（銷項稅額）　　　　　　170,000

按稅法規定,視同銷售收入100萬元,視同銷售成本70萬元,原材料計稅基礎100萬元。暫時性納稅調整+30萬元。

[案例10-15] 某公司（一般納稅人）2016年將自產服裝一批捐贈給貧困地區,該批服裝的成本為50萬元,不含增值稅售價為80萬元。該公司2016年利潤總額1,000萬元。

①如果該公司通過公益性社會團體捐贈,計算納稅調整金額。

②如果該公司直接捐贈,計算納稅調整金額。

[解答] 捐贈產品,會計上不符合「相關的經濟利益很可能流入企業」這一條件,不確認銷售商品收入,也不確認銷售成本;稅法上因資產所有權屬已發生改變而不屬於內部處置資產,應按規定視同銷售確定收入,同時允許扣除成本費用。未超過規定標準的公益性捐贈支出,無須納稅調整;非公益性捐贈支出、超過規定標準的公益性捐贈支出,永久性納稅調增。

會計分錄為:

借:營業外支出　　　　　　　　　　　　　　　　　　　636,000
　貸:庫存商品　　　　　　　　　　　　　　　　　　　500,000
　　　應交稅費——應交增值稅（銷項稅額）　　　　　　136,000

①如果該公司通過公益性社會團體捐贈,按稅法規定,視同銷售收入80萬元,視同銷售成本50萬元,視同營業外支出增加30萬元,因此視同銷售永久性納稅調整為0。公益性捐贈支出93.6萬元,沒超過利潤總額1,000萬元的12%,可以全額扣除,捐贈支出永久性納稅調整為0。

②如果該公司直接捐贈,按稅法規定,視同銷售收入80萬元,視同銷售成本50萬元,視同營業外支出增加30萬元,因此視同銷售永久性納稅調整為0。直接捐贈支出93.6萬

元，不得扣除，捐贈支出永久性納稅調整+93.6萬元。

（十一）企業接收股東劃入資產

（1）企業接收股東劃入資產（包括股東贈予資產、上市公司在股權分置改革過程中接收原非流通股股東和新非流通股股東贈予的資產、股東放棄本企業的股權，下同），凡合同、協議約定作為資本金（包括資本公積）且在會計上已做實際處理的，不計入企業的收入總額，企業應按公允價值確定該項資產的計稅基礎。

（2）企業接收股東劃入資產，凡作為收入處理的，應按公允價值計入收入總額，計算繳納企業所得稅，同時按公允價值確定該項資產的計稅基礎。

### 三、不徵稅收入

（一）財政撥款

財政撥款是指各級人民政府對納入預算管理的事業單位、社會團體等組織撥付的財政資金，但國務院和國務院財政、稅務主管部門另有規定的除外。

納入預算管理的事業單位、社會團體等組織按照核定的預算和經費報領關係收到的由財政部門或上級單位撥入的財政補助收入，準予作為不徵稅收入，在計算應納稅所得額時從收入總額中減除，但國務院和國務院財政、稅務主管部門另有規定的除外。

（二）依法收取並納入財政管理的行政事業性收費、政府性基金

行政事業性收費是指依照法律法規等有關規定，按照國務院規定程序批准，在實施社會公共管理以及在向公民、法人或者其他組織提供特定公共服務過程中，向特定對象收取並納入財政管理的費用。政府性基金是指企業依照法律、行政法規等有關規定，代政府收取的具有專項用途的財政資金。

（1）企業收取的各種基金、收費，應計入企業當年收入總額。

（2）對企業依照法律、法規及國務院有關規定收取並上繳財政的政府性基金和行政事業性收費，準予作為不徵稅收入，於上繳財政的當年在計算應納稅所得額時從收入總額中減除；未上繳財政的部分，不得從收入總額中減除。

（3）企業按照規定繳納的、由國務院或財政部批准設立的政府性基金以及由國務院和省、自治區、直轄市人民政府及其財政、價格主管部門批准設立的行政事業性收費，準予在計算應納稅所得額時扣除。

企業繳納的不符合上述審批管理權限設立的基金、收費，不得在計算應納稅所得額時扣除。

（三）國務院規定的其他不徵稅收入

國務院規定的其他不徵稅收入是指企業取得的，由國務院財政、稅務主管部門規定專項用途並經國務院批准的財政性資金。

1. 企業取得的財政性資金

（1）企業取得的各類財政性資金，除屬於國家投資和資金使用後要求歸還本金的以外，均應計入企業當年收入總額。

所稱財政性資金，是指企業取得的來源於政府及其有關部門的財政補助、補貼、貸款貼息以及其他各類財政專項資金，包括直接減免的增值稅和即徵即退、先徵後退、先徵後返的各種稅收，但不包括企業按規定取得的出口退稅款。所稱國家投資，是指國家以投資者身分投入企業，並按有關規定相應增加企業實收資本（股本）的直接投資。

（2）對企業取得的由國務院財政、稅務主管部門規定專項用途並經國務院批准的財政性資金，準予作為不徵稅收入，在計算應納稅所得額時從收入總額中減除。

## 2. 企業取得的專項用途財政性資金

自 2011 年 1 月 1 日起，企業取得的專項用途財政性資金企業所得稅處理規定如下：

(1) 企業從縣級以上各級政府財政部門及其他部門取得的應計入收入總額的財政性資金，凡同時符合以下條件的，可以作為不徵稅收入，在計算應納稅所得額時從收入總額中減除：

①企業能夠提供規定資金專項用途的資金撥付文件；

②財政部門或其他撥付資金的政府部門對該資金有專門的資金管理辦法或具體管理要求；

③企業對該資金以及以該資金發生的支出單獨進行核算。

(2) 上述不徵稅收入用於支出所形成的費用，不得在計算應納稅所得額時扣除；用於支出所形成的資產，其計算的折舊、攤銷不得在計算應納稅所得額時扣除。

(3) 企業將符合第 (1) 項規定條件的財政性資金作不徵稅收入處理后，在 5 年 (60 個月) 內未發生支出且未繳回財政部門或其他撥付資金的政府部門的部分，應計入取得該資金第六年的應稅收入總額；計入應稅收入總額的財政性資金發生的支出，允許在計算應納稅所得額時扣除。

(4) 企業取得的不徵稅收入，應按照上述規定進行處理。凡未按照上述規定進行管理的，應作為企業應稅收入計入應納稅所得額，依法繳納企業所得稅。

[案例 10-16] 2015 年 12 月，甲公司取得 100 萬元政府補助，專項用於購買環保設備一臺 (無需安裝)。該設備折舊年限為 5 年，採用直線法計提折舊 (假設無殘值)。

①如果專項用途財政性資金不符合不徵稅條件，計算 2015—2020 年納稅調整金額。

②如果專項用途財政性資金符合不徵稅條件，計算 2015—2020 年納稅調整金額。

[解答] 會計規定，企業取得與資產相關的政府補助，應當先確認為遞延收益，然後自相關資產可供使用時起，在該項資產使用壽命內平均分配，計入當期營業外收入。稅法規定，如果專項用途財政性資金不符合不徵稅條件，作為企業應稅收入，應稅收入用於支出所形成的資產，其計算的折舊、攤銷準予扣除；如果專項用途財政性資金符合不徵稅條件，可以作為不徵稅收入，不徵稅收入用於支出所形成的資產，其計算的折舊、攤銷不得扣除。

①如果專項用途財政性資金不符合不徵稅條件。

2015 年：會計不確認營業外收入，稅法確認營業外收入 100 萬元，暫時性納稅調整＋100 萬元。

2016—2020 年每年：會計確認營業外收入 20 萬元，確認管理費用 20 萬元，稅法不確認營業外收入，扣除管理費用 20 萬元，暫時性納稅調整－20 萬元。

②如果專項用途財政性資金符合不徵稅條件。

2015 年：會計不確認營業外收入，稅法確認營業外收入 100 萬元，同時此 100 萬元作為不徵稅收入，無須納稅調整。

2016—2020 年每年：會計確認營業外收入 20 萬元，確認管理費用 20 萬元，稅法不確認營業外收入，不扣除管理費用，無須納稅調整。

## 3. 企業接收政府劃入資產

(1) 縣級以上人民政府 (包括政府有關部門，下同) 將國有資產明確以股權投資方式投入企業，企業應作為國家資本金 (包括資本公積) 處理。該項資產如為非貨幣性資產，應按政府確定的接收價值確定計稅基礎。

(2) 縣級以上人民政府將國有資產無償劃入企業，凡指定專門用途並按規定進行管理的，企業可作為不徵稅收入進行企業所得稅處理。其中，該項資產屬於非貨幣性資產的，應按政府確定的接收價值計算不徵稅收入。

縣級以上人民政府將國有資產無償劃入企業，屬於上述（1）、（2）項以外情形的，應按政府確定的接收價值計入當期收入總額計算繳納企業所得稅。政府沒有確定接收價值的，按資產的公允價值計算確定應稅收入。

4. 即徵即退增值稅款

符合條件的軟件企業按照規定取得的即徵即退增值稅款，由企業專項用於軟件產品研發和擴大再生產並單獨進行核算，可以作為不徵稅收入，在計算應納稅所得額時從收入總額中減除。

[案例10-17] 某軟件公司於2010年設立，並於當年獲利。2016年，該公司銷售軟件產品，即徵即退增值稅650萬元，用於補償2017年軟件產品研究費用。計算該軟件公司2016年、2017年納稅調整金額。

[解答] 會計規定，與取得收益相關的政府補助應當在其補償的相關費用或損失發生的期間計入當期損益；用於補償企業以後期間費用或損失的，在取得時先確認為遞延收益，然后在確認相關費用的期間計入當期營業外收入；用於補償企業已發生費用或損失的，取得時直接計入當期營業外收入。稅法規定，符合條件的軟件企業按照規定取得的即徵即退增值稅款，由企業專項用於軟件產品研發和擴大再生產並單獨進行核算，可以作為不徵稅收入；不徵稅收入用於支出所形成的費用，不得在計算應納稅所得額時扣除。

即徵即退增值稅款符合不徵稅條件的，無須納稅調整。

### 四、免稅收入

（一）國債和地方政府債券利息收入

（1）國債利息收入是指企業持有國務院財政部門發行的國債取得的利息收入。企業取得的國債利息收入，免徵企業所得稅。具體按以下規定執行：

①企業從發行者直接投資購買的國債持有至到期，其從發行者取得的國債利息收入，全額免徵企業所得稅。

②企業到期前轉讓國債或者從非發行者投資購買的國債，其按下列公式計算的國債利息收入，免徵企業所得稅。

國債利息收入＝國債金額×（適用年利率÷365）×持有天數

上述公式中的「國債金額」，按國債發行面值或發行價格確定；「適用年利率」按國債票面年利率或折合年收益率確定；如企業不同時間多次購買同一品種國債的，「持有天數」可按平均持有天數計算確定。

（2）對企業取得的2009年及以後年度發行的地方政府債券利息收入，免徵企業所得稅。

地方政府債券是指經國務院批准同意，以省、自治區、直轄市和計劃單列市政府為發行和償還主體的債券。

[案例10-18] 某公司2016年2月1日從二級市場購入5年期可交易國債1萬份，每份面值100元，票面年利率5%，分年付息，到期還本，每份購買全價99.5元。該公司2016年7月1日轉讓該國債，持有151天，每份轉讓全價為103元。計算該公司納稅調整金額。

[解答] 會計規定，國債的持有收益和轉讓收益均計入投資收益；稅法規定，國債的持有收益為免稅收入，國債的轉讓收益為應稅收入。國債的持有收益，屬於收入類永久性納稅調整項目。

國債利息收入永久性納稅調整＝0－100×5%÷365×151＝－2.07（萬元）

（二）符合條件的股息、紅利等權益性投資收益

（1）符合條件的居民企業之間的股息、紅利等權益性投資收益是指居民企業直接投資

於其他居民企業取得的投資收益。

（2）在境內設立機構、場所的非居民企業從居民企業取得與該機構、場所有實際聯繫的股息、紅利等權益性投資收益。

所稱股息、紅利等權益性投資收益，不包括連續持有居民企業公開發行並上市流通的股票不足12個月取得的投資收益。

（3）自2014年11月17日起，內地居民企業連續持有H股滿12個月取得的股息紅利所得，依法免徵企業所得稅。

[案例10-19] 2015年7月1日，A居民公司（企業所得稅稅率為25%）以銀行存款購入B居民公司（企業所得稅稅率為15%）10%的股票，實際支付價款1,500萬元，並準備長期持有，採用成本法核算。2015年度B公司實現淨利潤400萬元。2016年3月20日，B公司宣告發放2015年度現金股利200萬元。2016年度B公司實現淨利潤600萬元。2017年3月20日，B公司宣告發放600萬元股票股利。計算A公司2016年、2017年納稅調整金額。

[解答] 會計規定，成本法核算的長期股權投資，除取得投資時實際支付的價款或對價中包含的已宣告但尚未發放的現金股利和利潤外，投資方應當按照被投資單位宣告分派的現金股利或利潤中應享有的部分確認投資收益，不管該利潤分配是對取得投資前還是取得投資后被投資單位實現淨利潤的分配。對股票股利，會計上不進行帳務處理。稅法規定，股票股利應當分解為收到現金股利和追加投資兩筆業務進行稅務處理。符合條件的居民企業之間的股息、紅利等權益性投資收益為免稅收入。

計算方法1，按收入類納稅調整項目計算。

2016年永久性納稅調整＝0－200×10%＝－20（萬元）

2017年暫時性納稅調整＝600×10%－0＝＋60（萬元）

2017年永久性納稅調整＝0－60＝－60（萬元）

計算方法2，按資產類暫時性納稅調整項目計算（如表10-14所示）。

表10-14　　　　　長期股權投資暫時性納稅調整計算表　　　　　單位：萬元

| 年度 | | 2016年 | 2017年 |
|---|---|---|---|
| 會計確認 | 長期股權投資 | 1,500 | 1,500 |
| 稅法確認 | 長期股權投資 | 1,500 | 1,560 |
| 暫時性納稅調整 | 年末余額 | 0 | 60 |
| | 本年發生額 | +0 | +60 |
| 稅務會計 | 遞延所得稅 | 借0 | 借15 |
| | 所得稅費用 | 貸0 | 貸15 |

（三）符合條件的非營利組織的收入

（1）符合條件的非營利組織，必須同時滿足以下條件：

①依照國家有關法律法規設立或登記的事業單位、社會團體、基金會、民辦非企業單位、宗教活動場所以及財政部、國家稅務總局認定的其他組織；

②從事公益性或者非營利性活動；

③取得的收入除用於與該組織有關的、合理的支出外，全部用於登記核定或者章程規定的公益性或者非營利性事業；

④財產及其孳息不用於分配，但不包括合理的工資薪金支出；

⑤按照登記核定或者章程規定，該組織註銷后的剩餘財產用於公益性或者非營利性目

的，或者由登記管理機關轉贈給與該組織性質、宗旨相同的組織，並向社會公告；

⑥投入人對投入該組織的財產不保留或者享有任何財產權利，所稱投入人是指除各級人民政府及其部門外的法人、自然人和其他組織；

⑦工作人員工資福利開支控制在規定的比例內，不變相分配該組織的財產，其中工作人員平均工資薪金水平不得超過上年度稅務登記所在地人均工資水平的兩倍，工作人員福利按照國家有關規定執行；

⑧除當年新設立或登記的事業單位、社會團體、基金會及民辦非企業單位外，事業單位、社會團體、基金會及民辦非企業單位申請前年度的檢查結論為「合格」；

⑨對取得的應納稅收入及其有關的成本、費用、損失應與免稅收入及其有關的成本、費用、損失分別核算。

（2）非營利組織的下列收入為免稅收入：

①接受其他單位或者個人捐贈的收入；

②除財政撥款以外的其他政府補助收入，但不包括因政府購買服務取得的收入；

③按照省級以上民政、財政部門規定收取的會費；

④不徵稅收入和免稅收入孳生的銀行存款利息收入；

⑤財政部、國家稅務總局規定的其他收入。

（3）符合條件的非營利組織的收入，不包括非營利組織從事營利性活動取得的收入，但國務院財政、稅務主管部門另有規定的除外。

（4）符合非營利組織條件的科技企業孵化器（含眾創空間）的收入，按照《中華人民共和國企業所得稅法》及其實施條例和有關稅收政策規定享受企業所得稅優惠政策。

（5）符合非營利組織條件的國家大學科技園的收入，按照《中華人民共和國企業所得稅法》及其實施條例和有關稅收政策規定享受企業所得稅優惠政策。

（四）中國清潔發展機制基金

對中國清潔發展機制基金取得的下列收入，免徵企業所得稅：

（1）清潔發展機制項目（CDM項目）溫室氣體減排量轉讓收入上繳國家的部分。

（2）國際金融組織贈款收入。

（3）基金資金的存款利息收入、購買國債的利息收入。

（4）國內外機構、組織和個人的捐贈收入。

（五）證券投資基金

（1）對證券投資基金從證券市場中取得的收入，包括買賣股票、債券的差價收入，股權的股息、紅利收入，債券的利息收入及其他收入，暫不徵收企業所得稅。

（2）對投資者從證券投資基金分配中取得的收入，暫不徵收企業所得稅。

（3）對證券投資基金管理人運用基金買賣股票、債券的差價收入，暫不徵收企業所得稅。

## 五、減計收入

（一）綜合利用資源收入

企業綜合利用資源，生產符合國家產業政策規定的產品所取得的收入，可以在計算應納稅所得額時減計收入。

減計收入是指企業以《資源綜合利用企業所得稅優惠目錄》規定的資源作為主要原材料，生產國家非限制和禁止並符合國家和行業相關標準的產品取得的收入，減按90%計入收入總額。

上述所稱原材料占生產產品材料的比例不得低於《資源綜合利用企業所得稅優惠目錄》規定的標準。

(二) 涉農利息收入和保費收入

(1) 2014年1月1日至2016年12月31日，對金融機構農戶小額貸款的利息收入，在計算應納稅所得額時，按90%計入收入總額。所稱小額貸款，是指單筆且該戶貸款餘額總額在10萬元（含）以下貸款。

(2) 2014年1月1日至2016年12月31日，對保險公司為種植業、養殖業提供保險業務取得的保費收入，在計算應納稅所得額時，按90%計入收入總額。所稱保費收入，是指原保險保費收入加上分保費收入減去分出保費后的余額。

(三) 中國鐵路建設債券利息收入

對企業持有2011—2013年發行的中國鐵路建設債券取得的利息收入，減半徵收企業所得稅。中國鐵路建設債券是指經國家發展改革委核准，以鐵道部為發行和償還主體的債券。

對企業持有2014年和2015年發行的中國鐵路建設債券取得的利息收入，減半徵收企業所得稅。中國鐵路建設債券是指經國家發展改革委核准，以中國鐵路總公司為發行和償還主體的債券。

[案例10-20] 某公司在天津市註冊，2015年綜合利用資源，生產符合國家產業政策規定的產品，取得收入50萬元；持有中國鐵路建設債券，取得利息收入20萬元。計算該公司2015年納稅調整金額。

[解答] 綜合利用資源收入，會計規定全額計入營業收入，稅法規定為減計收入，屬於收入類永久性納稅調整項目。

納稅調整＝50×90%－50＝－5（萬元）

中國鐵路建設債券利息收入，會計規定全額計入投資收益，稅法規定為減計收入，屬於收入類永久性納稅調整。

納稅調整＝20×50%－20＝－10（萬元）

永久性納稅調整合計＝－5－10＝－15（萬元）

## 第四節　稅收扣除

### 一、一般規定

(一) 扣除範圍

企業實際發生的與取得收入有關的、合理的支出，包括成本、費用、稅金、損失和其他支出，準予在計算應納稅所得額時扣除。有關的支出是指與取得收入直接相關的支出。合理的支出是指符合生產經營活動常規，應當計入當期損益或者有關資產成本的必要和正常的支出。

企業發生的支出應當區分收益性支出和資本性支出。收益性支出在發生當期直接扣除；資本性支出應當分期扣除或者計入有關資產成本，不得在發生當期直接扣除。

企業的不徵稅收入用於支出所形成的費用或者財產，不得扣除或者計算對應的折舊、攤銷扣除。

企業取得的各項免稅收入所對應的各項成本費用，除另有規定者外，可以在計算企業應納稅所得額時扣除。

除《中華人民共和國企業所得稅法》及其實施條例另有規定外，企業實際發生的成本、費用、稅金、損失和其他支出，不得重複扣除。

成本是指企業在生產經營活動中發生的銷售成本、銷貨成本、業務支出以及其他耗費。

對於成本，會計規定計入主營業務成本、其他業務成本、利息支出、手續費及佣金支出等。

費用是指企業在生產經營活動中發生的銷售費用、管理費用和財務費用，已經計入成本的有關費用除外。

對於費用，會計規定計入銷售費用、管理費用或財務費用。

稅金是指企業發生的除企業所得稅和允許抵扣的增值稅以外的各項稅金及其附加。

對於稅金，會計規定計入營業稅金及附加。

損失是指企業在生產經營活動中發生的固定資產和存貨的盤虧、毀損、報廢損失，轉讓財產損失，呆帳損失，壞帳損失，自然災害等不可抗力因素造成的損失以及其他損失。企業發生的損失，減除責任人賠償和保險賠款后的余額，依照國務院財政、稅務主管部門的規定扣除。企業已經作為損失處理的資產，在以后納稅年度又全部收回或者部分收回時，應當計入當期收入。

對於損失，會計規定計入營業外支出或投資收益。

其他支出是指除成本、費用、稅金、損失外，企業在生產經營活動中發生的與生產經營活動有關的、合理的支出。

對於其他支出，會計規定計入匯兌損益等。

（二）扣除納稅調整

（1）會計規定與稅法規定均據實扣除：無差異，無須納稅調整。

（2）會計規定與稅法規定均不得扣除：無差異，無須納稅調整。

（3）會計規定據實扣除，稅法規定不得扣除：永久性差異，納稅調增。

（4）會計規定據實扣除，稅法規定限制扣除：沒有超過限制的，無須納稅調整；超過限制部分，永久性差異，納稅調增。

（5）會計規定據實扣除，稅法規定加計扣除：永久性差異，納稅調減。

（6）會計規定先扣除，稅法規定超過限制部分延期扣除：沒有超過限制的，無須納稅調整；超過限制部分，可抵扣暫時性差異，先調增后調減。

（7）會計規定后扣除，稅法規定提前扣除：應納稅暫時性差異，先調減后調增。

**二、具體規定**

（一）工資薪金支出

（1）企業發生的合理的工資薪金支出，準予扣除。

工資薪金支出是指企業每一納稅年度支付給在本企業任職或者受雇的員工的所有現金形式或者非現金形式的勞動報酬，包括基本工資、獎金、津貼、補貼、年終加薪、加班工資以及與員工任職或者受雇有關的其他支出。

（2）合理工資薪金是指企業按照股東大會、董事會、薪酬委員會或相關管理機構制定的工資薪金制度規定實際發放給員工的工資薪金。稅務機關在對工資薪金進行合理性確認時，可按以下原則掌握：

①企業制定了較為規範的員工工資薪金制度；

②企業所制定的工資薪金制度符合行業及地區水平；

③企業在一定時期所發放的工資薪金是相對固定的，工資薪金的調整是有序進行的；

④企業對實際發放的工資薪金，已依法履行了代扣代繳個人所得稅義務；

⑤有關工資薪金的安排，不以減少或逃避稅款為目的。

列入企業員工工資薪金制度、固定與工資薪金一起發放的福利性補貼，符合上述規定的，可作為企業發生的工資薪金支出，按規定在稅前扣除。不能同時符合上述條件的福利

性補貼，應作為職工福利費，按規定計算限額稅前扣除。

（3）工資薪金總額是指企業按照上述規定實際發放的工資薪金總和，不包括企業的職工福利費、職工教育經費、工會經費以及養老保險費、醫療保險費、失業保險費、工傷保險費、生育保險費等社會保險費和住房公積金。屬於國有性質的企業，其工資薪金，不得超過政府有關部門給予的限定數額；超過部分，不得計入企業工資薪金總額，也不得在計算企業應納稅所得額時扣除。

（4）企業因雇用季節工、臨時工、實習生、返聘離退休人員所實際發生的費用，應區分為工資薪金支出和職工福利費支出，並按《中華人民共和國企業所得稅法》的規定在企業所得稅前扣除。其中，屬於工資薪金支出的，準予計入企業工資薪金總額的基數，作為計算其他各項相關費用扣除的依據。

（5）企業接受外部勞務派遣用工所實際發生的費用，應分兩種情況按規定在稅前扣除：按照協議（合同）約定直接支付給勞務派遣公司的費用，應作為勞務費支出；直接支付給員工個人的費用，應作為工資薪金支出和職工福利費支出。其中，屬於工資薪金支出的費用，準予計入企業工資薪金總額的基數，作為計算其他各項相關費用扣除的依據。

（6）企業在年度匯算清繳結束前向員工實際支付的已預提匯繳年度工資薪金，準予在匯繳年度按規定扣除。

（7）上市公司依照《上市公司股權激勵管理辦法（試行）》(證監公司字〔2005〕151號）要求建立職工股權激勵計劃，並按中國企業會計準則的有關規定，在股權激勵計劃授予激勵對象時，按照該股票的公允價格及數量，計算確定作為上市公司相關年度的成本或費用，作為換取激勵對象提供服務的對價。上述企業建立的職工股權激勵計劃，其企業所得稅的處理，按以下規定執行：

①對股權激勵計劃實行后立即可以行權的，上市公司可以根據實際行權時該股票的公允價格與激勵對象實際行權支付價格的差額和數量，計算確定作為當年上市公司工資薪金支出，依照稅法規定進行稅前扣除。

②對股權激勵計劃實行后，需待一定服務年限或者達到規定業績條件（以下簡稱等待期）方可行權的，上市公司等待期內會計上計算確認的相關成本費用，不得在對應年度計算繳納企業所得稅時扣除。在股權激勵計劃可行權后，上市公司方可根據該股票實際行權時的公允價格與當年激勵對象實際行權支付價格的差額及數量，計算確定作為當年上市公司工資薪金支出，依照稅法規定進行稅前扣除。

③所指股票實際行權時的公允價格，以實際行權日該股票的收盤價格確定。

（8）安置殘疾人員及國家鼓勵安置的其他就業人員所支付的工資，可以在計算應納稅所得額時加計扣除。

企業安置殘疾人員所支付的工資的加計扣除是指企業安置殘疾人員的，在按照支付給殘疾職工工資據實扣除的基礎上，按照支付給殘疾職工工資的100%加計扣除。殘疾人員的範圍適用《中華人民共和國殘疾人保障法》的有關規定。

企業享受安置殘疾職工工資100%加計扣除應同時具備如下條件：

①依法與安置的每位殘疾人簽訂了1年以上（含1年）的勞動合同或服務協議，並且安置的每位殘疾人在企業實際上崗工作。

②為安置的每位殘疾人按月足額繳納了企業所在區縣人民政府根據國家政策規定的基本養老保險、基本醫療保險、失業保險和工傷保險等社會保險。

③定期通過銀行等金融機構向安置的每位殘疾人實際支付了不低於企業所在區縣適用的經省級人民政府批准的最低工資標準的工資。

④具備安置殘疾人上崗工作的基本設施。

企業安置國家鼓勵安置的其他就業人員所支付的工資的加計扣除辦法由國務院另行規定。

[案例 10-21] 某公司在重慶市註冊，安置殘疾人員 10 人，2016 年支付每人工資 3 萬元。計算該公司納稅調整金額。

[解答] 殘疾職工工資，會計規定據實計入當年成本費用，稅法規定加倍扣除，屬於扣除類永久性納稅調整項目。

永久性納稅調整＝3×10－3×10×2＝－30（萬元）

(二) 職工福利費、工會經費、教育經費

(1) 企業發生的職工福利費支出，不超過工資薪金總額 14%的部分，準予扣除。

企業職工福利費包括以下內容：

①尚未實行分離辦社會職能的企業，其內設福利部門所發生的設備、設施和人員費用，包括職工食堂、職工浴室、理髮室、醫務所、托兒所、療養院等集體福利部門的設備、設施及維修保養費用和福利部門工作人員的工資薪金、社會保險費、住房公積金、勞務費等。

②為職工衛生保健、生活、住房、交通等所發放的各項補貼和非貨幣性福利，包括企業向職工發放的因公外地就醫費用、未實行醫療統籌企業職工醫療費用、職工供養直系親屬醫療補貼、供暖費補貼、職工防暑降溫費、職工困難補貼、救濟費、職工食堂經費補貼、職工交通補貼等。

③按照其他規定發生的其他職工福利費，包括喪葬補助費、撫恤費、安家費、探親假路費等。

企業發生的職工福利費，應該單獨設置帳冊，進行準確核算。沒有單獨設置帳冊準確核算的，稅務機關應責令企業在規定的期限內進行改正。逾期仍未改正的，稅務機關可對企業發生的職工福利費進行合理的核定。

(2) 企業撥繳的工會經費，不超過工資薪金總額 2%的部分，準予扣除。

自 2010 年 1 月 1 日起，在委託稅務機關代收工會經費的地區，企業撥繳的工會經費，也可憑合法、有效的工會經費代收憑據依法在稅前扣除。

自 2010 年 7 月 1 日起，企業撥繳的職工工會經費，不超過工資薪金總額 2%的部分，憑工會組織開具的「工會經費收入專用收據」在企業所得稅稅前扣除。

[案例 10-22] 某國有企業 2016 年工資薪金支出 120 萬元（假定政府有關部門限定數額為 100 萬元），職工福利費支出 16 萬元，撥繳工會經費 1.5 萬元。

該國有企業 2017 年工資薪金支出 90 萬元（政府有關部門限定數額為 100 萬元），職工福利費支出 11 萬元，撥繳工會經費 3 萬元。

計算該國有企業 2016 年、2017 年納稅調整金額。

[解答] 工資薪金支出、職工福利支出、撥繳工會經費，會計規定據實計入當年成本費用，稅法規定限制扣除，屬於扣除類永久性納稅調整項目。

2016 年度納稅調整金額計算如下：

工資薪金支出納稅調整＝120－MIN(120,100)＝120－100＝＋20（萬元）

職工福利支出納稅調整＝16－MIN(16,100×14%)＝16－14＝＋2（萬元）

撥繳工會經費納稅調整＝1.5－MIN(1.5,100×2%)＝1.5－1.5＝0（萬元）

2016 年永久性納稅調整合計＝20＋2＋0＝＋22（萬元）

2017 年納稅調整金額計算如下：

工資薪金支出納稅調整＝90－MIN(90,100)＝90－90＝0（萬元）

職工福利支出納稅調整＝11－MIN(11,90×14%)＝11－11＝0（萬元）

工會經費納稅調整＝3－MIN(3,90×2%)＝3－1.8＝＋1.2（萬元）

2017 年永久性納稅調整合計＝0＋0＋1.2＝＋1.2（萬元）

(3) 除國務院財政、稅務主管部門另有規定外，企業發生的職工教育經費支出，不超過工資薪金總額2.5%的部分，準予扣除；超過部分，準予在以后納稅年度結轉扣除。

自2015年1月1日起，高新技術企業發生的職工教育經費支出，不超過工資薪金總額8%的部分，準予在計算企業所得稅應納稅所得額時扣除；超過部分，準予在以后納稅年度結轉扣除。

自2014年1月1日起至2018年12月31日止，在北京、天津、上海、重慶、大連、深圳、廣州、武漢、哈爾濱、成都、南京、西安、濟南、杭州、合肥、南昌、長沙、大慶、蘇州、無錫、廈門21個中國服務外包示範城市繼續實行以下企業所得稅優惠政策：經認定的技術先進型服務企業發生的職工教育經費支出，不超過工資薪金總額8%的部分，準予在計算應納稅所得額時扣除；超過部分，準予在以后納稅年度結轉扣除。

集成電路設計企業和符合條件軟件企業的職工培訓費用，應單獨進行核算並按實際發生額在計算應納稅所得額時扣除。

[案例10-23] 某中外合資公司2016年在廣州註冊，企業所得稅稅率為25%。該公司2016年工資薪金支出1,000萬元（合理），教育經費支出30萬元；2017年工資薪金支出2,000萬元（合理），教育經費支出40萬元。

計算該公司2016年、2017年納稅調整金額。

[解答] 職工教育經費支出，會計規定據實計入當年成本費用，稅法規定超過工資薪金總額2.5%的部分延期扣除，屬於扣除類或負債類暫時性納稅調整項目。

計算方法1，按扣除類納稅調整項目計算。

2016年暫時性納稅調整＝30－MIN(30,1,000×2.5%)＝30－25＝+5（萬元）

2017年暫時性納稅調整＝40－MIN(40+5,2,000×2.5%)＝40－45＝－5（萬元）

計算方法2，按負債類暫時性納稅調整項目計算（如表10-15所示）。

表10-15　　　　　　　教育經費支出暫時性納稅調整計算表　　　　　　單位：萬元

| 年度 | | 2016年 | 2017年 |
|---|---|---|---|
| 教育經費支出累計 | 會計確認 | 30 | 30+40=70 |
| | 稅法確認 | MIN(30,1,000×2.5%)=25 | MIN(70,(1,000+2,000)×2.5%)=70 |
| 暫時性納稅調整 | 年末余額 | 5 | 0 |
| | 本年發生額 | +5 | －5 |
| 稅務會計 | 遞延所得稅 | 借1.25 | 貸1.25 |
| | 所得稅費用 | 貸1.25 | 借1.25 |

（三）勞動保護支出

(1) 企業發生的合理的勞動保護支出，準予扣除。

(2) 企業根據其工作性質和特點，由企業統一製作並要求員工工作時統一著裝所發生的工作服飾費用，可以作為企業合理的支出給予稅前扣除。

(3) 企業實際發生的維簡費支出和高危行業企業實際發生的安全生產費用支出，屬於收益性支出的，可直接作為當期費用在稅前扣除；屬於資本性支出的，應計入有關資產成本，並按《中華人民共和國企業所得稅法》的規定計提折舊或攤銷費用在稅前扣除。企業按照有關規定預提的維簡費和安全生產費用，不得在稅前扣除。

（四）保險費

企業依照國務院有關主管部門或者省級人民政府規定的範圍和標準為職工繳納的基本養老保險費、基本醫療保險費、失業保險費、工傷保險費、生育保險費等基本社會保險費

和住房公積金，準予扣除。

企業根據國家有關政策規定，為在本企業任職或者受雇的全體員工支付的補充養老保險費、補充醫療保險費，分別在不超過職工工資總額5%標準內的部分，在計算應納稅所得額時準予扣除；超過的部分，不予扣除。

除企業依照國家有關規定為特殊工種職工支付的人身安全保險費和國務院財政、稅務主管部門規定可以扣除的其他商業保險費外，企業為投資者或者職工支付的商業保險費，不得扣除。

企業參加財產保險，按照規定繳納的保險費，準予扣除。

[案例10-24] 在長沙註冊的某內資公司，2016年工資薪金總額1,000萬元，分別按工資薪金總額的20%、8%、1.3%、0.7%、0.5%、12%（符合當地政府規定）為職工繳納基本養老保險費200萬元、基本醫療保險費80萬元、失業保險費13萬元、生育保險費7萬元、工傷保險費5萬元、住房公積金120萬元；為職工繳納補充養老保險費70萬元、補充醫療保險費60萬元；為職工支付商業保險費20萬元；為公司支付財產保險費30萬元。計算該公司納稅調整金額。

[解答] 按規定繳納的「五險一金」，會計規定計入成本費用，稅法規定準予扣除，沒有差異，無須納稅調整。

支付的補充養老保險費、補充醫療保險費，會計規定計入成本費用，稅法規定限制扣除，屬於扣除類永久性納稅調整項目。

納稅調整 = 70−MIN(70, 1,000×5%) + 60−MIN(60, 1,000×5%) = +30（萬元）

為職工支付商業保險費，會計規定計入成本費用，稅法規定不得扣除，屬於扣除類永久性納稅調整項目。

納稅調整 = 20−0 = +20（萬元）

為公司支付財產保險費，會計規定計入成本費用，稅法規定準予扣除，沒有差異，無須納稅調整。

永久性納稅調整合計 = 30+20 = +50（萬元）

（五）借款費用

（1）企業在生產經營活動中發生的合理的不需要資本化的借款費用，準予扣除。

（2）企業為購置、建造固定資產、無形資產和經過12個月以上的建造才能達到預定可銷售狀態的存貨發生借款的，在有關資產購置、建造期間發生的合理的借款費用，應當作為資本性支出計入有關資產的成本，並依照規定扣除。

（3）企業通過發行債券、取得貸款、吸收保戶儲金等方式融資而發生的合理的費用支出，符合資本化條件的，應計入相關資產成本；不符合資本化條件的，應作為財務費用，準予在企業所得稅前據實扣除。

（4）企業在生產經營活動中發生的下列利息支出，準予扣除：

①非金融企業向金融企業借款的利息支出、金融企業的各項存款利息支出和同業拆借利息支出、企業經批准發行債券的利息支出；

②非金融企業向非金融企業借款的利息支出，不超過按照金融企業同期同類貸款利率計算的數額的部分。

鑒於目前中國對金融企業利率要求的具體情況，企業在按照合同要求首次支付利息並進行稅前扣除時，應提供「金融企業的同期同類貸款利率情況說明」，以證明其利息支出的合理性。

「金融企業的同期同類貸款利率情況說明」中，應包括在簽訂該借款合同當時，本省任何一家金融企業提供同期同類貸款利率情況。該金融企業應為經政府有關部門批准成立的

可以從事貸款業務的企業，包括銀行、財務公司、信託公司等金融機構。「同期同類貸款利率」是指在貸款期限、貸款金額、貸款擔保以及企業信譽等條件基本相同下，金融企業提供貸款的利率。其既可以是金融企業公布的同期同類平均利率，也可以是金融企業對某些企業提供的實際貸款利率。

（5）企業向與企業無關聯關係的內部職工或其他人員借款的利息支出，其借款情況同時符合以下條件的，其利息支出在不超過按照金融企業同期同類貸款利率計算的數額的部分，根據上述規定，準予扣除。

①企業與個人之間的借貸是真實、合法、有效的，並且不具有非法集資目的或其他違反法律、法規的行為；

②企業與個人之間簽訂了借款合同。

[案例10-25] 某商業企業為補充流動資金，2016年1月1日發生三筆借款業務：向銀行借款300萬元，期限1年，利率6%；向另一公司借款500萬元，期限1年，利率9%；向內部職工集資100萬元，期限1年，利率10%，簽訂了借款合同。計算該企業納稅調整金額。

[解答] 非金融企業向金融企業借款的利息支出，會計規定計入財務費用，稅法規定準予扣除，沒有差異，無須納稅調整。

非金融企業向非金融企業借款的利息支出，企業向內部職工集資的利息支出，會計規定據實計入財務費用，稅法規定限制扣除，屬於扣除類永久性納稅調整項目。

向非金融企業借款的利息支出納稅調整 = 500×9%×1 − 500×6%×1 = +15（萬元）
向內部職工集資的利息支出納稅調整 = 100×10%×1 − 100×6%×1 = +4（萬元）
永久性納稅調整合計 = 15+4 = +19（萬元）

（六）租賃費

企業根據生產經營活動的需要租入固定資產支付的租賃費，按以下方法扣除：

（1）以經營租賃方式租入固定資產發生的租賃費支出，按照租賃期限均勻扣除；

（2）以融資租賃方式租入固定資產發生的租賃費支出，按照規定構成融資租入固定資產價值的部分應當提取折舊費用，分期扣除。

（七）匯兌損失

企業在貨幣交易中以及納稅年度終了時將人民幣以外的貨幣性資產、負債按照期末即期人民幣匯率中間價折算為人民幣時產生的匯兌損失，除已經計入有關資產成本以及與向所有者進行利潤分配相關的部分外，準予扣除。

（八）業務招待費

（1）企業發生的與生產經營活動有關的業務招待費支出，按照發生額的60%扣除，但最高不得超過當年銷售（營業）收入的5‰。

對從事股權投資業務的企業（包括集團公司總部、創業投資企業等），其從被投資企業所分配的股息、紅利以及股權轉讓收入，可以按規定的比例計算業務招待費扣除限額。

企業在計算業務招待費扣除限額時，其銷售（營業）收入額應包括視同銷售（營業）收入額。

（2）企業在籌建期間，發生的與籌辦活動有關的業務招待費支出，可按實際發生額的60%計入企業籌辦費，並按有關規定在稅前扣除。

[案例10-26] 在武漢註冊的某外資公司，2016年主營業務收入2,000萬元，其他業務收入800萬元，業務招待費25萬元。

該公司2017年主營業務收入3,000萬元，其他業務收入1,200萬元，業務招待費30萬元。

計算該公司 2016 年、2017 年納稅調整金額。

[解答] 業務招待費，會計規定計入管理費用，稅法規定限制扣除，屬於扣除類永久性納稅調整項目。

2016 年永久性納稅調整＝25－MIN(25×60%,(2,000+800)×0.5%)＝25－14＝+11(萬元)
2017 年永久性納稅調整＝30－MIN(30×60%,(3,000+1,200)×0.5%)＝30－18＝+12(萬元)

(九) 廣告費和業務宣傳費

(1) 企業發生的符合條件的廣告費和業務宣傳費支出，除國務院財政、稅務主管部門另有規定外，不超過當年銷售(營業)收入15%的部分，準予扣除；超過部分，準予在以後納稅年度結轉扣除。

企業在計算廣告費和業務宣傳費等費用扣除限額時，其銷售(營業)收入額應包括視同銷售(營業)收入額。

(2) 企業在籌建期間，發生的廣告費和業務宣傳費，可按實際發生額計入企業籌辦費，並按有關規定在稅前扣除。

(3) 自 2011 年 1 月 1 日起至 2015 年 12 月 31 日止，部分行業廣告費和業務宣傳費支出稅前扣除政策如下：

①對化妝品製造與銷售、醫藥製造和飲料製造(不含酒類製造，下同)企業發生的廣告費和業務宣傳費支出，不超過當年銷售(營業)收入30%的部分，準予扣除；超過部分，準予在以後納稅年度結轉扣除。

②對簽訂廣告費和業務宣傳費分攤協議(以下簡稱分攤協議)的關聯企業，其中一方發生的不超過當年銷售(營業)收入稅前扣除限額比例內的廣告費和業務宣傳費支出可以在本企業扣除，也可以將其中的部分或全部按照分攤協議歸集至另一方扣除。另一方在計算本企業廣告費和業務宣傳費支出企業所得稅稅前扣除限額時，可將按照上述辦法歸集至本企業的廣告費和業務宣傳費不計算在內。

③菸草企業的菸草廣告費和業務宣傳費支出，一律不得在計算應納稅所得額時扣除。

[案例 10-27] 某化妝品製造公司 2013 年設立，企業所得稅稅率為 25%。

該公司 2013 年營業收入 5,000 萬元，廣告費和業務宣傳費 1,600 萬元。
該公司 2014 年營業收入 6,000 萬元，廣告費和業務宣傳費 1,760 萬元。
該公司 2015 年營業收入 7,000 萬元，廣告費和業務宣傳費 2,000 萬元。
計算該公司 2013—2015 年納稅調整金額。

[解答] 廣告費和業務宣傳費，會計規定據實計入銷售費用，稅法規定超過部分延期扣除，屬於扣除類或負債類暫時性納稅調整項目。

計算方法 1，按扣除類納稅調整項目計算。

2013 年暫時性納稅調整＝1,600－MIN(1,600,5,000×30%)＝1,600－1,500＝+100(萬元)
2014 年暫時性納稅調整＝1,760－MIN(1,760+100,6,000×30%)＝1,760－1,800＝－40(萬元)
2015 年暫時性納稅調整＝2,000－MIN(2,000+60,7,000×30%)＝2,000－2,060＝－60(萬元)

計算方法 2，按負債類暫時性納稅調整項目計算(如表 10-16 所示)。

表 10-16　　　　　廣告費和業務宣傳費暫時性納稅調整計算表　　　　　單位：萬元

| 年度 | | 2013 年 | 2014 年 | 2015 年 |
| --- | --- | --- | --- | --- |
| 廣告費和業務宣傳費累計 | 會計確認 | 1,600 | 1,600+1,760＝3,360 | 3,360+2,000＝5,360 |
| | 稅法確認 | MIN(1,600,5,000×30%)＝1,500 | MIN(3,360,(5,000+6,000)×30%)＝3,300 | MIN(5,360,(5,000+6,000+7,000)×30%)＝5,360 |

表10-16(續)

| 年度 | | 2013 年 | 2014 年 | 2015 年 |
|---|---|---|---|---|
| 暫時性納稅調整 | 年末餘額 | 100 | 60 | 0 |
| | 本年發生額 | +100 | -40 | -60 |
| 稅務會計 | 遞延所得稅 | 借25 | 貸10 | 貸15 |
| | 所得稅費用 | 貸25 | 借10 | 借15 |

（十）公益性捐贈支出

企業通過公益性社會團體或者縣級以上人民政府及其部門，用於公益事業的捐贈支出，在年度利潤總額12%以內的部分，準予在計算應納稅所得額時扣除。年度利潤總額是指企業依照國家統一會計制度的規定計算的大於零的數額。

（1）用於公益事業的捐贈支出是指《中華人民共和國公益事業捐贈法》規定的向公益事業的捐贈支出。其具體範圍包括：
①救助災害、救濟貧困、扶助殘疾人等困難的社會群體和個人的活動；
②教育、科學、文化、衛生、體育事業；
③環境保護、社會公共設施建設；
④促進社會發展和進步的其他社會公共和福利事業。

（2）公益性社會團體是指同時符合下列條件的基金會、慈善組織等社會團體：
①依法登記，具有法人資格；
②以發展公益事業為宗旨，並且不以營利為目的；
③全部資產及其增值為該法人所有；
④收益和營運結余主要用於符合該法人設立目的的事業；
⑤終止後的剩余財產不歸屬任何個人或者營利組織；
⑥不經營與其設立目的無關的業務；
⑦有健全的財務會計制度；
⑧捐贈者不以任何形式參與社會團體財產的分配；
⑨國務院財政、稅務主管部門會同國務院民政部門等登記管理部門規定的其他條件。

（3）公益性社會團體和縣級以上人民政府及其組成部門和直屬機構在接受捐贈時，捐贈資產的價值，按以下原則確認：
①接受捐贈的貨幣性資產，應當按照實際收到的金額計算。
②接受捐贈的非貨幣性資產，應當以其公允價值計算。捐贈方在向公益性社會團體和縣級以上人民政府及其組成部門和直屬機構捐贈時，應當提供註明捐贈非貨幣性資產公允價值的證明，如果不能提供上述證明，公益性社會團體和縣級以上人民政府及其組成部門和直屬機構不得向其開具公益性捐贈票據。

（4）公益性社會團體和縣級以上人民政府及其組成部門和直屬機構在接受捐贈時，應按照行政管理級次分別使用由財政部或省、自治區、直轄市財政部門印製的公益性捐贈票據，並加蓋本單位的印章；對個人索取捐贈票據的，應予以開具。

新設立的基金會在申請獲得捐贈稅前扣除資格後，原始基金的捐贈人可憑捐贈票據依法享受稅前扣除。

（5）縣級以上人民政府及其組成部門和直屬機構的公益性捐贈稅前扣除資格不需要認定。

對獲得公益性捐贈稅前扣除資格的公益性社會團體，由財政部、國家稅務總局和民政

部以及省、自治區、直轄市、計劃單列市財政、稅務和民政部門每年分別聯合公布名單。名單應當包括當年繼續獲得公益性捐贈稅前扣除資格和新獲得公益性捐贈稅前扣除資格的公益性社會團體。

企業或個人在名單所屬年度內向名單內的公益性社會團體進行的公益性捐贈支出，可按規定進行稅前扣除。

（6）自2016年1月1日起至2018年12月31日止，企事業單位、社會團體以及其他組織捐贈住房作為公共租賃住房，符合稅收法律法規規定的，對其公益性捐贈支出在年度利潤總額12%以內的部分，準予在計算應納稅所得額時扣除。

（7）自2016年1月1日起，企業向公益性社會團體實施的股權捐贈，應按規定視同轉讓股權，股權轉讓收入額以企業所捐贈股權取得時的歷史成本確定。

所稱的股權，是指企業持有的其他企業的股權、上市公司股票等。

企業實施股權捐贈后，以其股權歷史成本為依據確定捐贈額，並依此按照《中華人民共和國企業所得稅法》有關規定在所得稅前予以扣除。公益性社會團體接受股權捐贈后，應按照捐贈企業提供的股權歷史成本開具捐贈票據。

所稱公益性社會團體，是指註冊在中華人民共和國境內，以發展公益事業為宗旨、不以營利為目的，並經確定為具有接受捐贈稅前扣除資格的基金會、慈善組織等公益性社會團體。

所稱股權捐贈行為，是指企業向中華人民共和國境內公益性社會團體實施的股權捐贈行為。企業向中華人民共和國境外的社會組織或團體實施的股權捐贈行為不適用上述規定。

[案例10-28] 某居民公司2016年通過公益性社會團體向教育事業捐贈150萬元，另直接向災區捐贈50萬元。該公司2016年利潤總額1,000萬元，計算納稅調整金額。

[解答] 公益性捐贈，會計規定據實計入營業外支出，稅法規定限制扣除，屬於扣除類永久性納稅調整項目。

納稅調整＝150－MIN(150,1,000×12%)＝150－120＝+30（萬元）

直接捐贈，會計規定據實計入營業外支出，稅法規定不得扣除，屬於扣除類永久性納稅調整項目。

納稅調整＝50－0＝+50（萬元）

永久性納稅調整合計＝30+50＝+80（萬元）

（十一）研究開發費用

開發新技術、新產品、新工藝發生的研究開發費用，可以在計算應納稅所得額時加計扣除。

2016年1月1日起，完善研究開發費用稅前加計扣除政策。

1. 研發活動與研發人員範圍

（1）研發活動。所稱研發活動，是指企業為獲得科學與技術新知識，創造性運用科學技術新知識，或實質性改進技術、產品（服務）、工藝而持續進行的具有明確目標的系統性活動。

（2）研發人員範圍。企業直接從事研發活動人員包括研究人員、技術人員、輔助人員。研究人員是指主要從事研究開發項目的專業人員；技術人員是指具有工程技術、自然科學和生命科學中一個或一個以上領域的技術知識和經驗，在研究人員指導下參與研發工作的人員。輔助人員是指參與研究開發活動的技工。

企業外聘研發人員是指與本企業簽訂勞務用工協議（合同）和臨時聘用的研究人員、技術人員、輔助人員。

2. 研發費用歸集範圍

（1）允許加計扣除的研發費用。企業開展研發活動中實際發生的研發費用，未形成無形資產計入當期損益的，在按規定據實扣除的基礎上，按照本年度實際發生額的50%，從本年度應納稅所得額中扣除；形成無形資產的，按照無形資產成本的150%在稅前攤銷。研發費用的具體範圍包括：

①人員人工費用。直接從事研發活動人員的工資薪金、基本養老保險費、基本醫療保險費、失業保險費、工傷保險費、生育保險費和住房公積金以及外聘研發人員的勞務費用。

②直接投入費用。

第一，研發活動直接消耗的材料、燃料和動力費用。

第二，用於中間試驗和產品試製的模具、工藝裝備開發及製造費，不構成固定資產的樣品、樣機及一般測試手段購置費，試製產品的檢驗費。

第三，用於研發活動的儀器、設備的運行維護、調整、檢驗、維修等費用以及通過經營租賃方式租入的用於研發活動的儀器、設備租賃費。

③折舊費用。用於研發活動的儀器、設備的折舊費。

④無形資產攤銷。用於研發活動的軟件、專利權、非專利技術（包括許可證、專有技術、設計和計算方法等）的攤銷費用。

⑤新產品設計費、新工藝規程制定費、新藥研製的臨床試驗費、勘探開發技術的現場試驗費。

⑥其他相關費用。與研發活動直接相關的其他費用，如技術圖書資料費、資料翻譯費、專家諮詢費、高新科技研發保險費、研發成果的檢索、分析、評議、論證、鑒定、評審、評估、驗收費用，知識產權的申請費、註冊費、代理費以及差旅費、會議費等。此項費用總額不得超過可加計扣除研發費用總額的10%。

其他相關費用限額＝允許加計扣除的研發費用中的第①項至第⑤項的費用之和÷（1－10%）×10%

⑦財政部和國家稅務總局規定的其他費用。

（2）下列活動不適用稅前加計扣除政策：

①企業產品（服務）的常規性升級。

②對某項科研成果的直接應用，如直接採用公開的新工藝、材料、裝置、產品、服務或知識等。

③企業在商品化后為顧客提供的技術支持活動。

④對現存產品、服務、技術、材料或工藝流程進行的重複或簡單改變。

⑤市場調查研究、效率調查或管理研究。

⑥作為工業（服務）流程環節或常規的質量控制、測試分析、維修維護。

⑦社會科學、藝術或人文學方面的研究。

（3）財政性資金的處理。企業取得作為不徵稅收入處理的財政性資金用於研發活動所形成的費用或無形資產，不得計算加計扣除或攤銷。

3. 特別事項的處理

（1）企業委託外部機構或個人進行研發活動所發生的費用，按照費用實際發生額的80%計入委託方研發費用並計算加計扣除，受託方不得再進行加計扣除。委託外部研究開發費用實際發生額應按照獨立交易原則確定。

委託方與受託方存在關聯關係的，受託方應向委託方提供研發項目費用支出明細情況。

企業委託境外機構或個人進行研發活動所發生的費用，不得加計扣除。

（2）企業共同合作開發的項目，由合作各方就自身實際承擔的研發費用分別計算加計扣除。

（3）企業集團根據生產經營和科技開發的實際情況，對技術要求高、投資數額大，需要集中研發的項目，其實際發生的研發費用，可以按照權利和義務相一致、費用支出和收益分享相配比的原則，合理確定研發費用的分攤方法，在受益成員企業間進行分攤，由相關成員企業分別計算加計扣除。

（4）企業為獲得創新性、創意性、突破性的產品進行創意設計活動而發生的相關費用，可按照規定進行稅前加計扣除。

創意設計活動是指多媒體軟件、動漫游戲軟件開發、數字動漫、游戲設計製作；房屋建築工程設計（綠色建築評價標準為三星）、風景園林工程專項設計；工業設計、多媒體設計、動漫及衍生產品設計、模型設計等。

4. 會計核算與管理

（1）企業應按照國家財務會計制度要求，對研發支出進行會計處理；同時，對享受加計扣除的研發費用按研發項目設置輔助帳，準確歸集核算當年可加計扣除的各項研發費用實際發生額。企業在一個納稅年度內進行多項研發活動的，應按照不同研發項目分別歸集可加計扣除的研發費用。

（2）企業應對研發費用和生產經營費用分別核算，準確、合理歸集各項費用支出，對劃分不清的，不得實行加計扣除。

5. 不適用稅前加計扣除政策的行業

（1）菸草製造業。

（2）住宿和餐飲業。

（3）批發和零售業。

（4）房地產業。

（5）租賃和商務服務業。

（6）娛樂業。

（7）財政部和國家稅務總局規定的其他行業。

上述行業以《國民經濟行業分類與代碼（GB/4754-2011）》為準，並隨之更新。

[案例10-29] 某公司系外國公司在深圳設立的子公司，該子公司2016年研究支出100萬元，計入當年管理費用；開發支出200萬元，計入無形資產成本，會計處理按直線法攤銷，從2016年7月份開始攤銷，攤銷期限為10年。計算該公司2016年納稅調整金額。

[解答] 費用化研發支出，會計規定計入當年管理費用，稅法規定加計扣除，屬於扣除類永久性納稅調整項目。

納稅調整＝100－100×150%＝－100×50%＝－50（萬元）

資本化研發支出，會計規定計入無形資產成本，分期攤銷，稅法規定加計攤銷，屬於扣除類永久性納稅調整項目。

納稅調整＝200÷10÷2×（1－150%）＝－10×50%＝－5（萬元）

永久性納稅調整合計＝－50－5＝－55（萬元）

（十二）創業投資

（1）創業投資企業從事國家需要重點扶持和鼓勵的創業投資，可以按投資額的一定比例抵扣應納稅所得額。

創業投資企業採取股權投資方式投資於未上市的中小高新技術企業 2 年以上的，可以按照其投資額的 70%在股權持有滿 2 年的當年抵扣該創業投資企業的應納稅所得額；當年不足抵扣的，可以在以后納稅年度結轉抵扣。

(2) 2015 年 10 月 1 日起，有限合夥制創業投資企業法人合夥人企業所得稅政策如下：

①有限合夥制創業投資企業是指依照《中華人民共和國合夥企業法》《創業投資企業管理暫行辦法》（國家發展和改革委員會令第 39 號）和《外商投資創業投資企業管理規定》（外經貿部、科技部、工商總局、稅務總局、外匯管理局令 2003 年第 2 號）設立的專門從事創業投資活動的有限合夥企業。

②有限合夥制創業投資企業的法人合夥人是指依照《中華人民共和國企業所得稅法》及其實施條例以及相關規定，實行查帳徵收企業所得稅的居民企業。

③有限合夥制創業投資企業採取股權投資方式投資於未上市的中小高新技術企業滿 2 年（24 個月，下同）的，其法人合夥人可按照對未上市中小高新技術企業投資額的 70%抵扣該法人合夥人從該有限合夥制創業投資企業分得的應納稅所得額，當年不足抵扣的，可以在以后納稅年度結轉抵扣。

所稱滿 2 年，是指 2015 年 10 月 1 日起，有限合夥制創業投資企業投資於未上市中小高新技術企業的實繳投資滿 2 年；同時，法人合夥人對該有限合夥制創業投資企業的實繳出資也應滿 2 年。

如果法人合夥人投資於多個符合條件的有限合夥制創業投資企業，可合併計算其可抵扣的投資額和應分得的應納稅所得額。當年不足抵扣的，可結轉以后納稅年度繼續抵扣；當年抵扣后有結余的，應按照《中華人民共和國企業所得稅法》的規定計算繳納企業所得稅。

④有限合夥制創業投資企業的法人合夥人對未上市中小高新技術企業的投資額，按照有限合夥制創業投資企業對中小高新技術企業的投資額和合夥協議約定的法人合夥人佔有限合夥制創業投資企業的出資比例計算確定。其中，有限合夥制創業投資企業對中小高新技術企業的投資額按實繳投資額計算；法人合夥人佔有限合夥制創業投資企業的出資比例按法人合夥人對有限合夥制創業投資企業的實繳出資額占該有限合夥制創業投資企業的全部實繳出資額的比例計算。

⑤有限合夥制創業投資企業應納稅所得額的確定及分配，按照《財政部 國家稅務總局關於合夥企業合夥人所得稅問題的通知》（財稅〔2008〕159 號）相關規定執行。

[**案例 10-30**] 某創業投資公司企業所得稅稅率為 25%，2012 年 10 月採取股權投資方式投資未上市的中小高新技術企業 100 萬元，2016 年 5 月以 200 萬元轉讓該項股權。該創業投資公司 2014—2016 年度利潤總額分別 50 萬元、80 萬元、150 萬元，無其他納稅調整項目。計算該創業投資公司 2014—2016 年納稅調整金額及應納企業所得稅。

[**解答**] 創業投資，會計規定持有期間不得扣除，轉讓或者處置時準予扣除，稅法規定可以提前扣除，屬於扣除類或資產類暫時性納稅調整項目。

2014 年創業投資滿 2 年，可扣除額＝100×70%＝70（萬元）

計算方法 1，按扣除類納稅調整項目計算。

2014 年暫時性納稅調整＝0−MIN(50,70)＝−50（萬元）

2015 年暫時性納稅調整＝0−MIN(80,70−50)＝−20（萬元）

2016 年暫時性納稅調整＝100−30＝+70（萬元）

計算方法 2，按資產類暫時性納稅調整項目計算（如表 10-17 所示）。

表 10-17　　　　　　　　　創業投資暫時性納稅調整計算表　　　　　　　　單位：萬元

| 年度 | | 2014 年 | 2015 年 | 2016 年 |
|---|---|---|---|---|
| 利潤總額 | | 50 | 80 | 150 |
| 長期股權投資——創業投資余額 | 會計確認 | 100 | 100 | 0 |
| | 稅法確認 | 100−MIN(50,70)=50 | 100−MIN(50+80,70)=30 | 0 |
| 暫時性納稅調整 | 年末余額 | −50 | −70 | 0 |
| | 本年發生額 | −50 | −20 | +70 |
| 稅務會計 | 遞延所得稅 | 貸 12.5 | 貸 5 | 借 17.5 |
| | 所得稅費用 | 借 12.5 | 借 5 | 貸 17.5 |
| 應納稅所得額 | | 0 | 60 | 220 |
| 應納企業所得稅 | | 0 | 15 | 55 |

（十三）專項資金

企業依照法律、行政法規有關規定提取的用於環境保護、生態恢復等方面的專項資金，準予扣除。上述專項資金提取後改變用途的，不得扣除。

（十四）分攤總機構費用

非居民企業在境內設立的機構、場所，就其境外總機構發生的與該機構、場所生產經營有關的費用，能夠提供總機構出具的費用匯集範圍、定額、分配依據和方法等證明文件，並合理分攤的，準予扣除。

（十五）手續費及佣金支出

（1）企業發生與生產經營有關的手續費及佣金支出，不超過以下規定計算限額以內的部分，準予扣除；超過部分，不得扣除。

①保險企業：財產保險企業按當年全部保費收入扣除退保金等后余額的15%（含本數，下同）計算限額；人身保險企業按當年全部保費收入扣除退保金等后余額的10%計算限額。

②其他企業：按與具有合法經營資格仲介服務機構或個人（不含交易雙方及其雇員、代理人和代表人等）所簽訂服務協議或合同確認的收入金額的5%計算限額。

（2）企業應與具有合法經營資格仲介服務企業或個人簽訂代辦協議或合同，並按國家有關規定支付手續費及佣金。除委託個人代理外，企業以現金等非轉帳方式支付的手續費及佣金不得在稅前扣除。企業為發行權益性證券支付給有關證券承銷機構的手續費及佣金不得在稅前扣除。

（3）企業不得將手續費及佣金支出計入回扣、業務提成、返利、進場費等費用。

（4）企業已計入固定資產、無形資產等相關資產的手續費及佣金支出，應當通過折舊、攤銷等方式分期扣除，不得在發生當期直接扣除。

（5）企業支付的手續費及佣金不得直接衝減服務協議或合同金額，並如實入帳。

（6）企業應當如實向當地主管稅務機關提供當年手續費及佣金計算分配表和其他相關資料，並依法取得合法真實憑證。

（7）從事代理服務、主營業務收入為手續費、佣金的企業（如證券、期貨、保險代理等企業），其為取得該類收入而實際發生的營業成本（包括手續費及佣金支出），準予在企業所得稅前據實扣除。

（8）電信企業在發展客戶、拓展業務等過程中因委託銷售電話入網卡、電話充值卡，

需向經紀人、代辦商支付手續費及佣金的,其實際發生的相關手續費及佣金支出,不超過企業當年收入總額5%的部分,準予在企業所得稅前據實扣除。

(十六) 棚戶區改造支出

自2013年1月1日起,企業參與政府統一組織的工礦(含中央下放煤礦)棚戶區改造、林區棚戶區改造、墾區危房改造並同時符合一定條件的棚戶區改造支出,準予在企業所得稅前扣除。

(十七) 特殊行業準備金

自2014年1月1日起至2018年12月31日止,政策性銀行、商業銀行、財務公司、城鄉信用社和金融租賃公司等金融企業提取的貸款損失準備金,準予稅前扣除。

自2014年1月1日起至2018年12月31日止,金融企業涉農貸款和中小企業貸款損失準備金,準予稅前扣除。

自2011年1月1日起至2015年12月31日止,證券行業準備金支出,準予稅前扣除。

自2011年1月1日起至2015年12月31日止,保險公司準備金支出,準予稅前扣除。

自2011年1月1日起至2015年12月31日止,保險公司計提農業保險巨災風險準備金,準予稅前扣除。

自2011年1月1日起至2015年12月31日止,中小企業信用擔保機構有關準備金,準予稅前扣除。

### 三、不得扣除

在計算應納稅所得額時,下列支出不得扣除:

(1) 向投資者支付的股息、紅利等權益性投資收益款項。

(2) 企業所得稅稅款。

(3) 稅收滯納金。

(4) 罰金、罰款和被沒收財物的損失。

(5) 超過規定標準的捐贈支出。

(6) 贊助支出是指企業發生的與生產經營活動無關的各種非廣告性質支出。

(7) 未經核定的準備金支出是指不符合國務院財政、稅務主管部門規定的各項資產減值準備、風險準備等準備金支出。

除財政部和國家稅務總局核准計提的準備金可以稅前扣除外,其他行業、企業計提的各項資產減值準備、風險準備等準備金均不得稅前扣除。

(8) 企業之間支付的管理費、企業內營業機構之間支付的租金和特許權使用費以及非銀行企業內營業機構之間支付的利息,不得扣除。

(9) 與取得收入無關的其他支出。

企業為個人股東購買的車輛,不屬於企業的資產,不得在企業所得稅前扣除折舊。

[**案例10-31**] 某外國總公司在中國設立分公司,該分公司2016年因合同違約支付違約金6萬元,因拖欠銀行貸款支付罰息3萬元,因拖欠稅款支付稅收滯納金2萬元,因違反環保法規支付行政罰款10萬元,向總公司支付利息20萬元計入財務費用,向總公司支付專利權使用費30萬元計入管理費用,分攤總機構費用10萬元記入管理費用(能夠提供總機構出具的費用匯集範圍、定額、分配依據和方法等證明文件,並合理分攤)。該分公司2016年利潤總額為300萬元,無其他納稅調整項目。計算該分公司2016年度應納企業所得稅。

[**解答**] 因合同違約支付違約金、因拖欠銀行貸款支付罰息,會計規定計入營業外支

出，稅法規定允許扣除，沒有差異，無須納稅調整。分攤總機構費用，會計規定計入管理費用，稅法規定允許扣除，沒有差異，無須納稅調整。

支付稅收滯納金、行政罰款，會計規定計入營業外支出；向總公司支付利息，會計處理計入財務費用；向總公司支付專利權使用費，會計處理計入管理費用，稅法規定均不得扣除，屬於扣除類永久性納稅調整項目。

稅收滯納金納稅調整＝2-0＝+2（萬元）
行政罰款納稅調整＝10-0＝+10（萬元）
利息支出納稅調整＝20-0＝+20（萬元）
專利權使用費納稅調整＝30-0＝+30（萬元）
永久性納稅調整合計＝2+10+20+30＝+62（萬元）
應納稅所得額＝300+62＝362（萬元）
應納企業所得稅＝362×25%＝90.5（萬元）

### 四、虧損彌補

中國實行分國不分項彌補虧損，境內應稅項目與免稅項目相互彌補虧損。

虧損是指企業依照《中華人民共和國企業所得稅法》及其實施條例的規定將每一納稅年度的收入總額減除不徵稅收入、免稅收入和各項扣除后小於零的數額。

企業納稅年度發生的虧損，準予向以后年度結轉，用以后年度的所得彌補，但結轉年限最長不得超過5年。

企業在匯總計算繳納企業所得稅時，其境外營業機構的虧損不得抵減境內營業機構的盈利。

企業自開始生產經營的年度，為開始計算企業損益的年度。企業從事生產經營之前進行籌辦活動期間發生籌辦費用支出，不得計算為當期的虧損，企業可以在開始經營之日的當年一次性扣除，也可以按照有關長期待攤費用的處理規定處理，但一經選定，不得改變。

稅務機關對企業以前年度納稅情況進行檢查時調增的應納稅所得額，凡企業以前年度發生虧損，並且該虧損屬於《中華人民共和國企業所得稅法》規定允許彌補的，應允許調增的應納稅所得額彌補該虧損。彌補該虧損后仍有余額的，按照《中華人民共和國企業所得稅法》規定計算繳納企業所得稅。對檢查調增的應納稅所得額應根據其情節，依照《中華人民共和國稅收徵收管理法》有關規定進行處理或處罰。

[案例10-32] 某居民公司2008—2015年境內盈虧情況如表10-18所示。

表10-18　　　　某居民公司2008—2015年補虧前所得　　　　貨幣單位：萬元

| 年份 | 2008年 | 2009年 | 2010年 | 2011年 | 2012年 | 2013年 | 2014年 | 2015年 | 合計 |
|---|---|---|---|---|---|---|---|---|---|
| 補虧前所得 | -60 | -100 | 10 | 20 | 30 | 40 | 50 | 80 | 70 |

計算該公司2008—2015年度應納企業所得稅。

[解答] 該公司2008年虧損60萬元，可用2009—2013年稅前所得彌補。實際上，該公司2010年彌補10萬元，2012年彌補20萬元，2013年彌補30萬元，全部彌補完畢。該公司2009年虧損100萬元，可用2010—2014年稅前所得彌補。實際上，該公司2013年彌補40萬元，2014年彌補50萬元，還有10萬元虧損超過年限，不得在稅前彌補。

各年虧損性納稅調整及企業所得稅計算如表10-19所示。

表 10-19　　　　　　　　　虧損性納稅調整及企業所得稅計算表　　　　　　貨幣單位：萬元

| 年份 | 2008年 | 2009年 | 2010年 | 2011年 | 2012年 | 2013年 | 2014年 | 2015年 | 合計 |
|---|---|---|---|---|---|---|---|---|---|
| 補虧前所得 | -60 | -100 | 10 | 20 | 30 | 40 | 50 | 80 | 70 |
| 虧損性納稅調整 | +60 | +100 | -10 | -20 | -30 | -40 | -50 | 0 | 10 |
| 應納稅所得額 | 0 | 0 | 0 | 0 | 0 | 0 | 0 | 80 | 80 |
| 稅率 | 25% | 25% | 25% | 25% | 25% | 25% | 25% | 25% | — |
| 應納企業所得稅 | 0 | 0 | 0 | 0 | 0 | 0 | 0 | 20 | 20 |
| 遞延所得稅 | 借15 | 借25 | 貸2.5 | 貸5 | 貸7.5 | 貸10 | 貸15 | — | — |
| 所得稅費用 | 貸15 | 貸25 | 借2.5 | 借5 | 借7.5 | 借10 | 借15 | — | — |

註：如果企業所得稅稅率不變，遞延所得稅本年發生額計算公式可簡化為：
遞延所得稅本年發生額=（本年暫時性納稅調整+本年虧損性納稅調整-超年限虧損）×稅率
2014年遞延所得稅本年發生額=（0-50-10）×25%=-15（萬元）

### 五、資產的稅務處理

企業的各項資產，包括固定資產、生物資產、無形資產、長期待攤費用、投資資產、存貨等，以歷史成本為計稅基礎。歷史成本是指企業取得該項資產時實際發生的支出。企業持有各項資產期間資產增值或者減值，除國務院財政、稅務主管部門規定可以確認損益外，不得調整該資產的計稅基礎。

企業轉讓資產，該項資產的淨值準予在計算應納稅所得額時扣除。資產的淨值是指有關的計稅基礎減除已經按照規定扣除的折舊、折耗、攤銷、準備金等後的余額。

企業按照規定計算的固定資產折舊、生產性生物資產折舊、無形資產攤銷費用、長期待攤費用的攤銷，準予扣除。

（一）固定資產

固定資產是指企業為生產產品、提供勞務、出租或者經營管理而持有的、使用時間超過12個月的非貨幣性資產，包括房屋、建築物、機器、機械、運輸工具以及其他與生產經營活動有關的設備、器具、工具等。

1. 固定資產的計稅基礎

固定資產按照以下方法確定計稅基礎：

（1）外購的固定資產，以購買價款和支付的相關稅費以及直接歸屬於使該資產達到預定用途發生的其他支出為計稅基礎。

（2）自行建造的固定資產，以竣工結算前發生的支出為計稅基礎。

（3）融資租入的固定資產，以租賃合同約定的付款總額和承租人在簽訂租賃合同過程中發生的相關費用為計稅基礎；租賃合同未約定付款總額的，以該資產的公允價值和承租人在簽訂租賃合同過程中發生的相關費用為計稅基礎。

（4）盤盈的固定資產，以同類固定資產的重置完全價值為計稅基礎。

（5）通過捐贈、投資、非貨幣性資產交換、債務重組等方式取得的固定資產，以該資產的公允價值和支付的相關稅費為計稅基礎。

（6）改建的固定資產，除以經營租賃方式租入的固定資產和已足額提取折舊仍繼續使用的固定資產外，以改建過程中發生的改建支出增加計稅基礎。

（7）自2010年10月1日起，融資性售後回租業務中，承租人出售資產的行為，不確

認為銷售收入，對融資性租賃的資產，仍按承租人出售前原帳面價值作為計稅基礎計提折舊。租賃期間，承租人支付的屬於融資利息的部分，作為企業財務費用在稅前扣除。

企業按會計規定提取的固定資產減值準備，不得稅前扣除，其折舊仍按稅法確定的固定資產計稅基礎計算扣除。

2. 固定資產折舊的範圍

下列固定資產不得計算折舊扣除：

（1）房屋、建築物以外未投入使用的固定資產。
（2）以經營租賃方式租入的固定資產。
（3）以融資租賃方式租出的固定資產。
（4）已足額提取折舊仍繼續使用的固定資產。
（5）與經營活動無關的固定資產。
（6）單獨估價作為固定資產入帳的土地。
（7）其他不得計算折舊扣除的固定資產。

3. 固定資產折舊的方法

（1）固定資產按照直線法計算的折舊，準予扣除。
（2）企業應當根據固定資產的性質和使用情況，合理確定固定資產的預計淨殘值。固定資產的預計淨殘值一經確定，不得變更。
（3）從事開採石油、天然氣等礦產資源的企業，在開始商業性生產前發生的費用和有關固定資產的折耗、折舊方法，由國務院財政、稅務主管部門另行規定。

石油天然氣開採企業在計提油氣資產折耗（折舊）時，由於會計與稅法規定計算方法不同導致的折耗（折舊）差異，應按稅法規定進行納稅調整。

4. 固定資產折舊的年限

企業應當自固定資產投入使用月份的次月起計算折舊；停止使用的固定資產，應當自停止使用月份的次月起停止計算折舊。

除國務院財政、稅務主管部門另有規定外，固定資產計算折舊的最低年限如下：

（1）房屋、建築物，為20年。
（2）飛機、火車、輪船、機器、機械和其他生產設備，為10年。
（3）與生產經營活動有關的器具、工具、家具等，為5年。
（4）飛機、火車、輪船以外的運輸工具，為4年。
（5）電子設備，為3年。

企業固定資產會計折舊年限如果短於稅法規定的最低折舊年限，其按會計折舊年限計提的折舊高於按稅法規定的最低折舊年限計提的折舊部分，應調增當期應納稅所得額；企業固定資產會計折舊年限已期滿且會計折舊已提足，但稅法規定的最低折舊年限尚未到期且稅收折舊尚未足額扣除，其未足額扣除的部分准予在剩餘的稅收折舊年限繼續按規定扣除。

企業固定資產會計折舊年限如果長於稅法規定的最低折舊年限，其折舊應按會計折舊年限計算扣除，稅法另有規定除外。

5. 房屋、建築物固定資產改擴建

企業對房屋、建築物固定資產在未足額提取折舊前進行改擴建的，如屬於推倒重置的，該資產原值減除提取折舊后的淨值，應並入重置后的固定資產計稅成本，並在該固定資產投入使用后的次月起，按照稅法規定的折舊年限，一併計提折舊；如屬於提升功能、增加面積的，該固定資產的改擴建支出，並入該固定資產計稅基礎，並從改擴建完工投入使用后的次月起，重新按稅法規定的該固定資產折舊年限計提折舊，如該改擴建后的固定資產

尚可使用的年限低於稅法規定的最低年限的，可以按尚可使用的年限計提折舊。

6. 固定資產加速折舊

（1）企業的固定資產由於技術進步等原因，確需加速折舊的，可以縮短折舊年限或者採取加速折舊的方法。可以採取縮短折舊年限或者採取加速折舊的方法的固定資產包括：

①由於技術進步，產品更新換代較快的固定資產；

②常年處於強震動、高腐蝕狀態的固定資產。

（2）對生物藥品製造業，專用設備製造業，鐵路、船舶、航空航天和其他運輸設備製造業，計算機、通信和其他電子設備製造業，儀器儀表製造業，信息傳輸、軟件和信息技術服務業6個行業的企業2014年1月1日后新購進的固定資產，可縮短折舊年限或採取加速折舊的方法。

對上述6個行業的小型微利企業2014年1月1日后新購進的研發和生產經營共用的儀器、設備，單位價值不超過100萬元的，允許一次性計入當期成本費用在計算應納稅所得額時扣除，不再分年度計算折舊；單位價值超過100萬元的，可縮短折舊年限或採取加速折舊的方法。

（3）對輕工、紡織、機械、汽車四個領域重點行業的企業2015年1月1日后新購進的固定資產，可由企業選擇縮短折舊年限或採取加速折舊的方法。

對上述行業的小型微利企業2015年1月1日后新購進的研發和生產經營共用的儀器、設備，單位價值不超過100萬元的，允許一次性計入當期成本費用在計算應納稅所得額時扣除，不再分年度計算折舊；單位價值超過100萬元的，可由企業選擇縮短折舊年限或採取加速折舊的方法。

（4）對所有行業企業2014年1月1日后新購進的專門用於研發的儀器、設備，單位價值不超過100萬元的，允許一次性計入當期成本費用在計算應納稅所得額時扣除，不再分年度計算折舊；單位價值超過100萬元的，可縮短折舊年限或採取加速折舊的方法。

（5）自2014年1月1日起，對所有行業企業持有的單位價值不超過5,000元的固定資產，允許一次性計入當期成本費用在計算應納稅所得額時扣除，不再分年度計算折舊。

（6）企業按上述規定縮短折舊年限的，最低折舊年限不得低於第（4）項規定折舊年限的60%；採取加速折舊方法的，可採取雙倍余額遞減或者年數總和法。

企業按稅法規定實行加速折舊的，其按加速折舊辦法計算的折舊額可全額在稅前扣除。

按照《中華人民共和國企業所得稅法》及其實施條例有關規定，企業根據自身生產經營需要，也可選擇不實行加速折舊政策。

[案例10-33] 某居民公司企業所得稅稅率為25%。該公司2011年1月開始計提折舊的一項固定資產，成本為200萬元，使用年限為5年，淨殘值為10萬元，會計處理按雙倍余額遞減法計提折舊，稅法規定按直線法計提折舊。假定稅法規定的使用年限及淨殘值與會計規定相同。計算該公司2011—2015年納稅調整金額。

[解答] 會計處理按雙倍余額遞減法計提折舊，稅法規定按直線法計提折舊，屬於扣除類或資產類暫時性納稅調整項目。

計算方法1，按扣除類納稅調整項目計算（如表10-20所示）。

表10-20　　　　　　　　　　折舊費用納稅調整計算表　　　　　　　　　貨幣單位：萬元

| 年度 | | 2011年 | 2012年 | 2013年 | 2014年 | 2015年 |
|---|---|---|---|---|---|---|
| 會計確認 | 當年折舊 | 80 | 48 | 28.8 | 16.6 | 16.6 |
| 稅法確認 | 當年折舊 | 38 | 38 | 38 | 38 | 38 |

表10-20(續)

| 年度 | | 2011年 | 2012年 | 2013年 | 2014年 | 2015年 |
|---|---|---|---|---|---|---|
| 暫時性納稅調整 | | +42 | +10 | -9.2 | -21.4 | -21.4 |
| 稅務會計 | 遞延所得稅 | 借10.5 | 借2.5 | 貸2.3 | 貸5.35 | 貸5.35 |
| | 所得稅費用 | 貸10.5 | 貸2.5 | 借2.3 | 借5.35 | 借5.35 |

計算方法2，按資產類暫時性納稅調整項目計算（如表10-21所示）。

表10-21　　　　　　固定資產暫時性納稅調整計算表　　　　貨幣單位：萬元

| 年度 | | 2011年 | 2012年 | 2013年 | 2014年 | 2015年 |
|---|---|---|---|---|---|---|
| 會計確認 | 固定資產原價 | 200 | 200 | 200 | 200 | 200 |
| | 累計折舊 | 80 | 128 | 156.8 | 173.4 | 190 |
| | 減值準備 | 0 | 0 | 0 | 0 | 0 |
| | 帳面價值 | 120 | 72 | 43.2 | 26.6 | 10 |
| 稅法確認 | 固定資產原價 | 200 | 200 | 200 | 200 | 200 |
| | 累計折舊 | 38 | 76 | 114 | 152 | 190 |
| | 減值準備 | 0 | 0 | 0 | 0 | 0 |
| | 計稅基礎 | 162 | 124 | 86 | 48 | 10 |
| 暫時性納稅調整 | 年末余額 | 42 | 52 | 42.8 | 21.4 | 0 |
| | 本年發生額 | +42 | +10 | -9.2 | -21.4 | -21.4 |
| 稅務會計 | 遞延所得稅 | 借10.5 | 借2.5 | 貸2.3 | 貸5.35 | 貸5.35 |
| | 所得稅費用 | 貸10.5 | 貸2.5 | 借2.3 | 借5.35 | 借5.35 |

［案例10-34］ A公司企業所得稅稅率為25%。2016年6月，A公司與B公司簽訂房屋租賃協議，約定將A公司自行開發的一棟寫字樓於開發完成時租給B公司使用，租期10年。當年6月30日，該寫字樓完工並開始出租，總造價為1,200萬元。A公司採用公允價值計量模式。2016年12月31日，該寫字樓公允價值為1,300萬元。2017年12月31日，該寫字樓公允價值為1,120萬元。A公司在計稅時，對該寫字樓按照20年的期限計提折舊，假定淨殘值為0。計算2016年、2017年納稅調整金額。

［解答］ 採用成本模式對企業持有的投資性房地產進行后續計量的，其帳面價值與計稅基礎的確定與固定資產、無形資產相同，一般只在計提減值準備時進行納稅調整；採用公允價值模式對企業持有的投資性房地產進行后續計量的，會計規定不計折舊或攤銷，應當以資產負債表日的公允價值計量，稅法規定按照固定資產或無形資產計提折舊或攤銷，屬於扣除類或資產類暫時性納稅調整項目。

計算方法1，按扣除類納稅調整項目計算。

2016年暫時性納稅調整=(1,200-1,300)-1,200÷20÷2=-100-30=-130（萬元）

2017年暫時性納稅調整=(1,300-1,120)-1,200÷20=180-60=+120（萬元）

計算方法2，按資產類暫時性納稅調整項目計算（如表10-22所示）。

表 10-22　　　　　　　　　投資性房地產暫時性納稅調整計算表　　　　　貨幣單位：萬元

| 年度 | | 2016 年 | 2017 年 |
|---|---|---|---|
| 會計確認 | 投資性房地產成本 | 1,200 | 1,200 |
| | 公允價值變動 | 100 | -80 |
| | 帳面價值 | 1,300 | 1,120 |
| 稅法確認 | 投資性房地產成本 | 1,200 | 1,200 |
| | 累計折舊 | 30 | 90 |
| | 計稅基礎 | 1,170 | 1,110 |
| 暫時性納稅調整 | 年末餘額 | -130 | -10 |
| | 本年發生額 | -130 | +120 |
| 稅務會計 | 遞延所得稅 | 貸 32.5 | 借 30 |
| | 所得稅費用 | 借 32.5 | 貸 30 |

（二）生產性生物資產

生產性生物資產是指企業為生產農產品、提供勞務或者出租等而持有的生物資產，包括經濟林、薪炭林、產畜和役畜等。

1. 生產性生物資產的計稅基礎

（1）外購的生產性生物資產，以購買價款和支付的相關稅費為計稅基礎。

（2）通過捐贈、投資、非貨幣性資產交換、債務重組等方式取得的生產性生物資產，以該資產的公允價值和支付的相關稅費為計稅基礎。

2. 生產性生物資產折舊方法

生產性生物資產按照直線法計算的折舊，準予扣除。

企業應當根據生產性生物資產的性質和使用情況，合理確定生產性生物資產的預計淨殘值。生產性生物資產的預計淨殘值一經確定，不得變更。

3. 生產性生物資產折舊年限

企業應當自生產性生物資產投入使用月份的次月起計算折舊；停止使用的生產性生物資產，應當自停止使用月份的次月起停止計算折舊。

生產性生物資產計算折舊的最低年限如下：

（1）林木類生產性生物資產，為 10 年。

（2）畜類生產性生物資產，為 3 年。

（三）無形資產

無形資產是指企業為生產產品、提供勞務、出租或者經營管理而持有的、沒有實物形態的非貨幣性長期資產，包括專利權、商標權、著作權、土地使用權、非專利技術、商譽等。

1. 無形資產的計稅基礎

無形資產按照以下方法確定計稅基礎：

（1）外購的無形資產，以購買價款和支付的相關稅費以及直接歸屬於使該資產達到預定用途發生的其他支出為計稅基礎。

（2）自行開發的無形資產，以開發過程中該資產符合資本化條件後至達到預定用途前發生的支出為計稅基礎。

（3）通過捐贈、投資、非貨幣性資產交換、債務重組等方式取得的無形資產，以該資

產的公允價值和支付的相關稅費為計稅基礎。

2. 無形資產攤銷的範圍

下列無形資產不得計算攤銷費用扣除：

（1）自行開發的支出已在計算應納稅所得額時扣除的無形資產。

（2）自創商譽。

（3）與經營活動無關的無形資產。

（4）其他不得計算攤銷費用扣除的無形資產。

3. 無形資產攤銷方法

無形資產按照直線法計算的攤銷費用，準予扣除。外購商譽的支出，在企業整體轉讓或者清算時，準予扣除。

4. 無形資產攤銷年限

無形資產的攤銷年限不得低於 10 年。作為投資或者受讓的無形資產，有關法律規定或者合同約定了使用年限的，可以按照規定或者約定的使用年限分期攤銷。

[案例 10-35] 某公司企業所得稅稅率為 25%。2016 年 1 月 1 日，該公司取得某項無形資產，取得成本 1,000 萬元。根據各方面情況判斷，該公司無法合理預計其使用期限，從而將其作為使用壽命不確定的無形資產。該公司在計稅時，對該項資產按照 10 年的期限進行攤銷。該公司 2016 年對該項無形資產進行減值測試，可收回金額 850 萬元。該公司 2017 年對該項無形資產進行減值測試，可收回金額 900 萬元。計算該公司 2016 年、2017 年納稅調整金額。

[解答] 使用壽命不確定的無形資產，會計規定不予攤銷，按照稅法規定確定的攤銷額允許扣除，屬於扣除類或資產類暫時性納稅調整項目。

會計規定，因企業合併所形成的商譽和使用壽命不確定的無形資產，無論是否存在減值跡象，每年都應進行減值測試；資產的可收回金額低於其帳面價值的，計提資產減值準備，並確認資產減值損失；對子公司、聯營企業和合營企業的長期股權投資、採用成本模式進行後續計量的投資性房地產、固定資產、生產性生物資產、無形資產、商譽、探明石油天然氣礦區權益和井及相關設施，資產減值損失一經確認，在以後會計期不得轉回。稅法規定，減值準備不得扣除。屬於扣除類或資產類暫時性納稅調整項目。

計算方法 1，按扣除類納稅調整項目計算。

2016 年攤銷暫時性納稅調整＝0－1,000÷10＝－100（萬元）

2016 年減值暫時性納稅調整＝(1,000－850)－0＝＋150（萬元）

2016 年暫時性納稅調整合計＝－100＋150＝＋50（萬元）

2017 年攤銷暫時性納稅調整＝0－1,000÷10＝－100（萬元）

計算方法 2，按資產類暫時性納稅調整項目計算（如表 10-23 所示）。

表 10-23　　　　　　　　**無形資產暫時性納稅調整計算表**　　　　　　　貨幣單位：萬元

| 年度 | | 2016 年 | 2017 年 |
|---|---|---|---|
| 會計確認 | 無形資產原價 | 1,000 | 1,000 |
| | 累計攤銷 | 0 | 0 |
| | 減值準備 | 150 | 150 |
| | 帳面價值 | 850 | 850 |

表10-23(續)

| 年度 | | 2016 年 | 2017 年 |
|---|---|---|---|
| 稅法確認 | 無形資產原價 | 1,000 | 1,000 |
| | 累計攤銷 | 100 | 200 |
| | 減值準備 | 0 | 0 |
| | 計稅基礎 | 900 | 800 |
| 暫時性納稅調整 | 年末餘額 | 50 | -50 |
| | 本年發生額 | +50 | -100 |
| 稅務會計 | 遞延所得稅 | 借 12.5 | 貸 25 |
| | 所得稅費用 | 貸 12.5 | 借 25 |

(四) 長期待攤費用

在計算應納稅所得額時，企業發生的下列支出作為長期待攤費用，按照規定攤銷的，準予扣除：

(1) 已足額提取折舊的固定資產的改建支出，按照固定資產預計尚可使用年限分期攤銷。

(2) 租入固定資產的改建支出，按照合同約定的剩餘租賃期限分期攤銷。

固定資產的改建支出是指改變房屋或者建築物結構、延長使用年限等發生的支出。改建的固定資產延長使用年限的，除上述規定外，應當適當延長折舊年限。

(3) 固定資產的大修理支出，按照固定資產尚可使用年限分期攤銷。

固定資產的大修理支出是指同時符合下列條件的支出：修理支出達到取得固定資產時的計稅基礎 50% 以上；修理後固定資產的使用年限延長 2 年以上。

(4) 其他應當作為長期待攤費用的支出，自支出發生月份的次月起，分期攤銷，攤銷年限不得低於 3 年。

(五) 投資資產

投資資產是指企業對外進行權益性投資和債權性投資形成的資產。

1. 投資資產的計稅基礎

投資資產按照以下方法確定成本：

(1) 通過支付現金方式取得的投資資產，以購買價款為成本。

(2) 通過支付現金以外的方式取得的投資資產，以該資產的公允價值和支付的相關稅費為成本。

2. 投資資產的扣除

(1) 企業對外投資期間，投資資產的成本在計算應納稅所得額時不得扣除。企業在轉讓或者處置投資資產時，投資資產的成本，準予扣除。

(2) 自 2010 年 1 月 1 日起，企業對外進行權益性（以下簡稱股權）投資所發生的損失，在經確認的損失發生年度，作為企業損失在計算企業應納稅所得額時一次性扣除。

(3) 投資企業從被投資企業撤回或減少投資，其取得的資產中，相當於初始出資的部分，應確認為投資收回；相當於被投資企業累計未分配利潤和累計盈餘公積按減少實收資本比例計算的部分，應確認為股息所得；其餘部分確認為投資資產轉讓所得。

被投資企業發生的經營虧損，由被投資企業按規定結轉彌補；投資企業不得調整減低其投資成本，也不得將其確認為投資損失。

[案例 10-36] 某公司企業所得稅稅率為 25%。2016 年 10 月 13 日，該公司支付 200 萬

元從二級市場購入股票20萬股，每股價格10元，另支付交易費用0.2萬元。該公司將持有的股票劃分為交易性金融資產。2016年12月31日，該股票每股價格漲到13元。2017年2月20日，該公司將該股票全部售出，每股售價15元，支付交易稅費6.3萬元。計算該公司2016年、2017年納稅調整金額。

[解答] 購入交易性金融資產的交易費用，會計規定衝減投資收益，稅法規定計入成本。交易性金融資產的公允價值變動，會計規定計入公允價值變動損益，稅法規定不計入所得也不衝減所得。這屬於所得類或資產類暫時性納稅調整項目。

計算方法1，按所得類納稅調整項目計算。

2016年暫時性納稅調整＝[0－(－0.2)]＋[0－(260－200)]＝0.2－60＝－59.8（萬元）

2017年暫時性納稅調整＝(300－6.3－200－0.2)－(300－6.3－260)

$\qquad$ ＝93.5－33.7

$\qquad$ ＝＋59.8（萬元）

計算方法2，按資產類納稅調整項目計算（如表10-24所示）。

表10-24　　　　　**交易性金融資產暫時性納稅調整計算表**　　　　貨幣單位：萬元

| 年度 | | 2016年 | 2017年 |
|---|---|---|---|
| 會計確認 | 交易性金融資產成本 | 200 | 0 |
| | 公允價值變動 | 60 | 0 |
| | 帳面價值 | 260 | 0 |
| 稅法確認 | 交易性金融資產成本 | 200.2 | 0 |
| | 公允價值變動 | 0 | 0 |
| | 計稅基礎 | 200.2 | 0 |
| 暫時性納稅調整 | 年末余額 | －59.8 | 0 |
| | 本年發生額 | －59.8 | ＋59.8 |
| 稅務會計 | 遞延所得稅 | 貸14.95 | 借14.95 |
| | 所得稅費用 | 借14.95 | 貸14.95 |

[案例10-37] 某公司企業所得稅稅率為25%。2015年1月1日，該公司按面值購入10萬份公司債券，該債券每份面值100元，期限5年，票面年利率5%，每年年末支付利息。該公司將該債券投資分類為可供出售金融資產。

2015年7月，受宏觀形勢影響，該債券價格開始下跌，2015年12月31日該債券價格為每份50元。2016年宏觀經濟形勢好轉，2016年12月31日該債券價格回升至每份85元。

該公司可供出售金融資產計提減值的政策是價格下跌持續時間在一年以上或價格下跌幅度為成本的30%以上（含30%）。計算該公司2015年、2016年納稅調整金額。

[解答] 可供出售資產發生減值損失，會計規定計入資產減值損失，稅法規定暫不扣除；可供出售債務工具（如債券投資）在隨後的會計期間轉回減值損失時，會計規定衝減資產減值損失，稅法規定不計入應納稅所得額。屬於扣除類或資產類暫時性納稅調整項目。

計算方法1，按扣除類納稅調整項目計算。

2015年暫時性納稅調整＝(1,000－500)－0＝＋500（萬元）

2016年暫時性納稅調整＝(500－850)－0＝－350（萬元）

計算方法2，按資產類暫時性納稅調整項目計算（如表10-25所示）。

表 10-25　可供出售金融資產—債券投資暫時性納稅調整計算表　　單位：萬元

| 年度 | | 2015 年 | 2016 年 |
|---|---|---|---|
| 會計確認 | 可供出售金融資產——債券投資成本 | 1,000 | 1,000 |
| | 公允價值變動 | 500 | 150 |
| | 帳面價值 | 500 | 850 |
| 稅法確認 | 可供出售金融資產——債券投資成本 | 1,000 | 1,000 |
| | 公允價值變動 | 0 | 0 |
| | 計稅基礎 | 1,000 | 1,000 |
| 暫時性納稅調整 | 年末餘額 | 500 | 150 |
| | 本年發生額 | +500 | -350 |
| 稅務會計 | 遞延所得稅 | 借 125 | 貸 87.5 |
| | 所得稅費用 | 貸 125 | 借 87.5 |

[案例 10-38] 某公司企業所得稅稅率為 25%。2015 年 1 月 5 日，該公司自公開市場購入 100 萬股股票，每股 20 元，實際支付價款 2,000 萬元。該公司將該股票投資分類為可供出售金融資產。

2015 年 7 月，受宏觀形勢影響，該股票開始下跌。2015 年 12 月 31 日，該股票收盤價為每股 10 元。2016 年宏觀經濟形勢好轉，2016 年 12 月 31 日，該股票收盤價回升至每股 18 元。

該公司可供出售金融資產計提減值的政策是價格下跌持續時間在一年以上或價格下跌幅度為成本的 30%以上（含 30%）。計算該公司 2015 年、2016 年納稅調整金額。

[解答] 可供出售資產發生減值損失，會計規定計入資產減值損失，稅法規定暫不扣除，屬於扣除類或資產類暫時性納稅調整項目。可供出售權益工具（如股票投資）在隨後的會計期間轉回時，會計規定直接計入所有者權益，即計入其他綜合收益，無差異，無須納稅調整。

計算方法 1，按扣除類納稅調整項目計算。
2015 年暫時性納稅調整 =（2,000-1,000）-0 = +1,000（萬元）
2016 年暫時性納稅調整 = 0-0 = +0（萬元）
計算方法 2，按資產類暫時性納稅調整項目計算（如表 10-26 所示）。

表 10-26　可供出售金融資產、其他綜合收益暫時性納稅調整計算表　　單位：萬元

| 年度 | | 2015 年 | 2016 年 |
|---|---|---|---|
| 會計確認 | 可供出售金融資產——股票投資成本 | 2,000 | 2,000 |
| | 公允價值變動 | 1,000 | 200 |
| | 帳面價值 | 1,000 | 1,800 |
| 會計確認 | 其他綜合收益 | 0 | 800 |
| 會計確認 | 可供出售金融資產減其他綜合收益 | 1,000 | 1,000 |
| 稅法確認 | 可供出售金融資產——股票投資成本 | 2,000 | 2,000 |
| | 公允價值變動 | 0 | 0 |
| | 計稅基礎 | 2,000 | 2,000 |

表10-26(續)

| 年度 | | 2015年 | 2016年 |
|---|---|---|---|
| 稅法確認 | 其他綜合收益 | 0 | 0 |
| 稅法確認 | 可供出售金融資產減其他綜合收益 | 2,000 | 2,000 |
| 暫時性納稅調整 | 年末余額 | 1,000 | 1,000 |
| | 本年發生額 | +1,000 | +0 |
| 稅務會計 | 遞延所得稅 | 借250 | 貸0 |
| | 所得稅費用 | 貸250 | 借0 |

[**案例10-39**] A公司於2016年1月取得B公司40%的股權，支付價款5,000萬元，取得該項股權投資時被投資單位淨資產帳面價值為15,000萬元，假定被投資單位各項可辨認資產、負債的公允價值與其帳面價值相同。A公司派人參加了B公司的生產經營決策，能夠對B公司施加重大影響。A公司作為長期股權投資，採用權益法核算。

2016年度B公司因持有的可供出售金融資產公允價值變動計入其他綜合收益的金額為250萬元，除該事項外，當期實現的淨利潤為1,000萬元；2017年4月B公司宣告分派現金股利500萬元；2017年5月A公司收到現金股利200萬元；2017年10月A公司擬轉讓該股權投資，並於當月取得轉讓收入6,600萬元。

計算A公司2016年、2017年納稅調整金額。

[**解答**] 會計規定，權益法核算的長期股權投資，對於投資時初始投資成本與應享有的被投資單位可辨認淨資產公允價值份額的差額，如果初始投資成本大於應享有被投資單位可辨認淨資產公允價值份額的，該差額是投資方在投資過程中通過作價取得的與所取得股權份額相對應的商譽價值，不調整長期股權投資的成本；反之，兩者之間的差額體現為雙方在交易作價過程中轉讓方的讓步，該差額應計入投資當期的營業外收入，同時調增長期股權投資的成本。稅法規定，該差額均不調整長期股權投資的成本，不計入投資當期的營業外收入。

會計規定，權益法核算的長期股權投資，對於因被投資單位實現淨利潤或發生淨虧損而產生的所有者權益變動，投資方按照應享受或分擔的份額，增加或減少長期股權投資的帳面價值，同時確認投資損益；對於因被投資單位其他綜合收益發生變動而產生的所有者權益變動，投資方應當按照歸屬於本企業的部分，相應調整長期股權投資的帳面價值，同時增加或減少其他綜合收益；對於被投資單位宣告分派的現金股利或利潤，投資方按所持股權比例計算應分得的部分，相應減少長期股權投資的帳面價值；對於被投資單位除淨損益、其他綜合收益以及利潤分配以外的因素（主要包括被投資單位接受其他股東的資本性投入、被投資單位發行可分離交易的可轉債中包含的權益成分、以權益結算的股份支付、其他股東對投資單位增資導致投資方持股比例的變動等）導致的其他所有者權益變動，投資方應按所持股權比例計算應享有的份額，調整長期股權投資的帳面價值，同時計入資本公積（其他資本公積），並在備查簿中予以登記。稅法規定，企業權益性投資取得股息、紅利等收入，應以被投資企業股東會或股東大會作出利潤分配或轉股決定的日期，確定收入的實現。

① A公司應享有B公司可辨認淨資產公允價值份額=15,000×40%=6,000（萬元）

2016年1月初始投資成本5,000萬元小於應享有被投資單位可辨認淨資產公允價值份額6,000萬元，兩者之間的差額1,000萬元，暫時性納稅調整-1,000萬元。

② 2016年年末，因B公司實現淨利潤1,000萬元，A公司應享受的份額400萬元，暫

時性納稅調整-400萬元。

③ 2017年4月，B公司宣告分派現金股利500萬元，A公司應收股利200萬元，暫時性納稅調整+200萬元，因免稅永久性納稅調整-200萬元。

④ 2017年10月，A公司轉讓該項股權。

會計投資收益＝6,600-(6,000+400+100-200)+100＝400（萬元）

稅法轉讓所得＝6,600-5,000＝1,600（萬元）

暫時性納稅調整＝1,600-400＝+1,200（萬元）

稅務會計，在準備長期持有的情況下，對於採用權益法核算的長期股權投資帳面價值與計稅基礎之間的差異，投資企業一般不確認相關的所得稅影響。如果投資企業改變持有意圖，由長期持有轉變為擬近期出售，則因長期股權投資的帳面價值與計稅基礎不同而產生的暫時性差異，均應確認相關的所得稅影響。

（六）存貨

存貨是指企業持有以備出售的產品或者商品、處在生產過程中的在產品、在生產或者提供勞務過程中耗用的材料和物料等。

1. 存貨的計稅基礎

存貨按照以下方法確定成本：

（1）通過支付現金方式取得的存貨，以購買價款和支付的相關稅費為成本。

（2）通過支付現金以外的方式取得的存貨，以該存貨的公允價值和支付的相關稅費為成本。

（3）生產性生物資產收穫的農產品，以產出或者採收過程中發生的材料費、人工費和分攤的間接費用等必要支出為成本。

2. 存貨的扣除

企業使用或者銷售存貨，按照規定計算的存貨成本，準予在計算應納稅所得額時扣除。企業使用或者銷售的存貨的成本計算方法，可以在先進先出法、加權平均法、個別計價法中選用一種。計價方法一經選用，不得隨意變更。

### 六、資產損失的扣除

資產損失是指企業在生產經營活動中實際發生的、與取得應稅收入有關的資產損失，包括現金損失，存款損失，壞帳損失，貸款損失，股權投資損失，固定資產和存貨的盤虧、毀損、報廢、被盜損失，自然災害等不可抗力因素造成的損失以及其他損失。

（1）企業清查出的現金短缺減除責任人賠償后的餘額，作為現金損失在計算應納稅所得額時扣除。

（2）企業將貨幣性資金存入法定具有吸收存款職能的機構，因該機構依法破產、清算，或者政府責令停業、關閉等原因，確實不能收回的部分，作為存款損失在計算應納稅所得額時扣除。

（3）企業除貸款類債權外的應收、預付帳款符合下列條件之一的，減除可收回金額后確認的無法收回的應收、預付款項，可以作為壞帳損失在計算應納稅所得額時扣除：

①債務人依法宣告破產、關閉、解散、被撤銷，或者被依法註銷、吊銷營業執照，其清算財產不足清償的；

②債務人死亡，或者依法被宣告失蹤、死亡，其財產或者遺產不足清償的；

③債務人逾期3年以上未清償，並且有確鑿證據證明已無力清償債務的；

④與債務人達成債務重組協議或法院批准破產重整計劃后，無法追償的；

⑤因自然災害、戰爭等不可抗力導致無法收回的；

⑥國務院財政、稅務主管部門規定的其他條件。
（4）企業經採取所有可能的措施和實施必要的程序之後，符合下列條件之一的貸款類債權，可以作為貸款損失在計算應納稅所得額時扣除：
①借款人和擔保人依法宣告破產、關閉、解散、被撤銷，並終止法人資格，或者已完全停止經營活動，被依法註銷、吊銷營業執照，對借款人和擔保人進行追償后，未能收回的債權；
②借款人死亡，或者依法被宣告失蹤、死亡，依法對其財產或者遺產進行清償，並對擔保人進行追償后，未能收回的債權；
③借款人遭受重大自然災害或者意外事故，損失巨大且不能獲得保險補償，或者以保險賠償后，確實無力償還部分或者全部債務，對借款人財產進行清償和對擔保人進行追償后，未能收回的債權；
④借款人觸犯刑律，依法受到制裁，其財產不足歸還所借債務，又無其他債務承擔者，經追償后確實無法收回的債權；
⑤由於借款人和擔保人不能償還到期債務，企業訴諸法律，經法院對借款人和擔保人強制執行，借款人和擔保人均無財產可執行，法院裁定執行程序終結或終止（中止）后，仍無法收回的債權；
⑥由於借款人和擔保人不能償還到期債務，企業訴諸法律后，經法院調解或經債權人會議通過，與借款人和擔保人達成和解協議或重整協議，在借款人和擔保人履行完還款義務后，無法追償的剩餘債權；
⑦由於上述①至⑥項原因借款人不能償還到期債務，企業依法取得抵債資產，抵債金額小於貸款本息的差額，經追償后仍無法收回的債權；
⑧開立信用證、辦理承兌匯票、開具保函等發生墊款時，凡開證申請人和保證人由於上述①至⑦項原因，無法償還墊款，金融企業經追償后仍無法收回的墊款；
⑨銀行卡持卡人和擔保人由於上述①至⑦項原因，未能還清透支款項，金融企業經追償后仍無法收回的透支款項；
⑩助學貸款逾期后，在金融企業確定的有效追索期限內，依法處置助學貸款抵押物（質押物），並向擔保人追索連帶責任后，仍無法收回的貸款；
⑪經國務院專案批准核銷的貸款類債權；
⑫國務院財政、稅務主管部門規定的其他條件。
（5）企業的股權投資符合下列條件之一的，減除可收回金額后確認的無法收回的股權投資，可以作為股權投資損失在計算應納稅所得額時扣除：
①被投資方依法宣告破產、關閉、解散、被撤銷，或者被依法註銷、吊銷營業執照的；
②被投資方財務狀況嚴重惡化，累計發生巨額虧損，已連續停止經營3年以上，並且無重新恢復經營改組計劃的；
③對被投資方不具有控制權，投資期限屆滿或者投資期限已超過10年，並且被投資單位因連續3年經營虧損導致資不抵債的；
④被投資方財務狀況嚴重惡化，累計發生巨額虧損，已完成清算或清算期超過3年以上的；
⑤國務院財政、稅務主管部門規定的其他條件。
（6）對企業盤虧的固定資產或存貨，以該固定資產的帳面淨值或存貨的成本減除責任人賠償后的余額，作為固定資產或存貨盤虧損失在計算應納稅所得額時扣除。
（7）對企業毀損、報廢的固定資產或存貨，以該固定資產的帳面淨值或存貨的成本減除殘值、保險賠款和責任人賠償后的余額，作為固定資產或存貨毀損、報廢損失在計算應

納稅所得額時扣除。

（8）對企業被盜的固定資產或存貨，以該固定資產的帳面淨值或存貨的成本減除保險賠款和責任人賠償后的余額，作為固定資產或存貨被盜損失在計算應納稅所得額時扣除。

（9）企業因存貨盤虧、毀損、報廢、被盜等原因不得從增值稅銷項稅額中抵扣的進項稅額，可以與存貨損失一起在計算應納稅所得額時扣除。

（10）企業在計算應納稅所得額時已經扣除的資產損失，在以后納稅年度全部或者部分收回時，其收回部分應當作為收入計入收回當期的應納稅所得額。

（11）企業境內、境外營業機構發生的資產損失應分開核算，對境外營業機構由於發生資產損失而產生的虧損，不得在計算境內應納稅所得額時扣除。

（12）企業對其扣除的各項資產損失，應當提供能夠證明資產損失確屬已實際發生的合法證據，包括具有法律效力的外部證據、具有法定資質的仲介機構的經濟鑒證證明、具有法定資質的專業機構的技術鑒定證明等。

（13）企業資產損失按其申報內容和要求的不同，分為清單申報和專項申報兩種申報形式。其中，屬於清單申報的資產損失，企業可按會計核算科目進行歸類、匯總，然后再將匯總清單報送稅務機關，有關會計核算資料和納稅資料留存備查；屬於專項申報的資產損失，企業應逐項（或逐筆）報送申請報告，同時附送會計核算資料及其他相關的納稅資料。

［案例10-40］某居民公司2015年設立，企業所得稅稅率為25%。該公司採用應收帳款余額百分比法計提壞帳準備，計提比例為5%。該公司2015年未發生壞帳損失，應收帳款年末余額為100萬元。該公司2016年發生壞帳損失6萬元，應收帳款年末余額為120萬元。該公司2017年發生壞帳損失3萬元，2016年已轉銷的應收帳款有4萬元本年度已收回，該年年末應收帳款余額為80萬元。計算該公司2015—2017年納稅調整金額。

［解答］會計規定計提壞帳準備，計入資產減值損失；稅法規定壞帳準備不得扣除，實際壞帳損失可以扣除。這屬於扣除類或資產類暫時性納稅調整項目。

計算方法1，按扣除類納稅調整項目計算。

2015年暫時性納稅調整＝100×5%-0＝+5（萬元）

2016年暫時性納稅調整＝[（120-100）×5%+6]-6＝7-6＝+1（萬元）

2017年暫時性納稅調整＝[（80-120）×5%+3-4]-(3-4)＝-3+1＝-2（萬元）

計算方法2，按資產類納稅調整項目計算（如表10-27所示）。

表10-27　　　　　　　　應收帳款暫時性納稅調整計算表　　　　　　　　貨幣單位：萬元

| 年度 | | 2015年 | 2016年 | 2017年 |
|---|---|---|---|---|
| 會計確認 | 應收帳款余額 | 100 | 120 | 80 |
| | 壞帳準備 | 5 | 6 | 4 |
| | 帳面價值 | 95 | 124 | 76 |
| 稅法確認 | 應收帳款余額 | 100 | 130 | 80 |
| | 壞帳準備 | 0 | 0 | 0 |
| | 計稅基礎 | 100 | 130 | 80 |
| 暫時性納稅調整 | 年末余額 | 5 | 6 | 4 |
| | 本年發生額 | +5 | +1 | -2 |
| 稅務會計 | 遞延所得稅 | 借1.25 | 借0.25 | 貸0.5 |
| | 所得稅費用 | 貸1.25 | 貸0.25 | 借0.5 |

[案例10-41] 某公司企業所得稅稅率為25%。2016年12月31日A商品、B商品的帳面成本分別為200萬元、100萬元，由於A商品、B商品市場價格的下跌，預計A商品、B商品可變現淨值分別為182萬元、90萬元。2017年6月30日，A商品、B商品的市場價格有所回升，A商品、B商品的預計可變現淨值分別為192萬元、96萬元。2017年7月15日，該公司銷售A商品，取得銷售收入（不含增值稅）196萬元；2017年年底B商品尚未售出，市場價格未發生變動。計算該公司2016—2017年納稅調整金額。

[解答] 會計規定，計提存貨跌價準備，計入資產減值損失；稅法規定，存貨跌價準備不得扣除，實際損失可以扣除。這屬於扣除類或資產類暫時性納稅調整項目。

計算方法1，按扣除類納稅調整項目計算。

2016年暫時性納稅調整=[（200-182）-0]+[（100-90）-0]=18+10=+28（萬元）

2017年暫時性納稅調整=[（182-192）-0]+[（90-96）-0]+[（192-196）-（200-196）]
=-10-6-8=-24（萬元）

計算方法2，按資產類納稅調整項目計算（如表10-28所示）。

表10-28　　　　　　　存貨暫時性納稅調整計算表　　　　　貨幣單位：萬元

| 年度 | | 2016年 | 2017年 |
|---|---|---|---|
| 會計確認 | 存貨余額 | 200+100=300 | 100 |
| | 存貨跌價準備 | 18+10=28 | 4 |
| | 帳面價值 | 182+90=272 | 96 |
| 稅法確認 | 存貨余額 | 200+100=300 | 100 |
| | 存貨跌價準備 | 0 | 0 |
| | 計稅基礎 | 200+100=300 | 100 |
| 暫時性納稅調整 | 年末余額 | 28 | 4 |
| | 本年發生額 | +28 | -24 |
| 稅務會計 | 遞延所得稅 | 借7 | 貸6 |
| | 所得稅費用 | 貸7 | 借6 |

## 第五節　應納稅所得額

### 一、所得類納稅調整

（1）會計規定計入利潤總額，稅法規定計入應納稅所得額：無差異，無須納稅調整。

（2）會計規定不計入利潤總額，稅法規定不計入應納稅所得額：無差異，無須納稅調整。

（3）會計規定不計入利潤總額，稅法規定計入應納稅所得額：永久性差異，永久性納稅調增。

（4）會計規定計入利潤總額，稅法規定不計入應納稅所得額：永久性差異，永久性納稅調減。

（5）會計規定后計入利潤總額，稅法規定提前計入應納稅所得額：可抵扣暫時性差異，先調增后調減。

（6）會計規定先計入利潤總額，稅法規定延期計入應納稅所得額：應納稅暫時性差異，

先調減后調增。

## 二、稅基減免

企業同時從事適用不同企業所得稅待遇的項目的，其優惠項目應當單獨計算所得，並合理分攤企業的期間費用；沒有單獨計算的，不得享受企業所得稅優惠。

（一）從事農、林、牧、漁業項目的所得

（1）企業從事下列項目的所得，免徵企業所得稅：

①蔬菜、穀物、薯類、油料、豆類、棉花、麻類、糖料、水果、堅果的種植；
②農作物新品種的選育；
③中藥材的種植；
④林木的培育和種植；
⑤牲畜、家禽的飼養；
⑥林產品的採集；
⑦灌溉、農產品初加工、獸醫、農技推廣、農機作業和維修等農、林、牧、漁服務業項目；
⑧遠洋捕撈。

（2）企業從事下列項目的所得，減半徵收企業所得稅：

①花卉、茶以及其他飲料作物和香料作物的種植；
②海水養殖、內陸養殖。

企業從事國家限制和禁止發展的項目，不得享受上述規定的企業所得稅優惠。

（二）從事國家重點扶持的公共基礎設施項目投資經營的所得

國家重點扶持的公共基礎設施項目是指《公共基礎設施項目企業所得稅優惠目錄》規定的港口碼頭、機場、鐵路、公路、城市公共交通、電力、水利等項目。

企業從事上述規定的國家重點扶持的公共基礎設施項目的投資經營的所得，自項目取得第一筆生產經營收入所屬納稅年度起，第一年至第三年免徵企業所得稅，第四年至第六年減半徵收企業所得稅。

企業承包經營、承包建設和內部自建自用上述規定的項目，不得享受上述規定的企業所得稅優惠。

企業同時從事不在《公共基礎設施項目企業所得稅優惠目錄》範圍內的項目取得的所得，應與享受優惠的公共基礎設施項目所得分開核算，並合理分攤期間費用，沒有分開核算的，不得享受上述企業所得稅優惠政策。

依照上述規定享受減免稅優惠的項目，在減免稅期限內轉讓的，受讓方自受讓之日起，可以在剩餘期限內享受規定的減免稅優惠；減免稅期限屆滿后轉讓的，受讓方不得就該項目重複享受減免稅優惠。

對農村飲水安全工程（以下簡稱飲水工程）營運管理單位從事《公共基礎設施項目企業所得稅優惠目錄》規定的飲水工程新建項目投資經營的所得，自項目取得第一筆生產經營收入所屬納稅年度起，第一年至第三年免徵企業所得稅，第四年至第六年減半徵收企業所得稅。

[案例10-42] 某居民公司企業所得稅稅率為25%，既從事國家重點扶持的公路項目，也從事其他項目，會計分別核算，並合理分攤期間費用。2014年12月，該公司取得公路項目第一筆生產經營收入10萬元，2014—2020年度公路項目利潤總額分別為−50萬元、100萬元、200萬元、300萬元、400萬元、500萬元、600萬元。該公司2014—2020年度利潤總額分別為700萬元、800萬元、900萬元、1,000萬元、1,100萬元、1,200萬元、1,300

萬元,無其他納稅調整事項。計算該公司 2014—2020 年度應納企業所得稅。

[**解答**] 公路項目所得,會計規定計入利潤總額,稅法規定可以減免,屬於所得類永久性納稅調整項目。

該公司 2014—2016 年免稅,2017—2019 年減半徵收,2020 年起全額徵收。

公路項目所得納稅調整及應納企業所得稅計算(如表 10-29 所示)。

表 10-29　　　　**公路項目所得納稅調整及應納企業所得稅計算表**　　　貨幣單位:萬元

| 年度 | 項目利潤總額 | 項目應納稅所得額 | 永久性納稅調整 | 公司利潤總額 | 應納稅所得額 | 稅率(%) | 應納企業所得稅 |
|---|---|---|---|---|---|---|---|
| 2014 年 | -50 | -50 | 0 | 700 | 700 | 25 | 175 |
| 2015 年 | 100 | 0 | -100 | 800 | 700 | 25 | 175 |
| 2016 年 | 200 | 0 | -200 | 900 | 700 | 25 | 175 |
| 2017 年 | 300 | 300÷2=150 | -150 | 1,000 | 850 | 25 | 212.5 |
| 2018 年 | 400 | 400÷2=200 | -200 | 1,100 | 900 | 25 | 225 |
| 2019 年 | 500 | 500÷2=250 | -250 | 1,200 | 950 | 25 | 237.5 |
| 2020 年 | 600 | 600 | 0 | 1,300 | 1,300 | 25 | 325 |

(三)從事符合條件的環境保護、節能節水項目的所得

符合條件的環境保護、節能節水項目,包括公共污水處理、公共垃圾處理、沼氣綜合開發利用、節能減排技術改造、海水淡化等。項目的具體條件和範圍由國務院財政、稅務主管部門商國務院有關部門制定,報國務院批准後公布施行。

企業從事上述規定的符合條件的環境保護、節能節水項目的所得,自項目取得第一筆生產經營收入所屬納稅年度起,第一年至第三年免徵企業所得稅,第四年至第六年減半徵收企業所得稅。

依照上述規定享受減免稅優惠的項目,在減免稅期限內轉讓的,受讓方自受讓之日起,可以在剩餘期限內享受規定的減免稅優惠;減免稅期限屆滿後轉讓的,受讓方不得就該項目重複享受減免稅優惠。

自 2011 年 1 月 1 日起,對符合條件的節能服務公司實施合同能源管理項目,符合《中華人民共和國企業所得稅法》有關規定的,自項目取得第一筆生產經營收入所屬納稅年度起,第一年至第三年免徵企業所得稅,第四年至第六年按照 25%的法定稅率減半徵收企業所得稅。

節能服務公司與用能企業之間的業務往來,應當按照獨立企業之間的業務往來收取或者支付價款、費用。不按照獨立企業之間的業務往來收取或者支付價款、費用,而減少其應納稅所得額的,稅務機關有權進行合理調整。

(四)符合條件的技術轉讓所得

一個納稅年度內,居民企業技術轉讓所得不超過 500 萬元的部分,免徵企業所得稅;超過 500 萬元的部分,減半徵收企業所得稅。

技術轉讓的範圍,包括居民企業轉讓專利技術、計算機軟件著作權、集成電路布圖設計權、植物新品種、生物醫藥新品種以及財政部和國家稅務總局確定的其他技術。

其中,專利技術是指法律授予獨占權的發明、實用新型和非簡單改變產品圖案的外觀設計。

所稱技術轉讓,是指居民企業轉讓其擁有符合上述規定技術的所有權或 5 年以上(含 5 年)全球獨占許可使用權的行為。

(1) 享受減免企業所得稅優惠的技術轉讓應符合以下條件：
①享受優惠的技術轉讓主體是《中華人民共和國企業所得稅法》規定的居民企業；
②技術轉讓屬於財政部、國家稅務總局規定的範圍；
③境內技術轉讓經省級以上科技部門認定；
④向境外轉讓技術經省級以上商務部門認定；
⑤國務院稅務主管部門規定的其他條件。
(2) 符合條件的技術轉讓所得應按以下方法計算：
技術轉讓所得＝技術轉讓收入－技術轉讓成本－相關稅費－應分攤期間費用

技術轉讓收入是指當事人履行技術轉讓合同后獲得的價款，不包括銷售或轉讓設備、儀器、零部件、原材料等非技術性收入。不屬於與技術轉讓項目密不可分的技術諮詢、技術服務、技術培訓等收入，不得計入技術轉讓收入。

自2013年11月1日起，可以計入技術轉讓收入的技術諮詢、技術服務、技術培訓收入是指轉讓方為使受讓方掌握所轉讓的技術投入使用、實現產業化而提供的必要的技術諮詢、技術服務、技術培訓所產生的收入，並應同時符合以下條件：
①在技術轉讓合同中約定的與該技術轉讓相關的技術諮詢、技術服務、技術培訓；
②技術諮詢、技術服務、技術培訓收入與該技術轉讓項目收入一併收取價款。

技術轉讓成本是指轉讓的無形資產的淨值，即該無形資產的計稅基礎減除在資產使用期間按照規定計算的攤銷扣除額后的余額。

相關稅費是指技術轉讓過程中實際發生的有關稅費，包括除企業所得稅和允許抵扣的增值稅以外的各項稅金及其附加、合同簽訂費用、律師費等相關費用及其他支出。

享受技術轉讓所得減免企業所得稅優惠的企業，應單獨計算技術轉讓所得，並合理分攤企業的期間費用；沒有單獨計算的，不得享受技術轉讓所得企業所得稅優惠。

自2015年10月1日起，全國範圍內的居民企業轉讓5年（含，下同）以上非獨占許可使用權取得的技術轉讓所得，納入享受企業所得稅優惠的技術轉讓所得範圍。居民企業的年度技術轉讓所得不超過500萬元的部分，免徵企業所得稅；超過500萬元的部分，減半徵收企業所得稅。

所稱技術包括專利（含國防專利）、計算機軟件著作權、集成電路布圖設計專有權、植物新品種權、生物醫藥新品種以及財政部和國家稅務總局確定的其他技術。其中，專利是指法律授予獨占權的發明、實用新型以及非簡單改變產品圖案和形狀的外觀設計。

(1) 企業轉讓符合條件的5年以上非獨占許可使用權的技術，限於其擁有所有權的技術。技術所有權的權屬由國務院行政主管部門確定。其中，專利由國家知識產權局確定權屬；國防專利由總裝備部確定權屬；計算機軟件著作權由國家版權局確定權屬；集成電路布圖設計專有權由國家知識產權局確定權屬；植物新品種權由農業部確定權屬；生物醫藥新品種由國家食品藥品監督管理總局確定權屬。

(2) 符合條件的5年以上非獨占許可使用權技術轉讓所得應按以下方法計算：
技術轉讓所得＝技術轉讓收入－無形資產攤銷費用－相關稅費－應分攤期間費用

技術轉讓收入是指轉讓方履行技術轉讓合同后獲得的價款，不包括銷售或轉讓設備、儀器、零部件、原材料等非技術性收入。不屬於與技術轉讓項目密不可分的技術諮詢、服務、培訓等收入，不得計入技術轉讓收入。技術許可使用權轉讓收入，應按轉讓協議約定的許可使用權人應付許可使用權使用費的日期確認收入的實現。

無形資產攤銷費用是指該無形資產按稅法規定當年計算攤銷的費用。涉及自用和對外許可使用的，應按照受益原則合理劃分。

相關稅費是指技術轉讓過程中實際發生的有關稅費，包括除企業所得稅和允許抵扣的

增值稅以外的各項稅金及其附加、合同簽訂費用、律師費等相關費用。

應分攤期間費用（不含無形資產攤銷費用和相關稅費）是指技術轉讓按照當年銷售收入占比分攤的期間費用。

[案例10-43] 某居民公司2016年被認定為高新技術企業，當年轉讓5年非獨占許可使用權，技術轉讓收入800萬元，無形資產攤銷費用200萬元，相關費用10萬元。該公司當年銷售收入8,000萬元，銷售費用、管理費用、財務費用合計510萬元（含無形資產攤銷費用和相關稅費），利潤總額1,500萬元，無其他納稅調整事項。計算該公司2016年度應納企業所得稅。

[解答] 技術轉讓所得=800-200-10-(510-200-10)×800÷8,000=560（萬元）
計算方法1，分項計算。
技術轉讓所得應納企業所得稅=(560-500)÷2×25%=7.5（萬元）
其他所得應納企業所得稅=(1,500-560)×(25%-10%)=141（萬元）
應納企業所得稅合計=7.5+141=148.5（萬元）
計算方法2，不分項計算。
技術轉讓所得，會計規定全額計入利潤總額，稅法規定可以減免，屬於所得類永久性納稅調整項目。
轉術轉讓所得永久性納稅調整=(560-500)÷2-560=-530（萬元）
應納稅所得額=1,500-530=970（萬元）
應納企業所得稅=970×25%-970×10%+(560-530)×10%=148.5（萬元）

（五）小型微利企業所得

自2015年10月1日起至2017年12月31日止，對年應納稅所得額不超過30萬元（含30萬元）的小型微利企業，其所得減按50%計入應納稅所得額，按20%的稅率繳納企業所得稅。

所稱小型微利企業，是指符合《中華人民共和國企業所得稅法》及其實施條例規定的小型微利企業。

（1）自2015年10月1日起至2017年12月31日止，符合規定條件的小型微利企業，無論採取查帳徵收還是核定徵收方式，均可以享受規定的小型微利企業所得稅優惠政策（以下簡稱減半徵稅政策）。

（2）符合規定條件的小型微利企業自行申報享受減半徵稅政策。匯算清繳時，小型微利企業通過填報企業所得稅年度納稅申報表中「資產總額、從業人數、所屬行業、國家限制和禁止行業」等欄次履行備案手續。

（3）企業預繳時享受小型微利企業所得稅優惠政策，按照以下規定執行：
①查帳徵收企業。上一納稅年度符合小型微利企業條件的，分別按照以下情況處理：
第一，按照實際利潤預繳企業所得稅的，預繳時累計實際利潤不超過30萬元（含，下同）的，可以享受減半徵稅政策；
第二，按照上一納稅年度應納稅所得額平均額預繳企業所得稅的，預繳時可以享受減半徵稅政策。
②定率徵收企業。上一納稅年度符合小型微利企業條件，預繳時累計應納稅所得額不超過30萬元的，可以享受減半徵稅政策。
③定額徵收企業。根據優惠政策規定需要調減定額的，由主管稅務機關按照程序調整，依照原辦法徵收。
④上一納稅年度不符合小型微利企業條件的企業。預繳時預計當年符合小型微利企業條件的，可以享受減半徵稅政策。

⑤本年度新成立小型微利企業，預繳時累計實際利潤或應納稅所得額不超過 30 萬元的，可以享受減半徵稅政策。

（4）企業預繳時享受了減半徵稅政策，但匯算清繳時不符合規定條件的，應當按照規定補繳稅款。

［案例10-44］A 公司為工業企業（非禁止和限制行業），2016 年從業人數 100 人，資產總額 3,000 萬元，應納稅所得額為 30 萬元。B 公司為服務企業（非禁止和限制行業），2016 年從業人數 80 人，資產總額 1,000 萬元，應納稅所得額為 31 萬元。分別計算 A 公司與 B 公司 2016 年應交企業所得稅。

［解答］A 公司符合小型微利企業條件，所得減半，稅率為 20%。
應交企業所得稅＝30÷2×20%＝3（萬元）
B 公司不符合小型微利企業條件，所得不減半，稅率為 25%。
應交企業所得稅＝31×25%＝7.75（萬元）

（六）非居民企業所得

下列所得可以免徵企業所得稅：
（1）外國政府向中國政府提供貸款取得的利息所得。
（2）國際金融組織向中國政府和居民企業提供優惠貸款取得的利息所得。
國際金融組織包括國際貨幣基金組織、世界銀行、亞洲開發銀行、國際開發協會、國際農業發展基金、歐洲投資銀行以及財政部和國家稅務總局確定的其他國際金融組織。所稱優惠貸款，是指低於金融企業同期同類貸款利率水平的貸款。
（3）經國務院批准的其他所得。
①自 2008 年 12 月 15 日起，對臺灣航運公司從事海峽兩岸海上直航業務取得的來源於大陸的所得，免徵企業所得稅。
②自 2009 年 6 月 25 日起，對臺灣航空公司從事海峽兩岸空中直航業務取得的來源於大陸的所得，免徵企業所得稅。
③自 2014 年 11 月 17 日起，對香港市場投資者（包括企業和個人）投資上海證券交易所上市 A 股取得的轉讓差價所得，暫免徵收所得稅。
④從 2014 年 11 月 17 日起，對合格境外機構投資者（QFII）、人民幣合格境外機構投資者（RQFII）取得來源於中國境內的股票等權益性投資資產轉讓所得，暫免徵收企業所得稅。在 2014 年 11 月 17 日之前 QFII 和 RQFII 取得的上述所得應依法徵收企業所得稅。該規定適用於在中國境內未設立機構、場所，或者在中國境內雖設立機構、場所，但取得的上述所得與其所設機構、場所沒有實際聯繫的 QFII、RQFII。
⑤自 2015 年 12 月 18 日起，對香港市場投資者（包括企業和個人）通過基金互認買賣內地基金份額取得的轉讓差價所得，暫免徵收所得稅。

### 三、企業重組的稅務處理

（一）企業重組的定義

企業重組是指企業在日常經營活動以外發生的法律結構或經濟結構重大改變的交易，包括企業法律形式改變、債務重組、股權收購、資產收購、合併、分立等。
（1）企業法律形式改變是指企業註冊名稱、住所以及企業組織形式等的簡單改變，但符合規定其他重組的類型除外。
（2）債務重組是指在債務人發生財務困難的情況下，債權人按照其與債務人達成的書面協議或者法院裁定書，就其債務人的債務作出讓步的事項。
（3）股權收購是指一家企業（以下稱為收購企業）購買另一家企業（以下稱為被收購

企業）的股權，以實現對被收購企業控制的交易。收購企業支付對價的形式包括股權支付、非股權支付或兩者的組合。

(4) 資產收購是指一家企業（以下稱為受讓企業）購買另一家企業（以下稱為轉讓企業）實質經營性資產的交易。受讓企業支付對價的形式包括股權支付、非股權支付或兩者的組合。

(5) 合併是指一家或多家企業（以下稱為被合併企業）將其全部資產和負債轉讓給另一家現存或新設企業（以下稱為合併企業），被合併企業股東換取合併企業的股權或非股權支付，實現兩個或兩個以上企業的依法合併。

(6) 分立是指一家企業（以下稱為被分立企業）將部分或全部資產分離轉讓給現存或新設的企業（以下稱為分立企業），被分立企業股東換取分立企業的股權或非股權支付，實現企業的依法分立。

股權支付是指企業重組中購買、換取資產的一方支付的對價中，以本企業或其控股企業的股權、股份作為支付的形式；非股權支付是指以本企業的現金、銀行存款、應收款項、本企業或其控股企業股權和股份以外的有價證券、存貨、固定資產、其他資產以及承擔債務等作為支付的形式。

(二) 企業重組的一般性稅務處理

除國務院財政、稅務主管部門另有規定外，企業在重組過程中，應當在交易發生時確認有關資產的轉讓所得或者損失，相關資產應當按照交易價格重新確定計稅基礎。

(1) 企業由法人轉變為個人獨資企業、合夥企業等非法人組織，或將登記註冊地轉移至中華人民共和國境外（包括中國港澳臺地區），應視同企業進行清算、分配，股東重新投資成立新企業。企業的全部資產以及股東投資的計稅基礎均應以公允價值為基礎確定。

企業發生其他法律形式簡單改變的，可直接變更稅務登記，除另有規定外，有關企業所得稅納稅事項（包括虧損結轉、稅收優惠等權益和義務）由變更後企業承繼，但因住所發生變化而不符合稅收優惠條件的除外。

(2) 企業債務重組，相關交易應以下規定處理：

①以非貨幣資產清償債務，應當分解為轉讓相關非貨幣性資產、按非貨幣性資產公允價值清償債務兩項業務，確認相關資產的所得或損失。

②發生債權轉股權的，應當分解為債務清償和股權投資兩項業務，確認有關債務清償所得或損失。

③債務人應當按照支付的債務清償額低於債務計稅基礎的差額，確認債務重組所得；債權人應當按照收到的債務清償額低於債權計稅基礎的差額，確認債務重組損失。

④債務人的相關所得稅納稅事項原則上保持不變。

(3) 企業股權收購、資產收購重組交易，相關交易應按以下規定處理：

①被收購方應確認股權、資產轉讓所得或損失。

②收購方取得股權或資產的計稅基礎應以公允價值為基礎確定。

③被收購企業的相關所得稅事項原則上保持不變。

(4) 企業合併，當事各方應按下列規定處理：

①合併企業應按公允價值確定接受被合併企業各項資產和負債的計稅基礎。

②被合併企業及其股東都應按清算進行所得稅處理。

③被合併企業的虧損不得在合併企業結轉彌補。

(5) 企業分立，當事各方應按下列規定處理：

①被分立企業對分立出去資產應按公允價值確認資產轉讓所得或損失。

②分立企業應按公允價值確認接受資產的計稅基礎。

③被分立企業繼續存在時，其股東取得的對價應視同被分立企業分配進行處理。
④被分立企業不再繼續存在時，被分立企業及其股東都應按清算進行所得稅處理。
⑤企業分立相關企業的虧損不得相互結轉彌補。

(三) 企業重組的特殊性稅務處理

(1) 企業重組同時符合下列條件的，適用特殊性稅務處理規定：
①具有合理的商業目的，並且不以減少、免除或者推遲繳納稅款為主要目的。
②被收購、合併或分立部分的資產或股權比例符合規定的比例。
③企業重組后的連續12個月內不改變重組資產原來的實質性經營活動。
④重組交易對價中涉及股權支付金額符合規定的比例。
⑤企業重組中取得股權支付的原主要股東，在重組后連續12個月內，不得轉讓所取得的股權。

(2) 企業重組符合第(1)項規定條件的，交易各方對其交易中的股權支付部分，可以按以下規定進行特殊性稅務處理：

①企業債務重組確認的應納稅所得額占該企業當年應納稅所得額50%以上，可以在5個納稅年度的期間內，均勻計入各年度的應納稅所得額。

企業發生債權轉股權業務，對債務清償和股權投資兩項業務暫不確認有關債務清償所得或損失，股權投資的計稅基礎以原債權的計稅基礎確定。企業的其他相關所得稅事項保持不變。

②股權收購，收購企業購買的股權不低於被收購企業全部股權的50%，並且收購企業在該股權收購發生時的股權支付金額不低於其交易支付總額的85%，可以選擇按以下規定處理：

第一，被收購企業的股東取得收購企業股權的計稅基礎，以被收購股權的原有計稅基礎確定。

第二，收購企業取得被收購企業股權的計稅基礎，以被收購股權的原有計稅基礎確定。

第三，收購企業、被收購企業的原有各項資產和負債的計稅基礎和其他相關所得稅事項保持不變。

③資產收購，受讓企業收購的資產不低於轉讓企業全部資產的50%，並且受讓企業在該資產收購發生時的股權支付金額不低於其交易支付總額的85%，可以選擇按以下規定處理：

第一，轉讓企業取得受讓企業股權的計稅基礎，以被轉讓資產的原有計稅基礎確定。

第二，受讓企業取得轉讓企業資產的計稅基礎，以被轉讓資產的原有計稅基礎確定。

④企業合併，企業股東在該企業合併發生時取得的股權支付金額不低於其交易支付總額的85%，同一控制下且不需要支付對價的企業合併，可以選擇按以下規定處理：

第一，合併企業接受被合併企業資產和負債的計稅基礎，以被合併企業的原有計稅基礎確定。

第二，被合併企業合併前的相關所得稅事項由合併企業承繼。

第三，可由合併企業彌補的被合併企業虧損的限額＝被合併企業淨資產公允價值×截至合併業務發生當年年末國家發行的最長期限的國債利率。

第四，被合併企業股東取得合併企業股權的計稅基礎，以其原持有的被合併企業股權的計稅基礎確定。

⑤企業分立，被分立企業所有股東按原持股比例取得分立企業的股權，分立企業和被分立企業均不改變原來的實質經營活動，並且被分立企業股東在該企業分立發生時取得的股權支付金額不低於其交易支付總額的85%，可以選擇按以下規定處理：

第一，分立企業接受被分立企業資產和負債的計稅基礎，以被分立企業的原有計稅基礎確定。

第二，被分立企業已分立出去資產相應的所得稅事項由分立企業承繼。

第三，被分立企業未超過法定彌補期限的虧損額可按分立資產占全部資產的比例進行分配，由分立企業繼續彌補。

第四，被分立企業的股東取得分立企業的股權（以下簡稱「新股」），如需部分或全部放棄原持有的被分立企業的股權（以下簡稱「舊股」），「新股」的計稅基礎應以放棄「舊股」的計稅基礎確定。如不需放棄「舊股」，則其取得「新股」的計稅基礎可從以下兩種方法中選擇確定：直接將「新股」的計稅基礎確定為零；或者以被分立企業分立出去的淨資產占被分立企業全部淨資產的比例先調減原持有的「舊股」的計稅基礎，再將調減的計稅基礎平均分配到「新股」上。

⑥重組交易各方按上述①至⑤項規定對交易中股權支付暫不確認有關資產的轉讓所得或損失的，其非股權支付仍應在交易當期確認相應的資產轉讓所得或損失，並調整相應資產的計稅基礎。

非股權支付對應的資產轉讓所得或損失＝(被轉讓資產的公允價值-被轉讓資產的計稅基礎)×(非股權支付金額÷被轉讓資產的公允價值)

[**案例10-45**] 甲公司為乙公司的全資母公司，甲公司持有乙公司股權10,000萬股，為了將來有更好的發展，甲公司將持有乙公司80%的股權轉讓給丙公司收購，然后乙公司成為丙公司的子公司。假定收購日甲公司持有的乙公司每股股權的計稅基礎為5元，每股股權的公允價值為6元。在收購對價中丙公司以股權形式支付43,200萬元，以銀行存款支付4,800萬元。

要求：計算甲公司取得非股權支付額對應的資產轉讓所得或損失。

[解答] 股權收購比例為80%≥50%

股權支付比例＝43,200÷(43,200+4,800)＝90%≥85%

甲公司和丙公司對其交易中的股權支付部分，可以選擇特殊性稅務處理。

甲公司取得非股權支付額對應的資產轉讓所得＝10,000×80%×(6-5)×(1-90%)

＝800（萬元）

（3）企業發生涉及境內與境外之間（包括港澳臺地區）的股權和資產收購交易，除應符合第(1)項規定的條件外，還應同時符合下列條件，才可選擇適用特殊性稅務處理規定：

①非居民企業向其100%直接控股的另一非居民企業轉讓其擁有的居民企業股權，沒有因此造成以后該項股權轉讓所得預提稅負擔變化，並且轉讓方非居民企業向主管稅務機關書面承諾在3年（含3年）內不轉讓其擁有受讓方非居民企業的股權。

②非居民企業向與其具有100%直接控股關係的居民企業轉讓其擁有的另一居民企業股權。

③居民企業以其擁有的資產或股權向其100%直接控股的非居民企業進行投資。

④財政部、國家稅務總局核准的其他情形。

上述第③項所指的居民企業以其擁有的資產或股權向100%直接控股關係的非居民企業進行投資，其資產或股權轉讓收益如選擇特殊性稅務處理，可以在10個納稅年度內均勻計入各年度應納稅所得額。

（4）在企業吸收合併中，合併后的存續企業性質及適用稅收優惠的條件未發生改變的，可以繼續享受合併前該企業剩余期限的稅收優惠，其優惠金額按存續企業合併前一年的應納稅所得額（虧損計為零）計算。

在企業存續分立中，分立后的存續企業性質及適用稅收優惠的條件未發生改變的，可

以繼續享受分立前該企業剩餘期限的稅收優惠，其優惠金額按該企業分立前一年的應納稅所得額（虧損計為零）乘以分立后存續企業資產占分立前該企業全部資產的比例計算。

（5）企業在重組發生前后連續12個月內分步對其資產、股權進行交易，應根據實質重於形式原則將上述交易作為一項企業重組交易進行處理。

（6）企業發生符合上述規定的特殊性重組條件並選擇特殊性稅務處理的，當事各方應在該重組業務完成當年企業所得稅年度申報時，向主管稅務機關提交書面備案資料，證明其符合各類特殊性重組規定的條件。企業未按規定書面備案的，一律不得按特殊重組業務進行稅務處理。

### 四、股權、資產劃轉

（1）自2014年1月1日起，對100%直接控制的居民企業之間以及受同一或相同多家居民企業100%直接控制的居民企業之間按帳面淨值劃轉股權或資產，凡具有合理商業目的且不以減少、免除或者推遲繳納稅款為主要目的的，股權或資產劃轉完成日起連續12個月內不改變被劃轉股權或資產原來實質性經營活動，並且劃出方企業和劃入方企業均未在會計上確認損益的，可以選擇按以下規定進行特殊性稅務處理：

①劃出方企業和劃入方企業均不確認所得。

②劃入方企業取得被劃轉股權或資產的計稅基礎，以被劃轉股權或資產的原計稅基礎確定。

③劃入方企業取得的被劃轉資產，應按其原計稅基礎計算折舊扣除或攤銷。

（2）「100%直接控制的居民企業之間以及受同一或相同多家居民企業100%直接控制的居民企業之間按帳面淨值劃轉股權或資產」，限於以下情形：

① 100%直接控制的母子公司之間，母公司向子公司按帳面淨值劃轉其持有的股權或資產，母公司獲得子公司100%的股權支付。母公司按增加長期股權投資處理，子公司按接受投資（包括資本公積，下同）處理。母公司獲得子公司股權的計稅基礎以劃轉股權或資產的原計稅基礎確定。

② 100%直接控制的母子公司之間，母公司向子公司按帳面淨值劃轉其持有的股權或資產，母公司沒有獲得任何股權或非股權支付。母公司按衝減實收資本（包括資本公積，下同）處理，子公司按接受投資處理。

③ 100%直接控制的母子公司之間，子公司向母公司按帳面淨值劃轉其持有的股權或資產，子公司沒有獲得任何股權或非股權支付。母公司按收回投資處理，或按接受投資處理，子公司按衝減實收資本處理。母公司應按被劃轉股權或資產的原計稅基礎，相應調減持有子公司股權的計稅基礎。

④受同一或相同多家母公司100%直接控制的子公司之間，在母公司主導下，一家子公司向另一家子公司按帳面淨值劃轉其持有的股權或資產，劃出方沒有獲得任何股權或非股權支付。劃出方按衝減所有者權益處理，劃入方按接受投資處理。

（3）股權或資產劃轉完成日是指股權或資產劃轉合同（協議）或批覆生效，並且交易雙方已進行會計處理的日期。

（4）按照上述規定進行特殊性稅務處理的股權或資產劃轉，交易雙方應在協商一致的基礎上，採取一致處理原則統一進行特殊性稅務處理。

### 五、非貨幣性資產投資

（1）自2014年1月1日起，居民企業（以下簡稱企業）以非貨幣性資產對外投資確認的非貨幣性資產轉讓所得，可在不超過5年期限內，分期均勻計入相應年度的應納稅所得

額，按規定計算繳納企業所得稅。

（2）企業以非貨幣性資產對外投資，應對非貨幣性資產進行評估並按評估後的公允價值扣除計稅基礎后的餘額，計算確認非貨幣性資產轉讓所得。

企業以非貨幣性資產對外投資，應於投資協議生效並辦理股權登記手續時，確認非貨幣性資產轉讓收入的實現。

（3）企業以非貨幣性資產對外投資而取得被投資企業的股權，應以非貨幣性資產的原計稅成本為計稅基礎，加上每年確認的非貨幣性資產轉讓所得，逐年進行調整。

被投資企業取得非貨幣性資產的計稅基礎，應按非貨幣性資產的公允價值確定。

（4）企業在對外投資5年內轉讓上述股權或投資收回的，應停止執行遞延納稅政策，並就遞延期內尚未確認的非貨幣性資產轉讓所得，在轉讓股權或投資收回當年的企業所得稅年度匯算清繳時，一次性計算繳納企業所得稅；企業在計算股權轉讓所得時，可按第（3）項的規定將股權的計稅基礎一次調整到位。

企業在對外投資5年內註銷的，應停止執行遞延納稅政策，並就遞延期內尚未確認的非貨幣性資產轉讓所得，在註銷當年的企業所得稅年度匯算清繳時，一次性計算繳納企業所得稅。

（5）所稱非貨幣性資產是指現金、銀行存款、應收帳款、應收票據以及準備持有至到期的債券投資等貨幣性資產以外的資產。

所稱非貨幣性資產投資，限於以非貨幣性資產出資設立新的居民企業，或將非貨幣性資產注入現存的居民企業。

（6）企業發生非貨幣性資產投資，符合企業重組的特殊性稅務處理條件的，也可選擇按特殊性稅務處理規定執行。

**六、政策性搬遷**

（1）企業政策性搬遷是指由於社會公共利益的需要，在政府主導下企業進行整體搬遷或部分搬遷。企業由於下列需要之一，提供相關文件證明資料的，屬於政策性搬遷：

①國防和外交的需要。

②由政府組織實施的能源、交通、水利等基礎設施的需要。

③由政府組織實施的科技、教育、文化、衛生、體育、環境和資源保護、防災減災、文物保護、社會福利、市政公用等公共事業的需要。

④由政府組織實施的保障性安居工程建設的需要。

⑤由政府依照《中華人民共和國城鄉規劃法》有關規定組織實施的對危房集中、基礎設施落后等地段進行舊城區改建的需要。

⑥法律、行政法規規定的其他公共利益的需要。

（2）企業應按要求，就政策性搬遷過程中涉及的搬遷收入、搬遷支出、搬遷資產稅務處理、搬遷所得等所得稅徵收管理事項，單獨進行稅務管理和核算。不能單獨進行稅務管理和核算的，應視為企業自行搬遷或商業性搬遷等非政策性搬遷進行所得稅處理，不得執行此規定。

（3）企業的搬遷收入包括搬遷過程中從本企業以外（包括政府或其他單位）取得的搬遷補償收入，以及本企業搬遷資產處置收入等。

（4）企業取得的搬遷補償收入是指企業由於搬遷取得的貨幣性和非貨幣性補償收入。其具體包括：

①對被徵用資產價值的補償。

②因搬遷、安置而給予的補償。

③對停產停業形成的損失而給予的補償。
④資產搬遷過程中遭到毀損而取得的保險賠款。
⑤其他補償收入。
(5) 企業搬遷資產處置收入是指企業由於搬遷而處置企業各類資產所取得的收入。
企業由於搬遷處置存貨而取得的收入，應按正常經營活動取得的收入進行所得稅處理，不作為企業搬遷收入。
(6) 企業的搬遷支出包括搬遷費用支出以及由於搬遷所發生的企業資產處置支出。
(7) 搬遷費用支出是指企業搬遷期間所發生的各項費用。其具體包括：
①安置職工實際發生的費用。
②停工期間支付給職工的工資及福利費。
③臨時存放搬遷資產而發生的費用。
④各類資產搬遷安裝費用。
⑤其他與搬遷相關的費用。
(8) 資產處置支出是指企業由於搬遷而處置各類資產所發生的支出，包括變賣及處置各類資產的淨值、處置過程中所發生的稅費等支出。
企業由於搬遷而報廢的資產，如無轉讓價值，其淨值作為企業的資產處置支出。
(9) 企業在搬遷期間發生的搬遷收入和搬遷支出，可以暫不計入當期應納稅所得額，而在完成搬遷的年度，對搬遷收入和支出進行匯總清算。
(10) 企業的搬遷收入，扣除搬遷支出后的余額，為企業的搬遷所得。
企業應在搬遷完成年度，將搬遷所得計入當年度企業應納稅所得額計算納稅。
(11) 下列情形之一的，為搬遷完成年度，企業應進行搬遷清算，計算搬遷所得：
①從搬遷開始，5年內（包括搬遷當年度）任何一年完成搬遷的。
②從搬遷開始，搬遷時間滿5年（包括搬遷當年度）的年度。
企業邊搬遷、邊生產的，搬遷年度應從實際開始搬遷的年度計算。
(12) 企業搬遷收入扣除搬遷支出后為負數的，應為搬遷損失。搬遷損失可在下列方法中選擇其一進行稅務處理：
①在搬遷完成年度，一次性作為損失進行扣除。
②自搬遷完成年度起分3個年度，均勻在稅前扣除。
上述方法由企業自行選擇，但一經選定，不得改變。
(13) 企業以前年度發生尚未彌補的虧損的，凡企業由於搬遷停止生產經營無所得的，從搬遷年度次年起，至搬遷完成年度前一年度止，可作為停止生產經營活動年度，從法定虧損結轉彌補年限中減除；企業邊搬遷、邊生產的，其虧損結轉年度應連續計算。

### 七、特別納稅調整

(一) 轉讓定價

企業與其關聯方之間的業務往來，不符合獨立交易原則而減少企業或者其關聯方應納稅收入或者所得額的，稅務機關有權按照合理方法調整。
(1) 關聯方是指與企業有下列關聯關係之一的企業、其他組織或者個人：
①在資金、經營、購銷等方面存在直接或者間接的控制關係。
②直接或者間接地同為第三者控制。
③在利益上具有相關聯的其他關係。
(2) 獨立交易原則是指沒有關聯關係的交易各方，按照公平成交價格和營業常規進行業務往來遵循的原則。

(3) 合理方法包括：

①可比非受控價格法，即按照沒有關聯關係的交易各方進行相同或者類似業務往來的價格進行定價的方法。

②再銷售價格法，即按照從關聯方購進商品再銷售給沒有關聯關係的交易方的價格，減除相同或者類似業務的銷售毛利進行定價的方法。

③成本加成法，即按照成本加合理的費用和利潤進行定價的方法。

④交易淨利潤法，即按照沒有關聯關係的交易各方進行相同或者類似業務往來取得的淨利潤水平確定利潤的方法。

⑤利潤分割法，即將企業與其關聯方的合併利潤或者虧損在各方之間採用合理標準進行分配的方法。

⑥其他符合獨立交易原則的方法。

(4) 預約定價安排。企業可以向稅務機關提出與其關聯方之間業務往來的定價原則和計算方法，稅務機關與企業協商、確認后，達成預約定價安排。

預約定價安排是指企業就其未來年度關聯交易的定價原則和計算方法，向稅務機關提出申請，與稅務機關按照獨立交易原則協商、確認后達成的協議。

[案例10-46] 某母、子公司，母公司設在江西省南昌市，子公司為設在江西省贛州市的鼓勵類產業的內資企業。2016年母公司銷售1萬件A產品給子公司作原材料，每件價格100元，母公司銷售A產品給其他公司，每件120元。母公司銷售B產品1萬件給子公司作原材料，每件220元，該產品合理成本為200元，可比非關聯交易成本加成率為25％。母公司從子公司購進1萬件C產品，每件價格280元，母公司再以每件300元的價格銷售給其他公司，該產品可比非關聯交易毛利率為20％。2016年母公司利潤總額為500萬元，子公司利潤總額為800萬元，無其他納稅調整事項。

母公司自行申報繳納企業所得稅＝500×25％＝125（萬元）

子公司自行申報繳納企業所得稅＝800×15％＝120（萬元）

稅務機關如何對母公司進行特別納稅調整並補徵稅款？子公司申請相應調整，稅務機關如何處理？

[解答] 稅務機關對母公司特別納稅調整並補徵稅款。

銷售A產品特別納稅調整＝120－100＝＋20（萬元）

銷售B產品特別納稅調整＝200×（1＋25％）－220＝250－220＝＋30（萬元）

購買C產品特別納稅調整＝280－300×（1－20％）＝280－240＝＋40（萬元）

母公司特別納稅調整合計＝20＋30＋40＝＋90（萬元）

母公司應補企業所得稅＝90×25％＝22.5（萬元）

稅務機關對子公司進行相應調整及退稅。

子公司相應調整＝－90（萬元）

子公司應退企業所得稅＝90×15％＝13.5（萬元）

(二) 成本分攤

企業與其關聯方共同開發、受讓無形資產，或者共同提供、接受勞務發生的成本，在計算應納稅所得額時應當按照獨立交易原則進行分攤。

企業可以依照上述規定，按照獨立交易原則與其關聯方分攤共同發生的成本，達成成本分攤協議。

企業與其關聯方分攤成本時，應當按照成本與預期收益相配比的原則進行分攤，並在稅務機關規定的期限內，按照稅務機關的要求報送有關資料。

企業與其關聯方分攤成本時違反上述規定的，其自行分攤的成本不得在計算應納稅所

得額時扣除。

(三) 受控外國企業

(1) 由居民企業，或者由居民企業和中國居民控制的設立在實際稅負明顯低於25%稅率水平的國家（地區）的企業，並非由於合理的經營需要而對利潤不作分配或者減少分配的，上述利潤中應歸屬於該居民企業的部分，應當計入該居民企業的當期收入。

中國居民是指根據《中華人民共和國個人所得稅法》的規定，就其從境內、境外取得的所得在中國繳納個人所得稅的個人。

控制包括：

①居民企業或者中國居民直接或者間接單一持有外國企業10%以上有表決權股份，並且由其共同持有該外國企業50%以上股份。

②居民企業或者居民企業和中國居民持股比例沒有達到第(1)項規定的標準，但在股份、資金、經營、購銷等方面對該外國企業構成實質控制。

實際稅負明顯低於25%稅率水平是指低於《中華人民共和國企業所得稅法》規定的25%稅率的50%。

(2) 中國居民企業股東能夠提供資料證明其控制的外國企業滿足以下條件之一的，可免於將外國企業不作分配或減少分配的利潤視同股息分配額，計入中國居民企業股東的當期所得：

①設立在國家稅務總局指定的非低稅率國家（地區）。

②主要取得積極經營活動所得。

③年度利潤總額低於500萬元人民幣。

[案例10-47] 某中國母公司在國際避稅地設立子公司，母公司持有子公司80%股權。2016年度子公司利潤總額為1,000萬元（主要為消極所得），無其他納稅調整事項，當地企業所得稅稅率為10%，子公司在當地繳納企業所得稅100萬元，子公司稅後利潤900萬元不作分配。2016年度母公司利潤總額為5,000萬元，無其他納稅調整事項。

母公司在中國自行申報繳納企業所得稅=5,000×25%=1,250（萬元）

稅務機關如何對母公司進行特別納稅調整並補徵稅款？

[解答] 稅務機關對母公司進行特別納稅調整並補徵稅款計算如下：

境外所得特別納稅調整=900×80%÷(1-10%)-0=800-0=+800（萬元）

境外所得應納企業所得稅=800×25%=200（萬元）

境外所得稅額抵扣=MIN(200,800×10%)=80（萬元）

境外所得應補企業所得稅=200-80=120（萬元）

(四) 資本弱化

(1) 企業從其關聯方接受的債權性投資與權益性投資的比例超過規定標準而發生的利息支出，不得在計算應納稅所得額時扣除。

企業實際支付給關聯方的利息支出，其接受關聯債權性投資與其權益性投資比例為：

①金融企業，為5:1。

②其他企業，為2:1。

(2) 債權性投資是指企業直接或者間接從關聯方獲得的，需要償還本金和支付利息或者需要以其他具有支付利息性質的方式予以補償的融資。

企業間接從關聯方獲得的債權性投資包括：

①關聯方通過無關聯第三方提供的債權性投資。

②無關聯第三方提供的、由關聯方擔保且負有連帶責任的債權性投資。

③其他間接從關聯方獲得的具有負債實質的債權性投資。

(3) 權益性投資是指企業接受的不需要償還本金和支付利息，投資人對企業淨資產擁有所有權的投資。
(4) 不得在計算應納稅所得額時扣除的利息支出應按以下公式計算：
不得扣除利息支出＝年度實際支付的全部關聯方利息×(1-標準比例÷關聯債資比例)
關聯債資比例＝年度各月平均關聯債權投資之和÷年度各月平均權益投資之和
各月平均關聯債權投資＝(關聯債權投資月初帳面餘額+月末帳面餘額)÷2
各月平均權益投資＝(權益投資月初帳面餘額+月末帳面餘額)÷2

權益投資為企業資產負債表所列示的所有者權益金額。如果所有者權益小於實收資本（股本）與資本公積之和，則權益投資為實收資本（股本）與資本公積之和；如果實收資本（股本）與資本公積之和小於實收資本（股本）金額，則權益投資為實收資本（股本）金額。

[案例10-48] 某母公司2016年投資設立子公司（非金融企業），母公司對子公司的債權性投資與權益性投資分別為1,500萬元與500萬元，即關聯債資比例為3：1。債權性投資的年利率為6%，與銀行同期同類貸款利率相等。2016年度母公司利潤總額500萬元，子公司利潤總額300萬元，無其他納稅調整事項。母公司被認定為高新技術企業。
子公司自行申報繳納企業所得稅＝300×25%＝75（萬元）
母公司自行申報繳納企業所得稅＝500×15%＝75（萬元）
稅務機關如何對子公司進行特別納稅調整並補徵稅款？母公司申請相應調整，稅務機關如何處理？

[解答] 稅務機關對子公司進行特別納稅調整並補徵稅款計算如下：
子公司特別納稅調整＝1,500×6%×(1-2÷3)＝+30（萬元）
或：子公司特別納稅調整＝(1,500×6%-500×2×6%)＝+30（萬元）
子公司應補企業所得稅＝30×25%＝7.5（萬元）
稅務機關對母公司進行相應調整並退稅。
母公司相應調整＝-30（萬元）
母公司應退企業所得稅＝30×15%＝4.5（萬元）

(五) 一般反避稅
企業實施其他不具有合理商業目的的安排而減少其應納稅收入或者所得額的，稅務機關有權按照合理方法調整。不具有合理商業目的是指以減少、免除或者推遲繳納稅款為主要目的。
(1) 稅務機關對存在以下避稅安排的企業，啓動一般反避稅調查：
①濫用稅收優惠；
②濫用稅收協定；
③濫用公司組織形式；
④利用避稅港避稅；
⑤其他不具有合理商業目的的安排。
(2) 稅務機關應按照實質重於形式的原則審核企業是否存在避稅安排，並綜合考慮安排的以下內容：
①安排的形式和實質；
②安排訂立的時間和執行期間；
③安排實現的方式；
④安排各個步驟或組成部分之間的聯繫；
⑤安排涉及各方財務狀況的變化；

⑥安排的稅收結果。

(3) 稅務機關應按照經濟實質對企業的避稅安排重新定性,取消企業從避稅安排獲得的稅收利益。對於沒有經濟實質的企業,特別是設在避稅港並導致其關聯方或非關聯方避稅的企業,可在稅收上否定該企業的存在。

(4) 一般反避稅調查及調整須報國家稅務總局批准。

(5) 關聯交易一方被實施轉讓定價調查調整的,應允許另一方做相應調整,以消除雙重徵稅。相應調整涉及稅收協定國家(地區)關聯方的,經企業申請,國家稅務總局與稅收協定締約對方稅務主管當局根據稅收協定有關相互協商程序的規定開展磋商談判。

(六) 核定方式

企業不提供與其關聯方之間業務往來資料,或者提供虛假、不完整資料,未能真實反應其關聯業務往來情況的,稅務機關有權依法核定其應納稅所得額。稅務機關核定企業的應納稅所得額時,可以採用下列方法:

(1) 參照同類或者類似企業的利潤率水平核定。
(2) 按照企業成本加合理的費用和利潤的方法核定。
(3) 按照關聯企業集團整體利潤的合理比例核定。
(4) 按照其他合理方法核定。

企業對稅務機關按照前款規定的方法核定的應納稅所得額有異議的,應當提供相關證據,經稅務機關認定后,調整核定的應納稅所得額。

(七) 加收利息

稅務機關依照規定作出納稅調整,需要補徵稅款的,應當補徵稅款,並按照國務院規定加收利息。

稅務機關根據稅收法律、行政法規的規定,對企業作出特別納稅調整的,應當對補徵的稅款,自稅款所屬納稅年度的次年 6 月 1 日起至補繳稅款之日止的期間,按日加收利息。

上述規定加收的利息,不得在計算應納稅所得額時扣除。

利息應當按照稅款所屬納稅年度中國人民銀行公布的與補稅期間同期的人民幣貸款基準利率加 5 個百分點計算。

企業依照《中華人民共和國企業所得稅法》規定提供有關資料的,可以只按前款規定的人民幣貸款基準利率計算利息。

企業與其關聯方之間的業務往來,不符合獨立交易原則,或者企業實施其他不具有合理商業目的安排的,稅務機關有權在該業務發生的納稅年度起 10 年內,進行納稅調整。

## 第六節 核定方式、源泉扣繳和清算所得

**一、居民企業核定方式**

(一) 核定徵收的範圍

居民企業納稅人具有下列情形之一的,核定徵收企業所得稅:

(1) 依照法律、行政法規的規定可以不設置帳簿的。
(2) 依照法律、行政法規的規定應當設置但未設置帳簿的。
(3) 擅自銷毀帳簿或者拒不提供納稅資料的。
(4) 雖設置帳簿,但帳目混亂或者成本資料、收入憑證、費用憑證殘缺不全,難以查帳的。

（5）發生納稅義務，未按照規定的期限辦理納稅申報，經稅務機關責令限期申報，逾期仍不申報的。

（6）申報的計稅依據明顯偏低，又無正當理由的。

特殊行業、特殊類型的納稅人和一定規模以上的納稅人不適用核定徵收辦法。上述特定納稅人由國家稅務總局另行明確。

自2012年1月1日起，專門從事股權（股票）投資業務的企業，不得核定徵收企業所得稅。

（二）核定徵收的辦法

（1）稅務機關應根據納稅人具體情況，對核定徵收企業所得稅的納稅人，核定應稅所得率或者核定應納所得稅額。

具有下列情形之一的，核定其應稅所得率：

①能正確核算（查實）收入總額，但不能正確核算（查實）成本費用總額的。
②能正確核算（查實）成本費用總額，但不能正確核算（查實）收入總額的。
③通過合理方法，能計算和推定納稅人收入總額或成本費用總額的。

納稅人不屬於以上情形的，核定其應納所得稅額。

（2）稅務機關採用下列方法核定徵收企業所得稅：

①參照當地同類行業或者類似行業中經營規模和收入水平相近的納稅人的稅負水平核定。
②按照應稅收入額或成本費用支出額定率核定。
③按照耗用的原材料、燃料、動力等推算或測算核定。
④按照其他合理方法核定。

採用上述所列一種方法不足以正確核定應納稅所得額或應納稅額的，可以同時採用兩種以上的方法核定。採用兩種以上方法測算的應納稅額不一致時，可按測算的應納稅額從高核定。

（三）核定徵收的計算

採用應稅所得率方式核定徵收企業所得稅的，應納所得稅額計算公式如下：

應納企業所得稅＝應納稅所得額×適用稅率

應納稅所得額＝應稅收入額×應稅所得率

或：應納稅所得額＝成本（費用）支出額÷(1－應稅所得率)×應稅所得率

應稅收入額等於收入總額減去不徵稅收入和免稅收入後的餘額。其用公式表示為：

應稅收入額＝收入總額－不徵稅收入－免稅收入

其中，收入總額為企業以貨幣形式和非貨幣形式從各種來源取得的收入。

實行應稅所得率方式核定徵收企業所得稅的納稅人，經營多業的，無論其經營項目是否單獨核算，均由稅務機關根據其主營項目確定適用的應稅所得率。

主營項目應為納稅人所有經營項目中，收入總額或者成本（費用）支出額或者耗用原材料、燃料、動力數量所占比重最大的項目。

應稅所得率按表10-30規定的幅度標準確定。

表 10-30　　　　　　　　各行業應稅所得率幅度標準

| 行　業 | 應稅所得率（％） |
| --- | --- |
| 農、林、牧、漁業 | 3~10 |
| 製造業 | 5~15 |

表10-30(續)

| 行　業 | 應稅所得率（％） |
|---|---|
| 批發和零售貿易業 | 4~15 |
| 交通運輸業 | 7~15 |
| 建築業 | 8~20 |
| 飲食業 | 8~25 |
| 娛樂業 | 15~30 |
| 其他行業 | 10~30 |

納稅人的生產經營範圍、主營業務發生重大變化，或者應納稅所得額或應納稅額增減變化達到20%的，應及時向稅務機關申報調整已確定的應納稅額或應稅所得率。

依法按核定應稅所得率方式核定徵收企業所得稅的企業，取得的轉讓股權（股票）收入等轉讓財產收入，應全額計入應稅收入額，按照主營項目（業務）確定適用的應稅所得率計算徵稅；若主營項目（業務）發生變化，應在當年匯算清繳時，按照變化后的主營項目（業務）重新確定適用的應稅所得率計算徵稅。

[案例10-49] 某娛樂企業能正確核算（查實）收入總額，但不能正確核算（查實）成本費用總額。該娛樂企業2016年度收入總額300萬元，其中國債利息收入50萬元，稅務機關核定應稅所得率為20%。

某飲食企業能正確核算（查實）成本費用總額，但不能正確核算（查實）收入總額。該飲食企業2016年度從業人數30人，資產總額500萬元，成本費用總額為153萬元，稅務機關核定應稅所得率為15%。

計算該娛樂企業、該飲食企業2016年度核定方式應納企業所得稅。

[解答] ①該娛樂企業應納稅所得額=(300-50)×20%=50（萬元）
該娛樂企業應納企業所得稅=50×25%=12.5（萬元）
②該飲食企業應納稅所得額=153÷(1-15%)×15%=27（萬元）
實行核定徵收的納稅人，也適用小型微利企業優惠政策。
該飲食企業應納企業所得稅=27÷2×20%=2.7（萬元）

### 二、非居民企業核定方式

在境內設立機構、場所的非居民企業，外國企業常駐代表機構，企業所得稅核定辦法如下：

（1）非居民企業應當按照稅收徵管法及有關法律法規設置帳簿，根據合法、有效憑證記帳，進行核算，並應按照其實際履行的功能與承擔的風險相匹配的原則，準確計算應納稅所得額，據實申報繳納企業所得稅。

（2）非居民企業因會計帳簿不健全，資料殘缺難以查帳，或者其他原因不能準確計算並據實申報其應納稅所得額的，稅務機關有權採取以下方法核定其應納稅所得額。

①按收入總額核定應納稅所得額：適用於能夠正確核算收入或通過合理方法推定收入總額，但不能正確核算成本費用的非居民企業。計算公式如下：

應納稅所得額=收入總額×核定利潤率

②按成本費用核定應納稅所得額：適用於能夠正確核算成本費用，但不能正確核算收入總額的非居民企業。計算公式如下：

應納稅所得額=成本費用總額÷(1-核定利潤率)×核定利潤率

③按經費支出換算收入核定應納稅所得額：適用於能夠正確核算經費支出總額，但不能正確核算收入總額和成本費用的非居民企業。計算公式如下：

應納稅所得額＝本期經費支出額÷(1－核定利潤率)×核定利潤率

(3) 稅務機關可按照以下標準確定非居民企業的利潤率：

①從事承包工程作業、設計和諮詢勞務的，利潤率為15%～30%。

②從事管理服務的，利潤率為30%～50%。

③從事其他勞務或勞務以外經營活動的，利潤率不低於15%。

稅務機關有根據認為非居民企業的實際利潤率明顯高於上述標準的，可以按照比上述標準更高的利潤率核定其應納稅所得額。

(4) 非居民企業與中國居民企業簽訂機器設備或貨物銷售合同，同時提供設備安裝、裝配、技術培訓、指導、監督服務等勞務，其銷售貨物合同中未列明提供上述勞務服務收費金額，或者計價不合理的，主管稅務機關可以根據實際情況，參照相同或相近業務的計價標準核定勞務收入。無參照標準的，以不低於銷售貨物合同總價款的10%為原則，確定非居民企業的勞務收入。

(5) 非居民企業為境內客戶提供勞務取得的收入，凡其提供的服務全部發生在境內的，應全額在境內申報繳納企業所得稅。凡其提供的服務同時發生在境內外的，應以勞務發生地為原則劃分其境內外收入，並就其在境內取得的勞務收入申報繳納企業所得稅。稅務機關對其境內外收入劃分的合理性和真實性有疑義的，可以要求非居民企業提供真實有效的證明，並根據工作量、工作時間、成本費用等因素合理劃分其境內外收入。如非居民企業不能提供真實有效的證明，稅務機關可視同其提供的服務全部發生在境內，確定其勞務收入並據以徵收企業所得稅。

(6) 採取核定徵收方式徵收企業所得稅的非居民企業，在境內從事適用不同核定利潤率的經營活動，並取得應納稅所得額的，應分別核算並適用相應的利潤率計算繳納企業所得稅。凡不能分別核算的，應從高適用利潤率，計算繳納企業所得稅。

[**案例10-50**] 某外國公司在中國設立分公司，從事承包工程作業，能夠正確核算經費支出總額，但不能正確核算收入總額和成本費用。該分公司2017年度經費支出總額為80萬元，核定利潤率為20%。該分公司從業人數20人，資產總額600萬元。計算該分公司2017年度應納企業所得稅。

[**解答**] 該分公司應納稅所得額＝80÷(1－20%)×20%＝20（萬元）

非居民企業不適用小型微利企業優惠政策。

該分公司應納企業所得稅＝20×25%＝5（萬元）

### 三、源泉扣繳

非居民企業在境內未設立機構、場所的，或者雖設立機構、場所，但取得的所得與其所設機構、場所沒有實際聯繫的所得，應繳納的所得稅實行源泉扣繳，以支付人為扣繳義務人。

(1) 應納稅所得額按下列規定確定：

①股息、紅利等權益性投資收益和利息、租金、特許權使用費所得，以收入全額為應納稅所得額，不得扣除稅法規定之外的稅費支出。

②轉讓財產所得，以收入全額減除財產淨值后的余額為應納稅所得額。

③其他所得，參照前兩項規定的方法計算應納稅所得額。

收入全額是指非居民企業向支付人收取的全部價款和價外費用。

財產淨值是指財產的計稅基礎減除已經按照規定扣除的折舊、折耗、攤銷、準備金等

后的余额。

（2）扣繳企業所得稅應納稅額計算。

扣繳企業所得稅應納稅額＝應納稅所得額×實際徵收率

實際徵收率是指《中華人民共和國企業所得稅法》及其實施條例等相關法律法規規定的稅率，或者稅收協定規定的更低的稅率。

[案例10-51] 某中外合資公司2016年設在上海，其中中國某公司出資70%、沙特某公司出資30%。該中外合資公司被認定為高新技術企業，2016年度利潤總額800萬元，永久性納稅調整+60萬元，暫時性納稅調整+20萬元。該中外合資公司將淨利潤的80%進行分配。中國與沙特協定股息稅率為5%。計算該中外合資公司2016年度應納企業所得稅和應代扣代繳企業所得稅。

[解答] 中外合資公司應納稅所得額＝800+60+20＝880（萬元）

中外合資公司應納企業所得稅＝880×15%＝132（萬元）

中外合資公司所得稅費用＝132-20×15%＝129（萬元）

中外合資公司淨利潤＝利潤總額-所得稅費用＝800-129＝671（萬元）

中外合資公司分配利潤＝671×80%＝536.8（萬元）

中國公司分得利潤＝536.8×70%＝375.76（萬元）

中國公司分得利潤為免稅收入。

沙特公司分得利潤＝536.8×30%＝161.04（萬元）

應代扣代繳沙特公司所得稅＝161.04×5%＝8.05（萬元）

（3）在中國境內外公開發行、上市股票（A股、B股和海外股）的中國居民企業，在向非居民企業股東派發2008年及以后年度股息時，應統一按10%的稅率代扣代繳企業所得稅。非居民企業股東需要享受稅收協定待遇的，依照稅收協定執行的有關規定辦理。

（4）中國居民企業向境外H股非居民企業股東派發2008年及以后年度股息時，統一按10%的稅率代扣代繳企業所得稅。

（5）QFII取得來源於中國境內的股息、紅利和利息收入，應當按照《中華人民共和國企業所得稅法》的規定繳納10%的企業所得稅。如果是股息、紅利，則由派發股息、紅利的企業代扣代繳；如果是利息，則由企業在支付或到期應支付時代扣代繳。

（6）自2014年11月17日起，對香港市場投資者（包括企業和個人）投資上海證券交易所上市A股取得的股息紅利所得，在香港中央結算有限公司（以下簡稱香港結算公司）不具備向中國結算公司提供投資者的身分及持股時間等明細數據的條件之前，暫不執行按持股時間實行差別化徵稅政策，由上市公司按照10%的稅率代扣所得稅，並向其主管稅務機關辦理扣繳申報。對於香港投資者中屬於其他國家稅收居民且其所在國與中國簽訂的稅收協定規定股息紅利所得稅率低於10%的，企業或個人可以自行或委託代扣代繳義務人，向上市公司主管稅務機關提出享受稅收協定待遇的申請，主管稅務機關審核后，應按已徵稅款和根據稅收協定稅率計算的應納稅款的差額予以退稅。

（7）自2015年12月18日起，對香港市場投資者（包括企業和個人）通過基金互認從內地基金分配取得的收益，由內地上市公司向該內地基金分配股息紅利時，對香港市場投資者按照10%的稅率代扣所得稅；或發行債券的企業向該內地基金分配利息時，對香港市場投資者按照7%的稅率代扣所得稅，並由內地上市公司或發行債券的企業向其主管稅務機關辦理扣繳申報。該內地基金向投資者分配收益時，不再扣繳所得稅。

### 四、清算所得

企業的全部資產可變現價值或交易價格，減除資產的計稅基礎、清算費用、相關稅費，

加上債務清償損益等后的余額，為清算所得。

企業應將整個清算期作為一個獨立的納稅年度計算清算所得。

投資方企業從被清算企業分得的剩余資產，其中相當於從被清算企業累計未分配利潤和累計盈余公積中應當分得的部分，應當確認為股息所得；剩余資產減除上述股息所得后的余額，超過或者低於投資成本的部分，應當確認為投資資產轉讓所得或者損失。

[案例10-52] 某居民公司股東會決議解散，2016年6月1日至7月20日進行清算。該公司全部資產帳面價值1,100萬元，計稅基礎1,150萬元，可變現價值或交易價格1,000萬元；全部負債帳面價值900萬元，計稅基礎850萬元，清償金額500萬元；發生清算費用100萬元，清算稅金及附加30萬元；允許彌補的以前年度虧損50萬元。計算該公司清算應納企業所得稅。

[解答] 清算所得=(1,000-1,150)+(850-500)-100-30-50=20（萬元）
清算所得應納企業所得稅=20×25%=5（萬元）

## 第七節 稅額抵扣和稅額減免

### 一、稅額抵扣

（一）抵扣規定

（1）企業取得的下列所得已在境外繳納的所得稅稅額，可以從其當期應納稅額中抵免，抵免限額為該項所得依照《中華人民共和國企業所得稅法》規定計算的應納稅額；超過抵免限額的部分，可以在以后5個年度內，用每年度抵免限額抵免當年應抵稅額后的余額進行抵補。

①居民企業來源於境外的應納稅所得額。

②非居民企業在境內設立機構、場所，取得發生在境外但與該機構、場所有實際聯繫的應納稅所得額。

（2）已在境外繳納的所得稅稅額是指企業來源於境外的所得依照境外稅收法律以及相關規定應當繳納並已經實際繳納的企業所得稅性質的稅款。

（3）抵免限額是指企業來源於境外的所得，依照《中華人民共和國企業所得稅法》及其實施條例的規定計算的應納稅額。除國務院財政、稅務主管部門另有規定外，該抵免限額應當分國（地區）不分項計算。其計算公式如下：

抵免限額=境內、境外所得依照《中華人民共和國企業所得稅法》及其實施條例的規定計算的應納稅總額×來源於某國（地區）的應納稅所得額÷境內、境外應納稅所得總額

（4）5個年度是指從企業取得的來源於境外的所得，已經在境外繳納的企業所得稅性質的稅額超過抵免限額的當年的次年起連續5個納稅年度。

（5）居民企業從其直接或者間接控制的外國企業分得的來源於境外的股息、紅利等權益性投資收益，外國企業在境外實際繳納的所得稅稅額中屬於該項所得負擔的部分，可以作為該居民企業的可抵免境外所得稅稅額，在上述規定的抵免限額內抵免。

直接控制是指居民企業直接持有外國企業20%以上股份。間接控制是指居民企業以間接持股方式持有外國企業20%以上股份，具體認定辦法由國務院財政、稅務主管部門另行制定。

（6）企業抵免企業所得稅稅額時，應當提供境外稅務機關出具的稅款所屬年度的有關納稅憑證。

（二）抵扣公式

居民企業取得境外應納稅所得額，已在境外繳納的所得稅，實行分國不分項限額抵扣法。其計算公式為：

稅額抵扣＝MIN(境外應納稅所得額×稅率,境外實交所得稅)
境外所得應補企業所得稅＝境外應納稅所得額×稅率－稅額抵扣

[案例10-53] 某居民公司2016年境內應納稅所得額為800萬元。在A國的分公司應納稅所得額為200萬元，已在A國繳納了所得稅款70萬元；在B國的分公司應納稅所得額為100萬元，已在B國繳納了所得稅款10萬元。計算該居民公司2016年度在中國應交企業所得稅。

[解答] ①境內所得應交企業所得稅＝800×25％＝200（萬元）
②來源於A國所得計算如下：
A國所得應納企業所得稅＝200×25％＝50（萬元）
A國所得稅額抵扣＝MIN(70,50)＝50（萬元）
A國所得應補企業所得稅＝50－50＝0

超過抵扣限額的20萬元不能在本年度抵扣，但可在以後5個納稅年度的A國不足限額中補抵。

③來源於B國所得計算如下：
B國所得應納企業所得稅＝100×25％＝25（萬元）
B國所得稅額抵扣＝MIN(10,25)＝10（萬元）
B國所得應補企業所得稅＝25－10＝15（萬元）

④該居民公司2016年度應交企業所得稅＝200＋0＋15＝215（萬元）

（三）高新技術企業抵扣

自2010年1月1日起，以境內、境外全部生產經營活動有關的研究開發費用總額、總收入、銷售收入總額、高新技術產品（服務）收入等指標申請並經認定的高新技術企業，其來源於境外的所得可以享受高新技術企業所得稅優惠政策，即對其來源於境外所得可以按照15％的優惠稅率繳納企業所得稅，在計算境外抵免限額時，可按照15％的優惠稅率計算境內外應納稅總額。

[案例10-54] 某居民公司以境內、境外全部生產經營活動有關的研究開發費用總額、總收入、銷售收入總額、高新技術產品（服務）收入等指標申請並經認定為高新技術企業，2016年境內應納稅所得額為800萬元。其在A國的分公司應納稅所得額為200萬元，已在A國繳納了所得稅款70萬元；在B國的分公司應納稅所得額為100萬元，已在B國繳納了所得稅款10萬元。計算該居民公司2016年度在中國應交企業所得稅。

[解答] ①境內所得應交企業所得稅＝800×15％＝120（萬元）
②來源於A國所得計算如下：
A國所得應納企業所得稅＝200×15％＝30（萬元）
A國所得稅額抵扣＝MIN(70,30)＝30（萬元）
A國所得應補企業所得稅＝30－30＝0

超過抵扣限額的40萬元不能在本年度抵扣，但可在以後5個納稅年度的A國不足限額中補抵。

③來源於B國所得計算如下：
B國所得應納企業所得稅＝100×15％＝15（萬元）
B國所得稅額抵扣＝MIN(10,15)＝10（萬元）
B國所得應補企業所得稅＝15－10＝5（萬元）

④該居民公司 2016 年度應交企業所得稅＝120+0+5＝125（萬元）

## 二、稅額減免

國家對重點扶持和鼓勵發展的產業和項目，給予企業所得稅優惠。稅收優惠方式包括稅率優惠（減按 20%、15%、10%的稅率）、收入優惠（免稅收入、減計收入）、扣除優惠（加計扣除、提前扣除、一次性扣除、縮短折舊年限、加速折舊方法）、稅基優惠（所得免徵、所得減半、遞延納稅、分期納稅）、稅額優惠（購置專用設備減稅、定期減免、減徵免徵）。稅率優惠、收入優惠、扣除優惠、稅基優惠前面已經闡述，此處闡述稅額優惠即稅額減免。

### （一）購置專用設備

企業購置用於環境保護、節能節水、安全生產等專用設備的投資額，可以按一定比例實行稅額抵免。

稅額抵免是指企業購置並實際使用《環境保護專用設備企業所得稅優惠目錄》《節能節水專用設備企業所得稅優惠目錄》和《安全生產專用設備企業所得稅優惠目錄》規定的環境保護、節能節水、安全生產等專用設備的，該專用設備的投資額的 10%可以從企業當年的應納稅額中抵免；當年不足抵免的，可以在以后 5 個納稅年度結轉抵免。

享受前款規定的企業所得稅優惠的企業，應當實際購置並自身實際投入使用前述規定的專用設備；企業購置上述專用設備在 5 年內轉讓、出租的，應當停止享受企業所得稅優惠，並補繳已經抵免的企業所得稅稅款。

自 2009 年 1 月 1 日起，增值稅一般納稅人購進固定資產發生的進項稅額可從其銷項稅額中抵扣。如增值稅進項稅額允許抵扣，其專用設備投資額不再包括增值稅進項稅額；如增值稅進項稅額不允許抵扣，其專用設備投資額應為增值稅專用發票上註明的價稅合計金額。企業購買專用設備取得普通發票的，其專用設備投資額為普通發票上註明的金額。

[案例10-55] 某居民公司為一般納稅人，企業所得稅稅率為25%。該公司2016年購置用於節能節水專用設備，取得增值稅專用發票，註明價款200萬元，增值稅額34萬元；購置用於安全生產專用設備，取得增值稅普通發票，價稅合計50萬元。該公司2016年度利潤總額65萬元，納稅調整為-5萬元；2017年度利潤總額100萬元，納稅調整為+20萬元。計算該公司2016年和2017年應交企業所得稅。

[解答] 購置專用設備稅額減免＝200×10%+50×10%＝25（萬元）
2016 年應納企業所得稅＝(65-5)×25%＝15（萬元）
2016 年應交企業所得稅＝15-MIN(15,25)＝15-15＝0（萬元）
2017 年應納企業所得稅＝(100+20)×25%＝30（萬元）
2017 年應交企業所得稅＝30-MIN(30,25-15)＝30-10＝20（萬元）

### （二）經濟特區和上海浦東新區

（1）對經濟特區（深圳、珠海、汕頭、廈門和海南）和上海浦東新區內在 2008 年 1 月 1 日（含）之后完成登記註冊的國家需要重點扶持的高新技術企業（以下简稱新設高新技術企業），在經濟特區和上海浦東新區內取得的所得，自取得第一筆生產經營收入所屬納稅年度起，第一年至第二年免徵企業所得稅，第三年至第五年按照 25%的法定稅率減半徵收企業所得稅。

國家需要重點扶持的高新技術企業是指擁有核心自主知識產權，同時符合《中華人民共和國企業所得稅法實施條例》第九十三條規定的條件，並按照《高新技術企業認定管理辦法》認定的高新技術企業。

（2）經濟特區和上海浦東新區內新設高新技術企業同時在經濟特區和上海浦東新區以

外的地區從事生產經營的，應當單獨計算其在經濟特區和上海浦東新區內取得的所得，並合理分攤企業的期間費用；沒有單獨計算的，不得享受企業所得稅優惠。

（3）經特區和上海浦東新區內新設高新技術企業在按照上述規定享受過渡性稅收優惠期間，由於復審或抽查不合格而不再具有高新技術企業資格的，從其不再具有高新技術企業資格年度起，停止享受過渡性稅收優惠；以後再次被認定為高新技術企業的，不得繼續享受或者重新享受過渡性稅收優惠。

[案例10-56] 某公司2011年在深圳特區登記註冊，2011—2016年度被認定為高新技術企業。該公司既在深圳特區從事生產經營，又在其他地區從事生產經營，會計上分別核算，並合理分攤公司的期間費用。2011年12月，該公司在深圳取得第一筆生產經營收入。2011—2016年，該公司在深圳特區取得的利潤總額分別為-100萬元、200萬元、300萬元、400萬元、500萬元、600萬元；在其他地區取得的利潤總額分別為-100萬元、200萬元、300萬元、400萬元、500萬元、600萬元。無其他納稅調整事項，計算該公司2011—2016年度應納企業所得稅。

[解答] 從深圳特區取得的利潤總額應納企業所得稅計算如表10-31所示。

表10-31　　　　　深圳特區利潤應納企業所得稅計算表　　　　　貨幣單位：萬元

| 年度 | 利潤總額 | 納稅調整 | 應納稅所得額 | 稅率(%) | 應納企業所得稅 | 稅額減免 | 應交企業所得稅 |
|---|---|---|---|---|---|---|---|
| 2011年 | -100 | +100 | 0 | 25 | 0 | 0 | 0 |
| 2012年 | 200 | -100 | 100 | 25 | 25 | 25 | 0 |
| 2013年 | 300 | 0 | 300 | 25 | 75 | 37.5 | 37.5 |
| 2014年 | 400 | 0 | 400 | 25 | 100 | 50 | 50 |
| 2015年 | 500 | 0 | 500 | 25 | 125 | 62.5 | 62.5 |
| 2016年 | 600 | 0 | 600 | 15 | 90 | 0 | 90 |

從其他地區取得的利潤總額應納企業所得稅計算如表10-32所示。

表10-32　　　　　其他地區利潤應納企業所得稅計算表　　　　　貨幣單位：萬元

| 年度 | 利潤總額 | 納稅調整 | 應納稅所得額 | 稅率(%) | 應納企業所得稅 |
|---|---|---|---|---|---|
| 2011年 | -100 | +100 | 0 | 15 | 0 |
| 2012年 | 200 | -100 | 100 | 15 | 15 |
| 2013年 | 300 | 0 | 300 | 15 | 45 |
| 2014年 | 400 | 0 | 400 | 15 | 60 |
| 2015年 | 500 | 0 | 500 | 15 | 75 |
| 2016年 | 600 | 0 | 600 | 15 | 90 |

（三）軟件產業和集成電路產業

（1）自2011年1月1日起，鼓勵軟件產業和集成電路產業發展的企業所得稅政策如下：

①集成電路線寬小於0.8微米（含）的集成電路生產企業，經認定后，在2017年12月31日前自獲利年度起計算優惠期，第一年至第二年免徵企業所得稅，第三年至第五年按照25%的法定稅率減半徵收企業所得稅，並享受至期滿為止。

②集成電路線寬小於0.25微米或投資額超過80億元的集成電路生產企業，經認定后，

減按15%的稅率徵收企業所得稅，其中經營期在15年以上的，在2017年12月31日前自獲利年度起計算優惠期，第一年至第五年免徵企業所得稅，第六年至第十年按照25%的法定稅率減半徵收企業所得稅，並享受至期滿為止。

③中國境內新辦的集成電路設計企業和符合條件的軟件企業，經認定后，在2017年12月31日前自獲利年度起計算優惠期，第一年至第二年免徵企業所得稅，第三年至第五年按照25%的法定稅率減半徵收企業所得稅，並享受至期滿為止。

④國家規劃佈局內的重點軟件企業和集成電路設計企業，如當年未享受免稅優惠的，可減按10%的稅率徵收企業所得稅。

⑤符合條件的軟件企業取得的即徵即退增值稅款，由企業專項用於軟件產品研發和擴大再生產並單獨進行核算，可以作為不徵稅收入，在計算應納稅所得額時從收入總額中減除。

⑥集成電路設計企業和符合條件軟件企業的職工培訓費用，應單獨進行核算並按實際發生額在計算應納稅所得額時扣除。

⑦企業外購的軟件，凡符合固定資產或無形資產確認條件的，可以按照固定資產或無形資產進行核算，其折舊或攤銷年限可以適當縮短，最短可為2年（含）。

⑧集成電路生產企業的生產設備，其折舊年限可以適當縮短，最短可為3年（含）。

（2）自2014年1月1日起，符合條件的集成電路封裝、測試企業以及集成電路關鍵專用材料生產企業、集成電路專用設備生產企業，在2017年（含2017年）前實現獲利的，自獲利年度起，第一年至第二年免徵企業所得稅，第三年至第五年按照25%的法定稅率減半徵收企業所得稅，並享受至期滿為止；2017年前未實現獲利的，自2017年起計算優惠期，享受至期滿為止。

[案例10-57] 某軟件公司2012年設立，被認定為國家規劃佈局內的重點軟件企業。該公司2012年取得第一筆生產營業收入，2012—2015年度補虧前所得分別為-180萬元、120萬元、200萬元、250萬元。2016年，該公司取得即徵即退增值稅款100萬元，用於補償2016年軟件產品研究費用並單獨進行核算，該公司作為不徵稅收入；研究費用共計180萬元，計入管理費用；工資薪金支出200萬元（合理）；職工培訓費6萬元。該公司2016年度利潤總額300萬元，無其他納稅調整事項。計算該公司2012—2016年度應納企業所得稅。

[解答] 2012年應納稅所得額=-180+180=0，無須繳納企業所得稅。

2013年應納稅所得額=120-120=0，無須繳納企業所得稅。

2014年應納稅所得額=200-60=140（萬元）

該軟件公司2014年為獲利年度，2014年、2015年免納企業所得稅。

2016年企業所得稅計算如下：

即徵即退增值稅款符合不徵稅條件的，無須納稅調整。

研究費用納稅調整=（180-100）-（180-100）×150%=-40（萬元）

合理的工資薪金支出無須納稅調整，符合條件軟件企業的職工培訓費用無須納稅調整。

應納稅所得額=300-40=260（萬元）

該軟件公司2016年減按10%的稅率徵收企業所得稅。

2016年應納企業所得稅=260×10%=26（萬元）

（四）新疆困難地區

（1）2010年1月1日至2020年12月31日，對在新疆困難地區新辦的屬於《新疆困難地區重點鼓勵發展產業企業所得稅優惠目錄》（以下簡稱《目錄》）範圍內的企業，自取得第一筆生產經營收入所屬納稅年度起，第一年至第二年免徵企業所得稅，第三年至第五

年減半徵收企業所得稅。

（2）新疆困難地區包括南疆三地州、其他國家扶貧開發重點縣和邊境縣市。

（3）屬於《目錄》範圍內的企業是指以《目錄》中規定的產業項目為主營業務，其主營業務收入占企業收入總額70%以上的企業。

（4）第一筆生產經營收入是指新疆困難地區重點鼓勵發展產業項目已建成並投入營運后所取得的第一筆收入。

（5）按照上述規定享受企業所得稅定期減免稅政策的企業，在減半期內，按照企業所得稅25%的法定稅率計算的應納稅額減半徵稅。

（6）財政部、國家稅務總局會同有關部門研究制定《目錄》，經國務院批准后公布實施，並根據新疆經濟社會發展需要及企業所得稅優惠政策實施情況適時調整。

（7）對難以界定是否屬於《目錄》範圍的項目，稅務機關應當要求企業提供省級以上（含省級）有關行業主管部門出具的證明文件，並結合其他相關材料進行認定。

（五）特殊經濟開發區

（1）2010年1月1日至2020年12月31日，對在新疆喀什、霍爾果斯兩個特殊經濟開發區內新辦的屬於《目錄》範圍內的企業，自取得第一筆生產經營收入所屬納稅年度起，5年內免徵企業所得稅。

第一筆生產經營收入是指產業項目已建成並投入營運后所取得的第一筆收入。

（2）屬於《目錄》範圍內的企業是指以《目錄》中規定的產業項目為主營業務，其主營業務收入占企業收入總額70%以上的企業。

（3）對難以界定是否屬於《目錄》範圍的項目，稅務機關應當要求企業提供省級以上（含省級）有關行業主管部門出具的證明文件，並結合其他相關材料進行認定。

（六）民族自治地方

民族自治地方的自治機關對本民族自治地方的企業應繳納的企業所得稅中屬於地方分享的部分，可以決定減徵或者免徵。自治州、自治縣決定減徵或者免徵的，須報省、自治區、直轄市人民政府批准。

民族自治地方是指依照《中華人民共和國民族區域自治法》的規定，實行民族區域自治的自治區、自治州、自治縣。

對民族自治地方內國家限制和禁止行業的企業，不得減徵或者免徵企業所得稅。

（七）招用退役士兵和重點群體人員

（1）對商貿企業、服務型企業、勞動就業服務企業中的加工型企業和街道社區具有加工性質的小型企業實體，在新增加的崗位中，當年新招用自主就業退役士兵，與其簽訂1年以上期限勞動合同並依法繳納社會保險費的，在3年內按實際招用人數予以定額依次扣減增值稅、城市維護建設稅、教育費附加、地方教育附加和企業所得稅優惠。定額標準為每人每年4,000元，最高可上浮50%，各省、自治區、直轄市人民政府可根據本地區實際情況在此幅度內確定具體定額標準，並報財政部和國家稅務總局備案。

（2）對商貿企業、服務型企業、勞動就業服務企業中的加工型企業和街道社區具有加工性質的小型企業實體，在新增加的崗位中，當年新招用在人力資源社會保障部門公共就業服務機構登記失業半年以上且持「就業創業證」或2015年1月27日前取得的「就業失業登記證」（註明「企業吸納稅收政策」）人員，與其簽訂1年以上期限勞動合同並依法繳納社會保險費的，在3年內按實際招用人數予以定額依次扣減增值稅、城市維護建設稅、教育費附加、地方教育附加和企業所得稅優惠。定額標準為每人每年4,000元，最高可上浮30%，各省、自治區、直轄市人民政府可根據本地區實際情況在此幅度內確定具體定額標準，並報財政部和國家稅務總局備案。

上述稅收優惠政策的執行期限為 2016 年 5 月 1 日至 2016 年 12 月 31 日，納稅人在 2016 年 12 月 31 日未享受滿 3 年的，可繼續享受至 3 年期滿為止。

[**案例10-58**] 某居民公司於 2015 年設立。該公司 2015 年營業收入 1,000 萬元，廣告費 160 萬元，工資薪金支出 100 萬元（合理），教育經費 3.5 萬元，補虧前所得－50 萬元。該公司 2015 年年末應收帳款余額 100 萬元，按應收帳款余額 5% 計提壞帳準備。

該公司 2016 年經營業務如下：

①營業收入 2,000 萬元，營業成本 800 萬元，營業稅金及附加 100 萬元。
②銷售費用 320 萬元，其中廣告費 292 萬元。
③管理費用 200 萬元，其中業務招待費 20 萬元，研發費用 60 萬元。
④財務費用 50 萬元，營業外收入 91 萬元。
⑤資產減值損失 1 萬元，年末應收帳款余額 120 萬元。
⑥公允價值變動收益 20 萬元，本年購買交易性金融資產，成本 100 萬元，年末帳面價值 120 萬元。
⑦投資收益 30 萬元，其中國債利息收入 6 萬元，取得其他居民公司股息紅利收益 8 萬元。
⑧營業外支出 120 萬元，其中通過公益性社會團體向災區捐贈現金 80 萬元，稅收罰款 5 萬元。
⑨計入成本、費用中的工資薪金支出 200 萬元（合理），職工福利費支出 30 萬元，工會經費 5 萬元，教育經費 4 萬元。
⑩購置節能節水專用設備，取得專用發票註明價款 200 萬元，增值稅額 34 萬元（增值稅允許抵扣）。

要求：計算該公司 2016 年度應交企業所得稅，並進行稅務會計處理。

[**解答**] ①利潤總額＝2,000－800－100－320－200－50＋91－1＋20＋30－120＝550（萬元）
②永久性納稅調整項目。
業務招待費納稅調整＝20－MIN(20×60%,2,000×0.5%)＝20－10＝+10（萬元）
研發費用納稅調整＝60－60×150%＝－30（萬元）
國債利息收入納稅調整＝0－6＝－6（萬元）
股息紅利收益納稅調整＝0－8＝－8（萬元）
公益性捐贈支出納稅調整＝80－550×12%＝+14（萬元）
稅收罰款納稅調整＝5－0＝+5（萬元）
職工福利費納稅調整＝30－200×14%＝+2（萬元）
工會經費納稅調整＝5－200×2%＝+1（萬元）
永久性納稅調整合計＝10－30－6－8＋14＋5＋2＋1＝－12（萬元）
③暫時性納稅調整項目。
應收帳款納稅調整＝(120－120×95%)－(100－100×95%)＝6－5＝+1（萬元）
交易性金融資產納稅調整＝(100－120)－0＝－20－0＝－20（萬元）
廣告費納稅調整＝[160+292－MIN(160+292,(1,000+2,000)×15%)]－[160－MIN(160,1,000×15%)]＝2－10＝－8（萬元）
教育經費納稅調整＝[3.5+4－MIN(3.5+4,(100+200)×2.5%)]－[3.5－MIN(3.5,100×2.5%)]＝0－1＝－1（萬元）
暫時性納稅調整合計＝1－20－8－1＝－28（萬元）
④補虧前所得＝550－12－28＝510（萬元）
⑤虧損性納稅調整＝－50（萬元）

⑥應納稅所得額＝510-50＝460（萬元）
⑦應納企業所得稅＝460×25%＝115（萬元）
⑧稅額減免＝200×10%＝20（萬元）
⑨應交企業所得稅＝115-20＝95（萬元）
⑩確認當期所得稅。
當期所得稅費用＝應交企業所得稅＝95（萬元）
借：所得稅費用——當期所得稅費用　　　　　　　　950,000
　貸：應交稅費——應交所得稅　　　　　　　　　　950,000
⑪確認遞延所得稅。
遞延所得稅年末余額＝(暫時性調整年末余額合計+允許以后彌補的虧損)×當年稅率
遞延所得稅本年發生額＝遞延所得稅本年年末余額-遞延所得稅上年年末余額
遞延所得稅本年發生額＝(6-20+2+0+0)×25%-(5+0+10+1+50)×25%
　　　　　　　　　＝-19.5（萬元）
如果企業所得稅稅率不變，遞延所得稅本年發生額計算公式可簡化為：
遞延所得稅本年發生額＝(本年暫時性納稅調整+本年虧損性納稅調整-超年限虧損)×稅率
遞延所得稅本年發生額＝(-28-50-0)×25%＝-19.5（萬元）
借：所得稅費用——遞延所得稅費用　　　　　　　　195,000
　貸：遞延所得稅　　　　　　　　　　　　　　　　195,000
⑫計算淨利潤。
淨利潤＝利潤總額-所得稅費用
淨利潤＝550-(95+19.5)＝550-114.5＝435.5（萬元）

## 第八節　徵收管理

企業所得稅的徵收管理除《中華人民共和國企業所得稅法》規定外，依照《中華人民共和國稅收徵收管理法》的規定執行。

### 一、納稅時間

（1）企業所得稅按納稅年度計算。納稅年度自公曆1月1日起至12月31日止。企業在一個納稅年度中間開業，或者終止經營活動，使該納稅年度的實際經營期不足12個月的，應當以其實際經營期為一個納稅年度。企業依法清算時，應當以清算期間作為一個納稅年度。

自2008年1月1日起，外國企業一律以公曆年度為納稅年度，按照《中華人民共和國企業所得稅法》規定的稅率計算繳納企業所得稅。

（2）企業所得稅分月或者分季預繳，由稅務機關具體核定。

自2016年4月1日起，符合條件的小型微利企業，實行按季度申報預繳企業所得稅。

企業根據規定分月或者分季預繳企業所得稅時，應當按照月度或者季度的實際利潤額預繳；按照月度或者季度的實際利潤額預繳有困難的，可以按照上一納稅年度應納稅所得額的月度或者季度平均額預繳，或者按照經稅務機關認可的其他方法預繳。預繳方法一經確定，該納稅年度內不得隨意變更。

企業應當自月份或者季度終了之日起15日內，向稅務機關報送預繳企業所得稅納稅申

報表，預繳稅款。

(3) 企業應當自年度終了之日起五個月內，向稅務機關報送年度企業所得稅納稅申報表，並匯算清繳，結清應繳應退稅款。

企業在年度中間終止經營活動的，應當自實際經營終止之日起60日內，向稅務機關辦理當期企業所得稅匯算清繳。

企業應當在辦理註銷登記前，就其清算所得向稅務機關申報並依法繳納企業所得稅。

[案例10-59] 某居民企業產品處於成長階段，利潤快速上升，2015年度應納稅所得額為600萬元，2016年度實現利潤總額800萬元，每個季度實現利潤總額200萬元，2016年納稅調整為+100萬元。該企業分季預繳企業所得稅，有兩種預繳方式：按照季度的實際利潤額預繳和按照上一納稅年度應納稅所得額的季度平均額預繳。分別計算該企業2016年預繳、應納和應補（退）企業所得稅。

[解答] ①如果按照季度的實際利潤額預繳。
2016年每個季度終了之日起15日內預繳所得稅=200×25%=50（萬元）
2016年度應納企業所得稅=(800+100)×25%=225（萬元）
2016年度終了之日起5個月內匯算清繳應補所得稅=225-50×4=25（萬元）
②如果按照上一納稅年度應納稅所得額的季度平均額預繳。
2016年每個季度終了之日起15日內預繳所得稅=600÷4×25%=37.5（萬元）
2016年度應納企業所得稅=(800+100)×25%=225（萬元）
2016年度終了之日起5個月內匯算清繳應補所得稅=225-37.5×4=75（萬元）

## 二、納稅地點

(1) 除稅收法律、行政法規另有規定外，居民企業以企業登記註冊地為納稅地點；但登記註冊地在境外的，以實際管理機構所在地為納稅地點。

企業登記註冊地是指企業依照國家有關規定登記註冊的住所地。

(2) 居民企業在境內設立不具有法人資格的營業機構的，應當匯總計算並繳納企業所得稅。

企業匯總計算並繳納企業所得稅時，應當統一核算應納稅所得額，具體辦法由國務院財政、稅務主管部門另行制定。

(3) 非居民企業在境內設立機構、場所的，應當就其所設機構、場所取得的來源於境內的所得以及發生在境外但與其所設機構、場所有實際聯繫的所得，以機構、場所所在地為納稅地點。非居民企業在境內設立兩個或者兩個以上機構、場所的，經稅務機關審核批准，可以選擇由其主要機構、場所匯總繳納企業所得稅。

主要機構、場所，應當同時符合下列條件：
①對其他各機構、場所的生產經營活動負有監督管理責任。
②設有完整的帳簿、憑證，能夠準確反應各機構、場所的收入、成本、費用和盈虧情況。

經稅務機關審核批准是指經各機構、場所所在地稅務機關的共同上級稅務機關審核批准。

非居民企業經批准匯總繳納企業所得稅后，需要增設、合併、遷移、關閉機構、場所或者停止機構、場所業務的，應當事先由負責匯總申報繳納企業所得稅的主要機構、場所向其所在地稅務機關報告；需要變更匯總繳納企業所得稅的主要機構、場所的，依照前款規定辦理。

(4) 非居民企業在境內未設立機構、場所的，或者雖設立機構、場所但取得的所得與

其所設機構、場所沒有實際聯繫的所得，以扣繳義務人所在地為納稅地點。

(5) 除國務院另有規定外，企業之間不得合併繳納企業所得稅。

### 三、稅收歸屬和徵稅部門

(一) 稅收歸屬

國有郵政企業（包括中國郵政集團公司及其控股公司和直屬單位）、中國工商銀行股份有限公司、中國農業銀行股份有限公司、中國銀行股份有限公司、國家開發銀行股份有限公司、中國農業發展銀行、中國進出口銀行、中國投資有限責任公司、中國建設銀行股份有限公司、中國建銀投資有限責任公司、中國信達資產管理股份有限公司、中國石油天然氣股份有限公司、中國石油化工股份有限公司、海洋石油天然氣企業（包括中國海洋石油總公司、中海石油（中國）有限公司、中海油田服務股份有限公司、海洋石油工程股份有限公司）、中國長江電力股份有限公司等企業繳納的企業所得稅（包括滯納金、罰款）為中央收入，全額上繳中央國庫。

其余企業所得稅由中央與地方政府按照 60：40 的比例實行分享。

(二) 徵稅部門

鐵路運輸（包括廣鐵集團）、國家郵政、中國工商銀行、中國農業銀行、中國銀行、中國建設銀行、國家開發銀行、中國農業發展銀行、中國進出口銀行以及海洋石油天然氣企業，由國家稅務局負責徵收管理。

自 2002 年 1 月 1 日起，按國家工商行政管理總局的有關規定，在各級工商行政管理部門辦理設立（開業）登記的企業，其企業所得稅由國家稅務局負責徵收管理。

以 2008 年為基年，2008 年年底之前國家稅務局、地方稅務局各自管理的企業所得稅納稅人不作調整。2009 年起新增企業所得稅納稅人中，應繳納增值稅的企業，其企業所得稅由國家稅務局管理；應繳納營業稅的企業，其企業所得稅由地方稅務局管理。

同時，2009 年起下列新增企業的所得稅徵管範圍實行以下規定：

(1) 企業所得稅全額為中央收入的企業和在國家稅務局繳納營業稅的企業，其企業所得稅由國家稅務局管理。

(2) 銀行（信用社）、保險公司的企業所得稅由國家稅務局管理，除上述規定外的其他各類金融企業的企業所得稅由地方稅務局管理。

(3) 外商投資企業和外國企業常駐代表機構的企業所得稅仍由國家稅務局管理。

### 四、匯總納稅

(1) 居民企業在境內跨地區（指跨省、自治區、直轄市和計劃單列市，下同）設立不具有法人資格分支機構的，該居民企業為跨地區經營匯總納稅企業（以下簡稱匯總納稅企業）。

(2) 匯總納稅企業實行統一計算、分級管理、就地預繳、匯總清算、財政調庫的企業所得稅徵收管理辦法。

①統一計算是指總機構統一計算包括匯總納稅企業所屬各個不具有法人資格分支機構在內的全部應納稅所得額、應納稅額。

②分級管理是指總機構、分支機構所在地的主管稅務機關都有對當地機構進行企業所得稅管理的責任，總機構和分支機構應分別接受機構所在地主管稅務機關的管理。

③就地預繳是指總機構、分支機構應按規定，分月或分季分別向所在地主管稅務機關申報預繳企業所得稅。

④匯總清算是指在年度終了后，總機構統一計算匯總納稅企業的年度應納稅所得額、

應納所得稅額，抵減總機構、分支機構當年已就地分期預繳的企業所得稅款后，多退少補。

⑤財政調庫是指財政部定期將繳入中央國庫的匯總納稅企業所得稅待分配收入，按照核定的系數調整至地方國庫。

（3）總機構和具有主體生產經營職能的二級分支機構，就地分攤繳納企業所得稅。二級分支機構是指匯總納稅企業依法設立並領取非法人營業執照（登記證書），並且總機構對其財務、業務、人員等直接進行統一核算和管理的分支機構。

（4）匯總納稅企業按照《中華人民共和國企業所得稅法》規定匯總計算的企業所得稅，包括預繳稅款和匯算清繳應繳應退稅款，50%在各分支機構間分攤，各分支機構根據分攤稅款就地辦理繳庫或退庫；50%由總機構分攤繳納，其中25%就地辦理繳庫或退庫，25%就地全額繳入中央國庫或退庫。

（5）總機構按以下公式計算分攤稅款：

總機構分攤稅款＝匯總納稅企業當期應納所得稅額×50%

（6）分支機構按以下公式計算分攤稅款：

所有分支機構分攤稅款總額＝匯總納稅企業當期應納所得稅額×50%

某分支機構分攤稅款＝所有分支機構分攤稅款總額×該分支機構分攤比例

（7）總機構應按照上年度分支機構的營業收入、職工薪酬和資產總額三個因素計算各分支機構分攤所得稅款的比例；三級及以下分支機構，其營業收入、職工薪酬和資產總額統一計入二級分支機構；三因素的權重依次為0.35、0.35、0.30。其計算公式如下：

某分支機構分攤比例＝（該分支機構營業收入÷各分支機構營業收入之和）×0.35+（該分支機構職工薪酬÷各分支機構職工薪酬之和）×0.35+（該分支機構資產總額÷各分支機構資產總額之和）×0.30

［案例10-60］某公司總部位於長沙，下設兩個二級分支機構：北京分公司和上海分公司。2016年，北京分公司的營業收入2,000萬元，職工薪酬1,000萬元，資產總額1,500萬元；上海分公司的營業收入8,000萬元，職工薪酬4,000萬元，資產總額6,000萬元。該公司按照實際利潤額分季預繳分攤企業所得稅，2017年第一季度利潤總額320萬元。計算該公司總機構及分支機構2017年第一季度預繳的企業所得稅。

［解答］①該公司2017年第一季度共計應預繳的企業所得稅＝320×25%＝80（萬元）

②總機構分攤稅款＝80×50%＝40（萬元）

其中就地辦理繳庫＝80×25%＝20（萬元）

其中就地繳入中央國庫＝80×25%＝20（萬元）

③所有分支機構分攤稅款總額＝80×50%＝40（萬元）

④北京分公司分攤比例＝2,000÷（2,000+8,000）×0.35+1,000÷（1,000+4,000）×0.35+1,500÷（1,500+6,000）×0.3＝20%

北京分公司分攤稅款＝40×20%＝8（萬元）

⑤上海分公司分攤比例＝8,000÷（2,000+8,000）×0.35+4,000÷（1,000+4,000）×0.35+6,000÷（1,500+6,000）×0.3＝80%

上海分公司分攤稅款＝40×80%＝32（萬元）

### 五、合夥企業

（1）合夥企業是指依照中國法律、行政法規成立的合夥企業。

（2）合夥企業以每一個合夥人為納稅義務人。合夥企業合夥人是自然人的，繳納個人所得稅；合夥人是法人和其他組織的，繳納企業所得稅。

（3）合夥企業生產經營所得和其他所得採取「先分后稅」的原則。所稱生產經營所得

和其他所得，包括合夥企業分配給所有合夥人的所得和企業當年留存的所得（利潤）。

（4）合夥企業的合夥人按照下列原則確定應納稅所得額：

①合夥企業的合夥人以合夥企業的生產經營所得和其他所得，按照合夥協議約定的分配比例確定應納稅所得額。

②合夥協議未約定或者約定不明確的，以全部生產經營所得和其他所得，按照合夥人協商決定的分配比例確定應納稅所得額。

③協商不成的，以全部生產經營所得和其他所得，按照合夥人實繳出資比例確定應納稅所得額。

④無法確定出資比例的，以全部生產經營所得和其他所得，按照合夥人數量平均計算每個合夥人的應納稅所得額。

合夥協議不得約定將全部利潤分配給部分合夥人。

（5）合夥企業的合夥人是法人和其他組織的，合夥人在計算其繳納企業所得稅時，不得用合夥企業的虧損抵減其盈利。

### 六、納稅申報

企業在納稅年度內無論盈利或者虧損，都應當依照規定的期限，向稅務機關報送預繳企業所得稅納稅申報表、年度企業所得稅納稅申報表、財務會計報告和稅務機關規定應當報送的其他有關資料。

國家稅務總局制定的企業所得稅納稅申報表如下：

（1）《中華人民共和國企業所得稅年度納稅申報表（A類，2014年版）》。

（2）《中華人民共和國企業所得稅月（季）度預繳納稅申報表（A類，2015年版）》。

（3）《中華人民共和國企業所得稅月（季）度和年度納稅申報表（B類，2015年版）》。

（4）《中華人民共和國企業所得稅匯總納稅分支機構所得稅分配表（2015年版）》。

（5）《中華人民共和國非居民企業所得稅年度納稅申報表（適用於據實申報企業）》。

（6）《中華人民共和國非居民企業所得稅季度納稅申報表（適用於據實申報企業）》。

（7）《中華人民共和國非居民企業所得稅季度和年度納稅申報表（適用於核定徵收企業或不構成常設機構和國際運輸免稅申報）》。

（8）《中華人民共和國扣繳企業所得稅報告表》。

（9）《中華人民共和國企業清算所得稅申報表》。

表格（1）、（5）、（6）、（7）、（8）為 Excel 表格，表格（2）、（3）、（4）、（9）為 Word 表格，表格式樣略。

# 第十一章

# 個人所得稅

個人所得稅是對自然人的各類應稅所得項目就其所得額徵收的一種稅。個人所得稅最早產生於 18 世紀的英國，現成為世界各國普遍徵收的一個稅種。中國現行個人所得稅具有如下特點：

(1) 徵稅對象為經營所得、勞動所得、持有財產所得、轉讓財產所得和轉移所得，屬於所得稅、對人稅。

(2) 納稅人分為居民個人和非居民個人，包括個體經營者和其他個人，屬於自然人所得稅。稅負難以轉嫁，屬於直接稅。

(3) 中國行使居民、地域雙重徵稅權，對居民個人的境內所得和境外所得、非居民個人的境內所得徵稅。

(4) 採用從價定率計稅方法，屬於從價稅。採用分國分項計稅方法，屬於分類所得稅。

(5) 實行比例稅率和超額累進稅率，比例稅率為 20% 或 10%。

(6) 稅基為應納稅所得額，應納稅所得額含個人所得稅，但不含其他稅收，不含按規定繳納的社會保險、住房公積金、企業年金或職業年金，屬於價內稅。應納稅所得額分項計算，確定方式有據實方式、核定方式。扣除類型有定額或定率扣除、據實扣除、限制扣除和不得扣除。

(7) 對居民個人境外所得已納稅額，實行分國不分項限額抵扣法。

(8) 稅額減免包括無期免稅、有期免稅和稅額減徵。

(9) 實行按月計算、按年計算或按次計算。採用代扣代繳、自行申報納稅方式。

(10) 屬於共享稅，但由地方稅務局負責徵收。

現行個人所得稅的基本規範如下：

(1)《全國人民代表大會常務委員會關於修改〈中華人民共和國個人所得稅法〉的決定》(2011 年 6 月 30 日主席令第 48 號公布，自 2011 年 9 月 1 日起施行)。

(2)《國務院關於修改〈中華人民共和國個人所得稅法實施條例〉的決定》(2011 年 7 月 19 日國務院令第 600 號公布，自 2011 年 9 月 1 日起施行)。

## 第一節 納稅人和徵稅對象

### 一、納稅人

個人所得稅的納稅人分為居民個人和非居民個人，劃分標準有住所標準和居住時間標準。

(一) 居民個人

居民個人是在中國境內有住所，或者無住所而在境內居住滿一年的個人。

在中國境內有住所的個人是指因戶籍、家庭、經濟利益關係而在境內習慣性居住的個

人。所謂習慣性居住，是判定納稅義務人是居民或非居民的一個法律意義上的標準，不是指實際居住或在某一個特定時期內的居住地。如因學習、工作、探親、旅遊等而在境外居住的，在其原因消除之後，必須回到境內居住的個人，則中國即為該納稅人習慣性居住地。

在境內居住滿一年是指在一個納稅年度中在境內居住 365 日。臨時離境的，不扣減日數。臨時離境是指在一個納稅年度中一次不超過 30 日或者多次累計不超過 90 日的離境。

（二）非居民個人

非居民個人是在中國境內無住所又不居住或者無住所而在境內居住不滿一年的個人。

比如一個英國人，2016 年 5 月 1 日來華工作，2017 年 5 月 1 日回英國。該英國人 2016 納稅年度在境內未居住 365 天，2017 納稅年度在境內也未居住 365 天，因此該英國人為非居民個人。又比如一個美國人，2015 年 12 月來華工作，2016 年度離境兩次，一次為 5 月份離境 20 天，另一次為 10 月份離境 15 天，因此該美國人 2016 納稅年度每次離境不超過 30 日或者多次累計離境不超過 90 日，屬臨時離境，不扣減在華日數，2016 納稅年度在境內居住 365 日，為居民個人。

（三）個體工商戶

個體工商戶以業主為個人所得稅納稅義務人。個體工商戶包括：

（1）依法取得個體工商戶營業執照，從事生產經營的個體工商戶。

（2）經政府有關部門批准，從事辦學、醫療、諮詢等有償服務活動的個人。

（3）其他從事個體生產、經營的個人。

（四）個人獨資企業和合夥企業

個人獨資企業以投資者為納稅義務人。合夥企業以每一個合夥人為納稅義務人，合夥企業合夥人是自然人的，繳納個人所得稅；合夥人是法人和其他組織的，繳納企業所得稅。個人獨資企業和合夥企業是指：

（1）依照《中華人民共和國個人獨資企業法》和《中華人民共和國合夥企業法》登記成立的個人獨資企業、合夥企業。

（2）依照《中華人民共和國私營企業暫行條例》登記成立的獨資、合夥性質的私營企業。

（3）依照《中華人民共和國律師法》登記成立的合夥制律師事務所。

（4）經政府有關部門依照法律法規批准成立的負無限責任和無限連帶責任的其他個人獨資、個人合夥性質的機構或組織。

## 二、扣繳義務人

個人所得稅以所得人為納稅義務人，以支付所得的單位或者個人為扣繳義務人。扣繳義務人應當按照國家規定辦理全員全額扣繳申報。

扣繳義務人在向個人支付應稅款項時，應當依照稅法規定代扣稅款，按時繳庫，並專項記載備查。支付包括現金支付、匯撥支付、轉帳支付和以有價證券、實物以及其他形式的支付。

全員全額扣繳申報是指扣繳義務人在代扣稅款的次月內，向主管稅務機關報送其支付所得個人的基本信息、支付所得數額、扣繳稅款的具體數額和總額以及其他相關涉稅信息。全員全額扣繳申報的管理辦法，由國務院稅務主管部門制定。

## 三、徵稅權

（1）中國行使居民徵稅權和地域徵稅權。居民個人從中國境內和境外取得的所得，依法繳納個人所得稅。居民個人從中國境內和境外取得的所得，應當分別計算應納稅額。非

居民個人從中國境內取得的所得，依法繳納個人所得稅。
（2）從境內取得的所得，是指來源於境內的所得；從境外取得的所得，是指來源於境外的所得。下列所得，不論支付地點是否在境內，均為來源於境內的所得：
①因任職、受雇、履約等而在境內提供勞務取得的所得。
②將財產出租給承租人在境內使用而取得的所得。
③轉讓境內的建築物、土地使用權等財產或者在境內轉讓其他財產取得的所得。
④許可各種特許權在境內使用而取得的所得。
⑤從境內的公司、企業以及其他經濟組織或者個人取得的利息、股息、紅利所得。

### 四、徵稅對象

個人所得稅屬於分類所得稅，徵稅對象包括經營所得、勞動所得、持有財產所得、轉讓財產所得和轉移所得，具體分為11項所得。

（一）個體工商戶的生產、經營所得
（1）個體工商戶的生產、經營所得是指：
①個體工商戶從事工業、手工業、建築業、交通運輸業、商業、飲食業、服務業、修理業以及其他行業生產、經營取得的所得。
②個人經政府有關部門批准，取得執照，從事辦學、醫療、諮詢以及其他有償服務活動取得的所得。
③其他個人從事個體工商業生產、經營取得的所得。
④上述個體工商戶和個人取得的與生產、經營有關的各項應納稅所得。
（2）個體工商戶和從事生產、經營的個人，取得與生產、經營活動無關的各項應稅所得，應按規定分別計算徵收個人所得稅。
（3）自2000年1月1日起，對個人獨資企業和合夥企業停止徵收企業所得稅，其投資者的生產經營所得，比照個體工商戶的生產、經營所得徵收個人所得稅。
（4）農村稅費改革試點期間，取消農業特產稅、減徵或免徵農業稅後，對個人或個體戶從事種植業、養殖業、飼養業、捕撈業（以下簡稱「四業」），並且經營項目屬於農業稅（包括農業特產稅）、牧業稅徵稅範圍的，其取得的「四業」所得暫不徵收個人所得稅。
對個人獨資企業和合夥企業從事種植業、養殖業、飼養業和捕撈業，其投資者取得的「四業」所得暫不徵收個人所得稅。
（5）個人因從事彩票代銷業務而取得所得，應按照個體工商戶的生產、經營所得項目計徵個人所得稅。

（二）對企事業單位的承包經營、承租經營所得
對企事業單位的承包經營、承租經營所得是指個人承包經營、承租經營以及轉包、轉租取得的所得，包括個人按月或者按次取得的工資、薪金性質的所得。

（三）工資、薪金所得
工資、薪金所得是指個人因任職或者受雇而取得的工資、薪金、獎金、年終加薪、勞動分紅、津貼、補貼以及與任職或者受雇有關的其他所得。

（四）勞務報酬所得
（1）勞務報酬所得是指個人從事設計、裝潢、安裝、制圖、化驗、測試、醫療、法律、會計、諮詢、講學、新聞、廣播、翻譯、審稿、書畫、雕刻、影視、錄音、錄像、演出、表演、廣告、展覽、技術服務、介紹服務、經紀服務、代辦服務以及其他勞務取得的所得。
（2）個人兼職取得的收入應按照勞務報酬所得應稅項目繳納個人所得稅。

(五) 稿酬所得
(1) 稿酬所得是指個人因其作品以圖書、報刊形式出版、發表而取得的所得。
(2) 作者去世后,對取得其遺作稿酬的個人,按稿酬所得徵收個人所得稅。
(六) 利息、股息、紅利所得
(1) 利息、股息、紅利所得是指個人擁有債權、股權而取得的利息、股息、紅利所得。
(2) 對儲蓄存款利息所得開徵、減徵、停徵個人所得稅及其具體辦法,由國務院規定。
(3)「中國鐵路建設債券」屬於企業債券,不屬於財政部發行的債券和國務院批准發行的金融債券,因此個人持有中國鐵路建設債券而取得的利息不屬於可以免納個人所得稅的「國債和國家發行的金融債券利息」,必須依照個人所得稅法的規定,按利息、股息、紅利所得應稅項目繳納個人所得稅。
(4) 股份制企業股票溢價發行收入所形成的資本公積金,將此轉增股本由個人取得的數額,不作為應稅所得徵收個人所得稅。而與此不相符合的其他資本公積金分配個人所得部分,應當依法徵收個人所得稅。股份制企業用盈余公積金派發紅股屬於股息、紅利性質的分配,對個人取得的紅股數額,應作為個人所得徵收。
(5) 一名或多名個人投資者以股權收購方式取得被收購企業100%股權,股權收購前,被收購企業原帳面金額中的「資本公積、盈余公積、未分配利潤」等盈余累積未轉增股本,而在股權交易時將其一併計入股權轉讓價格並履行了所得稅納稅義務。股權收購后,企業將原帳面金額中的盈余累積向個人投資者(新股東,下同)轉增股本,有關個人所得稅問題區分以下情形處理:
①新股東以不低於淨資產價格收購股權的,企業原盈余累積已全部計入股權交易價格,新股東取得盈余累積轉增股本的部分,不徵收個人所得稅。
②新股東以低於淨資產價格收購股權的,企業原盈余累積中,對於股權收購價格減去原股本的差額部分已經計入股權交易價格,新股東取得盈余累積轉增股本的部分,不徵收個人所得稅;對於股權收購價格低於原所有者權益的差額部分未計入股權交易價格,新股東取得盈余累積轉增股本的部分,應按照利息、股息、紅利所得項目徵收個人所得稅。
新股東以低於淨資產價格收購企業股權后轉增股本,應按照下列順序進行,即先轉增應稅的盈余累積部分,然后再轉增免稅的盈余累積部分。
新股東將所持股權轉讓時,其財產原值為其收購企業股權實際支付的對價及相關稅費。
(6) 企業購買車輛並將車輛所有權辦到股東個人名下,其實質為企業對股東進行了紅利性質的實物分配,應按照利息、股息、紅利所得項目徵收個人所得稅。考慮到該股東個人名下的車輛同時也為企業經營使用的實際情況,允許合理減除部分所得;減除的具體數額由主管稅務機關根據車輛的實際使用情況合理確定。
(7) 房屋買受人在未辦理房屋產權證的情況下,按照與房地產公司約定條件(如對房屋的佔有、使用、收益和處分權進行限制)在一定時期后無條件退房而取得的補償款,應按照利息、股息、紅利所得項目繳納個人所得稅,稅款由支付補償款的房地產公司代扣代繳。
(8) 個體工商戶與企業聯營而分得的利潤,按利息、股息、紅利所得項目徵收個人所得稅。

個人獨資企業和合夥企業對外投資分回的利息或者股息、紅利,不並入企業的收入,而應單獨作為投資者個人取得的利息、股息、紅利所得,按利息、股息、紅利所得應稅項目計算繳納個人所得稅。
(七) 財產租賃所得
(1) 財產租賃所得是指個人出租建築物、土地使用權、機器設備、車船以及其他財產

取得的所得。

(2) 酒店產權式經營業主（以下簡稱業主）在約定的時間內提供房產使用權與酒店進行合作經營，如房產產權並未歸屬新的經濟實體，業主按照約定取得的固定收入和分紅收入均應視為租金收入，根據有關稅收法律、行政法規的規定，應按照「現代服務——租賃服務」徵收增值稅，按照財產租賃所得項目徵收個人所得稅。

(八) 特許權使用費所得

(1) 特許權使用費所得是指個人提供專利權、商標權、著作權、非專利技術以及其他特許權的使用權取得的所得；提供著作權的使用權取得的所得，不包括稿酬所得。

(2) 作者將自己的文字作品手稿原件或複印件公開拍賣（競價）取得的所得，應按特許權使用費所得項目徵收個人所得稅。

(3) 對於劇本作者從電影、電視劇的製作單位取得的劇本使用費，不再區分劇本的使用方是否為其任職單位，統一按特許權使用費所得項目計徵個人所得稅。

(九) 財產轉讓所得

(1) 財產轉讓所得是指個人轉讓有價證券、股權、建築物、土地使用權、機器設備、車船以及其他財產取得的所得。

(2) 對股票轉讓所得徵收個人所得稅的辦法，由國務院財政部門另行制定，報國務院批准施行。

(3) 自 2010 年 1 月 1 日起，對個人轉讓限售股取得的所得，按照財產轉讓所得項目徵收個人所得稅。限售股包括：

①上市公司股權分置改革完成后股票復牌日之前股東所持原非流通股股份，以及股票復牌日至解禁日期間由上述股份孳生的送、轉股（以下統稱股改限售股）；

② 2006 年股權分置改革新老劃斷后，首次公開發行股票並上市的公司形成的限售股，以及上市首日至解禁日期間由上述股份孳生的送、轉股（以下統稱新股限售股）。

③個人從機構或其他個人受讓的未解禁限售股。

④個人因依法繼承或家庭財產依法分割取得的限售股。

⑤個人持有的從代辦股份轉讓系統轉到主板市場（或中小板、創業板市場）的限售股。

⑥上市公司吸收合併中，個人持有的原被合併公司限售股所轉換的合併方公司股份。

⑦上市公司分立中，個人持有的被分立方公司限售股所轉換的分立後公司股份。

⑧財政部、稅務總局、法制辦和證監會共同確定的其他限售股。

(4) 股權轉讓合同履行完畢、股權已作變更登記，並且所得已經實現的，轉讓人取得的股權轉讓收入應當依法繳納個人所得稅。轉讓行為結束后，當事人雙方簽訂並執行解除原股權轉讓合同、退回股權的協議，是另一次股權轉讓行為，對前次轉讓行為徵收的個人所得稅款不予退回。

股權轉讓合同未履行完畢，因執行仲裁委員會作出的解除股權轉讓合同及補充協議的裁決、停止執行原股權轉讓合同，並原價收回已轉讓股權的，由於其股權轉讓行為尚未完成、收入未完全實現，隨著股權轉讓關係的解除，股權收益不復存在，根據《中華人民共和國個人所得稅法》和《中華人民共和國稅收徵收管理法》的有關規定以及從行政行為合理性原則出發，納稅人不應繳納個人所得稅。

(5) 股權成功轉讓後，轉讓方個人因受讓方個人未按規定期限支付價款而取得的違約金收入，屬於因財產轉讓而產生的收入。轉讓方個人取得的該違約金應並入財產轉讓收入，按照財產轉讓所得項目計算繳納個人所得稅，稅款由取得所得的轉讓方個人向主管稅務機關自行申報繳納。

(6) 個人出售自有住房取得的所得應按照財產轉讓所得項目徵收個人所得稅。

(十) 偶然所得

(1) 偶然所得是指個人得獎、中獎、中彩以及其他偶然性質的所得。

(2) 不競爭款項是指資產購買方企業與資產出售方企業自然人股東之間在資產購買交易中，通過簽訂保密和不競爭協議等方式，約定資產出售方企業自然人股東在交易完成後一定期限內，承諾不從事有市場競爭的相關業務，並負有相關技術資料的保密義務，資產購買方企業則在約定期限內，按一定方式向資產出售方企業自然人股東所支付的款項。

鑒於資產購買方企業向個人支付的不競爭款項，屬於個人因偶然因素取得的一次性所得。為此，資產出售方企業自然人股東取得的所得，應按照偶然所得項目計算繳納個人所得稅，稅款由資產購買方企業在向資產出售方企業自然人股東支付不競爭款項時代扣代繳。

(十一) 其他所得

經國務院財政部門確定徵稅的其他所得如下：

(1) 個人為單位或他人提供擔保獲得報酬，應按照《中華人民共和國個人所得稅法》規定的其他所得項目繳納個人所得稅，稅款由支付所得的單位或個人代扣代繳。

(2) 對於個人因任職單位繳納有關保險費用而取得的無賠款優待收入，按照其他所得應稅項目計徵個人所得稅。對於個人自己繳納有關商業保險費（保費全部返還個人的保險除外）而取得的無賠款優待收入，不作為個人的應納稅收入，不徵收個人所得稅。

(3) 目前，一些證券公司為了招攬大戶股民在本公司開戶交易，通常從證券公司取得的交易手續費中支付部分金額給大戶股民。對於股民個人從證券公司取得的此類回扣收入或交易手續費返還收入，應按照經國務院財政部門確定徵稅的其他所得項目徵收個人所得稅，稅款由證券公司在向股民支付回扣收入或交易手續費返還收入時代扣代繳。

(4) 對保險公司按投保金額，以銀行同期儲蓄存款利率支付給在保險內未出險的人壽保險保戶的利息（或以其他名義支付的類似收入），按其他所得應稅項目徵收個人所得稅，稅款由支付利息的保險公司代扣代繳。

(5) 以下情形的房屋產權無償贈與，對當事雙方不徵收個人所得稅：

①房屋產權所有人將房屋產權無償贈與配偶、父母、子女、祖父母、外祖父母、孫子女、外孫子女、兄弟姐妹。

②房屋產權所有人將房屋產權無償贈與對其承擔直接撫養或者贍養義務的撫養人或者贍養人。

③房屋產權所有人死亡，依法取得房屋產權的法定繼承人、遺囑繼承人或者受遺贈人。

除上述規定情形以外，房屋產權所有人將房屋產權無償贈與他人的，受贈人因無償受贈房屋取得的受贈所得，按照經國務院財政部門確定徵稅的其他所得項目繳納個人所得稅。

(十二) 各類所得的界定

1. 工資薪金所得與勞務報酬所得的區分

工資、薪金所得是屬於非獨立個人勞務活動，即在機關、團體、學校、部隊、企事業單位及其他組織中任職、受雇而得到的報酬；勞務報酬所得則是個人獨立從事各種技藝、提供各項勞務取得的報酬。兩者的主要區別在於，前者存在雇傭與被雇傭關係，后者則不存在這種關係。

(1) 雇員為本企業提供非有形商品推銷、代理等服務活動取得佣金、獎勵和勞務費等名目的收入，無論該收入採用何種計取方法和支付方式，均應計入該雇員的當期工資、薪金所得，計算徵收個人所得稅。

非本企業雇員為企業提供非有形商品推銷、代理等服務活動取得的佣金、獎勵和勞務費等名目的收入，無論該收入採用何種計取方法和支付方式，均應計入個人的勞務報酬所得，計算徵收個人所得稅。

（2）保險企業營銷員（非雇員）取得的收入應按勞務報酬所得計徵個人所得稅。

（3）演職員參加非任職單位組織的演出取得的報酬為勞務報酬所得，按次繳納個人所得稅。演職員參加任職單位組織的演出取得的報酬為工資、薪金所得，按月繳納個人所得稅。上述報酬包括現金、實物和有價證券。

（4）自 2004 年 1 月 20 日起，對商品營銷活動中，企業和單位對營銷業績突出人員以培訓班、研討會、工作考察等名義組織旅遊活動，通過免收差旅費、旅遊費對個人實行的營銷業績獎勵（包括實物、有價證券等），應根據所發生費用全額計入營銷人員應納稅所得額，依法徵收個人所得稅，並由提供上述費用的企業和單位代扣代繳。其中，對企業雇員享受的此類獎勵，應與當期的工資薪金合併，按照工資、薪金所得項目徵收個人所得稅；對其他人員享受的此類獎勵，應作為當期的勞務收入，按照勞務報酬所得項目徵收個人所得稅。

（5）個人由於擔任董事職務所取得的董事費收入，屬於勞務報酬所得性質，按照勞務報酬所得項目徵收個人所得稅。董事費按勞務報酬所得項目徵稅方法，僅適用於個人擔任公司董事、監事，並且不在公司任職、受雇的情形。

個人在公司（包括關聯公司）任職、受雇，同時兼任董事、監事的，應將董事費、監事費與個人工資收入合併，統一按工資、薪金所得項目繳納個人所得稅。

2. 發表作品、出版圖書

（1）任職、受雇於報紙、雜誌等單位的記者、編輯等專業人員，因在本單位的報紙、雜誌上發表作品取得的所得，屬於因任職、受雇而取得的所得，應與其當月工資收入合併，按工資、薪金所得項目徵收個人所得稅。

（2）除上述專業人員以外，其他人員在本單位的報紙、雜誌上發表作品取得的所得，應按稿酬所得項目徵收個人所得稅。

（3）出版社的專業作者撰寫、編寫或翻譯的作品，由出版社以圖書形式出版而取得的稿費收入，應按稿酬所得項目計算繳納個人所得稅。

3. 舉辦各類學習班

（1）個人經政府有關部門批准並取得執照舉辦學習班、培訓班的，其取得的辦班收入屬於個體工商戶的生產、經營所得應稅項目，應按規定計徵個人所得稅。

（2）個人無須經政府有關部門批准並取得執照舉辦學習班、培訓班的，其取得的辦班收入屬於勞務報酬所得應稅項目，應按稅法規定計徵個人所得稅。其中，辦班者每次收入按以下方法確定：一次收取學費的，以一期取得的收入為一次；分次收取學費的，以每月取得的收入為一次。

（3）對於個人經政府有關部門批准，取得執照，從事辦學取得的所得，應按個體工商戶的生產、經營所得應稅項目計徵個人所得稅。據此，對於個人辦學者取得的辦學所得用於個人消費的部分，應依法計徵個人所得稅。

4. 個人承包、承租經營

（1）承包、承租人對企業經營成果不擁有所有權，僅是按合同（協議）規定取得一定所得的，其所得按工資、薪金所得項目徵稅。

（2）承包、承租人按合同（協議）的規定只向發包、出租方繳納一定費用后，企業經營成果歸其所有的，承包、承租人取得的所得，按對企事業單位的承包經營、承租經營所得項目徵稅。

（3）企業實行個人承包、承租經營后，如工商登記改變為個體工商戶的，應依照個體工商戶的生產、經營所得項目計徵個人所得稅，不再徵收企業所得稅。

5. 出租車營運

（1）出租汽車經營單位對出租車駕駛員採取單車承包或承租方式營運，出租車駕駛員從事客貨營運取得的收入，按工資、薪金所得項目徵稅。

（2）從事個體出租車營運的出租車駕駛員取得的收入，按個體工商戶的生產、經營所得項目繳納個人所得稅。

（3）出租車屬個人所有，但掛靠出租汽車經營單位或企事業單位，駕駛員向掛靠單位繳納管理費的，或出租汽車經營單位將出租車所有權轉移給駕駛員的，出租車駕駛員從事客貨營運取得的收入，比照個體工商戶的生產、經營所得項目徵稅。

6. 從事建築安裝業

（1）承包建築安裝業各項工程作業的承包人取得的所得，應區別不同情況計徵個人所得稅：經營成果歸承包人個人所有的所得，或按照承包合同（協議）規定，將一部分經營成果留歸承包人個人的所得，按對企事業單位的承包經營、承租經營所得項目徵稅；以其他分配方式取得的所得，按工資、薪金所得項目徵稅。

（2）從事建築安裝業的個體工商戶和未領取營業執照承攬建築安裝業工程作業的建築安裝隊和個人以及建築安裝企業實行個人承包后工商登記改變為個體經濟性質的，其從事建築安裝業取得的收入應依照個體工商戶的生產、經營所得項目計徵個人所得稅。

（3）從事建築安裝業工程作業的其他人員取得的所得，分別按照工資、薪金所得項目和勞務報酬所得項目計徵個人所得稅。

7. 廣告設計、製作、發布

（1）納稅人在廣告設計、製作、發布過程中提供名義、形象而取得的所得，應按勞務報酬所得項目計算納稅。

（2）納稅人在廣告設計、製作、發布過程中提供其他勞務取得的所得，視其情況分別按照稅法規定的勞務報酬所得、稿酬所得、特許權使用費所得等應稅項目計算納稅。

（3）扣繳人的本單位人員在廣告設計、製作、發布過程中取得的由本單位支付的所得，按工資、薪金所得項目計算納稅。

8. 醫療機構從業人員個人所得

（1）個人因在醫療機構（包括營利性醫療機構和非營利性醫療機構）任職而取得的所得，依據《中華人民共和國個人所得稅法》的規定，應按照工資、薪金所得應稅項目計徵個人所得稅。

（2）受醫療機構臨時聘請坐堂門診及售藥，由該醫療機構支付報酬，或收入與該醫療機構按比例分成的人員，其取得的所得，按照勞務報酬所得應稅項目繳納個人所得稅，以一個月內取得的所得為一次，稅款由該醫療機構代扣代繳。

（3）醫生或其他個人承包、承租經營醫療機構，經營成果歸承包人所有的，依據《中華人民共和國個人所得稅法》的規定，承包人取得的所得，應按照對企事業單位的承包經營、承租經營所得應稅項目計徵個人所得稅。

（4）個人投資或個人合夥投資開設醫院（診所）而取得的收入，應依據《中華人民共和國個人所得稅法》規定，按照個體工商戶的生產、經營所得應稅項目計徵個人所得稅。

9. 律師事務所從業人員個人所得

（1）律師個人出資興辦的獨資和合夥性質的律師事務所的年度經營所得，從2000年1月1日起，停止徵收企業所得稅，作為出資律師的個人經營所得，按照有關規定，比照個體工商戶的生產、經營所得應稅項目徵收個人所得稅。在計算其經營所得時，出資律師本

人的工資、薪金不得扣除。

（2）律師事務所支付給雇員（包括律師及行政輔助人員，但不包括律師事務所的投資者，下同）的所得，按工資、薪金所得應稅項目徵收個人所得稅。

（3）作為律師事務所雇員的律師與律師事務所按規定的比例對收入分成，律師事務所不負擔律師辦理案件支出的費用（如交通費、資料費、通信費及聘請人員等費用），律師當月的分成收入扣除辦理案件支出的費用后，余額與律師事務所發給的工資合併，按工資、薪金所得應稅項目計徵個人所得稅。

（4）律師以個人名義再聘請其他人員為其工作而支付的報酬，應由該律師按勞務報酬所得應稅項目負責代扣代繳個人所得稅。為了便於操作，稅款可由其任職的律師事務所代為繳入國庫。

（5）律師從接受法律事務服務的當事人處取得法律顧問費或其他酬金等收入，應並入其從律師事務所取得的其他收入，按照規定計算繳納個人所得稅。

10. 企業為個人購買房屋或其他財產

（1）符合以下情形的房屋或其他財產，不論所有權人是否將財產無償或有償交付企業使用，其實質均為企業對個人進行了實物性質的分配，應依法計徵個人所得稅。

①企業出資購買房屋及其他財產，將所有權登記為投資者個人、投資者家庭成員或企業其他人員的。

②企業投資者個人、投資者家庭成員或企業其他人員向企業借款用於購買房屋及其他財產，將所有權登記為投資者、投資者家庭成員或企業其他人員，並且借款年度終了后未歸還借款的。

（2）對個人獨資企業、合夥企業的個人投資者或其家庭成員取得的上述所得，視為企業對個人投資者的利潤分配，按照個體工商戶的生產、經營所得項目計徵個人所得稅；對除個人獨資企業、合夥企業以外其他企業的個人投資者或其家庭成員取得的上述所得，視為企業對個人投資者的紅利分配，按照利息、股息、紅利所得項目計徵個人所得稅；對企業其他人員取得的上述所得，按照工資、薪金所得項目計徵個人所得稅。

11. 拍賣個人財產

（1）作者將自己的文字作品手稿原件或複印件拍賣取得的所得，按照特許權使用費所得項目繳納個人所得稅。

（2）個人拍賣除文字作品原稿及複印件外的其他財產，應以其轉讓收入額減除財產原值和合理費用后的余額為應納稅所得額，按照財產轉讓所得項目繳納個人所得稅。

12. 轉化職務科技成果

（1）科研機構、高等學校轉化職務科技成果以股份或出資比例等股權形式給予科技人員個人獎勵，暫不徵收個人所得稅。

（2）在獲獎人按股份、出資比例獲得分紅時，對其所得按利息、股息、紅利所得應稅項目徵收個人所得稅。

（3）獲獎人轉讓股權、出資比例，對其所得按財產轉讓所得應稅項目徵收個人所得稅，財產原值為零。

13. 量化資產

（1）對職工個人以股份形式取得的僅作為分紅依據，不擁有所有權的企業量化資產，不徵收個人所得稅。

（2）對職工個人以股份形式取得的擁有所有權的企業量化資產，暫緩徵收個人所得稅；

待個人將股份轉讓時，就其轉讓收入額，減除個人取得該股份時實際支付的費用支出和合理轉讓費用后的余額，按財產轉讓所得項目計徵個人所得稅。

（3）對職工個人以股份形式取得的企業量化資產參與企業分配而獲得的股息、紅利，應按利息、股息、紅利所得項目徵收個人所得稅。

14. 企業促銷展業贈送禮品

（1）企業在銷售商品（產品）和提供服務過程中向個人贈送禮品，屬於下列情形之一的，不徵收個人所得稅：

①企業通過價格折扣、折讓方式向個人銷售商品（產品）和提供服務。

②企業在向個人銷售商品（產品）和提供服務的同時給予贈品，如通信企業對個人購買手機贈話費、入網費，或者購話費贈手機等。

③企業對累積消費達到一定額度的個人按消費積分反饋禮品。

（2）企業向個人贈送禮品，屬於下列情形之一的，取得該項所得的個人應依法繳納個人所得稅，稅款由贈送禮品的企業代扣代繳：

①企業在業務宣傳、廣告等活動中，隨機向本單位以外的個人贈送禮品，對個人取得的禮品所得，按照其他所得項目，全額適用20%的稅率繳納個人所得稅。

②企業在年會、座談會、慶典以及其他活動中向本單位以外的個人贈送禮品，對個人取得的禮品所得，按照其他所得項目，全額適用20%的稅率繳納個人所得稅。

③企業對累積消費達到一定額度的顧客，給予額外抽獎機會，個人的獲獎所得，按照偶然所得項目，全額適用20%的稅率繳納個人所得稅。

此外，個人取得的所得，難以界定應納稅所得項目的，由主管稅務機關確定。

## 第二節　計稅方法和稅率

**一、計稅方法**

（一）應交個人所得稅計稅方法

應交個人所得稅計稅方法採用分國分項計稅方法。境內所得應交稅額與境外所得應補稅額按所得來源地分國計算。其計算公式如下：

境內所得應交個人所得稅＝境內所得應納個人所得稅－稅額減免

境外所得應補個人所得稅＝境外所得應納個人所得稅－稅額抵扣

（二）應納個人所得稅計稅方法

適用比例稅率應納個人所得稅的計算公式為：

應納個人所得稅＝應納稅所得額×比例稅率

適用超額累進稅率應納個人所得稅的計算公式為：

應納個人所得稅＝應納稅所得額×超額累進稅率－速算抵扣數

**二、稅率**

（一）經營所得稅率

個體工商戶的生產經營所得（包括個人獨資企業和合夥企業投資者個人的生產經營所得）、對企事業單位的承包承租經營所得，適用五級超額累進稅率，稅率為5%～35%，如表13-1所示（表中「速算抵扣數」或稱「速算扣除數」）。

表 13-1　　　　　　　　個人所得稅稅率表（經營所得適用）

| 級數 | 年應納稅所得額（元） 下限 | 上限（含） | 稅率（%） | 速算抵扣數 |
| --- | --- | --- | --- | --- |
| 1 | 0 | 15,000 | 5 | 0 |
| 2 | 15,000 | 30,000 | 10 | 750 |
| 3 | 30,000 | 60,000 | 20 | 3,750 |
| 4 | 60,000 | 100,000 | 30 | 9,750 |
| 5 | 100,000 | | 35 | 14,750 |

（二）工資薪金所得稅率

工資薪金所得，適用七級超額累進稅率，稅率為3%~45%，如表13-2所示。

表 13-2　　　　　　　　個人所得稅稅率表（工資薪金所得適用）

| 級數 | 月應納稅所得額（元） 下限 | 上限（含） | 稅率（%） | 速算抵扣數 |
| --- | --- | --- | --- | --- |
| 1 | 0 | 1,500 | 3 | 0 |
| 2 | 1,500 | 4,500 | 10 | 105 |
| 3 | 4,500 | 9,000 | 20 | 555 |
| 4 | 9,000 | 35,000 | 25 | 1,005 |
| 5 | 35,000 | 55,000 | 30 | 2,755 |
| 6 | 55,000 | 80,000 | 35 | 5,505 |
| 7 | 80,000 | | 45 | 13,505 |

（三）勞務報酬所得稅率

勞務報酬所得，適用比例稅率，稅率為20%。對勞務報酬所得一次收入畸高的可以實行加成徵收。勞務報酬所得一次收入畸高是指個人一次取得勞務報酬，其應納稅所得額超過2萬元。應納稅所得額超過2萬~5萬元的部分，依照稅法規定計算應納稅額後再按照應納稅額加徵五成；超過5萬元的部分，加徵十成。

考慮加成情況，勞務報酬所得實際適用三級超額累進稅率，如表13-3所示。

表 13-3　　　　　　　　個人所得稅稅率表（勞務報酬所得適用）

| 級數 | 次應納稅所得額（元） 下限 | 上限（含） | 稅率（%） | 速算抵扣數 |
| --- | --- | --- | --- | --- |
| 1 | 0 | 20,000 | 20 | 0 |
| 2 | 20,000 | 50,000 | 30 | 2,000 |
| 3 | 50,000 | | 40 | 7,000 |

（四）稿酬所得稅率

稿酬所得，適用比例稅率，稅率為20%，並按應納稅額減徵30%。

（五）財產轉讓所得、利息股息紅利所得、財產租賃所得、特許權使用費所得、偶然所得和其他所得稅率

財產轉讓所得、利息股息紅利所得、財產租賃所得、特許權使用費所得、偶然所得和

其他所得，適用比例稅率，稅率為20%。

自2008年3月1日起，對個人出租住房取得的所得減按10%的稅率徵收個人所得稅。

## 第三節　應納稅所得額

個人所得稅的稅基為應納稅所得額，應納稅所得額含個人所得稅，但不含其他稅收，不含按規定繳納的社會保險、住房公積金、企業年金或職業年金，屬於價內稅。應納稅所得額分項計算，確定方式有據實方式、核定方式。扣除類型有定額或定率扣除、據實扣除、限制扣除和不得扣除。

### 一、個體工商戶的生產經營所得

（一）計算公式

自2014年度起，個體工商戶、個人獨資企業和合夥企業計算公式為：

應納稅所得額＝該年度收入總額－成本、費用及損失－當年投資者本人的費用扣除額

應納個人所得稅＝應納稅所得額×超額累進稅率－速算抵扣數

個體工商戶、個人獨資企業和合夥企業因在納稅年度中間開業、合併、註銷及其他原因，導致該納稅年度的實際經營期不足1年的，對個體工商戶業主、個人獨資企業投資者和合夥企業自然人合夥人的生產經營所得計算個人所得稅時，以其實際經營期為1個納稅年度。投資者本人的費用扣除標準，應按照其實際經營月份數，以每月3,500元的減除標準確定。其計算公式如下：

當年投資者本人的費用扣除額＝月減除費用(3,500元/月)×當年實際經營月份數

（二）個體工商戶計稅辦法

1. 計稅基本規定

（1）個體工商戶應納稅所得額的計算，以權責發生制為原則，屬於當期的收入和費用，不論款項是否收付，均作為當期的收入和費用；不屬於當期的收入和費用，即使款項已經在當期收付，均不作為當期收入和費用。財政部、國家稅務總局另有規定的除外。

（2）在計算應納稅所得額時，個體工商戶會計處理辦法與財政部、國家稅務總局相關規定不一致的，應當依照財政部、國家稅務總局的相關規定計算。

（3）個體工商戶的生產、經營所得，以每一納稅年度的收入總額，減除成本、費用、稅金、損失、其他支出以及允許彌補的以前年度虧損後的餘額，為應納稅所得額。

（4）個體工商戶從事生產經營以及與生產經營有關的活動（以下簡稱生產經營）取得的貨幣形式和非貨幣形式的各項收入，為收入總額。其包括銷售貨物收入、提供勞務收入、轉讓財產收入、利息收入、租金收入、接受捐贈收入、其他收入。

所稱其他收入，包括個體工商戶資產溢余收入、逾期一年以上的未退包裝物押金收入、確實無法償付的應付款項、已作壞帳損失處理后又收回的應收款項、債務重組收入、補貼收入、違約金收入、匯兌收益等。

（5）成本是指個體工商戶在生產經營活動中發生的銷售成本、銷貨成本、業務支出以及其他耗費。

（6）費用是指個體工商戶在生產經營活動中發生的銷售費用、管理費用和財務費用，已經計入成本的有關費用除外。

（7）稅金是指個體工商戶在生產經營活動中發生的除個人所得稅和允許抵扣的增值稅以外的各項稅金及其附加。

(8) 損失是指個體工商戶在生產經營活動中發生的固定資產和存貨的盤虧、毀損、報廢損失、轉讓財產損失、壞帳損失、自然災害等不可抗力因素造成的損失以及其他損失。

個體工商戶發生的損失，減除責任人賠償和保險賠款后的餘額，參照財政部、國家稅務總局有關企業資產損失稅前扣除的規定扣除。

個體工商戶已經作為損失處理的資產，在以后納稅年度又全部收回或者部分收回時，應當計入收回當期的收入。

(9) 其他支出是指除成本、費用、稅金、損失外，個體工商戶在生產經營活動中發生的與生產經營有關的、合理的支出。

(10) 個體工商戶發生的支出應當區分收益性支出和資本性支出。收益性支出在發生當期直接扣除；資本性支出應當分期扣除或者計入有關資產成本，不得在發生當期直接扣除。所稱支出，是指與取得收入直接相關的支出。

除稅收法律法規另有規定外，個體工商戶實際發生的成本、費用、稅金、損失和其他支出，不得重複扣除。

(11) 個體工商戶下列支出不得扣除：
①個人所得稅稅款；
②稅收滯納金；
③罰金、罰款和被沒收財物的損失；
④不符合扣除規定的捐贈支出；
⑤贊助支出；
⑥用於個人和家庭的支出；
⑦與取得生產經營收入無關的其他支出；
⑧國家稅務總局規定不準扣除的支出。

(12) 個體工商戶生產經營活動中，應當分別核算生產經營費用和個人、家庭費用。對於生產經營與個人、家庭生活混用難以分清的費用，其40%視為與生產經營有關費用，準予扣除。

(13) 個體工商戶納稅年度發生的虧損，準予向以后年度結轉，用以后年度的生產經營所得彌補，但結轉年限最長不得超過5年。

所稱虧損，是指個體工商戶依照規定計算的應納稅所得額小於零的數額。

(14) 個體工商戶使用或者銷售存貨，按照規定計算的存貨成本，準予在計算應納稅所得額時扣除。

(15) 個體工商戶轉讓資產，該項資產的淨值，準予在計算應納稅所得額時扣除。

2. 扣除項目及標準

(1) 個體工商戶實際支付給從業人員的、合理的工資薪金支出，準予扣除。

個體工商戶業主的費用扣除標準，依照相關法律、法規和政策規定執行。

個體工商戶業主的工資薪金支出不得稅前扣除。

(2) 個體工商戶按照國務院有關主管部門或者省級人民政府規定的範圍和標準為其業主和從業人員繳納的基本養老保險費、基本醫療保險費、失業保險費、生育保險費、工傷保險費和住房公積金，準予扣除。

個體工商戶為從業人員繳納的補充養老保險費、補充醫療保險費，分別在不超過從業人員工資總額5%標準內的部分據實扣除；超過部分，不得扣除。

個體工商戶業主本人繳納的補充養老保險費、補充醫療保險費，以當地（地級市）上年度社會平均工資的3倍為計算基數，分別在不超過該計算基數5%標準內的部分據實扣除；超過部分，不得扣除。

（3）除個體工商戶依照國家有關規定為特殊工種從業人員支付的人身安全保險費和財政部、國家稅務總局規定可以扣除的其他商業保險費外，個體工商戶業主本人或者為從業人員支付的商業保險費，不得扣除。

（4）個體工商戶在生產經營活動中發生的合理的不需要資本化的借款費用，準予扣除。

個體工商戶為購置、建造固定資產、無形資產和經過12個月以上的建造才能達到預定可銷售狀態的存貨發生借款的，在有關資產購置、建造期間發生的合理的借款費用，應當作為資本性支出計入有關資產的成本，並依照規定扣除。

（5）個體工商戶在生產經營活動中發生的下列利息支出，準予扣除：

①向金融企業借款的利息支出；

②向非金融企業和個人借款的利息支出，不超過按照金融企業同期同類貸款利率計算的數額的部分。

（6）個體工商戶在貨幣交易中以及納稅年度終了時將人民幣以外的貨幣性資產、負債按照期末即期人民幣匯率中間價折算為人民幣時產生的匯兌損失，除已經計入有關資產成本部分外，準予扣除。

（7）個體工商戶向當地工會組織撥繳的工會經費、實際發生的職工福利費支出、職工教育經費支出分別在工資薪金總額的2%、14%、2.5%的標準內據實扣除。

工資薪金總額是指允許在當期稅前扣除的工資薪金支出數額。

職工教育經費的實際發生數額超出規定比例當期不能扣除的數額，準予在以後納稅年度結轉扣除。

個體工商戶業主本人向當地工會組織繳納的工會經費、實際發生的職工福利費支出、職工教育經費支出，以當地（地級市）上年度社會平均工資的3倍為計算基數，在上述規定比例內據實扣除。

（8）個體工商戶發生的與生產經營活動有關的業務招待費，按照實際發生額的60%扣除，但最高不得超過當年銷售（營業）收入的5‰。

業主自申請營業執照之日起至開始生產經營之日止所發生的業務招待費，按照實際發生額的60%計入個體工商戶的開辦費。

（9）個體工商戶每一納稅年度發生的與其生產經營活動直接相關的廣告費和業務宣傳費不超過當年銷售（營業）收入15%的部分，可以據實扣除；超過部分，準予在以後納稅年度結轉扣除。

（10）個體工商戶代其從業人員或者他人負擔的稅款，不得稅前扣除。

（11）個體工商戶按照規定繳納的攤位費、行政性收費、協會會費等，按實際發生數額扣除。

（12）個體工商戶根據生產經營活動的需要租入固定資產支付的租賃費，按照以下方法扣除：

①以經營租賃方式租入固定資產發生的租賃費支出，按照租賃期限均勻扣除；

②以融資租賃方式租入固定資產發生的租賃費支出，按照規定構成融資租入固定資產價值的部分應當提取折舊費用，分期扣除。

（13）個體工商戶參加財產保險，按照規定繳納的保險費，準予扣除。

（14）個體工商戶發生的合理的勞動保護支出，準予扣除。

（15）個體工商戶自申請營業執照之日起至開始生產經營之日止所發生符合規定的費用，除為取得固定資產、無形資產的支出以及應計入資產價值的匯兌損益、利息支出外，作為開辦費，個體工商戶可以選擇在開始生產經營的當年一次性扣除，也可自生產經營月份起在不短於3年期限內攤銷扣除，但一經選定，不得改變。

開始生產經營之日為個體工商戶取得第一筆銷售（營業）收入的日期。

（16）個體工商戶通過公益性社會團體或者縣級以上人民政府及其部門，用於《中華人民共和國公益事業捐贈法》規定的公益事業的捐贈，捐贈額不超過其應納稅所得額30%的部分可以據實扣除。

財政部、國家稅務總局規定可以全額在稅前扣除的捐贈支出項目，按有關規定執行。

個體工商戶直接對受益人的捐贈不得扣除。

公益性社會團體的認定，按照財政部、國家稅務總局、民政部有關規定執行。

（17）所稱贊助支出，是指個體工商戶發生的與生產經營活動無關的各種非廣告性質支出。

（18）個體工商戶研究開發新產品、新技術、新工藝所發生的開發費用以及研究開發新產品、新技術而購置單臺價值在10萬元以下的測試儀器和試驗性裝置的購置費準予直接扣除；單臺價值在10萬元以上（含10萬元）的測試儀器和試驗性裝置，按固定資產管理，不得在當期直接扣除。

（19）個體工商戶資產的稅務處理，參照企業所得稅相關法律、法規和政策規定執行。

[案例11-1] 某個體工商戶，從事交通運輸服務。該個體工商戶按季據實預繳，2016年1~3季度累計應納稅所得額68,400元，1~3季度累計已預繳個人所得稅4,590元。第4季度收入總額220,000元，準許扣除的當季成本、費用及相關稅金共計170,600元。計算該個體工商戶第4季度應預繳個人所得稅及年度匯算清繳應補個人所得稅。

[解答] 第4季度應納稅所得額＝220,000－170,600－3,500×3＝38,900（元）

第4季度應預繳個人所得稅＝38,900×20%－3,750＝4,030（元）

次季度15日內辦理預繳納稅申報。

全年應納稅所得額＝68,400＋38,900＝107,300（元）

全年應納個人所得稅＝107,300×35%－14,750＝22,805（元）

年度匯算清繳應補個人所得稅＝22,805－4,590－4,030＝14,185（元）

年度終了后3個月內辦理個人所得稅年度納稅申報，並匯算清繳。

（三）個人獨資企業和合夥企業計稅辦法

1. 計稅基本規定

個人獨資企業和合夥企業（以下簡稱企業）每一納稅年度的收入總額減除成本、費用以及損失后的餘額，作為投資者個人的生產經營所得，比照《中華人民共和國個人所得稅法》的個體工商戶的生產經營所得應稅項目，計算徵收個人所得稅。生產經營所得包括企業分配給投資者個人的所得和企業當年留存的所得（利潤）。

收入總額是指企業從事生產經營以及與生產經營有關的活動所取得的各項收入，包括商品（產品）銷售收入、營運收入、勞務服務收入、工程價款收入、財產出租或轉讓收入、利息收入、其他業務收入和營業外收入。

個人獨資企業的投資者以全部生產經營所得為應納稅所得額。合夥企業生產經營所得和其他所得採取「先分后稅」的原則。合夥企業的合夥人按照下列原則確定應納稅所得額：

（1）合夥企業的合夥人以合夥企業的生產經營所得和其他所得，按照合夥協議約定的分配比例確定應納稅所得額。

（2）合夥協議未約定或者約定不明確的，以全部生產經營所得和其他所得，按照合夥人協商決定的分配比例確定應納稅所得額。

（3）協商不成的，以全部生產經營所得和其他所得，按照合夥人實繳出資比例確定應納稅所得額。

（4）無法確定出資比例的，以全部生產經營所得和其他所得，按照合夥人數量平均計

算每個合夥人的應納稅所得額。

合夥協議不得約定將全部利潤分配給部分合夥人。

2. 扣除項目及標準

（1）對個人獨資企業和合夥企業投資者的生產經營所得依法計徵個人所得稅時，個人獨資企業和合夥企業投資者本人的費用扣除標準統一確定為 42,000 元/年（3,500 元/月）。投資者的工資不得在稅前扣除。

（2）個人獨資企業和合夥企業向其從業人員實際支付的合理的工資、薪金支出，允許在稅前據實扣除。

（3）個人獨資企業和合夥企業撥繳的工會經費、發生的職工福利費、職工教育經費支出分別在工資薪金總額 2%、14%、2.5% 的標準內據實扣除。

（4）個人獨資企業和合夥企業每一納稅年度發生的廣告費和業務宣傳費用不超過當年銷售（營業）收入 15% 的部分，可據實扣除；超過部分，準予在以后納稅年度結轉扣除。

（5）個人獨資企業和合夥企業每一納稅年度發生的與其生產經營業務直接相關的業務招待費支出，按照發生額的 60% 扣除，但最高不得超過當年銷售（營業）收入的 5‰。

（6）投資者及其家庭發生的生活費用不允許在稅前扣除。投資者及其家庭發生的生活費用與企業生產經營費用混合在一起，並且難以劃分的，全部視為投資者個人及其家庭發生的生活費用，不允許在稅前扣除。

（7）企業生產經營和投資者及其家庭生活共用的固定資產，難以劃分的，由主管稅務機關根據企業的生產經營類型、規模等具體情況，核定準予在稅前扣除的折舊費用的數額或比例。

（8）企業計提的各種準備金不得扣除。

3. 匯總納稅

投資者興辦兩個或兩個以上企業，並且企業性質全部是獨資的，年度終了后匯算清繳時，應納稅款的計算按以下方法進行：匯總其投資興辦的所有企業的經營所得作為應納稅所得額，以此確定適用稅率，計算出全年經營所得的應納稅額，再根據每個企業的經營所得占所有企業經營所得的比例，分別計算出每個企業的應納稅額和應補繳稅額。其計算公式如下：

應納稅所得額 = Σ 各個企業的經營所得

應納個人所得稅 = 應納稅所得額 × 超額累進稅率 − 速算抵扣數

本企業應納個人所得稅 = 應納個人所得稅 × 本企業的經營所得 ÷ Σ 各個企業的經營所得

本企業應補個人所得稅 = 本企業應納個人所得稅 − 本企業已預繳個人所得稅

4. 核定方式

（1）有下列情形之一的，主管稅務機關應採取核定徵收方式徵收個人所得稅：

①企業依照國家有關規定應當設置但未設置帳簿的。

②企業雖設置帳簿，但帳目混亂或者成本資料、收入憑證、費用憑證殘缺不全，難以查帳的。

③納稅人發生納稅義務，未按照規定的期限辦理納稅申報，經稅務機關責令限期申報，逾期仍不申報的。

（2）核定徵收方式，包括定額徵收、核定應稅所得率徵收以及其他合理的徵收方式。

（3）實行核定應稅所得率徵收方式的，應納所得稅額的計算公式如下：

應納稅所得額 = 收入總額 × 應稅所得率

或：應納稅所得額 = 成本費用支出額 ÷ (1 − 應稅所得率) × 應稅所得率

應納個人所得稅 = 應納稅所得額 × 超額累進稅率 − 速算抵扣數

(4) 應稅所得率應按表 11-4 規定的標準執行。

表 11-4　　　　　　　　個人所得稅應稅所得率表

| 行業 | 應稅所得率（%） |
| --- | --- |
| 工業、交通運輸業、商業 | 5~20 |
| 建築業、房地產開發業 | 7~20 |
| 飲食服務業 | 7~25 |
| 娛樂業 | 20~40 |
| 其他行業 | 10~30 |

企業經營多業的，無論其經營項目是否單獨核算，均應根據其主營項目確定其適用的應稅所得率。

(5) 實行核定徵稅的投資者，不能享受個人所得稅的優惠政策。

[案例 11-2] 某個人獨資企業，從事飲食服務業。該企業收入沒有記帳，但成本費用資料齊全，2016 年成本費用為 200,000 元。該企業核定的應稅所得率為 15%。計算該企業全年應納個人所得稅。

[解答] 應納稅所得額 = 200,000÷(1-15%)×15% = 35,294.12（元）
應納個人所得稅 = 35,294.12×20%-3,750 = 3,308.82（元）

## 二、對企事業單位的承包經營、承租經營所得

(1) 對企事業單位的承包經營、承租經營所得，以每一納稅年度的收入總額，減除必要費用后的餘額，為應納稅所得額。

每一納稅年度的收入總額是指納稅義務人按照承包經營、承租經營合同規定分得的經營利潤和工資、薪金性質的所得。減除必要費用是指按月減除 3,500 元。

(2) 實行承包、承租經營的納稅義務人，應以每一納稅年度取得的承包、承租經營所得計算納稅，在一個納稅年度內，承包、承租經營不足 12 個月的，以其實際承包、承租經營的月份數為一個納稅年度計算納稅。

(3) 對企事業單位的承包經營、承租經營所得，應納稅所得額和應納稅額的計算公式為：

應納稅所得額 = 年度收入總額-3,500×該年度實際承包、承租經營月份數
應納個人所得稅 = 應納稅所得額×超額累進稅率-速算扣除數

[案例 11-3] 2016 年 3 月 1 日，宋某與事業單位簽訂承包合同經營招待所，承包期為 3 年。2016 年 3~12 月，宋某從招待所每月取得工資薪金 5,000 元，2016 年度招待所實現承包經營利潤 70,000 元，合同規定宋某每年應從承包經營利潤中上繳承包費 30,000 元。計算宋某 2016 年度應納個人所得稅。

[解答] 應納稅所得額 = 5,000×10+70,000-30,000-3,500×10 = 55,000（元）
應納個人所得稅 = 55,000×20%-3,750 = 7,250（元）

## 三、工資薪金所得

(一) 一般規定

(1) 工資、薪金所得，以每月收入額減除費用 3,500 元后的餘額，為應納稅所得額。

(2) 對在境內無住所而在境內取得工資、薪金所得的納稅義務人和在境內有住所而在境外取得工資、薪金所得的納稅義務人，可以根據其平均收入水平、生活水平以及匯率變

化情況確定附加減除費用。附加減除費用是指每月在減除3,500元費用的基礎上，再減除1,300元費用。

在境外取得工資、薪金所得是指在境外任職或者受雇而取得的工資、薪金所得。附加減除費用適用的範圍是指：

①在境內的外商投資企業和外國企業中工作的外籍人員。
②應聘在境內的企業、事業單位、社會團體、國家機關中工作的外籍專家。
③在境內有住所而在境外任職或者受雇取得工資、薪金所得的個人。
④國務院財政、稅務主管部門確定的其他人員。

華僑和香港、澳門、臺灣同胞，參照上述規定執行。

(3) 下列不屬於工資、薪金性質的補貼、津貼或者不屬於納稅人本人工資、薪金所得項目的收入，不徵稅：

①獨生子女補貼。
②執行公務員工資制度未納入基本工資總額的補貼、津貼差額和家屬員的副食品補貼。
③托兒補助費。
④差旅費津貼、誤餐補助。

不徵稅的誤餐補助是指按財政部門規定，個人因公在城區、郊區工作，不能在工作單位或返回就餐，確實需要在外就餐的，根據實際誤餐頓數，按規定的標準領取的誤餐費。一些單位以誤餐補助名義發給職工的補貼、津貼，應當並入當月工資、薪金所得計徵個人所得稅。

(4) 個人因公務用車和通信制度改革而取得的公務用車、通信補貼收入，扣一定標準的公務費用後，按照工資、薪金所得項目計徵個人所得稅。按月發放的，並入當月工資、薪金所得計徵個人所得稅；不按月發放的，分解所屬月份並與該月份工資、薪金所得合併後計徵個人所得稅。

公務費用的扣除標準，由省級地方稅務局根據納稅人公務交通、通信費的實際發生情況調查測算，報經省級人民政府批准後確定，並報國家稅務局備案。

因公務用車制度改革而以現金、報銷等形式向職工個人支付的收入，均應視為個人取得公務用車補貼收入，按照工資、薪金所得項目計徵個人所得稅。

(5) 按照國家規定，單位為個人繳付和個人繳付的基本養老保險費、基本醫療保險費、失業保險費、住房公積金，從納稅義務人的應納稅所得額中扣除。

(6) 工資薪金所得，應納稅所得額和應納稅額的計算公式為：

應納稅所得額＝每月收入－免稅收入－稅收扣除（3,500元或4,800元）

應納個人所得稅＝應納稅所得額×超額累進稅率－速算抵扣數

[案例11-4] 鄭女士（居民個人）系境內某單位職工，4月份工資5,000元、津貼2,000元、補貼1,000元，單位分別按工資薪金的8%、2%、0.5%、12%（符合國家規定）繳付基本養老保險費640元、基本醫療保險費160元、失業保險費40元、住房公積金960元。計算其應納個人所得稅。

[解答] 應納稅所得額＝5,000+2,000+1,000－(640+160+40+960)－3,500
　　　　　　　　　＝2,700（元）

應納個人所得稅＝2,700×10%－105＝165（元）

(二) 特定行業

特定行業的工資、薪金所得應納的稅款，可以實行按年計算、分月預繳的方式計徵。

上述特定行業是指採掘業、遠洋運輸業、遠洋捕撈業以及國務院財政、稅務主管部門確定的其他行業。

按年計算、分月預繳的計徵方式是指上述特定行業職工的工資、薪金所得應納的稅款，按月預繳，自年度終了之日起 30 日內，合計其全年工資、薪金所得，再按 12 個月平均並計算實際應納的稅款，多退少補。其計算公式如下：

全年應納個人所得稅＝（全年應納稅所得額÷12×超額累進稅率－速算扣除數）×12

（三）在外商投資企業、外國企業和外國駐華機構工作的中方人員

（1）在外商投資企業、外國企業和外國駐華機構工作的中方人員取得工資、薪金收入，凡是由雇傭單位和派遣單位分別支付的，支付單位應代扣代繳個人所得稅。納稅義務人應以每月全部工資、薪金收入減除規定費用後的餘額為納稅所得額。為了有利於徵管，對雇傭單位和派遣單位分別支付工資、薪金的，採取由支付者中的一方減除費用的方法，即只由雇傭單位在支付工資、薪金時，按稅法規定減除費用，計算扣繳個人所得稅；派遣單位支付的工資、薪金不再減除費用，以支付全額直接確定適用稅率，計算扣繳個人所得。

上述納稅義務人，應持兩處支付單位提供的原始明細工資、薪金單（書）和完稅憑證原件，選擇並固定到一地稅務機關申報每月工資、薪金收入，匯算清繳其工資、薪金收入的個人所得稅，多退少補。具體申報期限由各省、自治區、直轄市稅務局確定。

（2）對外商投資企業、外國企業和外國駐華機構發放給中方工作人員工資、薪金所得，應全額徵稅。但對可以提供有效合同或有關憑證，能夠證明其工資、薪金所得的一部分按照有關規定上交派遣（介紹）單位的，可扣除實際上交的部分，按其餘額計徵個人所得稅。

［案例 11-5］中國某公司與外國某公司共同出資，在廣州設立一家中外合資企業。該中國公司派遣謝先生到中外合資企業擔任總經理。5 月份中外合資企業支付給謝先生的薪金為 7,200 元，該中國公司支付給謝先生的工資為 1,900 元。計算該中外合資企業、中國公司應代扣代繳個人所得稅，謝先生應補個人所得稅。

［解答］中外合資企業應代扣代繳個人所得稅＝（7,200－3,500）×10％－105＝265（元）
中國公司應代扣代繳個人所得稅＝1,900×10％－105＝85（元）
謝先生應納個人所得稅＝（7,200＋1,900－3,500）×20％－555＝565（元）
謝先生自行申報應補個人所得稅＝565－265－85＝215（元）

（四）全年一次性獎金

（1）全年一次性獎金是指行政機關、企事業單位等扣繳義務人根據其全年經濟效益和對雇員全年工作業績的綜合考核情況，向雇員發放的一次性獎金。

上述一次性獎金也包括年終加薪、實行年薪制和績效工資辦法的單位根據考核情況兌現的年薪和績效工資。

（2）納稅人取得全年一次性獎金，單獨作為一個月工資、薪金所得計算納稅，並按以下計稅辦法，由扣繳義務人發放時代扣代繳：

①先將雇員當月內取得的全年一次性獎金，除以 12 個月，按其商數確定適用稅率和速算扣除數。

如果在發放年終一次性獎金的當月，雇員當月工資薪金所得低於稅法規定的費用扣除額，應將全年一次性獎金減除「雇員當月工資薪金所得與費用扣除額的差額」後的餘額，按上述辦法確定全年一次性獎金的適用稅率和速算扣除數。

②將雇員個人當月內取得的全年一次性獎金，按第①項確定的適用稅率和速算扣除數計算徵稅。其計算公式如下：

如果雇員當月工資薪金所得高於（或等於）稅法規定的費用扣除額的，適用公式為：

應納個人所得稅＝雇員當月取得全年一次性獎金×稅率－速算扣除數

如果雇員當月工資薪金所得低於稅法規定的費用扣除額的，適用公式為：

應納個人所得稅＝（雇員當月取得全年一次性獎金－雇員當月工資薪金所得與費用扣除

額的差額)×稅率-速算抵扣數

(3) 在一個納稅年度內，對每一個納稅人，該計稅辦法只允許採用一次。

(4) 雇員取得除全年一次性獎金以外的其他各種名目獎金，如半年獎、季度獎、加班獎、先進獎、考勤獎等，一律與當月工資、薪金收入合併，按稅法規定繳納個人所得稅。

[案例11-6] 某單位2月份發放當月工資薪金及上年度年終獎。韓某當月工資薪金5,000元，上年度年終獎54,300元；唐某當月工資薪金3,200元，上年度年終獎54,300元。計算韓某、唐某應納個人所得稅。

[解答] 韓某當月工資薪金應納個人所得稅=（5,000-3,500）×3%-0=45（元）
韓某上年度應稅年終獎=54,300（元）
54,300÷12=4,525（元），適應稅率20%，速算抵扣數555元。
韓某上年度年終獎應納個人所得稅=54,300×20%-555=10,305（元）
唐某當月工資薪金3,200元，低於3,500元，不繳納個人所得稅。
唐某上年度應稅年終獎=54,300-(3,500-3,200)=54,000（元）
54,000÷12=4,500（元），適應稅率10%，速算抵扣數105元。
唐某上年度年終獎應納個人所得稅=54,000×10%-105=5,295（元）

(五) 單位低價向職工售房

(1) 根據住房制度改革政策的有關規定，國家機關、企事業單位及其他組織（以下簡稱單位）在住房制度改革期間，按照所在地縣級以上人民政府規定的房改成本價格向職工出售公有住房，職工因支付的房改成本價格低於房屋建造成本價格或市場價格而取得的差價收益，免徵個人所得稅。

(2) 除第(1)項規定情形外，根據《中華人民共和國個人所得稅法》及其實施條例的有關規定，單位按低於購置或建造成本價格出售住房給職工，職工因此而少支出的差價部分，屬於個人所得稅應稅所得，應按照工資、薪金所得項目繳納個人所得稅。

所稱差價部分，是指職工實際支付的購房價款低於該房屋的購置或建造成本價格的差額。

(3) 對職工取得的上述應稅所得，比照全年一次性獎金的徵稅辦法，計算徵收個人所得稅，即先將全部所得數額除以12，按其商數並根據個人所得稅法規定的稅率表確定適用的稅率和速算扣除數，再根據全部所得數額、適用的稅率和速算扣除數，按照稅法規定計算徵稅。

(房屋的購置或建造成本價格-職工實際支付的購房價款)÷12，商數確定稅率。

應納個人所得稅=(房屋的購置或建造成本價格-職工實際支付的購房價款)×稅率-速算抵扣數

(六) 解除勞動關係取得的一次性補償收入

(1) 對於個人因解除勞動合同而取得一次性經濟補償收入，應按工資、薪金所得項目計徵個人所得稅。

(2) 考慮到個人取得的一次性經濟補償收入數額較大，而且被解聘的人員可能在一段時間內沒有固定收入，因此對於個人取得的一次性經濟補償收入，可視為一次取得數月的工資、薪金收入，允許在一定期限內進行平均。具體平均辦法為以個人取得的一次性經濟補償收入，除以個人在本企業的工作年限數，以其商數作為個人的月工資、薪金收入，按照稅法規定計算繳納個人所得稅。個人在本企業的工作年限數按實際工作年限數計算，超過12年的按12計算。

(3) 個人因與用人單位解除勞動關係而取得的一次性補償收入（包括用人單位發放的經濟補償金、生活補助費和其他補助費用），其收入在當地上年職工平均工資3倍數額以內

的部分，免徵個人所得稅；超過的部分按照上述有關規定，計算徵收個人所得稅。

（4）個人領取一次性補償收入時按照國家和地方政府規定的比例實際繳納的住房公積金、醫療保險費、基本養老保險費、失業保險費，可以在計徵其一次性補償收入的個人所得稅時予以扣除。

（5）企業依照國家有關法律規定宣告破產，企業職工從該破產企業取得的一次性安置費收入，免徵個人所得稅。

應納個人所得稅=｛[（一次性收入−當地上年職工平均工資3倍數額−按規定實際繳納的三險一金）÷工作年限數−費用扣除標準]×稅率−速算抵扣數｝×工作年限數

（七）內部退養取得的一次性收入

實行內部退養的個人在其辦理內部退養手續后至法定離退休年齡之間原任職單位取得的工資、薪金，不屬於離退休工資，應按工資、薪金所得項目計徵個人所得稅。

個人在辦理內部退養手續后從原任職單位取得的一次性收入，應按辦理內部退養手續后至法定離退休年齡之間的所屬月份進行平均，並與領取月的工資、薪金所得合併后減除當月費用扣除標準，以餘額為基數確定用稅率，再將當月工資、薪金加上取得的一次性收入，減去費用扣除標準，適用稅率計徵個人所得稅。個人在辦理內部退養手續后至法定離退休年齡之間重新就業取得的工資、薪金所得，應與其從原任職單位取得的同一月份的工資、薪金所得合併，並依法自行向主管稅務機關申報繳納個人所得稅。

一次性收入÷辦理內部退養手續至法定離退休年齡的月份數+當月工資薪金−費用扣除標準，確定稅率和速算抵扣數。

應納個人所得稅=（一次性收入+當月工資薪金−費用扣除標準）×稅率−速算抵扣數

（八）提前退休取得一次性補貼收入

自2011年1月1日起，對個人提前退休取得一次性補貼收入徵收個人所得稅政策如下：

（1）機關、企事業單位對未達到法定退休年齡、正式辦理提前退休手續的個人，按照統一標準向提前退休工作人員支付一次性補貼，不屬於免稅的離退休工資收入，應按照工資、薪金所得項目徵收個人所得稅。

（2）個人因辦理提前退休手續而取得的一次性補貼收入，應按照辦理提前退休手續至法定退休年齡之間所屬月份平均分攤計算個人所得稅。其計稅公式為：

應納個人所得稅=[（一次性補貼收入÷辦理提前退休手續至法定退休年齡的實際月份數−費用扣除標準）×適用稅率−速算抵扣數]×提前辦理退休手續至法定退休年齡的實際月份數

[案例11−7] 某企業7月份進行改制，根據改革方案對不同的人員採取了內退、提前退休、買斷的辦法。

①馮某工齡15年，因對企業前景不太看好，主動買斷工齡，獲得一次性補償收入160,000元（含按規定比例實際繳納的基本社會保險費和住房公積金10,000元）。

②對工齡20年以上的職工實行內部退養政策，其中支付職工於某一次性補貼收入90,000元，於某當月的工資收入2,500元，距離退休5年。於某辦理內退手續后，從8月開始每月工資薪金1,000元。9月份，於某在另一單位重新就業，當月取得工資薪金3,000元。

③對工齡30年以上的職工實行提前退休政策，其中支付職工董某一次性補貼收入150,000元，董某工齡30年，距離法定退休年齡還差30個月。

假定該企業所在地上年職工平均工資額20,000元。根據上述資料，分別計算馮某、於某、董某應繳納的個人所得稅。

[解答] ①馮某解除勞動關係一次性補償收入應納個人所得稅。

應稅收入=160,000−20,000×3−10,000=90,000（元）

工作年限超過12年，以12作為商數進行分攤。

應納個人所得稅額＝[（90,000/12－3,500）×10％－105]×12＝3,540（元）

②於某內部退養一次性補貼收入及工資薪金應納個人所得稅。

90,000÷5÷12＋2,500－3,500＝500（元），適用稅率為3％。

7月份應納個人所得稅＝（90,000＋2,500－3,500）×3％＝2,670（元）

8月份工資薪金1,000元，低於3,500元，不繳納個人所得稅。

9月份應納個人所得稅＝（1,000＋3,000－3,500）×3％＝15（元）

③董某提前退休一次性補貼收入應納個人所得稅。

應納個人所得稅＝（150,000÷30－3,500）×3％×30＝1,350（元）

（九）企業年金和職業年金

自2014年1月1日起，企業年金和職業年金個人所得稅政策如下：

1. 企業年金和職業年金繳費的個人所得稅處理

（1）企業和事業單位（以下統稱單位）根據國家有關政策規定的辦法和標準，為在本單位任職或者受雇的全體職工繳付的企業年金或職業年金（以下統稱年金）單位繳費部分，在計入個人帳戶時，個人暫不繳納個人所得稅。企業繳費每年不超過本企業上年度職工工資總額的1/12。單位繳納職業年金費用的比例為本單位工資總額的8％。

（2）個人根據國家有關政策規定繳付的年金個人繳費部分，在不超過本人繳費工資計稅基數的4％標準內的部分，暫從個人當期的應納稅所得額中扣除。

（3）超過上述規定的標準繳付的年金單位繳費和個人繳費部分，應並入個人當期的工資、薪金所得，依法計徵個人所得稅。稅款由建立年金的單位代扣代繳，並向主管稅務機關申報解繳。

（4）企業年金個人繳費工資計稅基數為本人上一年度月平均工資。月平均工資按國家統計局規定列入工資總額統計的項目計算。月平均工資超過職工工作地所在設區城市上一年度職工月平均工資300％以上的部分，不計入個人繳費工資計稅基數。

職業年金個人繳費工資計稅基數為職工崗位工資和薪級工資之和。職工崗位工資和薪級工資之和超過職工工作地所在設區城市上一年度職工月平均工資300％以上的部分，不計入個人繳費工資計稅基數。

2. 年金基金投資營運收益的個人所得稅處理

年金基金投資營運收益分配計入個人帳戶時，個人暫不繳納個人所得稅。

3. 領取年金的個人所得稅處理

（1）個人達到國家規定的退休年齡，在規定實施之後按月領取的年金，全額按照工資、薪金所得項目適用的稅率，計徵個人所得稅；在規定實施之後按年或按季領取的年金，平均分攤計入各月，每月領取額全額按照工資、薪金所得項目適用的稅率，計徵個人所得稅。

（2）對單位和個人在規定實施之前開始繳付年金繳費，個人在規定實施之後領取年金的，允許其從領取的年金中減除在規定實施之前繳付的年金單位繳費和個人繳費且已經繳納個人所得稅的部分，就其余額按照上述第（1）項的規定徵稅。在個人分期領取年金的情況下，可按規定實施之前繳付的年金繳費金額占全部繳費金額的百分比減計當期的應納稅所得額，減計后的余額，按照上述第（1）項的規定，計算繳納個人所得稅。

（3）對個人因出境定居而一次性領取的年金個人帳戶資金，或個人死亡後，其指定的受益人或法定繼承人一次性領取的年金個人帳戶餘額，允許領取人將一次性領取的年金個人帳戶資金或余額按12個月分攤到各月，就其每月分攤額，按照上述第（1）項和第（2）項的規定計算繳納個人所得稅。對個人除上述特殊原因外一次性領取年金個人帳戶資金或余額的，則不允許採取分攤的方法，而是就其一次性領取的總額，單獨作為一個月的工資

薪金所得，按照上述第（1）項和第（2）項的規定，計算繳納個人所得稅。

[**案例11-8**] 某上市公司於 2010 年 12 月建立企業年金，企業和員工代表共同成立了企業年金理事會，企業年金理事會作為受託人委託交通銀行作為託管人和帳戶管理人，委託平安保險公司作為投資管理人，負責企業年金基金的投資營運。企業和個人繳費均為工資基數的 5%，該繳費比例符合國家規定。員工蕭某參加企業年金的情況如下：

① 2014 年 1 月份，蕭某正常工資 20,000 元，繳納企業年金 2,000 元（其中，企業負擔 1,000 元，個人繳費 1,000 元），蕭某上年月平均工資為 18,000 元（該地區上年度月平均工資為 4,000 元）。

② 2014 年 6 月 30 日，蕭某辦理了退休手續，截至蕭某退休，其企業年金帳戶累計全部金額為 66,000 元（其中，2013 年 12 月底帳戶累計金額為 54,000 元，已按規定足額納稅；2014 年 1 月至繳費截止日，已並入企業原當月工資所得納稅的帳戶金額為 3,120 元）。2014 年 7 月，蕭某從單位領取退休金為每月 8,000 元，從交通銀行帳戶領取年金每月 2,000 元。

③ 2014 年度，平安保險公司將企業繳納的企業年金對外投資，取得投資收益，該部分投資收益分配至蕭某帳為 10,000 元。

根據上述資料，回答以下問題：
①蕭某 2014 年 1 月份應納的個人所得稅。
②蕭某 2014 年 7 月份應納的個人所得稅。
③2014 年度蕭某帳戶的企業年金取得投資收益應納的個人所得稅。

[**解答**] ①可以稅前扣除的年金個人繳費部分＝4,000×3×4%＝480（元）
超標準不得稅前扣除的年金個人繳費部分＝1,000－480＝520（元）
2014 年 1 月應納個人所得稅＝(20,000－480－3,500)×25%－1,005＝3,000（元）
退休前領取工資和超過標準繳付的年金單位繳費及個人繳費部分，應納的個人所得稅由該上市公司代扣代繳。

② 2014 年 7 月份退休工資 8,000 元免稅。
領取年金應納個人所得稅＝2,000×(66,000－54,000－3,120)÷66,000×3%＝8.07（元）
退休後領取的年金由企業年金託管人交通銀行代扣代繳。

③年金基金投資營運收益分配計入個人帳戶時，個人暫不繳納個人所得稅。

（十）上市公司股權激勵

1. 股權激勵形式

股票增值權是指上市公司授予公司員工在未來一定時期和約定條件下，獲得規定數量的股票價格上升所帶來收益的權利。被授權人在約定條件下行權，上市公司按照行權日與授權日二級市場股票差價乘以授權股票數量，發放給被授權人現金。

限制性股票是指上市公司按照股權激勵計劃約定的條件，授予公司員工一定數量本公司的股票。

股票期權是指上市公司按照規定的程序授予本公司及其控股企業員工的一項權利，該權利允許被授權員工在未來時間內以某一特定價格購買本公司一定數量的股票。

2. 股權激勵計稅公式

員工因參加股權激勵計劃而從中國境內取得的所得，按規定應按工資薪金所得計算納稅的，對該股權激勵形式的工資薪金所得可區別於所在月份的其他工資薪金所得，單獨按公式 1 或公式 2 計算當月應納稅額。

公式 1：個人在納稅年度內第一次取得股票增值權所得、限制性股票和股票期權所得的，應納稅額計算公式為：

應納稅額＝(股權激勵形式的工資薪金應納稅所得額÷規定月份數×適用稅率−速算扣除數)×規定月份數

規定月份數是指員工取得來源於中國境內的股權激勵形式工資薪金所得的境內工作期間月份數，長於 12 個月的，按 12 個月計算。

需對員工因參加企業股票期權計劃而取得的工資薪金所得確定境內或境外來源的，應按照該員工據以取得上述工資薪金所得的境內、外工作期間月份數比例計算劃分。該境內、外工作期間月份總數是指員工按企業股票期權計劃規定，在可行權以前須履行工作義務的月份總數。

公式 2：員工以在一個公曆月份中取得的股權激勵形式工資薪金所得為一次。個人在納稅年度內兩次以上（含兩次）取得股票增值權、限制性股票和股票期權等所得，包括兩次以上（含兩次）取得同一種股權激勵形式所得或者同時兼有不同股權激勵形式所得的，應納稅額計算公式為：

應納稅額＝(本納稅年度內取得的股權激勵形式工資薪金所得累計應納稅所得額÷規定月份數×適用稅率−速算扣除數)×規定月份數−本納稅年度內股票期權形式的工資薪金所得累計已納稅款

本納稅年度內取得的股權激勵形式工資薪金所得累計應納稅所得額，包括本次及本次以前各次取得的股權激勵形式工資薪金所得應納稅所得額。

員工多次取得或者一次取得多項來源於中國境內的股票期權形式工資薪金所得，而且各次或各項股票期權形式工資薪金所得的境內工作期間月份數不相同的，以境內工作期間月份數的加權平均數為規定月份數，但最長不超過 12 個月。其計算公式如下：

規定月份數＝Σ各次或各項股票期權形式工資薪金應納稅所得額與該次或該項所得境內工作期間月份數的乘積÷Σ各次或各項股票期權形式工資薪金應納稅所得額

3. 股票增值權

上市公司向被授權人兌現股票增值權所得的日期：工資薪金所得。

股票增值權某次行權應納稅所得額＝(行權日股票價格−授權日股票價格)×行權股票份數

4. 限制性股票

每一批次限制性股票解禁的日期：工資薪金所得。

應納稅所得額＝(股票登記日股票市價+本批次解禁股票當日市價)÷2×本批次解禁股票份數−被激勵對象實際支付的資金總額×(本批次解禁股票份數÷被激勵對象獲取的限制性股票總份數)

［案例 11-9］上海證券交易所某上市公司，2013 年 5 月 31 日經股東大會通過一項限制性股票激勵計劃，決定按每股 5 元的價格授予公司總經理程先生 20,000 股限制性股票，程先生支付了 100,000 元。

2013 年 7 月 1 日，中國證券登記結算公司將這 20,000 股股票登記在程先生的股票帳戶名下。當日，該公司股票收盤價為 15 元/股。

根據計劃規定，自授予日起至 2014 年 12 月 31 日為禁售期。禁售期后 3 年內為解鎖期，分三批解禁。第一批為 2015 年 1 月 1 日，解禁 33%；第二批為 2015 年 12 月 31 日，解禁 33%；最后一批於 2016 年 12 月 31 日，解禁最后的 34%。

2015 年 1 月 1 日，經考核符合解禁條件，公司對程先生 6,600 股股票實行解禁。當日，公司股票的市場價格為 25 元/股。

2015 年 12 月 31 日，符合解禁條件后，又解禁 6,600 股。當日，公司股票的市場價格為 19 元/股。

2016 年 12 月 31 日，經考核不符合解禁條件，公司註銷其剩余的 6,800 股未解禁股票，

返還其購股款 34,000 元。

該公司已按規定將相關資料報稅務機關備案，並依法履行個人所得稅扣繳義務。

根據上述資料，回答問題：

①計算 2015 年 1 月 1 日程先生應納的個人所得稅。

②計算 2015 年 12 月 31 日程先生應納的個人所得稅。

③計算 2016 年 12 月 31 日程先生應納的個人所得稅。

[解答] ①2015 年 1 月 1 日，第一批限制性股票解禁。

應納稅所得額＝(15+25)÷2×6,600-100,000×6,600÷20,000＝99,000（元）

應納個人所得稅＝(99,000÷12×20%-555)×12＝13,140（元）

② 2015 年 12 月 31 日，第二批限制性股票解禁。

應納稅所得額＝(15+19)÷2×6,600-100,000×6,600÷20,000＝79,200（元）

應納個人所得稅＝[(99,000+79,200)÷12×25%-1,005]×12-13,140＝19,350（元）

③ 2015 年 12 月 31 日，由於考核不符合條件，程先生取得的限制性股票不予解禁，公司全部註銷後返還購股款，程先生沒有取得所得，不產生個人所得稅納稅義務。

5. 可公開交易的股票期權

可公開交易的股票期權：部分股票期權在授權時即約定可以轉讓，並且在境內或境外存在公開市場及掛牌價格。

（1）授權日：工資薪金所得。

員工取得可公開交易的股票期權，屬於員工已實際取得有確定價值的財產，應按授權日股票期權的市場價格，作為員工授權日所在月份的工資薪金所得。如果員工以折價購入方式取得股票期權的，可以授權日股票期權的市場價格扣除折價購入股票期權時實際支付的價款后的餘額，作為授權日所在月份的工資薪金所得。

應納稅所得額＝授權日股票期權的市場價格-折價購入股票期權時實際支付的價款

（2）行權前轉讓股票期權：財產轉讓所得。

（3）行權日：不再計算繳納個人所得稅。

6. 不可公開交易的股票期權

（1）授權日：不作為應稅所得徵稅。

（2）行權前轉讓股票期權：工資薪金所得。

對因特殊情況，員工在行權日之前將股票期權轉讓的，以股票期權的轉讓淨收入，作為工資薪金所得徵收個人所得稅。

股票期權的轉讓淨收入，一般是指股票期權轉讓收入。如果員工以折價購入方式取得股票期權的，可以股票期權轉讓收入扣除折價購入股票期權時實際支付的價款后的餘額，作為股票期權的轉讓淨收入。

應納稅所得額＝股票期權轉讓收入-折價購入股票期權時實際支付的價款

（3）行權前未轉讓股票期權，行權日：工資薪金所得。

應納稅所得額＝(行權股票的每股市場價-員工取得該股票期權支付的每股施權價)×股票數量

行權股票的每股市場價指該股票當日的收盤價。

員工取得該股票期權支付的每股施權價，一般是指員工行使股票期權購買股票實際支付的每股價格。如果員工以折價購入方式取得股票期權的，上述施權價可包括員工折價購入股票期權時實際支付的價格。

（4）行權后持有股票：利息股息紅利所得。

員工因擁有股權參與稅后利潤分配而取得的股息、紅利所得，除依照有關規定可以免

稅或減稅的外，應全額按規定稅率計算納稅。

(5) 行權后轉讓股票：財產轉讓所得。

個人將行權后的境內上市公司股票再行轉讓而取得的所得，暫不徵收個人所得稅。

個人轉讓境外上市公司的股票而取得的所得，應按稅法的規定計算應納稅所得額和應納稅額，依法繳納稅款。

[案例11-10] 某上市公司10月份發生下列股權激勵事項：

①實施股權激勵計劃，承諾給新員工柴某（中國公民）不可公開交易的股票期權，2年后將以每股1元的價格給柴某本企業（境內上市）股票20,000股；柴某本月工資8,000元。

②已在公司工作2年的員工袁某（港澳同胞）的不可公開交易的股票期權到期，按每股1元取得本公司股票30,000股，行權時市價每股3元；袁某當月工資9,000元。

計算柴某、袁某當月應納的個人所得稅。

[解答] ①不可公開交易的股票期權，授權日不作為應稅所得徵稅。

柴某當月工資應納個人所得稅=(8,000-3,500)×10%-105=345（元）

②袁某系港澳同胞，在每月減除3,500元費用的基礎上，可再減除附加減除費用1,300元。

當月工資應納個人所得稅=(9,000-4,800)×10%-105=315（元）

行權收入單獨按工資、薪金所得項目徵稅。規定月份數長於12個月的，按12個月計算。

應納稅所得額=30,000×(3-1)=60,000（元）

當月行權應納個人所得稅=(60,000÷12×20%-555)×12=5,340（元）

袁某當月合計應納個人所得稅=315+5,340=5,655（元）

7. 適用範圍

上述股權激勵個人所得稅政策，適用於上市公司（含所屬分支機構）和上市公司控股企業的員工，其中上市公司占控股企業股份比例最低為30%。間接持股比例，按各層持股比例相乘計算，上市公司對一級子公司持股比例超過50%的，按100%計算。

上市公司股權獎勵應納稅款的計算比照上述規定執行。

上市公司授予個人的股票期權、限制性股票和股權獎勵，經向主管稅務機關備案，個人可自股票期權行權、限制性股票解禁或取得股權獎勵之日起，在不超過12個月的期限內繳納個人所得稅。

(十一) 高新技術企業股權獎勵

(1) 自2016年1月1日起，全國範圍內的高新技術企業轉化科技成果，給予本企業相關技術人員的股權獎勵，個人一次繳納稅款有困難的，可根據實際情況自行制定分期繳稅計劃，在不超過5個公曆年度內（含）分期繳納，並將有關資料報主管稅務機關備案。

(2) 個人獲得股權獎勵時，單獨按照工資薪金所得項目，參照股票期權有關規定計算確定應納稅額。

股權獎勵的計稅價格參照獲得股權時的公平市場價格確定，具體按以下方法確定：

①上市公司股票的公平市場價格，按照取得股票當日的收盤價確定。取得股票當日為非交易時間的，按照上一個交易日收盤價確定。

②非上市公司股權的公平市場價格，依次按照淨資產法、類比法和其他合理方法確定。

計算股權獎勵應納稅額時，規定月份數按員工在企業的實際工作月份數確定。員工在企業工作月份數超過12個月的，按12個月計算。

(3) 技術人員轉讓獎勵的股權（含獎勵股權孳生的送、轉股）並取得現金收入的，該

現金收入應優先用於繳納尚未繳清的稅款。

(4) 技術人員在轉讓獎勵的股權之前企業依法宣告破產,技術人員進行相關權益處置后沒有取得收益或資產,或取得的收益和資產不足以繳納其取得股權尚未繳納的應納稅款的部分,稅務機關可不予追徵。

(5) 所稱相關技術人員,是指經公司董事會和股東大會決議批准獲得股權獎勵的以下兩類人員:

①對企業科技成果研發和產業化做出突出貢獻的技術人員,包括企業內關鍵職務科技成果的主要完成人、重大開發項目的負責人、對主導產品或者核心技術、工藝流程作出重大創新或者改進的主要技術人員。

②對企業發展做出突出貢獻的經營管理人員,包括主持企業全面生產經營工作的高級管理人員,負責企業主要產品(服務)生產經營合計占主營業務收入(或者主營業務利潤)50%以上的中、高級經營管理人員。

企業面向全體員工實施的股權獎勵,不得按上述規定的稅收政策執行。

(6) 所稱股權獎勵,是指企業無償授予相關技術人員一定份額的股權或一定數量的股份。

(7) 所稱高新技術企業,是指實行查帳徵收、經省級高新技術企業認定管理機構認定的高新技術企業。

(十二) 無住所個人

在境內無住所,但是居住1年以上5年以下的個人,其來源於境外的所得,可以只就由境內公司、企業以及其他經濟組織或者個人支付的部分繳納個人所得稅;居住超過5年的個人,從第六年起,應當就其來源於境外的全部所得繳納個人所得稅。

在境內無住所,但是在一個納稅年度中在境內連續或者累計居住不超過90日的個人,其來源於境內的所得,由境外雇主支付並且不由該雇主在境內的機構、場所負擔的部分,免予繳納個人所得稅。

在中國境內無住所的個人由於在中國境內公司、企業、經濟組織(以下簡稱中國境內企業)或外國企業在中國境內設立的機構、場所以及稅收協定所說常設機構(以下簡稱中國境內機構)擔任職務,或者由於受雇或履行合同而在中國境內從事工作而取得的工資薪金所得個人所得稅計算方法如表11-5所示。

表11-5　　　　　　　　　無住所個人所得稅計稅方法

| 無住所個人 | 境內居住時間($T$) | 是否是董事、高管人員 | 境內工資薪金 |  | 境外工資薪金 |  | 適用公式 |
|---|---|---|---|---|---|---|---|
|  |  |  | 境內支付或負擔 | 境外支付且負擔 | 境內支付 | 境外支付 |  |
| 非居民個人 | $T$<90天(協定183天) | 否 | 徵稅 | 免稅 | 不徵稅 | 不徵稅 | 公式1 |
|  |  | 是 | 徵稅 | 免稅 | 徵稅 | 不徵稅 | 公式2 |
|  | 90天(協定183天)≤$T$<1年 | 否 | 徵稅 | 徵稅 | 不徵稅 | 不徵稅 | 公式3 |
|  |  | 是 | 徵稅 | 徵稅 | 徵稅 | 不徵稅 | 公式4 |
| 居民個人 | 1年≤$T$≤5年 | 均可 | 徵稅 | 徵稅 | 徵稅 | 免稅 |  |
|  | $T$>5年,當年居住滿1年 | 均可 | 徵稅 | 徵稅 | 徵稅 | 徵稅 | 公式5 |

公式1:應納個人所得稅=(當月境內外工資薪金應納稅所得額×適用稅率-速算扣除數)×當月境內支付工資÷當月境內外支付工資總額×當月境內工作天數÷當月天數

公式 2：應納個人所得稅＝(當月境內外工資薪金應納稅所得額×適用稅率−速算抵扣數)×當月境內支付工資÷當月境內外支付工資總額

公式 3：應納個人所得稅＝(當月境內外工資薪金應納稅所得額×適用稅率−速算抵扣數)×當月境內工作天數÷當月天數

公式 4：應納個人所得稅＝(當月境內外工資薪金應納稅所得額×適用稅率−速算抵扣數)×(1−當月境外支付工資÷當月境內外支付工資總額×當月境外工作天數÷當月天數)

公式 5：應納個人所得稅＝當月境內外的工資薪金應納稅所得額×適用稅率−速算抵扣數

無住所個人取得的是日工資薪金或者不滿一個月工資薪金，均應換算為月工資后，按照上述公式計算其應納稅額。

屬於來源於中國境內的工資薪金所得應為個人實際在中國境內工作期間取得的工資薪金，即個人實際在中國境內工作期間取得的工資薪金，不論是由中國境內還是境外企業或個人雇主支付的，均屬來源於中國境內的所得；個人實際在中國境外工作期間取得的工資薪金，不論是由中國境內還是境外企業或個人雇主支付的，均屬於來源於中國境外的所得。

中國境內企業高層管理職務是指公司正、副（總）經理、各職能總師、總監及其他類似公司管理層的職務。

在中國境內企業、機構中任職（包括兼職，下同）、受雇的個人，其實際在中國境內工作期間，應包括在中國境內工作期間在境內、外享受的公休假日、個人休假日以及接受培訓的天數；其在境外營業機構中任職並在境外履行該項職務或在境外營業場所中提供勞務的期間，包括該期間的公休假日，為在中國境外的工作期間。稅務機關在核實個人申報的境外工作期間時，可要求納稅人提供派遣單位出具的其在境外營業機構任職的證明，或者企業在境外設有營業場所的項目合同書及派往該營業場所工作的證明。

不在中國境內企業、機構中任職、受雇的個人受派來華工作，其實際在中國境內工作期間應包括來華工作期間在中國境內所享受的公休假日。

在中國境內無住所的個人，入境、離境、往返或多次往返境內外的當日，均按一天計算其在華實際逗留天數。

在中國境內、境外機構同時擔任職務或僅在境外機構任職的境內無住所個人，入境、離境、往返或多次往返境內外的當日，均按半天計算為在華實際工作天數。

取得的工資薪金所得是由境外雇主支付並且不是由中國境內機構負擔的個人，事先可預定在一個納稅年度中連續或累計居住超過 90 日或在稅收協定規定的期間連續或累計居住超過 183 日的，其每月應納的稅款應按稅法規定期限申報納稅；對事先不能預定在一個納稅年度或稅收協定規定的有關期間連續或累計居住超過 90 日或 183 日的，可以待達到 90 日或 183 日后的次月 7 日內，就其以前月份應納的稅款一併申報繳納。

[案例 11-11] 2016 年 1 月中國某公司與美國某公司在湖南省設立中外合資企業。A、B、C、D、E 均為美籍人員，在中國境內無住所。

A 先生 2016 年 1 月從美國公司派往合資企業，擔任總經理，任期 3 年，美國公司每月支付工資 20,000 元，合資企業每月支付工資 30,000 元；2016 年 7 月在境內工作 26 天，在美國工作 5 天。

B 女士 2016 年 6 月從美國公司派往合資企業，擔任總監，美國公司每月支付工資 10,000 元，合資企業每月支付工資 15,000 元；2016 年 7 月在境內工作 20 天，在美國工作 11 天；2016 年 8 月因個人原因調回美國，不再在合資企業任職。

C 女士 2016 年 2 月 1 日從美國公司派往合資企業，從事文職工作，簽約兩年，美國公司每月支付工資 5,000 元，合資企業每月支付工資 8,000 元；2016 年 7 月在境內工作 22 天，在美國工作 9 天。

D 先生 2016 年 6 月從美國公司臨時派往合資企業，從事技術工作，美國公司每月支付工資 15,000 元，合資企業每月支付工資 20,000 元；2016 年 7 月在境內工作 25 天，在美國工作 6 天；2016 年 8 月因任務完成調回美國，不再在合資企業工作。

E 先生 2010 年 1 月起一直在中國工作，2016 年 1 月跳槽到該合資企業從事會計工作，合資企業每月支付工資 9,000 元，並報銷其住房費用 5,000 元/月，洗衣費 1,000 元/月，其小孩就讀國際雙語學校 8,000 元/月。E 先生 2016 年 7 月回國探親 10 天，合資企業報銷其差旅費 20,000 元。

A、B、C、D 在境外工作期間，均能提供境外營業機構任職的證明。根據上述資料，分析 A、B、C、D、E 屬於何種性質納稅人，並計算 2016 年 7 月 A、B、C、D、E 分別向中國繳納的個人所得稅。

[解答] A 先生：在中國境內無住所而在一個納稅年度中在中國境內連續或累計居住超過 90 日或在稅收協定規定的期間在中國境內連續或累計居住超過 183 日但不滿 5 年的高管人員。

(20,000+30,000-4,800)×30%-2,755=10,805（元）

應納個人所得稅=10,805×(1-5÷31×20,000÷50,000)=10,107.90（元）

B 女士：在中國境內無住所而在一個納稅年度中在中國境內連續或累計居住不超過 90 日或在稅收協定規定的期間在中國境內連續或累計居住不超過 183 日的高管人員。

(10,000+15,000-4,800)×25%-1,005=4,045（元）

應納個人所得稅=4,045×15,000÷25,000=2,427（元）

C 女士：在中國境內無住所而在一個納稅年度中在中國境內連續或累計居住超過 90 日或在稅收協定規定的期間在中國境內連續或累計居住超過 183 日但不滿一年的個人。

(5,000+8,000-4,800)×20%-555=1,085（元）

應納個人所得稅=1,085×22÷31=770（元）

D 先生：在中國境內無住所而在一個納稅年度中在中國境內連續或累計居住不超過 90 日或在稅收協定規定的期間在中國境內連續或累計居住不超過 183 日的個人。

(15,000+20,000-4,800)×25%-1,005=6,545（元）

應納個人所得稅=6,545×25÷31×20,000÷35,000=3,016.13（元）

E 先生：在中國境內無住所，但居住超過 5 年，從第六年起以后各年度中，在境內居住滿一年的個人。

應納個人所得稅=(9,000-4,800)×10%-105=315（元）

**四、勞務報酬所得**

（1）勞務報酬所得，每次收入不超過 4,000 元的，減除費用 800 元；4,000 元以上的，減除 20%的費用，其餘額為應納稅所得額。

（2）勞務報酬所得，屬於一次性收入的，以取得該項收入為一次；屬於同一項目連續性收入的，以一個月內取得的收入為一次。

同一項目是指勞務報酬所得列舉具體勞務項目中的某一單項，個人兼有不同的勞務報酬所得，應當分別減除費用，計算繳納個人所得稅。

（3）勞務報酬所得，應納稅所得額和應納稅額的計算公式為：

當每次收入≤4,000 元，應納稅所得額=每次收入-800

當每次收入>4,000 元，應納稅所得額=每次收入×(1-20%)

應納個人所得稅=應納稅所得額×超額累進稅率-速算抵扣數

[**案例 11-12**] 歌星鄧某 12 月份接受一家單位（非雇傭單位）演出邀請，取得一次演

出收入 60,000 元。計算應納個人所得稅。

[解答] 應納稅所得額＝60,000×(1−20%)＝48,000（元）

應納個人所得稅＝48,000×30%−2,000＝12,400（元）

（4）保險營銷員的佣金由展業成本和勞務報酬構成。自 2006 年 6 月 1 日起，對佣金中的展業成本，不徵收個人所得稅；對勞務報酬部分，扣除實際繳納的營業稅金及附加後，依照稅法有關規定計算徵收個人所得稅。

根據目前保險營銷員展業的實際情況，佣金中展業成本的比例暫定為 40%。

（5）個人保險代理人以其取得的佣金、獎勵和勞務費等相關收入（以下簡稱佣金收入，不含增值稅）減去地方稅費附加及展業成本，按照規定計算個人所得稅。

展業成本，為佣金收入減去地方稅費附加餘額的 40%。

所稱個人保險代理人，是指根據保險企業的委託，在保險企業授權範圍內代為辦理保險業務的自然人，不包括個體工商戶。

證券經紀人、信用卡和旅遊等行業的個人代理人比照上述規定執行。信用卡、旅遊等行業的個人代理人計算個人所得稅時，不執行上述有關展業成本的規定。

**五、稿酬所得**

（1）稿酬所得，每次收入不超過 4,000 元的，減除費用 800 元；4,000 元以上的，減除 20% 的費用，其餘額為應納稅所得額。

（2）稿酬所得，以每次出版、發表取得的收入為一次。

①個人每次以圖書、報刊方式出版、發表同一作品（文字作品、書畫作品、攝影作品以及其他作品），不論出版單位是預付還是分筆支付稿酬，或者加印該作品後再付稿酬，均應合併其稿酬所得按一次計徵個人所得稅。

②在兩處或兩處以上出版、發表或再版同一作品而取得稿酬所得，則可分別各處取的所得或再版所得按分次所得計徵個人所得稅。

③個人的同一作品在報刊上連載，應合併其因連載而取得的所有稿酬所得為一次，按稅法規定計徵個人所得稅。

④個人的同一作品在其連載之後又出書取得稿酬所得，或先出書後連載取得稿酬所得，應視同再版稿酬分次計徵個人所得稅。

（3）稿酬所得，應納稅所得額和應納稅額的計算公式為：

當每次收入≤4,000 元，應納稅所得額＝每次收入−800

當每次收入>4,000 元，應納稅所得額＝每次收入×(1−20%)

應納個人所得稅＝應納稅所得額×比例稅率 20%

應交個人所得稅＝應納個人所得稅×(1−減徵比例 30%)

[**案例 11-13**] 2013 年許教授出版《稅收理論與實務》（第一版），取得稿酬 15,000 元；2015 年因添加印數追加稿酬 10,000 元；2016 年出版《稅收理論與實務》（第二版），取得稿酬 20,000 元。計算許教授應交個人所得稅。

[解答] 2013 年第一版應交個人所得稅＝15,000×(1−20%)×20%×(1−30%)＝1,680（元）

2015 年添加印數應補個人所得稅＝(15,000+10,000)×(1−20%)×20%×(1−30%)

$$−1,680$$

$$=2,800−1,680=1,120（元）$$

2016 年第二版應交個人所得稅＝20,000×(1−20%)×20%×(1−30%)＝2,240（元）

## 六、利息、股息、紅利所得

（1）利息股息紅利所得，以每次收入額為應納稅所得額。

（2）利息、股息、紅利所得，以支付利息、股息、紅利時取得的收入為一次。

（3）利息、股息、紅利所得，應納稅所得額和應納稅額的計算公式為：

應納稅所得額＝每次收入

應納個人所得稅＝應納稅所得額×比例稅率（20%）

（4）股份制企業在分配股息、紅利時，以股票形式向股東個人支付應得的股息、紅利（即派發紅股），應以派發紅股的股票票面金額為收入額，按利息、股息、紅利項目計徵個人所得稅。

（5）自2015年9月8日起，個人從公開發行和轉讓市場取得的上市公司股票，持股期限超過1年的，股息紅利所得暫免徵收個人所得稅。

個人從公開發行和轉讓市場取得的上市公司股票，持股期限在1個月以內（含1個月）的，其股息紅利所得全額計入應納稅所得額；持股期限在1個月以上至1年（含1年）的，暫減按50%計入應納稅所得額；上述所得統一適用20%的稅率計徵個人所得稅。

上市公司是指在上海證券交易所、深圳證券交易所掛牌交易的上市公司；持股期限是指個人從公開發行和轉讓市場取得上市公司股票之日至轉讓交割該股票之日前一日的持有時間。

上市公司派發股息紅利時，對個人持股1年以內（含1年）的，上市公司暫不扣繳個人所得稅；待個人轉讓股票時，證券登記結算公司根據其持股期限計算應納稅額，由證券公司等股份託管機構從個人資金帳戶中扣收並劃付證券登記結算公司，證券登記結算公司應於次月5個工作日內劃付上市公司，上市公司在收到稅款當月的法定申報期內向主管稅務機關申報繳納。

個人轉讓股票時，按照先進先出的原則計算持股期限，即證券帳戶中先取得的股票視為先轉讓。

應納稅所得額以個人投資者證券帳戶為單位計算，持股數量以每日日終結算後個人投資者證券帳戶的持有記錄為準，證券帳戶取得或轉讓的股份數為每日日終結算後的淨增（減）股份數。

對個人持有的上市公司限售股，解禁後取得的股息紅利，按照上述規定計算納稅，持股時間自解禁日起計算；解禁前取得的股息紅利繼續暫減按50%計入應納稅所得額，適用20%的稅率計徵個人所得稅。

證券投資基金從上市公司取得的股息紅利所得，按照上述規定計徵個人所得稅。

所稱年（月）是指自然年（月），即持股一年是指從上一年某月某日至本年同月同日的前一日連續持股，持股一個月是指從上月某日至本月同日的前一日連續持股。

全國中小企業股份轉讓系統掛牌公司股息紅利差別化個人所得稅政策，按照上述規定執行。

所稱掛牌公司是指股票在全國股份轉讓系統掛牌公開轉讓的非上市公眾公司；持股期限是指個人取得掛牌公司股票之日至轉讓交割該股票之日前一日的持有時間。

[案例11-14] 傅某於2015年5月15日買入某上市公司股票8萬股，2016年4月3日又買入2萬股，2016年6月10日又買入6萬股，共持有該公司股票16萬股。該上市公司分配2015年度稅後利潤，每10股派發現金紅利3元，股權登記日為2016年6月18日，紅利發放日為2016年6月25日。2016年7月10日，傅某賣出13萬股，2016年7月11日，傅某又賣出3萬股。計算傅某應納個人所得稅。

[解答] ① 2016 年 6 月 25 日，上市公司派發股息紅利時，傅某持有該公司股票 16 萬股尚未賣出，上市公司暫不扣繳個人所得稅。

② 2016 年 7 月 10 日賣出的 13 萬股，按照先進先出的原則，為 2015 年 5 月 15 日買入的 8 萬股（持股期限超過 1 年）、2016 年 4 月 3 日買入的 2 萬股（持股期限超過 1 個月未超過 1 年）和 2016 年 6 月 10 日買入的 3 萬股（持股期限未超過 1 個月）。

應納個人所得稅 = 20,000×0.3×50%×20% + 30,000×0.3×20% = 600 + 1,800 = 2,400（元）

③ 2016 年 7 月 11 日賣出的 3 萬股，為 2016 年 6 月 10 日買入的 3 萬股，持股期限超過 1 個月未超過 1 年。

應納個人所得稅 = 30,000×0.3×50%×20% = 900（元）

(6) 自 2014 年 11 月 17 日起，對內地個人投資者通過滬港通投資香港聯交所上市 H 股取得的股息紅利，H 股公司應向中國證券登記結算有限責任公司提出申請，由中國結算公司向 H 股公司提供內地個人投資者名冊，H 股公司按照 20% 的稅率代扣個人所得稅。內地個人投資者通過滬港通投資香港聯交所上市的非 H 股取得的股息紅利，由中國結算公司按照 20% 的稅率代扣個人所得稅。個人投資者在國外已繳納的預提稅，可持有效扣稅憑證到中國結算公司的主管稅務機關申請稅收抵免。

對內地證券投資基金通過滬港通投資香港聯交所上市股票取得的股息紅利所得，按照上述規定計徵個人所得稅。

對香港市場投資者（包括企業和個人）投資上海證券交易所上市 A 股取得的股息紅利所得，在香港中央結算有限公司（以下簡稱香港結算公司）不具備向中國結算公司提供投資者的身分及持股時間等明細數據的條件之前，暫不執行按持股時間實行差別化徵稅政策，由上市公司按照 10% 的稅率代扣所得稅，並向其主管稅務機關辦理扣繳申報。對於香港投資者中屬於其他國家稅收居民且其所在國與中國簽訂的稅收協定規定股息紅利所得稅率低於 10% 的，企業或個人可以自行或委託代扣代繳義務人，向上市公司主管稅務機關提出享受稅收協定待遇的申請，主管稅務機關審核後，應按已徵稅款和根據稅收協定稅率計算的應納稅款的差額予以退稅。

(7) 自 2015 年 12 月 18 日起，內地個人投資者通過基金互認從香港基金分配取得的收益，由該香港基金在內地的代理人按照 20% 的稅率代扣代繳個人所得稅。所稱代理人，是指依法取得中國證監會核准的公募基金管理資格或託管資格，根據香港基金管理人的委託，代為辦理該香港基金內地事務的機構。

對香港市場投資者（包括企業和個人）通過基金互認從內地基金分配取得的收益，由內地上市公司向該內地基金分配股息紅利時，對香港市場投資者按照 10% 的稅率代扣所得稅；或發行債券的企業向該內地基金分配利息時，對香港市場投資者按照 7% 的稅率代扣所得稅，並由內地上市公司或發行債券的企業向其主管稅務機關辦理扣繳申報。該內地基金向投資者分配收益時，不再扣繳所得稅。

(8) 自 2016 年 1 月 1 日起，全國範圍內的非上市及未在全國中小企業股份轉讓系統掛牌的中小高新技術企業以未分配利潤、盈餘公積、資本公積向個人股東轉增股本時，個人股東一次繳納個人所得稅確有困難的，可根據實際情況自行制定分期繳稅計劃，在不超過 5 個公歷年度內（含）分期繳納，並將有關資料報主管稅務機關備案。

個人股東獲得轉增的股本，應按照利息、股息、紅利所得項目，適用 20% 稅率徵收個人所得稅。

股東轉讓股權並取得現金收入的，該現金收入應優先用於繳納尚未繳清的稅款。

在股東轉讓該部分股權之前，企業依法宣告破產，股東進行相關權益處置後沒有取得收益或收益小於初始投資額的，主管稅務機關對其尚未繳納的個人所得稅可不予追徵。

所稱中小高新技術企業，是指註冊在中國境內實行查帳徵收的、經認定取得高新技術企業資格，並且年銷售額和資產總額均不超過 2 億元、從業人數不超過 500 人的企業。

非上市及未在全國中小企業股份轉讓系統掛牌的非中小高新技術企業轉增股本，應及時代扣代繳個人所得稅，不適用上述規定的分期納稅政策。

上市中小高新技術企業或在全國中小企業股份轉讓系統掛牌的中小高新技術企業和其他企業向個人股東轉增股本（不含以股票發行溢價形成的資本公積轉增股本），股東應納的個人所得稅，繼續按照現行有關股息紅利差別化個人所得稅政策執行，不適用上述規定的分期納稅政策。

### 七、財產租賃所得

（1）財產租賃所得，每次收入不超過 4,000 元的，減除費用 800 元；4,000 元以上的，減除 20% 的費用，其余額為應納稅所得額。

（2）財產租賃所得，以一個月內取得的收入為一次。

（3）個人出租房屋的個人所得稅應稅收入不含增值稅，計算房屋出租所得可扣除的稅費不包括本次出租繳納的增值稅。免徵增值稅的，確定計稅依據時，租金收入不扣減增值稅額。

（4）納稅義務人出租財產取得財產租賃收入，在計算徵稅時，除可依法減除規定費用和有關稅、費外，還準予扣除能夠提供有效、準確憑證，證明由納稅義務人負擔的該出租財產實際開支的修繕費用。允許扣除的修繕費用，以每次 800 元為限，一次扣除不完的，準予在下一次繼續扣除，直至扣完為止。

（5）個人將承租房屋轉租取得的租金收入，屬於個人所得稅應納稅所得額，應按財產租賃所得項目計算繳納個人所得稅。

取得轉租收入的個人向房屋出租方支付的租金，憑房屋租賃合同和合法支付憑據允許在計算個人所得稅時，從該項轉租收入中扣除。個人轉租房屋的，其向房屋出租方支付的租金及增值稅額，在計算轉租所得時予以扣除。

（6）有關財產租賃所得個人所得稅前扣除稅費的扣除次序為：
①財產租賃過程中繳納的稅費。
②向出租方支付的租金。
③由納稅人負擔的租賃財產實際開支的修繕費用。
④稅法規定的費用扣除標準。

（7）財產租賃所得，應納稅所得額和應納稅額的計算公式為：
當每次租金收入-稅費-租金支出-修繕費用≤4,000 元，
應納稅所得額=（每次租金收入-稅費-租金支出-修繕費用）-800
當每次租金收入-稅費-租金支出-修繕費用>4,000 元，
應納稅所得額=（每次租金收入-稅費-租金支出-修繕費用）×(1-20%)
應納個人所得稅=應納稅所得額×比例稅率（20%或10%）

[案例 11-15] 沈某於 2016 年 1 月 1 日將市區一套住房出租，租期 1 年。沈某每月取得租金收入 2,500 元，每月繳納房產稅 100 元。當年 1 月份因下水道堵塞沈某找人修理，沈某發生修理費用 1,500 元，有維修部門的正式收據。計算沈某 2016 年租金收入應納個人所得稅。

[解答] 1 月應納個人所得稅=(2,500-100-800-800)×10%=80（元）
2 月應納個人所得稅=(2,500-100-700-800)×10%=90（元）
3~12 月每月應納個人所得稅=(2,500-100-800)×10%=160（元）

全年應納個人所得稅＝80+90+160×10＝1,770（元）

### 八、特許權使用費所得

（1）特許權使用費所得，每次收入不超過4,000元的，減除費用800元；4,000元以上的，減除20%的費用，其餘額為應納稅所得額。

（2）特許權使用費所得，以一項特許權的一次許可使用所取得的收入為一次。

（3）特許權使用費所得，應納稅所得額和應納稅額的計算公式為：

當每次收入≤4,000元，應納稅所得額＝每次收入－800

當每次收入>4,000元，應納稅所得額＝每次收入×(1-20%)

應納個人所得稅＝應納稅所得額×比例稅率（20%）

**[案例11-16]** 工程師曾某持有一項專利，2016年取得特許權使用費3,000元，計算應納個人所得稅。

**[解答]** 應納稅所得額＝3,000-800＝2,200（元）

應納個人所得稅＝2,200×20%＝440（元）

### 九、財產轉讓所得

（一）一般規定

（1）財產轉讓所得以一次轉讓財產的收入額減除財產原值和合理費用後的餘額，為應納稅所得額。

財產原值是指：

①有價證券，為買入價以及買入時按照規定交納的有關費用。

②建築物，為建造費或者購進價格以及其他有關費用。

③土地使用權，為取得土地使用權所支付的金額、開發土地的費用以及其他有關費用。

④機器設備、車船，為購進價格、運輸費、安裝費以及其他有關費用。

⑤其他財產，參照以上方法確定。

納稅義務人未提供完整、準確的財產原值憑證，不能正確計算財產原值的，由主管稅務機關核定其財產原值。

合理費用是指賣出財產時按照規定支付的有關費用。

（2）財產轉讓所得，應納稅所得額和應納稅額的計算公式為：

應納稅所得額＝轉讓收入－財產原值－轉讓稅費

應納個人所得稅＝應納稅所得額×比例稅率（20%）

（二）個人轉讓債權

轉讓債權，採用「加權平均法」確定其應予減除的財產原值和合理費用，即以納稅人購進的同一種類債券買入價和買進過程中繳納的稅費總和，除以納稅人購進的該種類債券數量之和，乘以納稅人賣出的該種類債券數量，再加上賣出的該種類債券過程中繳納的稅費。其用公式表示為：

一次賣出某一種類債券允許扣除的買入價和費用＝納稅人購進的該種類債券買入價和買進過程中交納的稅費總和÷納稅人購進的該種類債券總數量×一次賣出的該種類債券的數量+賣出該種類債券過程中繳納的稅費

（三）個人購買和處置債權

個人通過招標、競拍或其他方式購置債權以後，通過相關司法或行政程序主張債權而取得的所得，財產轉讓所得項目繳納個人所得稅。

個人通過上述方式取得「打包」債權，只處置部分債權的，其應納稅所得額按以下方

式確定：

（1）以每次處置部分債權的所得，作為一次財產轉讓所得徵稅。

（2）其應稅收入按照個人取得的貨幣資產和非貨幣資產的評估價值或市場價值的合計數確定。

（3）所處置債權成本費用（即財產原值），按下列公式計算：

當次處置債權成本費用＝個人購置「打包」債權實際支出×當次處置債權帳面價值(或拍賣機構公布價值)÷「打包」債權帳面價值(或拍賣機構公布價值)

（4）個人購買和處置債權過程中發生的拍賣招標手續費、訴訟費、審計評估費以及繳納的稅金等合理稅費，在計算個人所得稅時允許扣除。

（四）個人轉讓限售股

個人轉讓限售股，以每次限售股轉讓收入，減除股票原值和合理稅費后的余額，為應納稅所得額。

應納稅所得額＝限售股轉讓收入－(限售股原值＋合理稅費)

應納稅額＝應納稅所得額×20%

限售股轉讓收入是指轉讓限售股股票實際取得的收入。限售股原值是指限售股買入時的買入價及按照規定繳納的有關費用。合理稅費是指轉讓限售股過程中發生的印花稅、佣金、過戶費等與交易相關的稅費。

如果納稅人未能提供完整、真實的限售股原值憑證的，不能準確計算限售股原值的，主管稅務機關一律按限售股轉讓收入的15%核定限售股原值及合理稅費。

[案例11-17] 彭某5月份通過深圳證券交易所賣出某上市公司股票100萬股，每股價格10元，共計支付印花稅10,000元，佣金3,000元。該股票系公開發行前買入，每股價格1元，共計支付印花稅500元。

①如果彭某能夠提供限售股原值憑證，計算應納個人所得稅；

②如果彭某不能提供限售股原值憑證，計算應納個人所得稅。

[解答] ①如果彭某能夠提供限售股原值憑證，查驗徵收。

應納稅所得額＝1,000,000×10－(1,000,000×1＋500)－(10,000＋3,000)＝8,986,500（元）

應納個人所得稅＝8,986,500×20%＝1,797,300（元）

②如果彭某不能提供限售股原值憑證，核定徵收。

應納稅所得額＝1,000,000×10×(1－15%)＝8,500,000（元）

應納個人所得稅＝8,500,000×20%＝1,700,000（元）

（五）個人股權轉讓

1. 一般規定

（1）自2015年1月1日起，執行股權轉讓所得個人所得稅管理辦法。個人在上海證券交易所、深圳證券交易所轉讓從上市公司公開發行和轉讓市場取得的上市公司股票，轉讓限售股以及其他有特別規定的股權轉讓，不適用本規定。

（2）所稱股權是指自然人股東（以下簡稱個人）投資於在中國境內成立的企業或組織（以下統稱被投資企業，不包括個人獨資企業和合夥企業）的股權或股份。

（3）所稱股權轉讓是指個人將股權轉讓給其他個人或法人的行為，包括以下情形：

①出售股權。

②公司回購股權。

③發行人首次公開發行新股時，被投資企業股東將其持有的股份以公開發行方式一併向投資者發售。

④股權被司法或行政機關強制過戶。
⑤以股權對外投資或進行其他非貨幣性交易。
⑥以股權抵償債務。
⑦其他股權轉移行為。
(4) 個人轉讓股權，以股權轉讓收入減除股權原值和合理費用后的余額為應納稅所得額，按財產轉讓所得繳納個人所得稅。
合理費用是指股權轉讓時按照規定支付的有關稅費。
(5) 個人股權轉讓所得個人所得稅，以股權轉讓方為納稅人，以受讓方為扣繳義務人。
(6) 個人股權轉讓所得個人所得稅以被投資企業所在地地稅機關為主管稅務機關。

2. 股權轉讓收入的確認
(1) 股權轉讓收入是指轉讓方因股權轉讓而獲得的現金、實物、有價證券和其他形式的經濟利益。
(2) 轉讓方取得與股權轉讓相關的各種款項，包括違約金、補償金以及其他名目的款項、資產、權益等，均應當並入股權轉讓收入。
(3) 納稅人按照合同約定，在滿足約定條件后取得的后續收入，應當作為股權轉讓收入。
(4) 股權轉讓收入應當按照公平交易原則確定。
(5) 符合下列情形之一的，主管稅務機關可以核定股權轉讓收入：
①申報的股權轉讓收入明顯偏低且無正當理由的。
②未按照規定期限辦理納稅申報，經稅務機關責令限期申報，逾期仍不申報的。
③轉讓方無法提供或拒不提供股權轉讓收入的有關資料。
④其他應核定股權轉讓收入的情形。
(6) 符合下列情形之一，視為股權轉讓收入明顯偏低：
①申報的股權轉讓收入低於股權對應的淨資產份額的。其中，被投資企業擁有土地使用權、房屋、房地產企業未銷售房產、知識產權、探礦權、採礦權、股權等資產的，申報的股權轉讓收入低於股權對應的淨資產公允價值份額的。
②申報的股權轉讓收入低於初始投資成本或低於取得該股權所支付的價款及相關稅費的。
③申報的股權轉讓收入低於相同或類似條件下同一企業同一股東或其他股東股權轉讓收入的。
④申報的股權轉讓收入低於相同或類似條件下同類行業的企業股權轉讓收入的。
⑤不具合理性的無償讓渡股權或股份。
⑥主管稅務機關認定的其他情形。
(7) 符合下列條件之一的股權轉讓收入明顯偏低，視為有正當理由：
①能出具有效文件，證明被投資企業因國家政策調整，生產經營受到重大影響，導致低價轉讓股權。
②繼承或將股權轉讓給其能提供具有法律效力身分關係證明的配偶、父母、子女、祖父母、外祖父母、孫子女、外孫子女、兄弟姐妹以及對轉讓人承擔直接撫養或者贍養義務的撫養人或者贍養人。
③相關法律、政府文件或企業章程規定，並有相關資料充分證明轉讓價格合理且真實的本企業員工持有的不能對外轉讓股權的內部轉讓。
④股權轉讓雙方能夠提供有效證據證明其合理性的其他合理情形。
(8) 主管稅務機關應依次按照下列方法核定股權轉讓收入：

①淨資產核定法。股權轉讓收入按照每股淨資產或股權對應的淨資產份額核定。

被投資企業的土地使用權、房屋、房地產企業未銷售房產、知識產權、探礦權、採礦權、股權等資產占企業總資產比例超過20%的，主管稅務機關可參照納稅人提供的具有法定資質的仲介機構出具的資產評估報告核定股權轉讓收入。

6個月內再次發生股權轉讓且被投資企業淨資產未發生重大變化的，主管稅務機關可參照上一次股權轉讓時被投資企業的資產評估報告核定此次股權轉讓收入。

②類比法。

第一，參照相同或類似條件下同一企業同一股東或其他股東股權轉讓收入核定。

第二，參照相同或類似條件下同類行業企業股權轉讓收入核定。

③其他合理方法。主管稅務機關採用以上方法核定股權轉讓收入存在困難的，可以採取其他合理方法核定。

3. 股權原值的確認

(1) 個人轉讓股權的原值依照以下方法確認：

①以現金出資方式取得的股權，按照實際支付的價款與取得股權直接相關的合理稅費之和確認股權原值。

②以非貨幣性資產出資方式取得的股權，按照稅務機關認可或核定的投資入股時非貨幣性資產價格與取得股權直接相關的合理稅費之和確認股權原值。

③通過無償讓渡方式取得股權，具備本辦法第 (7) 項第②條所列情形的，按取得股權發生的合理稅費與原持有人的股權原值之和確認股權原值。

④被投資企業以資本公積、盈余公積、未分配利潤轉增股本，個人股東已依法繳納個人所得稅的，以轉增額和相關稅費之和確認其新轉增股本的股權原值。

⑤除以上情形外，由主管稅務機關按照避免重複徵收個人所得稅的原則合理確認股權原值。

(2) 股權轉讓人已被主管稅務機關核定股權轉讓收入並依法徵收個人所得稅的，該股權受讓人的股權原值以取得股權時發生的合理稅費與股權轉讓人被主管稅務機關核定的股權轉讓收入之和確認。

(3) 個人轉讓股權未提供完整、準確的股權原值憑證，不能正確計算股權原值的，由主管稅務機關核定其股權原值。

(4) 對個人多次取得同一被投資企業股權的，轉讓部分股權時，採用「加權平均法」確定其股權原值。

(六) 個人終止投資經營收回款項

個人因各種原因終止投資、聯營、經營合作等行為，從被投資企業或合作項目、被投資企業的其他投資者以及合作項目的經營合作人取得股權轉讓收入、違約金、補償金、賠償金及以其他名目收回的款項等，均屬於個人所得稅應稅收入，應按照財產轉讓所得項目適用的規定計算繳納個人所得稅。

應納稅所得額的計算公式如下：

應納稅所得額=個人取得的股權轉讓收入、違約金、補償金、賠償金及以其他名目收回款項合計數-原實際出資額（投入額）及相關稅費

(七) 非上市公司股權激勵

自2016年9月1日起，非上市公司授予本公司員工的股票（權）期權、限制性股票和股權獎勵，符合規定條件的，經向主管稅務機關備案，可實行遞延納稅政策，即員工在取得股權激勵時可暫不納稅，遞延至轉讓該股權時納稅；股權轉讓時，按照股權轉讓收入減除股權取得成本以及合理稅費后的差額，適用財產轉讓所得項目，按照20%的稅率計算繳

納個人所得稅。

股權轉讓時，股票（權）期權取得成本按行權價確定，限制性股票取得成本按實際出資額確定，股權獎勵取得成本為零。

所稱股票（權）期權是指公司給予激勵對象在一定期限內以事先約定的價格購買本公司股票（權）的權利；所稱限制性股票是指公司按照預先確定的條件授予激勵對象一定數量的本公司股權，激勵對象只有工作年限或業績目標符合股權激勵計劃規定條件的才可以處置該股權；所稱股權獎勵是指企業無償授予激勵對象一定份額的股權或一定數量的股份。

（八）個人非貨幣性資產投資

（1）所稱非貨幣性資產，是指現金、銀行存款等貨幣性資產以外的資產，包括股權、不動產、技術發明成果以及其他形式的非貨幣性資產。

所稱非貨幣性資產投資，包括以非貨幣性資產出資設立新的企業以及以非貨幣性資產出資參與企業增資擴股、定向增發股票、股權置換、重組改制等投資行為。

（2）個人以非貨幣性資產投資，屬於個人轉讓非貨幣性資產和投資同時發生。對個人轉讓非貨幣性資產的所得，應按照財產轉讓所得項目，依法計算繳納個人所得稅。

（3）個人以非貨幣性資產投資，應按評估後的公允價值確認非貨幣性資產轉讓收入。非貨幣性資產轉讓收入減除該資產原值及合理稅費後的餘額為應納稅所得額。

個人以非貨幣性資產投資，應於非貨幣性資產轉讓、取得被投資企業股權時，確認非貨幣性資產轉讓收入的實現。

（4）個人應在發生上述應稅行為的次月15日內向主管稅務機關申報納稅。自2015年4月1日起，納稅人一次性繳稅有困難的，可合理確定分期繳納計劃並報主管稅務機關備案後，自發生上述應稅行為之日起不超過5個公歷年度內（含）分期繳納個人所得稅。

（5）個人以非貨幣性資產投資交易過程中取得現金補價的，現金部分應優先用於繳稅；現金不足以繳納的部分，可分期繳納。

個人在分期繳稅期間轉讓其持有的上述全部或部分股權，並取得現金收入的，該現金收入應優先用於繳納尚未繳清的稅款。

（九）技術成果投資入股

（1）自2016年9月1日起，企業或個人以技術成果投資入股到境內居民企業，被投資企業支付的對價全部為股票（權）的，企業或個人可選擇繼續按現行有關稅收政策執行，也可選擇適用遞延納稅優惠政策。

選擇技術成果投資入股遞延納稅政策的，經向主管稅務機關備案，投資入股當期可暫不納稅，允許遞延至轉讓股權時，按股權轉讓收入減去技術成果原值和合理稅費後的差額計算繳納所得稅。

（2）企業或個人選擇適用上述任一項政策，均允許被投資企業按技術成果投資入股時的評估值入帳並在企業所得稅前攤銷扣除。

（3）技術成果是指專利技術（含國防專利）、計算機軟件著作權、集成電路布圖設計專有權、植物新品種權、生物醫藥新品種以及科技部、財政部、國家稅務總局確定的其他技術成果。

（4）技術成果投資入股是指納稅人將技術成果所有權讓渡給被投資企業、取得該企業股票（權）的行為。

（十）個人住房轉讓

（1）對住房轉讓所得徵收個人所得稅時，以實際成交價格為轉讓收入。納稅人申報的住房成交價格明顯低於市場價格且無正當理由的，徵收機關依法有權根據有關信息核定其轉讓收入，但必須保證各稅種計稅價格一致。

（2）對轉讓住房收入計算個人所得稅應納稅所得額時，納稅人可憑原購房合同、發票等有效憑證，經稅務機關審核後，允許從其轉讓收入中減除房屋原值、轉讓住房過程中繳納的稅金及有關合理費用。

（3）個人轉讓房屋的個人所得稅應稅收入不含增值稅，其取得房屋時所支付價款中包含的增值稅計入財產原值，計算轉讓所得時可扣除的稅費不包括本次轉讓繳納的增值稅。免徵增值稅的，確定計稅依據時，轉讓房地產取得的收入不扣減增值稅額。

（4）納稅人未提供完整、準確的房屋原值憑證，不能正確計算房屋原值和應納稅額的，稅務機關可根據《中華人民共和國稅收徵收管理法》第三十五條的規定，對其實行核定徵稅，即按納稅人住房轉讓收入的一定比例核定應納個人所得稅額。具體比例由省級地方稅務局或者省級地方稅務局授權的地市級地方稅務局根據納稅人出售住房的所處區域、地理位置、建造時間、房屋類型、住房平均價格水平等因素，在住房轉讓收入1%～3%的幅度內確定。稅務機關核定的收入不含增值稅。

（5）稅務、住房城鄉建設部門要密切配合，對出售自有住房按規定應徵收的個人所得稅，通過稅收徵管、房屋登記等歷史信息能核實房屋原值的，應依法嚴格按轉讓所得的20%計徵。

[**案例11-18**] 呂某在北京市有多套住房，2016年6月，將其中一套住房轉讓，轉讓收入200萬元，支付相關稅費11.2萬元。該套住房2009年1月購買，實際支付房價款100萬元，繳納相關稅費3萬元。北京市核定徵收率是1%。

①如果能夠核實房屋原值的，計算應納個人所得稅。
②如果不能核實房屋原值的，計算應納個人所得稅。

[**解答**] ①如果能夠核實房屋原值的，查驗徵收。
應納稅所得額＝200－(100+3)－11.2＝85.8（萬元）
應納個人所得稅＝85.8×20%＝17.16（萬元）
②如果不能核實房屋原值的，核定徵收。
應納個人所得稅＝200×1%＝2（萬元）

（十一）個人房屋拍賣

個人通過拍賣市場取得的房屋拍賣收入在計徵個人所得稅時，其房屋原值應按照納稅人提供的合法、完整、準確的憑證予以扣除；不能提供完整、準確的房屋原值憑證，不能正確計算房屋原值和應納稅額的，統一按轉讓收入全額的3%計算繳納個人所得稅。

（十二）個人轉讓離婚析產房屋

（1）通過離婚析產的方式分割房屋產權是夫妻雙方對共同共有財產的處置，個人因離婚辦理房屋產權過戶手續，不徵收個人所得稅。

（2）個人轉讓離婚析產房屋所取得的收入，允許扣除其相應的財產原值和合理費用後，餘額按照規定的稅率繳納個人所得稅；其相應的財產原值，為房屋初次購置全部原值和相關稅費之和乘以轉讓者占房屋所有權的比例。

### 十、偶然所得

（1）偶然所得，以每次收入額為應納稅所得額。
（2）偶然所得，以每次取得該項收入為一次。
（3）偶然所得，應納稅所得額和應納稅額的計算公式為：
應納稅所得額＝每次收入
應納個人所得稅＝應納稅所得額×比例稅率（20%）

[**案例11-19**] 某商場五一期間促銷，蘇小姐購物滿500元，獲得價值100元贈品，並

獲得額外抽獎機會，中獎10,000元。計算蘇小姐應納個人所得稅。

[解答] 購物滿500元，獲得價值100元贈品，不納個人所得稅。
額外抽獎，中獎10,000元，按偶然所得計算個人所得稅。
應納稅所得額=10,000（元）
應納個人所得稅=10,000×20%=2,000（元）

### 十一、其他所得

（1）其他所得，以每次收入額為應納稅所得額。
（2）其他所得，應納稅所得額和應納稅額的計算公式為：
應納稅所得額=每次收入
應納個人所得稅=應納稅所得額×比例稅率（20%）

[案例11-20] 盧某8月份為他人提供擔保，獲得報酬5,000元；參加某公司慶典活動獲得禮品，價值1,000元。計算盧某應納個人所得稅。

[解答] 擔保報酬、獲得禮品均為其他所得。
擔保報酬應納個人所得稅=5,000×20%=1,000（元）
獲得禮品應納個人所得稅=1,000×20%=200（元）

（3）對受贈人無償受贈房屋計徵個人所得稅時，其應納稅所得額為房地產贈與合同上標明的贈與房屋價值減除贈與過程中受贈人支付的相關稅費後的餘額。贈與合同標明的房屋價值明顯低於市場價格或房地產贈與合同未標明贈與房屋價值的，稅務機關可依據受贈房屋的市場評估價格或採取其他合理方式確定受贈人的應納稅所得額。

受贈人轉讓受贈房屋的，以其轉讓受贈房屋的收入減除原捐贈人取得該房屋的實際購置成本以及贈與和轉讓過程中受贈人支付的相關稅費後的餘額，為受贈人的應納稅所得額，依法計徵個人所得稅。受贈人轉讓受贈房屋價格明顯偏低且無正當理由的，稅務機關可以依據該房屋的市場評估價格或其他合理方式確定的價格核定其轉讓收入。

### 十二、其他規定

（1）個人將其所得通過境內的社會團體、國家機關向教育和其他社會公益事業以及遭受嚴重自然災害地區、貧困地區的捐贈，捐贈額未超過納稅義務人申報的應納稅所得額30%的部分，可以從其應納稅所得額中扣除。

個人捐贈住房作為公共租賃住房，符合稅收法律法規規定的，對其公益性捐贈支出未超過其申報的應納稅所得額30%的部分，準予從其應納稅所得額中扣除。

[案例11-21] 蔣某9月份購買彩票，中獎100萬元，從中獎收入中拿出35萬元通過公益性社會團體向災區捐贈。計算應納個人所得稅。

[解答] 允許扣除捐贈=MIN(35,100×30%)=30（萬元）
應納稅所得額=100-30=70（萬元）
應納個人所得稅=70×20%=14（萬元）
謝某實際可得金額=100-35-14=51（萬元）

（2）對試點地區個人購買符合規定的商業健康保險產品的支出，允許在當年（月）計算應納稅所得額時予以稅前扣除，扣除限額為2,400元/年（200元/月）。試點地區企事業單位統一組織並為員工購買符合規定的商業健康保險產品的支出，應分別計入員工個人工資薪金，視同個人購買，按上述限額予以扣除。

2,400元/年（200元/月）的限額扣除為《中華人民共和國個人所得稅法》規定減除費用標準之外的扣除。

適用商業健康保險稅收優惠政策的納稅人是指試點地區取得工資薪金所得、連續性勞務報酬所得的個人以及取得個體工商戶生產經營所得、對企事業單位的承包承租經營所得的個體工商戶業主、個人獨資企業投資者、合夥企業合夥人和承包承租經營者。

符合規定的商業健康保險產品是指由保監會研發並會同財政部、稅務總局聯合發布的適合大眾的綜合性健康保險產品。待產品發布後，納稅人可按統一政策規定享受稅收優惠政策，稅務部門按規定執行。

實施商業健康保險個人所得稅政策的試點地區為：

①北京市、上海市、天津市、重慶市。

②河北省石家莊市、山西省太原市、內蒙古自治區呼和浩特市、遼寧省瀋陽市、吉林省長春市、黑龍江省哈爾濱市、江蘇省蘇州市、浙江省寧波市、安徽省蕪湖市、福建省福州市、江西省南昌市、山東省青島市、河南省鄭州市（含鞏義市）、湖北省武漢市、湖南省株洲市、廣東省廣州市、廣西壯族自治區南寧市、海南省海口市、四川省成都市、貴州省貴陽市、雲南省曲靖市、西藏自治區拉薩市、陝西省寶雞市、甘肅省蘭州市、青海省西寧市、寧夏回族自治區銀川市（不含所轄縣）、新疆維吾爾自治區庫爾勒市。

（3）個人所得的形式，包括現金、實物、有價證券和其他形式的經濟利益。所得為實物的，應當按照取得的憑證上所註明的價格計算應納稅所得額；無憑證的實物或者憑證上所註明的價格明顯偏低的，參照市場價格核定應納稅所得額。所得為有價證券的，根據票面價格和市場價格核定應納稅所得額。所得為其他形式的經濟利益的，參照市場價格核定應納稅所得額。

（4）各項所得的計算，以人民幣為單位。所得為外國貨幣的，按照國家外匯管理機關規定的外匯牌價折合成人民幣繳納稅款。所得為外國貨幣的，應當按照填開完稅憑證的上一月最後一日人民幣匯率中間價，折合成人民幣計算應納稅所得額。依照稅法規定，在年度終了後匯算清繳的，對已經按月或者按次預繳稅款的外國貨幣所得，不再重新折算；對應當補繳稅款的所得部分，按照上一納稅年度最後一日人民幣匯率中間價，折合成人民幣計算應納稅所得額。

（5）兩個或者兩個以上的個人共同取得同一項目收入的，應當對每個人取得的收入分別按照稅法規定減除費用後計算納稅。

（6）納稅義務人兼有兩項或者兩項以上的所得的，按項分別計算納稅。在境內兩處或者兩處以上取得工資、薪金所得，個體工商戶的生產、經營所得，對企事業單位的承包經營、承租經營所得的，同項所得合併計算納稅。

## 第四節　稅額抵扣和稅額減免

### 一、稅額抵扣

（一）抵扣規定

納稅義務人從境外取得的所得，準予其在應納稅額中扣除已在境外繳納的個人所得稅稅額。但扣除額不得超過該納稅義務人境外所得依照《中華人民共和國個人所得法》規定計算的應納稅額。

已在境外繳納的個人所得稅稅額是指納稅義務人從境外取得的所得，依照該所得來源國家或者地區的法律應當繳納並且實際已經繳納的稅額。

依照稅法規定計算的應納稅額是指納稅義務人從境外取得的所得，區別不同國家或者

地區和不同所得項目，依照稅法規定的費用減除標準和適用稅率計算的應納稅額；同一國家或者地區內不同所得項目的應納稅額之和，為該國家或者地區的扣除限額。

納稅義務人在境外一個國家或者地區實際已經繳納的個人所得稅稅額，低於依照前款規定計算出的該國家或者地區扣除限額的，應當在中國繳納差額部分的稅款；超過該國家或者地區扣除限額的，其超過部分不得在本納稅年度的應納稅額中扣除，但是可以在以後納稅年度的該國家或者地區扣除限額的餘額中補扣。補扣期限最長不得超過5年。

納稅義務人依照稅法規定申請扣除已在境外繳納的個人所得稅稅額時，應當提供境外稅務機關填發的完稅憑證原件。

（二）抵扣公式

應納個人所得稅分國分項計算，但實行分國不分項限額抵扣法。

稅額抵扣＝MIN(境外所得應納個人所得稅，境外實交個人所得稅)

境外所得應補個人所得稅＝境外所得應納個人所得稅-稅額抵扣

[案例11-22] 蔡某（居民個人）2016納稅年度從A、B兩國取得收入。其中，蔡某在A國一公司任職，每月取得工資、薪金收入5,800元；因提供一項專利技術使用權，一次取得特許權使用費收入30,000元。該兩項收入在A國繳納個人所得稅5,000元。蔡某在B國出版著作，獲得稿酬收入15,000元，並在B國繳納該項收入的個人所得稅1,720元。計算蔡某2016年度在中國應補個人所得稅。

[解答] ① A國所得應補個人所得稅計算如下：

工資薪金應納個人所得稅＝[(5,800-4,800)×3%-0]×12＝360（元）

特許權使用費應納個人所得稅＝30,000×(1-20%)×20%＝4,800（元）

A國應納個人所得稅合計＝360+4,800＝5,160（元）

A國稅額抵扣＝MIN(5,160,5,000)＝5,000（元）

在中國應補個人所得稅＝5,160-5,000＝160（元）

② B國所得應補個人所得稅計算如下：

稿酬應納個人所得稅＝15,000×(1-20%)×20%×(1-30%)＝1,680（元）

B國稅額抵扣＝MIN(1,680,1,720)＝1,680（元）

在中國應補個人所得稅＝1,680-1,680＝0

超過抵扣限額的40元不能在本年度抵扣，但可在以後5個納稅年度的B國不足限額中補抵。

## 二、稅額減免

（一）無期免稅

（1）按照國家統一規定發給的補貼、津貼，免徵個人所得稅。

按照國家統一規定發給的補貼、津貼是指按照國務院規定發給的政府特殊津貼、院士津貼、資深院士津貼以及國務院規定免納個人所得稅的其他補貼、津貼。

其他各種補貼、津貼均應計入工資、薪金所得項目徵稅。

（2）按照國家統一規定發給幹部、職工的安家費、退職費、退休工資、離休工資、離休生活補助費，免徵個人所得稅。

離退休人員除按規定領取離退休工資或養老金外，另從原任職單位取得的各類補貼、獎金、實物，不屬於可以免稅的退休工資、離休工資、離休生活補助費。離退休人員從原任職單位取得的各類補貼、獎金、實物，應在減除費用扣除標準後，按工資、薪金所得應稅項目繳納個人所得稅。

退休人員再任職取得的收入，在減除按《中華人民共和國個人所得稅法》規定的費用

扣除標準后，按工資、薪金所得應稅項目繳納個人所得稅。

(3) 對達到離休、退休年齡，但確因工作需要，適當延長離休退休年齡的高級專家（指享受國家發放的政府特殊津貼的專家、學者），其在延長離休退休期間的工資、薪金所得，視同退休工資、離休工資，免徵個人所得稅。

所稱延長離休退休年齡的高級專家是指：

①享受國家發放的政府特殊津貼的專家、學者。

②中國科學院、中國工程院院士。

高級專家延長離休退休期間取得的工資薪金所得，其免徵個人所得稅政策口徑按下列標準執行：

①對高級專家從其勞動人事關係所在單位取得的，單位按國家有關規定向職工統一發放的工資、薪金、獎金、津貼、補貼等收入，視同離休、退休工資，免徵個人所得稅。

②除上述第①項所述收入以外各種名目的津補貼收入等以及高級專家從其勞動人事關係所在單位之外的其他地方取得的培訓費、講課費、顧問費、稿酬等各種收入，依法計徵個人所得稅。

高級專家從兩處以上取得應稅工資、薪金所得以及具有稅法規定應當自行納稅申報的其他情形的，應在稅法規定的期限內自行向主管稅務機關辦理納稅申報。

(4) 國債和國家發行的金融債券利息，免徵個人所得稅。

國債利息是指個人持有中華人民共和國財政部發行的債券而取得的利息；金融債券利息是指個人持有經國務院批准發行的金融債券而取得的利息。

(5) 對個人取得的2009年及以后年度發行的地方政府債券利息所得，免徵個人所得稅。

地方政府債券是指經國務院批准同意，以省、自治區、直轄市和計劃單列市政府為發行和償還主體的債券。

(6) 自2008年10月9日起，對儲蓄存款利息所得，暫免徵收個人所得稅。

自2008年10月9日起，對證券市場個人投資者取得的證券交易結算資金利息所得，暫免徵收個人所得稅，即證券市場個人投資者的證券交易結算資金在2008年10月9日后（含10月9日）孳生的利息所得，暫免徵收個人所得稅。

(7) 自2015年9月8日起，個人從公開發行和轉讓市場取得的上市公司股票，持股期限超過1年的，股息紅利所得暫免徵收個人所得稅。

(8) 對個人在上海證券交易所、深圳證券交易所轉讓從上市公司公開發行和轉讓市場取得的上市公司股票所得，繼續免徵個人所得稅。

(9) 自2014年11月17日起，對香港市場投資者（包括企業和個人）投資上海證券交易所上市A股取得的轉讓差價所得，暫免徵收所得稅。

(10) 自2015年12月18日起，對香港市場投資者（包括企業和個人）通過基金互認買賣內地基金份額取得的轉讓差價所得，暫免徵收所得稅。

(11) 個人轉讓自用達5年以上且是唯一的家庭生活用房取得的所得，免徵個人所得稅。

(12) 對被拆遷人按照國家有關城鎮房屋拆遷管理辦法規定的標準取得的拆遷補償款，免徵個人所得稅。

(13) 省級人民政府、國務院部委和中國人民解放軍軍以上單位以及外國組織、國際組織頒發的科學、教育、技術、文化、衛生、體育、環境保護等方面的獎金，免徵個人所得稅。

(14) 個人辦理代扣代繳稅款手續，按規定取得的扣繳手續費，免徵個人所得稅。

（15）個人舉報、協查各種違法、犯罪行為而獲得的獎金，免徵個人所得稅。

（16）為了鼓勵廣大人民群眾見義勇為，維護社會治安，對鄉、鎮（含鄉、鎮）以上人民政府或經縣（含縣）以上人民政府主管部門批准成立的有機構、有章程的見義勇為基金會或者類似組織，獎勵見義勇為者的獎金或獎品，經主管稅務機關核准，免予徵收個人所得稅。

（17）對個人購買社會福利有獎募捐獎券一次中獎收入不超過 10,000 元的，暫免徵收個人所得稅；對一次中獎收入超過 10,000 元的，應按稅法規定全額徵稅。

（18）對個人購買體育彩票中獎收入的所得稅政策作如下調整：凡一次中獎收入不超過 10,000 元的，暫免徵收個人所得稅；超過 10,000 元的，應按稅法規定全額徵收個人所得稅。

（19）個人取得單張有獎發票獎金所得不超過 800 元（含 800 元）的，暫免徵個人所得稅；個人取得單張有獎發票獎金所得超過 800 元的，應全額按照個人所得稅法規定的偶然所得項目徵收個人所得稅。

（20）福利費、撫恤金、救濟金，免徵個人所得稅。

對受災地區個人取得的撫恤金、救濟金，免徵個人所得稅。

福利費是指根據國家有關規定，從企業、事業單位、國家機關、社會團體提留的福利費或者工會經費中支付給個人的生活補助費。救濟金是指各級人民政府民政部門支付給個人的生活困難補助費。

上述所稱生活補助費，是指由於某些特定事件或原因而給納稅人或其家庭的正常生活造成一定困難，其任職單位按國家規定從提留的福利費或者工會經費中向其支付的臨時性生活困難補助。

下列收入不屬於免稅的福利費範圍，應當並入納稅人的工資、薪金收入計徵個人所得稅：

①從超出國家規定的比例或基數計提的福利費、工會經費中支付給個人的各種補貼、補助。

②從福利費和工會經費中支付給單位職工的人人有份的補貼、補助。

③單位為個人購買汽車、住房、電子計算機等不屬於臨時性生活困難補助性質的支出。

（21）個人實際領（支）取原提存的基本養老保險金、基本醫療保險金、失業保險金和住房公積金時，免徵個人所得稅。

（22）對工傷職工及其近親屬按照《工傷保險條例》（國務院令第 586 號）規定取得的工傷保險待遇，免徵個人所得稅。

所稱的工傷保險待遇，包括工傷職工按照規定取得的一次性傷殘補助金、傷殘津貼、一次性工傷醫療補助金、一次性傷殘就業補助金、工傷醫療待遇、住院伙食補助費、外地就醫交通食宿費用、工傷康復費用、輔助器具費用、生活護理費等以及職工因工死亡，其近親屬按照規定取得的喪葬補助金、供養親屬撫恤金和一次性工亡補助金等。

（23）生育婦女按照縣級以上人民政府根據國家有關規定制定的生育保險辦法，取得的生育津貼、生育醫療費或其他屬於生育保險性質的津貼、補貼，免徵個人所得稅。

（24）軍人的轉業費、復員費，免徵個人所得稅。

（25）保險賠款，免徵個人所得稅。

（26）外籍個人以非現金形式或實報實銷形式取得的住房補貼、伙食補貼、搬遷費、洗衣費，免徵個人所得稅。

企業以現金形式發給個人的住房補貼、醫療補助費，應全額計入領取人的當期工資、薪金收入計徵個人所得稅。但對外籍個人以實報實銷形式取得的住房補貼，仍按照上述規

定，暫免徵收個人所得稅。

（27）外籍個人按合理標準取得的境內、外出差補貼，免徵個人所得稅。

（28）外籍個人取得的探親費、語言訓練費、子女教育費等，經當地稅務機關審核批准為合理的部分，免徵個人所得稅。

可以享受免徵個人所得稅優惠待遇的探親費，僅限於外籍個人在中國的受僱地與其家庭所在地（包括配偶或父母居住地）之間搭乘交通工具且每年不超過 2 次的費用。

（29）外籍個人從外商投資企業取得的股息、紅利所得，免徵個人所得稅。

（30）對持有 B 股或海外股（包括 H 股）的外籍個人，從發行該 B 股或海外股的境內企業所取得的股息（紅利）所得，暫免徵收個人所得稅。

（31）凡符合下列條件之一的外籍專家取得的工資、薪金所得可免徵個人所得稅：

①根據世界銀行專項貸款協議由世界銀行直接派往中國工作的外國專家。

②聯合國組織直接派往中國工作的專家。

③為聯合國援助項目來華工作的專家。

④援助國派往中國專為該國無償援助項目工作的專家。

⑤根據兩國政府簽訂文化交流項目來華工作兩年以內的文教專家，其工資、薪金所得由該國負擔的。

⑥根據中國大專院校國際交流項目來華工作兩年以內的文教專家，其工資、薪金所得由該國負擔的。

⑦通過民間科研協定來華工作的專家，其工資、薪金所得由該國政府機構負擔的。

（32）依照中國有關法律規定應予免稅的各國駐華使館、領事館的外交代表、領事官員和其他人員的所得，免徵個人所得稅。

依照中國法律規定應予免稅的各國駐華使館、領事館的外交代表、領事官員和其他人員的所得，是指依照《中華人民共和國外交特權與豁免條例》和《中華人民共和國領事特權與豁免條例》規定免稅的所得。

（33）中國政府參加的國際公約、簽訂的協議中規定免稅的所得，免徵個人所得稅。

（二）有期免稅

（1）從事個體經營的軍隊轉業幹部，自領取稅務登記證之日起，3 年內免徵個人所得稅。

（2）對從事個體經營的隨軍家屬，自領取稅務登記證之日起，3 年內免徵個人所得稅。

（3）對自主就業退役士兵從事個體經營的，在 3 年內按每戶每年 8,000 元為限額依次扣減其當年實際應繳納的增值稅、城市維護建設稅、教育費附加、地方教育附加和個人所得稅。限額標準最高可上浮 20%，各省、自治區、直轄市人民政府可根據本地區實際情況在此幅度內確定具體限額標準，並報財政部和國家稅務總局備案。

上述稅收優惠政策的執行期限為 2016 年 5 月 1 日至 2016 年 12 月 31 日，納稅人在 2016 年 12 月 31 日未享受滿 3 年的，可繼續享受至 3 年期滿為止。

（4）對持「就業創業證」（註明「自主創業稅收政策」或「畢業年度內自主創業稅收政策」）或 2015 年 1 月 27 日前取得的「就業失業登記證」（註明「自主創業稅收政策」或附著「高校畢業生自主創業證」）的人員從事個體經營的，在 3 年內按每戶每年 8,000 元為限額依次扣減其當年實際應繳納的增值稅、城市維護建設稅、教育費附加、地方教育附加和個人所得稅。限額標準最高可上浮 20%，各省、自治區、直轄市人民政府可根據本地區實際情況在此幅度內確定具體限額標準，並報財政部和國家稅務總局備案。

上述稅收優惠政策的執行期限為 2016 年 5 月 1 日至 2016 年 12 月 31 日，納稅人在 2016 年 12 月 31 日未享受滿 3 年的，可繼續享受至 3 年期滿為止。

(5) 對內地個人投資者通過滬港通投資香港聯交所上市股票取得的轉讓差價所得，自 2014 年 11 月 17 日起至 2017 年 11 月 16 日止，暫免徵收個人所得稅。

(6) 對內地個人投資者通過基金互認買賣香港基金份額取得的轉讓差價所得，自 2015 年 12 月 18 日起至 2018 年 12 月 17 日止，3 年內暫免徵個人所得稅。

(7) 自 2013 年 9 月 28 日起至 2015 年 12 月 31 日止，對符合地方政府規定條件的低收入住房保障家庭從地方政府領取的住房租賃補貼，免徵個人所得稅。

(三) 稅額減徵

有下列情形之一的，經批准可以減徵個人所得稅：

(1) 殘疾、孤老人員和烈屬的所得。對殘疾人個人取得的勞動所得，按照省（不含計劃單列市）人民政府規定的減徵幅度和期限減徵個人所得稅。具體所得項目為工資薪金所得、個體工商戶的生產和經營所得、對企事業單位的承包和承租經營所得、勞務報酬所得、稿酬所得、特許權使用費所得。

(2) 因嚴重自然災害造成重大損失的。因地震災害造成重大損失的個人，可減徵個人所得稅。

(3) 其他經國務院財政部門批准減稅的。減徵個人所得稅，其減徵的幅度和期限由省、自治區、直轄市人民政府規定。

[案例 11-23] 作家賈某系中國居民，2016 年取得如下收入：

①每月從任職單位取得工資薪金 8,300 元。

②從任職單位取得上年度年終獎 19,500 元。

③在 A 國出版長篇小說一部，取得稿酬收入折算人民幣 20,000 元，已在 A 國納稅 3,000 元。

④該長篇小說被 B 國電視劇的製作單位改編為電視連續劇，取得使用費折算人民幣 50,000 元，已在 B 國納稅 5,000 元。

⑤獲得國際組織頒發的文學獎，獎金折算人民幣 100,000 元。

⑥接受別的單位演講邀請，取得一次勞務報酬 30,000 元。

⑦將一個商鋪出租，每月取得租金 2,000 元。

⑧1 月 31 日通過上海證券交易所買入某上市公司股票 100,000 股，每股價格 10 元，共支付佣金 300 元，過戶費 60 元。該上市公司分配上年度稅後利潤，每 10 股派 2 元送 2 股，並將股票發行溢價轉增股本，每 10 股轉增 1 股，每股票面價格 1 元，股權登記日 2 月 28 日，紅股上市日 3 月 1 日，紅利發放日 3 月 7 日。3 月 1 日賈某賣出該上市公司股票 130,000 股，每股價格 10 元，共支付印花稅 1,300 元，佣金 390 元，過戶費 78 元。

要求：計算賈某 2016 年各項所得分別應交個人所得稅。

[解答] ①工資薪金全年應交個人所得稅 = [(8,300-3,500)×20%-555]×12
$$= 405×12 = 4,860 （元）$$

② 19,500÷12 = 1,625，適用稅率 10%，速算扣除數 105。

年終獎應交個人所得稅 = 19,500×10%-105 = 1,845 （元）

③稿酬應納個人所得稅 = 20,000×(1-20%)×20%×(1-30%) = 2,240 （元）

A 國稅額抵扣 = MIN(2,240,3,000) = 2,240 （元）

稿酬應補個人所得稅 = 2,240-2,240 = 0 （元）

④特許權使用費應納個人所得稅 = 50,000×(1-20%)×20% = 8,000 （元）

B 國稅額抵扣 = MIN(8,000,5,000) = 5,000 （元）

特許權使用費應補個人所得稅 = 8,000-5,000 = 3,000 （元）

⑤獲得國際組織頒發的文學獎，免納個人所得稅。

⑥勞務報酬應交個人所得稅＝30,000×(1−20%)×30%−2,000＝5,200（元）
⑦財產租賃全年應交個人所得稅＝(2,000−800)×20%×12＝240×12＝2,880（元）
⑧轉讓非限額股免納個人所得稅。
股息紅利應交個人所得稅＝100,000×(0.2+0.2×1)×50%×20%＝4,000（元）

## 第五節　徵收管理

個人所得稅的徵收管理，依照《中華人民共和國稅收徵收管理法》的規定執行。

### 一、代扣代繳

（一）扣繳義務人

凡支付個人應納稅所得的企業（公司）、事業單位、機關、社團組織、軍隊、駐華機構、個體戶等單位或者個人，為個人所得稅的扣繳義務人。

駐華機構，不包括外國駐華使領館和聯合國及其他依法享有外交特權和豁免的國際組織駐華機構。

按照稅法規定代扣代繳個人所得稅是扣繳義務人的法定義務，必須依法履行。

（二）代扣代繳範圍

扣繳義務人向個人支付下列所得，應代扣代繳個人所得稅：

(1) 工資、薪金所得。
(2) 對企事業單位的承包經營、承租經營所得。
(3) 勞務報酬所得。
(4) 稿酬所得。
(5) 特許權使用費所得。
(6) 利息、股息、紅利所得。
(7) 財產租賃所得。
(8) 財產轉讓所得。
(9) 偶然所得。
(10) 經國務院財政部門確定徵稅的其他所得。

扣繳義務人向個人支付應納稅所得（包括現金、實物和有價證券）時，不論納稅人是否屬於本單位人員，均應代扣代繳其應納的個人所得稅稅款。

支付包括現金支付、匯撥支付、轉帳支付和以有價證券、實物以及其他形式的支付。

（三）異地工程項目代扣代繳

自2015年9月1日起，執行建築安裝業跨省（自治區、直轄市和計劃單列市，下同）異地工程作業人員個人所得稅徵收管理政策。

(1) 總承包企業、分承包企業派駐跨省異地工程項目的管理人員、技術人員和其他工作人員在異地工作期間的工資、薪金所得個人所得稅，由總承包企業、分承包企業依法代扣代繳並向工程作業所在地稅務機關申報繳納。

總承包企業和分承包企業通過勞務派遣公司聘用勞務人員跨省異地工作期間的工資、薪金所得個人所得稅，由勞務派遣公司依法代扣代繳並向工程作業所在地稅務機關申報繳納。

(2) 跨省異地施工單位應就其所支付的工程作業人員工資、薪金所得，向工程作業所在地稅務機關辦理全員全額扣繳明細申報。凡實行全員全額扣繳明細申報的，工程作業所

在地稅務機關不得核定徵收個人所得稅。

（3）總承包企業、分承包企業和勞務派遣公司機構所在地稅務機關需要掌握異地工程作業人員工資、薪金所得個人所得稅繳納情況的，工程作業所在地稅務機關應及時提供。總承包企業、分承包企業和勞務派遣公司機構所在地稅務機關不得對異地工程作業人員已納稅工資、薪金所得重複徵稅。兩地稅務機關應加強溝通協調，切實維護納稅人權益。

（4）建築安裝業省內異地施工作業人員個人所得稅徵收管理參照上述執行。

（四）扣繳手續費

對扣繳義務人按照所扣繳的稅款，付給2%的手續費。稅務機關按照規定付給扣繳義務人手續費時，應當按月填開收入退還書發給扣繳義務人。扣繳義務人持收入退還書向指定的銀行辦理退庫手續。

扣繳義務人可將其用於代扣代繳費用開支和獎勵代扣代繳工作做得較好的辦稅人員，但由稅務機關查出，扣繳義務人補扣的個人所得稅稅款，不向扣繳義務人支付手續費。

（五）稅後收入計稅方法

筆者的稅後收入個人所得稅通用計算公式推導如下：

因為：應納個人所得稅＝（稅前收入－扣除金額）×（1－扣除比例）×稅率－速算抵扣數

又因為：稅前收入＝稅後收入＋應納個人所得稅

解得：應納個人所得稅＝[（稅後收入－扣除金額）×（1－扣除比例）×稅率－速算抵扣數]÷[1－（1－扣除比例）×稅率]

該稅後收入個人所得稅計算公式，既適用金額扣除，又適用比例扣除，既適用比例稅率，又適用累進稅率，具有通用性。

實際適用比例稅率的所得項目，計算步驟為直接確定稅率，計算應納個人所得稅。

實際適用累進稅率的所得項目，計算步驟為先試算稅率和速算抵扣數，再確認稅率和速算抵扣數，最後計算應納個人所得稅。

[案例11-24] 某公司12月份支付丁女士稅後特許權使用費2,560元，支付魏先生稅後特許權使用費42,000元，稅款均由公司承擔。計算該公司應代扣代繳個人所得稅。

[解答] ①應代扣代繳丁女士個人所得稅計算如下：

應納個人所得稅＝（2,560－800）×20%÷（1－20%）＝440（元）

稅前收入＝2,560＋440＝3,000（元）

與[案例11-16]驗證一致。

②應代扣代繳魏先生個人所得稅計算如下：

應納個人所得稅＝42,000×（1－20%）×20%÷[1－（1－20%）×20%]＝8,000（元）

稅前收入＝42,000＋8,000＝50,000（元）

與[案例11-23] ④驗證一致。

[案例11-25] 某公司1月份支付薛某稅後工資薪金7,895元、稅後年終獎17,655元，支付葉某稅後勞務報酬24,800元，稅款均由公司承擔。計算該公司應代扣代繳個人所得稅。

[解答] ①公司應代扣代繳薛某工資薪金個人所得稅計算如下：

試算：7,895－3,500＝4,395（元），適用稅率10%，速算抵扣數105。

應納個人所得稅＝4,395×10%－105＝334.5（元）

稅前收入＝7,895＋334.5＝8,229.5（元）

確認：8,229.5－3,500＝4,729.5（元），適用稅率20%，速算抵扣數555。

應納個人所得稅＝[（7,895－3,500）×20%－555]÷（1－20%）＝405（元）

稅前收入＝7,895＋405＝8,300（元）

與［案例11-23］①驗證一致。

②公司應代扣代繳薛某年終獎個人所得稅計算如下：

試算：17,655÷12＝1,471.25（元），適用稅率3%，速算抵扣數0。

應納個人所得稅＝17,655×3%－0＝529.65（元）

稅前收入＝17,655+529.65＝18,184.65（元）

確認：18,184.65÷12＝1,515.39（元），適用稅率10%，速算抵扣數105。

應納個人所得稅＝(17,655×10%－105)÷(1－10%)＝1,845（元）

稅前收入＝17,655+1,845＝19,500（元）

與［案例11-23］②驗證一致。

③公司應代扣代繳葉某勞務報酬個人所得稅計算如下：

試算：24,800×(1－20%)＝19,840（元），適用稅率20%，速算抵扣數0。

應納個人所得稅＝19,840×20%－0＝3,968（元）

稅前收入＝24,800+3,968＝28,768（元）

確認：28,768×(1－20%)＝23,014.4（元），適用稅率30%，速算抵扣數2,000。

應納個人所得稅＝[24,800×(1－20%)×30%－2,000]÷[1－(1－20%)×30%]＝5,200（元）

稅前收入＝24,800+5,200＝30,000（元）

與［案例11-23］⑥驗證一致。

## 二、自行申報

（一）自行申報納稅人

納稅義務人有下列情形之一的，應當按照規定到主管稅務機關辦理納稅申報：

（1）年所得12萬元以上的。

（2）從境內兩處或者兩處以上取得工資、薪金所得的。

（3）從境外取得所得的。

（4）取得應納稅所得，沒有扣繳義務人的。

（5）國務院規定的其他情形。

年所得12萬元以上的納稅義務人，在年度終了后3個月內到主管稅務機關辦理納稅申報。

自行申報的納稅義務人，在申報納稅時，其在境內已扣繳的稅款，準予按照規定從應納稅額中扣減。

（二）申報地點

（1）年所得12萬元以上的納稅人，納稅申報地點分別為：

①在境內有任職、受雇單位的，向任職、受雇單位所在地主管稅務機關申報。

②在境內有兩處或者兩處以上任職、受雇單位的，選擇並固定向其中一處單位所在地主管稅務機關申報。

③在境內無任職、受雇單位，年所得項目中有個體工商戶的生產、經營所得或者對企事業單位的承包經營、承租經營所得（以下統稱生產、經營所得）的，向其中一處實際經營所在地主管稅務機關申報。

④在境內無任職、受雇單位，年所得項目中無生產、經營所得的，向戶籍所在地主管稅務機關申報。在境內有戶籍，但戶籍所在地與境內經常居住地不一致的，選擇並固定向其中一地主管稅務機關申報。在境內沒有戶籍的，向境內經常居住地主管稅務機關申報。

（2）其他自行申報的納稅人，納稅申報地點分別為：

①從兩處或者兩處以上取得工資、薪金所得的，選擇並固定向其中一處單位所在地主管稅務機關申報。

②從境外取得所得的，向境內戶籍所在地主管稅務機關申報。在境內有戶籍，但戶籍所在地與境內經常居住地不一致的，選擇並固定向其中一地主管稅務機關申報。在境內沒有戶籍的，向境內經常居住地主管稅務機關申報。

③個體工商戶向實際經營所在地主管稅務機關申報。

④個人獨資、合夥企業投資者興辦兩個或兩個以上企業的，區分不同情形確定納稅申報地點：

第一，興辦的企業全部是個人獨資性質的，分別向各企業的實際經營管理所在地主管稅務機關申報。

第二，興辦的企業中含有合夥性質的，向經常居住地主管稅務機關申報。

第三，興辦的企業中含有合夥性質，個人投資者經常居住地與其興辦企業的經營管理所在地不一致的，選擇並固定向其參與興辦的某一合夥企業的經營管理所在地主管稅務機關申報。

⑤除以上情形外，納稅人應當向取得所得所在地主管稅務機關申報。

（3）納稅人不得隨意變更納稅申報地點，因特殊情況變更納稅申報地點的，須報原主管稅務機關備案。

經常居住地是指納稅人離開戶籍所在地最后連續居住一年以上的地方。

（三）申報方式

（1）納稅人可以採取數據電文、郵寄等方式申報，也可以直接到主管稅務機關申報，或者採取符合主管稅務機關規定的其他方式申報。

（2）納稅人採取數據電文方式申報的，應當按照稅務機關規定的期限和要求保存有關紙質資料。

（3）納稅人採取郵寄方式申報的，以郵政部門掛號信函收據作為申報憑據，以寄出的郵戳日期為實際申報日期。

（4）納稅人可以委託有稅務代理資質的仲介機構或者他人代為辦理納稅申報。

**三、納稅時間**

（1）扣繳義務人每月所扣的稅款，自行申報納稅人每月應納的稅款，都應當在次月15日內繳入國庫，並向稅務機關報送納稅申報表。

（2）工資、薪金所得納的稅款，按月計徵，由扣繳義務人或者納稅義務人在次月15日內繳入國庫，並向稅務機關報送納稅申報表。

（3）特定行業的工資、薪金所得應納的稅款，可以實行按年計算、分月預繳的方式計徵，具體辦法由國務院規定。

特定行業是指採掘業、遠洋運輸業、遠洋捕撈業以及國務院財政、稅務主管部門確定的其他行業。按年計算、分月預繳的計徵方式是指特定行業職工的工資、薪金所得應納的稅款，按月預繳，自年度終了之日起30日內，合計其全年工資、薪金所得，再按12個月平均並計算實際應納的稅款，多退少補。

（4）個體工商戶的生產、經營所得應納的稅款，按年計算，分月預繳，由納稅義務人在次月15日內預繳，年度終了后3個月內匯算清繳，多退少補。

（5）對企事業單位的承包經營、承租經營所得應納的稅款，按年計算，由納稅義務人在年度終了后30日內繳入國庫，並向稅務機關報送納稅申報表。納稅義務人在一年內分次取得承包經營、承租經營所得的，應當在取得每次所得后的15日內預繳，年度終了后3個

月內匯算清繳，多退少補。
　　由納稅義務人在年度終了后 30 日內將應納的稅款繳入國庫是指在年終一次性取得承包經營、承租經營所得的納稅義務人，自取得收入之日起 30 日內將應納的稅款繳入國庫。
　　(6) 從境外取得所得的納稅義務人，應當在年度終了后 30 日內，將應納的稅款繳入國庫，並向稅務機關報送納稅申報表。
　　所說的納稅年度，自公歷 1 月 1 日起至 12 月 31 日止。

### 四、稅收歸屬與徵稅部門

(一) 稅收歸屬
個人所得稅由中央與地方政府按照 60：40 的比例實行分享。
(二) 徵稅部門
個人所得稅由地方稅務局負責徵收。

### 五、納稅申報

個人所得稅納稅申報表、扣繳個人所得稅報告表和個人所得稅完稅憑證式樣，由國務院稅務主管部門統一制定。其具體包括：
　　(1)《個人所得稅基礎信息表（A 表）》，此表由扣繳義務人填報。
　　(2)《個人所得稅基礎信息表（B 表）》，此表適用於自然人納稅人基礎信息的填報。
　　(3)《扣繳個人所得稅報告表》，此表適用於扣繳義務人辦理全員全額扣繳個人所得稅申報（包括向個人支付應納稅所得額，但低於減除費用、不需扣繳稅款情形的申報）以及特定行業職工工資、薪金所得個人所得稅的月份申報。
　　(4)《特定行業個人所得稅年度申報表》，此表適用於特定行業工資、薪金所得個人所得稅的年度申報。
　　(5)《個人所得稅納稅申報表（適用於年所得 12 萬元以上的納稅人申報）》，此表適用於年所得 12 萬元以上納稅人的年度自行申報。
　　(6)《個人所得稅自行納稅申報表（A 表）》，此表適用於「從中國境內兩處或者兩處以上取得工資、薪金所得的」「取得應納稅所得，沒有扣繳義務人的」以及「國務院規定的其他情形」的個人所得稅申報。納稅人在辦理申報時，須同時附報《個人所得稅基礎信息表（B 表）》。
　　(7)《個人所得稅自行納稅申報表（B 表）》，此表適用於「從中國境外取得所得」的納稅人的納稅申報。納稅人在辦理申報時，須同時附報《個人所得稅基礎信息表（B 表）》。
　　(8)《個人所得稅生產經營所得納稅申報表（A 表）》，此表適用於個體工商戶、企事業單位承包承租經營者、個人獨資企業投資者和合夥企業合夥人在中國境內取得「個體工商戶的生產、經營所得」或「對企事業單位的承包經營、承租經營所得」的個人所得稅月度（季度）納稅申報。合夥企業有兩個或兩個以上自然人合夥人的，應分別填報本表。
　　(9)《個人所得稅生產經營所得納稅申報表（B 表）》，此表適用於個體工商戶、企事業單位承包承租經營者、個人獨資企業投資者和合夥企業合夥人在中國境內取得「個體工商戶的生產、經營所得」或「對企事業單位的承包經營、承租經營所得」的個人所得稅 2015 年及以后納稅年度的匯算清繳。合夥企業有兩個或兩個以上自然人合夥人的，應分別填報本表。
　　(10)《個人所得稅生產經營所得納稅申報表（C 表）》，此表適用於個體工商戶、企事業單位承包承租經營者、個人獨資企業投資者和合夥企業合夥人在中國境內兩處或者兩處以上取得「個體工商戶的生產、經營所得」或「對企事業單位的承包經營、承租經營所

得」的，同項所得合併計算納稅的個人所得稅年度匯總納稅申報。

（11）《個人所得稅減免稅事項報告表》，納稅人、扣繳義務人納稅申報時存在減免個人所得稅情形的，應填報本表。

上述表格全部為 Word 表格，表格式樣略。

# 第六篇
# 稅收綜合理論與實務

## 第十二章
## 稅收綜合理論與實務

中國現行稅收體系是由多類稅組成的複合稅體系,包括自然稅類、商品稅類、財產稅類和所得稅類。一項經濟活動涉及多個稅種,一個行業也涉及多個稅種。在稅收實際工作和資格考試中,需要理解多稅種內在聯繫和邏輯關係,熟悉多稅種綜合政策,掌握多稅種綜合計算。

### 第一節 資源品稅收綜合

一、資源品稅收綜合理論

應納資源稅產品(以下簡稱資源品)涉及的稅種有資源稅、增值稅、城市維護建設稅、教育費附加和地方教育附加等,如表12-1所示。

表 12-1　　　　　　　　　資源品涉及稅種

| 稅種 | 稅基 | 稅率、徵收率或費率 |
|---|---|---|
| 資源稅 | 銷售額、銷售量 | 比例稅率、定額稅率 |
| 增值稅 | 銷售額 | 稅率17%、13%;徵收率5%、3% |
| 城市維護建設稅 | 實際繳納的增值稅額 | 7%、5%、1% |
| 教育費附加 | 實際繳納的增值稅額 | 3% |
| 地方教育附加 | 實際繳納的增值稅額 | 2% |

(1)開採或生產資源品並銷售或自用,應納資源稅;納稅人用已納資源稅產品進一步加工應納資源稅產品銷售的,不再繳納資源稅。銷售資源品及其加工產品,均應納增值稅。

(2)資源稅採用從價定率或從量定額計稅方法,適用比例稅率或定額稅率。增值稅採用從價定率計稅方法,食用鹽、煤氣、石油液化氣、天然氣、沼氣、居民用煤炭製品,增值稅稅率為13%;其他礦產品及其加工產品增值稅稅率為17%。資源品的增值稅徵收率為3%。中外合作油(氣)田按合同開採的原油、天然氣應按實物徵收增值稅,徵收率為5%,

在計徵增值稅時，不抵扣進項稅額；中國海洋石油總公司海上自營油田比照上述規定執行。

（3）資源稅的稅基為銷售額或銷售量，增值稅的稅基為銷售額。資源稅為價內稅，銷售額含資源稅，不含增值稅；增值稅為價外稅，銷售額含資源稅，不含增值稅。

（4）資源稅的徵稅形態為精礦的，銷售原礦時，應將原礦銷售額換算為精礦銷售額；資源稅的徵稅形態為原礦的，銷售精礦時，應將精礦銷售額折算為原礦銷售額。增值稅稅基為銷售額，無須換算或折算。

（5）資源稅銷售額不包括運雜費用，運雜費用是指應稅產品從坑口或洗選（加工）地到車站、碼頭或購買方指定地點的運輸費用、建設基金以及隨運銷產生的裝卸、倉儲、港雜費用。增值稅銷售額不包括符合條件的代墊運輸費用，如果銷售資源品同時提供交通運輸服務，屬於混合銷售，按銷售資源品計算增值稅。

（6）資源稅採用不抵扣計算方法。增值稅採用抵扣計算方法或簡易計稅方法。

（7）資源品按照實際繳納的增值稅計算城市維護建設稅、教育費附加和地方教育附加。

## 二、資源品稅收綜合實務

[**案例12-1**] 某企業開採粘土，為增值稅一般納稅人，位於建制鎮。該企業1月份購進貨物，取得增值稅專用發票，註明金額1,000萬元、稅額170萬元。該企業當月銷售粘土原礦1萬噸，每噸價格600元（不含增值稅）；將0.5萬噸粘土原礦移送用於製作陶瓷，當月陶瓷銷售額700萬元（不含增值稅）。當地粘土原礦資源稅稅率為0.5元/噸。計算該企業當月應納資源稅、增值稅、城市維護建設稅、教育費附加和地方教育附加。

[解答] 銷售與自用應納資源稅＝（1+0.5）×0.5＝0.75（萬元）

應納增值稅＝（600+700）×17%－170＝51（萬元）

應納城市維護建設稅、教育費附加和地方教育附加＝51×（5%+3%+2%）＝5.1（萬元）

[**案例12-2**] 某銅礦山為增值稅一般納稅人，不在市區、縣城或建制鎮。該礦山2月份購進貨物，取得增值稅專用發票，註明金額180萬元、稅額30.6萬元。該礦山當月銷售銅礦石原礦，價款100萬元（不含增值稅）；另將一批銅礦石原礦移送入選精礦，當月銷售精礦，價款180萬元（不含增值稅）。當地銅精礦資源稅稅率為3%，銅原礦換算比為2.5。計算該銅礦山當月應納資源稅、增值稅、城市維護建設稅、教育費附加和地方教育附加。

[解答] 銷售銅礦石原礦應納資源稅＝100×2.5×3%＝7.5（萬元）

銷售銅礦石精礦應納資源稅＝180×3%＝5.4（萬元）

應納資源稅合計＝7.5+5.4＝12.9（萬元）

應納增值稅＝（100+180）×17%－30.6＝17（萬元）

應納城市維護建設稅、教育費附加和地方教育附加＝17×（1%+3%+2%）＝1.02（萬元）

[**案例12-3**] 某煤礦企業為增值稅一般納稅人，不在市區、縣城或建制鎮。該煤礦企業3月份發生如下業務：

①將自採原煤銷售給A公司，煤價2,000萬元（不含增值稅），另外收取從坑口到車站的運輸費用、建設基金以及隨運銷產生的裝卸、倉儲、港雜費用10萬元（不含增值稅）。

②將自採原煤加工洗選煤，將洗選煤銷售給B公司，價款1,000萬元（不含增值稅），另外收取從洗選地到碼頭的運輸費用、建設基金以及隨運銷產生的裝卸、倉儲、港雜費用5萬元（不含增值稅）。

③購進貨物，取得增值稅專用發票，註明金額2,000萬元、稅額340萬元；支付相關運費，取得增值稅專用發票，註明金額20萬元、稅額2.2萬元。

當地原煤資源稅稅率為2.5%，洗選煤折算率為75%。計算該煤礦企業當月應納資源稅、增值稅、城市維護建設稅、教育費附加和地方教育附加。

[**解答**] 銷售原煤應納資源稅＝2,000×2.5%＝50（萬元）
銷售洗選煤應納資源稅＝1,000×75%×2.5%＝18.75（萬元）
應納資源稅合計＝50+18.75＝68.75（萬元）
應納增值稅＝(2,000+10+1,000+5)×17%－(340+2.2)＝170.35（萬元）
應納城市維護建設稅、教育費附加和地方教育附加＝170.35×(1%+3%+2%)
＝10.22（萬元）

## 第二節　消費品稅收綜合

### 一、消費品稅收綜合理論

應納消費稅產品（以下簡稱消費品）涉及的稅種有菸葉稅（收購菸葉）、消費稅、增值稅、城市維護建設稅、教育費附加、地方教育附加等，如表12-2所示。

表12-2　　　　　　　　　消費品涉及稅種

| 稅種 | 稅基 | 稅率、徵收率或費率 |
|---|---|---|
| 菸葉稅 | 收購金額 | 20% |
| 消費稅 | 銷售額、銷售數量 | 比例稅率、定額稅率、複合稅率 |
| 增值稅 | 銷售額 | 稅率17%；徵收率3% |
| 城市維護建設稅 | 實際繳納的消費稅額和增值稅額 | 7%、5%、1% |
| 教育費附加 | 實際繳納的消費稅額和增值稅額 | 3% |
| 地方教育附加 | 實際繳納的消費稅額和增值稅額 | 2% |

（1）在境內收購菸葉，按收購金額適用20%的稅率計算菸葉稅。

（2）自產銷售、自產自用、委託加工、進口、批發或者零售消費品，應納消費稅，一般實行一次課徵制，但對卷菸實行二次課徵制。銷售或進口消費品，應納增值稅，實行多次課徵制。

（3）消費稅採用從價定率、從量定額、複合計稅方法，適用比例稅率、定額稅率。增值稅採用從價定率計稅方法，消費品適用增值稅稅率均為17%、徵收率為3%。

（4）消費稅稅基為銷售額或銷售數量；增值稅稅基為銷售額。消費稅是價內稅，銷售額含消費稅，不含增值稅；增值稅是價外稅，銷售額含消費稅，不含增值稅。

（5）非貨幣性資產交換，消費稅銷售額為最高銷售價格，增值稅銷售額為平均銷售價格。

（6）委託加工，消費稅納稅人是委託方，銷售額是消費品銷售額；增值稅納稅人是受託方，銷售額是加工費。

（7）消費稅實行耗用抵扣法，只對列舉的中間消費品進行抵扣。增值稅採用抵扣計稅方法、簡易計稅方法和進口計稅方法，一般納稅人銷售採用購進抵扣法，允許抵扣購進貨物、勞務、服務、無形資產、不動產的進項稅額。

（8）消費品按照實際繳納的消費稅和增值稅計算城市維護建設稅、教育費附加和地方教育附加。

### 二、消費品稅收綜合實務

[**案例12-4**] 某菸草公司位於市區，為一般納稅人。該菸草公司4月份向農戶收購菸

葉，開具收購發票，註明收購價格 100,000 元，註明價外補貼 10,000 元。該菸草公司當月銷售菸葉，銷售額 160,000 元（不含增值稅）。計算該菸草公司應納菸葉稅、增值稅、城市維護建設稅、教育費附加和地方教育附加。

[解答] 應納菸葉稅 = 100,000×(1+10%)×20% = 22,000（元）
進項稅額 = (100,000+10,000+22,000)×13% = 17,160（元）
銷項稅額 = 160,000×13% = 20,800（元）
應納增值稅 = 20,800−17,160 = 3,640（元）
應納城市維護建設稅、教育費附加和地方教育附加 = 3,640×(7%+3%+2%)
= 436.8（元）

[案例 12-5] 某酒廠設在縣城，生產黃酒，為增值稅一般納稅人。該酒廠 5 月份購進原材料，取得增值稅專用發票，註明金額 100,000 元、稅額 17,000 元。該酒廠當月銷售黃酒 20,000 斤（1 斤等 500 克，下同），每斤不含增值稅價格 15 元。黃酒消費稅定額稅率為 240 元/噸，計算該酒廠當月應納消費稅、增值稅、城市維護建設稅、教育費附加和地方教育附加。

[解答] 應納消費稅 = 20,000÷2,000×240 = 2,400（元）
應納增值稅 = 20,000×15×17%−17,000 = 34,000（元）
應納城市維護建設稅、教育費附加和地方教育附加 = (2,400+34,000)×(5%+3%+2%)
= 3,640（元）

[案例 12-6] 某筷子廠為增值稅小規模納稅人，生產木制一次性筷子，不在市區、縣城或建制鎮。該筷子廠 6 月份銷售一批木制一次性筷子，開具普通發票，註明金額 300,000 元、稅額 9,000 元，另外收取優質費 30,000 元，包裝費 10,000 元。該筷子廠代墊運費 5,000 元，運輸公司將發票開具給購買方，該筷子廠將該發票轉交給購買方，並收回運費 5,000 元。計算該筷子廠當月應納消費稅、增值稅、城市維護建設稅、教育費附加和地方教育附加。

[解答] 應納消費稅 = [300,000+(30,000+10,000)÷(1+3%)]×5% = 16,941.75（元）
應納增值稅 = [300,000+(30,000+10,000)÷(1+3%)]×3% = 10,165.05（元）
應納城市維護建設稅、教育費附加和地方教育附加 = (16,941.75+10,165.05)×(1%+3%+2%) = 1,626.41（元）

[案例 12-7] 某摩托車生產企業為一般納稅人，位於建制鎮。該摩托車生產企業 7 月份購買貨物，取得增值稅專用發票，註明價款 200,000 元、增值稅額 34,000 元。該摩托車生產企業當月對外銷售同型號的摩托車時共有 3 種價格（均不含增值稅），以 4,000 元的單價銷售 50 輛，以 4,500 元的單價銷售 10 輛，以 4,800 元的單價銷售 5 輛。該摩托車生產企業當月以 20 輛同型號的摩托車與甲企業換取原材料，雙方按當月的加權平均銷售價格確定摩托車的價格。該摩托車氣缸容量在 250 毫升以上，消費稅率為 10%。計算該摩托車生產企業應納消費稅、增值稅、城市維護建設稅、教育費附加和地方教育附加。

[解答] ①進項稅額 = 34,000（元）
②對外銷售摩托車，按銷售額計算消費稅和銷項稅額。
應納消費稅 = (4,000×50+4,500×10+4,800×5)×10% = 26,900（元）
銷項稅額 = (4,000×50+4,500×10+4,800×5)×17% = 45,730（元）
③以摩托車換取原材料，按最高銷售價格計算消費稅，按平均銷售價格計算銷項稅額。
應納消費稅 = 4,800×20×10% = 9,600（元）

銷項稅額＝（4,000×50+4,500×10+4,800×5）÷（50+10+5）×20×17%＝14,070.77（元）
④應納消費稅合計＝26,900+9,600＝36,500（元）
⑤應納增值稅＝（45,730+14,070.77）-34,000＝25,800.77（元）
⑥應納城市維護建設稅、教育費附加和地方教育附加＝（36,500+25,800.77）×（5%+3%+2%）＝6,230.08（元）

[案例12-8] 某企業生產高爾夫球及球具，位於市區，是增值稅一般納稅人。該企業8月份購買原材料，取得專用發票，註明金額30萬元、稅額5.1萬元；委託某協作廠加工一批杆頭，支付加工費15萬元、增值稅2.55萬元，取得專用發票。該協作廠同類杆頭銷售價格52萬元。加工完畢后，該企業收回杆頭，全部用於生產高爾夫球杆，當月銷售高爾夫球杆，取得價款90萬元（不含增值稅）。計算該企業應納消費稅、增值稅、城市維護建設稅、教育費附加和地方教育附加。

[解答]①購買原材料進項稅額＝5.1（萬元）
②委託加工杆頭應納消費稅＝52×10%＝5.2（萬元）
該企業委託加工應納消費稅由協作廠代收代繳。
委託加工進項稅額＝2.55（萬元）
③銷售高爾夫球杆應納消費稅＝90×10%-5.2＝3.8（萬元）
銷售高爾夫球杆銷項稅額＝90×17%＝15.3（萬元）
④應納增值稅＝15.3-（5.1+2.55）＝7.65（萬元）
⑤應納城市維護建設稅、教育費附加和地方教育附加＝（3.8+7.65）×（7%+3%+2%）
＝1.37（萬元）

[案例12-9] 某卷菸生產企業，購進菸絲用於生產卷菸，為位於縣城的增值稅一般納稅人。該卷菸生產企業9月初庫存外購應稅菸絲金額30萬元（不含增值稅，下同），當月又外購應稅菸絲金額200萬元（取得增值稅專用發票），月末庫存菸絲金額20萬元，其余被當月生產卷菸領用。該卷菸生產企業當月銷售卷菸2萬標準條，每標準條150元。計算該卷菸當月應納消費稅、增值稅、城市維護建設稅、教育費附加和地方教育附加。

[解答]①外購菸絲進項稅額＝200×17%＝34（萬元）
領用外購菸絲可抵扣的消費稅＝（30+200-20）×30%＝63（萬元）
②銷售卷菸銷項稅額＝2×150×17%＝51（萬元）
該卷菸每標準條150元，屬於甲類卷菸。
銷售卷菸應納消費稅＝2×0.6+2×150×56%-63＝169.2-63＝106.2（萬元）
③應納增值稅＝51-34＝17（萬元）
④應納城市維護建設稅、教育費附加和地方教育附加＝（106.2+17）×（5%+3%+2%）
＝12.32（萬元）

## 第三節　進口稅收綜合

### 一、進口稅收綜合理論

進口貨物涉及的稅種有進口貨物關稅、消費稅（進口消費品）、增值稅、車輛購置稅（進口車輛自用），如表12-3所示。

表 12-3　　　　　　　　　　進口貨物涉及稅種

| 稅種 | 稅基 | 稅率 |
| --- | --- | --- |
| 進口貨物關稅 | 計稅價格、計稅數量 | 比例稅率（含滑準稅率）、定額稅率、複合稅率、選擇稅率 |
| 消費稅 | 組成計稅價格、計稅數量 | 比例稅率、定額稅率、複合稅率 |
| 增值稅 | 組成計稅價格 | 17%、13%、5% |
| 車輛購置稅 | 組成計稅價格 | 10%、減按 5% |

（1）進口資源品不納資源稅。

（2）海關對進口貨物徵收關稅，代徵增值稅，對進口消費品還代徵消費稅。

（3）海關對進口貨物代徵的增值稅、消費稅，不徵收城市維護建設稅、教育費附加和地方教育附加；但進口貨物后在境內銷售應納的境內增值稅，徵收城市維護建設稅、教育費附加和地方教育附加。

（4）進口貨物關稅採用從價定率、從量定額、複合計稅、選擇計稅方法，稅率形式有比例稅率（含滑準稅率）、定額稅率、複合稅率、選擇稅率。消費稅採用從價定率、從量定額、複合計稅方法，稅率形式有比例稅率、定額稅率、複合稅率。增值稅採用從價定率計稅方法，稅率形式為比例稅率 17%、13%、5%。車輛購置稅採用從價定率計稅方法，稅率形式為比例稅率 10%、減按 5%。

（5）進口貨物關稅計稅價格不含關稅、消費稅、增值稅和車輛購置稅。進口消費稅、增值稅、車輛購置稅單位組成計稅價格一致，均包括關稅計稅價格，均含關稅和消費稅，均不含增值稅和車輛購置稅，但進口車輛數量與進口自用車輛數量可能不相等。

（6）進口貨物為初始環節，消費稅不抵扣；進口貨物增值稅採用進口計稅方法，不抵扣進項稅額。

（7）對境外單位或者個人在境內銷售服務、無形資產、不動產，在境內未設有經營機構，以購買方為增值稅扣繳義務人。扣繳義務人採用扣繳計稅方法，不抵扣進項稅額，稅率形式為比例稅率 17%、11%、6%。

## 二、進口稅收綜合實務

[案例 12-10] 某外貿公司位於市區，為增值稅一般納稅人。該外貿公司 2016 年 10 月報關進口 120 臺電視攝像機（稅號 8525.8012），原產地美國，每臺關稅完稅價格 8,000 美元。人民幣匯率中間價為 1 美元對人民幣 6.506,0 元。電視攝像機普通稅率為完稅價格不高於 5,000 美元/臺的，130%；完稅價格高於 5,000 美元/臺的，6%，加 51,500 元。最惠國稅率為完稅價格不高於 5,000 美元/臺的，35%；完稅價格高於 5,000 美元/臺的，3%，加 9,278 元。該外貿公司當月銷售 100 臺電視攝像機，每臺 80,000 元（不含增值稅）。計算該外貿公司應納進口關稅、進口增值稅、境內增值稅、城市維護建設稅、教育費附加和地方教育附加。

[解答] 原產地美國，適用最惠國稅率，電視攝像機完稅價格高於 5,000 美元/臺，適用複合稅率。

應納進口關稅 = 120×9,278+120×8,000×6.506,0×3% = 1,300,732.80（元）

應納進口增值稅 =（120×8,000×6.506,0+1,300,732.80）×17% = 1,282,903.78（元）

應納境內增值稅 = 80,000×100×17%−1,282,903.78 = 77,096.22（元）

應納城市維護建設稅、教育費附加和地方教育附加＝77,096.22×(7%+3%+2%)
＝9,251.55（元）

[案例 12-11] 某公司位於縣城，系增值稅一般納稅人。該公司 2016 年 11 月進口一批指（趾）甲化妝品（稅號 3304.3000），屬高檔化妝品，原產地法國，關稅完稅價格 255 萬元。該公司當月將這批化妝品銷售，不含增值稅銷售額為 400 萬元。指（趾）甲化妝品最惠國稅率為 15%，2016 年暫定稅率為 10%。計算該公司應納進口關稅、進口消費稅、進口增值稅、境內增值稅、城市維護建設稅、教育費附加和地方教育附加。

[解答] 適用最惠國稅率的進口貨物有暫定稅率的，應當適用暫定稅率。
應納進口關稅＝255×10%＝25.5（萬元）
組成計稅價格＝(255+25.5)÷(1-15%)＝330（萬元）
應納進口消費稅＝330×15%＝49.5（萬元）
應納進口增值稅＝330×17%＝56.1（萬元）
應納境內增值稅＝400×17%－56.1＝11.9（萬元）
應納城市維護建設稅、教育費附加和地方教育附加＝11.9×(5%+3%+2%)＝1.19（萬元）

[案例 12-12] 某外貿公司 12 月份從國外進口卷菸 3,000 條（每條 200 支），支付買價 120,000 元，支付到達中國海關前的運輸費用 20,000 元、保險費用 10,000 元。該批進口卷菸的關稅稅率為 25%。計算該外貿公司進口環節應納關稅、消費稅和增值稅。

[解答] 每條關稅完稅價格＝(120,000+20,000+10,000)÷3,000＝50（元）
應納進口關稅＝3,000×50×25%＝37,500（元）
按乙類卷菸試算如下：
每條組成計稅價格＝[50×(1+25%)+0.6]÷(1-36%)＝98.59（元）≥70（元）
因此，該批進口卷菸不屬於乙類卷菸，應按甲類卷菸計算。
按甲類卷菸試算如下：
每條組成計稅價格＝[50×(1+25%)+0.6]÷(1-56%)＝143.41≥70（元）
應納進口消費稅＝3,000×0.6+3,000×143.41×56%＝242,728.80（元）
應納進口增值稅＝3,000×143.41×17%＝73,139.10（元）

[案例 12-13] 某進出口公司 1 月份從國外進口排氣量 2 升的小汽車 10 輛，該批小汽車關稅完稅價格為每輛 190,000 元人民幣。該公司留下 2 輛小轎車自用。該批小汽車關稅稅率為 25%，消費稅稅率為 5%。計算應納進口關稅、進口消費稅、進口增值稅和車輛購置稅。

[解答] 應納進口關稅＝190,000×10×25%＝475,000（元）
組成計稅價格＝(190,000×10+475,000)÷(1-5%)＝2,500,000（元）
應納進口消費稅＝2,500,000×5%＝125,000（元）
應納進口增值稅＝2,500,000×17%＝425,000（元）
應納車輛購置稅＝2,500,000÷10×2×10%＝50,000（元）

## 第四節　出口稅收綜合

### 一、出口稅收綜合理論

出口貨物和勞務，跨境服務和無形資產涉及的稅種有資源稅（出口資源品）、出口貨物關稅（少數出口貨物）、消費稅（出口消費品）、增值稅（出口貨物和勞務、跨境服務和無

形資產)、城市維護建設稅、教育費附加和地方教育附加等,如表12-4所示。

表12-4　　　　　　　　　　　出口涉及稅種

| 稅種 | 稅基 | 稅率、退稅率或費率 |
| --- | --- | --- |
| 資源稅 | 銷售額、銷售量 | 比例稅率、定額稅率 |
| 出口貨物關稅 | 計稅價格、計稅數量 | 比例稅率、定額稅率 |
| 消費稅 | 銷售額、銷售數量 | 退稅率＝稅率(比例稅率、定額稅率、複合稅率) |
| 增值稅 | 出口貨物離岸價-免稅購進原材料價格 | 退稅率≤稅率或徵收率(17%、13%、11%、6%、3%) |
| 城市維護建設稅 | 實際繳納的消費稅額和增值稅額 | 7%、5%、1% |
| 教育費附加 | 實際繳納的消費稅額和增值稅額 | 3% |
| 地方教育附加 | 實際繳納的消費稅額和增值稅額 | 2% |

(1) 出口資源品,不退(免)資源稅。納稅人將其開採的資源品直接出口的,按其離岸價格(不含增值稅)計算銷售額徵收資源稅。

(2) 對大部分出口貨物不徵收出口關稅;對少數出口貨物徵收出口關稅,採用從價定率或從價定額計稅方法,適用比例稅率或定額稅率。

(3) 對出口消費品,消費稅實行退(免)稅政策、免稅政策和徵稅政策。對出口貨物和勞務、跨境服務和無形資產,增值稅實行退(免)稅政策、免稅政策和徵稅政策。

(4) 生產企業生產消費品出口,消費稅實行免稅政策,增值稅實行退(免)稅政策。外貿企業購買消費品出口,消費稅和增值稅均實行退(免)稅政策。消費稅退稅率＝稅率;增值稅退稅率≤稅率或徵收率(17%、13%、11%、6%、3%)。

(5) 出口貨物退還增值稅、消費稅的,不退還已納的城市維護建設稅、教育費附加。

(6) 經國家稅務局正式審核批准的當期免抵的增值稅稅額應納入城市維護建設稅和教育費附加的計徵範圍,分別按規定的稅(費)率徵收城市維護建設稅和教育費附加。

### 二、出口稅收綜合實務

[案例12-14] 某錫礦山系增值稅一般納稅人,不在市區、縣城或建制鎮。該錫礦山2016年2月份購進貨物,取得增值稅專用發票,註明金額400萬元、稅額68萬元。該錫礦山當月境內銷售錫礦石精礦60噸,不含增值稅每噸6萬元;出口錫礦石精礦30噸(稅號2609.0000),每噸離岸價1.2萬美元,1美元對人民幣6.5元。當地錫精礦資源稅稅率為5%;錫礦砂及其精礦出口關稅稅率為50%,2016年暫定稅率為20%,出口增值稅退稅率為0。計算該錫礦山應納資源稅、關稅、增值稅、城市維護建設稅、教育費附加和地方教育附加。

[解答] 應納出口關稅＝30×1.2×6.5÷(1+20%)×20%＝39(萬元)

應納資源稅＝[60×6+30×1.2×6.5÷(1+17%)]×5%＝28(萬元)

應納增值稅＝60×6×17%－68+30×1.2×6.5÷(1+17%－0)×(17%－0)＝27.2(萬元)

應納城市維護建設稅、教育費附加和地方教育附加＝27.2×(1%+3%+2%)＝1.63(萬元)

[案例12-15] 某外貿公司為增值稅一般納稅人,3月份從白酒廠購進白酒8,000瓶(每瓶1斤),取得增值稅專用發票,不含增值稅單價100元(含增值稅單價117元)。該外貿公司當月出口白酒6,000瓶,每瓶離岸價格折合人民幣90元。白酒消費稅定額稅率為0.5元/斤,比例稅率為20%;出口增值稅退稅率15%。計算該外貿公司應退消費稅和增

值稅。

[解答] 應退消費稅 = 6,000×0.5+6,000×100×20% = 123,000（元）
應退增值稅 = 6,000×100×15% = 90,000（元）

[案例 12-16] 某自營出口的菸花生產企業位於縣城，為增值稅一般納稅人。該企業 4 月份有關經營業務為購進原材料一批，取得增值稅專用發票，註明金額 200 萬元、稅額 34 萬元，上期期末留抵稅款 3 萬元；本月境內銷售菸花不含增值稅銷售額 100 萬元。本月出口菸花離岸價格 30 萬美元，1 美元對人民幣 6.5 元。上述款項均通過銀行收付。菸花消費稅稅率為 15%，出口增值稅退稅率為 13%。計算該企業應納消費稅、增值稅、城市維護建設稅、教育費附加和地方教育附加。

[解答] ①境內銷售菸花應納消費稅 = 100×15% = 15（萬元）
出口菸花免徵消費稅。
②應納增值稅 = 100×17%－(34+3)+30×6.5×(17%－13%) = －12.2（萬元）
③應退增值稅限額（免抵退稅額）= 30×6.5×13% = 25.35（萬元）
④應退增值稅 = MIN(12.2,25.35) = 12.2（萬元）
⑤免抵稅額 = 25.35－12.2 = 13.15（萬元）
⑥結轉下期抵扣的進項稅額 = 12.2－12.2 = 0
⑦應納城市維護建設稅、教育費附加和地方教育附加 = (15+13.15)×(5%+3%+2%) = 2.82（萬元）

## 第五節　房地產稅收綜合

### 一、房地產稅收綜合理論

（1）房地產開發、轉讓涉及的稅種有契稅、耕地占用稅、增值稅、城市維護建設稅、教育費附加、地方教育附加、印花稅、土地增值稅、企業所得稅和個人所得稅等，如表 12-5 所示。

表 12-5　　　　　　　房地產開發、轉讓涉及稅種

| 稅種 | 稅基 | 稅率、徵收率或費率 |
| --- | --- | --- |
| 契稅 | 計稅價格 | 3%~5%、減按 2%、1.5%、1% |
| 耕地占用稅 | 實際占用的耕地面積 | 5~50 元/平方米 |
| 城鎮土地使用稅 | 實際占用的土地面積 | 0.6~30 元/平方米 |
| 增值稅 | 銷售額全額或差額 | 稅率 11%；徵收率 5% |
| 城市維護建設稅 | 實際繳納的增值稅額 | 7%、5%、1% |
| 教育費附加 | 實際繳納的增值稅額 | 3% |
| 地方教育附加 | 實際繳納的增值稅額 | 2% |
| 印花稅 | 產權轉移書據所載金額 | 0.05% |
| 土地增值稅 | 增值額 | 30%~60% 四級超率累進稅率 |
| 企業所得稅 | 應納稅所得額 | 25% 或 20% |
| 個人所得稅 | 財產轉讓所得 | 20% |

(2) 房地產持有、出租涉及的稅種有增值稅、城市維護建設稅、教育費附加、地方教育附加、印花稅、城鎮土地使用稅、房產稅、企業所得稅和個人所得稅等，如表 12-6 所示。

表 12-6　　　　　　　　　房地產持有、出租涉及稅種

| 稅種 | 稅基 | 稅率、徵收率或費率 |
| --- | --- | --- |
| 增值稅 | 租金收入 | 稅率11%；徵收率5%、3%、1.5% |
| 城市維護建設稅 | 實際繳納的增值稅額 | 7%、5%、1% |
| 教育費附加 | 實際繳納的增值稅額 | 3% |
| 地方教育附加 | 實際繳納的增值稅額 | 2% |
| 印花稅 | 租賃金額 | 0.1% |
| 城鎮土地使用稅 | 實際佔用的土地面積 | 0.6~30元/平方米 |
| 房產稅 | 自營：房產余值<br>出租：租金收入 | 自營：1.2%<br>出租：12%、4% |
| 企業所得稅 | 應納稅所得額 | 25%、20% |
| 個人所得稅 | 財產租賃所得 | 20%、10% |

## 二、房地產稅收綜合實務

[案例12-17] 某房地產開發公司為一般納稅人，2016年5月以轉讓方式從其他公司取得土地使用權，依據轉讓合同不含增值稅土地價款8,000萬元，取得專用發票，註明金額8,000萬元、稅額400萬元，當月辦妥土地使用證並支付了相關稅費。自2016年6月起至2017年8月末，該房地產開發公司使用受讓土地60%（其余40%尚未使用）的面積開發建造一棟寫字樓並全部銷售，銷售合同記載銷售收入18,000萬元（不含稅）。在開發過程中，該房地產開發公司與建築公司簽訂建築承包合同記載勞務費和材料費6,200萬元（不含稅），取得專用發票，註明金額6,200萬元、稅額682萬元。該房地產開發公司開發銷售期間發生管理費用700萬元、銷售費用400萬元、利息費用500萬元（只有70%能夠提供金融機構的證明）。

說明：當地適用的城市維護建設稅稅率為5%，教育費附加徵收率為3%，地方教育附加徵收率為2%，契稅稅率為3%，建築安裝工程承包合同適用的印花稅稅率為0.3‰，產權轉移書據適用的印花稅稅率為0.5‰，其他開發費用扣除比例為4%。

要求：根據上述資料，按照下列序號計算回答問題，每問需計算出合計數。
①計算該房地產開發公司應納印花稅。
②計算該房地產開發公司應納增值稅。
③計算該房地產開發公司土地增值額時可扣除的地價款和契稅。
④計算該房地產開發公司土地增值額時可扣除的開發費用。
⑤計算該房地產開發公司土地增值額時可扣除的城市維護建設稅、教育費附加和地方教育附加。
⑥計算該房地產開發公司銷售寫字樓應繳土地增值稅的增值額。
⑦計算該房地產開發公司銷售寫字樓應繳納的土地增值稅。

[解答] ①應納印花稅 = 8,000×0.05%+18,000×0.05%+0.000,5+6,200×0.03‰
　　　　　　　　　　= 14.86（萬元）
②應納增值稅 = 18,000×11%-400-682 = 898（萬元）

③可扣除的地價款和契稅＝（8,000+8,000×3%）×60%＝4,944（萬元）
④可扣除的開發費用＝500×70%+（4,944+6,200）×4%＝795.76（萬元）
⑤可扣除的城市維護建設稅、教育費附加和地方教育附加＝（18,000×11%-400×60%-682）×（5%+3%+2%）＝105.8（萬元）
⑥扣除合計＝4,944+6,200+795.76+105.8+（4,944+6,200）×20%＝14,274.36（萬元）
增值額＝18,000-14,274.36＝3,725.64（萬元）
⑦增值率＝3,725.64÷14,274.36×100%＝26.1%
應納土地增值稅＝3,725.64×30%＝1,117.69（萬元）

[案例12-18] 閻某系某市居民，於2013年6月以200萬元在市區購得一臨街商鋪，同時支付相關稅費2萬元，購置后一直對外出租。2016年6月，閻某將臨街商鋪改租為賣，以價稅合計300萬元轉讓給他人，經相關評估機構評定，房屋的重置成本價為260萬元，成新度折扣率為80%。

要求：根據上述資料，按下列序號計算回答問題，每問需計算出合計數。
①轉讓商鋪應納增值稅。
②轉讓商鋪應納城市維護建設稅、教育費附加和地方教育附加。
③轉讓商鋪應納印花稅。
④轉讓商鋪應納土地增值稅。
⑤轉讓商鋪應納個人所得稅。

[解答] ①應納增值稅＝（300-200）÷（1+5%）×5%＝4.76（萬元）
②應納城市維護建設稅、教育費附加和地方教育附加＝4.76×（7%+3%+2%）
＝0.57（萬元）
③印花稅＝300×0.05%＝0.15（萬元）
④轉讓收入＝300-4.76＝295.24（萬元）
扣除項目金額＝260×80%+0.57+0.15＝208.72（萬元）
增值額＝295.24-208.72＝86.52（萬元）
增值率＝86.52÷208.72＝41.45%
土地增值稅＝86.52×30%＝25.96（萬元）
⑤應納個人所得稅＝（295.24-200-2-0.57-0.15-25.96）×20%＝13.31（萬元）

[案例12-19] 余某系長沙市居民，發生如下房屋買賣、租賃業務：

① 2016年3月，余某在市區從開發商手中購買一套面積120平方米普通住房，成交價格600,000元，取得普通發票，該住房屬於余某家庭唯一住房。
② 2016年4月，余某在市區從開發商手中以購得臨街商鋪，成交價格3,000,000元，取得普通發票。
③ 2016年5月，余某在市區從開發商手中購買一套面積90平方米普通住房，取得普通發票，註明金額450,000元，稅額22,500元。
④ 自2016年6月起，余某將商鋪出租，每月收取租金30,000元。
⑤ 2016年6月，余某登記結婚，並將面積90平方米普通住房產權無償過戶到其妻子名下。
⑥ 2016年7月至2017年12月，余某妻子將90平方米普通住房用於出租，每月租金3,000元。
⑦ 2017年1月，余某妻子將90平方米普通住房轉讓，向地稅部門申報的合同價格500,000元（不含增值稅），經存量房交易納稅評估系統評估的計稅價格為540,000元（不含增值稅），交易雙方對評估結果無異議，並且葉某妻子提供原購房發票和稅票。

當地契稅稅率為4%。計算各項業務應納稅費。

[解答] ①自 2008 年 11 月 1 日起，對個人銷售或購買住房暫免徵收印花稅。

自 2016 年 2 月 22 日起，對個人購買家庭唯一住房（家庭成員範圍包括購房人、配偶以及未成年子女，下同），面積為 90 平方米及以下的，減按 1%的稅率徵收契稅；面積為 90 平方米以上的，減按 1.5%的稅率徵收契稅。

首次購買住房應納契稅＝600,000×1.5%＝9,000（元）

②購買商鋪應納契稅＝3,000,000×4%＝120,000（元）

購買商鋪應納印花稅＝3,000,000×5÷10,000＝1,500（元）

③自 2008 年 11 月 1 日起，對個人銷售或購買住房暫免徵收印花稅。

自 2016 年 2 月 22 日起，北京市、上海市、廣州市、深圳市以外的其他地區，對個人購買家庭第二套改善性住房，面積為 90 平方米及以下的，減按 1%的稅率徵收契稅；面積為 90 平方米以上的，減按 2%的稅率徵收契稅。家庭第二套改善性住房是指已擁有一套住房的家庭，購買的家庭第二套住房。

購買第二套住房應納契稅＝450,000×1%＝4,500（元）

④葉某出租商鋪，每月租金收入不超過 3 萬元的，免徵增值稅。

出租商鋪每月應納印花稅＝30,000×0.1%＝30（元）

出租商鋪每月應納房產稅＝30,000×12%＝3,600（元）

出租商鋪每月應納個人所得稅＝(30,000-30-3,600)×80%×20%＝4,219.2（元）

⑤自 2006 年 5 月 1 日起，涉及家庭財產分割的個人無償轉讓不動產、土地使用權，免徵增值稅。家庭財產分割，包括下列情形：離婚財產分割；無償贈與配偶、父母、子女、祖父母、外祖父母、孫子女、外孫子女、兄弟姐妹；無償贈與對其承擔直接撫養或者贍養義務的撫養人或者贍養人；房屋產權所有人死亡，法定繼承人、遺囑繼承人或者受遺贈人依法取得房屋產權。

以下情形的房屋產權無償贈與，對當事雙方不徵收個人所得稅：房屋產權所有人將房屋產權無償贈與配偶、父母、子女、祖父母、外祖父母、孫子女、外孫子女、兄弟姐妹；房屋產權所有人將房屋產權無償贈與對其承擔直接撫養或者贍養義務的撫養人或者贍養人；房屋產權所有人死亡，依法取得房屋產權的法定繼承人、遺囑繼承人或者受遺贈人。

自 2013 年 12 月 31 日起，在婚姻關係存續期間，房屋、土地權屬原歸夫妻一方所有，變更為夫妻雙方共有或另一方所有的；或者房屋、土地權屬原歸夫妻雙方共有，變更為其中一方所有的；或者房屋、土地權屬原歸夫妻雙方共有，雙方約定、變更共有份額的，免徵契稅。

⑥葉某妻子出租住房，每月租金收入不超過 3 萬元的，免徵增值稅。

自 2008 年 3 月 1 日起，對個人出租、承租住房簽訂的租賃合同，免徵印花稅；對個人出租住房，免徵城鎮土地使用稅，按 4%的稅率徵收房產稅；對個人出租住房取得的所得減按 10%的稅率徵收個人所得稅。

每月出租住房應納房產稅＝3,000×4%＝120（元）

每月出租住房應納個人所得稅＝(3,000-120-800)×10%＝208（元）

⑦個人轉讓自用達 5 年以上，並且是唯一的家庭生活用房取得的所得，免徵個人所得稅。

自 2008 年 11 月 1 日起，對個人銷售或購買住房暫免徵收印花稅；對個人銷售住房暫免徵收土地增值稅。

自 2016 年 5 月 1 日起，個人將購買不足 2 年的住房對外銷售的，按照 5%的徵收率全額繳納增值稅；個人將購買 2 年以上（含 2 年）的住房對外銷售的，免徵增值稅。上述政策適用於北京市、上海市、廣州市和深圳市之外的地區。

轉讓住房應納增值稅＝540,000×5%＝27,000（元）

轉讓住房應納城市維護建設稅、教育費附加和地方教育附加 = 27,000×(7%+3%+2%)
= 3,240（元）

應納個人所得稅 = (540,000-450,000-22,500-4,500-3,240)×20% = 11,952（元）

# 第六節 自然稅、商品稅、財產稅、所得稅綜合

## 一、自然稅、商品稅、財產稅、所得稅綜合理論

中國現行稅收體系是一個由多稅類組成的複合稅體系。企業生產經營一般涉及商品稅、財產稅、所得稅，少數企業還涉及自然稅。

儘管現行有效稅種有17個，但並不是每個納稅人都要繳納所有的稅種。納稅人只有發生了稅法規定的應稅行為，才需要繳納相應的稅收；如果沒有發生這些應稅行為，就不需要繳納相應的稅收。從實際情況來看，規模比較大、經營範圍比較廣的企業涉及的稅種一般在10個左右，而大多數企業繳納的稅種在6~8個。現行17個稅種計稅方法如表12-7所示。

表12-7　　　　　　　　　　現行稅種計稅方法一覽表

| 稅種名稱 | 計稅方法 | 稅基 | 稅率 | 可否抵扣 | 可否扣除 | 價內與價外 |
|---|---|---|---|---|---|---|
| 資源稅 | 從價定率、從量定額 | 銷售額、銷售量 | 比例稅率、定額稅率 | 不抵扣 | 全額 | 價內 |
| 耕地占用稅 | 從量定額 | 實際占用的耕地面積 | 定額稅率 | 不抵扣 | 不扣除 | 從量 |
| 菸葉稅 | 從價定率 | 收購金額 | 比例稅率 | 不抵扣 | 全額 | 價外 |
| 消費稅 | 從價定率、從量定額、複合計稅 | 銷售額、組成計稅價格、銷售數量 | 比例稅率、定額稅率、複合稅率 | 可抵扣 | 全額 | 價內 |
| 關稅 | 從價定率、從量定額、複合計稅、選擇計稅 | 計稅價格、計稅數量 | 比例稅率（含滑準稅率）、定額稅率、複合稅率、選擇稅率 | 不抵扣 | 全額 | 價外 |
| 船舶噸稅 | 從量定額 | 船舶淨噸位 | 定額稅率 | 不抵扣 | 不扣除 | 從量 |
| 增值稅 | 從價定率 | 銷售額、組成計稅價格 | 比例稅率、徵收率 | 可抵扣 | 全額、差額 | 價外 |
| 城市維護建設稅 | 從價定率 | 實際繳納的增值稅和消費稅 | 比例稅率 | 不抵扣 | 全額 | 價內 |
| 印花稅 | 從價定率、從量定額 | 計稅金額、計稅數量 | 比例稅率、定額稅率 | 不抵扣 | 全額 | 價內、價外 |
| 契稅 | 從價定率 | 計稅價格 | 比例稅率 | 不抵扣 | 全額、差額 | 價外 |
| 土地增值稅 | 從價定率 | 增值額 | 超率累進稅率 | 不抵扣 | 差額 | 價內 |
| 城鎮土地使用稅 | 從量定額 | 實際占用的土地面積 | 定額稅率 | 不抵扣 | 不扣除 | 從量 |
| 房產稅 | 從價定率 | 房產餘值、房產租金 | 比例稅率 | 不抵扣 | 全額、差額 | 價內 |
| 車輛購置稅 | 從價定率 | 計稅價格 | 比例稅率 | 不抵扣 | 全額 | 價外 |
| 車船稅 | 從量定額 | 計稅數量 | 定額稅率 | 不抵扣 | 不扣除 | 從量 |
| 企業所得稅 | 從價定率 | 應納稅所得額 | 比例稅率 | 可抵扣 | 差額、全額 | 價內 |

表12-7(續)

| 稅種名稱 | 計稅方法 | 稅基 | 稅率 | 可否抵扣 | 可否扣除 | 價內與價外 |
|---|---|---|---|---|---|---|
| 個人所得稅 | 從價定率 | 應納稅所得額 | 比例稅率、超額累進稅率 | 可抵扣 | 差額、全額 | 價內 |

## 二、自然稅、商品稅、財產稅、所得稅綜合實務

[案例12-20] 某小汽車生產企業為增值稅一般納稅人，2016年度自行核算的相關數據為：全年取得產品銷售收入總額68,000萬元，產品銷售成本45,800萬元，營業稅金及附加9,250萬元，銷售費用3,600萬元，管理費用2,900萬元，財務費用870萬元。另外，取得營業外收入320萬元以及直接投資其他居民企業分回的股息收入550萬元，發生營業外支出1,050萬元，全年實現利潤總額5,400萬元，應納企業所得稅1,350萬元。

2017年2月該小汽車生產企業經聘請的會計師事務所對2016年度的經營情況進行審核，發現以下相關問題：

① 12月20日該企業收到代銷公司代銷5輛小汽車的代銷清單及貨款163.8萬元（小汽車每輛成本價20萬元，與代銷公司不含稅結算價28萬元）。企業會計處理為：

借：銀行存款——代銷汽車款　　　　　　1,638,000
　　貸：預收帳款——代銷汽車款　　　　　　　　1,638,000

② 管理費用中含有業務招待費280萬元、新技術研究開發費用120萬元。

③ 營業外支出中含該企業通過省教育廳向某山區中小學捐款800萬元。

④ 成本費用中含2013年度實際發生的工資費用3,000萬元、職工福利費480萬元、職工工會經費90萬元、職工教育經費70萬元。

⑤ 6月10日該企業購入一臺符合有關目錄要求的安全生產專用設備，取得增值稅專用發票，註明金額200萬元、增值稅額34萬元，當月投入使用，預計淨殘值率為5%，該安全生產專用設備使用期限為10年，該企業選擇縮短折舊年限按5年計提折舊，當年已經計提了折舊費用19萬元。

該企業生產的小汽車適用消費稅稅率為9%、城市維護建設稅稅率為5%、教育費附加徵收率為3%、地方教育附加徵收率為2%，12月末「應交稅費——應交增值稅」帳戶借方無餘額。

要求：計算並填列《企業所得稅計算表》（見表12-8）。

表12-8　　　　　　　　　　　企業所得稅計算表　　　　　　　　　單位：萬元

| 類別 | 行次 | 項目 | 金額 |
|---|---|---|---|

表12-8(續)

| 類別 | 行次 | 項目 | 金額 |
|---|---|---|---|
| 利潤總額計算 | 1 | 一、營業收入 | |
| | 2 | 減：營業成本 | |
| | 3 | 　　營業稅金及附加 | |
| | 4 | 　　銷售費用 | |
| | 5 | 　　管理費用 | |
| | 6 | 　　財務費用 | |
| | 7 | 　　資產減值損失 | |
| | 8 | 加：公允價值變動收益 | |
| | 9 | 　　投資收益 | |
| | 10 | 二、營業利潤 | |
| | 11 | 加：營業外收入 | |
| | 12 | 減：營業外支出 | |
| | 13 | 三、利潤總額 | |
| 應納稅所得額計算 | 14 | 加：納稅調整增加額 | |
| | 15 | 　　業務招待費支出 | |
| | 16 | 　　公益性捐贈支出 | |
| | 17 | 　　職工福利支出 | |
| | 18 | 　　職工工會經費支出 | |
| | 19 | 　　其他調增項目 | |
| | 20 | 減：納稅調整減少額 | |
| | 21 | 　　加計扣除 | |
| | 22 | 　　免稅收入 | |
| | 23 | 四、應納稅所得額 | |
| 稅額計算 | 24 | 稅率 | |
| | 25 | 應納所得稅額 | |
| | 26 | 抵免所得稅額 | |
| | 27 | 五、實際應納稅額 | |

[**解答**] 第1行：營業收入 = 68,000 + 28×5 = 68,140（萬元）

第2行：營業成本 = 45,800 + 20×5 = 45,900（萬元）

第3行：營業稅金及附加 = 9,250 + (5×28×17% + 5×28×9%)×(5% + 3% + 2%) + 5×28×9%
　　　　= 9,266.24（萬元）

第10行：營業利潤 = 68,140 − 45,900 − 9,266.24 − 3,600 − 2,900 − 870 + 550 = 6,153.76（萬元）

第13行：利潤總額 = 6,153.76 + 320 − 1,050 = 5,423.76（萬元）

第15行：業務招待費納稅調整 = 280 − MIN(280×60%, 68,140×0.5%) = 280 − 168
　　　　　　　　　　= +112（萬元）

第16行：公益性捐贈納稅調整 = 800 − MIN(800, 5,423.76×12%)
　　　　　　　　　　= 800 − 650.85

$$= +149.15 \text{（萬元）}$$

第17行：福利費開支納稅調整 = 480−MIN(480, 3,000×14%) = 480−420 = +60（萬元）
第18行：工會經費開支納稅調整 = 90−MIN(90, 3,000×2%) = 90−60 = +30（萬元）
第19行：折舊納稅調整 = 19−200×(1−5%)÷6÷2 = 19−15.83 = +3.17（萬元）
第14行：納稅調整增加額 = 112+149.15+60+30+3.17 = +354.32（萬元）
第21行：加計扣除 = 120×50% = 60（萬元）
第22行：免稅收入 = 550（萬元）
第20行：納稅調整減少額 = 60+550 = 610（萬元）
第23行：應納稅所得額 = 5,423.76+354.32−610 = 5,168.08（萬元）
第25行：應納所得稅額 = 5,168.08×25% = 1,292.02（萬元）
第26行：抵免所得稅額 = 200×10% = 20（萬元）
第27行：實際應納稅額 = 1,292.02−20 = 1,272.02（萬元）
填列《企業所得稅計算表》如表12-9所示。

表 12-9　　　　　　　　　　　企業所得稅計算表　　　　　　　　　單位：萬元

| 類別 | 行次 | 項目 | 金額 |
|---|---|---|---|
| 利潤總額計算 | 1 | 一、營業收入 | 68,140.00 |
|  | 2 | 減：營業成本 | 45,900.00 |
|  | 3 | 營業稅金及附加 | 9,266.24 |
|  | 4 | 銷售費用 | 3,600.00 |
|  | 5 | 管理費用 | 2,900.00 |
|  | 6 | 財務費用 | 870.00 |
|  | 7 | 資產減值損失 | 0.00 |
|  | 8 | 加：公允價值變動收益 | 0.00 |
|  | 9 | 投資收益 | 550.00 |
|  | 10 | 二、營業利潤 | 6,153.76 |
|  | 11 | 加：營業外收入 | 320.00 |
|  | 12 | 減：營業外支出 | 1,050.00 |
|  | 13 | 三、利潤總額 | 5,423.76 |
| 應納稅所得額計算 | 14 | 加：納稅調整增加額 | 354.32 |
|  | 15 | 業務招待費支出 | 112.00 |
|  | 16 | 公益性捐贈支出 | 149.15 |
|  | 17 | 職工福利支出 | 60.00 |
|  | 18 | 職工工會經費支出 | 30.00 |
|  | 19 | 其他調增項目 | 3.17 |
|  | 20 | 減：納稅調整減少額 | 610.00 |
|  | 21 | 加計扣除 | 60.00 |
|  | 22 | 免稅收入 | 550.00 |
|  | 23 | 四、應納稅所得額 | 5,168.08 |
| 稅額計算 | 24 | 稅率 | 25% |
|  | 25 | 應納所得稅額 | 1,292.02 |
|  | 26 | 抵免所得稅額 | 20.00 |
|  | 27 | 五、實際應納稅額 | 1,272.02 |

[案例 12-21] 位於建制鎮的某電子設備生產企業（一般納稅人），主要生產電腦顯示器，擁有固定資產原值 6,500 萬元，其中房產原值 4,000 萬元。該企業 2016 年發生以下業務：

①銷售顯示器給某銷售公司，購銷合同約定不含稅銷售額 7,000 萬元，開具增值稅專用發票；購進原材料，購銷合同約定不含稅金額 3,500 萬元，取得增值稅專用發票，發票上註明金額為 3,500 萬元、增值稅額 595 萬元。

② 8 月受贈原材料一批，取得捐贈方開具的增值稅專用發票，註明金額 60 萬元、增值稅額 10.2 萬元。

③ 6 月簽訂租賃合同約定，將原值 1,000 萬元的閒置車間廠房出租給某銷售公司，車間廠房 6 月底交付，收取 7~12 月份不含稅租金收入 120 萬元。該車間廠房 2013 年自建。

④全年銷售顯示器應扣除的銷售成本 4,000 萬元；全年發生銷售費用 1,500 萬元（其中廣告費用 1,200 萬元）；全年發生管理費用 700 萬元（其中業務招待費用 60 萬元，符合條件的新技術研究開發費用 90 萬元，管理費用中不含房產稅和印花稅）。

⑤已計入成本、費用中的實際發生的合理工資費用 400 萬元，實際撥繳的工會經費 7 萬元，實際發生的職工福利費用 60 萬元，實際發生的教育經費 15 萬元。

⑥企業持有的原帳面價值 300 萬元的交易性金融資產，到 12 月底公允價值下降為 210 萬元（企業以公允價值核算）。

說明：當地政府確定計算房產稅餘值的扣除比例為 20%。

要求：按下列序號計算回答問題，每問需計算出合計數。

①計算該企業 2016 年應納增值稅。
②計算該企業應納城市維護建設稅、教育費附加和地方教育附加。
③計算該企業 2016 年應納印花稅。
④計算該企業 2016 年應納的房產稅。
⑤計算該企業 2016 年度的利潤總額。
⑥計算業務招待費納稅調整。
⑦計算廣告費納稅調整。
⑧計算交易性金融資產減值、新技術研發費納稅調整。
⑨計算工資附加「三費」納稅調整。
⑩計算該企業 2016 年度的應納稅所得額。
⑪計算該企業 2016 年度應繳納的企業所得稅。

[解答] ①增值稅 = 7,000×17% + 120×5% - (595+10.2) = 590.8（萬元）
②城市維護建設稅、教育費附加和地方教育附加 = 590.8×(5%+3%+2%) = 59.08（萬元）
③印花稅 = (7,000+3,500)×0.03% + 120×0.1% = 3.27（萬元）
④房產稅 = 4,000×(1-20%)×1.2%÷2 + (4,000-1,000)×(1-20%)×1.2%÷2 + 120×12%
  = 48（萬元）
⑤利潤總額 = 7,000+120+(60+10.2) - 4,000 - 1,500 - 700 - (300-210) - 59.08 - 3.27 - 48
  = 789.85（萬元）
⑥業務招待費限額 = (7,000+120)×0.5% = 35.6 < 60×60% = 36（萬元）
業務招待費納稅調整 = 60 - 35.6 = +24.4（萬元）
⑦廣告費納稅調整 = 1,200 - (7,000+120)×15% = +132（萬元）
⑧交易性資產減值和新技術研發費納稅調整 = (300-210) - 90×50% = +45（萬元）
⑨工資附加「三費」納稅調整 = 60 - 400×14% + 15 - 400×2.5% = +9（萬元）
提示：工會經費限額 = 400×2% = 8（萬元），實際支付 7 萬元，沒有超標，不作調整。
⑩應納稅所得額 = 789.85 + 24.4 + 132 + 45 + 9 = 1,000.25（萬元）
⑪應納企業所得稅 = 1,000.25×25% = 250.06（萬元）

[案例 12-22] 某摩托車生產企業為增值稅一般納稅人，企業有固定資產價值 18,000 萬元（其中生產經營使用的房產原值為 12,000 萬元），生產經營占地面積 80,000 平方米。該企業 2016 年發生以下業務：

①全年生產兩輪摩托車 200,000 輛，每輛生產成本 0.28 萬元、不含稅銷售價 0.46 萬元；全年銷售兩輪摩托車 190,000 輛，銷售合同記載取得不含稅銷售收入 87,400 萬元、優質費收入 468 萬元（含稅）。

②全年生產三輪摩托車 30,000 輛，每輛生產成本 0.22 萬元、不含稅銷售價 0.36 萬元；全年銷售三輪摩托車 28,000 輛，銷售合同記載取得不含稅銷售收入 10,080 萬元。

③購貨合同記載不含稅材料價款35,000萬元,取得增值稅專用發票,註明金額35,000萬元、稅額5,950萬元。運輸合同記載原材料的不含稅運輸費用1,000萬元,取得運輸公司開具的增值稅專用發票,註明金額1,000萬元、稅額110萬元。

④全年發生管理費用11,000萬元(其中含業務招待費用900萬元,新技術研究開發費用800萬元,支付其他企業管理費300萬元;不含印花稅和房產稅)。此外,全年發生銷售費用7,600萬元、財務費用2,100萬元。

⑤全年發生營業外支出3,600萬元(其中含通過公益性社會團體向貧困山區捐贈500萬元;因管理不善庫存原材料損失720萬元,其中含運費成本20萬元,但未作進項稅額轉出處理)。

⑥6月10日,取得直接投資境內居民企業分配的股息收入130萬元,該企業對該項長期股權投資採用成本法核算,已知境內被投資企業適用的企業所得稅率為15%。

⑦8月20日,取得摩托車代銷商贊助的一批原材料並取得增值稅專用發票,註明金額30萬元、稅額5.1萬元。

⑧10月6日,該摩托車生產企業合併一家小型股份公司,股份公司全部資產公允價值為5,700萬元、全部負債為3,200萬元、未超過彌補年限的虧損額為620萬元。該合併業務屬於同一控制下的合併,合併時摩托車生產企業給股份公司的股權支付額為2,500萬元,符合企業重組特殊稅務處理的條件且選擇此方法執行。

⑨12月20日,取得到期的國債利息收入90萬元(假定當年國家發行的最長期限的國債年利率為6%);取得直接投資境外公司分配的股息收入170萬元,已知該股息收入在境外承擔的總稅負為15%。

⑩2016年度,該摩托車生產企業自行計算的應繳納的各種稅款如下:
增值稅=(87,400+10,080)×17%-(5,950+110)=10,511.6(萬元)
消費稅=(87,400+10,080)×10%=9,748(萬元)
城市維護建設稅、教育費附加、地方教育附加=(10,511.6+9,748)×(5%+3%+2%)
　　　　　　　　　　　　　　　　　　　=2,025.96(萬元)
城鎮土地使用稅=80,000×4/10,000=32(萬元)
應納稅所得額=87,400+468+10,080-190,000×0.28-28,000×0.22-11,000-7,600-2,100-3,600+130+90+170-9,748-2,025.96=2,904.04(萬元)
企業所得稅=(2,904.04-620)×25%=571.01(萬元)

說明:假定該企業適用增值稅稅率17%、兩輪摩托車和三輪摩托車消費稅稅率10%、城市維護建設稅稅率5%、教育費附加徵收率3%、地方教育附加徵收率2%、計算房產稅房產余值的扣除比例20%、城鎮土地使用稅每平方米4元、企業所得稅稅率25%。

要求:根據上述資料,回答下列問題(涉及計算的,請列出計算步驟)。
①分別指出企業自行計算繳納稅款(企業所得稅除外)的錯誤之處,簡單說明理由,並計算應補(退)的各種稅款(企業所得稅除外)。
②計算企業2016年度實現的利潤總額。
③計算企業應補(退)的企業所得稅。

[解答] ①分析錯誤並計算應補稅額。
增值稅計算有誤。收取的優質費收入應作為價外收入計算增值稅銷項稅;受贈的材料也應抵扣進項稅;非正常損失應作進項稅額轉出。
應補繳增值稅=468÷(1+17%)×17%-5.1+(720-20)×17%+20×11%
　　　　　　=68-5.1+119+2.2
　　　　　　=184.1(萬元)

消費稅計算有誤。優質費收入應作為價外收入計算消費稅。
應補繳消費稅=468÷(1+17%)×10%=40（萬元）
應補繳城市維護建設稅、教育費附加和地方教育附加=(184.1+40)×(5%+3%+2%)
= 22.41（萬元）
應補繳房產稅=12,000×(1-20%)×1.2%=115.2（萬元）
應補繳印花稅=(87,400+468+10,080+35,000)×0.03%+1,000×0.05%=40.38（萬元）
②計算利潤總額。
銷售收入=87,400+468÷(1+17%)+10,080=97,880（萬元）
銷售成本=190,000×0.28+28,000×0.22=59,360（萬元）
營業稅金及附加=9,748+2,025.96+40+22.41=11,836.37（萬元）
期間費用=11,000+115.2+40.38+7,600+2,100=20,855.58（萬元）
投資收益=130+90+170=390（萬元）
營業外收入=30+5.1=35.1（萬元）
營業外支出=3,600+119+2.2=3,721.2（萬元）
利潤總額=97,880-59,360-11,836.37-20,855.58+390+35.1-3,721.2=2,531.95（萬元）
③計算應補企業所得稅。
招待費限額計算如下：
900×60%=540>[87,400+10,080+468÷(1+17%)]×0.5%=489.4（萬元）
招待費納稅調整=900-489.4=+410.6（萬元）
新技術研發費可加扣50%，納稅調整=-400（萬元）
支付其他企業的管理費300萬元不得扣除，納稅調整=+300（萬元）
捐贈扣除限額=2,531.95×12%=303.83（萬元），實際捐贈500萬元。
捐贈納稅調整=500-303.83=+196.17（萬元）
境內居民企業130萬元股息收入和90萬元國債利息收入都屬於免稅收入。
納稅調整=-130-90=-220（萬元）
可彌補合併企業虧損=(5,700-3,200)×6%=150（萬元）
境內應納稅所得額=2,531.95-170+410.6-400+300+196.17-220-150=2,498.72（萬元）
境內應納所得稅額=2,498.72×25%=624.68（萬元）
境外所得抵扣限額=170÷(1-15%)×25%=50（萬元）
境外已納稅額=170÷(1-15%)×15%=30（萬元）
應納企業所得稅=624.68+(50-30)=644.68（萬元）
該企業應補企業所得稅=644.68-571.01=73.67（萬元）

國家圖書館出版品預行編目(CIP)資料

新編稅收理論與實務 / 賀飛躍 主編. -- 第一版.
-- 臺北市 : 崧燁文化, 2018.08

　面 ；　公分

ISBN 978-957-681-592-8(平裝)

1.稅收

564.38　　　107014314

書　　名：新編稅收理論與實務
作　　者：賀飛躍 主編
發行人：黃振庭
出版者：崧博出版事業有限公司
發行者：崧燁文化事業有限公司
E-mail：sonbookservice@gmail.com
粉絲頁　　　　　　網　址：
地　　址：台北市中正區重慶南路一段六十一號八樓815室
8F.-815, No.61, Sec. 1, Chongqing S. Rd., Zhongzheng Dist., Taipei City 100, Taiwan (R.O.C.)
電　　話：(02)2370-3310　傳　真：(02) 2370-3210
總經銷：紅螞蟻圖書有限公司
地　　址：台北市內湖區舊宗路二段121巷19號
電　　話：02-2795-3656　傳真：02-2795-4100　網址：
印　　刷：京峯彩色印刷有限公司（京峰數位）

　　本書版權為西南財經大學出版社所有授權崧博出版事業有限公司獨家發行電子書繁體字版。若有其他相關權利及授權需求請與本公司聯繫。

定價：700 元
發行日期：2018 年 8 月第一版
◎ 本書以POD印製發行